Lesen und Schreiben in Europa
1500–1900

Vergleichende Perspektiven
Perspectives comparées
Perspettive comparate

Lesen und Schreiben in Europa 1500–1900

Vergleichende Perspektiven
Perspectives comparées
Perspettive comparate

herausgegeben von
Alfred Messerli und Roger Chartier

SCHWABE & CO AG · VERLAG · BASEL

Publiziert mit Unterstützung des Schweizerischen Nationalfonds
zur Förderung der wissenschaftlichen Forschung

Tagung in Ascona, Monte Verità,
von 11. bis 14. November 1996

Umschlaggestaltung: Karl Leiner, Schwabe & Co. AG
Umschlagbild: Aquarell auf Papier (26 cm × 35 cm) von Albert Anker (1831–1910):
Brief schreibendes Mädchen (1903)

Satz und Layout: Marco Morgenthaler, Zürich
Repro: tnt graphics, Bassersdorf / Marco Morgenthaler, Zürich
Druck und Gesamtherstellung: Schwabe & Co. AG · Basel/Muttenz

ISBN 3-7965-1694-7

Inhalt

Übersicht

I. Pratiques d'écriture ordinaire Citadins et paysans

II. Apprentissages

III. L'écriture biographique et autobiographique

IV. La communication épistolaire
Modèles, supports, pratiques

V. Lire, écouter, voir

VI. Conclusion

ROGER CHARTIER

Avant-propos

Lire pour écrire, écrire pour lire

Ce livre, issu d'un colloque organisé au Centro Stefano Franscini d'Ascona, témoigne avec bonheur pour une histoire sans frontières. Il démontre que seul le croisement de traditions nationales et disciplinaires différentes, longtemps séparées les unes des autres par des murs d'ignorance, permet de formuler des questions inédites et de proposer des approches nouvelles. Ecrit en cinq langues, installé dans la longue durée, entre XVe et XIXe, voire XXe siècle, traversant les différents espaces européens, cet ouvrage constitue une avancée précieuse dans la connaissance de la culture écrite dans les sociétés occidentales.

Jusqu'ici, le partage était net entre histoire de la lecture et histoire de l'écriture. La première, née comme un prolongement naturel de l'histoire du livre, de l'histoire littéraire ou de la « bibliography » a défini progressivement ses objets, ses sources, ses démarches. L'histoire de la lecture, pratiquée comme une forme d'histoire culturelle, a d'abord pris mesure des niveaux d'alphabétisation (ou d'illettrisme) et de l'inégale présence du livre dans une société donnée, puis elle s'est attachée à reconstituer les manières de lire et les révolutions de la lecture.[1] Dans la perspective de l'histoire littéraire, l'histoire de la lecture a été comprise comme celle de la réception des textes, toujours située à la rencontre entre les propositions esthétiques des œuvres et les catégories interprétatives de leurs lecteurs.[2] Enfin, pour une approche issue de la « bibliography », transformée en une sociologie des textes, l'histoire des lecteurs et des lectures est inscrite dans l'étude des formes matérielles des objets imprimés qui, à la fois, délimitent les publics possibles et contraignent la construction du sens.[3] Appuyée

1 *Histoire de la lecture dans le monde occidental,* sous la direction de Guglielmo Cavallo et de Roger Chartier, Paris, Editions du Seuil, 1997 (première édition en italien, *Storia della lettura nel mondo occidentale,* Roma / Bari, Laterza, 1995).

2 L'œuvre fondatrice est ici celle de Hans Robert Jauss, *Literaturgeschichte als Provokation,* Francfort-sur-le-Main, Suhrkamp Verlag, 1974.

3 D.[onald] F. McKenzie, *Bibliography and the Sociology of Texts,* The Panizzi Lectures 1985, Londres, The British Library, 1986.

sur ces trois traditions, une première histoire de la culture écrite a privilégié les compétences et les pratiques de la lecture, les modalités de l'appropriation des textes et le monde de l'imprimé.[4]

Parallèlement, une autre histoire s'est développée qui a focalisé l'attention sur les textes manuscrits, les capacités graphiques, les usages de l'écriture. Si l'histoire ou, plutôt, les histoires de la lecture ont été avant tout allemande, anglaise et française, celle des productions et des pratiques de l'écrit à la main s'est bâtie au sein de la tradition de la paléographie italienne et, plus récemment, espagnole.[5] De ce fait, et durablement, lecture et écriture ont été constituées comme des objets d'étude séparés, mobilisant des savoirs spécifiques et des traditions nationales étrangères les unes aux autres. Rares et risquées ont été les tentatives visant à saisir ensemble, dans une histoire de longue durée, les différents supports de l'écrit et les diverses pratiques qui le produisent ou s'en emparent.[6]

La première intention qui porte ce livre est de montrer, à partir de précises études de cas, la nécessité de comprendre dans leurs relations réciproques les pratiques du lire et de l'écrire. Certes, les unes et les autres relèvent de deux modèles distincts de l'alphabétisation et de l'acculturation à l'écrit.[7] Le savoir lire répond aux volontés des Églises, soucieuses de faire intérioriser par les fidèles, grâce à la lecture des catéchismes, des guides spirituels et des ouvrages de piété, les exigences de la religion réformée (ou contre-réformée). Le savoir écrire est demandé par les communautés et les individus qui en attendent une meilleure maîtrise des relations avec les autres et une gestion plus efficace de leur temps, de leur activité et de leur patrimoine. Chacun des apprentissages a ses lieux propres (l'école paroissiale ou la boutique du maître écrivain), ses techniques spécifiques (l'épellation ou la copie) et ses fins particulières : d'un côté, la

4 *Histoire de la lecture. Un bilan des recherches,* sous la direction de Roger Chartier, Paris, IMEC Editions / Editions de la Maison des Sciences de l'Homme, 1995, et *The Practice and Representation of Reading in England,* sous la direction de Jean Raven, Helen Small et Naomi Tadmor, Cambridge, Cambridge University Press, 1996.

5 L'inspiration essentielle a été donnée par les travaux d'Armando Petrucci. Rappelons seulement ses deux livres *La scrittura. Ideologia e rappresentazione,* Turin, Giulio Einaudi editore, 1986, et *Le scritture ultime. Ideologia della morte e strategie dello scrivere nella tradizione occidentale,* Turin, Giulio Einaudi editore, 1995, et une anthologie de ses articles *Writers and Readers in Medieval Italy. Studies in the History of Written Culture,* New Haven / Londres, Yale University Press, 1995. Cf. aussi Antonio Castillo Gomez, *Escrituras y escribientes. Prácticas de la cultura escrita en una ciudad del Renacimento,* Las Palmas de Gran Canaria, Gobierno de Canarias, Fundación de Enseñanza Superior a Distancia, 1997.

6 Henri-Jean Martin, avec la collaboration de Bruno Delmas, *Histoire et pouvoirs de l'écrit,* Paris, Perrin, 1988 (réédition Paris, Albin Michel, 1996).

7 Jean Hébrard, « La scolarisation des savoirs élémentaires », in : *Histoire de l'éducation,* 38 (mai 1988), pp. 7-58.

soumission, supposée passive, à l'autorité du texte ou, de l'autre, la possibilité, jugée parfois subversive, d'une communication soustraite aux censures et aux contrôles. De là, la position des pouvoirs qui leur fait considérer comme suffisante pour les milieux populaires une alphabétisation du lire seulement et la représentation, largement partagée, qui conduit à maintenir les femmes en dehors de l'écriture. Mais de là, aussi, l'effort persévérant des exclus de l'écriture pour conquérir et exercer une compétence graphique que les autorités, religieuses ou politiques, leur dénient.

Une telle tension ne doit pas être considérée sans nuances puisque, par exemple, dans les protestantismes puritain ou piétiste, la lecture des textes sacrés ne se sépare pas de l'écriture personnelle sous le regard de Dieu. Elle caractérise durablement, néanmoins, les usages de la culture écrite en pays catholique et, au moins jusqu'à la fin du XVIIe siècle, en terres luthériennes. On trouvera donc dans cet ouvrage une première typologie des écritures « ordinaires », qui sont celles de l'individu, de la famille, de l'atelier ou de la boutique. Dans toute l'Europe, si les désignations changent, les genres en sont identiques : contrats sous seing privé, quittances et reconnaissances de dettes, recueils de secrets de métier, livres de raison, registres de comptes ou de titres de propriété, livres de famille, récits de vie. D'une forme à l'autre, les passages sont aisés et nombreux, produisant souvent des objets mixtes, transmis de génération en génération et où se mêlent le souci de l'économie domestique, l'histoire de la famille et l'enregistrement des faits, menus ou majeurs, qui tissent la trame du quotidien.

Ces objets écrits, mentionnés dans les inventaires après décès ou conservés dans les archives familiales et publiques, témoignent pour une pratique de l'écriture en milieux populaires beaucoup plus répandue qu'on ne l'a longtemps pensé.[8] Ils indiquent, à la fois, les exigences nouvelles d'une économie artisanale et boutiquière qui requiert de plus en plus l'enregistrement écrit des transactions et le désir des individus de mieux contrôler le temps, à la fois, par une écriture du présent, produite au jour le jour, et par la mémoire, confiée à l'écrit, d'un passé de plus ou moins longue durée. Au XVIIIe siècle, de nouveaux objets

8 On peut citer à titre d'exemples d'étude des écritures ordinaires : Paul S. Seaver, *Wallington's World. A Puritan Artisan in Seventeenth-Century London,* Stanford, Stanford University Press, 1985 ; Carl Macagni, « Leggere, scrivere e disegnare. La ‹scienza volgare› », in: *Scrittura e Civiltà,* 15 (1991), pp. 267-288 ; *Ecritures ordinaires,* sous la direction de Daniel Fabre, Paris, P.O.L., 1993 ; William Eamon, *Science and the Secrets of Nature : Books of Secrets in Medieval and Early Modern Culture,* Princeton, Princeton University Press, 1994 ; *Par écrit. Ethnologie des écritures quotidiennes,* sous la direction de Daniel Fabre, Paris, Editions de la Maison des Sciences de l'Homme, 1997 ; James Amelang, *The Flight of Icarus. Artisan Autobiography in Early Modern Europe,* Stanford, Stanford University Press, 1998, ou la série des « Memories i diaris personals de la Catalunya moderna », Barcelona, Curial Edicions Catalanes (19 volumes parus).

imprimés organiseront de manière plus systématique les correspondances entre les découpages calendaires et temporels qui s'imposent à tous (années, mois, jours, moments de la journée) et les gestes ou les pensées de l'individu singulier : ainsi les almanachs dans lesquels sont interfoliées des pages vierges, ou les agendas qui proposent à leur utilisateur des espaces laissés en blanc où il pourra noter ce qu'il a fait ou ce qu'il devra faire.

Les correspondances sont une autre forme de cette écriture « ordinaire » — au double sens d'une écriture produite par des gens ordinaires, sans titre ni qualité, et d'une écriture qui se lie étroitement aux travaux et aux jours de l'existence quotidienne, sans finalité esthétique ni destinataires autres que celui qui écrit et ceux qui lui sont étroitement liés. Elles indiquent l'une des figures possibles de la relation entre lecture et écriture, entre l'imprimé et le manuscrit. Même s'il faut se garder de conclure trop vite de la circulation des recueils de règles et de modèles de lettres à leur utilité pratique,[9] il n'en reste pas moins que la multiplication à partir du XVe siècle des traités d'écriture et des manuels épistolaires accompagne un rôle socialement élargi de la communication par lettres. Une première typologie de ces usages de la correspondance montre qu'au delà de l'utilité économique et de la gestion du lien familial, la pratique épistolaire s'insinue dans la relation avec le pouvoir, sous la forme de la lettre écrite au prince, comme dans l'expérience religieuse, avec les lettres adressées aux saints, à la Vierge ou à la divinité.

Dans ce double contexte, la lettre n'est que le symptôme de deux phénomènes de plus grande ampleur. Le premier est le recours croissant à l'écriture comme instrument de gouvernement et d'administration. Il est vrai que les pouvoirs d'Ancien Régime se méfient de l'écrit et, de diverses manières, s'efforcent de le censurer et contrôler. Mais il est vrai aussi qu'ils appuient de plus en plus leur gestion des territoires et des populations sur la correspondance publique, l'enregistrement écrit et la propagande imprimée.[10] Les exigences nouvelles des procédures judiciaires, de la gestion des corps et des communautés ou de l'administration de la preuve (par exemple de noblesse) multiplient les obligations d'écriture. La seconde évolution qui caractérise en profondeur les siècles de la première modernité est le lien étroit noué entre expérience religieuse et usage de l'écrit. Nombreuses sont les traces laissées par cette écriture inspirée : autobiographies spirituelles et examens de conscience, visions et prophéties, voyages

9 Roger Chartier, « Des ‹secrétaires› pour le peuple ? Les modèles épistolaires de l'Ancien régime entre littérature de cour et livre de colportage », *La Correspondance. Les usages de la lettre au XIXe siècle,* sous la direction de Roger Chartier, Paris, Fayard, 1991, pp. 159-207.

10 Sur cette ambivalence de la relation des pouvoirs à l'écrit, cf. Fernando Bouza, *Imagen y propaganda. Capítulos de historia cultural del Reinado de Felipe II,* Madrid, Akal, 1998.

mystiques, prières et conjurations. En terre catholique, mais pas seulement, ces témoignages de la foi ne sont pas sans inquiéter les autorités ecclésiastiques qui tentent de les contenir et, lorsqu'ils leur semblent excéder les bornes de l'orthodoxie, de les interdire.

Lire pour écrire. La formule ne vaut pas seulement pour désigner l'apprentissage d'une pratique qui requiert la copie des exemples, l'imitation des écritures, l'obéissance aux règles qui dictent les postures du corps et les mouvements de la main. Elle vise, également, les apprentissages qui permettent de passer de l'écriture comme simple tracé de lettres à l'écriture comme composition de textes. Les exercices imposés par la pédagogie scolaire du XIXe siècle auront pour but d'assurer cette possible et nécessaire conversion de la compétence calligraphique en production textuelle. Auparavant, la tâche est dévolue à des techniques intellectuelles qui font puiser dans les textes lus les formules et les figures qui doivent nourrir l'écriture personnelle. Il en va ainsi aux XVIe et XVIIe siècle avec les « lieux communs », c'est-à-dire la transcription dans un cahier des exemples et des « sentences » que le lecteur puise dans les ouvrages qu'il lit (ou dans des recueils de citations déjà imprimés) et qu'il redistribue entre des rubriques thématiques. La technique commande donc, tout ensemble, les pratiques de la lecture, celles de l'écriture et, pour partie, celles de l'édition.[11]

Écrire pour lire. Cette figure inverse de la précédente renvoie à l'importance, aujourd'hui mieux reconnue, de la circulation des textes écrits à la main à l'âge de l'imprimé. L'invention de Gutenberg n'a pas fait disparaître l'activité des copistes ni la publication manuscrite, loin de là. Pour certains genres, poétiques ou politiques, et dans certaines communautés de lecteurs, le manuscrit, qui permet un meilleur contrôle du texte, de sa circulation et de son interprétation, demeure une modalité privilégiée de la communication et du partage de l'écrit.[12] Les écritures ordinaires illustrent, elles aussi, cette écriture pour la lecture puisque celui ou celle qui les a rédigées ou copiées peut y retrouver l'histoire de sa lignée, l'état de ses affaires, la trace des événements passés et les moments enfuis.

11 Pour une réévalutation de la technique des « lieux communs », voir une série d'ouvrages récents : Francis Goyet, *Le Sublime du lieu commun. L'invention rhétorique dans l'Antiquité et à la Renaissance*, Paris, Honoré Champion, 1996 ; Ann Moss, *Printed Commonplace-Books and the Structuring of Renaissance Thought*, Oxford, Clarendon Press, 1996, et Ann Blair, *The Theater of Nature : Jean Bodin and Renaissance Science*, Princeton, Princeton University Press, 1997.

12 Cf. les ouvrages exemplaires de Harold Love, *Scribal Publication in Seventeenth-Century England*, Oxford, Clarendon Press, 1993 (réédition *The Culture and Commerce of Texts : Scribal Publication in Seventeenth-Century England*, Amherst, University of Massachusetts Press, 1998) et H. R. Woudhuysen, *Sir Philip Sidney and the Circulation of Manuscripts, 1558-1640*, Oxford, Clarendon Press, 1996.

Le livre que l'on va lire propose une réévaluation fondamentale des usages et des fonctions de l'écrit dans le monde occidental, mais sans les séparer d'autres supports ou véhicules de la transmission culturelle : l'image, le chant, la récitation, la lecture à haute voix, la représentation théâtrale.[13] L'important, là aussi, est donné par les échanges réciproques entre ces différentes formes. D'où l'attention portée à ces circulations complexes et à certaines de leurs expressions : ainsi, les traces ou fictions d'oralité qui habitent l'écriture des lettrés les plus humbles comme les compositions littéraires les plus savantes, ou les modes de transcription de la parole vive et du répertoire poétique propre à l'oralité (chansons, ballades, etc.), ou encore les diverses significations attribuées à un « même » texte, une « même » histoire ou un « même » conte par ses différentes traductions — au sens propre du transfert d'une langue à une autre ou, dans un sens plus large, de ses migrations entre l'écrit et l'oralité.

Cet ouvrage est imposant. Il aurait pu l'être plus encore s'il avait fait plus large place à d'autres questions — ainsi la délégation d'écriture, l'expertise judiciaire sur les faux en écriture et les placards diffamatoires, ou les compétitions pour la définition et l'enseignement de la norme graphique[14] — et considéré un éventail plus ouvert de pratiques d'écriture — inscriptions, graffiti, etc.[15] Mais les regrets ne sont pas de mise devant un ensemble d'études tout à fait exceptionnel qui oblige à repenser et reformuler des oppositions trop simples. L'écriture n'est pas tout entière du côté de l'ordre imposé, des stratégies des puissants, de la coercition et de la discipline. Elle peut être aussi, en dehors des autorités, ou

13 On peut suivre ici le chemin proposé par Donald F. McKenzie dans son essai « Speech — Manuscript — Print », in : *Library Chronicle of the University of Texas at Austin,* 20 (1990), pp. 86-109.

14 On pourra se référer, à titre d'exemples, pour la délégation d'écriture à Christine Métayer, « Humble métier et métier des humbles : l'écrivain public à Paris aux XVIIe-XVIIIe siècles », in : *Scrittura e Civiltà,* XVIII (1994), pp. 325-349 ; pour l'expertise en écritures à Laura Antonucci, « La scrittura giudicata. Perizie grafiche in processi romani del primo Seicento », in : *Scrittura e Civiltà,* XIII (1989), pp. 489-534, et Claudia Evangelisti, « ‹Libelli famosi› : processi per scritte infamanti nella Bologna di fine '500 », in : *Annali della Fondazione Einaudi,* vol. XXVII (1992), pp. 181-239 ; pour l'enseignement de l'écriture à Christine Métayer, « De l'école au Palais de Justice. L'itinéraire singulier des maîtres écrivains de Paris (XVIe-XVIIIe siècles) », in : *Annales E.S.C.,* 1990, pp. 1217-1237, Francisco M. Gimeno Blay, « Una aventura caligráfica: Gabriel Altadell y su ‹De arte scribendi› (ca. 1468) », in : *Scrittura e Civiltà,* XVII (1993), pp. 203-270, Jean Hébrard, « Des écritures exemplaires. L'art du maître écrivain en France entre XVIe et XVIIIe siècles », in : *Mélanges de l'Ecole Française de Rome. Italie et Méditerranée,* tome 107, 2 (1995), pp. 473-523, et Laura Antonucci, « Teoria e pratica di scrittura fra Cinque e Seicento. Un esemplare interfogliato de *Il Primo Libro di Scrivere* di Giacomo Romano (1589) », in : *Scrittura e Civiltà,* XX (1996), pp. 281-347.

15 *« Los muros tienen la palabra ». Materiales para una historia de los graffiti,* sous la direction de Francisco M. Gimeno Blay et María Luz Mandingora Llavata, Valencia, Seminario Internacional de Estudios sobre la Cultura Escrita, 1997.

contre les autorités, un recours pour les plus démunis, une ressource mobilisable pour que soient moins inquiétants le cours des choses et les aléas de l'existence. L'écriture est d'un apprentissage difficile, et son exercice plus difficile encore. Les historiens qui ont collectivement construit cet ouvrage ont voulu rendre compte le plus justement possible, avec rigueur et exigence, de l'appropriation par les hommes et les femmes d'Occident de cette pratique rude à maîtriser mais riche de promesses.

ALFRED MESSERLI

Einführung

Es war im Jahre 1675, als in der Stadt St. Gallen ein reformiertes Bürgermädchen auf dem Weg zur Kirche St. Leonhard sein Psalmenbuch verloren hatte. Ein Klostergeistlicher fand und verwahrte es. Nachdem das Mädchen erfahren hatte, wo sein Buch sich befand, begab es sich zum Kloster und forderte sein Eigentum zurück, wurde aber von den Mönchen sogleich einem Glaubensexamen unterworfen und zum Übertritt in die katholische Kirche aufgefordert. Da sich das Mädchen nicht bekehren ließ, wurde ihm endlich das Psalmenbuch zurückerstattet, »der Text aber an zwei Stellen abgeändert, indem die Worte ›an den christlichen Leser‹ durch ›ketzerischen Leser‹ ersetzt wurden und in der Strophe, darin es heißt ›erhalt uns, Herr, bei deinem Wort, zerstör des Papsts und Türken Mord‹ der Vers in ›zerstör des Zwinglis und der Türken Mord‹ abgeändert wurde.«[1] Der Vorfall erregte in dieser Stadt, wo sich das katholische Kloster in unmittelbarer Nachbarschaft zur reformierten Bevölkerung befand, großes Aufsehen. Was uns aber daran interessiert, ist das Aufeinanderstoßen zweier unterschiedlicher Informations- und Kommunikationstechnologien. Das typographisch hergestellte Gesangbuch ist zwar als einzelnes, privates Exemplar dem willkürlichen Eingriff des Mönches ausgesetzt, der an ihm seine polemische, handschriftliche ›Textrevision‹ vornimmt. Diese Handlung aber bleibt in dem Sinne naiv, als es ihr nur gelingt, ein einzelnes Exemplar zu bearbeiten. Die übrigen Exemplare dieser Auflage bleiben davon unberührt. Die Handschrift kann es mit dem Buchdruck, der zahlreiche identische Exemplare herzustellen vermag, auf dieser Ebene nicht aufnehmen. Durch ihn wurde der Handschrift die Funktion eines Komplements zugewiesen. Sie war nun, als Manuskript, Voraussetzung gedruckter Texte. Für manche privaten und öffentlichen Lebensbereiche blieb allerdings allein die skriptographische Informationsverarbeitung sinnvoll.

Vor der Durchsetzung des Buchdruckes wirkten skriptographische Medien als Verstärker der herkömmlichen, oralen Informationsverarbeitung. Die Handschrift war Gedächtnisstütze und nicht autonomes und unabhängiges Medium

1 Hans Martin Stückelberger, *Kirchen- und Schulgeschichte der Stadt St. Gallen. Von Vadians Tod bis zur Gegenwart*, 2. Bde., 1630–1750, St. Gallen (Tschudy-Verlag) 1962, S. 149–150.

der Kommunikation. Die Alphabetschriften waren für orale Gesellschaften deshalb so attraktiv, nicht weil sie etwas ganz Neues, sondern weil sie die Mängel und Unzulänglichkeiten des Bestehenden zu reformieren und zu beheben versprachen.[2] Die phonetische Schrift diente der mündlichen Rede, optimierte sie in einem technischen Sinne bis an die Grenzen des Möglichen. Mit dem Aufkommen des Buchdruckes ging dieses bimediale System zu Ende und machte einem neuen Platz. Die Handschrift verlor dadurch einen Teil ihrer bisherigen Aufgabe; ihre Abhängigkeit von oralen Medien vertauschte sie nun mit einer neuen Bindung an die typographischen Medien. Von dieser neuen Abhängigkeit profitierte und profitiert sie aber ungemein: »Die Leistung und Wertschätzung«, schreibt Michael Giesecke,

> »die der Handschrift vom modernen Alltagsbewußtsein zuerkannt wird, erbrachte bzw. erfuhr sie erst, als sie sich mit den typographischen Medien zu einem Kommunikationssystem zusammenschließen konnte. Durch die Ehe mit den typographischen Medien wurde es ihr auch erst möglich, sich aus ihrer Rolle als Magd der Rede herauszulösen.«[3]

Unser Mönch scheint diese mediale Umwertung und Neuverteilung der ›Medienplätze‹ nicht bedacht zu haben; sowenig wie jene Mönche im Jahre 1485 der technischen Leistung des Typographeums trauten, als sie alle Exemplare der ersten Ausgabe des Regensburger Meßbuches durchlasen und mit der Druckvorlage verglichen, um dann festzustellen, daß

> »wie durch ein Wunder Gottes, [...] in den Buchstaben, Silben, Wörtern, Sätzen, Punkten, Abschnitten und anderem, was dazu gehört, der Druck bei allen Exemplaren und in jeder Hinsicht mit den Vorlagen [...] unseres Domes übereinstimmte. Dafür danken wir Gott.«[4]

Die Entwicklung einer zunehmenden Schriftkompetenz und -praxis verlief im ausgehenden Ancien Régime für unterschiedliche Bevölkerungsteile phasenverschoben und zeichnete sich durch »verschiedene Grade, in denen sich der einzelne in ein aktives Verhältnis zu dieser Schriftkultur setzte«[5], aus. Für die

2 Vgl. Michael Giesecke, *Der Buchdruck in der frühen Neuzeit. Eine historische Fallstudie über die Durchsetzung neuer Informations- und Kommunikationstechnologien*, Frankfurt am Main (Suhrkamp) 1991, S. 31.

3 Ebd., S. 34.

4 Vgl. Ferdinand Geldner, »Zum ältesten Missale-Druck«, in: *Gutenberg-Jahrbuch* 1961, S. 101–106; zitiert nach Giesecke 1991 (wie Anm. 2), S. 145.

5 Utz Maas, »Schrift und Schreiben. Einige systematische und historische Anmerkungen«, in: Karl-Heinz Ziessow / Utz Maas / Georges Frechet / Helmut Ottenjann / Bernd Jürgen Warneken u. a., *Hand-Schrift – Schreib-Werk. Schrift und Schreibkultur im Wandel in regionalen Beispielen des*

Gesellschaft des Ancien Régimes und des 19. Jahrhunderts, versichert uns Daniele Marchesini, war der Begriff des Alphabetismus nicht durch eine einzige und homogene technische Kompetenz gekennzeichnet, sondern durch ein Ensemble getrennter Fähigkeiten, die funktional verbunden waren, jedoch in autonomen Praktiken ausgeübt wurden: Man konnte nur Gedrucktes oder auch Handschriftliches lesen, man konte nur unterschreiben usw.[6] Ja, es kam sogar vor, daß bestimmte Personen nur schreiben, jedoch nicht lesen konnten. Als im Jahre 1865 der Kanton Luzern 754 Rekruten (Jahrgang 1845) einer sogenannten ›pädagogischen Prüfung‹ unterzog, stellte sich heraus, daß 284 Rekruten (37,7 Prozent) sehr gute, 198 (26,3 Prozent) gute und 137 (18,2 Prozent) mittelmäßige Leistungen im Lesen erbrachten; geringe Leistungen wiesen 69 (9,2 Prozent) auf; 66 (8,5 Prozent) konnten nicht lesen. Schreiben konnten 148 Rekruten (19,7 Prozent) sehr gute, 174 (23,1 Prozent) gute und 243 (32,2 Prozent) mittelmäßige; geringe Leistungen im Schreiben zeigten 140 (18,6 Prozent), während 49 (6,5 Prozent) nicht schreiben konnten. Bei der Analyse der Resultate unterstrich der Referent, die Hauptbeschäftigung dieses Kantons sei der Landbau. Das Bildungsbedürfnis sei weniger groß als in industriellen Gegenden. Wer den ganzen Tag auf dem Lande arbeite, habe am Abend müde Glieder und geht dann gerne zur Ruhe. Wo die Verhältnisse keine Übung verlangten, da werde oft keine Feder zur Hand genommen und kein Buch gelesen. Höchstens werde am Sonntag während des Gottesdienstes das Meßbuch durchgeblättert. Und der Referent fügt hinzu, die Landarbeit mache zudem ungelenke Hände, so daß das Schreiben oft schwerfalle. Man müsse nur die Hände dieser Leute ansehen, die Haltung der Feder beachten, und man werde sich nicht wundern, wenn die Schrift schlecht aussehe.[7] Soweit entsprechen die Leistungen der zwanzigjährigen männlichen Bevölkerung dieses katholischen Kantons im Jahre 1865 unseren Erwartungen oder, wenn man will, Befürchtungen. Sie sind guter helvetischer Durchschnitt. Auffallend ist jedoch, daß mehrere Gedrucktes nicht lesen, aber etwas schreiben und das Geschriebene lesen können. Dazu der Kommentar des Referenten: »Das Leben hat diese gezwungen, die Feder zur Hand zu nehmen.«[8] Diese autonomen Fähigkeiten konnten sich, nach Marchesini, also kreuzen, überdecken oder auch miteinander verschmelzen, sich in einer Beziehung des Gebens und Nehmens verbinden, aber sie waren nicht notwendiger-

18. bis 20. Jahrhunderts, Cloppenburg (Museumsdorf Cloppenburg) 1991 (Materialien zur Volkskultur nordwestliches Niedersachsen; H. 16), S. 85–118, hier S. 112.

6 Vgl. Daniele Marchesini, *Il bisogno di scrivere. Usi della scrittura nell'Italia moderna*, Roma / Bari (Laterza) 1992 (Quadrante; 56).

7 *Jahrbuch der Luzernischen Kantonallehrerkonferenz* IX (1865), Luzern (Meyersche Buchdruckerei), S. 150–151.

8 Ebd., S. 149. Vgl. ebenso *Jahrbuch* XII (1868), S. 122.

weise Durchgangsstationen entlang eines progressiven und linearen Weges.[9] Gerade hier zeigt sich die Durchlässigkeit zwischen Analphabetismus und literalen Praktiken; ausgeschlossen von der typographischen und skriptographischen Kommunikaton war in der Frühen Neuzeit fast niemand mehr, und man kann hinzufügen, man konnte sich ihr auch immer weniger entziehen: Man ließ sich vorlesen, oder man ließ sich Briefe, Bittschriften schreiben oder Formulare ausfüllen.

Eine wichtige Voraussetzung dieser Schreibpraktiken war die Schule. Aber gerade sie hatte vor 1800 wenig Neigung, eine aktive Schreibpraktik zu befördern. Es fehlten die entsprechenden didaktischen Einsichten und Präferenzen. Da Schreiben erst erlernt und eingeübt wurde, wenn man bereits lesen konnte, das heißt oft nach einem zeitlichen Abstand von mehreren Jahren, Schreiben meist Kopieren bedeutete und der kalligraphischen Gestaltung eine entscheidende Bedeutung beigemessen wurde, auf Kosten inhaltlicher Eigenständigkeit und orthographischer Richtigkeit, der ganze Unterricht überhaupt zeitlich äußerst limitiert und materiell karg ausgestattet war, entließ die Schule des Ancien Régime ihre Schüler, was das Schreiben betraf, nur mit partiellen, ihre Schülerinnen oft ohne alle Kenntnisse. Aber das war nicht überall der Fall. Die niederen Schulen fokussierten unterschiedliche Erwartungen, da sowohl die zahlenden Hausväter als auch der juristische ›Schulherr‹, der staatlich verfaßte Klerus auf den konkreten Unterricht kontrollierend und korrigierend Einfluß nahmen. Armando Petrucci spricht von einem eigentlichen Gegensatz zwischen den Forderungen von ›oben‹ und den Erwartungen von ›unten‹:

> »[L]'induzione dall'alto di meccanismi di istruzione di base avvenne in genere mediante la costituzione di più o meno sofisticati e diffusi sistemi scolastici istituzionali, l'affermazione del prevalente insegnamento della lettura e l'uso dello strumento libro: e cioè attraverso un processo altamente ed essenzialmente passivo e conservativo della cultura scritta, che garantiva e perpetuava la sopravvivenza di un sapere e di potere esistenti […].«[10]

9 »Va detto subito che per le società d'antico regime è più che mai vero che quella di alfabetismo non è una nozione indifferenziata, contrassegnata da un'unica ed uniforme competenza tecnica. Siamo di fronte, infatti, ad un insieme di capacità separate, non legate funzionalmente tra loro (come succede oggi), esercitate in pratiche autonome che, certo, possono incrociarsi, sovrapporsi, anche fondersi o, più semplicemente, collegarsi in un movimento di va e vieni, ma che non si dislocano necessariamente lungo un percorso rettilineo e progressivo.« Marchesini (wie Anm. 6), S. 3.

10 Armando Petrucci, »I percorsi della stampa: da Gutenberg all'›Encyclopédie‹«, in: Pietro Rossi (Hg.): *La memoria del sapere. Forme di conservazione e strutture organizzative dall'antichità a oggi*, Roma / Bari (Editore Laterza) 1990 (Biblioteca Universale Laterza; 316), S. 135–164, hier S. 153.

In der Unterschicht war man hingegen zum Teil weit weniger am Lesen, das sich ja nur auf einen äußerst beschränkten Kanon religiöser Texte bezog, als vielmehr am Schreiben interessiert:

> »[L]a pressione dal basso per conquistare una maggiore istruzione era invece intesa essenzialmente a garantire ad alcuni, almeno, dei membri delle singole comunità interessate la capacità non già di leggere, quanto piuttosto di scrivere, indispensabile a svolgere determinante pratiche necessarie (o meglio, obbligate) in società sempre più fortemente burocratizzate; [...].«[11]

Die Schulmeister waren diesen unterschiedlichen Forderungen und Drucksituationen ausgesetzt und mußten im Schulalltag Kompromißformen finden, die beide Seiten befriedigten. So ist es auch zu erklären, daß für das 18. Jahrhundert in einzelnen Gebieten sowohl bei der ländlichen Unterschicht als auch bei der dörflichen Führungsschicht vereinzelt eine Schreib- und Lesepraktik vorherrschte, die sich nicht ohne weiteres erklären läßt. Dieser Befund steht auch im Gegensatz mit der in der Forschung (von wenigen Ausnahmen abgesehen) vorherrschenden Meinung, die ländliche Bevölkerung sei von diesem Modernisierungsprozeß, der im wesentlichen als eine bürgerlich-urbane Veranstaltung beschrieben wird, nicht erfaßt worden.[12]

Die *Dissoziierung von Schreiben und Lesen* war im 16. Jahrhundert mit der Herausbildung und Etablierung differenzierter Systeme sozialer Kontrolle (zu denen das Schulsystem gehörte) vollzogen worden. Die Schule hielt nicht mehr ein spezifisches Angebot für diejenigen bereit, die spezielle Qualifikationen erwerben wollten, sondern versuchte, alle Nicht-Erwachsenen der Bevölkerung zu erfassen und unterwarf diese »einer bestimmten Form der Sozialdisziplinierung«[13]. Während der Leseunterricht als ein geeignetes Instrument der Disziplinierung und Akkulturation geschätzt wurde, verhielten sich die kirchlichen Instanzen dem Schreiben gegenüber indifferent oder gar ablehnend.[14] In seiner konservativen

11 Ebd.

12 Vgl. Joachim Gessinger, »Kommunikative Verdichtung und Schriftlichkeit: Lesen, Schreiben und gesellschaftliche Organisation im 18. Jahrhundert«, in: Andreas Gardt / Klaus J. Mattheier / Oskar Reichmann (Hgg.): *Sprachgeschichte des Neuhochdeutschen. Gegenstände, Methoden, Theorien*, Tübingen (Niemeyer) 1995 (Reihe germanistische Linguistik; 156), S. 279–306, hier S. 280; Utz Maas, »Ländliche Schriftkultur in der Frühen Neuzeit«, in: ebd., S. 249–277, besonders S. 249–254.

13 Maas (wie Anm. 5), S. 100.

14 Vgl. Anne-Marie Chartier / Jean Hébrard, »Lire pour écrire a l'école primaire? L'invention de la composition française dans l'école du XIXe siècle«, in: Yves Reuter (Hg.): *Les interactions lecture-écriture. Actes du colloque organisé par l'équipe THEODILE-CREL (Université Charles-de-Gaulle / Lille III, 22–24 novembre 1993)*, Bern / Berlin / Frankfurt am Main / New York / Paris / Wien (Peter Lang) 1994, S. 23–90.

Orientierung übertraf der Schreibunterricht, wenn er stattfand, bei weitem den Leseunterricht, der sich bei aller theoretischen Fixierung auf religiöse Lesestoffe nebenbei eines heterogenen, oft zufällig zustande gekommenen Textkorpus, bestehend aus gedruckten (Kalender, Zeitungen) und handschriftlichen Schriftmedien (Briefe, Verträge, Prozeßakten), bediente. Die einseitige Privilegierung des Lesens in den niederen Schulen vor 1800 erklärt sich unter anderem daraus, daß die Lektüre für eine kontrollierbarere Tätigkeit gehalten wurde. Man konnte sowohl die Produktion als auch die Distribution der ihr zugrunde liegenden gedruckten Texte überwachen. Das Schreiben entzieht sich hingegen grundsätzlich der Kontrolle:

> »[C]hi sa scrivere può, almeno teoricamente, scrivere quello che vuole, come vuole, dove vuole e quando vuole; il che può risultare pericoloso per le autorità e per il mantenimento dell'equilibro sociale, soprattutto se i potenziali scriventi appartengono alle classi subalterne.«[15]

Die einseitige Fixierung auf das Buch hat lange genug der Rekonstruktion des Literalitätsprozesses im Wege gestanden. Lesen und schreiben zu können setzt keinerlei Buchbesitz voraus. Dazu ein Vergleich mit französischen Verhältnissen des 18. Jahrhunderts: Die Auswertung von 3708 Pariser Nachlaßverzeichnissen ergab für den Zeitraum von 1750 bis 1759 folgenden Befund: 60 Prozent der Besitzer von Schreibmaterialien (Schreibgeräte, Tintenfaß, Federn) besaßen kein Buch.[16]

Das ›Volk‹, die Masse der Ungebildeten, hatte weniger mit Büchern zu tun als mit Rechnungen, Buchhaltungen, Verträgen, Briefen und ähnlichem. Die Zeugnisse dieser alltäglichen Schriftlichkeit sind denn auch vielfältig, wenn auch noch kaum erschlossen und von Bibliotheken oder Staatsarchiven nur vereinzelt gesammelt worden. Als Quellen kommen Schreibkalender mit handschriftlichen Eintragungen auf den dafür vorgesehenen leeren Seiten, dem ›Spatium‹, Anschreibebücher[17], Haus(haltungs)- und Familienbücher[18], Tagebücher, Jour-

15 Armando Petrucci, *Scrivere e no. Politiche della scrittura e analfabetismo nel mondo d'oggi,* Iconografia a cura di Franca Petrucci Nardelli, Roma (Editori Riuniti) 1987, S. 133.

16 Vgl. Roger Chartier, *Lesewelten. Buch und Lektüre in der frühen Neuzeit,* aus dem Französischen von Brita Schleinitz und Ruthard Stäblein, Frankfurt am Main / New York (Campus; Paris, Edition de la Maison des Sciences de l'Homme) 1990 (Historische Studien; 1), S. 96.

17 Vgl. Klaus-Joachim Lorenzen-Schmidt / Bjørn Poulsen (Hgg.), *Bäuerliche Anschreibebücher als Quellen zur Wirtschaftsgeschichte,* Neumünster (Wachholtz) 1992 (Studien zur Wirtschafts- und Sozialgeschichte; 21).

18 Vgl. Konstanze Jungbluth, *Die Tradition der Familienbücher. Das Katalanische während der ›Decadència‹,* Tübingen (Niemeyer) 1996 (Beihefte zur Zeitschrift für romanische Philologie; 272).

nale[19], Wetteraufzeichnungen, Familienchroniken[20] (in ihrer einfachsten Form oft auf die leeren Vorsatzblätter der Bibel geschrieben), Briefe oder auch Autobiographien in Frage. Diese Dokumente erlauben Fragen nach Schreibanlaß, Funktion, Motivation, Häufigkeit der Eintragungen, Wahl der mitgeteilten Gegenstände usw. Aber auch regionale oder berufsbezogene Schreibtraditionen verdienen eine eingehende Untersuchung. Ebenso sind die zahlreichen Zeugnisse volkstümlicher Kalligraphie, wie sie unter anderem als handschriftliche Katechismen, Taufbriefe, Schriftdenkmäler und ähnliches überliefert sind, einzubeziehen, aber auch Formen sekundären Schriftgebrauchs wie Schriftmagie.

Es ist nach den Modellen, Vorbildern, Anregungen und Auslösern beim Schreiben zu fragen. »A l'origine de l'écriture se trouve la lecture.«[21] An erster Stelle ist hier die Bibel zu nennen. Rolf Engelsing sieht einen Beleg für die reproduktive Kraft der Wiederholungslektüre darin, daß man sich in Deutschland, das bis weit in das 19. Jahrhundert hinein ein Land der Kleinstädte war, zur Veranschaulichung einer Großstadt und ihrer Probleme »mangels praktischer Erfahrungen und Vorstellungen stets auf die Erinnerung der Bibellektüre bezog und – sich das Großstädtische mehr verstellend als erhellend – von Babel und Ninive sprach.«[22] Biblische Geschichten fanden als Abbreviaturen, als eigentliche Klischees, in der Alltagssprache, aber auch in den alltäglichen Schreibpraktiken, Verwendung. Nach Georg Büchmann sind viele Figuren biblischer Historien typische Bezeichnungen menschlicher Eigenschaften geworden.[23] Die

19 Vgl. Jan Peters / Hartmut Harnisch / Lieselott Enders, *Märkische Bauerntagebücher des 18. und 19. Jahrhunderts. Selbstzeugnisse von Milchviehbauern aus Neuholland,* Weimar (Hermann Böhlau Nachfolger) 1989 (Veröffentlichungen des Staatsarchivs Potsdam; 23); Jean-Pierre Jelmini, *Pour une histoire de la vie ordinaire dans le Pays de Neuchâtel sous l'Ancien Régime. Plaidoyer pour une étude des mentalités à partir des écrits personnels,* Hauterive (Gilles Attinger) 1994 (Cahiers de l'Institut neuchâtelois; n. s. 25).

20 Vgl. Christof Weiand, *›Libri di famiglia‹ und Autobiographie in Italien zwischen Tre- und Cinquecento. Studien zur Entwicklung des Schreibens über sich selbst,* Tübingen (Stauffenburg Verl.) 1993 (Romanica et comparatistica; 19).

21 Anne-Marie Christin, »Lectures / Ecritures«, in: Roger Chartier (Hg.): *Histoire de la lecture. Un bilan des recherches. Actes du colloque des 29 et 30 janvier 1993 Paris,* Paris (IMEC Editions, Editions de la Maison des sciences de l'homme) 1995 (Collection »In Octavo«), S. 261–269, hier S. 261. Vgl. dazu Wolfgang Harms / Jean-Marie Valentin (Hgg.), *Mittelalterliche Denk- und Schreibmodelle in der deutschen Literatur der Frühen Neuzeit,* Amsterdam / Atlanta GA (Rodopi) 1992 (Chloe; 16).

22 Rolf Engelsing, *Zur Sozialgeschichte deutscher Mittel- und Unterschichten,* Göttingen (Vandenhoeck u. Ruprecht) (1973) ²1978 (Kritische Studien zur Geschichtswissenschaft; 4), S. 126–127.

23 Georg Büchmann, *Geflügelte Worte. Der Citatenschatz des Deutschen Volks,* vierte umgearbeitete und vermehrte Auflage, Berlin (Haude- und Spener'sche Buchhandlung) (1864) ⁴1867, S. 159: »Der Mensch wird nackt geboren wie Adam, er ist keusch wie Joseph, weise wie Salomo oder ein ungläubiger Thomas, er ist ein langer Laban, ein Riese Goliath, ein Enakskind, stark wie Simson, er lebt wie im Paradiese, dient dem Mammon und hat Mosen und die Propheten, oder wenn Paulus davon nicht schreibt, stimmt er, arm wie Lazarus, noch dazu ein blinder Tobias,

Bibel als »Grundlage der Verständigung«[24] ist sowohl für die mündliche als auch für die handschriftliche Kommunikation von zentraler Bedeutung. Ein großer Teil der alltäglichen Schriftlichkeit in der Frühen Neuzeit war *Imitat* und *Variation*. Darin finden die rhetorisch-literarischen Techniken des Mittelalters, die *imitatio et tractatio,* ihre populäre Fortsetzung.[25] Man bediente sich mit großer Selbstverständlichkeit der Vorlagen, einer Art anonymen Subtext. Die Vorstellung des geistiges Eigentums, wenn auch ohne juristische urheberrechtliche Konsequenzen, ist erst seit der Klassik für das uns geläufige Dichterbild konstituierend. Die Adressierung von Texten setzte mit dem Buchdruck ein. Ein Text bzw. ein Buch hat einen Autor/Urheber; zwischen beiden herrscht eine eineindeutige Zuordnung: »Jedes typographische Informationsbündel erhält ein Kennzeichen, welches Auskunft darüber gibt, wer a) die Informationen gewonnen und bereitgestellt und wer b) die Daten eingegeben hat.«[26]

Damit sind einige der Themen und Schwerpunkte der Tagung »Lesepraktiken und Schreibpraktiken in Europa, 1500–1900« skizziert. Es wird unter anderem darum gehen, dem Verhältnis von Handschrift *(Charakter)* und Buchdruck *(Type)* nachzugehen. Welche Lektüre, oder konkreter, welche typographischen Arrangements erweckten das Bedürfnis nach eigenen ›Aufschrieben‹, und lassen sich an diesen Schreibpraktiken die vorangegangenen oder auch anhaltenden Rezeptionsprozesse rekonstruieren? Der Buchdruck diente selber wiederum, etwa für die ländliche Kalligraphie, als Vorbild. ›Schreiben wie Gedruckt‹ war in diesem Sinne ein Kompliment. Ein weiterer Komplex umfaßt das Verhältnis von Mündlichkeit und Schriftlichkeit. Der opinio communis, diese bilde jene ab, ist schon deshalb nicht beizupflichten, weil die Mündlichkeit selber sich dem Einfluß der typographischen Kommunikation nicht hat entziehen können. Und die Schrift wiederum eröffnet »symbolische Potentiale der Bearbeitung der Realität, die es erlauben, aus deren Reproduktion gewissermaßen auszusteigen«.[27] Mit Grund ließe sich deshalb nicht erst seit dem Telefonieren von einer sekundären Mündlichkeit sprechen. Manch einer sprach und spricht ›wie gedruckt‹. Cécile Dauphin nennt denn zu Recht in ihrer Untersuchung über französische Briefsteller zwischen 1830 und 1899 die populäre Definition des Briefes als Rede eine »illusion de l'oralité«.[28] Der Brief wird in den *manuels épistolaires* als die Transkrip-

Jeremiaden an, sehnt sich zurück nach den Fleischtöpfen Aegyptens, bekommt eine Hiobspost über die andere, und muß Uriasbriefe bestellen, wobei er von Pontius zu Pilatus zu laufen hat.«

24 Walther Killy, *Schreibweisen – Leseweisen,* München (C. H. Beck) 1982, S. 95.

25 Vgl. dazu Alexandru N. Cizek, *Imitatio et tractatio. Die literarisch-rhetorischen Grundlagen der Nachahmung in Antike und Mittelalter,* Tübingen (Max Niemeyer) 1994 (Rhetorik-Forschungen; 7).

26 Giesecke (wie Anm. 2), S. 323.

27 Maas (wie Anm. 12), S. 253.

28 Vgl. Cécile Dauphin, »Les manuels épistolaires au XIXe siècle«, in: Roger Chartier (Hg.): *La*

tion eines mündlichen Austausches, als die Verlängerung des gesprochenen Wortes ausgegeben. Die behauptete Analogie zwischen schriftlicher Kommunikation und mündlichem Gespräch diente dazu, so die These der Autorin, die kulturelle und mediale Distanz zu leugnen, ja unbewußt zu machen. Und sie fährt weiter:

> »Faut-il voir dans cette réduction de la lettre à un échange de paroles le corollaire d'une divulgation qui consiste tout simplement à faire croire que l'écriture épistolaire est accessible à tous?«[29]

Die behauptete Analogie zwischen Schreiben und Reden ist zwar falsch (soweit man das von einer Analogie überhaupt sagen kann), aber sie ist überaus hilfreich und populär. Ich würde hier nicht von einer Ideologie sprechen, sondern von einem mentalen Modell. Auch am Computer denken wir in der Dimension des Papiers. Und während die populären Briefsteller die ›Schwellenangst‹ beim Briefeschreiben abbauen, sind es literarisch gebildete Briefschreiberinnen, welche die Defizite formulieren. So bezeichnete 1762 Demoiselle Lucius in einem Brief an Christian Fürchtegott Gellert den Brief als Abgesandter und Stellvertreter, der

> »nun freylich nicht so manierlich und gefälig seyn [kann], als ichs allenfalls seyn könnte, weil er das Ansehen und die Sitten behalten muß, die ich ihm einmal gegeben habe, und weil ichs vorher nicht wissen kann, in welcher Gemüthsbeschaffenheit er die Leute antreffen wird.«[30]

Und für Sophie Mereau ist das Papier ein so ungetreuer Bote, »daß es den Blick, den Ton vergißt, und oft sogar einen falschen Sinn überbringt«[31].

Der vorliegende Band enthält die Referate und Diskussionsbeiträge der Tagung »Lesepraktiken und Schreibpraktiken in Europa, 1500–1900«, die vom 11. bis 14. November 1996 in Ascona, Monte Verità, stattfand. Die Vorträge wurden, von wenigen Ausnahmen abgesehen, auf deutsch, französisch oder italienisch gehalten, die Diskussionen in französischer Sprache geführt. Indem wir die Referate im vorliegenden Band in den entsprechenden Landessprachen wiedergeben,

correspondance. Les usages de la lettre au XIXe siècle, Paris (Fayard) 1991, S. 209–272, besonders S. 229–231.

29 Ebd., S. 230.

30 Friedrich Adolf Ebert (Hg.), *Briefwechsel Christian Fürchtegott Gellert's mit Demoiselle Lucius. Nebst einem Anhange*, Leipzig (F.A. Brockhaus) 1823, S. 128.

31 Heinz Amelung (Hg.), *Briefwechsel zwischen Clemens Brentano und Sophie Mereau*, nach den in der königlichen Bibliothek zu Berlin befindlichen Handschriften zum ersten Mal herausgegeben von H. A., 2 Bde., Leipzig (Insel-Verl.) ²1908, 1. Bd., S. 12–13.

sind die Anforderungen an die Leser zwar hochgestellt, andererseits knüpft sich daran die Hoffnung, er werde über den deutschsprachigen Raum hinaus rezipiert.

Die Referate dieses Bandes sind in fünf Gruppen gegliedert. Die erste Gruppe umfaßt Schreibpraktiken von Bauern, Stadtbürgern und Patriziern (»Pratiques d'écriture ordinaire. Citadins et paysans«). So stellt Ulrich Knoop in seinem Beitrag aufgrund eines für die bäuerlichen Untertanen günstig lautenden Vertrags zwischen ihnen und der Klosterherrschaft Ochsenhausen in Ochsenhausen bei Biberach aus dem Jahre 1502 die Frage, wie die Bauern zu einem eigenen Verständnis der Rechtslage kommen konnten und wie ihre Fähigkeit zur schriftlichen Artikulation ihrer Interessen, die sich in den Quellen belegt läßt, zu begreifen sei. Für Knoop ergibt sich aus der Analyse die Notwendigkeit, Alphabetisierung nicht mit Textproduktions- bzw. Rezeptionsfähigkeit in eins zu setzen, so daß hier der befähigte Personenkreis größer angesetzt werden muß als die ominösen 5 Prozent Alphabeten, die man für das Jahr 1500 in Deutschland annimmt. Manuel Peña Diaz wiederum rekonstruiert Formen alltäglicher bzw. privater Schriftlichkeit im Barcelona des 16. Jahrhunderts wie Rechenbuch oder Hausbuch auf der Grundlage von notariellen Dokumenten (Nachlaßinventare usw.). Erminia Irace untersucht die Textproduktion innerhalb der Adelsschicht im frühneuzeitlichen Italien (16. und 17. Jahrhundert). Es handelt sich dabei um Familienbücher (»libri di famiglia«), um genealogische Kompilationen und um Adelsnachweise, die, indem sie gedruckt wurden, die Legitimation (Herkunft, Stammbaum usw.) adeliger Familien belegen sollen. Irace gelingt der Nachweis, daß damit, in einer Zeit einer neuen, nationalstaatlichen Orientierung, städtische Identität nicht mehr kollektiv – etwa in der Form der Stadtchroniken – hergeleitet wird, sondern durch ein sich nun individuell legitimierendes Patriziat, das sich als die lokalen Vertreter eines absoluten Souveräns verstand. Jan Peters kann an bäuerlichen Schreibebüchern aus dem 17. Jahrhundert zeigen, daß der darin erhobene »literarische Anspruch« (Reflexionen über die Welt und die Möglichkeiten, in ihr zu bestehen) kein legitimatorisches Problem für den Schreiber darstellte. Lodovica Braida untersucht eine weitere Form alltäglicher Schriftlichkeit anhand von Schreibkalendern des 18. und 19. Jahrhunderts. Den gedruckten Kalendern wurden entweder weiße Blätter beigebunden (»durchschossene Exemplare«), oder die Drucker sparten auf dem bedruckten Blatt eine unbedruckte Fläche (Spatium) aus, damit die Besitzer der Kalender darauf ihre Notizen machen konnten. Die Analyse gebrauchter Exemplare aus verschiedenen norditalienischen Archiven und Bibliotheken ergibt, daß diese Notizen und Notate fast ausschließlich bereits Vergangenes und nur selten, im Sinne einer Zeitplanung, Zukünftiges festhielten. Simon Ecklin stellt das 652 beschriebene Seiten zählende *Journal* eines Landwirts, Daniel Sandoz, aus der Gegend von La Chaux-de-Fonds (Kanton Neuchâtel) vor. Dieses Manuskript, das dem Typus *livre de raison* oder Hausbuch zuzuzählen ist, deckt die zehn Jahre zwischen 1770 und 1779 ab, wobei verschiedene Verweise des Autors vermuten lassen, daß es sich um den einzigen noch vorhandenen Band eines mehrere Bände umfassenden Werkes handelt. Das Manuskript steht einerseits in einer breit belegten Tradition von bäuerlichen und handwerklichen Schreibebüchern des Kantons Neuchâtel, zeichnet sich darüber hinaus durch eine Besonderheit aus. Es besteht aus zwei Teilen: einmal aus dem eigentlichen *Journal*, dann aus einem ausführlichen Register, von Daniel Sandoz »table« genannt, das es erlaubt, den vielfältigen Inhalt zu erschließen. Dieses alphabetisch aufgebaute Register von 52 Seiten listet unter 77 Stichworten die einzelnen Einträge systematisch auf. Sie reichen von den getätigten Feldarbeiten und vom Handel mit Vieh über die religiösen und hausindustriellen Aktivitäten bis zu den verschiedenen dörflichen Ereignissen. Selbst das Eintreten der Menstruation seiner Frau wird von Sandoz exakt vermerkt. Jean Hébrard endlich untersucht in seinem Beitrag mit einem einerseits ethnologischen, volkskundlichen, andererseits historischen Instrumentarium für einen Zeitraum, der von der Aufhebung des Ediktes von Nantes bis zum Ersten Weltkrieg (»la Grande Guerre«) reicht, wie und in welchem Maße seine Vorfahren, hugenottische Bauern aus dem Languedoc, an der Schriftkultur partizipierten. Ausgangspunkt waren Gespräche in den siebziger Jahren mit Angehörigen, die in einer (noch) klassischen Perspektive katholische und protestantische Positionen in Hinblick auf das Problem der Schriftlichkeit im Languedoc zwischen 1870 und 1914 erhellen sollten. Eine der Auskunftspersonen griff das ›Gesprächsangebot‹ auf und begann mit Jean Hébrard einen fünf Jahre dauernden Briefverkehr, der unter anderem die unterschiedlichen Praktiken im Umgang mit Schriftlichkeit an drei Generationen (Jahrgang 1850, 1870 und 1900) beleuchtete. Daraus erwuchs die Neugierde, die Evidenz der »longue durée« der Schriftpraktiken (Unterschreiben, Lesen, Schreiben usw.) bis zu dem Zeitpunkt der Aufhebung des Ediktes von Nantes (1685) zurückzuverfolgen. Dabei zeigte sich für diese erste Phase, wie bedeutsam für eine nur schwach ausgebildete Schreibpraktik die familiäre und nachbarschaftliche Einbindung war.

Die zweite Gruppe der Referate beschäftigt sich mit der Frage, wie Kinder, Jugendliche oder Erwachsene lesen und schreiben lernten (»Apprentissages«). Sandro Bianconi untersucht den Einfluß der katholischen posttridentischen Kirche für die Zeit von 1600 bis 1800 in verschiedenen Gegenden des Tessins auf den Prozeß der Alphabetisierung. Dieser Einfluß läßt sich an der Einrichtung von Schulen, in denen in der Hauptsache der Katechismus unterricht wurde, nachweisen. Der Alphabetisierungsprozeß wurde jedoch auch von Hausvätern unterstützt, die, besonders wenn sie als Kunsthandwerker im Ausland arbeiteten und oft monate-, ja jahrelang von zu Hause abwesend waren, den Nutzen von Schreiben, Lesen und Rechnen wohl zu schätzen wußten und deshalb vom Pfarrer verlangten, ihre Kinder auch im Schreiben zu unterrichten. An einzelnen Briefen, die diese Handwerker aus dem Ausland nach Hause schrieben, zeigt Bianconi, wie sie – trotz zahlreicher Defizite (Orthographie, Lexik) – wohl im Stande waren, die kommunikativen Zwecke zu realisieren. Piero Lucchi geht der Frühgeschichte schuldidaktischer Texte nach. Er kann nachweisen, daß bereits im 15. bzw. 16. Jahrhundert Lesefibeln existierten, die sich der Syllabiermethode bedienten. Der Schreibende selber weist auf die bis 1830 in der Schweiz bedeutsame Unterscheidung zwischen dem Lesen von Gedrucktem und dem Lesen von Handschriftlichem hin und seine sowohl alltagspraktische als auch schulische Verankerung.

Die dritte Gruppe (»L'écriture biographique et autobiographique«) umfaßt Vorträge zum Thema autobiographischen Schreibens in einem engeren und in einem weiteren Sinne. Gabriele Rippl zeigt an englischsprachigen Frauenautobiographien der Oberschicht aus der zweiten Hälfte des 17. Jahrhunderts, wie in diesem sozialen Milieu die Kulturtechniken Lesen und Schreiben ineinandergreifen, das »verschriftlichte Selbst zugleich ein belesenes Selbst« ist. Während die gesellschaftlichen Umbrüche des Bürgerkrieges, des Interregnums und der Restaurationszeit zum Schreiben recht eigentlich anregen, fehlen den weiblichen Autobiographen hingegen verbindliche Modelle und normative Vorgaben, weshalb diese sie in der Schönen Literatur und in pragmatischen Textsorten finden. Hans-Jürgen Schraders Beitrag befaßt sich mit den spontan aufgezeichneten prophetisch-poetischen Bekundungen, die der jahrzehntelang in Schnellschreiber-Begleitung als Sprachrohr der Diktate Gottes durch Europa wandernde Anführer der radikalpietistischen »Wahren Inspirations-Gemeinde«, Johann Friedrich Rock – ein bescheidener Handwerker –, auf den wichtigsten seiner neun Reisen durch die Schweiz (1719–1741) zu Gehör und zu Papier gebracht hat. Der Beitrag von Jürgen Beyer behandelt die Textproduktion zweier Lutheraner im letzten Jahrzehnt des Dreißigjährigen Krieges, von denen der eine als Schulmeister, Küster, Autor, Buchhändler und Verleger, der andere als sein Sekretär, Ideen und Erzählstoffe der Schriftkultur popularisierten. Bei den Texten, die sie verfaßten und durch Kolportage von Haus zu Haus, in Wirtshäusern, auf Jahrmärkten oder durch Widmungsexemplare an hochgestellte Persönlichkeiten vertrieben, handelt es sich um Flugschriften in Quartformat, meist zwischen 4 bis 11 Bogen stark, die Prophezeiungen politischer oder kriegerischer Ereignisse oder auch von Katastrophen enthielten. Franz M. Eybl präsentiert das Benediktinerkloster Melk als Fallbeispiel für das »Kommunikationsmodell Kloster« im 18. Jahrhundert in Österreich bzw. Oberdeutschland und untersucht seine verschiedenen Zirkulationsweisen (innerhalb des Klosters und vom Kloster nach draußen bzw. von draußen ins Kloster). Dabei geht es auch um die klösterlichen Lektüreweisen (rhetorisch, aszetisch und monastisch) und um die größere oder kleinere Durchlässigkeit zwischen Kloster und Außenwelt, was das Eindringen neuer Lesestoffe in den Bereich des Klosters ermöglicht. Maria Pia Fantini endlich untersucht anhand von Gerichtsakten des S. Ufficio von Modena für die Zeit von 1580 bis 1620, in welcher Weise Gebete und Formeln, die Leser in populären Volksbüchlein fanden, aufgegriffen und als Zauber verwendet wurden.

Die vierte Gruppe (»La communication épistolaire. Modèles, supports, pratiques«) umfaßt Vorträge, die sich in einem engeren oder weiteren Sinne mit Briefkommunikation bzw. Telegraphie auseinandersetzen. Hier spielen einmal die Briefsteller, die gedruckten normativen Vorgaben, eine wichtige Rolle. Francisco M. Gimeno Blay etwa untersucht für das 16. Jahrhundert die Briefsteller vor dem Hintergrund einer zunehmend komplexeren Bürokratie. Cécile Dauphin arbeitet mit einem Korpus von Handbüchern, die in französischer Sprache zwischen 1830 und 1900 erschienen sind und die – wenigstens dem Titel nach – Handreichungen zum Briefeschreiben bieten wollten. Diese Handbücher sind entweder Anthologien von Briefen berühmter Autoren oder Briefsteller (»secrétaires«, »manuels épistolaires«) im engeren Sinne oder aber eigentliche Schulbücher, die zum Briefeschreiben anleiten wollten. Ihre zunehmende Verbreitung deutet Dauphin als ein erstes Indiz für ihre Nützlichkeit, indem das tatsächliche Briefeschreiben in diesem Zeitraum auch zunimmt. Der Historiker hat jedoch den in diesen Büchern (meist in den Einleitungen) explizit formulierten Autorintentionen gegenüber skeptisch zu sein und nach dem tatsächlichen »Nutzen« dieser Briefsteller, der nach Dauphin ein plurifunktioneller sei, zu fragen. Eine besondere Form von Briefen untersucht Jean Marie Goulemot. Ausgehend von Leserbriefen an den Autor Bernardin de Saint-Pierre, fragt er sich, wie weit sie – sie reichen von der Beschreibung des ›Lektüreerlebnisses‹ bis zu eigenständigen literarischen Werken – durch das Werk ausgelöst bzw. provoziert wurden. Paola Repetti wiederum untersucht anhand von Bittschriften des 16. bis 18. Jahrhunderts, die von Untertanen an den ›modernen Staat‹, konkret: an die Herzöge in Parma, gerichtet wurden, die sprachlichen Strategien, die ihnen zugrunde liegen. Isa Schikorsky behandelt in ihrem Aufsatz das Korpus von 72 Briefen, die ein einfacher deutscher Tischlergeselle als Soldat während des Deutsch-Französischen Krieges 1870/71 aus Frankreich seiner Ehefrau nach Deutschland geschickt hat. Dabei umfaßte die potentielle Leserschaft über die Ehefrau hinaus sowohl seine Verwandten als auch die seiner Ehefrau. Für Angehörige von relativ bildungsfernen Schichten war das Briefeschreiben als Kommunikationsmodus ungewöhnlich und durch die Ausnahmesituation des Krieges verursacht, wo es half, die Kommunikation mit den Angehörigen aufrechtzuerhalten und extreme Gefühle wie Angst, Frustration, Aggression oder Heimweh zu verarbeiten. Friedrich Kittler endlich untersucht die Durchsetzung der optischen Telegraphie durch Lakanal und der elektrischen durch Soemmerring und die ganz unterschiedlichen Utopien (militärische, demokratische), die sie hervorzurufen vermochten.

Die fünfte und letzte Gruppe (»Lire, écouter, voir«) vereinigt ganz unterschiedliche Ansätze und Untersuchungsgegenstände. Adam Fox behandelt in seinem Beitrag die lokale, ländliche und die (über)regionale, städtische Textproduktion und Verbreitung von Spottliedern für das englische 17. Jahrhundert. Während die erste Gruppe mündlich (Gesang) oder durch handschriftliche Kopien – zum Teil öffentlich, auf Märkten oder in Schenken, angeschlagen – verbreitet wurde und deren ›Autoren‹, da sie oft nicht selber schreiben konnten, auf schreibende Lehrer, Notare oder Pfarrer angewiesen waren, wurden die Lieder der zweiten Gruppe durch professionelle Schriftsteller verfaßt und durch den Buchdruck verbreitet. Ein Vergleich der Texte der beiden Liedgruppen ergibt jedoch zahlreiche gegenseitige Einflüsse: Professionelle Autoren griffen aus der mündlich-lokalen Tradition dasjenige auf (Text und Gesangsweise), was sich breit durchgesetzt hatte, während diese sich an den literarischen Modellen orientierte. Roberto Leydi gelingt für die italienischen Volkslieder der Nachweis, daß die Vorstellung einer rein mündlichen Weitergabe dieses oralen Genres (wie sie etwa die deutsche Romantik postulierte) seine Verbreitung nicht zu erklären vermag. Musikethnologen haben sich damit zu konfrontieren, daß Abschriften, eventuell auch Drucke, die sich auf Manuskripte stützten, wichtige Zwischenglieder in der Traditionskette bildeten und immer noch bilden. Catherine Velay-Vallantin untersucht ein Korpus von Illustrationen aus dem 18. und 19. Jahrhundert des Märchens vom *Gestiefelten Kater* in der Version von Charles Perrault (1628–1703). Illustrationen aus Büchlein der *Bibliothèque bleue*, aus *chapbooks*, aus Bilderbüchern oder Photographien versteht sie dabei als Aneignungsformen und Interpretationen, die bisher unbeachtete Aspekte oder Schichten des Textes sichtbar machen und dadurch die Narration weitertreiben. Sabine Vogel untersucht den Wandel von den handschriftlichen Sentenzensammlungen zu den gedruckten, wie sie seit Beginn des 16. Jahrhunderts in zahlreichen Auflagen erschienen. Während noch ein Erasmus von Rotterdam davon ausging, ein Gelehrter habe in seinem Leben wenigstens einmal den gesamten humanistischen Lektürekanon zu lesen und dabei besonders gute, vorbildhafte oder nützliche Textstellen unter Stichworten, *loci communes*, zu exzerpieren, traten die gedruckten *loci communes*-Bücher im handlichen Halboktav mit dem Anspruch auf, die mühevolle Arbeit des Lesens und Exzerpierens ihren Benützern abzunehmen. Dieses Angebot war in Frankreich besonders für Leute, die eine Karriere außerhalb der Kirchenhierarchie – etwa in der königlichen Verwaltung –

machen wollten, interessant. Als Räte oder Juristen konnten sie so auf leichte Weise ihre in Französisch gehaltenen Reden und Ansprachen mit lateinischen Zitaten ausschmücken, um sich von jenen, die diese Zitate nicht verstanden, zu unterscheiden. Hans-Georg Pott geht einer paradoxen Situation um 1800 nach: Die Stimme, das Sprechen, das »lebendige Wort« erfahren (in der hohen Literatur) gegenüber dem nun als Laster kritisierten Schreiben eine Aufwertung – diese Aufwertung wird jedoch in Schrift inszeniert. Je mehr die Schrift nicht nur Supplement ist, sondern zum gesellschaftlichen Leitmedium der Kommunikation avanciert, wird die Stimme als unmittelbarer Ausdruck der Emotionalität gefeiert. Die Sehnsucht nach der Stimme deutet Pott denn als Ausdruck einer Entfremdung, eines Abstraktionsprozesses, indem der menschliche Körper seine Bedeutung als Ort der Wahrnehmung von Sinn und Kultur eingebüßt hat. Hans-Jürgen Lüsebrink untersucht anhand der Übersetzungen der *Histoire des deux Indes* (1770) von Guillaume-Thomas Raynal aus dem Französischen die Rolle der Übersetzer als privilegierte Leser, deren kritische Aufmerksamkeit sich nicht nur in kommentierenden, erklärenden, ergänzenden, sondern auch kritischen, distanzierenden, ja korrigierenden Fußnoten äußert. Und Almuth Grésillon zeigt, in welcher Weise beim Schriftsteller Gustave Flaubert eine breit angelegte Lektüre, wodurch er sich beispielsweise für ein Werk wie *Salammbô* (1863) dokumentierte, in das Werk selber einfloß – und wie verschiedene Zitate, oft nur Satzfragment, durch Flaubert *(lector et scriptor)* zu neuen und eigenen Sätzen fusioniert wurden. Den fünf Gruppen folgen die Schlußfolgerungen durch Armando Petrucci.

Vier der in Ascona gehaltenen Vorträge sind in diesem Band nicht abgedruckt[32]; davon ist jener von Rudolf Schenda an einem andern Ort publiziert worden.[33]

Die Drucklegung des vorliegenden Bandes hat sich, verschiedener widriger Umstände wegen, verzögert. Der Verlag, der bisher die *proceedings* der Tagungen des Centro Stefano Franscini (Eidgenössische Technische Hochschule, Zürich) auf

32 Es handelt sich um die Vorträge von Diogo Ramada Curto (Lisbonne), »Pratiques de l'écriture et système de communication au Portugal, 1500-1800«, von Daniel Fabre (Toulouse), »Autre écriture, autre vie. Sur l'acte autobiographique dans la culture juive (1792-1927)«, von Iso Camartin (Zürich), »›Bellas e nuzaivlas historgias‹ – Erzählformen in Romanisch-Bünden im 18. Jahrhundert«, und von Rudolf Schenda (Zürich / Jona), »›Kann nicht lesen, kann nicht schreiben...‹ – oder: ›Oir – voir – avoir – savoir‹. Nicht-literarische Kommunikationsformen im Europa des 17. Jahrhunderts.«

33 Rudolf Schenda, »Kulturkonflikte in Kommunikationsweisen des 17. Jahrhunderts im westlichen Europa. Ein Problemaufriß«, in: Manfred Jakubowski-Tiessen (Hg.), *Krisen des 17. Jahrhunderts*, Göttingen (Vandenhoeck & Ruprecht) 1999 (Sammlung Vandenhoeck), S. 89–124.

dem Monte Verità, Ascona, herausgebracht hatte, zog sich aus dieser Aktivität zurück. Es mußte deshalb ein neuer Verlag gesucht werden. Es ist denn Herrn Dr. Urs Breitenstein vom Schwabe Verlag, Basel, zu verdanken, daß dieser Band erscheinen konnte.

I. Pratiques d'écriture ordinaire
Citadins et paysans

ULRICH KNOOP

Ländliche Schriftlichkeit um 1500

Am 14. September 1502 versammeln sich viele Untertanen der Klosterherrschaft Ochsenhausen in Ochsenhausen bei Biberach. Ihnen wird der Spruch eines Schiedsgerichts des Schwäbischen Bundes von insgesamt 16 Blatt Text verlesen.[1] Der Schiedsspruch regelt grundlegende Rechtsverhältnisse (Güterverkauf, Erbrecht, Holzeinschlag und Allmendnutzung) neu. Die Bauern – etwa 800 an der Zahl werden namentlich im Vertragstext aufgeführt – beschwören für sich und ihre Erben die Einhaltung, wie auch Abt und Konvent des Klosters den Vertrag beeiden. Vorausgegangen war eine Zusammenrottung der Untertanen im Frühjahr und Sommer des Jahres 1502, deren Beruhigung durch die Truppen des Schwäbischen Bundes, die bußfertige Unterwerfung unter die Klosterherrschaft und die erneuernde Huldigung am 18. August 1502. Solchermaßen betrachtet, erscheint dies als ein üblicher Vorgang von Machtausübung des Stärkeren gegenüber dem Schwächeren (Untertanen) und die Festlegung darauf, daß solche Widerspenstigkeit nicht mehr vorkommen soll.

Diese Einschätzung bestätigt sich zudem durch die Analyse der Sprachform der Urkunde. Hier wird von fast allen Bezügen zu einer kleinräumigen Dialektalität – also dem unterstellten Sprachhorizont der Untertanen – abgesehen und

1 Der Text ist in der historischen Literatur mehrfach aufgegriffen worden: in einer frühen Geschichte des Klosters von Georg Max Geisenhof, *Kurze Geschichte des vormaligen Reichsstifts Ochsenhausen in Schwaben*, Ottobeuren 1829; unter der Überschrift »Vorspiel des Bauernkriegs« in den *Analekten zur Geschichte* von Gottlob Egelhaaf, Stuttgart 1886, S. 212–257, ausführlich in der Dissertation von Ewald Gruber, *Geschichte des Klosters Ochsenhausen: Von den Anfängen bis zum Ende des 16. Jahrhunderts*, Phil. Diss. masch., Tübingen 1956, und schließlich in dem Beitrag von Peter Blickle, »Grundherrschaft und Agrarverfassungsvertrag«, in: *Studien zur geschichtlichen Bedeutung des deutschen Bauernstandes*, Stuttgart 1989, S. 171–190. Zwei Teildrucke liegen vor: Paul Gehring, *Nördliches Oberschwaben*, Stuttgart 1941, S. 307–315, und Günther Franz, *Quellen zur Geschichte des Bauernkrieges*, Darmstadt 1963 (= Ausgewählte Quellen zur deutschen Geschichte der Neuzeit. Freiherr vom Stein-Gedächtnisausgabe Bd. II), S. 28–36. Ein vollständiger Abdruck und eine sprachhistorische Analyse findet sich in: Ulrich Knoop, *Der Ochsenhausener Schiedsvertrag von 1502: Eine Fallstudie zur Beteiligung der Bauern an der »Ländlichen Schriftlichkeit« um 1500*, Rechnersatz, Marburg 1993, S. 12–89. Das Original befindet sich im Hauptstaatsarchiv Stuttgart, Sigle B481, Urk. 233, insgesamt 16 Blatt.

vielmehr in einer – bis auf wenige Ausnahmen – überregionalen, süddeutschen, also donauländischen Schreibweise formuliert – wie es die Ausstellerinstitution, Abtei Kempten, auch vorgibt. Der Abt v. Kempten war Vorsitzender des Schiedsgerichts.

a) Einige markante Graphien (von insgesamt 40 Positionen):
   – keine Diphthongierung von â zu au, z. B. anlâß statt anlauß
   – ë nicht zu ie: nëmen statt niemen, diem
   – e-Primär-Umlaut nicht zu ö: swern statt s(ch)wörn, also keine Rundung
   – üe nicht zu ie: gütter statt gieter
   – î = y/i
   – û = aw
   – ei = ai
   – iu [zu vermutlich lang i und dann ei: luit, litt, leit]; in der Hdschr. aber: -lütt
   – s + w: swern statt schwörn, schwöster ...
   – -chs-, bzw. -chst-: bleibt so, also keine Kontraktion zu -ss- usw.
b) Umgekehrt: Orthographische Binnenkonsistenz; Text hält an einer Graphie für ein Wort fest
c) Kanzleigraphische Eigenheiten: hinfüro, yeho, -ieglich (ewiglich)
d) Hohe syntaktische Elaboration, lange Sätze mit viel Parataxe bzw. Hypotaxe[2]

Diese Vorstellungen von frühneuzeitlicher Machtausübung verlieren allerdings ihre Grundlagen, wenn wir 1. den Inhalt des Vertrages, 2. seine weitere Handhabung und 3. seine Vorgeschichte näher betrachten. Diese Regelungen ergeben nämlich eindeutig Vorteile für die Untertanenschaft und resultieren in großen Teilen aus Rücknahmen klösterlicher Forderungen. Aufgrund dieser Interessenlage wird der Vertrag in seiner Sprachlichkeit zu einem möglichen Objekt ländlicher Schriftlichkeitsforschung, denn die Leitfrage ist nun die: Wie erreichen die Untertanen ein eigenes Verständnis der Rechtslage, die Fähigkeit zur Artikulation ihrer Interessen, und wie kann es ihnen gelingen, diese Interessen sprachlich so zu formulieren, daß sie vertragsmöglich werden und sie selbst Unterhändler und Vertragspartner?

2 Ausführlich siehe hierzu Knoop (wie Anm. 1), S. 51–89.

I. *Inhalt, Handhabung und Vorgeschichte des Schiedsvertrages*

1. Der Inhalt des Vertrages erfaßt folgende Punkte der bäuerlichen Lebensgestaltung:

1. Die bisherigen Fall-Lehen (Lebenszeit) werden in Erblehen umgewandelt.
2. Die Güter können innerhalb und außerhalb der Genossenschaft verkauft werden.
3. Auf Kauf oder Erbschaft muß allerdings der Zuzug »hinter« das Kloster erfolgen, sonst kann der Abt den Ausschluß vom Erwerb bewirken.
4. Die Verlassenschaft ist vererbbar.
5. Die Untertanen genießen Freizügigkeit, sind aber dem Kloster dienstbar und gerichtbar; sie dürfen keinen fremden Schirm und Herren suchen.
6. Nur die ungenössische Heirat unterliegt der Erlaubnis des Abtes.
7. Die Nutzung von Holzanteilen, Allmenden und Brachen wird einvernehmlich geregelt.
8. Alle Abgaben werden beziffert (in Geld oder Stück).

Die Regelungen sind so weitgehend, aber vor allem akzeptabel für die Untertanen, daß von da an das gesamte Verhältnis Untertanen – Klosterherrschaft grundsätzlich und quasi rechtsförmig geregelt ist und große Zerwürfnisse bzw. Auseinandersetzungen bis zum Ende des 18. Jahrhunderts ausbleiben, also etwa 400 Jahre lang. Aufgrund dieser Tatsachen nennt Peter Bickle diesen Vertrag einen Agrarverfassungsvertrag.

Damit sind sprachhistorisch gleich zwei Merkpunkte gegeben, die eine nähere Betrachtung des Vertrages entgegen dem ersten Eindruck interessant machen. Zum einen: Wenn hier etwas für die Bauern so geregelt wird, daß sie danach und damit fürderhin leben, über Generationen, dann stellt sich die Frage nach dem Verständnis, dem Verstehen des Vertragstextes doch. Zum anderen: Wenn hier große Zugeständnisse seitens der Herrschaft vorliegen, dann muß geklärt werden, wer diese Zugeständnisse errungen und ihre sprachliche Bestimmung erwirkt hat.

2. Die weitere Handhabung des Vertrags:

– Die Partei der Bauern erhält ein Exemplar des Vertrages: denn der Vertrag wird »zu warem offen vrkund yedem tail [...]« gemacht. Die wörtliche Gleichheit des Textes wird gewährleistet: Er ist »in glycher vngefarlicher lutt« geschrieben.

– In den gleichzeitig dann vorgeschriebenen Erblehensverträgen und den Reversen mit jedem einzelnen Lehensnehmer – sie liegen zuhauf im Hauptstaatsarchiv Stuttgart (HStAS B481 – Ochsenhausen) – wird jeweils auf diesen Vertrag Bezug genommen, so daß diese Lehensverträge ihrerseits auf eine weitere Verbreitung ländlicher Schriftlichkeit verweisen.

– In den Bauernkriegen wird von Ochsenhausener Aufständischen die Aufhebung bzw. Verbesserung dieses Vertrags eingefordert (1525).

– 1621 kommt es zu einer Klärung von mittlerweile strittigen Punkten in Bezug zum Vertrag von 1502.

– 1708 erbitten die Untertanen eine Renovation des Vertrages, die 1714 nach eingehenden Verhandlungen vollzogen wird.

– Damit ist zumindest ein Vollzugsverständnis des Vertragstextes und seine Tradierung angezeigt.

3. Die Vorgeschichte des Vertrags von 1502: Wie kommt es zum Vertrag, und warum können die Untertanen ihre Vorstellungen weitgehend durchsetzen?

Der Schiedsvertrag von 1502 ist der Endpunkt einer langen Entwicklung, in der die Untertanen das treibende Moment sind, aber nur im übertragenen Sinne »federführend«. Im alten Sinne kann man sagen: Sie diktieren. Mitte des 15. Jahrhunderts kamen Klagen über ungerechte Beschwernisse, Einschränkungen und Abgabenerhöhungen auf. Einzelne Untertanen führten dagegen Prozesse. Im Jahr 1495 verbünden sich die Untertanen. 14 von ihnen, namentlich aufgeführt, verhandeln am 9. Februar mit dem Abt des Klosters, nachdem zuvor alle Gerichte der Herrschaft ihre Stellungnahmen zugeschickt hatten.

Da der Abt uneinsichtig bleibt, erwägen die Untertanen, sich an die Schirmvogtei Ulm zu wenden, willigen aber in ein Schiedsverfahren vor dem Abt des Klosters Rot ein. Hierfür legen sie 14 Artikel vor (alle Schriftstücke unter: HStAS B481 – Bü10). Der Ochsenhausener Abt repliziert. Es kommt keine schiedliche Einigung zustande, und die Untertanen wenden sich dann doch an die Reichsstadt Ulm. Hier findet am 17. Dezember 1498 eine Schiedsversammlung statt, wofür die Untertanen ihre Beschwerden protokollieren lassen. Als der Abt weiterhin unnachgiebig bleibt, reichen die Vertreter der Untertanen, drei namentlich genannte, als »anwelt der armlütt« eine ausführliche Klageschrift beim Gericht des Schwäbischen Bundes in Tübingen ein (17. Oktober 1500). Auf dem nachfolgenden Schiedstag in Ravensburg im Mai 1501 stimmen die Untertanen dem Abschied des Bundesgerichts nicht zu und befragen sämtliche Gerichte der Herrschaft. Ihre einstimmige Ablehnung teilen sie an Peter und Paul 1501 mit. Man einigt sich erneut auf ein Schiedsgericht, wofür die Untertanen ihre Klage einreichen und die Gegenrede des Abtes mit einer Klageerneuerung duplizieren. Zeugen werden vernommen, das Schiedsgericht ist von parteilicher Seite mit drei namentlich bekannten Untertanen besetzt. Als wiederum keine Einigung zustande kommt, entsteht Aufruhr und dann schließlich die schiedliche Einigung vom 14. September 1502.

II. *Wer formuliert die Interessen der Untertanen?*

Von diesen Rechtsschriften liegen etwa 50 Blatt Text vor (HStAS B481 – Bü10), darunter vier vollständige Schriftsätze, zwei Zeugenvernehmungen und entsprechende Vorakten bzw. Notate. Aufgrund dieser bäuerlichen Aktivität wird im nachhinein der verständige Umgang mit dem – sprachlich überregionalen – Schiedsvertrag nochmals erklärlich: Die strittige Materie war schon länger bekannt und sprachlich entsprechend verbreitet. Mit diesen vorausgehenden Texten kommen wir allerdings nun an eine neue, kognitiv höhere, sprachliche Leistung heran, nämlich an die Frage: Wer formuliert die Interessen der Untertanen so, daß sie rechtlich und allgemein argumentativ stichhaltig sind, also bezogen auf eine Rechtssprechung und ihre Texte, und so, daß die beklagte Seite – die mächtigere – reagieren muß? Die Hilfe des Abtes, des Konvents und der Klosterbeamten ist wohl auszuschließen, da sie es ja gerade sind, die gegen das Anliegen der Untertanen eingestellt sind.

Was natürlich als erstes interessiert, wenn wir solchermaßen an die Artikulationen und Formulierungen von Bauern der Ochsenhausener Landschaft herankommen: Wie sehen diese Texte sprachlich aus, noch deutlicher: Welche Sprachprägung haben sie, sind sie kleinregional angelegt? Ich kategorisiere die Texte nach drei Ebenen:

1. (Rechts-)Schriftsatz zur Vorlage beim (Schieds-)Gericht,
2. Zeugenvernehmung von Untertanen und ein
3. – möglicherweise eigenhändiges – Notat eines Ochsenhausener Untertanen.

1. Der Schriftsatz »die artickle dar inn die armen lütt meinß gnädigen herrn von Ochssenhusen vermainen beschwertt zu sin« von 1498.

Unterschiede zu Schiedsvertragstext:

- Die schwäbische Diphthongierung â zu au häufiger: raut (rât), laus(s)end (lassen), vormaulß (vormâls), hautt (hât)
- üe zu ie: gietlich, miesen
- û bleibt u
- sw zu schw: schweren
- Schwanken bei Rundung e zu ö: also wiederum: schweren, aber auch söllich.

Ansonsten fast alles gleich wie in der Kemptener Version des Schiedsvertrags, also: û und î nicht diphthongiert, -tt-Längenanzeigung usw. Es fehlen allerdings die kanzleigraphischen Besonderheiten: -o, -igclich usw.

Die Durchsicht der positiven Merkmale – also der übrigen orthographischen Binnenkonsistenz: Sind die selbst gewählten Merkmale konsequent durchgehalten? – weist diesen Text als nur geringfügig abweichend aus gegenüber dem Text der Kanzlei Kempten.

Nur einmal kommt es zu einer kanzleimäßig ungebräuchlichen, wohl umgangssprachlichen Wendung: »Unnd damit sy die armen lütt nitt ûff irm rack bestanden, so wöllen [...]« = »die Untertanen sagen, sie wollen nicht stur sein [...]«

Zur Illustration, wie hier formuliert wird: die Wiedergabe mündlicher Rede. Im ersten Artikel heißt es: »Itzund hab Abbt Symon [1498 gest.] säliger das erdacht. Er lyche ainem ain gutt und sagte zu im ›Ich lych dir das gutt nach gotzhûs recht. Doch du wirst mir brieff und sigel, zinß und gült uff martini achttag vor oder nach ongeuärlich geben. Wa du söllichs nitt tust so ist din gutt mir haim gefallen [...]‹«.

2. Zeugenvernehmung des Konrad Kuon von Ochsenhausen 1502. Konrad Kuon gehörte zu den 14 Anwälten, die 1496 dem Abt die Beschwerden der Landschaft vorgetragen haben. Nun soll er über die Klagepunkte der Untertanen zum Schiedsgericht des Schwäbischen Bundes und den Schiedstagen in Ravensburg und Ochsenhausen 1501 aussagen. Kuon ist zu diesem Zeitpunkt über 60 Jahre alt, da er schon zu Abt Michaels (1434–1468) Zeiten lebte.

Auch diese Niederschrift der Zeugenvernehmung Konrad Kuons ist sprachlich ähnlich ausgerichtet wie die 14 Artikel von 1498. Also â zu au, üe zu ie, Unentschiedenheit bei der e- zu ö-Rundung (sellich, schwören); insgesamt aber wieder eine weitgehende orthographische Binnenkonsistenz.

3. Im Anschluß an die Zeugenaussagen-Niederschrift findet sich auf dem letzten Bogen eine Notiz von anderer Hand als die Niederschrift. Die Schrift ist wesentlich größer, fast unverbunden und im Duktus älter. Die Notiz lautet: »Hie merck eben wie Cunrat Kun der alt von Ochssenhusen vff all artickel des beswerden so sich die armenlüt ver=mainend zu haben anttwurt gitt vnd also verdenckt gehalten sin zu Ochssenhusen vnd och von sinen alt vordern äny und vatter säligen die im gotzhuß amptlütt gewesen also herbracht gehörtt.«

Doppelkonsonanzschreibung ist nicht konsequent durchgehalten, besonders bei armenlüt(t), gehalt-, herbracht-, der alt-, alt, die Schreibungen och für auch (in Zeugenprotokoll Ziff. 17), herbracht (statt -au-; vgl. die Niederschrift der Zeugenvernehmung: »bekennt sich Cunrat Kun dz der alwegen also her braucht und komen sye [...]«) und beswerden weichen ebenfalls von der üblichen Orthographie ab und weisen auf ein älteres Wortbild hin (nicht Aussprache). Die Vermutung geht dahin, daß Konrad Kuon das selbst hingeschrieben hat. Insgesamt hält sich der kleine Text innerhalb der orthographischen Bandbreite der Ochsenhausener Schreibart. Von der Sprachgestaltung her ist er allerdings wiederum gut und klar gebaut. Kann man das einem bäuerlichen Untertan zutrauen?

Damit bleibt als Fazit dieser Beobachtung von Texten, die aus dem Umfeld, weil Eigeninteresse bzw. Befragung anleitend, der Untertanen stammen, nur der Schluß, daß auch diese Texte sprachlich kaum von dem Text der Kemptener Abtei abweichen.

Es ist aber immer noch fraglich, wie die Ochsenhausener Untertanen ihre Vorstellungen, Ansichten und Rechtsgrundsätze nicht nur sprachlich fassen und zu Papier bringen, sondern auch rechtsförmig formulieren können. Es bleibt die Erklärungslücke zwischen den Texten und den unterstellten Fähigkeiten der Untertanen bestehen. Sie ist sogar genauso groß wie zuvor, weil die mögliche Brücke, nämlich eine deutlich geprägte kleinräumige Sprachlichkeit, also Dialektismen und unbeholfene Formulierungen, an diesen Texten, die die Sache der Untertanen darstellen und rechtsförmig verteidigen, nicht so auszumachen ist, daß sie erkennbar von den übrigen Textformen abwiche.

III. *Eine weitere Annäherung an die Formulierungsfähigkeiten seitens der Untertanen*

Dank der Ochsenhausener Bestände ist es möglich, noch näher an den Vorgang des Formulierens heranzukommen. Zu den 14 Artikeln von 1498 ist die Vorakte ab dem 7. Artikel überliefert, und zu der Zeugenvernehmung des Konrad Kuon gibt es die Aufstellung der Fragen (sie wurden insgesamt an drei Zeugen, bekannt ist auch der zweite Zeuge, Peter Ryssel, gerichtet), so daß für diese Zeugenvernehmungen die eigenständige Aussage – ohne Vorgabe bzw. Wiederholung – erfaßt werden kann.

1. Die Vorakte

Die Vorakte (V) ist ziemlich sicher von anderer Hand geschrieben als die Reinschrift (R). Die Hand kommt allerdings öfter vor in den Beständen des Klosters, z. B. bei der zweiten Zeugenbefragung 1502 (Peter Ryssel). Die Formulierungen sind fast völlig gleich, das heißt, der Text wurde für die Reinschrift überhaupt nicht mehr verändert. Reflexe, also Niederschläge einer differierenden Lautlichkeit, z. B. weil die Vorakte näher am mündlichen Formulieren ist, lassen sich marginal bis gar nicht feststellen (z. B. V: thun; R: thón; V: syd maulen; R: syd malen). Unterschiede gibt es allenfalls in der Buchstabenrepräsentation: V häufiger u statt v (uff, und), weniger -tt-, daß ausgeschrieben, in R dz gekürzt.

2. Zeugenbefragung

Mit der 17. und 18. Frage wird Konrad Kuon nach der Besetzung des Gerichts befragt:

Überschrift: Der Gericht halben

»Ob wâr sy daß alweg ain her von Ochssnhsn. die gericht mit amman vnnd richttern // nach sin gefallen / besetzt hab unnd also herkommen und gebrucht sy«

»Ob wâr sy daß die gesetzten amman unnd richter ain herren von Ochsenhsn. alle jaur gesworen haben vff die statutten satzungen pott vnnd verpott des frauel // minß herre von Ochsshsn. / zu urttaylen oder urteil zegeben unnd also he[r]komen vnnd brucht sy«.

Konrad Kuon muß also seine Kenntnisse darlegen, und er macht das sehr ausführlich: Seine Erläuterung ist 24 Zeilen lang, fast eine Seite (etwa 30 Linien).

»Item zù disem artikel sagt er also die richter habend alle ja des gericht missen schwören [...]« Konrad Kuon erinnert dann an den Brauch bei Abt Michael (nämlich Michael Ryssel aus Ulm, 1434–1468): »So ließ er im die richter vff den imbiß alwege berieffen vnd wan er nach thisch wasser genam so stond er vff vom tischen vnnd fieng an vnd sprach liebe richter ir hónd mir vnd mim gotzhuss dyß jár wol gedient nun will ich den vnd den fire hin deß gerichts von irs alter wegen erlaussen auch vß der ursache dz sy mir vnd dem gotzhuß an dem ort so lang gedient haben vnd han an ir statt gesotzt den und den vndd will die andern zu diser zytt laussen ruben [...]«.

Auch hier finden wir die schon bekannte graphische Unentschiedenheit zwischen Rundung / Nicht-Rundung: ö/e in söllich, schwören; â zu au (vor maulß, erlaussen); uo vor Nasal zu o (stuont zu stond, zu sprechen: schtoend); üe zu ie (berüeffen, güeter zu -ie-, 1x missen; für â besteht die besondere Entwicklung zu ô vor Nasal (Bohnenberger, S. 79: hond für hât. 2. Ind. Praes., HSS hat einige Beispiele, Kte. 212, zu 1./3. Pers., 2. Pl. fehlt; gesotzt (tzt!) vgl. Mhd. Grammatik S. 201[3].

Die Niederschrift dessen, was Konrad Kuon zu den kurzen Fragen des Schiedsgerichts zu sagen hat, nimmt immerhin zwölf Seiten in Anspruch, die wir wohl als seine Formulierungen ansehen müssen. Es ist dies eine eigenständige, substantielle und profunde Darstellung und Kommentierung der gesamten strittigen Rechtsverhältnisse. Denn der ebenfalls befragte Peter Ryssel bekommt

3 Karl Bohnenberger, *Zur Geschichte der schwäbischen Mundart im XV. Jahrhundert. Allgemeines und Vokale der Stammsilben*, Tübingen 1892 (= Geschichte der schwäbischen Mundart im XV. Jahrhundert I). Wolfgang Kleiber / Konrad Kunze / Heinrich Löffler: *Historischer Südwestdeutscher Sprachatlas. Aufgrund von Urbaren des 13. bis 15. Jahrhunderts. Bd. II: Karten. Einführung, Haupttonvokalismus, Nebentonvokalismus, Konsonantismus*, Bern und München 1979 (= Bibliotheca Germanica 22 B). Hermann Paul, *Mittelhochdeutsche Grammatik*. Neu bearbeitet von Peter Wiehl und Siegfried Grosse, Tübingen [23]1989 (= Sammlung kurzer Grammatiken germanischer Dialekte A. Hauptreihe Nr. 2).

die gleichen Fragen vorgelegt, antwortet aber ganz anders, so daß man von der Individualität des Antwortens ausgehen kann, vor allem aber ihrer darstellenden Leistung.

Festhalten läßt sich nun dreierlei:

1. Auch diese Verschriftlichungen weisen eine regional orientierte, aber fast durchgehaltene Binnen-Orthographie auf (also: regelhafte Wortbildidentität). Die Aussprache mag davon abgewichen sein, wenn man eine Laut-Buchstaben-Identität als an sich gegeben annimmt. Mir kommt es hier eher auf die schriftsprachenrelevante Durchgängigkeit der Wortbildidentität in den verschiedenen Schriftstücken an. Das spiegelt sich auch in der aussagekräftigen Namenschreibung in allen Verträgen und Eingaben (besonders in den Lehensverträgen). Sie hat eine hohe Konsistenz, was wegen der Notierverfahren auf die eigene Orthographie im Verbund mit allgemeinem Orthographiewissen verweist.

2. Die Untertanen haben mit allen diesen Texten zu tun, nämlich rezipierend, indem sie die Gegenrede der anderen Partei lesen müssen, um darauf duplizieren zu können. Als verordnete Richter im Schiedsgericht müssen sie die Texte qualifizieren und schließlich, das wichtigste, sie müssen die entscheidenden Texte selbst konzipieren.

3. Dies ergibt den nun möglichen Schluß: Die Untertanen sind in der Lage, diese Texte selbst zu formulieren, das heißt, schwierige rechtliche Sachverhalte so zu fassen, daß sie argumentativ stichhaltig sind – also nicht nur diffuse Klagen – und im Einklang mit den rechtlichen Gegebenheiten stehen, also rechtskundig formuliert sind, das heißt rechtliches Verständnis finden bei Schiedsrichtern im Raume Tübingen – Ulm – Kempten – Ravensburg.

Hieraus erklärt sich nun die offensichtlich problemlose Annahme und Anwendung des Schiedsvertrages von 1502: Lange schon mit der Materie befaßt, sehen sich die Untertanen mit nichts Unbekanntem konfrontiert. Der Text greift in fast allen Formulierungen auf das zurück, was von den Untertanen zuvor in ihren Schriftsätzen niedergelegt worden ist.

Man kann nun unsere Skepsis darüber, ob die bäuerlichen Untertanen zu diesem Schriftlichkeitsprozeß fähig waren, an die Zeitgenossen weitergeben. Diese finden das offensichtlich ganz selbstverständlich, denn weder Abt und seine Partei noch alle anderen Beteiligten äußern hierzu etwas über eine mögliche Unzulänglichkeit, und auch die Untertanen melden keine Bedenken gegen die Schriftlichkeit an, im Gegenteil, sie fordern nun durchgängig schriftliche Lehensverträge. Ich verfolge das hier nicht weiter (z. B. warum der Schmäh auf die dummen Bauern fehlt).

Die Frage, die nun noch andeutend beantwortet werden soll, bezieht sich darauf, wie diese Fähigkeiten zum (schriftsprachlichen) Formulieren entstanden sind und welches Umfeld hier besteht.

IV. *Grundlagen und Ursachen für die Formulierungsfähigkeit der Untertanen*

Diese Befähigung der Untertanen hat ihre Ursache in der weitläufigen Beteiligung an der Verwaltung innerhalb der Herrschaft Ochsenhausen. Alle Dörfer und Weiler werden von jeweils einem Ammann verwaltet, der von den Untertanen gewählt und von der Herrschaft bestätigt wird. Ihm zur Seite stehen als weitere Amtspersonen die Vierer. Darüber hinaus ist das Gericht größerer Dörfer und vor allem Ochsenhausens zu besetzen; die Richter werden aus der Untertanenschaft ausgewählt, ebenso wie die Amtsleute als Vorsteher der Ochsenhausener Verwaltung. Sie alle handeln nach den Regularien, wie sie in der Ordnung der Klosterherrschaft niedergelegt sind – Konrad Kuon bezieht sich ausdrücklich auf eine solche. Sie ist in einer Fassung aus der Zeit des Abtes Andreas überliefert (1508–1541). Sie wurde dann mehrfach erneuert (1603, 1620). Ihr wichtigster Bestandteil sind die Verpflichtungsformeln für die Amtsinhaber, die sie beeiden müssen und die die Rechtssprechung nach Kaiser Maximilians Gerichtsordnung und der Ochsenhausener Freiheit einfordern. Der Richtereid für Ochsenhausen ist wörtlich an die RKG-Ordnung Maximilians von 1495, § 3, angepaßt: »Des Richters und der Beysitzer Ayde«.

Damit ist auch die Spanne angedeutet, aus welcher die Untertanen ihre Formulierungsfähigkeiten erlangen und woher sie ihre Rechtskenntnisse beziehen. Aus dieser Funktionsträgerhäufigkeit kann die kognitiv inhaltliche Seite der Untertanen als hinreichend geklärt angesehen werden.

V. *Wer schreibt die Texte?*

Auffällig ist, daß viele Schriftsätze der Untertanen wie des beklagten Abts und Konvents von gleichen Händen geschrieben sind. Haben beide Parteien denselben Schreiber? So ist es, denn die Anstellung des Schreibers wird u. a. mit folgendem Hinweis versehen: Laut Gotteshausordnung aus der Zeit des Abtes Andreas – also nach 1508 – wird der Schreiber darauf verpflichtet, »die unterthonen uber dein tax recht und billichait so die der briefen halben gegeben, selbs nit beschweren«.

Der Schreiber soll die Untertanen über die Gebühren, Rechte und Gewohnheiten hinaus, wie sie für Schriftstücke vorgegeben sind, nicht belasten. Der Schreiber ist also auch für die Schriftsachen der Untertanen einsetzbar, womit aber diese nicht immer zufrieden sind. Im Februar 1525 wenden sie sich u. a. auch dagegen, ihre Schriftsätze vom Ochsenhausener Schreiber erstellen lassen zu müssen. Die Untertanen erwähnen die Kanzleien von Ulm, Biberach und

Memmingen und fordern, daß sie ihre Briefe dort ausfertigen dürfen, wo sie wollen. Die Taxe dürfte wohl geregelt sein, wenn man die Angaben in anderen Gerichtsordnungen vergleicht – die Ochsenhausener macht dazu keine Angaben. Demnach sind für eine Seite mit 30 Linien 4 Kreuzer, für einen ganzen Bogen das Doppelte und für ein Zeugenverhör – also z. B. Konrad Kuons Aussage – 15 Kreuzer zu bezahlen.

Der geringe Betrag deutet dann auch schon an, wie die letzte Frage zu beantworten ist: Was hat der Schreiber zu tun, formuliert *er* den Text und schreibt ihn dann nieder? Allem Anschein nach in diesem Zusammenhang nur letzteres. Denn die beigezogenen Ordnungen – die Ochsenhausener führt das nicht aus – verlangen vom Schreiber ausdrücklich, daß er der Parteien »fürtrag« sich in die Feder reden lassen soll (J. v. Rammingen 1580[4]).

VI. *Zusammenfassung*

Dies alles, nämlich der Schiedsvertrag selbst, die Schriftsätze und Vorakten, Beilagen und Zeugenvernehmungen, die Beteiligung an der Verwaltung und der Rechtsprechung in der Landschaft, der Zugriff auf den Gerichtsschreiber und schließlich die Form des Diktierens, erfordert hinsichtlich der Beteiligung der ländlichen Untertanen ein Umdenken, was ihren Zugang zur Schriftlichkeit und geschriebenen Sprache betrifft. Es gibt zu dieser Zeit einen Sprachmodus, der zwischen gesprochene Sprache (mündliche Sprache) und geschriebene Sprache zu stehen kommt. Das ist – für unseren Fall ganz eng zu sehen – die diktierte Sprache als einer geschrieben-sprachlich organisierten verlautbarten, also gesprochenen Sprache, die deshalb aber nicht die Merkmale des dialogischen, ungegliederten spontanen, vor allem aber ortsmundartliche, Sprechens aufweist, sondern – positiv formuliert – die Bauformen argumentativ stringenter und durchformulierter Schriftsprache. Aufgrund dieser Quellenbefunde kann die Marburger Dialektfrage – nämlich nach der Aussprache der Dialektwörter – und ihre kurze Schlußfolgerung – also sprechen die Leute *nur* den Dialekt, in dem sie geantwortet haben – zu der Erkundung dessen umgekehrt werden, was die Leute sonst noch können: nämlich offensichtlich etliche hochdeutsche Sätze

4 Vgl. Paul Gehring, *Nördliches Oberschwaben*, Stuttgart 1941, S. 190, mit Verweis auf J. v. Rammingen, *Der rechten künstlichen Renovatur eigentliche und gründtliche Beschreibung*, 1570 (Hdschr.-Ex. HStA Stuttgart), sowie *Deutsches Rechtswörterbuch*, hg. von der Preußischen Akademie der Wissenschaften, Bd. 3, 1935–1938, Sp. 443: »[...] vom mund in die feder, das ist: mit eben denen worten, wie es der inquisit redet, und nicht in der dritten person [...] sondern in der ersten [...] auffzeichne [...]«.

zu übersetzen. Sie verfügen demnach über eine reichere Sprachanlage. Diese Spur auch in die frühe Neuzeit zurückzuverfolgen, war mein Anliegen, so daß man nun sagen kann: In der Landschaft Ochsenhausen gibt es entgegen dem sprachhistorischen Urteil – Peter Wiesinger: die Bevölkerung des breiten Landes fand im Dialekt ihr Auslangen[5] – Teile dieser ländlichen Bevölkerung, die im Bereich des Rechts und der Verwaltung Anschluß an die Schriftlichkeit hatte. Da dies bislang eher und vor allem fast nur »der« Stadt zugetraut wurde, hat sich hierfür die Kennzeichnung »Ländliche Schriftlichkeit« eingebürgert.[6] Sie läßt sich am ehesten abseits des Buchdrucks dort aufspüren, wo es um Funktionen und Interessenvertretungen geht – und deren Ausgleich. Und hiervon sind die Archive wahrlich voll. Man muß allerdings zu jedem einzelnen Vorgang die tatsächliche Beteiligung nachweisen, denn nicht bei jedem Ausgleich sind die Untertanen selbst beteiligt. Bei den südwestdeutschen Agrarverfassungsverträgen ist das aber sicherlich der Fall, so daß hier eine Quellengattung vorliegt, die aufgrund ihrer Interessenorientierung – Untertanen – und den dokumentierten Verhandlungsschritten für den gesamten südwestdeutschen Raum von St. Blasien bis Kempten einen Materialbestand bietet, an dem diese Einbindung der Untertanen in geschriebensprachliche Prozesse und Lösungsfinden aufgewiesen werden kann.[7]

Werner Besch hat beim Internationalen Germanisten-Kongreß in Göttingen (1985)[8] seine Freude daran erkennen lassen, daß man bei den Entstehungsvorstellungen der hochsprachlichen Einigung umdenken muß in Richtung Süddeutschland. Dort wird in den Interessenauseinandersetzungen zwischen Herrschaft und Untertanen die ländliche Bevölkerung zum Verstehen und Verständigen ganz unmittelbar aufgefordert, ja geradezu herausgefordert. Solche Ausdrucks- und Verstehensherausforderungen, wo möglicherweise die Grenzen sprachlicher Fähigkeiten erreicht werden, sind Anlässe für neue Sprachbewegungen bzw. -veränderungen. Das sind die Brennpunkte der Sprachgeschichte.

5 Peter Wiesinger, »Die Diagliederung des Deutschen seit dem 17. Jahrhundert«, in: Werner Besch u. a. (Hg.), *Sprachgeschichte: Ein Handbuch zur Geschichte der deutschen Sprache und ihrer Erforschung*, Berlin 1985, S. 1635: »So lebte auf dem breiten Land eine bäuerlich-landwirtschaftlich geprägte Bevölkerung [...]. Sie [...] fand sprachlich [...] im Dialekt als der ererbten, bodenständigen Sprachform weitestgehend ihr Auslangen.«

6 Vgl. z. B. Utz Maas, »Ländliche Schriftkultur in der Frühen Neuzeit«, in: Andreas Gardt u. a. (Hg.), *Sprachgeschichte des Neuhochdeutschen: Gegenstände, Methoden, Theorien*, Tübingen 1995 (= RGL Bd. 156), S. 249–277.

7 Vgl. hierzu die Analyse der Agrarverfassungsverträge im deutschen Südwesten bei Blickle (wie Anm. 1).

8 Werner Besch, »Zur Beurteilung der sprachlichen Ausgleichsvorgänge im Frühneuhochdeutschen«, in: Albrecht Schöne (Hg.), *Kontroversen, alte und neue*, Akten des VII. Internationalen Germanisten-Kongresses Göttingen 1985, Bd. 4, Tübingen 1986, S. 170–177, bes. S. 170.

Einige Zeit später, also lange nach den Agrarverfassungsverträgen, wurde in Deutschland der Versuch unternommen, eine tiefreichende Verständigungsstruktur in der Verwaltung aufzubauen. Die nordostdeutschen Reformen des Freiherrn vom Stein scheiterten aber an der alles entscheidenden Ebene des Dorfes. Das Gelingen der Kommunalreformen in Baden und Württemberg im frühen 19. Jahrhundert kann u. a. auch darauf zurückgeführt werden, daß hier schon längst im ländlichen Raum Verständigungsmodelle und -verfahren entwickelt worden waren, eine ausgebildete Verständigungsgemeinschaft also schon vorhanden war. Die Dialektalität des deutschen Südwestens korrespondiert also mit einer weiter gespannten, einer weiter angelegten Sprachfähigkeit, die sich eben auch in einer möglicherweise traditionsreichen Geschäftssprache niederschlägt. Und diese gilt es nun weiter zu erforschen, zu begründen, zu bestimmen.

MANUEL PEÑA DIAZ

Culture écrite et pratiques urbaines dans la Barcelone du XVIe siècle

La maîtrise de l'alphabétisation n'a pas forcément conduit à une consommation régulière de livres, ni à une pratique habituelle du lire et de l'écrire. C'est pourquoi nous voudrions introduire une notion qui peut permettre, malgré ses limites, de comprendre l'usage et la présence de l'écrit dans le monde urbain barcelonais : à savoir, le *niveau de familiarité avec l'écrit.* On peut le mesurer à partir de la possession de documents écrits par les individus et, ainsi, repérer les relations directes ou indirectes des Barcelonais du XVIe siècle avec la culture écrite dans l'espace privé de la maison. Cette possession est indiquée par les mentions dans les inventaires après-décès des documents manuscrits ou des livres imprimés possédés par le défunt. Sans doute inférieurs aux niveaux d'alphabétisation de la population masculine de Barcelone au XVIe siècle, ces indications permettent de pallier l'absence de données sur la capacité à signer[1] et de prendre mesure de l'« aventure de l'écriture », selon l'expression d'Antoni Simon Tarrés[2].

La présence de documentation personnelle dans les inventaires révèle l'importance de la diffusion et les fonctions de l'écriture dans le monde urbain. De la lettre de change à la lettre d'indulgence, le papier est une valeur chargée de significations multiples[3]. L'étude statistique de 3420 inventaires après décès, de la fin du XVe siècle à celle du XVIe siècle, atteste la forte présence des ces documents manuscrits et nuance les conclusions quant la possession élitiste du livre. Le type de document qui offre la meilleure possibilité d'évaluer la capacité à lire, écrire ou compter de son possesseur est le livre de comptes et/ou de

1 A la différence de la Castille, en Catalogne l'obligation d'authentifier les documents notariaux, avec la signature ou de prouver sa méconnaissance, ne date que de la *Real Ordenanza* du 29 novembre 1736.

2 Antoni Simon Tarrès, *Cavallers i ciutadans a la Catalunya del Cinc-cents*, Barcelona, Curial, 1991, pp. 21-24.

3 Cf. Henri-Jean Martin, *Histoire et pouvoirs de l'écrit*, Paris, Librairie Académique Perrin, 1988, p. 269 et ss.

mémoires. Il est toutefois difficile de distinguer nettement entre un livre de mémoires, de *recort* (de raison) et de comptes, voire de patrimoine. La documentation familiale et personnelle s'entremêle et se confond avec les papiers administratifs et comptables. Il faut vérifier qui a écrit — le possesseur ou des écrivains professionnels — et il faut aussi s'approcher du sens culturel que cette documentation pouvait avoir pour ses possesseurs.

La nécessité d'établir un ordre de classement pour la quantification des documents mentionnés dans les inventaires a limité l'échantillon. Souvent, on trouve des lettres de ventes ou d'affermage sur parchemin à côté des livres de comptes ou des bordereaux de livraison. On trouve aussi, à une moindre échelle, des livres de mémoires ou des *papiers peints*, sans autre précision. La quantification a été sélective. D'abord, on a retenu tous les livres de comptes ou de mémoires, car ce sont ces documents qui offrent le meilleur indicateur de la connaissance et de l'usage de l'écriture, de la lecture ou de la comptabilité, mais on n'a pas dénombré combien de livres il y avait par inventaire, et ce, pour une raison évidente : plus la fortune est élevée, plus la documentation comptable est abondante. Deuxièmement, en l'absence de livres de comptes, on a quantifié le reste de la documentation écrite : lettres sur parchemin, documentation notariale (testaments, contrats de mariage, etc.), feuilles volantes et, en dernier lieu, estampes [4].

On a établi une corrélation entre la possession de documents manuscrits et le degré de familiarité avec l'écriture et/ou la lecture d'après deux niveaux de possession. Le niveau maximal correspond au total des inventaires avec livres (avec ou sans documents écrits) et des inventaires sans livres mais avec des documents manuscrits quels qu'ils soient. Le niveau minimal regroupe les inventaires avec livres plus les inventaires sans livres mais avec des livres de comptes. Le tableau ci-dessous permet une première approche de l'évolution générale du degré de familiarité avec l'écrit dans la Barcelone du XVIe siècle [5] :

4 On trouve un bon exemple des différents types de documents dans l'inventaire de 1549 du marchand Simó Godinella. A côté de livres imprimés, on rencontre diverses écritures notariales : « *deux feuilles de papier écrit de couplets, quatre feuilles de dessins, onze livres de grands et petits comptes, en partie écrits et en partie pour écrire, avec beaucoup de lettres et un livre de ‹recort› écrit de la main de ce défunt* » (Archivo Històrico de Protocolos de Barcelona [AHPB], Joan Jeroni Canyelles, *Bursa inventariorum*, 1547-1563).

5 On a toujours calculé les pourcentages par rapport au total des inventaires consultés :
— *Ipm-de%* = % d'inventaires avec documents manuscrits, avec ou sans livres (les inventaires avec livres mais sans documentation écrite ne sont pas quantifiés).
— *ipm-lc%* = % d'inventaires avec des livres de comptes.
— *NMX%* = total des inventaires avec des livres plus les inventaires sans livres mais avec quelque type de documents manuscrits que ce soit (%).

Données globales de possession de documentation écrite

1473-1600	*IPM*	*ipm-de %*	*ipm-lc %*	*NMX %*	*nmn %*
Hommes	2586	24,7	18	44	40,1
Femmes	834	17,4	12,2	27	22,8
Total	3420	23	16,6	40	35,9

Archivo Histórico de la Ciudad de Barcelona—Archivo Notarial (AHCB-AN), Biblioteca de Catalunya (BC) et AHPB, *Manuales de inventarios.*

Dans le total des inventaires avec des documents manuscrits (23 %) pour tout le XVIe siècle, les possesseurs de livres de comptes représentent 72,6 %. Les inventaires mentionnant des livres de comptes constituent 16,6 % de la totalité de ce corpus, ce qui est une donnée significative pour comprendre l'importance de la présence de ces papiers de comptabilité dans les inventaires. Il n'est pas possible d'assurer que les niveaux maximaux et minimaux obtenus donnent des pourcentages proches des niveaux d'alphabétisation. Par exemple, le pourcentage des signataires à Avila au XVIe siècle est de 52,4 % pour les chrétiens et de 64,3 % pour les morisques ; à Tolède dans la seconde moitié du XVIe siècle il est de 30 %, et à Oviedo pour la même période de 28 % — ce qui est inférieur à nos propres pourcentages[6].

On rencontre dans le niveau de plus grande familiarité avec l'écrit (80-70 %) les professions où l'alphabétisation est universelle : le clergé et les professionnels du droit, les notaires, les médecins, les enseignants. Le groupe intermédiaire (60-50 %) est composé par la noblesse et les professions commerciales. Le niveau le plus bas de familiarité avec l'écrit (30-15 %) correspond au groupe des petits officiers, des professions manuelles et des paysans. Et au niveau zéro, on trouve le groupe des journaliers et des manœuvres.

— *nmn %* = c'est la somme des inventaires avec des livres plus les inventaires sans livres mais avec des livres de comptes (%).
Un étude plus détaillée sur la distribution sociale de l'écrit à Barcelone dans Manuel Peña, *Cataluña en el Renacimiento : Libros y lenguas*, Lérida, Editorial Milenio, 1996, cap. III.

6 Serafín de Tapia, « Nivel de alfabetización en una ciudad castellana del siglo XVI : Sectores sociales y grupos étnicos en Ávila », in : *Studia Historica* 4 (1988), pp. 481-502 ; M.-C. Rodríguez y Bartolomé Bennassar, « Signatures et niveau culturel des témoins et accusés dans les procès d'Inquisition du ressort du Tribunal de Tolède (1525-1817) et du ressort du Tribunal de Cordove (1595-1632) », in : *Caravelle* 31 (1978), pp. 19-46 ; Roberto López, « Lectores y lecturas en Oviedo durante el Antiguo Régimen », in : *Actas del Primero Congreso de Bibliografía Asturiana*, Oviedo (Consejería de Cultura) 1989, pp. 781-802.

La possession de documents manuscrits par les femmes est médiatisée par une série de facteurs en rapport avec la profession du mari. La possession maximale de documents et/ou de livres — (55-45%) — se rencontre chez les femmes de la noblesse, les religieuses, les épouses de marchands. Dans le groupe moyen — 30% — on trouve les femmes mariées ou les veuves de membres des professions libérales. Le degré de possession le plus réduit — 20-10% — correspond aux femmes artisans, aux épouses de petits officiers et aux paysannes. Journalières et domestiques ne possèdent aucun document. Il faut remarquer la dimension héréditaire des documents conservés ou continués par les femmes : 94,2% des inventaires féminins dans le groupe des marchands et 91,9 de ceux des artisanes avec documents manuscrits ou livres sont ceux de veuves de marchands, de commerçants, de négociants ou d'artisans. L'activité des femmes dans le milieu artisanal et commercial de Barcelone est très sous-estimée. Marta Vicente assure que « l'épouse du maître-artisan était aussi sa représentante au moment d'encaisser les dettes et de tenir les livres de comptes »[7]. Cette affirmation, si elle était vérifiée, conduirait à relativiser les données obtenues pour la population masculine artisanale et commerciale. Le traitement préférentiel (qui n'efface pas la discrimination dans le travail) que recevaient les veuves sans enfants pendant *l'any de plor* (l'année de larmes) ou les veuves avec enfants jusqu'à la majorité de ceux-ci pour continuer le travail de l'atelier du mari permet une vision plus optimiste sur la capacité d'écrire ou de compter des veuves. On pourrait ainsi comprendre les faibles différences existant entre les niveaux de possession de documents manuscrits des hommes et des femmes dans les milieux marchands ou artisanaux (15 et 5% respectivement), face aux grands décalages qui séparent les veuves de professions libérales et leurs maris (38%).

A la fin du XVe siècle et aux commencements du XVIe, on observe, comme le souligne Armando Petrucci pour l'Italie, une croissante nécessité sociale d'écrire, essentiellement dans les grandes villes. Quatre facteurs interdépendants contribuent à cette croissance de l'usage social de l'écriture : la progressive bureaucratisation des relations du citadin avec l'administration publique ; la nécessité croissante de recourir à des procédés d'enregistrement — annotations, comptes, mémoires, contrats, etc. — ; la diffusion croissante de livres imprimés en langue vulgaire dans les milieux commerciaux et artisanaux ; et surtout, dans les classes moyennes et inférieures de la société, le fait que la capacité d'écrire devient une voie de promotion, de distinction sociale[8]. Le cas de Barcelone

7 Marta Vicente, « El treball de les dones en els gremis de la Barcelona moderna », in : *L'Avenç* 142 (1990), pp. 36-39.

8 Armando Petrucci, « Pouvoir de l'écriture, pouvoir sur l'écriture dans la Renaissance italienne », in : *Annales ESC* 4 (1988), pp. 831-832.

révèle certaines similitudes et aussi quelques différences avec la situation italienne.

L'analyse des données obtenues et de l'information recueillie à partir des inventaires permet d'affirmer que la société urbaine barcelonaise était une société particulièrement alphabétisée. Les niveaux de familiarité avec l'écrit à Barcelone sont identiques ou légèrement supérieurs à ceux obtenus par la mesure de l'alphabétisation dans d'autres zones urbaines espagnoles et étrangères, et ils augmentent lentement jusqu'à la décennie 1570-1580. Les causes de cet accroissement ne viennent pas seulement du processus de bureaucratisation de la société moderne, de la tradition de l'écriture en Catalogne[9], ou, de manière plus incertaine, de la multiplication des lecteurs engendrée par l'arrivée de l'imprimerie. Elles s'enracinent plutôt dans la conception qui tient la connaissance de l'écriture comme un signe de distinction dans certains groupes sociaux et dans le fait que l'instruction était un investissement social puisque la maîtrise de l'écriture, de la lecture et du calcul constituaient une nécessité pour pouvoir participer aux bénéfices élevés que rapportaient certaines activités. Il est donc compréhensible que les professions libérales, les métiers du commerce, la noblesse et le clergé soient, dans cet ordre, les groupes socioprofessionnels qui manifestent un usage croissant de l'écriture, tandis qu'artisans et paysans ont plus de peine à l'acquérir. Il faut situer aussi dans ce contexte l'intérêt du *Consell de Cent* pour le financement des écoles élémentaires. Il est une réponse à la demande concrète de secteurs de la société barcelonaise qui jouissent d'un fort prestige social, politique ou économique et qui sont donc plus ou moins proches de l'exercice du pouvoir, mais qui restent encore éloignés de la pratique coûteuse du préceptorat privé.

C'est précisément au moment de l'offensive la plus intense des ordres religieux pour le monopole de l'enseignement, ce qui est une conséquence des décisions du Concile de Trente, que l'on observe un déclin, pas seulement des niveaux de familiarité avec l'écrit, mais aussi de la présence de documents manuscrits dans les inventaires barcelonais. Lier plus étroitement les deux phénomènes demanderait, toutefois, une recherche plus approfondie sur les effets des modèles éducatifs imposés par la Réforme catholique à Barcelone.

9 Cf. Bartolomé Bennassar et alii, *Orígenes del atraso económico español*, Barcelona, Península, 1986, p. 157.

Comptes, patrimoine et mémoire

Les livres de mémoires se rencontrent avec fréquence dans la documentation écrite familiale ou individuelle. Henri-Jean Martin assure qu'à la fin du XVIIIe siècle de modestes compagnons ou artisans commencent à mettre par écrit leurs souvenirs et leurs réflexions[10]. Madeleine Foisil avance d'un siècle la rédaction des mémoires, journaux et livres de raison comme principale expression de l'écriture privée[11]. Cependant, le goût pour cultiver la mémoire personnelle au travers de témoignages individuels semble déjà fort au XVIe siècle, au moins en Catalogne, tant chez les artisans que dans les couches sociales les plus élevées. Pour le territoire catalan, les travaux de James Amelang et Antoni Simon Tarrés ont permis de connaître des mémoires et autobiographies catalans rédigés à l'époque moderne, et il est très possible que le corpus ainsi rassemblé ne représente qu'une proportion très faible du total des textes qui furent écrits. Mais il est suffisant, cependant, pour invalider l'idée de l'absence de ce type de documents en Catalogne[12].

Le caractère hybride de ces documents est leur trait essentiel. Madeleine Foisil a mis en relief cette caractéristique fondamentale de l'écriture dans l'espace privé. Les mémoires sont, majoritairement et en leur origine, des livres de comptes qui, au fil de leur rédaction, contiennent des informations plus nombreuses, même s'ils continuent à se construire à partir d'une comptabilité[13]. Le mot « mémoire », référé aux livres de documentation personnelle, n'a pas nécessairement une dimension autobiographique, bien que parfois la brève information apportée dans l'inventaire semble l'indiquer : le patricien Pere de Relat possédait en plus de livres imprimés, des chartes sur parchemin et des livres de rentes, *« tres libres de paper cuberts de pregamí petits se diu ser sas recorts y memòrias »*[14].

La plupart des brèves descriptions que les notaires réalisent dans les inventaires insistent sur la polysémie du mot « mémoire », et sur les contenus divers de ce type de document. Le passementier Joan Rovira possédait, en plus de son livre de comptes, un livre de mémoires *« en lo qual stan scrites quinze cartes ab alguns albarans, y les altres blanques »*[15]. Le pharmacien Pere Prats gardait dans sa

10 Martin (cf. note 3), p. 275.

11 Madeleine Foisil, « L'écriture du for privé », in : *Histoire de la vie privée, Volume 3. De la Renaissance aux Lumières,* sous la direction de Roger Chartier, Paris, Editions du seuil, 1987, pp. 331-336.

12 Tarrès (cf. note 2), p. 15, et James Amelang, *The Flight of Icarus : Artisan Autobiography in Early Modern Europe,* Stanford University Press, 1998.

13 Foisil (cf. note 11), p. 333.

14 « trois petits livres de papier couverts de parchemin, qu'on dit être ses ‹recorts› et mémoires », AHPB, Miquel Joan Riera, *Pliego de inventarios,* 1544-1557 (1546).

15 « dans lequel sont écrites quinze lettres avec quelques reçus de livraison, et les autres en blanc » ; AHCB-AN, I.42 (1590).

boutique, en plus de nombreux livres de comptes, « *un llibre anomenat recort de full llarch curt de un palm y mitg en lo qual y ha diversos albarans y memòries* »[16]. Ces documents étaient dénommés livres de mémoires, livres de *recort* ou livres de comptes, sans que la référence indique clairement leur contenu. Dans l'inventaire de Carles Jaume Serra, *ciudadano honrado,* on note : « *Item atrobam un altre libre de comptes coernats de llarch, lo títol comensa libre de recorts de mossèn J. Serra y la següenta de la primera carta comensa sie memòria* »[17]. Il faut toutefois distinguer entre mémoires et *recorts,* bien que les genres se mêlent ou se superposent ; le *llibre de recort* était un livre utilisé surtout par les marchands avec des intentions strictement commerciales, sans écarter des notations secondaires différentes de l'objet principal du livre. Le commerçant Jaume Llop notait, par exemple, sur son livre de *recort* les changes, ainsi que les marchandises emmagasinées dans sa maison[18].

Cette ambiguïté documentaire ressemble au livre de raison, que Madeleine Foisil définit comme un livre dans lequel un bon administrateur ou un commerçant inscrit tout ce qu'il encaisse et dépense pour se rendre compte de toutes ses affaires[19]. Cet intérêt pour l'économie familiale et professionnelle n'était cependant pas limité aux seuls marchands. Ce type de document se rencontre, en effet, dans tout le spectre social, sauf chez les manœuvres et journaliers. Son contenu et sa forme variaient en fonction de l'occupation professionnelle ou du niveau social.

Dettes et dépenses étaient la raison première de la rédaction. Le prêtre, noble et docteur en droit, Pere Padroll notait la liste de ses débiteurs dans un seul livre :

> « *Item un llibre de recort, és de vuyt coherns de nombre de CXII, ligat ab [aluda] pandecta y cartó, tres cuerns primers mostren éssers estats mudats, en lo qual libre en los XVIII folis primers estan continuats moltes partits de assentat de pensions que feyen a dit defunt, totes scrits y continuats de llur e sia mà y rebudes de dites apensionants en los que les se trobe alguna suma que deuen a dit defunt* »[20].

16 « un livre nommé ‹recort› en grand format, large d'une paume et demi, dans lequel il y a divers reçus de livraison et mémoires » ; AHPB, Jaume Massaguer, *Pliego de inventarios,* 1580-1583 (1583).

17 « Item nous trouvons un autre livre de comptes, relié en grand format, le titre commençant par ‹livre de recorts de mestre J. Serra› et la première lettre commence par ‹soit mémoire› » ; AHPB, Joan Savina, *Pliego de inventarios de varios años* (1530).

18 AHCB-AN, I.35 (1560).

19 Foisil (cf. note 11), p. 332.

20 « Item un livre de ‹recort›, il a huit cahiers numérotés CXII, relié avec cuir d'agneau et carton, les trois premiers cahiers on été changés, les XVII premiers folios contiennent beaucoup de rubriques de rentes qu'on faisait au défunt, toutes écrites et continuées de leurs mains, et reçus de ces débiteurs, où se trouvent les sommes qu'ils doivent au défunt » ; AHPB, Jeroni Mollet, *Pliego de inventarios,* 1530-1562 (1550).

La complexité des réseaux personnels et les multiples interactions socioéconomiques de la société barcelonaise moderne conduisent à la rédaction de registres personnels qui contrôlaient les dépenses ou les revenus, et qui s'ajoutaient aux comptes liés à l'exercice professionnel. C'est probablement avec cette intention, que le tailleur Jaume Martí conservait un *« libre de paper blanch per scriure deutes »*[21]. Marco Antonio de Camus possédait un seul livre imprimé et *« quatre libres en los quals se scrivia las despesas de casa y altres comptes* et *un coponet que serveix per a tinter »*[22]. Joan Folch, prêtre, avait *« un llibre de albarans de censos y altres cosas que dit deffunt pagava »*[23].

La noblesse présente des caractéristiques spécifiques et la documentation personnelle la différenciait quantitativement et qualitativement des autres groupes sociaux :

1) Les livres de comptes ou de rentes sont plus nombreux, comme on pouvait le supposer, pour chaque inventaire. Un exemple est l'inventaire de la noble Beatriz de Corbera, où l'on note 281 livres *« entre manuals, libres de rendas comuns y libres de testaments, tots ligats y quernats, moltes notes en papers volants* et 34 livres *de forma xicha de prisies »*[24].

2) Les livres de mémoires étaient soigneusement reliés et accompagnés d'instruments pour l'écriture, et étaient clairement distingués des livres de comptes, sauf pour les *ciudadanos honrados.* Melcior Felisses possédait *« un llibret de memòries ab sos tancadors y tocador para scriure en dit llibre »*[25], et Ana de Boscán qui avait *« un libre de memòries pintat »*[26].

A l'époque moderne, les progrès de la comptabilité se sont diffusés parmi les milieux commerciaux. Henri-Jean Martin rappelle que, si les livres de comptes gardent bien des mystères, du moins, les traités de comptabilité, publiés en nombre à partir de la fin du XVe siècle, témoignent-ils de la diffusion des pratiques fondées sur l'usage de la partie double[27]. Un marchand sur deux avait des livres de comptes dans la Barcelone du XVIe siècle. Deux exemples d'inventaires

21 « livre de papier blanc pour écrire les dettes » ; AHCB-AN, I.28 (1526).

22 « quatre livres dans lesquels étaient inscrites les dépenses de la maison et d'autres comptes et une petit coupe qui sert comme encrier » ; AHPB, Jeroni Mollet, *Pliego de inventarios,* 1530-1562 (1543).

23 « un livre de reçus de livraisons de rentes et d'autres choses que ce défunt payait » ; AHPB, Pere Ferrer, *Manual de inventarios,* 1564-1579 (1568).

24 « parmi des manuels, des livres de rentes communes et des livres de testaments, tous reliés, beaucoup d'annotations sur des feuilles volantes » ; AHCB-AN, I.18 (1542).

25 « un petit livre de mémoires avec ses fermoirs et un petit bâton [pour souligner] pour écrire dans ce livre » ; AHPB, S. Coll, *Pliego de inventarios,* 1594-1600 (1595).

26 « un livre de mémoires peint » ; AHPB, Jeroni Mollet, *Pliego de inventarios,* 1530-1562 (1541).

27 Martin (cf. note 3), p. 270.

du groupe commercial permettent de connaître la composition de ces documents. On note dans l'inventaire de Miquel Ferrer :

> « *Item un llibre major de mercader.*
> *Item un manual de CC cartes.*
> *Item dos llibres de recorts.*
> *Item un copiador de cambis.*
> *Item un llibre de mà de paper... ab balans de la companyia.*
> *Item un llibre copia de lletres misives.*
> *Item un llibre de Consolat.*
> *Item una tarifa y pes de mesura.*
> *Item un llibre de albarans* »[28].

Trois de ces livres-ci étaient indispensables pour la profession commerciale : le grand livre majeur, le manuel de lettres et le livre de *recort*, qui figure dans la plupart des inventaires de marchands avec documentation écrite.

Les artisans, en plus d'enregistrer dettes, débiteurs, comptes, etc., écrivaient ou dessinaient selon leur profession. Les charpentiers, en particulier, possédaient des documents très concrets : Francesc Porta avait un « *llibre de trasses y de comptes* »[29] ; Nicolau Caró, « *altre libre de paper ab algunes mostres per al ofici del dit decfunt* »[30] ; ou Andreu Gener qui conservait « *un llibre de mostres de segells* »[31]. Les livres de propriétés sont peu abondants chez les artisans. Ils gardaient cette documentation en forme de chartes de parchemin, et non comme l'armurier Antoni Joan Boi qui l'a recueillie dans son « *llibre del patrimoni* »[32].

Les livres de comptes ou de mémoires s'adaptent à des usages divers, comptables et mémoriels, et dans ce processus ils adoptent des formes différentes. Nous avons déjà indiqué les plus intéressants, qui appartenaient à la noblesse. Il en est d'autres, étranges dans leur présentation. Le notaire Joan Sallent possédait un livre de dettes « *scrit en pregamí ab post cuberts de cuyro vermell empremptades ab dos tanchadors o gaffets lo qual apar ésser diornal* »[33]. Les livres pouvaient aussi

28 « Item un grand livre de marchand / un manuel de CC lettres / deux livres de ‹recorts› / un registre de copies de lettres de changes / un livre de main de papier...avec le bilan de la compagnie / un livre de copies de lettres / un tarif et poids et mesures / un livre de reçus de livraisons » ; AHCB-AN, I.33 (1552).

29 « livre de dessins et de comptes » ; AHPB, Francesc Pedralbes, *Dos pliegos de inventarios sueltos* (II) (1590).

30 « un autre livre de papier avec quelques exemples [modèles] pour le métier du défunt » ; AHCB-AN, I.13 (1476).

31 « un livre de modèles de sceaux » ; AHCB-AN, I.45 (1594).

32 AHCB-AN, I.31 (1542).

33 « écrit en parchemin avec la couverture de cuir rouge imprimé, avec deux fermoirs, le livre paraît être un diurnal » ; AHCB-AN, I.14 (1481).

avoir des fonctions, multiples comme le livre de la veuve Gràcia Pere : « *Item un libret en lo qual havie un albarà y algunes orations* »[34].

Il est difficile de préciser l'utilité plurielle de ces livres de comptes ; cependant, leurs caractéristiques fondamentales sont les suivantes :

1) L'écriture au quotidien. Ces livres, dans leur aspect le plus immédiat, sont des livres de comptes, mais à mesure qu'ils sont élaborés, ou même dès leur origine, ils contiennent plus d'informations, bien qu'ils s'organisent toujours autour de la comptabilité. Ils sont structurés selon le rythme de la vie quotidienne et ont comme commencement et fin le temps privé, celui de la naissance et de la mort :

> « *Primo un libre ab cubertes de pregamí ab baga y botó, lo qual està numbrat fins en cartes CLXXXVI, y en la primera carta nombrada comensa : nota que a 15 de octubre de 1575 entre dues y tres hores de matinada parí nado Eulàlia bona, y dit libre, serveix de comptes* »[35].

> « *Item dos libres ho coherns de paper blanchs y estrets cuberts de pregamí, lo hu vell l'altro-modern, que hia corregut fins lo dia del hòbit del dit defunt, lo quel hia escrits diversos comptes, escrits de diverses mans* »[36].

Les possesseurs ou leurs parents ont recueilli dans ces registres domestiques naissances, baptêmes, décès, petits événements. En conclure que nous sommes près ici des chroniques provinciales, comme le fait Madeleine Foisil, est toutefois quelque peu aventuré.

2) Le passé, l'héritage et la mémoire. Ces trois aspects se rejoignent dans ces livres familiaux. Il existe des exceptions qui situent l'origine familiale deux ou plusieurs générations auparavant, mais communément c'est pour rendre compte de l'accumulation récente de propriétés, rentes, etc., par dots, achats ou héritages. Ces livres reflètent un exercice préventif devant la menace pressante de la mort, en ayant le regard fixé sur la continuité du patrimoine ou de la profession. Ils facilitaient ainsi l'exécution du testament.

34 « Item un petit livre, dans lequel il y avait un reçu de livraison et quelques prières » ; AHPB, Lluís Carles Mir, *Pliego de inventarios*, 1494-1518 (1518).

35 « Primo un livre avec une couverture de parchemin, avec corde et bouton, étant numérotées les lettres jusqu'à CLXXXVI et la première lettre numérotée commence : ‹On note que le 15 octobre de 1575, entre deux et trois heures du matin, naquit Eulàlia, en bonne santé›, et ce livre sert de comptes » ; Inventaire de Pau Llobet, marchand, 1591. AHPB, Jaume Pau Lentisclà, *II liber inventariorum et encantuum*, 1591-1592.

36 « Item deux livres, un relié de papier blanc et étroit, couvert de parchemin, un ancien, l'autre moderne, dans le temps qu'a passé jusqu'au jour du décès de ce défunt, on y trouve écrits divers comptes, écrits de diverses mains » ; Inventaire de Joan Serrateix, cirier, 1540. AHPB, Miquel Joan Riera, *Pliego de inventarios*, 1530-1543.

Le chanoine Onofre Oller a hérité de son père, marchand, et d'un autre membre de sa famille, prêtre, une série de livres de comptes qui justifiaient les possessions ou rentes dont il avait joui durant sa vie :

> « *Primo un llibre de forma de full, cubertes de pregamí ab sa baga y butó que contè vuyt quaderns, en lo principi del qual comensa diumenge a quatre de juliol 1564 sench batejat Guillem Onofre fill de mossèn Climent Oller, mercader, lo qual llibre és llibre de comptes per pris del dit canonge Oller...*
>
> *Item nou llibres de mà de cosas de doctrinas, de consili y altres, compressos dos llibres de comptes y capbreu del quondam mossèn Pau Oller, prevere* »[37].

Dans l'inventaire du Pere Pau Llàtzer, corroyeur, on rencontre, parmi plusieurs livres de récépissés,

> « *un altre libre petit de forma de octau de tres cuerns cubert de pregamí, en lo qual estan escrits uns albarans per a Pere Palau quondam assaonador, primer marit de dita Angelina e altres fets a la mateixa Angelina Làtzer après mort de dit Pere Pau Làtzer, així de la sepultura del dit Pau Làtzer...e de algunes altres coses* »[38].

Les affaires familiales ont probablement été continuées par la veuve, qui a utilisé le même livre de récépissés qui avait déjà appartenu à son premier mari, en ajoutant quelques souvenirs familiaux. Continuité et héritage sont donc les éléments caractéristiques de ces documents.

Les papiers du notaire Simeón Rafeques sont un autre exemple de la transformation des livres de comptes en livres de mémoires, en même temps qu'ils manifestent le sens de la continuité du patrimoine familier. Ce notaire a conservé parmi ses protocoles le « *Libre dels bens inmobles que feren del senyor en Bernat Raffeques parayre de draps de llana de Vilafrancha de Penadès, y de la dona na Joana, muller sua, defunts, als quals yo, Simeón Raffeques notari, ciutadà de Barcelona, llur fill, he succehit ; y altres que per ma diligència ne hauré adquirits...1573* »[39]. En plus de

37 « Primo un livre de format de folio, couvert de parchemin, avec corde et bouton que contienne huit cahiers, qui commence : ‹Le dimanche 4 juillet 1564 Guillem Onofre a été baptisé, fils de mestre Climent Oller, marchand›, ce livre est le livre de comptes pour les rentes de ce chanoine Oller.

Item neuf livres manuscrits, de choses de catéchisme, de conciles et d'autres, inclus deux livres de comptes et ‹capbreu› [enregistrement de dépenses pour le paiement de rentes seigneuriales] du défunt mestre Pau Oller, prêtre » ; AHPB, Salvador Coll, *Pliego de inventarios*, 1594-1600 (1594).

38 « un autre petit livre de format in-octavo de trois cahiers, couvert de parchemin, dans lequel sont écrites quelques livraisons par Pere Palau, défunt, corroyeur, premier mari de ladite Angelina, et d'autres écrits faits pour la même Angelina Làtzer après de la mort de Pere Pau Làtzer, aussi la sépulture de Pau Làtzer et quelques autres choses » ; AHCB-AN, I.37 (1576).

39 « Livre des biens immeubles qui furent à monsieur Bernat Raffeques, cardeur de draps de laine

l'inventaire du patrimoine familier (rentes, loyers, lettres, etc.... recueillis en 120 folios), le notaire a ajouté dans le premier de ces livres au fur et à mesure de sa vie la mention de quelques événements qui lui ont causé surprise, admiration ou qui ont été décisifs dans sa trajectoire professionnelle.

La première nouvelle qu'il a notée correspond à la cession des écritures notariales de son beau-père, le 28 de juin de 1580. Les deux suivantes se rapportent au début d'une collaboration étroite, et peut-être désirée, avec le clergé avec la notation de la concession d'un bénéfice et de l'achat immobilier d'un prêtre.

Pour maintenir les liens avec son village natal et exprimer sa surprise devant le pouvoir et la capacité répressive de la hiérarchie religieuse, il rapporte en 1584 la nouvelle de l'excommunication de « *mossèn Pau Llaurador apotecari de Vilafranca y balle real de la dita vila...promulgada per lo official eclesiàstico del Reverend don Joan Dimas Loris bisbe de Barcelona contra lo dit balle, per causa que dit balle prengué ab violència y occassionalment a mossèn Jaume Rodo prevere y procurador fiscal del dit senyor bisbe...de la qual cosa dit balle ha patit y patirà grans treballs y gastos, estan sempre excomunicat y no podent exercir son offici [...]* »[40].

Un an après, en mai 1585, il consacre une page entière à la visite royale de Philippe II et sa famille, qui a laissé tant d'échos dans la société barcelonaise[41]. La dernière nouvelle qu'il mentionne correspond à ses désirs d'ascension sociale et d'intégration dans l'appareil institutionnel municipal : « *Pos memòria com vuy dilluns a 27 de Janer de 1586 fuy extret per lo magnífic consell de la ciutat de Barcelona en obrer juntament ab lo magnífic señor Llull ciutadà onrat de Barcelona, deu me fassa gràtia qu'en pugui servir...y ab salut de ma persona, amen* »[42]. L'importance de cette nomination l'a amené à rompre l'ordre chronologique d'exposition et mettre cette nouvelle en première place.

de Vilafrancha de Penadès, et de madame Joana, sa femme, défunts, auxquels moi, Simeon Raffeques notaire, citadin de Barcelone, leur fils, a succédé, et d'autres biens que par ma diligence j'aurais acquis. 1573 » ; AHPB, Simeón Rafeques, 1573.

40 L'excommunication de « mestre Pau LLaurador, apothicaire de Vilafranca et bailli royal de cedit village, promulguée par l'officier ecclésiastique du révérend Joan Dimas Loris, évêque de Barcelone contre ce bailli, pour cause que ledit bailli s'en est pris avec violence et à l'impromptu à mestre Jaume Rodo, prêtre et procureur fiscal dudit évêque, de laquelle chose ce bailli a souffert et souffrira des grandes peines et des dépenses, étant toujours excommunié et sans pouvoir exercer son métier ».

41 Cf. « Diari de Frederic Despalau (1572-1600) » dans Tarrès (cf. note 2), pp. 124-127 et 135-137.

42 « Je mets par mémoire comment, aujourd'hui lundi 27 janvier 1586, j'ai été élu obrer [poste municipal pour la direction d'œuvres publiques] par le magnifique Conseil de Barcelone, ensemble avec le magnifique monsieur Llull, patricien de Barcelone. Dieu me fasse grâce pour pouvoir servir et avec santé de ma personne, amen ».

Les annotations de Simeón Rafeques permettent d'évaluer son intérêt premier pour le patrimoine — raison fondamentale de la rédaction du livre —. Elles reflètent également les inquiétudes personnelles qu'il consignait — avec l'expression *pos en memòria* de façon sélective et parallèlement aux informations économiques.

Parmi ses actes, le notaire Esteve Gilabert Bruniquer a conservé trois livres de son patrimoine familial, continués ou commencés par cet archiviste municipal. Loin d'être un observateur actif qui note les événements les plus intéressants de son époque, comme le fait Rafeques, Bruniquer concilie son attention pour l'héritage familial avec la curiosité généalogique et la collecte de nouvelles relatives à sa famille.

La conscience qu'il a de l'utilité de ces livres et de son travail comme archiviste se reflète au commencement de chaque livre :

> « *1564. Libre primer de memòrias de actes. Aquest libre abans tenia nom de actes comuns, è vell, è negre.*
>
> *Libre comù de memòries sive notas de actes y scripturas de la heretat del quondam Garau Bruniquer comensat per ell en l'any 1564, y desprès de sa mort continuat per Steve Gilabert Bruniquer, son fill y hereu universal, qui per veurer, que las cubertas, que antes tenia aquest libre, estaven molt esquinçadas lo ha fet de nou relligar, en lo any 1630.*
>
> *Aprés se ha advertit que aquest libre estava ja comensat en temps del quondam Gilabert Bruniquer en l'any 1547, com se veu en foli 43* »[43].

La passion pour l'ordre et l'histoire familiale l'ont conduit à dresser son arbre généalogique[44].

En plus du résumé des documents qui fondent sa généalogie depuis 1275 jusqu'en 1530, sur le fol. 43r il a dessiné et commenté ses armes, en y joignant un tableau schématique intitulé *Linea y descendència de casa de Bruniquer*, en expliquant que

43 « 1564. Livre premier de mémoires d'actes. Avant ce livre contenait nombre d'actes communs, et anciens, et noirs.

Livre commun de mémoires ou d'enregistrements d'actes et d'écritures de l'héritage du défunt Garau Bruniquer, il l'a commencé l'an 1564, et après son décès ce livre fut continué par Steve Gilabert Bruniquer, son fils et héritier universel, qui en voyant que la couverture que ce livre avait avant, était trés déchirée, l'a fait relier de nouveau, en 1630.

Après, on a remarqué que ce livre était déjà commencé au temps du défunt Gilabert Bruniquer en l'an 1547, comme on voit dans le folio 43 » ; AHPB, E. G. Bruniquer, *Libre primer de memòries*.

44 Ces premières références aux origines familiales renvoient à la lettre 206 (fol. 190r), où il reprend l'histoire de la maison Bruniquer depuis 1275 jusqu'à son père Garau. Chaque citation pour chacune des générations est accompagnée d'une note, provenant d'un historien sérieux, qui justifie l'origine documentaire de l'information.

*« Lo present arbre li fet yo Steve Gilabert Bruniquer lo qual he tret de actes y scriptures que son en casa de mon pare m*º *Garau Bruniquer. Vuy a 29 de febrer 1582, [...] Lo present arbre no està prou bé y axí si n'ha fet un altre en pregami que està molt millor »* [45].

Sa précoce pratique d'historien l'a aussi conduit à noter les passionnantes aventures de son père en Méditerranée. Après avoir été aux galères, en Castille et en Italie, celui-ci s'est retrouvé *« en la Berbarie, on fou esclau en Alger, dos anys, y al prinsipi de son ponent y a la postre l'any 1553 arriba a sa casa ja mort son pare »* [46] après un périple par les côtes de l'Italie et de la France.

Bruniquer a commencé le *Libre segon de memòries.* Grâce au service que le premier livre lui a rendu ainsi que le *« libre nou de propietats : libre de memòries dels censos que reb lo hereu del quondam Garau Bruniquer... »* [47], Bruniquer conseille dans ce second livre *« que mos succesors deuen procurar, en tot temps estar molt en dadosos de continuar esta diligencia, per ésser de la importància qu'es dexa conexer ; fent no res menys nota especial, a sos deguts llochs, dels actes que sera necessari »* [48].

Sans doute, Esteve Gilabert Bruniquer avait-il conscience de réaliser un travail d'archives important pour sa famille et ses héritiers. Les rubriques, ses notes personnelles ou sa division du temps, et la pagination [49] montrent un intérêt constant pour le travail quotidien, pour la famille et l'héritage, pour la mémoire et pour l'avenir.

Dans la ligne d'Ignasi Terrades [50], Antoni Simon souligne la relation qu'on

45 « Moi, Steve Gilabert Bruniquer ai fait le présent arbre, avec des actes et des pièces manuscrites qui sont dans la maison de mon père mestre Garau Bruniquer. Aujourd'hui, le 29 février 1582 [...] Le présent arbre n'est pas bien, et pour cela j'en ai fait un autre sur parchemin qui est bien meilleur ».

46 « en la Barbarie, où il a été esclave en Alger, deux ans, [...] il arrive chez lui en 1553 son père étant déjà mort ».

47 « livre neuf de propiétés : livre de mémoires des rentes que l'héritier du défunt Garau Bruniquer reçoit » ; AHPB, E. G. Bruniquer. Dans ce livre il note que *« és libre important y que fa molt a guardar segons en las cubertas, que abans tenia, havia dexat de sa mà escrit lo dit quondam Grau Bruniquer ; e principalment se deu guardar per ésser libre antich, y per esse de profit en moltas cosas, per dita rahó »* (c'est un livre important et qu'il faut continuer, selon ce qui a été écrit sur la couverture par le défunt Garau Bruniquer, et on doit le conserver, surtout, pour être un livre ancien, et pour être utile dans beaucoup de choses, pour cette raison).

48 « que mes successeurs doivent toujours essayer d'être tout prêts à continuer cette tâche, pour être de l'importance que l'on sait, ils doivent faire annoter spécialement aux endroits pertinents, dans les places pertinentes, les actes nécessaires ».

49 Dans le premier livre *« Adverteixse que en aquesta rúbrica se dexaran alguns espays o llochs en blanch de cent en cent anys, per a que en ells se puga ajustar y posar los actes que novament ocorreran de aquells temps »* (On remarque que dans ce registre on a réservé quelques espaces ou endroits en blanc de cent en cent ans, pour qu'on puisse ajouter et mettre les actes [événements] qui arriveront en ces temps). Dans le second livre l'avertissement réduit les intervalles à cinquante ans.

50 Ignasi Terrades, *El món històric de les masies*, Barcelona, Curial, 1984, p. 335.

peut établir entre la mémoire personnelle et une certaine conscience historique dans les annotations[51]. L'insistance sur l'histoire, fondée sur la conscience de la singularité du présent, est peut-être plus une conséquence qu'un point de départ. Les notes de Simeón Rafeques semblent l'indiquer. Il a d'abord noté la composition du patrimoine familial, et seulement ensuite, en continuant son livre, il a fait mention des expériences personnelles et collectives ayant une portée historique

Les conseils de Bruniquer à ses descendants proviennent, en premier lieu, d'une tentative pour ordonner la grande quantité de documents hérités, pour exalter et comprendre son passé familial. A mesure qu'il réélabore son texte ou écrit des livres nouveaux, il lie ses mémoires à une certaine conscience de la responsabilité historique. Comme Emilio Lledó l'affirme[52], la mémoire est parole publique: ce qui a été dit dans le temps est dit, en premier lieu, aux contemporains et seulement ensuite aux habitants d'un avenir incertain. A cette fin, l'écrit se développe comme instrument pour conserver la sagesse et les connaissances fondamentales quant au patrimoine familial dont la permanence ne dépend plus seulement de la mémoire orale. En ce sens, il est peut-être plus adéquat de parler d'une relation dialectique entre celui qui écrit et son écriture. Le fait d'écrire non seulement exprime mais, plus encore, construit le sentiment d'intimité et la conscience historique des auteurs de cette littérature personnelle[53].

51 Cf. Tarrès (cf. note 2), pp. 22-23. Cf. dans la même perspective les réflexions de Ricardo García Cárcel sur la volonté de dépassement de la mémoire individuelle (« De la memoria personal a la memoria colectiva : algunas reflexiones », in : *Hispanistica XX* 10 [1993], pp. 3-13).

52 Emilio Lledó, *El silencio de la escritura*, Madrid, Centro de Estudios Constitucionales, 1992.

53 On trouvera une réflexion plus large et précise sur les motivations de l'aventure de l'écriture dans Manuel Peña et Antoni Simon, « La escritura privada en la Catalunya moderna », in : Carlos Barros (éd.), *Historia a debate*, II. *Retorno del sujeto*, Santiago de Compostela 1995, pp. 273-282.

ERMINIA IRACE

Le scritture della nobiltà

Forme e pratiche della legittimazione nell'Italia cittadina dei secoli XVI e XVII

Nell'estate del 1580 Aldo Manuzio il giovane inviò da Venezia una lettera circolare ai magistrati che erano al governo di tutte le città d'Italia (così almeno dichiarò). Nella lettera egli rendeva noto di essersi «posto ad una impresa la quale come è di grande fatica et di molta mia soddisfattione, così stimo io che debba essere di contento universale. Questa è una nuova descrittione perfetta et intera di tutta Italia alla quale, perché vorrei fare tutti quelli ornamenti che si potessero, mi sono risoluto di scrivere ad ogni luogo, acciò che mi sia provvisto di un giusto disegno, con quella descrittione et particolari più minuti che si possano havere: l'origine et accrescimento, le cose notabili degne di esser vedute, gli huomini illustri in qual si voglia professione et in somma tutto quel che di memorabile si trova. Veggano adunque le SS.VV. di inviarmi quanto prima il predetto disegno et descrittione acciò che si possa farlo disegnare et poi intagliare per ornarne il libro et insieme le patrie loro»[1].

Se portato a compimento, il progetto («piutosto da prencipe che da privata persona», come dichiarava il suo stesso ideatore) avrebbe assunto le forme del catalogo di città e di famiglie. Un catalogo di città, secondo l'accezione umanistica cui appunto rimandava il genere letterario della descrizione, che nel panorama italiano individuava i propri immediati precedenti negli scritti di Leonardo Bruni, Flavio Biondo e soprattutto Leandro Alberti[2]. Ma pure un catalogo di

1 Il testo della lettera, così come fu inviato ai magistrati di Parma in data 20 luglio 1580, in Antoine Auguste Renouard, *Annales de l'imprimerie des Alde ou Histoire des trois Manuce et de leurs éditions*, Paris (J. Renouard libraire) 1834, ed. anast. con il titolo *Annali delle edizioni aldine. Con notizie sulla famiglia dei Giunta e repertorio delle loro edizioni fino al 1550*, Bologna (Editoriale Fiammenghi) 1953, p. 533.

2 Cf. Eric Cochrane, *Historians and Historiography in the Italian Renaissance*, Chicago / London (University Chicago Press) 1981, pp. 3–58 e 305–308 e relativa bibliografia; si veda inoltre *La storiografia umanistica*, Convegno internazionale dell'Associazione per il Medioevo e l'Umanesimo latini, Messina, 22–25 ottobre 1987, Messina (Sicania) 1992.

famiglie, secondo l'impostazione genealogica propria della cultura erudita del secondo Cinquecento, che mirava a ricondurre ogni tipo di discorso possibile intorno alla storia cittadina nell'alveo della continuità ininterrotta dei lignaggi. Che l'intenzione di Manuzio fosse l'allestimento di una rassegna genealogica se ne può reperire la prova negli unici due esiti librari della faraonica (e pertanto irrealizzata) *Descrizione*. Si tratta di due testi composti dallo stesso Aldo e dedicati, rispettivamente, alla biografia di Castruccio Castracani degli Antelminelli, che aveva retto Lucca all'inizio del XIV secolo, e alle vicende della famiglia Pio, per due secoli signora della città emiliana di Carpi[3]. In entrambi gli scritti, il modello biografico – applicato nel primo caso a un individuo, nel secondo a un gruppo parentale – si dimostrava perfettamente in grado di riassumere entro di sé la trama del racconto storico incentrato sulla città (Lucca per Castruccio, Carpi per i Pio)[4]. E infatti in quanto programma genealogico l'idea di Manuzio fu recepita dagli eruditi italiani che ne vennero a conoscenza: giacché la missiva di Manuzio effettivamente circolò e ricevette adesioni almeno nominali presso alcune città quali Parma, Faenza, Pesaro, Cagli, Gubbio, Orvieto e Chieti.

Nel 1584 Monaldo Monaldeschi della Cervara pubblicò a Venezia i suoi *Comentari historici* dedicati a ripercorrere la storia della città di Orvieto[5]. L'autore discendeva dalla famiglia che in epoca comunale aveva retto Orvieto con una forma di governo signorile e si era successivamente trasformata in stirpe del locale patriziato allorché la città era entrata a far parte dello Stato pontificio. I *Comentari* di Monaldo si proponevano pertanto un duplice fine: illustrare, per il tramite della stampa, le caratteristiche di una città che vantava un ricco passato di autogoverno; legittimare altresì l'appartenenza aristocratica del suo stesso autore, epigono di quel passato. Buona parte dell'opera si risolveva così nel racconto della successione genealogica dei Monaldeschi: il genere memorialistico si traduceva in biografia familiare e, in questo caso, in autobiografia, giacché

3 Renouard (cf. nota 1), pp. 469–470.

4 Riflessioni sul genere biografico in Giovanni Levi, «Les usages de la biographie», in: *Annales ESC* 44 (1989), pp. 1325–1336 (e relativa bibliografia), e Pierre Bourdieu, «L'illusione biografica», in: *Ragioni pratiche*, Bologna (il Mulino) 1995, ed. originale Parigi (Editions du Seuil) 1994, pp. 71–81; per il concetto di trama cf. Peter Brooks, *Reading for the plot*, trad. it.: *Trame. Intenzionalità e progetto nel discorso narrativo*, Torino (Einaudi) 1995.

5 Monaldo Monaldeschi della Cervara, *Comentari historici ne' quali, oltre a' particolari successi della Città d'Orvieto et di tutta l'antichissima et nobilissima provincia della Toscana anticamente descritti, si contengono anco in modo di Annali le cose più notabili che sono successe per tutto il Mondo dall'edificatione di detta Città d'Orvieto insino all'Anno della Salute nostra MDLXXXIII*, Venezia (appresso Francesco Ziletti) 1584. Sul rapporto tra Orvieto e i Monaldeschi cf. Daniel Waley, *Mediaeval Orvieto. The political history of an Italian city-state, 1157–1334*, Cambridge (Cambridge University Press) 1952, e Jean-Claude Maire Vigueur, *Comuni e signorie in Umbria, Marche e Lazio*, Torino (Utet) 1987 (Storia d'Italia, VII/2), pp. 227–239.

Monaldo terminava il volume con la narrazione della propria stessa carriera di patrizio e con la speranza che il suo lavoro potesse tornare utile a Manuzio, che sapeva impegnato nell'approntamento della *Descrizione*[6]. L'auspicio di Monaldeschi era pertanto quello di venire inserito, assieme alla sua famiglia, nella sorta di «Libro d'Oro» dei patriziati italiani quale sembrava dover riuscire la progettata opera manuziana.

La *Descrizione* di Manuzio il giovane, le speranze date alla stampa da Monaldo Monaldeschi sono soltanto alcuni dei tanti esempi che possono venire menzionati ad attestazione di una realtà che si era ormai compiuta nella produzione memorialistica di area italiana degli anni ottanta del Cinquecento: l'avvenuta saldatura tra la cronachistica cittadina e l'impostazione genealogica, il che implicava la perfetta e intenzionale sovrapposizione tra la storia delle città e le vicende delle famiglie aristocratiche cittadine. Il pensiero genealogico fu una categoria fondamentale della società nobiliare di antico regime. Secondo l'impostazione genealogica la dimostrazione delle condizioni aristocratiche veniva affidata a due elementi: l'antichità delle famiglie e la successione ininterrotta delle generazioni, ricostruibile sulla scorta dei rimandi documentari. Il pensiero genealogico individuava nel passato la legittimazione dell'esistente; nel passato non genericamente inteso ma documentariamente dimostrabile, e partendo dai documenti non vi costruiva sopra, ma utilizzava le attestazioni come conferme di quanto già presuppositivamente noto e indiscutibile[7]. Di conseguenza, il pensiero genealogico di antico regime si fondava sulle pratiche di scrittura (della scrittura erudita) e sulle correlate pratiche di reperimento, lettura, interpretazione delle testimonianze.

Nell'Italia degli «stati moderni» – caratterizzata dal perdurante ruolo delle città quali baricentri territoriali – il fondamento del sistema politico e sociale poggiava sul patto contratto tra i sovrani e le élites cittadine. L'affermazione di tale «sistema patrizio» imperniato sulle città produsse rilevanti trasformazioni sulle elaborazioni scritte dell'identità municipale[8]: nel corso del secolo XVI, alle

6 Scriveva infatti l'autore: «Circa la fine di quest'anno *[1583]* ritrovandomi io nel castello di Torre Alfina otto miglia lontano dalla città d'Orvieto, intesi che fin dell'anno passato il signor Aldo Manutio haveva per sue lettere ricercato saper le cose notabili della città d'Orvieto per voler fare la descrittione generale dell'Italia; mi risolvei notare et scrivere quanto è sopra detto ad effetto che tali scritti andassero in man sua et de gli altri, come ho più volte sopra detto»: Monaldeschi (cf. nota 5), c. 206v.

7 Cf. in generale Leopold Génicot, *Les Généalogies, Typologie des sources du Moyen Age Occidental*, 15, Turnhout (Brepols) 1975, e, per un'analisi approfondita, Roberto Bizzocchi, *Genealogie incredibili. Scritti di storia nell'Europa moderna*, Bologna (il Mulino) 1995 (in particolare, per la categoria della presupposizione, pp. 213–219).

8 Cesare Mozzarelli, «Il sistema patrizio», in: Cesare Mozzarelli / Pierangelo Schiera (eds.), *Patriziati e aristocrazie nobiliari. Ceti dominanti e organizzazione del potere nell'Italia centro-settentrionale dal*

pratiche cronachistiche ereditate dall'epoca tardomedievale si sostituì una produzione memorialistica focalizzata sul tema dell'illustrazione dei gruppi aristocratici cittadini. Al termine di tale evoluzione, in epoca seicentesca, poteva dirsi delineata nei suoi tratti costitutivi l'immagine di una società di famiglie, che – analogamente a quanto si andava realizzando nel resto degli stati europei – faceva riferimento all'idea della distinzione e al capitale culturale della nobiltà[9].

La coincidenza tra le pratiche della memorialistica cittadina e le forme del discorso cetuale non costituì tuttavia un prodotto originale dell'epoca moderna; il panorama italiano bassomedievale aveva già offerto esempi di significative intersezioni tra i discorsi sulla città e le pratiche della scrittura genealogica. Di recente, James Grubb ha attirato l'attenzione su un gruppo di testi memorialistici redatti tra XIII e XV secolo in alcune città dell'Italia nord-orientale quali Vicenza, Padova e Verona (cui lo stesso studioso accosta la coeva produzione memorialistica veneziana)[10]. Queste produzioni si presentano nella forma della cronaca (a Venezia) ovvero della *laus civitatis* (a Vicenza), in ogni caso risultando provviste di ampi inserti dedicati alla storia delle famiglie cittadine eminenti. Altre

XVI al XVIII secolo, Atti del seminario tenuto a Trento il 9–10 dicembre 1977 presso l'Istituto storico italo-germanico, Trento (Libera Università degli studi di Trento) 1978, pp. 52–63; per una lettura storico-giuridica della categoria del patto: Angela De Benedictis, *Repubblica per contratto. Bologna: una città europea nello Stato della Chiesa*, Bologna (il Mulino) 1995; per una visione, anche storiografica, d'insieme Giorgio Chittolini / Antony Molho / Pierangelo Schiera (eds.), *Origini dello Stato. Processi di formazione statale in Italia fra medioevo ed età moderna*, Bologna (il Mulino) 1994.

9 Per i generi del discorso storico medievale: Bernard Guenée, *Histoire et culture historique dans l'Occident Médieval*, Paris (Aubier) 1980, trad. it. Bologna (il Mulino) 1991. Esempi di area italiana in: *Il senso della storia nella cultura medievale italiana (1100–1350)*, Atti del quattordicesimo convegno di studi, Pistoia, 14–17 maggio 1993, Pistoia (Centro Italiano di Studi di Storia e d'Arte) 1995; Albano Biondi, «Tempi e forme della storiografia», in: *Letteratura italiana, Le forme del testo*, II, *La prosa*, Torino (Einaudi) 1984, pp. 1075–1116, e Claudia Bastia / Maria Bolognani (eds.), *La memoria e la città. Scritture storiche tra Medioevo ed Età moderna*, Bologna (Il Nove) 1995. Si raffronti con André Burguière, «La mémoire familiale du bourgeois gentilhomme: généalogies domestiques en France aux XVIIe et XVIIIe siècles», e Christian Maurel, «Construction généalogique et développement de l'Etat moderne. La généalogie des Bailleul», entrambi in: *Annales ESC* 46 (1991), rispettivamente pp. 771–788 e 807–826. Per il concetto di distinzione cf. Pierre Bourdieu, *La distinction*, Paris (Les éditions de minuit) 1979, trad. it. Bologna (il Mulino) 1983.

10 James Grubb, «Cronache sociali e mobilità sociale nel Veneto», in: *Cheiron* VIII (1991), pp. 79–94, e id., «Libri privati e memorie familiari: esempi dal Veneto», in: Bastia / Bolognani (cf. nota 9), pp. 63–72. In specifico sulla storiografia veneziana si vedano Agostino Pertusi (ed.), *La storiografia veneziana fino al secolo XVI. Aspetti e problemi*, Firenze (Olschki) 1970, e Girolamo Arnaldi / Lidia Capo, «I cronisti di Venezia e della Marca Trevigiana», in: *Storia della cultura veneta*, II, *Il Trecento*, Vicenza (Neri Pozza editore) 1977, pp. 271–337.

volte i testi consistono in autentiche biografie familiari, ognuna delle quali ingloba entro la propria trama narrativa il racconto della storia pubblica cittadina (è questo il caso di Padova). Tali narrazioni furono concepite per rispondere alle ragioni dell'identità a un tempo cittadina e cetuale. Esse costituirono la particolare formula della scrittura di memoria elaborata in un'area territoriale caratterizzata dal precoce sviluppo signorile e «statuale» e segnata pertanto dall'altrettanto precoce strutturazione del «sistema patrizio».

In età umanistica l'evoluzione statuale e aristocratica costituì lo scenario di ulteriori sperimentazioni testuali che inframezzavano la storia cittadina all'approccio biografico e genealogico. Da Firenze a Venezia, da Milano, a Napoli, a Roma il modello biografico di ascendenza classica, così come era stato riportato in auge da Petrarca, in primo luogo si tradusse in specifiche trattazioni delle vite dei pontefici, dei principi e dei condottieri – dall'opera del Platina alle monografie di Paolo Giovio, per ricordare due esempi, a loro volta trasformatisi in modelli, compresi nel secolo che va dalla metà del XV alla metà del XVI. Ma l'approccio biografico allo scrivere di storia trovò applicazione anche nella produzione memorialistica a carattere più propriamente cittadino, in questo caso conducendo all'inserimento di *excursus* dedicati agli «uomini illustri» all'interno del vero e proprio discorso cronachistico[11]. Tuttavia, fu soltanto in conseguenza della svolta politica e culturale di epoca cinquecentesca che l'impostazione genealogica delle pratiche della memoria scritta conobbe una netta espansione quantitativa e giunse a imporsi come criterio guida non soltanto nella redazione, quanto soprattutto nell'utilizzazione erudita dei testi memorialistici.

Nel 1503 fu pubblicata l'*editio princeps* della *Storia di Milano* di Bernardino Corio[12]. L'opera ripercorreva le vicende storiche cittadine sulla scorta della produzione cronachistica precedente, di pubblici documenti e, per l'ultimo tratto del racconto (il quale si arrestava all'anno 1499), del resoconto di numerosi testimoni ai fatti, tra i quali figurava il padre dell'autore, che era stato gentiluomo della corte sforzesca. A questa prima edizione, avanti che il secolo si chiudesse, ne fecero seguito altre due, risalenti rispettivamente al 1554 e al 1565, le quali, soprattutto l'ultima, attualizzarono e normalizzarono il testo originario. Furono infatti operati numerosi tagli e rimaneggiamenti editoriali, il contenuto fu aggiornato fino a coprire l'età di Carlo V, venne modificata ampiamente la

11 Per una rassegna complessiva si veda Cochrane (cf. nota 2), pp. 89–117, e Eduard Fueter, *Storia della storiografia moderna*, trad. it. Milano / Napoli (Ricciardi) 1970, pp. 120–138.

12 Bernardino Corio, *Storia di Milano*, a cura di Anna Morisi Guerra, Torino (Utet) 1978; per la biografia di Corio e per informazioni sulle edizioni cinquecentesche dell'opera cf. l'*Introduzione* della curatrice, *ivi*, vol. I, pp. 9–33. A proposito degli interventi editoriali in età rinascimentale – di seguito menzionati – si veda Paolo Trovato, *Con ogni diligenza corretto: la stampa e le revisioni editoriali dei testi letterari italiani (1470–1570)*, Bologna (il Mulino) 1991.

veste linguistica, che fu portata allo standard del volgare «italiano» di stampo toscaneggiante. In breve, il testo di Corio, anche grazie a tali stravolgimenti contenutistici e formali, divenne la storia di Milano per eccellenza: la prima guida per quanti ricercassero informazioni sulle vicende cittadine e l'attestazione scritta (ufficiale nella sua informalità) che documentava l'antica nobiltà di molte famiglie milanesi. Secondo la definizione coniata da Eric Cochrane, la *Storia* di Corio fu una *definitive history*[13]: essa ricapitolò gli eventi e i personaggi della storia locale dalle origini fino all'inizio dell'antico regime (coincidente con l'avvio delle guerre d'Italia nell'edizione del 1503, con l'epoca di Carlo V nella versione del 1565), costituendosi in testo base per documentare la distinzione della città e delle sue famiglie aristocratiche. Il testo non consisteva di per sé in una genealogia – sebbene contenesse numerosi spunti genealogici – ma fu percepito e utilizzato in quanto tale nel circuito patrizio e erudito di età moderna.

Nel corso del Cinquecento, con particolare accentuazione nella seconda metà del secolo, le esigenze genealogiche dei patriziati cittadini italiani condussero alla compilazione di tante *definitive histories* quante erano le patrie locali da illustrare e nobilitare. Accanto alle vere e proprie storie cittadine aperte lungo il versante del racconto genealogico, una notevole fioritura conobbero altri generi della memorialistica locale: descrizioni, commentari, autentiche rassegne genealogiche, discorsi intorno all'origine e ai successivi sviluppi di un centro cittadino o, in taluni casi, di un'entità statuale. Nella Toscana retta dalla dinastia medicea un'intensa produzione manoscritta e a stampa, alla quale parteciparono anche personaggi quali Guillaume Postel, tentò la costruzione di un'identità comune a tutto il territorio dello stato fondata sul passato etrusco trasfigurato in mito di fondazione[14]. L'agostiniano Cherubino Ghirardacci compose una *Historia di Bologna nella quale con diligente fedeltà et autorità così d'autori gravi e antichi come per confronto di scritture publiche et private si esplicano le grandezze, li consigli, le guerre, le paci et i fatti egregi de' suoi cittadini* (edita a partire dal 1596); fortunate monografie furono quelle redatte da Francesco Sansovino: *Venetia città nobilissima et singolare* (1581) e *Della origine e de' fatti delle famiglie illustri d'Italia* (1582), da Vincenzo Borghini: *Dell'Arme delle famiglie fiorentine* (1584–1585), da Scipione Ammirato: *Istoria delle famiglie nobili napoletane* (iniziata a pubblicare nel 1580)[15]. Ancora

13 Cochrane (cf. nota 2), pp. 284–292.

14 Giovanni Cipriani, *Il mito etrusco nel rinascimento fiorentino*, Firenze (Olschki) 1980.

15 Su Ghirardacci cf. Leonardo Quaquarelli (ed.), *Memoria urbis. Censimento delle Cronache bolognesi del Medioevo e del Rinascimento*, con introduzione di Fulvio Pezzarossa, Bologna (Il Nove), pp. 96–118; in generale sulla memorialistica bolognese di età rinascimentale Fulvio Pezzarossa, «Alcune osservazioni sulle scritture storiche e di memoria nella Bologna tra Medioevo ed Età moderna», in: Bastia / Bolognani (cf. nota 9), pp. 495–522; più in generale *Repertorio della cronachistica emiliano-romagnola*, con introduzione di Augusto Vasina, Roma (Istituto Storico

Napoli e le sue famiglie nobili costituirono l'oggetto di una abbondante produzione trattatistica che tra XVI e XVII secolo mirò a fissare i caratteri originari dell'aristocrazia «di seggio» in quanto patriziato della capitale del Regno[16].

Queste elaborazioni scritte, delle quali si sono menzionati solamente alcuni titoli, erano destinate al pubblico aristocratico delle città italiane; esse furono contigue e condivisero molti caratteri con la coeva trattatistica sulla nobiltà e con altre produzioni letterarie concepite nel quadro del «disciplinamento» delle tipologie dell'esser nobile (quali ad esempio i trattati sul duello), ma a questi generi di scrittura non sono completamente riducibili[17]. Le *definitive histories* municipali e le rassegne genealogiche che presero il loro posto mano a mano che il XVI secolo volgeva al termine costituirono la forma del discorso possibile intorno alle città italiane e ai loro corpi aristocratici. Si tratta di elaborazioni redatte per ratificare, legittimare, illustrare, in un certo senso documentare lo *status* di una città, di un'entità statuale, talvolta anche dell'intera penisola italiana (come nel caso di Sansovino) e dei relativi corpi aristocratici. Possono pertanto essere definite come «scritture della legittimazione», locale e cetuale. Esse furono talora composte da eruditi di professione, altre volte da esponenti dell'aristocrazia: non di rado, peraltro, l'una figura coincideva con l'altra. La loro stesura potè scaturire da una committenza esplicita (come nel caso di molta memorialistica veneziana), ma anche questa non è una regola assoluta. Ciò che accomuna una pluralità di testi differenti per generi e per livelli qualitativi è appunto l'obbiettivo della redazione, che consistette nell'attestazione del rango, della distinzione, sul piano giuridico o più spesso informale e «di immagine». Il raggiungimento di tale obbiettivo fu la caratteristica primaria della produzione memorialistica delle città italiane dopo la cesura politica di metà Cinquecento, simbolicamente segnata dalla pace di Cateau-Cambrésis. Attraverso questi testi il

Italiano per il Medio Evo) 1991. Su Sansovino si veda Elena Bonora, *Ricerche su Francesco Sansovino imprenditore, librario e letterato*, Venezia (Istituto veneto di scienze, lettere ed arti) 1994. Su Borghini si veda la voce curata da Gianfranco Folena nel *Dizionario biografico degli Italiani*, XII, Roma (Istituto dell'Enciclopedia Italiana) 1969, pp. 680–689, e Alessandro D'Alessandro, «Vincenzo Borghini e gli "Aramei". Mito e storia nel principato mediceo», in *Firenze e la Toscana dei Medici nell'Europa del Cinquecento*, I, Firenze (Olschki) 1983, pp. 133–156. Su Scipione Ammirato si veda Claudio Donati, *L'idea di nobiltà in Italia. Secoli XIV–XVIII*, Roma / Bari (Laterza) 1988, pp. 219–224.

16 Maria Antonietta Visceglia, «Un groupe social ambigu. Organisation, stratégies et représentations de la noblesse napolitaine, XVIe–XVIIe siècles», in: *Annales ESC* 48 (1993), pp. 819–851, e ead., *Identità sociali. La nobiltà napoletana nella prima età moderna*, Milano (Unicopli) 1998.

17 Sulla trattatistica di area italiana si veda Donati (cf. nota 15) e Francesco Erspamer, *La biblioteca di don Ferrante. Duello e onore nella cultura del Cinquecento*, Roma (Bulzoni) 1982. Per una lettura delle vicende sociali e istituzionali di età moderna alla luce della categoria del «disciplinamento» si veda Paolo Prodi (ed.), *Disciplina dell'anima, disciplina del corpo e disciplina della società tra medioevo ed età moderna*, Bologna (il Mulino) 1994.

patrimonio orale e manoscritto intorno alle città e ai patriziati locali andò alla stampa e fu consegnato alle generazioni successive e all'attenzione erudita internazionale[18]. Negli stessi decenni cinquecenteschi un'analoga operazione editoriale dai netti significati giuridici, politici e simbolici riguardò un'altra tipologia di libro, capitale ai fini della definizione dei ruoli e delle giurisdizioni delle città italiane: gli statuti, le cui redazioni, fino ad allora rimaste allo stadio manoscritto, vennero mandate a stampa e di conseguenza cristallizzate nei loro dettati contenutistici[19].

Le «scritture della legittimazione», più orientate verso la tipologia della cronaca municipale nella prima metà del Cinquecento, maggiormente virate in direzione del racconto genealogico nella seconda metà del secolo, costruirono un'immagine dei ceti aristocratici italiani destinata a rimanere in vigore per tutto l'antico regime, mirando a sottolineare invariabilmente il fondamentale carattere urbano delle nobiltà italiane, il nesso inscindibile tra la distinzione nobiliare e l'esercizio delle cariche pubbliche municipali, il radicamento «medievale» dei patriziati, legati alla memoria dell'autogoverno e pertanto capaci di definirsi in quanto corpo indipendentemente dall'intervento dei sovrani (chiamati a ratificare ufficialmente una condizione nobiliare esistente *ab antiquo*).

Ab antiquo: le scritture della legittimazione ricorsero ampiamente alla documentazione reperita negli archivi pubblici e familiari. Non si trattò sempre di documenti autentici; fu anzi massiccio il ricorso a materiali falsificati o almeno interpolati, così come diffusa fu l'utilizzazione diretta e indiretta di un'opera come le *Antiquitates* del falsario Annio da Viterbo (1498), che costituirono il modello per antonomasia del racconto sul passato preromano e quindi «immemorabile» delle città e dei corpi eminenti dell'Italia di età moderna[20]. Nel passaggio dal XVI al XVII secolo, man mano che il procedimento genealogico soppiantava – assorbendolo entro sé – le tradizionali tipologie del racconto della storia cittadina, il ricorso alla documentazione pubblica come fonte e prova giuridica della distinzione divenne preponderante. Schematizzando, se il Cinquecento fu il secolo dell'edizione delle storie cittadine, il Seicento fu l'epoca della redazione manoscritta e a stampa delle genealogie familiari. Genealogie che vennero costruite attraverso il raccordo sistematico delle «fonti» documentarie,

18 Su questo punto cf. Elisabeth L. Eisenstein, *The printing press as an agent of change: communications and cultural transformations in early modern Europe*, trad. it. Bologna (il Mulino) 1986, e ead., *The printing revolution in early modern Europe*, trad. it. Bologna (il Mulino) 1995.

19 Si veda, in una prospettiva comparativistica, Giorgio Chittolini / Dietmar Willoweit (eds.), *Statuti città territori in Italia e Germania tra medioevo ed età moderna*, Bologna (il Mulino) 1991.

20 Robert Weiss, «Traccia per una biografia di Annio da Viterbo», in: *Italia Medievale e Umanistica* 5 (1962), pp. 425–441, e *Annio da Viterbo. Documenti e ricerche*, I, Roma (Consiglio Nazionale delle Ricerche), Contributi alla storia degli studi etruschi e italici, 1981.

in larga misura autentiche e «veridiche», ma non meno verosimili allorché si trattava di fonti falsificate[21]. Negli stessi decenni che conobbero la fondazione scientifica dello studio del passato si realizzò un'autentica proliferazione di elaborazioni scritte che piegavano i documenti al servizio della committenza aristocratica, applicando spesso indiscriminatamente le regole del paradigma erudito[22].

Le genealogie familiari costituiscono il genere di legittimazione nobiliare per eccellenza. Le regole preposte alla loro compilazione furono definitivamente formalizzate tra Cinque e Seicento, per influsso della coeva evoluzione delle discipline erudite. Se assai spesso le famiglie aristocratiche italiane procedettero privatamente alla redazione delle proprie genealogie, le quali rimasero di frequente consegnate alla sola dimensione manoscritta, non di rado si incontra una produzione genealogica derivata dalla pubblica committenza ovvero connotata dall'ibridazione di caratteri privati e pubblici.

Un esempio di repertori genealogici scaturiti dalla committenza pubblica è costituito dai Libri d'oro (innanzitutto i Libri di Venezia) e dalle altre matricole ufficiali delle nobiltà cittadine istituite per volontà dei massimi organi del governo locale (a Milano il collegio dei giureconsulti, a Bologna il Senato, e così via). Tali registri furono concepiti per elencare i nuclei parentali di condizione aristocratica e le cariche pubbliche ricoperte dai membri delle medesime: a Venezia pure per documentare i matrimoni e le nascite avvenuti nelle famiglie patrizie[23]. I Libri e le matricole sono dunque registri cancellereschi in piena regola, redatti per legittimare istituzionalmente l'esistenza dei corpi patrizi municipali; essi sono pertanto documenti nel senso pieno del termine, concepiti per rispondere alla finalità genealogica che costituiva il criterio guida dei ceti aristocratici, giacché in questi registri venivano inclusi i nomi di quanti potevano

21 Riflessioni sulle intersezioni possibili tra tessuto narrativo e discorso «di prova» in Carlo Ginzburg, «Postfazione» all'edizione italiana di Natalie Zemon Davis, *Il ritorno di Martin Guerre. Un caso di doppia identità nella Francia del Cinquecento*, Torino (Einaudi) 1984, pp. 131–154.

22 Si vedano le osservazioni, riferite ai secoli XII e XIII, di Armando Petrucci, «L'illusione della storia autentica: le testimonianze documentarie», in: *L'insegnamento della storia e i materiali del lavoro storiografico*, Atti del convegno della società degli storici italiani, Messina 1984, pp. 73–88. Più in generale Arnaldo Momigliano, *Le radici classiche della storiografia moderna*, a cura di Riccardo di Donato, trad. it. Firenze (Sansoni) 1992, in specie pp. 59–83, e Anthony Grafton, *Forgers and Critics. Creativity and Duplicity in Western Scholarship*, trad. it. Torino (Einaudi) 1996.

23 L'analisi dei Libri dei matrimoni e delle nascite redatti a Venezia in Victor Crescenzi, *«Esse de Maiori Consilio». Legittimità civile e legittimazione politica nella Repubblica di Venezia (sec. XIII–XVI)*, Roma (Istituto Storico Italiano per il Medio Evo) 1996; considerazioni sul caso bolognese in Isabella Zanni Rosiello, «Le "Insignia" degli Anziani: un autoritratto celebrativo», in: *Società e storia* 52 (1991), pp. 329–362.

dimostrare di discendere da un ceppo nobile. Un altro esempio, per più versi assimilabile ai Libri d'Oro e alle matricole, ma a differenza di questi dotato di caratteri semipubblici è rappresentato dai cosiddetti «prioristi», volumi compilati o fatti compilare dagli esponenti del patriziato fiorentino nel corso dei secoli XVI e XVII. I prioristi non costituiscono a tutti gli effetti dei documenti pubblici, poiché furono oggetto di compilazione domestica; tuttavia funzionarono da depositi della memoria familiare e vennero ripetutamente utilizzati in occasioni ufficiali, senza parlare del fatto che a partire da tali registri venne compiuta a metà Settecento la repertoriazione ufficiale della nobiltà toscana realizzata secondo gli intenti razionalizzatori dei sovrani di Lorena[24].

Attraverso la produzione genealogica conosceva un'ulteriore e definitiva elaborazione l'immagine di totale sovrapposizione tra le città e i loro corpi patrizi che era stata delineata per il tramite della memorialistica cittadina del secolo XVI. Dalle genealogie questa immagine fu consegnata alle altre compilazioni appartenenti all'universo dell'erudizione locale. Come ha mostrato François Menant a proposito delle genealogie nobiliari della Lombardia, talora avvenne che documenti e blocchi narrativi estratti dalle genealogie familiari furono inglobati nelle ricostruzioni erudite di epoca seicentesca, da lì in poi perpetuandosi, auspice la stampa – questa volta sì il ruolo fu decisivo – per giungere non di rado fino a noi[25]. È ad esempio noto il caso dei falsari milanesi Carlo e Giacomo Antonio Galluzzi, padre e figlio, il secondo dei quali venne mandato a morte nel 1678 in quanto reo di falsificazioni documentarie, senza che la condanna potesse arrestare la circolazione e la massiccia riutilizzazione delle sue creazioni documentarie.

È inoltre significativo ricordare come, in alcuni casi che si riferiscono a piccoli centri italiani non dotati della dignità cittadina, il modello «alto» (perché di matrice urbana e nobiliare) della genealogia familiare fu talmente pervasivo da plasmare *ex novo* la memoria locale, con il risultato di approntare testi (e manoscritti) di eccezionale interesse. Ad esempio il *Libro Magno* di Manduria, in

24 Jean Boutier, «Les "Notizie diverse" de Niccolò Gondi (1652–1720). A propos de la mémoire et des stratégies familiales d'un noble florentin», in: *Mélanges de l'Ecole française de Rome. Moyen Age, Temps Modernes* 98 (1986), pp. 1097–1151, e id., «I Libri d'Oro del Granducato di Toscana (1750–1860). Alcune riflessioni su una fonte di storia sociale», in: *Società e storia* 42 (1988), pp. 953–966.

25 La decostruzione di alcune leggende genealogiche elaborate in Lombardia nel corso dell'età moderna in François Menant, *Lombardia feudale. Studi sull'aristocrazia padana nei secoli X–XIII*, Milano (Vita e pensiero) 1992, pp. 3–38 e 219–243. Sul caso dei falsari Galluzzi, di seguito citato, si veda Alfio R. Natale, «Falsari milanesi del Seicento», in: *Contributi dell'Istituto di storia medioevale*, II, *Raccolta di studi in onore di Sergio Mochi Onory*, Milano (Vita e pensiero) 1972, pp. 459–506.

Puglia, che è stato studiato da Gerard Delille[26]. Il Libro fu redatto tra il 1578 e l'inizio del secolo XIX: esso registra le genealogie maschili e femminili di tutte le famiglie del paese. Fu iniziato da un sacerdote locale che si proponeva di disporre di parametri certi al fine di applicare i decreti tridentini in materia di gradi di parentela in occasione dei matrimoni. Un'altra documentazione eccezionale è quella compilata, a cavallo tra XVIII e XIX secolo, dal medico Carlo Garibaldi, nativo di Pòntori, un piccolo paese della Val Graveglia in Liguria[27]. Garibaldi compilò più di quaranta manoscritti tra storie, genealogie, descrizioni, libri d'azienda, i quali tutti divennero (come era del resto nelle intenzioni del loro estensore) la memoria scritta – genealogica e patrimoniale – delle «parentele» dell'intera valle ligure; una memoria fissata per la prima volta nei suoi particolari attraverso il ricorso alle pratiche di scrittura.

I parametri della genealogia, se conobbero applicazione particolarmente nell'ambito dell'elaborazione memorialistica, furono trasposti anche nel contesto della produzione delle cancellerie municipali italiane. Ho sopra menzionato il caso dei Libri d'Oro veneziani, pubblici documenti sotto tutti gli aspetti; ma merita ricordare come echi della mentalità genealogica possano ampiamente essere colti, lungo i secoli XVII e XVIII, in altra produzione documentaria municipale. Penso ai catasti cittadini, vale a dire alla documentazione fiscale (e il terreno delle imposte costituì ovunque uno dei principali motivi di contrattazione tra i sovrani e i corpi locali in età moderna). I registri catastali presero non di rado ad aggiungere al nome del soggetto iscritto lunghe serie di antenati e di titoli – utili peraltro, questi ultimi, al godimento delle esenzioni fiscali –, di fatto in tal modo divenendo la rappresentazione, nella forma della collezione di registri, della collettività cittadina guidata e rappresentata dal ceto aristocratico. Ma a fianco della produzione pubblica ossia cancelleresca occorre collocare un'altra tipologia documentaria, pubblica – vale a dire autentica – dal punto di vista delle caratteristiche formali (in quanto dotata della sottoscrizione notarile) sebbene «privata» sotto il profilo della committenza. A questa tipologia appartengono le cosiddette «prove». Diffusasi come pratica informale in epoca cinquecentesca, la documentazione di prova strutturò definitivamente le proprie caratteristiche tra XVI e XVII secolo, divenendo un genere di scrittura dotato di un elevato grado di formalizzazione. Con il termine «prova» si intende denominare un dossier che riporta la genealogia familiare commissionata da un individuo al

26 Gerard Delille, *Famiglia e proprietà nel Regno di Napoli*, Torino (Einaudi) 1988, pp. 205–208.

27 La valorizzazione di questo materiale nell'ancora inedita tesi di dottorato di Massimo Angelini, parzialmente confluita in «L'invenzione epigrafica delle origini famigliari (Levante Ligure, secolo XVIII)», in: *Quaderni Storici* 93 (1996), pp. 653–682.

fine di ottenere un determinato grado o ufficio. Occorreva presentare una prova per essere ammessi ai collegi e alle assemblee della città riservati ai soli nobili; a Venezia, la prova era necessaria anche per ottenere la cosiddetta cittadinanza originaria[28]. In alcuni casi, era necessario provare i propri ascendenti anche per ottenere determinate cariche amministrative. In ultimo, la prova era di rigore qualora si chiedesse l'ingresso negli Ordini cavallereschi. Nelle pagine che seguono esamineremo brevemente le caratteristiche della documentazione di prova di area italiana indirizzata agli Ordini cavallereschi. Tale analisi consentirà di descrivere attraverso l'ausilio di un esempio concreto la svolta genealogica e documentaria che segnò le pratiche della scrittura di legittimazione negli anni di passaggio tra XVI e XVII secolo.

Le prove (dette anche «provanze») indirizzate agli Ordini cavallereschi venivano inviate nella forma della stesura definitiva all'istituzione cavalleresca prescelta affinché ne prendesse visione – accettando o meno la domanda di ammissione che vi era contenuta – e infine conservasse il dossier nel proprio archivio. Una copia ovvero la minuta veniva invece conservata presso la famiglia dell'aspirante cavaliere o presso il notaio che si era incaricato della stesura del materiale (tornerò fra breve sul fondamentale ruolo dei notai nella compilazione delle prove). Tali copie o minute sono pertanto reperibili negli archivi locali, all'interno dei fondi familiari o notarili.

Ho analizzato un campione di 69 prove di nobiltà redatte tra la metà del XVI e la fine del XVII secolo, commissionate dalle famiglie appartenenti al patriziato di Perugia, città che appunto alla metà del Cinquecento entrò a far parte dei domìni dello Stato pontificio[29]. Queste prove furono indirizzate a tre Ordini cavallereschi: Malta, il mediceo S. Stefano e il sabaudo Ordine dei SS. Maurizio e Lazzaro. Dei sessantanove dossier, una metà è stata reperita presso l'Archivio di Stato e la biblioteca comunale di Perugia; la restante metà era conservata nell'archivio dell'Ordine di S. Stefano, depositato presso l'Archivio di Stato di Pisa (l'Ordine aveva infatti a Pisa la sua sede centrale). Ventuno prove furono compilate nella seconda metà del Cinquecento, quarantotto appartengono invece al secolo XVII[30].

28 Su questo punto cf. Andrea Zannini, *Burocrazia e burocrati a Venezia in età moderna: i cittadini originari (sec. XVI–XVIII)*, Venezia (Istituto veneto di scienze lettere ed arti) 1993.

29 Per quanto segue rimando a Erminia Irace, *La nobiltà bifronte. Identità e coscienza aristocratica a Perugia tra XVI e XVII secolo*, Milano (Unicopli) 1995, in particolare pp. 39–70, e ead., «La memoria formalizzata: dai libri di famiglia alle prove di nobiltà per gli Ordini cavallereschi», in: Bastia / Bolognani (cf. nota 9), pp. 73–103.

30 Sul ruolo degli Ordini cavallereschi nell'Italia di età moderna cf. Angeloantonio Spagnoletti, *Stato, aristocrazie e Ordine di Malta nell'Italia moderna*, Roma / Bari (Ecole française de Rome-

Separare i dossier, come ho or ora proceduto a fare, sulla base del secolo di redazione (da una parte il XVI, dall'altra il XVII) non è semplicemente una scelta di comodo espositiva. Al contrario: i materiali appartenenti al secolo XVI si differenziano profondamente da quelli compilati nel periodo seicentesco dal punto di vista sia formale sia contenutistico. Innanzitutto nella forma: i dossier cinquecenteschi hanno una consistenza media di venti carte e corrispondono dunque alla forma del fascicolo; al contrario, i dossier seicenteschi possono arrivare ad avere più di duecento carte e il loro aspetto materiale è quello del libro. In secondo luogo la differenza risiede nei contenuti, poiché a seconda della loro epoca redazionale i dossier furono composti secondo criteri diversi, che rispondevano a due differenti parametri della distinzione sociale, ossia a due distinte idee dell'essenza nobiliare cittadina. Attraverso l'evoluzione delle pratiche redazionali delle prove cavalleresche diventa pertanto possibile cogliere i mutamenti occorsi al modello aristocratico nell'Italia cittadina della prima età moderna.

La consuetudine delle prove per l'ammissione negli Ordini si estese progressivamente, almeno in Italia, appunto intorno alla metà del Cinquecento, allorché i sovrani incoraggiarono fortemente la pratica delle concessioni cavalleresche al fine di legare a sé e di compattare le molte tipologie aristocratiche esistenti nei propri territori[31]. Vennero così fondati nuovi Ordini mentre quelli già esistenti furono riformati e rivitalizzati; in ogni caso il modello di riferimento fu rappresentato dall'Ordine di Malta, che costituiva l'istituzione religioso-militare più prestigiosa del tempo nonché la più impegnata sul versante della lotta contro il pericolo turco. Sebbene tale utilizzazione degli Ordini da parte dei sovrani comportasse il parziale abbandono della finalità primaria del *miles christianus* così come era stata codificata in epoca medievale, vale a dire la difesa della fede, gli Ordini svolsero efficacemente la funzione che erano chiamati a esercitare: divulgare una tipologia di nobiltà che individuava nella milizia e nei suoi attributi un valore e che di conseguenza rimodellava la società aristocratica sulla falsariga delle gerarchie militari, al vertice delle quali figuravano i sovrani.

Gli statuti emanati dall'Ordine di Malta nel 1555 imponevano a quanti volessero entrare nel novero dei cavalieri la presentazione di prove scritte, ma queste dovevano essere formulate come risposta a pochi requisiti, solamente cinque, che per lo più potevano essere dimostrati con affermazioni generiche. Il candidato doveva dichiarare di essere nato da legittimo matrimonio e di essere figlio

Università degli Studi di Bari) 1988; Franco Angiolini, *I cavalieri e il principe. L'Ordine di Santo Stefano e la società toscana in età moderna*, Firenze (Edifir) 1996: a queste opere rimando anche in riferimento agli statuti cinque-seicenteschi degli Ordini, di seguito menzionati.

31 Ma non fu diversa l'evoluzione in altre aree dell'Europa cattolica: si veda il caso delle prove cavalleresche francesi esaminato da Jean Pierre Labatut, *Les noblesses européennes*, trad. it. Bologna (il Mulino) 1982, pp. 100–180.

legittimo; di praticare la religione cattolica e i suoi sacramenti; di appartenere al corpo patrizio della città di origine (per inciso: di origine, non di residenza: lo status nobiliare derivava dal legame genetico con la città *patria*); di essere nato da *parentes* di condizione nobile – genitori e nonni da entrambi i lati, ossia i cosiddetti quattro quarti –; di non avere mai praticato le arti meccaniche e di avere sempre goduto di beni propri.

La struttura interna e le modalità redazionali delle prove di nobità compilate nella seconda metà del Cinquecento furono esemplate sul dettato della normativa statutaria melitense e sugli statuti degli altri Ordini che su Malta si modellavano. Per conseguenza, una prova si componeva di tre sezioni:

1) il verbale del processo di nobiltà, ossia l'audizione del candidato (denominato «postulante») da parte di un rappresentante dell'Ordine o del vescovo della città di origine del candidato. Il verbale, di solito in latino, iniziava con la domanda di ingresso nell'Ordine, spesso scritta dallo stesso postulante; terminava con il parere finale che il commissario delegato o il vescovo inviava all'Ordine intorno alla qualità nobiliare o meno del candidato. Acclusa in inserto nel verbale ovvero poste al termine di questo era la documentazione di prova vera e propria, che si divideva in due sezioni (rispettivamente, dunque, seconda e terza sezione del fascicolo):

2) il «memoriale» del candidato, con il quale costui rispondeva in forma narrativa ai cinque requisiti richiesti dalla normativa e concludeva qualificandosi come gentiluomo. Tale memoriale veniva di frequente redatto dal medesimo candidato in volgare e non in latino;

3) le deposizioni dei testimoni che venivano chiamati a certificare la rispondenza al vero di quanto asserito dal candidato. I testimoni potevano essere tre o cinque, ma pure molti di più (ho trovato anche venti persone chiamate a testimoniare sulla pratica di un unico candidato). Le deposizioni testimoniali rappresentavano la parte centrale e più importante delle prove cinquecentesche. Innanzitutto a motivo della loro lunghezza, articolazione e minuziosità: i testimoni erano ascoltati sulla base di un questionario in dieci punti, che faceva riferimento alla normativa statutaria degli Ordini. A deporre erano chiamati gentiluomini del luogo d'origine del candidato, di indiscussa appartenenza all'aristocrazia locale, e anziani. Quest'ultimo era il requisito chiave poiché essi dovevano ripercorrere sul filo della loro memoria gli eventi che si riferivano alla vita del candidato: l'origine della famiglia, la sua condotta di vita, la professione, le parentele, l'adesione ai precetti della Chiesa cattolica, e così via. I testimoni erano importanti perché dovevano esprimersi intorno allo *ius loci* vigente in materia di nobiltà, poiché i legislatori degli Ordini avevano ben compreso che non soltanto le differenti aree dell'Europa cattolica ma, in Italia, le differenti città mantenevano consuetudini assai diverse tra loro. Ogni città aveva il proprio

patriziato organizzato secondo regole sempre differenti: la pratica della mercatura poteva derogare o no dallo status nobiliare, le cariche pubbliche cittadine riservate ai soli nobili variavano a seconda dei luoghi, e si potrebbe continuare.

L'organizzazione testuale e le modalità redazionali delle prove cinquecentesche tratteggiano un'identità dei patriziati cittadini autoreferenziale e incardinata sulla memoria, orale, del gruppo dei pari grado: la cosiddetta *fama nobilitatis,* certificata invariabilmente dalle deposizioni testimoniali (la «publica opinione e fama»). In primo piano era dunque il corpo dei nobili, che si pronunciava intorno al grado di distinzione del postulante, sulla base dei criteri di appartenenza locale che in gran parte afferivano all'area della sociabilità di ceto, delle frequentazioni e delle parentele, insomma del vivere *more nobilium.* E il corpo dei nobili attestava ogni volta la dimensione immemorabile dello status del postulante, le cui origini non potevano ricordarsi con certezza (infatti se rammentabili sarebbero state recenti) ma si perdevano in un passato indefinito e perciò stesso motivo di aristocraticità. Entro tale quadro – mentale prima ancora che istituzionale – il ruolo degli Ordini e, al di sopra di questi, dei sovrani si limitava alla mera ratifica delle posizioni autonomamente godute dai personaggi eminenti nelle città. Nella trama narrativa del memoriale e delle deposizioni, nella dimensione immemorabile del tempo storico, le prove offrono un'immagine di stretta correlazione tra i patriziati e le città. I patriziati sono le città, perché nelle proprie vicende familiari ne riassumono la storia e l'identità; le genealogie offerte dai testimoni ripetevano tante volte quante erano le famiglie che postulavano l'ammissione negli Ordini la storia delle città; le tante trame genealogiche si sostituivano in tal modo al racconto unitario della storia locale.

Allo stesso modo, la funzione dell'estensore del processo (il notaio verbalizzatore) si limitava alla mera registrazione; egli non compilava tutto il fascicolo ma solamente la parte per così dire tecnica e autenticava infine l'intero dossier con il suo *signum.* Si comportava dunque da bravo professionista, né più e né meno che nei confronti del resto dei suoi documenti. E talvolta infatti le minute delle prove cinquecentesche ci sono state conservate perché riportate all'interno dei protocolli dei notai, tra una compravendita di terra e un testamento. I dossier non erano percepiti come anomali o comunque altri dall'altra documentazione pubblica che aveva per oggetto i contratti tra privati rogati dal notariato.

Tale prassi conobbe una brusca svolta negli anni di passaggio tra XVI e XVII secolo, allorché gli Ordini cavallereschi emanarono nuovi statuti che precisavano con minuziosità i requisiti necessari per l'ammissione. L'irrigidimento dei requisiti scaturiva dalla situazione interna alle istituzioni cavalleresche: per arginare o almeno disciplinare il gran numero di domande presentate nel corso degli ultimi decenni cinquecenteschi si tentava attraverso gli statuti di controllare gli ingressi. Ma nel contempo le revisioni statutarie riflettevano la definizione degli assetti politici e sociali dell'Italia all'inizio del secolo XVII e il suo «sistema patrizio» e statuale ormai ben organizzato. Nei nuovi statuti gli Ordini non restrinsero i parametri di accesso, bensì si mossero in un'altra direzione. Essi richiesero obbligatoriamente ai candidati di attestare ogni affermazione sulla base di «pubbliche et autentiche scritture». La documentazione doveva riguardare tutti e quattro i quarti familiari e, qualora la domanda fosse destinata all'Ordine di Malta, doveva coprire duecento anni di antichità familiare. Duecento anni corrispondevano alla categoria della «nobiltà generosa» definita dai trattatisti come una delle tipologie della nobiltà legittima, inferiore soltanto alla nobiltà dei principi di sangue e dei titolari di luoghi feudali[32]. Dalla «forte domanda di scrittura e di documentazione» imposta dal potere come «istanza burocratica» – per utilizzare un'espressione di Armando Petrucci – conseguì una mutazione rilevante nella struttura e nelle argomentazioni dei testi della legittimazione[33]. Per converso, una volta garantita l'adesione ai criteri burocratici, i singoli patriziati rimanevano liberi di autodeterminare le regole dei propri sistemi cetuali. Le organizzazioni cetuali potevano fondarsi sul Maggior Consiglio, sul Senato cittadino, sul collegio dei giurisperiti; nel loro seno la pratica della mercatura e l'esercizio di alcune professioni liberali potevano o no derogare dallo status nobiliare: tali settori rimanevano terreno di autonomia dei corpi locali, purché questi rispettassero – cosa che fecero, spesso anzi sollecitandoli – i metodi normalizzatori che provenivano dall'alto. La dialettica centro-periferie imperniata sulla compilazione delle prove rientra in questo modo nel processo di attuazione del regime pattizio che rappresentava la realtà politica e sociale degli stati italiani di antico regime.

In sostanza, a partire dalle riforme statutarie di fine Cinquecento gli Ordini cominciarono a chiedere ai candidati di presentare un testo genealogico in piena regola: l'elaborazione testuale con le sue logiche organizzative prendeva il posto della trascrizione di deposizioni orali. E il dettato normativo degli Ordini, perfettamente consono ai paradigmi eruditi dominanti nella società di antico regime, produsse significativi mutamenti nelle modalità redazionali delle prove. È a partire dai primi anni del XVII secolo che le prove si costituirono in vero e proprio genere di scrittura, dotato di regole canonizzate. I dossier non furono più fascicoli isolati, ma, come ho già detto, raggiunsero la forma-libro: vennero rilegati e dotati di coperta, spesso riccamente ornata con la riproduzione degli stemmi familiari. Le prove diventarono, in tutto e per tutto, libri che ricostrui-

32 Circa la trattatistica seicentesca si veda Donati (cf. nota 15), pp. 266–309.

33 Armando Petrucci, «Scrivere per gli altri», in: *Scrittura e civiltà* 13 (1989), p. 475. Sui mutamenti apportati dall'emersione del paradigma erudito nelle pratiche della lettura e della scrittura cf. Roger Chartier, *L'ordre des livres. Lecteurs, auteurs, bibliothèques en Europe entre XIV et XVIII siècles*, trad. it. Milano (Il Saggiatore) 1994.

vano le vicende plurisecolari delle famiglie: libri di famiglia, in un certo senso, redatti per le precise esigenze della rappresentanza cetuale.

Da tre, le sezioni delle prove divennero quattro: il verbale del processo, il memoriale del candidato, le deposizioni dei testimoni, infine l'»appendice documentaria» – così almeno la possiamo definire – che riportava in copia o in originale le «pubbliche scritture» utilizzate. Il verbale del processo rimase inalterato nella sua struttura rispetto all'epoca cinquecentesca, seguitando a funzionare da cornice di raccordo dell'intero testo. Allo stesso modo, continuò a comparire la sezione riservata ai testimoni, oramai nel numero fisso di tre o cinque, escussi tuttavia sulla base di un questionario in ventidue punti che richiedeva risposte precise, positive o negative, e non più generiche.

Ma soprattutto, a ingigantirsi e divenire complessa fu la sezione del memoriale del candidato. Partito come domanda di ammissione magari in forma un po' prolissa, nelle prove seicentesche il memoriale diventò una compiuta narrazione che inglobava in sé la sostanza contenutistica delle «pubbliche scritture». Una narrazione ordinata che procedeva per ognuna delle quattro famiglie per duecento anni di storia parentale: la normativa melitense venne recepita anche da coloro i quali presentavano le prove ad Ordini che non contemplavano tra i propri requisiti la dimostrazione della «nobiltà generosa». La ricostruzione genealogica procedeva dal capostipite in direzione dei discendenti e fondava il proprio dettato sulla base documentaria.

Questa struttura complessa ebbe come conseguenza immediata la scomparsa della figura del candidato-scrivente. Una stesura siffatta esigeva il ricorso a professionisti, in grado di reperire i documenti, di ordinarli secondo la sequenza genealogica, infine di stendere «in bella forma» la narrazione. Nelle città italiane costoro non potevano che essere i notai, e non soltanto per la necessità di autenticare il dossier una volta terminata la compilazione. Specialisti degli archivi cittadini, liberi professionisti ma nel contempo spesso impiegati nei locali uffici di governo in qualità di tecnici della scrittura, i notai si arrogarono nel Seicento il monopolio della redazione delle prove. Essi non si limitarono a reperire le «pubbliche scritture» necessarie e a stendere materialmente i dossier; la loro perizia professionale condizionò in profondità la struttura e finanche lo stile espositivo delle prove, le quali dunque, anche in forza del condizionamento notarile, assunsero l'aspetto standardizzato che le contraddistinse per il prosieguo dell'epoca moderna.

Cerchiamo allora di descrivere una prova-tipo di età seicentesca. Ad apertura del libro, la prima carta scritta che si incontra presenta il disegno degli stemmi dei quattro quarti familiari da cui discendeva il candidato oggetto del dossier. La carta seguente riproduce il medesimo schema di discendenza familiare ma nella forma dell'albero genealogico. Il testo inizia pertanto alla terza carta, con il verbale del processo di nobiltà, che continuava a celebrarsi alla presenza di un commissario delegato dall'Ordine. Al verbale faceva seguito il memoriale che presentava in forma narrativa i requisiti nobiliari del candidato. Nelle prove seicentesche il memoriale è suddiviso in quattro sezioni, corrispondenti ai quattro quarti familiari; le sezioni sono assolutamente identiche tra loro sotto il profilo dell'organizzazione del testo e tutte sono precedute dall'albero genealogico del quarto familiare in oggetto dell'esposizione. L'influsso della cultura notarile si coglie assai bene nella struttura delle quattro sezioni, ognuna delle quali si presenta ripartita in quattro parti, che possiamo denominare preambolo, *narratio*, discorso genealogico vero e proprio, appendice documentaria.

Il preambolo, posto all'inizio del memoriale, inquadra brevemente l'oggetto dell'esposizione: analogamente a quella sezione dei documenti cancellereschi che i diplomatisti chiamano arenga, il preambolo riporta considerazioni generali sull'idea di nobiltà. Volta a volta, viene posta in luce la connessione tra lo status nobiliare e la distinzione cittadina, si prendono le mosse da citazioni bibliche o classiche; veniva insomma definita la fondamentale funzione dell'ordine nobiliare all'interno dell'organizzazione sociale. Un breve passaggio discorsivo conduce alla *narratio* (anche in questo caso desumo il termine dal lessico diplomatistico). La *narratio* ha il compito di collegare il generale con il particolare: le famiglie da cui il candidato derivava vi sono presentate nelle loro origini e attraverso il passato più remoto. Trovano qui spazio le «genealogie fantastiche» di matrice erudita, che fanno riferimento ai Goti, a Carlo magno e agli Ottoni; massicciamente saccheggiate appaiono essere le *Antiquitates* di Annio da Viterbo. In tutto, preambolo e *narratio* occupano circa tre carte; la ricostruzione genealogica vera e propria di ogni quarto familiare, terza sezione del memoriale, è ospitata in uno spazio molto maggiore, arrivando a consistere anche in venti carte per famiglia (dunque in totale essa si attesta sulle ottanta carte). Il discorso genealogico procede sulla falsariga delle attestazioni documentarie e risulta focalizzato intorno a due elementi: la dimostrazione della discendenza legittima dei figli dai genitori e l'inquadramento biografico di ogni personaggio menzionato, di cui è illustrato con dovizia di particolari il *cursus honorum*, mentre al contrario è passato sotto silenzio l'eventuale passato mercantile. La genealogia oggetto di esposizione è organizzata secondo l'andamento patrilineare; le componenti femminili della discendenza vengono menzionate ma solamente poiché, attraverso di esse, passava il legame con altre famiglie aristocratiche, dunque con altri personaggi di sesso maschile. È dunque a questi ultimi – e, tra le fila di costoro, a quanti disponevano di sufficienti attestazioni documentarie – che nella trama delle prove veniva riservato il ritratto biografico, finalizzato a porre in luce il ruolo dei singoli personaggi all'interno del *continuum* della storia familiare. La presenza di tali ritratti individuali, al di là della loro brevità o lunghezza, mostra il ruolo modellizzante ricoperto dalla biografia in quanto genere del discorso storico. Uno schema biografico che, per non essere più limitato – come nelle prove cinquecentesche – al mero racconto dei testimoni, nel quale la parte di primo piano era pur sempre affidata all'io narrante, ossia al discorso diretto in forma soggettiva del testimone, prese a svolgersi secondo l'andamento «oggettivo» tipico dell'impostazione erudita e pertanto costruiva l'impianto narrativo attraverso la giustapposizione dei dati documentari. L'adozione della «biografia documentata» costituì una delle modalità per mezzo delle quali le prove si svincolarono dalle tipologie tradizionali degli atti processuali per inserirsi a pieno titolo nell'universo delle pratiche della scrittura erudita.

I documenti utilizzati all'interno delle prove come «fonti» del discorso genealogico si disponevano secondo una precisa gerarchia. I più probanti dal punto di vista della certificazione giuridica dello status erano i documenti cancellereschi, emanati dalle autorità pubbliche: in primo luogo, ovviamente, la documentazione di matrice sovrana e, a questa parificata, la documentazione cittadina. Catasti, liste degli ufficiali cittadini, matricole dei collegi professionali, matricole delle corporazioni nobili consentivano due operazioni: la ricostruzione genealogica sulla scorta dei patronimici e la «prova», appunto, del ruolo pubblico esercitato in sede locale, nel corso dei secoli, dalle famiglie in questione. Se dalle concessioni sovrane ricavava attestazione il rapporto di servizio prestato negli apparati statali, la documentazione pubblica cittadina ribadiva ancora una volta il legame genetico tra il patriziato e il governo (e, più in generale, i ruoli sociali) delle città. Il secondo posto della gerarchia documentaria spettava ai contratti notarili: utilizzati soltanto per attestare i legami matrimoniali (dunque ai fini della stretta intelaiatura genealogica), essi non facevano fede riguardo alla posizione sociale degli individui. Uno statuto simile ai documenti notarili godevano i libri parrocchiali, utilizzati nelle prove seicentesche per documentare le date di nascita e di morte dei personaggi familiari.

Ogni affermazione del discorso genealogico poggiava su un rimando documentario, ed ecco spiegato il perché della numerazione progressiva posta a margine delle carte o nel corpo del testo: ogni numero rimandava a un documento riportato nell'appendice. L'appendice, quarta e ultima sezione del dossier, era consultabile sulla scorta di tale numerazione progressiva; essa riportava i documenti citati nel corso del memoriale nella forma di originali, copie semplici o autentiche, di estratti autenticati: in copia era la documentazione pubblica cittadina cui ho accennato in precedenza; spesso veniva acclusa in originale la documentazione di matrice sovrana come le lettere patenti, gli attestati di servizio negli eserciti, i privilegi e le altre concessioni; allo stesso modo si presentano nella forma degli originali gli estratti dei libri parrocchiali, non di rado eseguiti su fogli volanti «prestampati».

Con l'appendice terminava la prova-tipo; in alcuni casi tuttavia era presente un'ulteriore sezione, intitolata *Ristretto delle prerogative e della nobiltà* (della famiglia in questione). Qui era concentrata la documentazione in esubero, non indispensabile ai fini della genealogia o della stretta dimostrazione della distinzione sociale, ma comunque conservata dalla famiglia o negli archivi. Si trattava in genere della documentazione che travalicava il limite dei duecento anni seguito in genere come criterio dell'esposizione, ma poteva consistere pure in materiale memorialistico: le citazioni estratte dai libri di famiglia e da altri «manoscritti di casa», gli estratti dalle cronache cittadine e dagli «antichi annali scritti a penna», le trascrizioni di lapidi conservate nelle chiese e attestanti i titoli e le qualifiche goduti dalla famiglia. Tale materiale, ovviamente, non era disponibile per tutte le famiglie che aspiravano al titolo cavalleresco, ma solo per le più antiche e socialmente accreditate, che in tal modo ribadivano la natura della loro superiore distinzione. Per la loro natura memorialistica e cronachistica questi *excerpta* non godevano dello statuto di documenti a pieno titolo pubblici, tuttavia la loro inclusione nei dossier arricchiva ulteriormente la presentazione sociale del soggetto che richiedeva il cavalierato.

La formalizzazione delle prove in quanto genere documentario rappresentò un punto d'incontro tra le esigenze dei poteri centrali e le richieste di legittimazione provenienti dai corpi patrizi cittadini. L'immagine riflessa dalla trama delle prove, che identificava la storia dell'area italiana come storia delle città e delle sue aristocrazie, sebbene non nascesse in epoca seicentesca, trovò nella documentazione cavalleresca un potente strumento di rafforzamento e di divulgazione. Delle quarantotto prove redatte nel corso del XVII secolo reperite in occasione della mia analisi, ben trenta furono compilate tra 1670 e 1690 da un unico notaio, il perugino Sinibaldo Tassi. Durante la sua lunga attività professionale Tassi ricoprì numerose volte la carica di notaio dei priori – il massimo organo di governo della città – e si dedicò al riordinamento dell'archivio municipale, del quale scrisse anche un inventario. Furono tali competenze nel settore documentario a farlo divenire il notaio di fiducia del patriziato cittadino, specialista nella redazione dei dossier cavallereschi. Alla sua morte, nel 1702, Tassi lasciò in eredità al municipio perugino le proprie schede di lavoro e le minute delle prove via via composte nel corso degli anni; schede e minute che egli stesso aveva riunito in ventidue volumi cui aveva fornito il titolo generale di *De claritate Perusinorum*. Oltre che consentire la ricostruzione del laboratorio di un notaio italiano del XVII secolo, delle sue consuetudini redazionali, delle letture, della corrispondenza, il *De claritate* costituisce un ottimo esempio del grado di evoluzione raggiunto dalle pratiche della legittimazione negli ultimi decenni del Seicento. Nel proprio testamento Tassi esprimeva la speranza che i volumi del *De claritate* venissero custoditi nell'archivio della città – anzi, in un luogo indicato con precisione come «la credenza accanto al pulpito», nell'ultima stanza dell'archivio – giacché essi contenevano la memoria scritta del patriziato e della città; pertanto, proseguiva il testamento, il *De claritate* costituiva l'aggiornamento dell'*Historia di Perugia* di Pompeo Pellini: la *definitive history* che era stata composta nella seconda metà del Cinquecento. Nel rispettare alla lettera le volontà testamentarie, i magistrati cittadini riconoscevano, sanzionandolo con la propria autorità, il mutamento delle fonti, dei codici espressivi, della struttura che era intervenuto nel corso di un secolo a rimodellare nel contesto italiano le forme della memoria storica locale.

JAN PETERS

Bäuerliches Schreiben und schriftkulturelles Umfeld

Austauschverhältnisse im 17. Jahrhundert

Für eine Denkrichtung wie die hier thematisierte bietet sich natürlich das volksaufklärerische 18. eher als das 17. Jahrhundert an. Ich wende mich dennoch dem 17. Jahrhundert zu, weil bäuerliche Schriftlichkeit für dieses Saeculum weniger bekannt und weil es in gewissem Sinne interessanter ist – denn die Allgegenwart intellektueller Vormundschaftlichkeit fehlte dazumal. Indes darf eine gewisse Beziehung zwischen Bildungsschichten und schreibenden Bauern [1] in der Frühen Neuzeit, also auch für das 17. Jahrhundert, wohl angenommen, aber nicht einfach als gegeben vorausgesetzt werden.

Zwei Vorklärungen scheinen mir notwendig. Erstens: Die Frühe Neuzeit vermag ich nicht als eine einseitige herrschaftlich-disziplinierende Einebnungszeit zu sehen. Vielmehr steht sie auch im Zeichen spannungsvoller sozialer Begegnung und kultureller Selbstbehauptung der Disziplinierungsobjekte. Die Inszenierung elitärer Abgehobenheit bzw. die bäuerliche Untertänigkeitsdramaturgie hat weder die eine noch die andere Seite veranlaßt, ihr Gegenüber aus den Augenwinkeln zu verlieren. An Verwerfungen im Beziehungsfeld hat es nicht gefehlt: Die Bindungen des Adels an die ländliche Kultur wurden allmählich lockerer (nicht jedoch die von Pfarrern, Lehrern und Amtmännern), und in den Städten ist ländliches Leben teils aus kommerziellen Antrieben heraus (Kalenderschreiben) [2], teils als soziale Selbstfindung mit Hilfe eines negativ besetzten

1 Gedacht ist hier eher an das avancierte bäuerliche Schreiben in Gestalt des reflektierenden Schreibebuchs als an einfache Aufschreibe- oder an Wirtschaftsbücher. Zur begrifflichen Problematik siehe Jan Peters, »›Schreibebuch‹ oder ›Anschreibebuch‹?«, in: *Research on Peasant Diaries, Newsletter* 7 (1993), S. 7–13; Alfred Messerli, »Diskussion um Schriftzeugnisse von Untertanen«, in: *Research on Peasant Diaries, Newsletter* 11 (1995), S. 25–33.

2 Gerhardt Petrat, »Der Kalender im Hause des Illiteraten und Analphabeten: seine Inanspruchnahme als Lebenshilfe vor Beginn der Aufklärung«, in: Werner Brückner / Peter Blickle /

Bauernbildes thematisiert worden.[3] So oder so, stärker oder weniger stark, blieb die ländliche Gesellschaft in ein professionelles Umfeld von Bildung und Kultur eingebunden. Zweitens: Ein schreibender Bauer ist zunächst ein seltenes Phänomen sozialen Selbst-Bewußtwerdens, mithin ein Sonderfall im schriftlich-literarischen Beziehungsgeflecht der frühneuzeitlichen Gesamtgesellschaft. Dennoch: Man kann davon ausgehen, daß ein Bauer, bevor er zur Feder griff, eine Bildungssozialisation erfahren hatte, die ihn zumindest mit dem Pfarrer und Schulmeister vor Ort in Verbindung gebracht, die ihn aber auch den Umgang mit Bibel, Katechismus, Postille, Andachtsliteratur, Zeitungen, Einblattdrucken, Prognostiken und Kalendern gelehrt hatte und die ihn oft auch zum Teilhaber an informellen Lese- und »Philosophie«-Gemeinschaften im Dorf werden ließ. Insofern darf vorausgesetzt werden, daß schreibende Bauern von den geistigen Bewegungen und Bestrebungen ihrer Zeit durchaus eine ungefähre Vorstellung hatten.

Zwischen den drei frühneuzeitlichen Jahrhunderten fallen allerdings große Unterschiede auf. Im 16. Jahrhundert lebten schreibende Bauern, wie andere Verfasser von individualisiertem Schriftgut, teils noch in der Welt spätmittelalterlicher Diaristik und Rechtssetzung[4], teils auch in der kaufmännischen Welt des ausgreifenden Handels und der überregionalen Preisvergleiche. Im 17. Jahrhundert nahmen sie – wie es scheint mit einer noch ungezügelten sprachlichen Phantasie – teil an der konfessionellen, politischen und militärischen Dramatik ihrer Zeit, was sich in einzelnen bäuerlichen Schreibebüchern in eindrucksvoller Weise reflektierte. (Insofern folgt das bäuerliche Schreiben auch einer anderen Rhythmik als etwa die intellektuelle Biographik[5].) In der zweiten Hälfte des 18. Jahrhunderts schließlich lebten schreibende Bauern mit jenen gebildeten Herren, die zugange waren, um bäuerliche Ökonomie und Sittlichkeit zu verbessern. Da die belehrende Intervention der Volksaufklärer die Bauern nicht unbedingt zum weltreflektorischen Schreiben, ja eher *gar nicht* zum Schreiben veranlassen wollte, bildete ein Bauer mit Schreibfeder dennoch (und natürlich)

Dieter Breuer (Hgg.), *Literatur und Volk im 17. Jahrhundert. Probleme populärer Kultur in Deutschland*, Wolfenbüttel 1985, S. 701–725.

3 Heide Wunder, »Der dumme und der schlaue Bauer«, in: Cord Meckseper / Elisabeth Schraut (Hgg.), *Mentalität und Alltag im Spätmittelalter*, Göttingen 1985, S. 34–52; Walter Achilles, »Bemerkungen zum sozialen Ansehen des Bauernstandes in vorindustrieller Zeit«, in: *Zeitschrift für Agrargeschichte und Agrarsoziologie* 34 (1986), S. 1–30.

4 Siehe neuerdings Klaus-Joachim Lorenzen-Schmidt, »Das älteste Merkbuch aus bäuerlicher Hand: Daniel Lubbekes Aufzeichnungen aus der Wilster- und Krempermarsch Wewelsfleth 1599–1609«, in: *Research on Peasant Diaries, Newsletter* 10 (1994), S. 5–12.

5 Deren starken Niedergang im 17. Jahrhundert betont Werner Marholz, *Deutsche Selbstbekenntnisse. Ein Beitrag zur Geschichte der Selbstbiographie von der Mystik bis zum Pietismus*, Berlin 1919.

eine Ausnahme – er war zwar in die geistigen Strömungen der Zeit eingebunden, aber nicht unbedingt ein gewolltes Produkt dieser Strömungen. Zurückschauend auf bäuerliches Schreiben in der Frühen Neuzeit, scheint die Feststellung deshalb begründet, daß die historisch gewachsenen sozialen Wahrnehmungsvorgänge eben auch in so manchem Dorf, sprachlich und vielleicht auch literarisch, manifest geworden waren und daß schreibende Bauern deshalb nicht als beziehungslose Sonderlinge zu verstehen sind (als welche sie in Literaturgeschichten gelegentlich auftauchen), sondern als schwer auffindbare, gänzlich »un-elitäre«, aber dennoch partielle Teilhaber an der geistig-kulturellen Zeitgenossenschaft ihres Lebens.

Von diesen Prämissen ausgehend, möchte ich nun in einem zweiten Schritt der Frage nachgehen, wie sich die Beziehung zwischen bäuerlichem Schreiben und dessen schriftkulturellem Umfeld im 17. Jahrhundert gestaltete.

Die ältesten uns bekannten Schriftzeugnisse von Bauernhand aus dem deutschsprachigen Raum[6] (der Blick ist auf das altdeutsche Reich gerichtet, die Schweiz bleibt als »Sonderfall« unbeachtet) stammen von der westschleswigschen Küste im 16. Jahrhundert. Sie sind Frühwerke schreibender Bauern in freier persönlicher Rechtslage, auf guten Böden und an wichtigen Handelswegen angesiedelt.

Fragt man nach den Vorbildern und Anregern für die Schriftzeugnisse dieser kaufmännisch orientierten bäuerlichen Oberschicht, so sind es vor allem die städtischen Kaufleute selbst, die, ebenso wie die hier genannten Bauern, des Rechnungsbuches bedurften, um die Übersicht über ihre Geschäfte behalten zu können.

Was kennzeichnet im 17. Jahrhundert das nähere literarische Umfeld der Bauern? Zunächst nahm ihre Einbindung in ein kulturelles Beziehungsnetz zu, das durch eine sprunghaft anwachsende Produktion von Einblattdrucken, Almanachen und Kalendarien gekennzeichnet war. Die Verfasser solcher Schriften müssen schon aus marktwirtschaftlichen Gründen ihre Abnehmer gekannt und in kulturellem Austausch mit ihnen gestanden haben. Anders ist der hohe praktische Wert dieser Gebrauchsliteratur für den Bauernhof über zweckmäßige Verfahren im Haushalt, bei der Organisation der Arbeit und bei der Vorhersage von Wetterverhältnissen kaum zu erklären. Daß dieser Wert auf dem Boden bäuerlicher Eigenerfahrung wuchs, sollte nicht vergessen werden. Gerade deshalb muß es im 17. Jahrhundert zahlreiche, uns natürlich unbekannte individuelle

6 Bjørn Poulsen, »Die ältesten Bauernanschreibebücher: Schleswigsche Anschreibebücher des 16. und 17. Jahrhunderts«, in: Klaus-Joachim Lorenzen-Schmidt / Bjørn Poulsen (Hgg.), *Bäuerliche Anschreibebücher als Quellen zur Wirtschaftsgeschichte*, Neumünster 1992 (= Studien zur Wirtschafts- und Sozialgeschichte Schleswig-Holsteins 21), S. 89–106.

Austausch- und Anregungsverhältnisse zwischen Bauern und professionellen Schreibern *für Bauern* gegeben haben. Ein Indiz dafür sind einige auffallende Gleichartigkeiten im bäuerlichen Schreibebuch und im landwirtschaftlichen Kalender, z. B. durch die häufige Hervorhebung der Schreiblegitimation der Bauern-Verfasser durch ihre Verweise auf »wahrhaftige« Eigenerfahrung.

Der herausragende Kalenderverfasser des 17. Jahrhunderts, Marcus Freund, leitete in seinem weit verbreiteten »Alter vnd Newer Historischer Calender« von 1660 die Schreibberechtigung überhaupt gerade von der Eigenerfahrung ab: »Es ist aber eine Historia nichts anders/ als eine Beschreibung oder eine Erzehlung derer Dinge/ welche warhafftig geschehen sind: Bey den Alten durfte niemand eine Historien schreiben/ wer ein Ding nicht selbst gesehen hatte.«[7] Ein legitimatorischer Ansatz solcher Art kam der bäuerlichen Lebensweise, die ja in hohem Maße gerade auf Eigenerfahrung beruhte, entgegen und ist von kalenderlesenden und schreibenden Bauern sicher mit Zustimmung angenommen worden.

So etwa der hessische Bauer Kaspar Preis, der seine Aufzeichnungen über die Zeit des Dreißigjährigen Krieges mit den Worten beginnt: »Ich wil ein wenig bericht thun wegen des blutigen Krigs nach meinem bäuerischen Verstandt undt was ich Selbst mit meinen Augen habe gesehen vnd an der That mit Schmertzen erfahren habe.«[8] Der Dithmarscher Bauer Hartich Sierk will ein »wahrhafftig protocoll« verfassen und treibt sein Bemühen um die Validität seiner Darstellung so weit, daß sich in seinem Schreibwerk ein abgestufter Legitimationsraum (von der Eigenerfahrung bis zu fernen Chroniken) räumlich darstellen läßt.[9] Der Schweizer Bauer Jost aus Brechershäusern erklärte ausdrücklich, seine Aufzeichnungen seien »nit nur vom hören sagen geschrieben, sonder alles selbsten gesehen«.[10] Das aber kann weder ihm[11] noch manchen seiner anderen schreibenden Zeitgenossen möglich gewesen sein, welche betonten, alles selbst gesehen und erfahren zu haben. Aber sie konnten und wollten gerade auf dieses Argument in ihrem sozialen Milieu nicht verzichten, auch wenn sie oft aus Einblattdrucken, Chroniken und anderen »Zeytungen« schöpften. Allerdings standen

7 Zit. nach Petrat (wie Anm. 2), S. 712.

8 Joseph A. Ruhl (Hg.), »Stausenbacher Chronik des Kaspar Preis 1637–1667«, in: *Fuldaer Geschichtsblätter* 8 (1902), S. 115.

9 Utz Maas, »Bäuerliches Schreiben in der Frühen Neuzeit. Die Chronik des Hartich Sierk aus den Dithmarschen in der ersten Hälfte des 17. Jahrhunderts«, in: Wolfgang Raible (Hg.), *Kulturelle Perspektiven auf Schrift und Schreibprozesse: Elf Aufsätze zum Thema Mündlichkeit und Schriftlichkeit*, Tübingen 1995 (= Script-Oralia 72), S. 65–96.

10 Alfred Bärtschi, »Die Chronik Josts von Brechershäusern«, in: *Burgdorfer Jahrbuch* 1958, S. 95.

11 Ebd., S. 90.

sie mit diesem Legitimationsbedürfnis nicht nur unter dem Eindruck der Kalenderschreiber mit deren Vorgaben für authentisches Schreiben[12], sondern natürlich auch in der Kritik mancher Dorfgenossen, wonach ein Bauer sich an den Pflug statt an die Feder zu halten habe.

Eindeutiger nachweisbar als durch den hohen Stellenwert des Selbsterlebten ist der Bezug zwischen Kalender- und Schreibebuchverfassern bei dem tief verwurzelten System der sogenannten Lostage. Sie waren durch entsprechende Symbole im weit verbreiteten Prognostikon, dem Vorhersageteil der bäuerlichen »Praktik«, gekennzeichnet und sollten Voraussagen über die Witterung des kommenden Jahres ermöglichen. Zugrunde gelegt wurden die zwölf Tage zwischen dem 25. Dezember und dem Dreikönigstag am 6. Januar, deren Wetter die kommenden zwölf Monate gewissermaßen »loste«. Dieses Wissen hielt sich über Jahrhunderte. Ein dänischer Bauer – zweifelnd, aber wohlwollend prüfend – schrieb noch in den ersten Jahren des 19. Jahrhunderts: »Ich habe mir erzählen lassen, daß sich nach dem Wetter zwischen dem Weihnachtstag und dem 12. Tag danach jeder Monat während des gesamten Jahres ein wenig richten würde. So habe ich die Wetterverhältnisse eines jeden Tages notiert, um zu erfahren, ob dies stimmt oder nicht«.[13]

Indes bleibt es natürlich schwierig, einen Nachweis für den *geistigen Verbund* zwischen professionellen Bildungsproduzenten und Bauern für das 16. und 17. Jahrhundert zu erbringen. Dennoch scheint mir die Feststellung zulässig, daß schreibende Bauern nicht in kultureller Abgeschiedenheit ihre Feder über das Papier gleiten ließen.[14] Im Gegenteil: Sie kannten öffentlich zugängliche Literatur, und sie waren mit großer Wahrscheinlichkeit auch Gesprächspartner zumindest von Dorfgeistlichen und städtischen Bildungsbürgern, setzten sich also verarbeitend mit deren Gedankengut auseinander und lieferten ihrerseits ihren gebildeten Partnern Wissen und Ideen. Wer in solcher Beziehung eher der Gebende oder Nehmende war, ist kaum so eindeutig auszumachen, wie es sich später einem selbstbewußten Städtebürgertum darstellte. Wer bedarfs- und absatzgerecht schreiben wollte, mußte schon die Bauernhäuser von innen kennen.

12 Siehe auch die betont aus eigener Anschauung verfaßten Berichte über die religiösen und politischen Konflikte seiner Zeit durch den aus den nördlichen Niederlanden stammenden Farmer Abel Eppen (1534–1590). Wiebe Bergsma, »Diaries of Frisian farmers as sources for agricultural history«, in: Lorenzen-Schmidt / Poulsen (wie Anm. 6), S. 181–186.

13 Zit. nach Karen Schousboe, »Bäuerliche Anschreibebücher des 18. Jahrhunderts aus Dänemark«, in: Helmut Ottenjann / Günter Wiegelmann (Hgg.), *Alte Tagebücher und Anschreibebücher*, Münster 1982, S. 30.

14 »Damit ist deutlich, daß Hartich (Sierk) nicht als schreibender Robinson zu betrachten ist, sondern vielmehr in einem kulturellen Umfeld von Schriftlichkeit fungiert …«. Maas (wie Anm. 9), S. 73.

Insofern scheint es durchaus berechtigt, mit Rudolf Schenda über semiliterarische und semiorale Kommunikationsprozesse schon vor der Volksaufklärung nachzudenken[15], insbesondere über die Möglichkeiten und Formen der Begegnung »zweier Sprach- und Wissenskulturen«.[16] Die archivalischen Quellen lassen jedenfalls die Annahme zu, daß es durchaus andere als nur durch Hochmut und »Antidemokratismus« geprägte Begegnungen in dieser historischen Kulturgesellschaft gegeben hat. Die aus dem 17. Jahrhundert überlieferten Patrimonialgerichtsprotokolle z. B. bezeugen zahlreiche verbindende *sprachliche* Kommunikationskulturen. Quer durch die ländliche Gesellschaft liefen ständige und sozial übergreifende mündliche Kommunikations- und Informationsfährten. Und erliegen wir nicht gar zu leicht der modernen Verführung, Mündlichkeit und Schriftlichkeit einander gegenüberzustellen, ohne zu bedenken, daß beides, wie ja auch Lesen und Schreiben, nicht durch scharfe Grenzen voneinander geschieden war?[17] Es lagen keine Welten zwischen dem Schreiber und dem mündlich Vorformulierenden, auch nicht zwischen denjenigen, *»so diese geschicht lesen oder hören lesen«*, wie es in einem Schreibebuch von Bauernhand heißt.[18]

Schreibende Bauern gehören zwar – mit heutiger Erfahrung und in heutiger Sicht erst recht – nicht als Sonderlinge in eine Ecke gestellt, wohl aber stellte ihr Tun etwas Besonderes dar. Ihr Schreiben bildete keine unreflektierte Auftragshandlung, etwa wie bei fahrenden Scholaren, die sich ihre Groschen mit Diktaten oder Abschreibarbeiten verdienten. Ganz im Gegenteil: Es ging viel Eigenkulturelles und Eigenwilliges in ihr Schreibwerk ein. Gerade das aber entsprach nicht dem Bauernbild der frühneuzeitlichen Bildungsprivilegierten, so wie es in zahlreichen Traktaten aus gelehrten Federn des 17. Jahrhunderts vom »dummen und schlauen Bauern«, didaktisch zwischen Bauernlob und Bauernschelte schwankend, gezeichnet wurde. Unsere kritische Distanz zu diesem Bild

15 Rudolf Schenda, »Alphabetisierung und Literarisierungsprozesse in Westeuropa im 18. und 19. Jahrhundert«, in: Ernst Hinrichs / Günter Wiegelmann (Hgg.), *Sozialer und kultureller Wandel in der ländlichen Welt des 18. Jahrhunderts*, Wolfenbüttel 1982 (= Wolfenbütteler Forschungen 19), S. 11–12; ders., »Orale und literarische Kommunikationsformen im Bereich von Analphabeten und Gebildeten im 17. Jahrhundert«, in: Brückner / Blickle / Breuer (wie Anm. 2), S. 457.

16 Schenda, »Kommunikationsformen« (wie Anm. 15), S. 454.

17 Zur Abwertung der Mündlichkeit gegenüber einem engen Begriff von Schriftlichkeit und zur »Demotisierung« der Schrift, auch am Beispiel bäuerlichen Schreibens, siehe Utz Maas, »Lesen – Schreiben – Schrift. Die Demotisierung eines professionellen Arkanums im Spätmittelalter und in der frühen Neuzeit«, in: *Zeitschrift für Literaturwissenschaft und Linguistik* 59 (1985), S. 55–81, und ders., »Schriftlichkeit und das ganz Andere: Mündlichkeit als verkehrte Welt der Intellektuellen – Schriftlichkeit als Zuflucht der Nichtintellektuellen«, in: Aleida Assmann / Dietrich Harth (Hgg.), *Kultur als Lebenswelt und Monument*, Frankfurt am Main 1991, S. 211–232. Siehe auch den Beitrag von Ulrich Knoop in diesem Band.

18 Ruhl (wie Anm. 8), S. 123.

ist doch wohl noch zu gering. Zu fragen bleibt aber, ob sich die städtisch-intellektuelle Außensicht hemmend auf die bäuerliche Schriftkultur im 17. Jahrhundert ausgewirkt hat. Darauf läßt sich nur antworten: Was uns an Schriftzeugnissen von Bauernhand überliefert ist, zeugt von einer Eigenkultur, die sich von gelehrten Vorurteilen und Vormundschaftlichkeit durchaus unbeeindruckt zeigt. Schöne eigenkulturelle Schriftzeugnisse von Bauernhand stammen eher aus dem 17. denn aus dem 18. Jahrhundert. Wenn sich Bauern von professioneller Schriftlichkeit beeindrucken ließen, dann offenbar nur von den Kalenderschreibern, und auch das nur in der Weise, daß sie aus deren Schriften nützliches, letztlich von ihnen selbst stammendes Wissen schöpften. Das Selbstverständigungsschreiben in Bildungskreisen über die »Bauren-Anatomia« haben die Objekte der Darstellung, wenn es diese denn überhaupt erreichte, unberührt gelassen. Außerdem meinten von den gebildeten Kalenderschreibern, die sich für die bäuerliche Welt wirklich interessierten, viele mit Johann Coler, »das ein schlechter Haußwirt, ja ein schlechter Ackermann ..., so weder schreiben oder lesen können, offt mit ihrer schlechten nachrechnung und einfeltigem nachdencken ex antecedentibus experientijs, in iren sachen wol so nahe vnd viel neher zum ziel schiessen, als jrgent ein Gelerter, der ohne die erfarung nur den Büchern vnd gelerter Leute gutdüncken nachfolget«.[19]

Zweifellos wäre es wichtig zu wissen, welche Literatur zum Kulturkonsum lesender und schreibender, zuhörender und diktierender Bauern gehörte, ob außer der religiösen Erbauungs- und praktischen Hauswirtschaftsliteratur etwa auch die ganze »Erzählliteratur des 16. und 17. Jahrhunderts, also das als ›volksläufig‹ ansehbare Erzählgut innerhalb gedruckt vorliegender Literatur oder kompilatorische Sammlungen kurzer unterhaltender oder moralisierender gängiger Geschichten«[20] dazugerechnet werden kann. Bekanntlich ist es fast unmöglich, darauf eine bündige Antwort zu geben. Immerhin läßt sich feststellen, daß die Verfasser von Schriften für die ländliche Gesellschaft wie selbstverständlich von einem relativ hohen Maß der Lese-, Aufnahme- und Verarbeitungsfähigkeit auf den Dörfern ausgingen.[21] Die Bildungsunterschiede sollten als soziale Markie-

19 Iohannes Colerus, *Calendarium oeconomicum et perpetuum,* Wittenberg 1591. Vorrede (Neudruck, Leipzig 1988).

20 Wolfgang Brückner, »Historien und Historie«, in: Wolfgang Brückner (Hg.), *Volkserzählung und Reformation. Ein Handbuch zur Tradierung und Funktion von Erzählstoffen und Erzählliteratur im Protestantismus,* Berlin 1974, S. 13.

21 Lesestoffe wie auch Lese- und Schreibfähigkeit für das 17. Jahrhundert zu quantifizieren, hat sich bei vielen Versuchen als äußerst schwierig erwiesen und konnte bislang nur zu punktuellen, im Grunde nur auf die städtische Kultur bezogenen Ergebnissen führen. Allgemein siehe neuerdings Notker Hammerstein (Hg.), *Handbuch der deutschen Bildungsgeschichte. Bd. 1: 15. bis 17. Jahrhundert. Von der Renaissance und der Reformation bis zum Ende der Glaubenskämpfe,* München

rungen allerdings bestehen bleiben. So meinte ein Pfarrer, daß ein Bauer, wenn er denn seine Schulkenntnisse nicht ohnehin »ausgeschwitzet« habe, »seinen Kopff nicht mit vielen Buechern, Grillen und Studiren zerbrechen« möge: »wenn er eine Bibel, eine Cosmographie, eine alte zerrissene Chronicke und einen Calender hat, so ist er versorget.«[22] Immerhin! kann man nur sagen, jedenfalls wenn diese Vorstellung zutrifft.

Betrachten wir nun in einem weiteren, auf konkrete Beispiele abhebenden Schritt einige herausragende Schreibzeugnisse von Bauernhand für das 17. Jahrhundert. Zunächst können wir feststellen, daß die großen Schreibantriebe des avancierten bäuerlichen Schreibens – Selbstvergewisserung und Welterklärung[23] – nicht nur des Kalenders oder des klärenden Gesprächs mit Gebildeten bedurften. Die Schreiber lebten in aufgeregten Zeiten politischer Schriftkultur und griffen deshalb auch auf Chroniken, zeitgenössische Pamphlete und Flugschriften zurück. So entstanden Schreibebücher mit Selbstzeugnischarakter. Für andere Zeiten und andere Kommunikations- und Erklärungsbereiche spielte wiederum der Kalender eine größere Rolle. Dann entstanden eher Wirtschaftsbücher oder weniger reflektierende »Erkundungs-« oder »Aufschreibebücher«. Jedenfalls wählten die Schreiber ihre Wissensquellen in einem dem akuten Erklärungsbedarf angepaßten selektiven Verfahren aus.

1996, S. 442–445. Bei den »illiterati« in Braunschweig, denen der Zugang zu Büchern keineswegs verschlossen war, fanden sich laut ausgewerteter Inventare im Durchschnitt über 20 Bücher. Erdmann Weyrauch, »Die Illiteraten und ihre Literatur«, in: Brückner / Blickle / Breuer (wie Anm. 2), S. 469; Siehe auch Ruth E. Mohrmann, »Städtische Wohnkultur in Nordwestdeutschland vom 17. bis zum 19. Jahrhundert (aufgrund von Inventaren)«, in: Günter Wiegelmann (Hg.), *Nord-Süd-Unterschiede in der städtischen und ländlichen Kultur Mitteleuropas*, Münster 1985 (= Beiträge zur Volkskultur in Nordwestdeutschland 40), S. 131, 141 (Münster und Osnabrück). *Was* und *wie* konsumiert wurde, ist ein ganz anderes Problem. Für ländliche Verhältnisse gibt es hier einen sicheren Nachweis erst für die Zeit um 1800, und zwar im Hinblick auf Beckers bekanntes »Noth- und Hülfsbüchlein«. Es war wohl das meistverbreitete weltliche Buch und fand sich im Durchschnitt der ländlichen Verhältnisse in einem Exemplar auf zehn Haushalte. Rudolph Zacharias Becker, »Noth- und Hülfsbüchlein für Bauersleute«, Nachdruck der Erstausgabe von 1788, hg. und mit einem Nachwort von Reinhart Siegert, Dortmund 1980, S. 476. Leseverhalten und Lesestoffe im 17. Jahrhundert bleiben also weitestgehend im Dunkeln. Punktuelle Funde spielen dennoch die Rolle von Indikatoren dafür, daß »Lesen- und Schreibenkönnen zum Teil viel weiter verbreitet war, als gemeinhin angenommen wird« (Hammerstein, *Handbuch*, S. 442), wobei die Grenzen zwischen den verschiedenen Kulturtechniken des Alphabetismus doch wohl zu scharf gezogen werden.

22 »Evangelische Bauer-Postilla« des Pfarrers Christoff Richter (1722). Nach: Ingrid Tomkowiak, »Curiose Bauer-Historien«, in: *Veröffentlichungen zur Volkskunde und Kulturgeschichte* 22, Würzburg 1987, S. 60.

23 Jan Peters, »Wegweiser zum Innenleben? Möglichkeiten und Grenzen der Untersuchung popularer Selbstzeugnisse der Frühen Neuzeit«, in: *Historische Anthropologie* 2 (1993), S. 235–249.

Die hier vorzustellenden vier bäuerlichen Selbstzeugnisse reflektierten allesamt die schwere Zeitgenossenschaft des Dreißigjährigen Krieges: die sogenannte Bauernchronik des Hartich Sierk aus Wrohm im Norderdithmarschen, die die Jahre 1615–1665 umfaßt[24], das »Zeytregister« des Bauern und Schuhmachers aus Nienstetten bei Ulm aus den Jahren 1618–1672[25], das »Schreibbüchlein« der Brüder Andreas und Georg Dötschel mit Aufzeichnungen aus den Jahren 1624–1682[26] und schließlich die schon erwähnte sogenannte Stausenbacher Chronik des hessischen Bauern Kaspar Preis, die die Jahre 1637–1667 beschreibt[27]. Die Schreiber bekleideten meist politisch und ökonomisch herausgehobene Stellungen und nutzten offenbar ihnen verfügbare, weitreichende Informationsfährten. Sie erweiterten ihr Wissen in der Schreibphase mit Hilfe von Kalendern, Chroniken, Relationen und Zeitungen, je nach aktuellem Informationsbedarf. Damit ließen sich die politischen, ökonomischen und medizinischen Eigenerfahrungen kontrollieren. Die Kalender wurden von den vier Verfassern herangezogen, wenn es um Preise für landwirtschaftliche Produkte, Ernteergebnisse und Markttage ging, wie auch wenn Rezepte und Heilmittel für Mensch und Tier notiert wurden. Die gedruckten Schreibkalender regten auch zur Wetterbeobachtung an, die sich überall findet. Aus Relationen, Flugblättern und Zeitungen entnahmen und verarbeiteten die schreibenden Bauern mit ständigen Bezügen zu ihren Eigenerfahrungen Nachrichten über den Großen Krieg und seine Folgekriege. Hinweise auf die Quellen, aus denen sie gelegentlich schöpften, sind selten, das *Verarbeiten* aber eindeutig und oft in dem Sinne selbständig, daß nicht einfach abgeschrieben, sondern selbständig analysiert wird. So etwa, wenn Heberle die Machtverhältnisse durch einen quantitativen Vergleich veröffentlichten Zahlenmaterials zu qualifizieren sucht: »Also sieht man, das die Schweden vüll mehr ort ingehabt, dan der Keyßer. Der keysserischen ort sind 24, der Schweden 53.«[28] Die verfügbaren Quellen wurden nicht wie etwas

24 Otto Mensing (Hg.), *Die Bauernchronik des Hartich Sierk aus Wrohm (1615–1665)*, Flensburg 1925.

25 Gerd Zillhardt (Hg.), *Der Dreißigjährige Krieg in zeitgenössischer Darstellung. Hans Heberles ›Zeytregister‹ (1618–1672). Aufzeichnungen aus dem Ulmer Territorium. Ein Beitrag zu Geschichtsschreibung und Geschichtsverständnis der Unterschichten*, Ulm 1975 (= Forschungen zur Geschichte der Stadt Ulm 13).

26 Rainer Hambrecht, »›das Papier ist mein Acker...‹ Ein Notizbuch des 17. Jahrhunderts von Handwerker-Bauern aus dem nordwestlichen Oberfranken«, in: *Jahrbuch der Coburger Landesstiftung* 29 (1984) S. 317–450.

27 Ruhl (wie Anm. 8). Siehe neuerdings im Überblick das »beschreibende Verzeichnis« veröffentlichter Texte aus der Zeit des Großen Krieges von Benigna von Krusenstjern, *Selbstzeugnisse der Zeit des Dreißigjährigen Krieges*, Berlin 1997 (= Selbstzeugnisse der Neuzeit. Quellen und Darstellungen zur Sozial- und Erfahrungsgeschichte 6).

28 Zillhardt (wie Anm. 25), S. 235.

überraschend Neues und (weil gedruckt) nicht Hinterfragbares genutzt, sondern vielmehr in einer Mischung von Eigen- und Fremdwissen verarbeitet.

Das Eigene äußerte sich öfter in dem deutlichen Bemühen, die Welt auch literarisch anspruchsvoll abzubilden. »Nuhn bitte Ich alle die Jenige, So diese geschicht lesen oder hören lesen, lautter und fleentlich vmb gotteswillen, das Ihr doch wöllet Ein wenig Still halten vnd Euch bedencken und besinnen, was doch wir arme leuth erlitten haben. Es war Jamer, angst, Noth und Hertzenleydt mit den armen leuthen in der Zeit. Wir waren so gar geängstiget und verzaget, das vns auch ein rauschendes blat verjaget.«[29] Die Freude an literarischer Stilisierung, vielleicht durch Chroniken oder zeitgenössisches Dichtwerk angeregt, äußerte sich auch in Gestalt eines Akrostichons bei Sierk[30] und Heberle[31], durch gereimte Sinnsprüche und Rätsel oder auch durch das Einleitungsgedicht bei Andreas Dötschel: »Andreas Dötzschell bin ich genannt, meines Namens hab' ich keine Schand'. Mitwitz ist mein Vaterland, nach Mitwitz hat mich Gott gesandt. Das Papier ist mein Acker, damit bin ich so wacker. Die Tinten ist mein Samen, damit schreib' ich mein' ehrlichen Namen.«[32] – Daß diese Bauern an einem literarischen Umfeld partizipierten, durch den halböffentlichen Charakter ihres Schreibens vielleicht auch selbst an diesem, wenn auch zaghaft, teilhaben *wollten*, läßt sich kaum bezweifeln.

Alle diese Verfasser dachten und schrieben in der bäuerlichen Tradition der Verantwortung gegenüber Gott und kommenden Generationen. Hans Heberle ermahnte seine Nachkommen, seine Schrift aufzubewahren, »solange das Heberles geschlecht weret, und solt es leben biß an den jüngsten tag.«[33] Kaspar Preis' Schrift schließt mit dem Eintrag »Heinrich Preiß von staußenbach, dem ist dißeß Buch gar lieb, vndt wers im nimt, der ist ein Diep«[34]. Das Schreibebuch der Dötschel aus Oberfranken stellte ohnehin eine kollektive Schreibleistung dar, und für das Schreibwerk von Hartich Sierk, das von seinem Sohn fortgeführt wurde, kann man Utz Maas zustimmen, der von einem quasi öffentlichen Status des Buches spricht.[35] – Bäuerliche Schriftlichkeit also, gewissermaßen unterwegs in die literarische Öffentlichkeit.

Außenwirkungen konnten mithin das bäuerliche Schreiben in hohem Maße prägen. Sobald aber der Druck von Kriegs- und Krisenverhältnissen nachließ, gaben die Bauernverfasser den Wirtschaftsdaten und Rechtshandlungen, die

29 Ruhl (wie Anm. 8), S. 123.
30 Maas (wie Anm. 9), S. 76.
31 Zillhardt (wie Anm. 25), S. 103–108.
32 Hambrecht (wie Anm. 26), S. 342.
33 Zillhardt (wie Anm. 25), S. 86.
34 Ruhl (wie Anm. 8), in: *Fuldaer Geschichtsblätter* 12 (1902), S. 186.
35 Maas (wie Anm. 9), S. 73.

ihren Alltag so stark prägen, wieder größeren Raum und machten damit wieder den Kalender zu ihrem wichtigsten Partner. Dabei spielte die hofzentrierte Lebenswelt eine große Rolle, in der von Krediten, Schulden und Rechtsgeschäften die Rede war. Handelten die Schreiber aber von Huldigungen, landesherrlichen Taten und Proklamationen, so wandelte sich ihre Sprache schnell ins Formelhafte. Die große politische Welt blieb ihnen fremd und durch ihre kleinen Lebenswelten gewissermaßen überschrieben. Politische Parteinahme, allgemeine Moral oder Ideologie, die von geregeltem Acker- und Seelenschutz absah, konnte sich ohnehin kein Bauer leisten[36].

Die kleine Lebenswelt von Hof, Acker, Familie und Kommunikation blieb grundsätzlich im Zentrum des Schreibens. Jedoch konnte von der fernen (und näheren) Außenwelt nicht abgesehen werden. Mit der spürbarer werdenden Verschriftlichung und Etatisierung ihres Daseins drang eine neue Behördensprache in das Leben der Bauern ein. Diese vertrackte Fremdsprache mußte verstanden und beherrscht werden, wollte man im Staat der Obrigkeit bestehen. Genauigkeit bei der Festschreibung von Leistungspflichten der Herrschaft gegenüber, Überprüfbarkeit bei der Regelung von Erbschichtungen in Familie und Verwandtschaft, exaktes Registrieren anfallender Unkosten, auch derjenigen, die bei eigener Amtsführung anfielen, formten den Sprachduktus des bäuerlichen Schreibwerks insbesondere dann und dort, wo es gewissermaßen amtlich wurde und die mehr oder weniger offiziellen Handlungen den Schreiber oft veranlaßten, von sich selbst in dritter Person zu reden.

Überblicken wir zusammenfassend die *mündlichen und schriftsprachigen Quellen*, aus denen die Bauernschreiber schöpften, so läßt sich aufzählen: die alltägliche Kultur und Sprache des Dorfes, die Unterhaltungen mit den Gebildeten im näheren Umfeld, die amtlichen Bekanntmachungen und Zeitungen, die Behördensprache einer Obrigkeit von zunehmend administrativem Zuschnitt, dann auch die Landwirtschaftskalender, Chroniken, Postillen, Relationen und Flugblätter. Mit Ausnahme der Sprachkultur des Dorfes bildeten diese Faktoren *sprachlich-literarische Außenwirkungen*, welche die schreibenden Bauern partiell rezipierten. Das machte sie zu Teilhabern an der frühneuzeitlichen Schriftkultur, höchst bescheiden in ihrer Eigenleistung, höchst wirkungsvoll aber in ihrer Zeugenschaft für die ländliche Lebenswelt, die sie repräsentierten.

Den ökonomischen, politischen und militärischen Außenwirkungen auf das bäuerliche Schreiben (großräumige Wirtschaftswandlungen, ferne landesherr-

36 Jan Peters, »Kleine versus große Welt: Eigener Sinn und ferne Politik in bäuerlichen Selbstzeugnissen«, in: Bo Larsson / Janken Myrdal (Hgg.), *Peasant Diaries as a Source for the History of Mentality. Report from the Third International Conference on Farmer's Diaries 1992*, Nordiska Museet, Stockholm 1995, S. 83.

liche Politik, Kriegszüge und rechtssetzende Handlungen) standen die Wahrnehmungsvorgängen der *inneren Bauernwelt* gegenüber, das eigentliche Selbstverständnis, das religiöse und volkskulturelle Leben, die familiare Bindung und die soziale Situation. Die spezielle Sprach- und Erzählkultur, die sich aus dieser Situation gemischter Bestimmungsfaktoren ergab, macht uns eine vorsichtige Annäherung an die Binnenwelt bäuerlichen Lebens möglich. Gegen die Erschließung der Binnenverhältnisse sperren sich allerdings die Schwierigkeiten der Schreiber im unprofessionellen Umgang mit der Schrift als Fremdmittel (die leicht zur Fremddiktion wird), die Selbst- und Fremdverstrickung der Verfasser (und des heutigen Ausdeuters) in zeittypischen Wertungen und auch die Möglichkeit von Rollenspiel und Verdrängung im schließlich doch halböffentlichen Schreibebuch.[37] Und doch gibt es Pfade nach innen. Die hier vorgeführten Repräsentanten einer avancierten bäuerlichen Schriftlichkeit legen, bei allen Brechungs- und Verfremdungseffekten in ihrem Schreiben, eine kulturelle Souveränität an den Tag, die sie als durchaus selbständige und reflektierende Nutzer der sprachlichen Medien ihrer Zeit erscheinen läßt. Ich möchte deshalb im Folgenden an einem thematischen Beispiel, nämlich anhand der Wahrnehmung und Verarbeitung von *Herrschaft und Frömmigkeit,* das relativ hohe Maße ihrer eigenständigen Sichtweise vorstellen.

Offenbar war »das 17. Jahrhundert« (natürlich ein zu grobes Zeitraster) für den rein deskriptiven Schreiber aus dem Dorf sozusagen das »falsche« Jahrhundert. Wenn Bauern in dieser Zeit schrieben, dann »richtig«: bildhaft, einprägsam, in eigener Unmittelbarkeit und Sprachmächtigkeit. Diese schweren Jahrzehnte von Dekonstruktion und Verunsicherung sind gleichermaßen über weltliche wie geistige Realitäten in das Bewußtsein der Zeitgenossen eingedrungen. Überaus aufmerksam beobachteten z. B. Andreas und Georg Dötschel die Formierung ihrer lokalen Herrschaft, die ihnen in klarer Doppelfunktion erschien: neue Zwänge aufbürdend und zugleich neue schützende Ordnungen stiftend. Sie beobachteten internen Herrschaftsstreit und externe Herrschaftsgewalt, neue Titulaturen und neue Abgaben, Ordnung und Verletzung von Grenzen, funktionierende und kopflos zugreifende Adelsherrschaft. Als 1661 auf einem »Ritterstag« zu Bamberg die umstrittenen Steuern mit den Schultheißen aus den Dörfern verhandelt wurden, hatten die Bauern »gute Zeugenschaft« für ihre Reduktionsforderungen gehabt. Jedoch: »Hat doch zuletzt nichts wollen helfen. Sie haben die Untertanen fort und fort aufgezogen. Haben

37 Jan Peters, »Zur Auskunftsfähigkeit von Selbstsichtzeugnissen schreibender Bauern«, in: Winfried Schulze (Hg.), *Ego-Dokumente. Annäherung an den Menschen in der Geschichte* (= Selbstzeugnisse der Neuzeit. Quellen und Darstellungen zur Sozial- und Erfahrungsgeschichte 2), Berlin 1996, hier S. 175–176.

immerzu gute Vertröstung geben, bis sie das Geld haben bekommen. Danach hat's der Ritterhauptmann gemacht, wie er hat gewollt.«[38] 1676 berichtete Georg Dötschel von erzwungenen Dammbauten. »Der Edelmann hat nichts mit seinem Geschirr lassen fahren. Haben all's die Untertanen umsonst müssen tun – keinen Bissen Brot, nichts ... Hat die Gemein dazu gezwungen, Vorhin ist es auch nicht gewesen. Ist wieder ein neua Gerechtigkeit bei uns aufkommen.«[39] Scharfe Herrschaftskritik im bäuerlichen Schreibebuch ging aber auch einher mit sorgfältiger Registrierung von Herrschaftswechsel und neuen Herrschaftstitulaturen. Devotionsformeln wurden wie selbstverständlich im Schreibebuch verwendet, ja es wurde sogar eine Bittschrift zugunsten »unsers Junkers« aufgeführt, der im Trunk einen Wachsoldaten niedergeschossen hatte und daraufhin verhaftet worden war.[40]

In der Situation zunehmender politischer Asymmetrie den »Junker« zur Wahrnehmung seiner Ordnungsaufgaben gewissermaßen zu befähigen, verlangte bäuerlichen Sachverstand, bäuerliches Geschick und den richtigen Umgang der Bauern mit dem vermittelnden Ritterhauptmann. Daß die »Untertanen« in der oberfränkischen Herrschaft Mitwitz sich eben diese Voraussetzungen angeeignet hatten, davon zeugt das Dötschel-Schreibebuch in eindringlicher Weise. Vielleicht kann man die Entstehung dieses Dokuments auch als einen Akt autonomen Handelns verstehen, welcher das Herrschaftsmittel »Schrift« nutzen und, wenn nötig, es gegen die Herrschaft selbst kehrten konnte. Dabei muß den bäuerlichen Schreibern allmählich ein neues Verständnis für den Wert ihres Tuns zugewachsen sein – »Wert« auch materiell verstanden. Denn mit der herrschaftsokkupierten Schriftlichkeit, so wurde bald deutlich, ließen sich nicht nur »präjudicirliche« Rechte konstruieren, sondern auch den Bauern mehr Geld abnehmen. Die herrschaftlichen Schreiber verlangten nämlich arg spürbare Gebühren für ihre Ausfertigung von Schriftstücken. So 1670 beim Ausstellen neuer Lehnbriefe zu Mitwitz. Beim Ablegen der »Eidpflicht« im Schloß, vermerkte Georg Dötschel unwillig, »Kost' ein jedweder Lehenbrief ein' Taler zu siegeln und einen halben Gulden zu Schreiben ... Vor diesem hat die Herrschaft den Untertan' einen Trunk geben, wann sie haben angelobt. Aber damals ist es erloschen ...« Inzwischen war also die Taxe erhöht und die Mahlzeit für die Untertanen abgeschafft worden. Dann kehrte sich im Verlaufe der spürbaren Verherrschaftlichung in der zweiten Hälfte des Jahrhunderts der alte Brauch um: Nun mußten die *Untertanen* bei der Eidesleistung die Mahlzeit für ihren Herrn geben. Und zu der Schreibunfähigkeit seiner verantwortlichen Standesgenossen, die

38 Hambrecht (wie Anm. 26), S. 373.
39 Ebd., S. 397.
40 Ebd., S. 381.

Supplikationen selbst nicht aufsetzten konnten, vermerkte Dötschel kritisch: »Die Schultheißen haben nicht so viel gelernet, daß sie der Herrschaft etwan wieder hätten können antworten. Ist ein Schreiber im Schloß gewesen, der hat die Antwort wieder getan.«[41]

Wenn wir die Herrschaftswahrnehmung im unprofessionellen Schreiben als Teil des eigenständig-analytischen Binnenbereichs im Bauernleben ausmachen können, so gilt das naturgemäß nicht im selben Maße für die religiösen Belange. Bibel, Hauspostille, aktuelle religiöse Erbauungsliteratur wurden kaum reflektiert übernommen, weil sie als unverzichtbare Lebenshilfe galten – die mündliche Vermittlung der christlichen Botschaft stand ganz obenauf. Kaspar Preis, dem »vnser herr gott Eine postil bescheret«, führte in priesterlosen Kriegsjahren selbst den Gottesdienst an: »da nam ich armer Kaspar dan das buch und lase das Euangelium vnd die pretig; darnach kniette wir nider vndt betteten, sungen wider ein wenig vnd dan wider zu haus.«[42] Die Botschaft wurde so übernommen, wie es dem religiösen Weltbild der ländlichen Gesellschaft entsprach, nämlich engstens an die Lebens- und Arbeitswelt gebunden. Dieser Verarbeitungsform fügten sich wiederum die landwirtschaftlichen Kalender mit ihrer praktischen Verbindung von Welt- und Himmelsbildern. Colers Calendarium z. B. konnte als immerwährender Kalender zur weit verbreiteten Bauernpraktik erst dadurch werden, daß es die traditionellen kirchlichen Festtage mit überkommenen Vorausdeutungen aller Art (besonders des Wetters) und natürlich auch mit den Arbeitsanweisungen für den Landbau verband. Zugleich führte Coler astrologische Spekulation auf ein Maß zurück, das dem angemessen schien, was der ländlichen Arbeitswelt genügte. Geblieben sind aus dem kalendarischen Traditionsbestand Merkverse zu den Kalenderheiligen und Reste der alten Monatsbilder mit ihrer Zuordnung von Temperamenten zu den in bestimmten Monaten geborenen Menschen.[43] Insoweit blieb die Astrologie mit ihren hilfreichen, weil stets auch positiv ausdeutbaren Zeichen den Bauern erhalten. So ist im Kalender der Rückgang des Spekulativen zugunsten »praktisch anwendbarer« Sterndeutung erkennbar. Himmelszeichen und Kirchenbesuche erscheinen insbesondere in der Kriegszeit bei allen vier Schreibern als unverzichtbare, keineswegs gegensätzliche seelische Hilfsmittel. Bei Hartich Sierk sind die durchaus magisch anmutenden Sinnsprüche, Rätsel, Parabeln und Buchstabenspiele in der kirchlichen Frömmigkeit auf natürliche Weise aufgehoben. Gott ist bei Kaspar Preis in jedem Ereignis, insbesondere aber im Arbeitsleben und im System von Lasten, gewissermaßen als Zauberkraft mit Verständnis für praktische Alltagsprobleme,

41 Ebd., S. 387.
42 Ruhl (wie Anm. 8), S. 145–146.
43 Coler (wie Anm. 19), Nachwort von Gotthardt Frühsorge, S. 6–9.

präsent: »erbarme Dich vnser vnd sey vns gnädig vnd barmhertzig vnd erstatte die vorige böse bluttige Krigsjahr wider mit deinem vätterlichen Segen. Dan es ist ja ein gemeine Sprichwortt: Krig vnd brandt erfüllet gott mit reicher handt. Also geschehe vns auch, Du lieber gott; dan ich meine ja, wir haben erlitten Krig vnd brandt, das weistu lieber Herr vnd gott am besten; wohl wir musen als noch die monatliche Conterbutzion Imer fort geben, ich muß alle monad 3 Kopstück geben vor mein partt«[44]. Das von Kaspar Preis beschriebene wundersam-unerklärliche Glockengeläut am Neujahrstag, eine Sonnenfinsternis, das eigene rituelle Brunnenwaschen usw. hoben ihm die Grenzen zwischen Gläubigkeit und Magie auf.[45]

Hans Heberle führte den Grund seines Schreibens überhaupt auf den bekannten Kometen von 1618 zurück: »Des selbigen ansehen ist schröcklich und wunderlich, der bewegt mich in meinem gemüet, das ich anfang zu schreiben, weil mich bedünckht, er werden etwas gross bedeüten und mit sich bringen«[46]. Für Heberle wie für die Chronisten seiner Zeit, auf die er sich offenbar stützte, hatten Zeichen solcher Art eine doppelte Funktion: Teils fügten sie sich dem religiösen Weltbild als Zeichen Gottes ein, teils machte Gott damit die Weltläufte erkennbarer und vorhersehbarer. Er kündigte Strafgerichte an, auf die man sich durch Fürbitten vorbereiten konnte. Und es ließ sich nach Zeichen suchen, die darüber Auskunft gaben, ob man sich im Zustand der Gnade befand oder nicht.[47] Die praktischen Grundregeln im Umgang mit dem großen Weltenlenken faßt Heberle wie folgt zusammen: Wenn Gott Krieg gibt, »da müeßen wir in umb den friden biten, bißweilen pestelentz und kranckheit, da müssen wir biten umb gesundtheit und mülterung der straff, bißweilen gibt er unß mißgewechß und theürung, da müssen wir in büten, das er unß fruchtbar weter geben wolle.«[48]

Bei unseren vier Beispiel-Bauern gibt es also, wenn das Feld von Glauben, Zeichen und Magie beschritten wird, selbstverständlich nicht dieselbe unbekümmerte Selbständigkeit im Denken und Schreiben wie auf anderen Gebieten. Denn sie kannten einerseits den wachsenden kirchlichen Anspruch, die Beziehung des Menschen zu Gott unmittelbarer, also als eine ständige Beziehung des Bittens *um* und ungewisser Gewährung *von* Sündenvergabe zu gestalten. Auf der anderen Seite aber stand die Chance, mit Hilfe der vertrauten und traditionalen

44 Ruhl (wie Anm. 8), in: *Fuldaer Geschichtsblätter* 10 (1902), S. 148.

45 Ebd., S. 152, 154; *Fuldaer Geschichtsblätter* 12 (1902), S. 177.

46 Zillhardt (wie Anm. 25), S. 86–87.

47 Siehe Maas (wie Anm. 9), S. 87, 91.

48 Zillhardt (wie Anm. 25), S. 228. Vgl. auch die Ausdeutung solcher Wahrnehmungs- und Verarbeitungsformen (»mentales Krisenmanagement«) durch Christoph Motsch, *Der aufgeschriebene Krieg. Berichten, Erfahren und Handeln in Selbstzeugnissen aus der Zeit des Dreißigjährigen Krieges*, Magisterarbeit, Freiburg im Breisgau 1992, S. 49–55.

magischen Kultur eben diese göttliche Gewährung zu befördern. Darum nahmen die bäuerlichen Schreiber nicht nur die Glaubensdinge ernst, sondern auch die magischen Zeichen. Sie und ihre Standesgenossen nutzten letztere mit hoher Wahrscheinlichkeit auch praktisch – was in den halböffentlichen Schreibebüchern natürlich keine Erwähnung findet. Zudem war man sich der Grenzen und Gegensätze zwischen Religion und Magie kaum bewußt, erwähnte im Schreibwerk jedoch all das besser nicht, was sich zwar gut anwenden ließ, vom Prediger jedoch als Aberglaube bezeichnet wurde. Die durch Luther den »Hausvätern« zugewiesene Pflicht religiöser Unterweisung, die den Lehrsätzen des Katechismus beigefügten Haustafeln und die im 17. Jahrhundert weit verbreiteten gedruckten Predigten über den christlichen Hausstand, schließlich auch die nicht hoch genug zu bewertende kulturelle Vermittlungsfunktion des evangelischen Dorfgeistlichen überhaupt,[49] all das war so selbstverständlich, daß es im bäuerlichen Schreiben und in der Hausväterliteratur[50] zugunsten der Praxis von Haushaltung und Hauswirtschaft zurücktrat.

Schließlich sei das hier geprüfte Beziehungsgeflecht zwischen bäuerlichem und intellektuellem Schreiben noch nach dem Ausmaß literarischer Besonderheit und Eigenständigkeit befragt. Wir haben eine Eigenkultur aus Bauernfedern ohne eigentliche literarische Vorbilder, jedoch im deutlich erkennbaren Austausch mit einem alltäglich erfahrenen schriftkulturellen Umfeld festgestellt. Dabei entfalteten sich bei einigen Bauern eindrucksvolle *narrative* Fähigkeiten, ohne in Konkurrenz zur literarischen Profession treten zu wollen. Insbesondere Kaspar Preis ist ein großes und originelles Erzähltalent, eindringliche und lebensnahe *Berichte* sind eher die Stärke von Hartich Sierk, Hans Heberle und Andreas und Georg Dötschel.

Die Allgegenwart einer Schriftkultur ausschließlich intellektuellen Zuschnitts im 17. Jahrhundert scheint mit diesen Formen literarischer Eigenständigkeit hinterfragbar, auch wenn sich die Produktion aus Bauernfedern rein quantitativ natürlich nicht annähernd mit der aus Bildungsfedern messen läßt. Eine solche These mag man zaghaft vortragen, a priori Verzicht auf sie zu leisten, weil nur wenige Beispiele beizubringen sind, scheint allerdings gänzlich unangebracht. Viel gewagter kommt mir die Selbstverständlichkeit vor, mit der

49 Siehe neuerdings Luise Schorn-Schütte, *Evangelische Geistlichkeit in der Frühneuzeit. Deren Anteil an der Entfaltung frühmoderner Staatlichkeit und Gesellschaft,* Heidelberg 1996 (= Quellen und Forschungen zur Reformationsgeschichte 62).

50 Johannes Coler wird in der Regel als Begründer der Hausväterliteratur, auf die hier nicht näher einzugehen ist, angesehen. Julius Hoffmann, *Die »Hausväterliteratur« und die »Predigten über den christlichen Hausstand«. Lehre vom Hause und Bildung für das häusliche Leben im 16., 17. und 18. Jahrhundert,* Weinheim a. d. B. / Berlin 1959, S. 65–74.

schreibende Bauern aus der frühneuzeitlichen Schrift- und Literaturpraxis einfach ausgeklammert werden. Damit übernehmen wir nichts als das Desinteresse der im elitären Selbstverständnis stehenden, hochgebildeten Zeitgenossenschaft und damit auch ihre einseitigen oder gänzlich fehlenden Reflexionen darüber, wie Schriftlichkeit und Mündlichkeit in der ländlichen Gesellschaft praktiziert worden sind.[51]

Die häufige Rückbindung bäuerlichen Schreibens an ein Denken in praktischen Ordnungskategorien mag solche Schreiber aus der »schönen Literatur« ausschließen. Jedoch wird die Frage erlaubt sein, ob nicht *jedes* ernstzunehmende Literaturprodukt des 17. Jahrhunderts *irgend etwas* im chaotischen Dasein ordnend klären wollte. Bäuerliches Schreiben der hier vorgeführten Art bildet allerdings eine eher lebenspraktisch anspruchsvolle Form des Ordnen-Wollens. In diesem Schreibwerk geht es um existentielle Reproduktionsvorgänge, um Haus, Hof und Herrschaft, aber auch um Suchen, Sicherheit und Seele, um ordnende Vergewisserung des erlebten Selbst wie auch um das Vor-Ordnen des zu Erlebenden durch die Nachfahren. Da die landwirtschaftlichen Kalender Leben und Arbeit hilfreich strukturierten, mußte ihnen für die Schreibkultur des bäuerlichen Daseins eine besondere Rolle zufallen. Ihre hohen Auflagen[52] verweisen darauf, daß sie in »Normalphasen« als Austauschinstanz in den Mittelpunkt bäuerlichen schriftkulturellen Interesses rückten. In Zeiten großer Unordung aber lösten sich offenbar viele bäuerliche Schreiber von der ausschließlich hofzentrierten Sicht und entwickelten eine wenn auch *nicht gänzlich eigene*, so doch eine *eigenwillige* und von der intellektuellen Norm abweichende narrative Schriftkultur. Mißt man sie mit den literarischen Maßstäben »Authentizität« und »Autobiographik« (letzteres erst im 18. Jahrhundert), dann scheint das bäuerliche Schreibwerk gänzlich aus dem Literaturrahmen herauszufallen. Allerdings findet sich, wie das ordnende, so auch das authentische und autobiographische Schreiben im Produkt der Bauernfeder wieder – wenngleich in eigener Art und Ästhetik. Auch der schreibende Bauer verarbeitet Einflüsse, Erfahrungen und Wissen aus der Außenwelt, auch sein hof- und familienzentriertes Schreiben ist von autobiographischer Art, und auch das avancierte bäuerliche Schreibwerk hat mit Selbstfindung und Selbstvergewisserung zu tun – nur handelt es sich hier mehr um ein aus dem Ich heraustretendes, am Hofbestand orientiertes, ordnendes und kontrollierendes Schreiben. So

51 Rudolf Schenda, obwohl von tiefer Skepsis gegenüber der Alphabetisierung im »Volk ohne Buch« durchdrungen, hat dennoch durch seine Fragen nach *anderen*, nichtliterarischen Kommunikationsformen Türen geöffnet, die neue Erkenntnismöglichkeiten zu erschließen versprechen.

52 Hoffmann (wie Anm. 50), S. 85.

entstanden eben doch, auf einem schmalen Pfad zur Eigenkultur innerhalb eines begrenzten literarischen Umfeldes, eindrucksvolle Zeugnisse unprofessioneller, aber literaturähnlicher Begabungen.

Elitäres Selbstbewußtsein verhinderte die intellektuelle Hinwendung zum bäuerlichen Schreiben im 17. Jahrhundert. Da offenbar viele Bauern Kalender, Postillen und kompilatorische Relationen in dieser Zeit lasen oder »lesen hörten«, die Verfasser solcher Schriften aber nicht die handschriftlichen Bauernprodukte kannten, kann von einem kulturellen Austausch nur im weiteren Sinne die Rede sein. Vielen »Sachbuchschreibern« aber waren das Dorf und seine Mentalitäten keineswegs fremd. Insofern kann für das 17. Jahrhundert doch eine gewisse Reziprozität in der Welt der schriftlichen Daseinsreflexion angenommen werden.

Eine Fortführung der hier erprobten Beziehungsperspektive für das 18. Jahrhundert kann nur angedeutet werden.

Gemessen am 17. stellt sich mir das 18. Jahrhundert als eine Zeit dar, die deutliche Züge der Stagnation in der bäuerlichen Schreibleistung aufweist. Das ist ein schwer erklärbarer Umstand. Er könnte damit zusammenhängen, daß dies im ganzen ein Jahrhundert des stetigen landwirtschaftlichen Aufstiegs war, der erst am Ende in Krisenhaftes umschlug. Sieht man von dem Siebenjährigen Krieg ab, so bildeten wohl die Hungersnot am Anfang der 70er Jahre und die Französische Revolution mit ihren europäischen Auswirkungen jene Schreibantriebe in Umbruch- und Krisenzeiten aus, die wir vom 17. Jahrhundert her kennen. In der Tat fallen – natürlich mit Ausnahmen[53] – große Leistungen bäuerlicher Schriftlichkeit in eben diese letzten Jahrzehnte des Jahrhunderts.[54] Ein wichtiger Stagnationsgrund ist sicher auch in der verfehlten Volksaufklärung mit ihrer hemmenden, weil vormundschaftlichen Orientierung zu suchen. »Die Aufklärung, banal in ihren Übergriffen, verletzend in ihrer Schärfe, beschränkt in ihrem Weltbild«, so Hermann Bausinger[55], griff zugunsten bäuerlicher Glück-

53 Hervorgehoben zu werden verdient z. B. die sogenannte Wendländische Bauernchronik des Johann Parum Schultze, dessen Aufzeichnungen allerdings (auch) in die Krisenjahre am Anfang des 18. Jahrhunderts fallen. Dietrich Gerhardt u. a., *Johann Parum Schultze 1677–1740, ein wendländischer Bauer und Chronist,* Lüchow 1989 (= Schriftenreihe des heimatkundlichen Arbeitskreises Lüchow-Dannenberg 1).

54 Ein herausragendes Beispiel ist das Schreibebuch des elsäßischen Weinbauern Franz Joseph Wührlin (1751–1825), erschienen in *Revue d'Alsace: publication mensuelle historique, litteraire,* Colmar / Paris 1900, S. 151–183, 543–544; 1901, S. 198–213, 390–409, 559–592; 1902, S. 377–407, 543–574. Siehe im übrigen die Bibliographie in Lorenzen-Schmidt / Poulsen (wie Anm. 6).

55 Hermann Bausinger, »Aufklärung und Aberglaube«, in: *Deutsche Vierteljahrsschrift für Literaturwissenschaft und Geistesgeschichte* 37 (1963), S. 362.

seligkeit mächtig zu. Die Bauern aber bedurften mitnichten dieses heftigen Zugriffs. Auch das 17. Jahrhundert kannte natürlich eine ähnliche gelehrte Erhabenheit, nur war sie noch nicht auf die Erziehungsidee verfallen. Schreibende Bauern konnten sich unbeobachteter und selbständiger fühlen, und auch die Kalenderschreiber gingen ihren sozial und kommerziell kombinierten Interessen ungestörter nach.[56]

Hochinteressant scheint in diesem Zusammenhang der Nachweis von bauerneigenen landwirtschaftlichen Verbesserungen schon im 17. Jahrhundert, die ohne die »ökonomischen Patrioten« des 18. Jahrhunderts möglich waren und z. B. im Schreibebuch von Kaspar Preis nachweisbar sind. Danach erscheint das bäuerliche Verständnis für notwendige Verbesserungen im Umgang mit der Natur durchaus fest eingepflanzt – wie natürlich auch die bäuerlichen Skeptiker stets präsent sind. Kaspar Preis schildert eine Eichen-Anpflanzungsaktion in seinem Dorf wie folgt: »In diesem 1656. Jahr haben die Innwohner In Stausenbach angefangen, einen fruchtbahren Walt zu zeugen mit gottes Hülff«. Die Einwohner »haben mit einander sich versprochen, was buchen vndt Eichen seyen, sollen stehen pleiben in den zweyen Löhen fort vnd fort bis so lang es zu einem fruchtbahren Walt erzeuget wirdt. Es ist am Anfang Eine lust vnd eine freudt anzusehen gewesen vndt wer es erleben wirdt, das es ein fruchtbahrer Walt ist, der wirdt sich deß noch mehr erfreuwen vndt wird dem dorff Stausenbach auch sehr nützlich werden, das haben sie dan dem lieben gott zuforderst vndt den Anfängern zu dancken, die zu der Zeit das leben haben werden. Es wolt erstlich etlichen nit zu sinen komen, wie es bei den menschen plegt zu zugehen, dan es gibt alle Zeit eigensinige und widerspenstige leuth, die dem gutten widerstreben vndt verhindern wöllen, also ging es auch zum Anfang dieses gutten vndt sehr nützlichen Ding. Halff doch nichts, sie musten doch gleichwohl mit daran vndt dazu helffen«.[57]

56 Es ist nicht einfach, die handlungsorientierende Rolle der Volksaufklärung im bäuerlichen Leben festzustellen, jedoch haben insbesondere die einschlägigen Arbeiten von Holger Böning und Reinhart Siegert nachgewiesen, daß »die Wirkung der Volksaufklärung bisher eher unterschätzt wurde.« Holger Böning, »Gemeinnützig-ökonomische Aufklärung und Volksaufklärung. Bemerkungen zum Selbstverständnis und zur Wirkung der praktisch-populären Aufklärung im deutschsprachigen Raum«, in: Siegfried Jüttner / Jochen Schlobach (Hgg.), *Europäische Aufklärung(en). Einheit und nationale Vielfalt*, Hamburg 1992, S. 237. Siehe insbesondere auch die Einleitung von Holger Böning zu Holger Böning / Reinhart Siegert (Hgg.), *Volksaufklärung. Ein biobibliographisches Handbuch zur Popularisierung aufklärerischen Denkens im deutschen Sprachraum von den Anfängen bis 1850*, Bd. 1: Holger Böning, *Die Genese der Volksaufklärung und ihre Entwicklung bis 1780*, Stuttgart 1990.

57 Ruhl (wie Anm. 8), in: *Fuldaer Geschichtsblätter* 11 (1902), S. 161–162.

Der ökonomisch-innovative Anspruch der späteren Volksaufklärung erscheint auf diesem Hintergrund wenig überzeugend. Zudem erschwerten sicher so manche Volksaufklärer durch ihre vormundschaftlich-väterlich-didaktische Attitüde auch die bäuerliche schriftliche Selbstfindung. Da die schreibgeneigten Bauern des 18. Jahrhunderts dieses kulturell-politische Umfeld selbstverständlich wahrnahmen, konnte es nicht ausbleiben, daß sich bäuerliches Schreiben unter erzieherischer Aufsicht in eigenartiger Weise differenzierte. Einerseits entstanden zahlreiche einfache, kalendernahe Aufschreibebücher ohne literarisches Selbstbewußtsein, vielleicht auch ohne eigentliche Schreibfreude, andererseits entfalteten sich einige exotische Blumen in Gestalt von gelehrt-literarischen Bauern. Hatten schreibende Bauern im 17. Jahrhundert ihr Tun nicht als legitimatorisches Problem gegenüber den Gebildeten empfunden (sondern eher gegenüber Kritikern im Dorf selbst), so kehrte sich dieses Problem im Verlaufe des 18. Jahrhunderts allmählich um: Bäuerliches Schreiben, zumindest in Gestalt des Wirtschaftsbuches, wurde üblich, avancierte Schreibebücher aber sahen sich einer mißtrauischen Volksaufklärung gegenüber, die den »fleißigen« dem schreibenden Bauern ganz entschieden vorzog. So blieb mit ganz wenigen Ausnahmen der große Bereich unbeschwerter narrativer Schriftlichkeit im 18. Jahrhundert unbesetzt.

LODOVICA BRAIDA

Dall'almanacco all'agenda

Lo spazio per le osservazioni del lettore nelle «guide del tempo» italiane (XVIII–XIX secolo)[1]

1. *L'origine*

Quando nasce l'agenda? Sui dizionari italiani del '700 non vi è traccia di questo vocabolo. Il solo termine cui si attribuisce una delle funzioni dell'agenda è quello di «giornale», inteso come un diario su cui i mercanti e i negozianti annotano giorno per giorno i loro affari[2]. Ma questa accezione non identifica alcun genere a stampa preposto per tale uso.

Il termine comincia a fare la sua prima comparsa nei dizionari di metà Ottocento, ma solo in quelli specializzati in termini economici[3], mentre nei dizionari generali (Tommaseo-Bellini, Gherardini, Petrocchi) continua ad essere assente. Non è così nell'*Encyclopédie* del 1751, dove la voce *agenda*, redatta dall'abate Maillet, è presente in due accezioni. La prima, la più estesa, è quella di «tablette ou livret de papier sur lequel les marchands écrivent tout ce qu'ils doivent faire pendant le jour pour s'en souvenir, soit lorsqu'ils sont chez eux, soit lorsqu'ils vont par la ville». Maillet individua dunque nei mercanti coloro che più hanno bisogno di ricordarsi «des occasions importantes, soit pour l'achat, soit pour la vente, soit pour des négociacions de lettres de change»[4].

1 Abbreviazioni adottate: ASCT, Archivio Storico del Comune di Torino; AST, Archivio di Stato di Torino (Corte); BCV, Biblioteca Museo Correr di Venezia; BPT, Biblioteca della Provincia di Torino; BSC, Biblioteca Statale di Cremona; BTM, Biblioteca Trivulziana di Milano.

2 *Vocabolario degli Accademici della Crusca*, Napoli (a spese di Giuseppe Ponzelli, nella stamperia di Giovanni di Simone) 1746, vol. II, voce «giornale», p. 368: «libro, nel quale dì per dì si notano alcune partite de' negozi delle botteghe, o case per comodo di scrittura». La voce «agenda» non compare neppure nell'edizione ottocentesca (Firenze [Passigli] 1833).

3 Ad esempio, Gerolamo Boccardo, *Dizionario della economia politica e del commercio*, Torino (Franco) 1857–1861, vol. I, voce «agenda», p. 46.

4 *Encyclopédie, ou Dictionnaire raisonné des sciences, des arts et des métiers par une société de gens de lettres*, tome I, Paris (chez Briasson, David, Le Breton, Durand) 1751, voce «agenda», p. 172.

Accanto a questo impiego del termine, Maillet aggiunge un'altra accezione: «On appelle aussi agenda *un petit almanach de poche* que les marchands ont coutume de porter sur eux pour s'assûrer des dates, jours de rendez-vous, ecc.». In questo secondo caso, l'autore identifica l'agenda con un genere a stampa, destinato ancora una volta ai mercanti che se ne servono per controllare le date. Ma l'abate non fa alcun accenno alla possibilità dei mercanti di aggiungere di propria mano le loro osservazioni, di riportare gli appuntamenti, né ci fa capire se «l'agenda-petit almanach» possa avere degli spazi bianchi per il lettore.

La voce di Maillet, come ha osservato Francesco Maiello, identifica dunque due oggetti diversi: «quello sul quale si scriveva e quello usato per verificare le date, il primo con fogli bianchi ma senza calendario, il secondo dotato di lista dei giorni ma non previsto per contenere appunti manoscritti»[5]. Questa diversificazione degli oggetti è forse rivelatrice dell'abitudine dei mercanti di separare il quaderno o giornale su cui annotavano gli affari giornalieri dal calendario consultato per organizzarli. In realtà, anche se Maillet non ne parla, a Parigi esistevano, sin dal XVII secolo, degli almanacchi interfoliati al fine di contenere le annotazioni manoscritte, tra cui il celebre *Almanach Royal*.

Come si è detto, la voce «agenda» è assente dai dizionari italiani del Settecento e del primo Ottocento. È del 1857 il primo dizionario in cui troviamo il termine qui analizzato. Sul *Dizionario della economia politica e del commercio* di Gerolamo Boccardo leggiamo: «[...] Questo nome vien dato ad un libretto o a certe tavolette su cui gli uomini d'affari scrivono per memoria le loro operazioni od incumbenze [...]. La tipografia moderna ha perfezionato oltremodo gli *agenda*, unendovi piccoli almanacchi, o tavolette, sulle quali sono distribuiti i giorni del mese per trascrivervi le diverse annotazioni; in alcuni di tali quinternetti sonsi pure divise le diverse specie d'affari alla cui commemorazione sono destinati»[6].

Almeno da quanto risulta da questa prima indagine in alcuni centri di stampa italiani (Torino, Milano, Cremona, Venezia), intorno alla metà del XVIII secolo l'agenda non è ancora un genere autonomo, ma la sua funzione è assolta, in alcuni casi, dall'almanacco, a cui gli stampatori aggiungono dei fogli bianchi nella sezione del «giornale dei santi» (ovvero del calendario), affinché i lettori possano annotare date, festività, ricorrenze. Soltanto verso gli ultimi decenni del '700 gli editori, librai e stampatori italiani creano delle vere e proprie agende in cui gli acquirenti possono trovare spazi per diversi tipi di annotazioni, in diversi momenti della giornata.

5 Francesco Maiello, *Storia del calendario. La misurazione del tempo (1450–1800)*, Torino (Einaudi) 1994, pp. 204–205.

6 Boccardo (cf. nota 2), p. 46.

Per capire l'evoluzione di questo tipo di prodotto a stampa, occorre partire dal genere da cui deriva e soffermarsi sulle sue trasformazioni e sulla pluralità di funzioni cui ha assolto. Il genere in questione è rappresentato dall'almanacco e dalla forma più semplice strettamente legata alla misura del tempo: il calendario, di cui l'almanacco rappresenta lo sviluppo e l'apertura a usi non limitati soltanto al controllo del tempo.

Come hanno dimostrato alcune recenti ricerche[7], l'almanacco italiano diventa nel corso del Settecento non soltanto un libro di utilità immediata da sfogliare per ritrovare le festività religiose, le fasi lunari, il pronostico astrologico, le date delle fiere, ma anche un libro di lettura di notizie curiose e di informazioni culturali a vari livelli. Lungi dal rappresentare un genere immobile per tutto l'antico regime[8], l'almanacco acquista caratteristiche non più semplicemente riconducibili a quelle di una guida del tempo, ma a una pluralità di formule destinate a fasce di lettori socialmente differenziate, con interessi, preparazione culturale e aspettative molto diverse tra loro. Dalla metà del '700, si comincia a

7 Cf. Marco Cuaz, «Almanacchi e "cultura media" nell'Italia del Settecento», in: *Studi storici* 25 (1984), pp. 353–361; Lodovica Braida, «Les almanachs italiens. Évolution et stéréotypes d'un genre (XVIe–XVIIIe siècles)», in: Roger Chartier / Hans-Jürgen Lüsebrink (eds.), *Colportage et lecture populaire. Imprimés de large circulation en Europe XVIe–XIXe*, Paris (IMEC) 1996, pp. 183–207, una versione ridotta di questo saggio è apparsa su *Culture del testo* 2 (maggio–agosto 1995), pp. 39–55. Sugli almanacchi piemontesi cf. Lodovica Braida, *Le guide del tempo. Produzione, contenuti e forme degli almanacchi piemontesi nel Settecento*, Torino (Deputazione subalpina di storia patria) 1989; ead., «Metamorfosi ed evoluzione di un genere letterario: l'almanacco piemontese nel '700», in: *Mélanges de l'Ecole française de Rome*, t. 102 (1990), pp. 321–351; sulla produzione toscana cf. il catalogo curato da Gabriella Solari, *Almanacchi, lunari e calendari toscani tra Settecento e Ottocento*, Milano, Giunta regionale toscana, 1989 (con l'ampio saggio introduttivo della stessa, pp. IX–LVII); sugli almanacchi lombardi si veda Anna Paola Montanari, «Gli almanacchi lombardi del XVIII secolo», in: *Annali della Fondazione L. Einaudi* XXII (1988), pp. 43–95; sugli almanacchi veneti cf. Tiziana Plebani, «Gli almanacchi veneti del Settecento», in: Mario Infelise / Paola Marini (eds.), *L'Editoria del '700 e i Remondini*, Bassano del Grappa (Ghedina e Tassotti) 1992, pp. 207–220; Piero Del Negro, «I periodici italiani dell'Antico Regime della Biblioteca Civica di Padova», in: *Bollettino del Museo Civico di Padova* (1985), pp. 175–221; Angelo Porro / Patrizio Caramanti, «Gli almanacchi bergamaschi dei secoli XVIII e XIX», in: *Bergomum* LXXXIII (1988). Sugli almanacchi emiliani e romagnoli cf. Elide Casali, «Dal "Iudicio astrologico" al "Libro universale". La letteratura astrologica nell'età moderna», in: *Intersezioni* V (1985), pp. 21–48. Sugli almanacchi romani cf. Marina Formica, «Tra cielo e terra. Gli almanacchi romani del XVII e del XVIII secolo», in: *Studi settecenteschi* 15 (1995), pp. 115–162.

8 Sul complessivo immobilismo di questo genere e sulle sue caratteristiche tematiche, cf. Geneviève Bollème, «La littérature populaire et de colportage», in: *Livre et société dans la France du XVIIIe siècle*, I, Paris-La Haye (Mouton) 1965, pp. 61–92; ead., *Les almanachs au XVIIe et XVIIIe siècles. Essai d'histoire sociale*, Paris (Mouton) 1969. Per una discussione sugli studi sugli almanacchi, cf. Braida 1989 (cf. nota 7), pp. 25–34; Gabriella Solari, «Temi e problemi in uno studio comparato degli almanacchi italiani», in: *Padania* VI (1992, n. 11), pp. 4–19.

rilevare in numerosi modelli astrologici la tendenza a riportare non solo il pronostico e le tradizionali rubriche (costituite dall'elenco dei sovrani europei, degli arcivescovi, vescovi e abati, dalla tabella della partenza e dell'arrivo delle poste, dalla tariffa delle monete correnti e dalle date delle fiere per tutto l'anno), ma anche nozioni di geografia, di astronomia, geologia e storia. In effetti gli autori e i librai impegnati in questo settore devono fare i conti non soltanto con i nuovi almanacchi con ampi saggi storici e geografici, ma anche con la pubblicazione di almanacchi privi del tradizionale «discorso generale sull'anno», e, in molti casi, apertamente polemici nei confronti dell'astrologia, o che in alcuni casi si presentano come vere e proprie parodie del pronostico.

Molti almanacchi, soprattutto negli ultimi decenni del '700, pur non rinunciando alla funzione tradizionale di scandire «il tempo della Chiesa e il tempo del mercante» (in quanto continuano a pubblicare il calendario per ogni mese con i santi e le lunazioni), si allontanano progressivamente dalla formula fissa del calendario con rubriche, diventando sempre più simili a dei manuali, a dei prontuari di uso corrente, a dei libretti di divulgazione scientifica e di informazione culturale che, in certi casi, imitano perfettamente quella offerta dai giornali scientifico-letterari degli ultimi decenni del secolo[9]. Le formule sono numerose. C'è chi punta su vere e proprie dispense, sotto forma di questionari o di piccoli dizionari, che trattano complessi temi di geografia astronomica, di meteorologia, di geologia e di geografia[10]. Alcuni autori, come gli agronomi legati alle accademie di agricoltura, sono consapevoli della necessità di usare l'almanacco per promuovere l'innovazione, poiché di esso, come scrive Marco Lastri, «per occorrenza o per curiosità han bisogno quasi tutti e più volte nel decorso dell'anno»[11]. L'agronomo toscano punta dunque su due elementi: sul fatto che

9 Ricchezza di tematiche e attenzione a temi scientifici e di interesse sociale, sono state segnalate anche dagli studi sugli almanacchi inglesi e tedeschi: cf. Bernard Capp, *English Almanachs 1500–1800. Astrology and Popular Press*, Ithaca / New York (Cornell University Press) 1979; York-Gothart Mix, «Lektüre für Gebildete und Ungebildete. Die deutsche Almanach- und Taschenbuchkultur zwischen Aufklärung und Romantik», in: Chartier / Lüsebrink (cf. nota 7), pp. 239–252. Per un'analisi complessiva dei generi di larga circolazione in Europa, cf. Roger Chartier, «Letture e lettori "popolari" dal Rinascimento al Settecento», in: Guglielmo Cavallo / Roger Chartier (eds.), *Storia della lettura nel mondo occidentale*, Roma / Bari (Laterza) 1995, pp. 317–335.

10 Cf. Braida 1989 (cf. nota 7), cap. III, pp. 157–182. Cf. inoltre ead., «Gli almanacchi italiani settecenteschi. Da veicolo di "falsi pregiudizi" a "potente mezzo d'educazione"», in: Maria Gioia Tavoni / Françoise Waquet (eds.), *Gli spazi del libro nell'Europa del XVIII secolo*, Bologna (Patron) 1997, pp. 193–215.

11 *Lunario per i contadini della Toscana per l'anno 1787*, Firenze (Pagani) [1786], cit. tratta dall'introd. *[L'editore a chi legge]*. Su Lastri cf. Maria Pia Paoli/Rosalba Graglia, «M. Lastri: aritmetica politica e statistica demografica nella Toscana del '700», in: *Annali della Fondazione L. Einaudi*

l'almanacco sia un libro di larga circolazione e sul fatto che, proprio per la sua funzione di organizzazione del tempo civile e religioso, porti il lettore a ritornare più volte su quelle pagine organizzando la lettura in base all'avvicendarsi dei lavori dei campi. La scelta dell'almanacco è dunque, per Lastri, come per altri che puntano sulla divulgazione scientifica e sulla distruzione dei «falsi pregiudizi», un semplice mezzo, che consente, più facilmente di altri generi, di promuovere l'educazione della società civile.

Questa trasformazione porta con sé un'altra conseguenza: l'almanacco non sempre è l'espressione di un sapere consolidato e accettato, non sempre è il depositario dei proverbi popolari legati alla cultura contadina, ma spesso diventa un mezzo per divulgare nuove scoperte, ricerche in corso, su cui esistono interpretazioni contrastanti e su cui la sperimentazione è ancora in atto. E ciò lo si riscontra, per esempio, nella rilevanza sempre maggiore assunta dalle notizie di scoperte recenti e di tecnologie in corso di applicazione sia nell'agricoltura sia nell'astronomia. Tuttavia l'organizzazione del tempo, civile e religioso, per molti anni resta quello imposto dall'editore e/o stampatore. In numerosi almanacchi si trovano fino alla fine del Settecento i simboli affiancati ai giorni dell'anno in cui è possibile fare determinate azioni (potare, seminare, piantare). Ma questa funzione di ricordare quando è più opportuno svolgere alcune attività legate al lavoro dei campi, alla salute e all'igiene, solo in rari casi si accompagna alla funzione-agenda, con gli appositi spazi bianchi in cui il lettore può annotare ciò che ha fatto e ciò che farà. In altri termini il passaggio da un libretto «per far ordine tra le umane faccende»[12], per usare l'efficace espressione del giornalista e scrittore veneziano Gasparo Gozzi, e un libretto con degli spazi in cui il lettore stesso registra come ha organizzato e come intende organizzare il suo tempo è piuttosto lenta.

Sono gli almanacchi di corte e i calendari con rubriche[13] i primi a creare degli spazi bianchi tra un mese e l'altro per annotare, registrare, memorizzare. Ma perché sono proprio le forme più stereotipate e più semplici quelle che evolvono in questa direzione? Innanzitutto va detto che la maggior parte degli almanacchi che riportano la struttura dell'apparato burocratico e istituzionale, quello della corte, dell'esercito e delle gerarchie ecclesiastiche, non sono affatto immobili. Nel corso del secolo rinnovano le rubriche aggiungendo informazioni, incrementando quelle notizie che possono essere utili al cittadino che deve

XII (1978), pp. 117–215. Solari, *Almanacchi* (cf. nota 7), pp. XVIII–XXI. Sugli almanacchi agronomici torinesi del '700 cf. Braida 1989 (cf. nota 7), pp. 235–256.

12 L'espressione è di Gasparo Gozzi (*Osservatore veneto* [11 marzo 1761]), l'articolo è pubblicato in: id., *Opere scelte*, a cura di Enrico Falqui, Milano (Rizzoli) 1939, pp. 259–260.

13 Sull'analisi delle tipologie degli almanacchi rimando a Braida 1989 (cf. nota 7), e ead., *Les almanachs italiens* (cf. nota 7).

spostarsi da un ufficio all'altro. Essi diventano infatti non solo una guida del tempo civile e religioso, ma anche una guida dello spazio urbano e, in ultima analisi, della struttura burocratica dello stato, pubblicando ampi elenchi delle istituzioni governative, organigrammi degli uffici amministrativi, giudiziari, degli organi di polizia, informazioni sugli ospedali e istituti di carità, sulle principali scuole di tutti gli ordini e gradi e sulle accademie con le loro specializzazioni. I più attendibili e i più ricchi di informazioni sono, per ovvi motivi, gli almanacchi di corte, ma anche in molti almanacchi astrologici si rileva un aggiornamento delle cariche a tutti i livelli dell'amministrazione, dell'esercito e del clero. Ancora oggi questi libretti sono una fonte attendibile per registrare l'introduzione di nuove magistrature, le carriere della nobiltà di servizio, l'organico delle corti, con i vari livelli di gerarchie. Esemplari, a questo proposito sono il *Discorso istorico o sia notiziario per l'anno*, stampato a Napoli (1721–1757), *Il corso delle stelle osservato dal pronostico moderno Palmaverde*, edito a Torino (1722–1888), il *Diario bolognese ecclesiastico e civile* uscito a Bologna (1759–1795), per citare soltanto alcuni degli almanacchi il cui obiettivo è quello di rendere un servizio ai «cittadini».

Lo stampatore milanese Giuseppe Galeazzi, nella prefazione al *Calendario della corte per l'anno 1767*, insiste sull'attendibilità di tutte le notizie riportate, «procurate – assicura – dai legittimi fonti» (p. 5). La stessa funzione di guida della città e del regno caratterizza anche il *Palmaverde* che durante il '700 vede raddoppiare le pagine delle rubriche[14]. Il modello è l'*Almanach Royal* francese che nel corso del '700 era stato progressivamente arricchito di notizie che fornivano al tempo stesso un grande quadro della struttura burocratica della stato, della corte e delle gerarchie ecclesiastiche, ma anche una guida delle istituzioni culturali (università, biblioteche, collegi, accademie), assistenziali (ospedali, ospizi), giuridiche e religiose e un elenco di tutti i professionisti e artigiani di Parigi. Nel caso più raffinato, gli almanacchi-guida dello stato e della città, oltre a tutti questi elementi, contengono anche una descrizione dettagliata dei monumenti, delle principali piazze e strade, delle istituzioni assistenziali, ospedaliere, delle accademie, università, collegi, dando indicazioni sulla loro origine, ubicazione e funzione. Ma non tutti gli almanacchi con rubriche inseriscono le pagine bianche, e se lo fanno cercano di limitare il costo di produzione. La scelta di Domenico Amedeo Fontana, editore e stampatore del *Palmaverde*, è significativa. Egli fa rilegare solo un piccolo numero di copie con i fogli bianchi, per un pubblico selezionato che, con tutta probabilità, ha prenotato prima della sua uscita la copia interfoliata. Solo così si può spiegare lo scarso numero di esemplari con carte bianche conservati nelle biblioteche piemontesi, mentre abbondano le

14 Su *Il corso delle stelle osservato dal pronostico moderno Palmaverde. Almanacco piemontese* (Torino [Fontana] 1722–1888), d'ora in poi *Palmaverde*, cf. Braida 1989 (cf. nota 7), pp. 153–158, 217–220.

collezioni di quelli non interfoliati. In alcuni almanacchi di corte, sono gli stessi titoli delle rubriche a orientare l'uso degli spazi bianchi. Ad esempio, l'*Almanacco della Real Corte di Toscana per l'anno bisestile 1768*, un volumetto in quarto, composto da sei fascicoli (A–F⁴) interfoliati da sei carte bianche, contiene l'elenco dei «i giorni, ne' quali la corte si vestirà con abiti di gala». Sul frontespizio si precisa: «per uso delle Segreterie nel quale vi sono, oltre i giorni di gala, lo stato della Real Corte, con i diversi dipartimenti della medesima, il calendario de' mesi, e sue lunazioni prese dall'orizzonte di Toscana»[15].

Se è vero che sono soprattutto gli almanacchi di corte e i calendari con rubriche ad assolvere alla funzione di agenda, va detto però che vi sono anche alcuni casi di almanacchi più complessi, con saggi storici e geografici, che riportano carte bianche. Interessante è il caso dei *Fasti storici degl'imperadori r. [romani] d'Occidente. Da Giulio Cesare sino alla decadenza dell'Impero, l'anno 1741*[16], che oltre alle solite rubriche riporta anche «la tavola geografica d'Europa, e sua nuova curiosa descrizione a più facile concepimento degl'imperiti di geografia». Ma la novità dell'almanacco veneziano è caratterizzata soprattutto da una sintesi di storia romana con un profilo di tutti gli imperatori e da ben 366 fatti storici «accomodati – come si legge nel frontespizio – ad uno per giorno» nella sezione del calendario. Il suo autore, Almorò Albrizzi[17], stampatore, editore, giornalista e fondatore dell'Accademia albrizziana, precisa sul frontespizio che il volume costa trenta soldi «colla sua busta, ed una carta bianca per ogni mese, da scrivervi sopra qualche memoria ogni dì». E poiché ogni mese è contenuto in una pagina, i fatti storici per ogni giorno sono ridotti a poche parole, in un carattere più piccolo dell'indicazione del giorno e del nome del santo. Il lettore, sfogliando il libretto può verificare, giorno dopo giorno, i fatti storici ritenuti importanti per l'età antica, medievale e moderna. Ad esempio, per sabato 7 gennaio, S. Giuliano, si ricorda che il Concilio di Trento aveva ripreso i lavori sotto Paolo III nel 1546; per giovedì 19 gennaio che nel 1472 era nato Copernico «gran mattematico»; accanto a martedì 31, S. Marco, un altro evento: «Milone fa uccidere

15 *Almanacco della Real Corte di Toscana per l'anno bisestile MDCCLXVIII per uso delle segreterie [...]*, Firenze (nella Stamperia Paperiniana) [1767], pp. XLVIII, 6 carte bianche inserite a due a due tra le pp. VI–VII; VIII–IX; X–XI, 4° (cm. 22 x 14,5), (BPT, fondo Parenti, Per. f., il n. del 1768 è rilegato con il n. del 1769).

16 Venezia (presso Antonio Eiser a S. Giovanni Grisostomo) [1740], pp. 28 [24], le prime 32 pagine sono interfoliate, 16°, cm. 12 x 7,5. Devo alla cortesia di Piero Lucchi la segnalazione di questo (BCV: Alm. 303) e di altri almanacchi conservati presso la Biblioteca del Museo Correr di Venezia.

17 Cf. la voce di Giorgio E. Ferrari, «Albrizzi, Almorò», in: *Dizionario Biografico degli Italiani*, vol. II, Roma (Istituto dell'Enciclopedia italiana) 1960, p. 57; Mario Infelise, *L'editoria veneziana nel '700*, Milano (Angeli) 1989, *ad vocem*.

Clodio». Ogni mese è affiancato da una carta bianca che, date le caratteristiche del volumetto, è forse concepita dall'autore non tanto come uno spazio per annotare eventi personali, quanto piuttosto per trascrivere quelle date e quei fatti storici che più interessano i lettori. Dunque non uno strumento per organizzare il futuro, ma una sorta di quaderno su cui annotare informazioni e date del passato. Del resto l'almanacco, non solo quello di Albrizzi, prima ancora di essere una guida del futuro, ritmata dal pronostico astrologico sul clima, sul raccolto e sulle principali malattie, è una guida del passato.

Non è un caso che tutti i più importanti almanacchi riportino una cronologia in cui convivono eventi sacri e profani. Il già citato *Almanacco della Real Corte di Toscana per l'anno bisestile 1768*, elenca, nelle «Appartenenze dell'anno», una serie di date fondamentali, indicando quanti anni sono passati da quell'evento al 1768. La storia sacra si alterna alla storia politica: sono indicati gli anni trascorsi dalla creazione del mondo, dal diluvio universale, dall'edificazione di Roma, dalla correzione gregoriana, dall'inizio del pontificato di Clemente XIII (anno nono), dall'ascesa al trono imperiale di Giuseppe II (anno terzo), e dall'ascesa al Granducato di Toscana di Pietro Leopoldo I (anno nono). Anche il *Palmaverde*, sin dal 1722 (anno in cui nasce) riporta una rubrica dal titolo «Anni del mondo», in cui, oltre alla cronologia sacra, sono segnalati gli anni trascorsi dal principio della Real Casa di Savoia, dall'invenzione della stampa e dal Concilio di Trento. Gli esempi potrebbero essere numerosi. Naturalmente, gli eventi storici variano a seconda dei luoghi di stampa. Del resto una delle funzioni dell'almanacco, e una della ragioni del suo successo, non è solo quella di offrire un pronostico astrologico per tutto l'anno, ma anche quello di richiamare, come scrive il già citato Gasparo Gozzi, «alla memoria le cose passate». E questa funzione di registrazione del passato, fortemente interiorizzata e attesa dai lettori, spiega, almeno in parte, il tipo di uso che degli almanacchi-agenda fanno i lettori che hanno lasciato le loro tracce. In effetti, come vedremo, le loro annotazioni sono quasi tutte relative a eventi appena compiuti e raramente l'agenda assume la funzione che le si attribuisce oggi di organizzare il tempo che deve ancora venire.

2. *I modelli. Dall'almanacco-agenda all'agenda-almanacco*

Volendo soffermarci sui libretti che sono all'origine delle moderne agende tra la fine del '700 e i primi decenni dell'800, si possono individuare almeno tre tipi di modelli che per comodità e senza alcuna pretesa di esaustività ho così definito: *almanacco-agenda, calendario-agenda, agenda-almanacco.* A caratterizzare questa distinzione non sono tanto gli aspetti testuali, quanto piuttosto le caratteristiche materiali. Le formule editoriali, come si vedrà, non sono molto distanti tra di loro, ma è il modo di presentarle che cambia. Da questo punto di vista, l'impaginazione, il formato, il rapporto tra lo spazio stampato e quello per le annotazioni manoscritte, l'ordine degli spazi bianchi nati per organizzare il tempo del lettore, sono fondamentali e suggeriscono fruizioni differenti. Per usare un'efficace espressione di D. McKenzie, «le forme producono significati»[18], e in questo caso condizionano il tipo di uso, essendo questo più un prodotto di consumo che di lettura.

Degli *almanacchi-agenda* si è in parte già parlato. Sono, come si è detto, almanacchi con rubriche e in alcuni casi con informazioni culturali di un certo respiro (saggi storici e geografici) che aggiungono tra le pagine del «giornale dei santi» alcune carte bianche (di solito una per ogni mese) per le annotazioni del lettore. Nella maggior parte degli esemplari analizzati, gli editori-librai non annunciano e non giustificano l'inserimento. Si tratta, nel caso degli almanacchi di corte e nel caso di edizioni pregiate con incisioni (cf. l'esempio dell'almanacco di Almorò Albrizzi), di modelli destinati a un pubblico elitario delle classi medio-alte urbane, della nobiltà, della burocrazia di stato e dei livelli più alti della gerarchia militare. Per quanto riguarda il *Palmaverde*, l'ipotesi sul pubblico è più complessa, in quanto il suo costo era certamente superiore a quello di un semplice lunario, ma inferiore a quello di un almanacco di corte, anche se le informazioni che offriva erano altrettanto affidabili. Costava infatti sei soldi contro i 15 soldi del *Calendario per la Real Corte*, stampato dalla Stamperia reale di Torino[19]. Inoltre le sue rubriche coprivano gli interessi di fasce di lettori socialmente differenziate poiché, oltre alle informazioni sugli uffici delle varie istituzioni e magistrature, riportava le tariffe delle monete, la tavola dell'arrivo e della partenza delle poste, del prezzo delle granaglie, utili a mercanti e negozianti di vario livello. Inoltre il lettore poteva scegliere tra il volumetto interfoliato e quello semplice. Il primo *Palmaverde* interfoliato conservato nelle biblioteche torinesi è del 1740[20]. Esso è composto da dieci fascicoli (A–I^{8}, [K]^{4}) paginati (pp. 152) e da 35 carte bianche inserite tra le pagine del «giornale dei santi». I lettori che hanno lasciato le loro tracce le usano normalmente per riassumere l'attività annuale, facendo un bilancio dei debiti e dei crediti. In effetti la registrazione delle entrate e delle uscite è l'uso più frequente che abbiamo riscontrato: non a caso alcuni stampatori inseriscono, nell'almanacco-agenda, le «tavole delle perdite e de' guadagni», una per ogni mese, con la sola indicazione

18 Donald F. McKenzie, *Bibliography and the Sociology of Texts*, London (British Library [The Panizzi Lectures]) 1986.
19 Sulle tirature e sui prezzi degli almanacchi e calendari piemontesi cf. Braida 1989 (cf. nota 7), pp. 94–101.
20 L'esemplare qui analizzato è conservato presso l'AST.

dei giorni, lasciando lo spazio bianco per inserire le cifre relative ai loro affari. Così fa, ad esempio, il compilatore dell'*Almanacco che fa per tutti* pubblicato dallo stampatore milanese Giambattista Bianchi dal 1787 al 1790[21] (fig. 1). Esso è concepito come un almanacco con rubriche, non interfoliato e senza spazi bianchi nella sezione del calendario, ma con una «tavola delle perdite e guadagni», che, come lo stesso stampatore suggerisce nel frontespizio, può servire «anche per annotare lo speso». Si tratta di 24 pagine non numerate aggiunte alla fine del libretto, contenenti ognuna quindici giorni con lo spazio per indicare, accanto a ciascun giorno, le perdite e i guadagni e con la possibilità, alla fine di ogni due settimane di fare il bilancio delle entrate e delle uscite.

Nel 1788 Giambattista Bianchi sembra puntare più sull'utilità delle informazioni che sulla possibilità dei lettori di annotare le loro perdite e i loro guadagni, giacché sul frontespizio non fa più nessun riferimento alla presenza degli spazi bianchi «per annotare lo speso». Probabilmente il suo almanacco-agenda era stato accolto con una certa diffidenza; solo così si possono spiegare le variazioni apportate sul frontespizio del 1788: lo stampatore rassicura i lettori che nel libretto troveranno sia quanto è «comune agli almanacchi» sia notizie nuove. In effetti, l'almanacco-agenda di Giambattista Bianchi riporta non solo le rubriche tradizionali, ma anche l'organico del Supremo tribunale di giustizia, del tribunale d'appello e di prima istanza di Milano, l'elenco dei podestà per tutto lo stato di Milano, la struttura gerarchica dell'ufficio di Polizia, delle Intendenze della Lombardia austriaca con l'indicazione dei loro regi cancellieri, l'organico del Municipio di Milano. Lo stampatore si rivolge dunque ad un pubblico medio e medio-alto urbano costituito dal personale degli uffici pubblici e dei tribunali, delle professioni liberali e del commercio. Vi sono informazioni utili anche per coloro che frequentano i teatri (vi si trovano infatti i nomi dei proprietari dei palchi nel teatro grande alla Scala e quelli del teatro alla Canobiana), che fanno affari (vi è l'elenco degli «usi in Milano delle cambiali di tutte le piazze»), e che frequentano le biblioteche (vi è l'orario di apertura della Regia Biblioteca di Brera).

21 Ho consultato gli esemplari conservati presso la BTM: *Almanacco, che fa per tutti per l'anno civile 1787. In cui si contengono, oltre del Giornale dell'anno civile, molte notizie interessanti ad ogni ceto di persone [...]. Con una tavola della perdita, e guadagno servibile anche per annotare lo speso, e introitato in ciascun giorno*, In Milano (per Giambattista Bianchi) [1786], pp. 60 [24], (cm. 12,5 x 8,5), (Coll. n. 566/6-1). L'anno successivo il titolo cambia leggermente: *Almanacco, che fa per tutti per l'anno bisestile 1788. Quale, aldipiù del Giornale de' santi, quarti della Luna, ed altro, comune agli almanacchi, contiene moltissime notizie interessanti ad ogni ceto di persone* (ho individuato due esemplari: Coll. n. 566/6 [3]; Coll. n. 525); nel 1789 (Coll. n. 566/7 [2]) mantiene lo stesso titolo del 1788. Nel 1790 (Coll. n. 566/8 [2]) diventa semplicemente *Almanacco, che fa per tutti per l'anno 1790*.

Chi avesse voluto acquistare un prodotto meno costoso, negli ultimi decenni del '700 poteva trovare in alcune città italiane dei *calendari-agenda*, libretti poco curati, rilegati con copertine in cartone, composti per lo più da un solo fascicolo tenuto insieme da una cucitura centrale. La loro fragilità, il loro scarso valore fanno sì che oggi siano raramente reperibili. Oltre alle tradizionali rubriche, essi non contengono altro che il «giornale dei santi» con una o più carte bianche per ogni mese. Di piccolissime dimensioni (alcuni misurano appena cm. 10 x 6), essi spesso non sono paginati e non riportano neppure le segnature al fondo della pagina. Del resto la semplicità e ripetitività delle rubriche non comportavano alcuna difficoltà per i legatori che si limitavano a seguire una struttura fissa. Il loro costo, per quanto non vi siano indicazioni, doveva essere dunque significativamente più basso di quello di un almanacco e avvicinarsi forse a quello di un lunario, di cui presentano molte caratteristiche materiali circa la rilegatura (in cartone, o nei casi migliori, in carta pergamena ripiegata a busta) e circa il numero ridotto di pagine e di rubriche.

Così si presenta il *Giornale cremonese per l'anno 1771*, pubblicato a Cremona dalla stamperia Ferrari[22]. Esso, pur non facendo riferimento nel frontespizio alla sua funzione di agenda, sembra ricuperare nel titolo il concetto di «giornale», come «libro nel quale dì per dì si notano alcune partite de' negozi, delle botteghe, o case», per riprendere la definizione del *Vocabolario* della Crusca. Si tratta di un piccolo volume (cm. 11,5 x 6) composto da 22 carte a stampa non numerate, né recanti la segnatura, ma interfoliate da 24 carte bianche, una dopo ogni carta a stampa. Le rubriche sono quelle tipiche dei calendari: l'elenco delle feste stabili e mobili, i giorni di partenza e di arrivo delle poste, le fiere d'Italia, la tariffa delle monete correnti nello Stato di Milano. Esse sono precedute da un generico discorso sull'anno e da un ampio articolo (otto pagine) che prende spunto da un miracolo rappresentato in un quadro esposto nella Cattedrale di Cremona. Caratteristiche simili sia per il contenuto che per l'aspetto materiale presenta il *Giornale utile e comodo per l'anno bisestile 1776*, stampato a Cremona dal Ricchini, un libretto (cm. 11 x 6) composto di 24 carte a stampa interfoliate da 25 carte bianche, sulle quali il lettore può trovare oltre alle solite rubriche anche un lungo articolo su Marco Girolamo Vida, patrizio cremonese e vescovo d'Alba[23]. I Cremonesi sembrano gradire questo tipo di prodotto giacché i tipografi non cessano di produrne. Del resto esso rappresenta un buon investimento a un basso costo di produzione. Semplicissimo nel contenuto e scarsamente curato nella sua forma materiale è l'*Almanacco* stampato da Giuseppe Feraboli dal 1795 al 1849, le cui caratteristiche sono simili a quelle del *Giornale utile e*

22 Ho consultato l'esemplare conservato presso la BSC (Dono Biagi 131/1).
23 BSC, M. 90.1.30.

comodo: esso è infatti interfoliato (una carta bianca per ogni carta a stampa) e riporta un ampio articolo di costume o di storia locale, trattando temi quali l'origine del gioco del tarocco (1796), la storia dei giardini dall'età romana al Settecento (1800), brevi profili di «Cremonesi eminenti in santità» (1801). A questi articoli lo stampatore attribuisce una certa importanza giacché l'argomento trattato dà il titolo all'almanacco, dando l'impressione che si tratti ogni anno di un prodotto completamente diverso dall'anno precedente, mentre in realtà la struttura e le rubriche non cambiano[24].

Calendari con caratteristiche analoghe escono anche a Torino sul finire del secolo. Il *Calendario ossia giornale*, stampato a Torino dal 1789 al 1835[25], contiene dalle 20 alle 24 carte stampate e altrettante carte bianche, una dopo ogni carta a stampa. Si tratta di un prodotto che ha un certo successo, come si può dedurre dal fatto che a Torino sul finire del '700 escono almeno tre titoli con la stessa formula editoriale: oltre al già citato *Calendario ossia giornale,* troviamo il *Calendario torinese per l'anno*[26], e il *Calendario mercantile per l'anno*[27] (fig. 2). Soltanto quest'ultimo offre ai suoi lettori qualcosa in più rispetto agli altri due libretti,

24 Ecco come da un anno all'altro Feraboli trasforma i titoli del suo almanacco: *Idee di un Egiziano sul gioco del tarocco. Almanacco bisestile per l'anno bisestile 1796*, Cremona (per Giuseppe Feraboli) [1795], 24 c. a stampa interfoliate ad una ad una da 25 c. bianche, cm. 12 x 6,5; *I giardini. Almanacco per l'anno 1800*, Cremona (per Giuseppe Feraboli) [1799], 24 c. a stampa interfoliate da 24 c. bianche, cm. 12 x 6,5; *Aggiunta alla raccolta de' Cremonesi eminenti in santità. Diario italiano e francese per l'anno 1801*, Cremona (per Giuseppe Feraboli) [1800], 24 c. a stampa interfoliate da 24 c. bianche, cm. 12 x 6,5 (ho consultato gli esemplari conservati in BSC).

25 *Calendario ossia giornale per l'anno volgare 1789*, Torino (Stamperia Avondo) [1788], 24 c. a stampa interfoliate da 24 c. bianche, cm. 6 x 10. Dal 1789 al 1801 viene stampato da Avondo; poiché mancano i numeri dal 1802 al 1804 non è possibile indicare il nome dello stampatore; 1805: Torino, presso Botta, Prato e Paravia; [1806–1813?]; 1814: Torino, presso Giovanni Sebastiano Botta; [1815–1834?]; 1835: Torino, presso Carlo Grosso. Ho consultato la serie conservata presso l'ASCT, Collezione Simeom, serie F, n. 367–372 (1789–1795). Presso la BPT è conservato un esemplare del 1801 (Per. l. 67).

26 *Calendario torinese per l'anno 1795*, Torino (Stamperia Soffietti) [1794], [24 c. a stampa, 12 c. bianche inserite ad una ad una tra le pagine del calendario], cm. 6 x 10. Ho consultato la serie conservata presso l'ASCT, Collezione Simeom, serie F, n. 417–445, e quella conservata presso BPT, Per. l. 65. Esse contengono i seguenti numeri: 1795–1824: Soffietti; 1825: Carlo Grosso; [1826?]; 1827–1828: Soffietti; 1830–1834: Torino, tipografia Chiara & C; 1835–1851: Torino, tipografia Canfari.

27 *Calendario mercantile per l'anno volgare 1797*, Torino (presso Francesco Binelli, ma stampato da Guaita & C) [1796], [24 c. a stampa, interfoliate da 22 c. bianche], cm. 9,5 x 6. Il libretto esce fino al 1812, a spese dello stesso Binelli. Dal 1816 al 1822 il libraio Baratta dà alle stampe il *Calendario di commercio*, che imita la formula del *Calendario mercantile*, tanto da sembrare la sua prosecuzione. Del *Calendario mercantile* ho consultato la serie conservata presso la BPT (Per. l. 65, annate: 1797, 1802, 1807, 1812) e presso l'ASCT, Collezione Simeom, serie F. n. 469–472; del *Calendario di commercio* ho consultato le annate 1816, 1817, 1819; 1822 (BPT, Per. l. 65).

scegliendo, come si deduce dal titolo, un pubblico più selezionato – i mercanti e i negozianti – per i quali il libraio ed editore Francesco Binelli inserisce, a partire dal numero del 1804, le istruzioni per compilare «lettere mercantili», riportando alcune regole, riprese, con tutta probabilità, dal fortunato *Secrétaire des Négotians,* edito a Torino dai fratelli Reycends (1752 e 1763)[28]. Il curatore del *Calendario mercantile* si sofferma sulla differenza tra una lettera comune e una lettera commerciale, sottolineando come nel secondo caso occorra conoscere non soltanto le regole formali, ma soprattutto «averne la pratica». Circa lo stile, consiglia di rinunciare ad un inutile sfoggio di eloquenza, usando un linguaggio semplice e chiaro, «che abbia del comune anzi che del sublime». Sul numero del 1807, vengono pubblicati tre modelli di lettere in francese, con testo italiano a fronte, in cui si fa riferimento a situazioni estremamente comuni per un negoziante: in una si annuncia la dissoluzione di una società; nella seconda si insegna a rendere nota la riscossione di una cambiale e nella terza si cerca un pretesto per ricordare la scadenza di un pagamento esprimendo soddisfazione per l'arrivo a destinazione della merce. Negli anni successivi, i modelli di lettera si fanno sempre più rari per limitarsi a due formule per le cambiali in francese riproposti tali e quali nel 1810, 1811 e 1812: un segno che il successo del calendario mercantile non dipendeva dalla presenza di queste rubriche, ma da un insieme di fattori che vanno dalla limitazione del prezzo alla praticità dell'uso, dato che in poche pagine si trovavano le rubriche fondamentali e si potevano segnare dati personali.

Il terzo modello è quello che abbiamo definito, con un'espressione che può sembrare un gioco di parole, *agenda-almanacco.* Ci sembra però l'unica definizione che possa restituire, almeno in parte, la novità e al tempo stesso la continuità con il genere da cui deriva. Si assiste infatti alla creazione di un prodotto a stampa che, nell'intenzione degli editori e/o librai, intende offrire la possibilità al lettore di organizzare il proprio tempo, senza però rinunciare all'inserimento di articoli su argomenti curiosi o strettamente legati agli interessi del pubblico più o meno ristretto cui si rivolge. Ma prima di assolvere a quest'ultima funzione, questi libretti sono innanzitutto delle agende, sia perché il rapporto tra i giorni della settimana e gli spazi bianchi è meglio organizzato rispetto ai calendari e agli almanacchi-agenda, sia perché a volte sono presenti diversi livelli di organizzazione del tempo: da quelli che prevedono uno spazio per ogni giorno dell'anno a quelli riassuntivi che fanno il punto della situazione delle perdite e dei guadagni per ogni mese.

28 Sui libri di modelli epistolari, cf. Roger Chartier, «Des "secrétaires" pour le peuple? Les modèles épistolaires de l'Ancien Régime entre littérature de cour et livre de colportage», in: id. (ed.), *La correspondance. Les usages de la lettre au XIXe siècle,* Paris (Fayard) 1991, pp. 159–208.

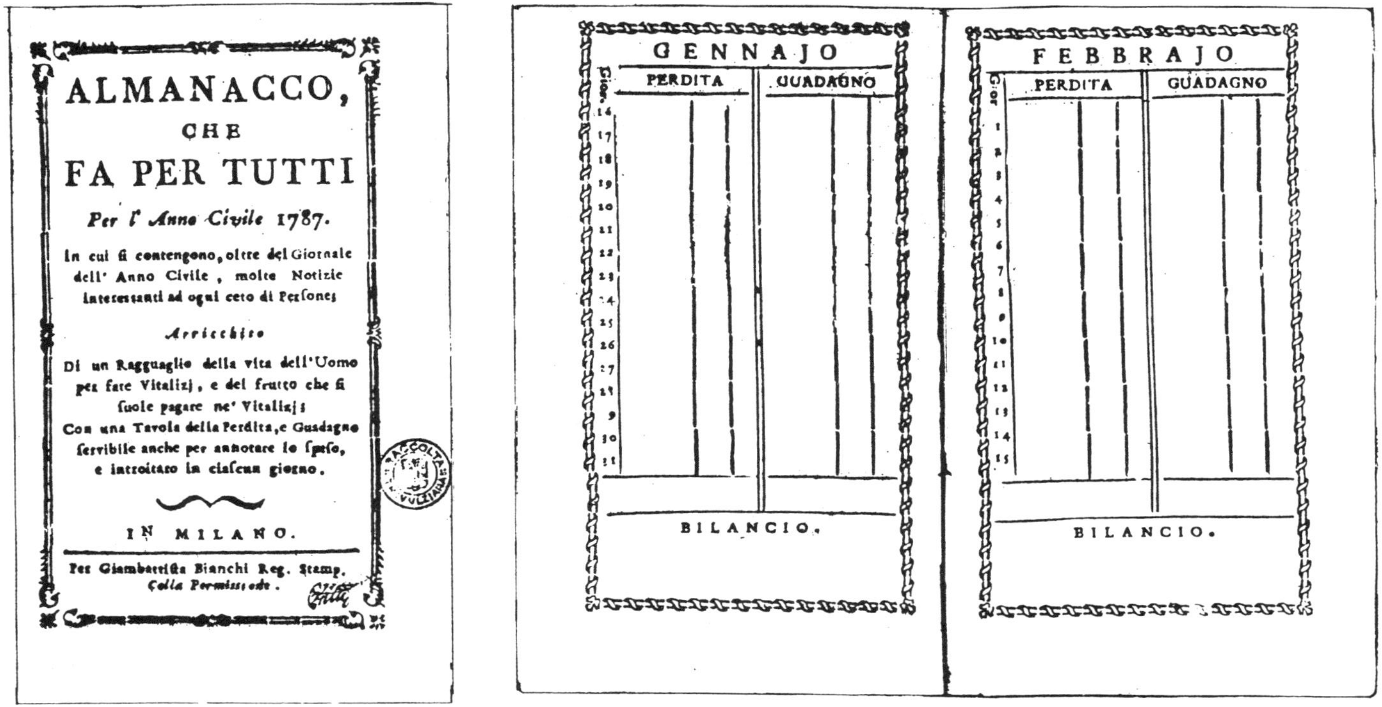

ALMANACCO,
CHE
FA PER TUTTI
Per l' Anno Civile 1787.
In cui si contengono, oltre del Giornale dell' Anno Civile, molte Notizie interessanti ad ogni ceto di Persone;
Arricchito
Di un Ragguaglio della vita dell'Uomo per fare Vitalizj, e del frutto che si suole pagare ne' Vitalizj;
Con una Tavola della Perdita, e Guadagno servibile anche per annotare le spese, e introitato in ciascun giorno.

IN MILANO.

Per Giambattista Bianchi Reg. Stamp.
Colla Permissione.

fig. 1 – *Almanacco, che fa per tutti per l'anno civile 1787*, Milano (Bianchi), [1786], (BTM, Coll. n. 566/6-1).

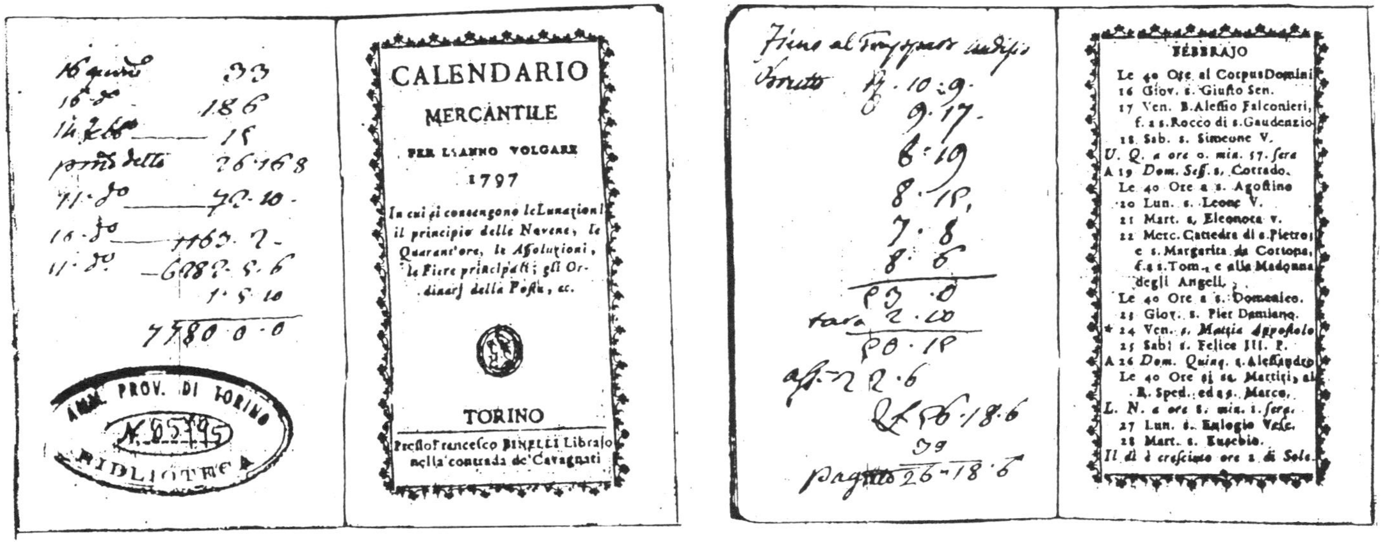

fig. 2 – *Calendario mercantile per l'anno volgare 1797*,
Torino (a spese di F. Binelli, ma stampato da Guaita & C.), [1796], (BPT, Per. I. 65).

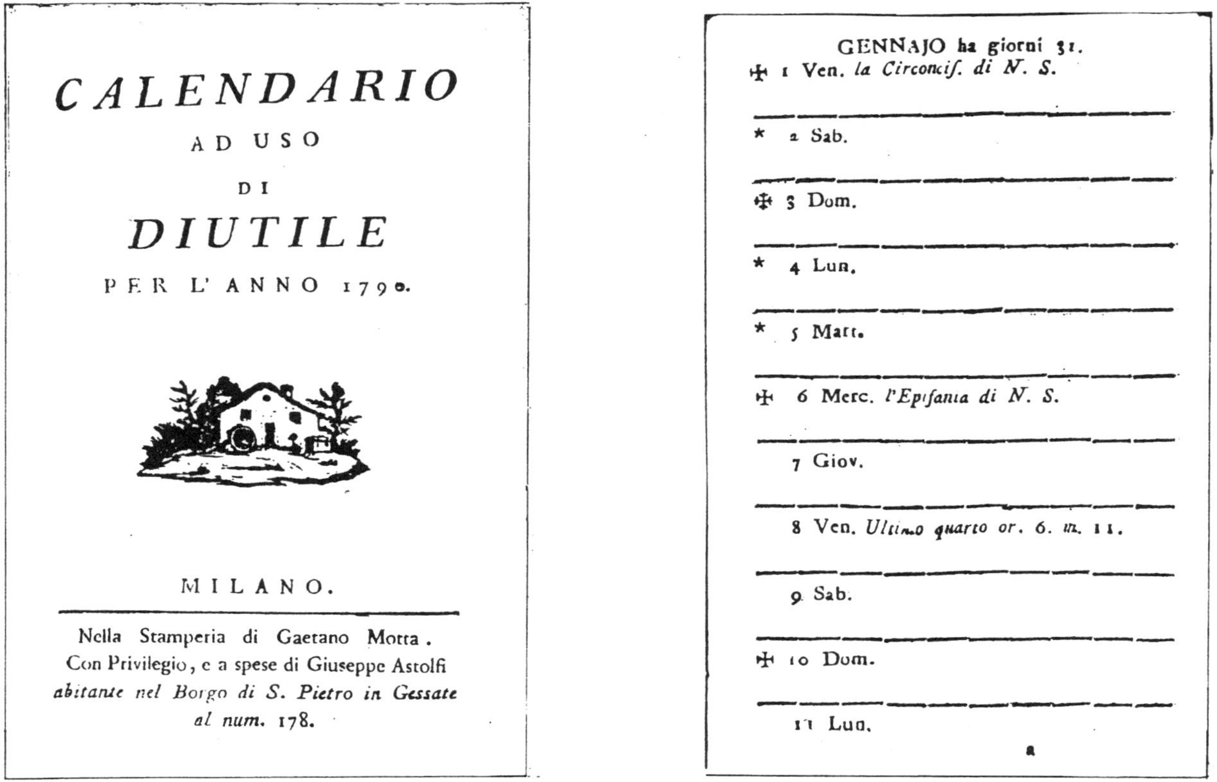

CALENDARIO
AD USO
DI
DIUTILE
PER L' ANNO 1790.

MILANO.

Nella Stamperia di Gaetano Motta.
Con Privilegio, e a spese di Giuseppe Astolfi
abitante nel Borgo di S. Pietro in Gessate
al num. 178.

GENNAJO ha giorni 31.

✠ 1 Ven. *la Circoncis. di N. S.*

* 2 Sab.

✠ 3 Dom.

* 4 Lun.

* 5 Mart.

✠ 6 Merc. *l'Epifania di N. S.*

7 Giov.

8 Ven. *Ultimo quarto or. 6. m. 11.*

9 Sab.

✠ 10 Dom.

11 Lun.

a

fig. 3 – *Calendario ad uso di diutile per l'anno 1790,*
Milano (a spese di G. Astolfi, ma stampato da G. Motta), [1789], (BTM, M. 1071).

CALENDARIO
AD USO
DI
DIUTILE
PER TUTTA LA LOMBARDIA AUSTRIACA.
1791
IN MILANO
dalla Stamperia di Luigi Veladini
allievo e successore Montani
in Contrada Nuova.

Con Privilegio e a spese di Giuseppe Astolfi abitante nel Borgo di San Pietro in Gessate al n.° 178.

fig. 4 – *Calendario ad uso di diutile per tutta la Lombardia austriaca,* 1791, Milano (a spese di G. Astolfi, ma stampato da L. Veladini), [1790], (BTM, M. 1539).

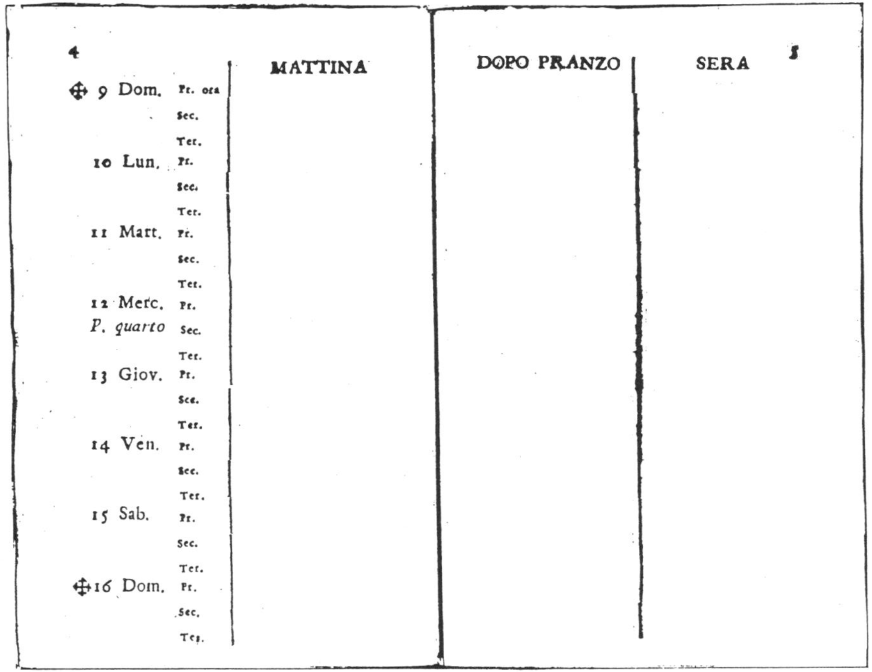

4		MATTINA	DOPO PRANZO	SERA 5
✠ 9 Dom.	Pr. ora			
	Sec.			
	Ter.			
10 Lun.	Pr.			
	Sec.			
	Ter.			
11 Mart.	Pr.			
	Sec.			
	Ter.			
12 Merc.	Pr.			
P. quarto	Sec.			
	Ter.			
13 Giov.	Pr.			
	Sec.			
	Ter.			
14 Ven.	Pr.			
	Sec.			
	Ter.			
15 Sab.	Pr.			
	Sec.			
	Ter.			
✠ 16 Dom.	Pr.			
	Sec.			
	Ter.			

fig. 4 bis – *Calendario ad uso di diutile per tutta la Lombardia austriaca,* 1791, Milano (a spese di G. Astolfi, ma stampato da L. Veladini), [1790], pp. 4–5, (BTM, M. 1539).

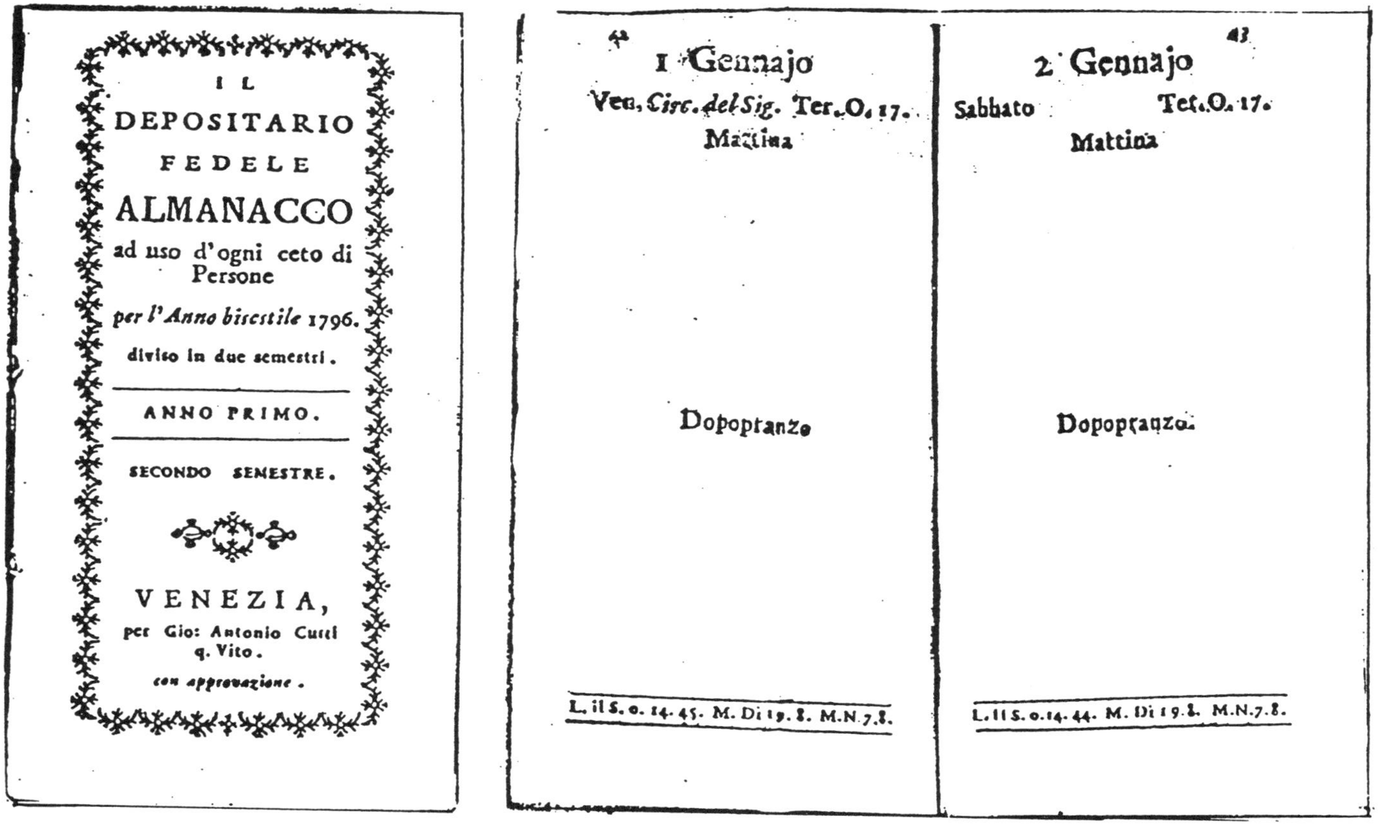

IL
DEPOSITARIO
FEDELE
ALMANACCO
ad uso d'ogni ceto di
Persone
per l'Anno bisestile 1796.
diviso in due semestri.

ANNO PRIMO.

SECONDO SEMESTRE.

VENEZIA,
per Gio: Antonio Curti
q. Vito.
con approvazione.

42

I Gennajo
Ven, *Circ. del Sig.* Ter. O. 17.
Mattina

Dopopranzo

L. il S. o. 14. 45. M. Di 19. 8. M. N. 7. 8.

43

2 Gennajo
Sabbato Ter. O. 17.
Mattina

Dopopranzo.

L. il S. o. 14. 44. M. Di 19. 8. M. N. 7. 8.

fig. 5 – *Il depositario fedele. Almanacco ad uso d'ogni ceto di persone per l'anno bisestile 1796,* Venezia (G.A. Curti), [1795], (BCV, Alm. 44).

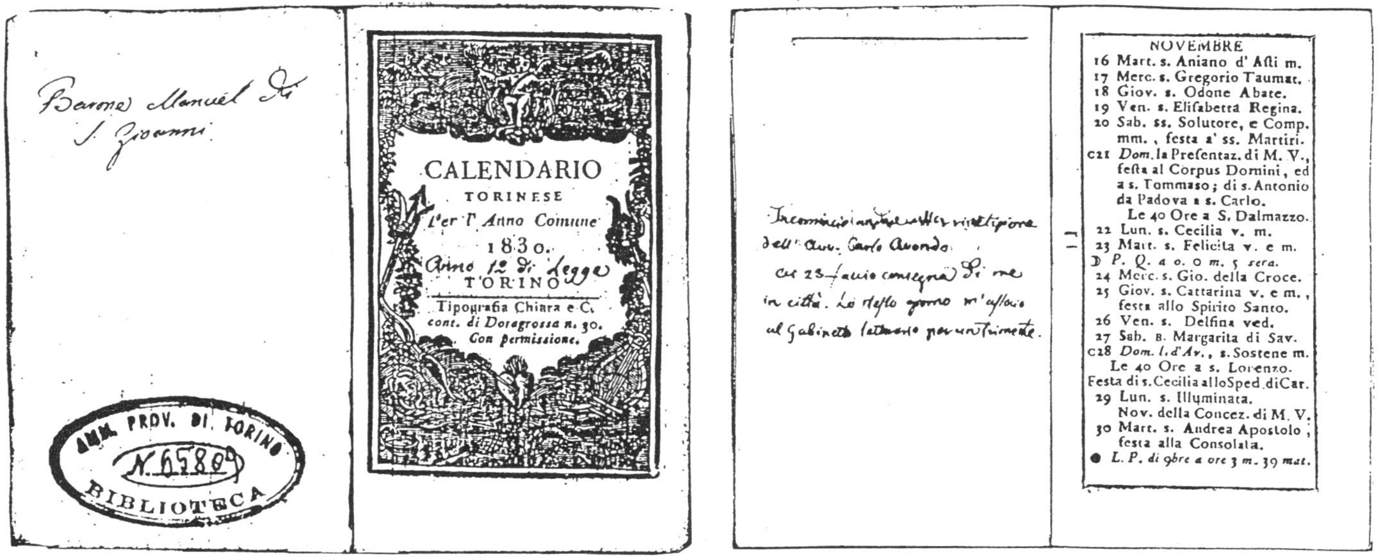

fig. 6 – *Calendario torinese per l'anno comune 1830*, Torino (Chiara e C.), [1829], (BPT, Per. I. 67).

I titoli sono spesso quelli tradizionali: gli stampatori e/o librai vogliono infatti dare l'impressione che coloro che acquistano questo nuovo prodotto non rinunciano all'almanacco. Alcuni editori si rivolgono, o nella scelta del titolo o nel discorso ai lettori, a un pubblico specifico. Così fa, ad esempio, lo stampatore torinese Giovanni Antonio Masserano, il quale precisa sul frontespizio del suo *Nuovo almanacco di commercio per l'anno 1781*[29] che il volumetto sarà «utile, e comodo a qualsivoglia persona, a cui sia necessario scrivere memorie fra tutti i giorni dell'anno, principalmente militare, e di commercio». Ma questo, a differenza dei calendari interfoliati, è una vera e propria agenda in quanto il «giornale dei santi» prevede uno spazio bianco per ciascun giorno. Ogni pagina non contiene più di quattro o cinque giorni e ciascuno di essi è scandito da uno spazio di circa due centimetri per le annotazioni. Accanto all'indicazione della data e del nome del santo, il lettore può trovare una sintetica previsione meteorologica limitata ad un solo aggettivo («bello», «sereno», «turbato», «misto», «vario», «godibile»).

Consapevole però che i mercanti non possono rinunciare all'almanacco, lo stampatore inserisce quelle rubriche presenti in ogni modello tradizionale, compresi un breve, ma significativo «discorso generale» con le previsioni sulle singole stagioni, le tavole cronologiche, il computo ecclesiastico con le feste mobili, l'elenco dei «più distinti sovrani e principi dell'Europa», la serie dei cardinali, degli arcivescovi e vescovi, gli orari dei corrieri postali e la tariffa delle monete correnti. Ma è la sezione relativa all'agenda la parte più importante del libretto giacché essa occupa 95 delle 128 pagine. Inoltre lo stampatore propone ai mercanti una nuova rubrica, i «Conti fatti di tutte le monete correnti negli Stati di S. R. M.», con un suo frontespizio ed una paginazione distinta (pp. 1–16), in modo che essi possano staccarla dall'agenda e servirsene come una sorta di tabellina tascabile. In essa si trova infatti l'elenco di tutti i tagli delle monete con il valore corrispondente. Tale rubrica sarà ripetuta, come del resto tutte le altre, negli anni successivi senza alcuna variazione.

Anche a Milano sul finire del secolo troviamo un'agenda. Si tratta di *Il servitore di piazza ovvero guida pratica indicante con esatta precisione le rispettive abitazioni*, stampato da Gaetano Motta, un almanacco che era stato sin dal 1782 la prima guida della città di Milano con l'indirizzario «delle persone più interessanti pel

29 *Nuovo almanacco di commercio per l'anno 1781*, Torino (per Giovanni Antonio Masserano) [1780], pp. 128, 16 (con nuovo frontespizio: *Conti fatti di tutte le monete correnti negli Stati di SS. R. M.*), cm. 8,5 x 11. Nel 1776 esisteva già un *Almanacco di commercio* (che però non sono riuscita a reperire) come risulta da un'indicazione su un altro almanacco stampato dallo stesso Masserano (*Il torinese. Almanacco per l'anno 1776*). Il volumetto di Masserano uscì almeno fino al 1795, poiché in quell'anno risulta ancora pubblicizzato sulla *Gazzetta di Torino* da lui stampata (cf. nota 44)

loro impiego, o professione»[30], ma che solo nel 1789 si trasforma, nella stamperia di Giovanni Ternati e Giacomo Barrelle, a spese di Giuseppe Astolfi, in un'agenda[31], mantenendo però anche le caratteristiche della guida della città. Essa prevede per ogni pagina del calendario circa dieci giorni, ognuno dei quali distanziati da un piccolo spazio (poco più di un centimetro). Inoltre il libretto dispone anche di due carte bianche alla fine di ogni mese. Nel 1790, il compilatore Giuseppe Astolfi, dopo aver affidato la stampa nuovamente a Gaetano Motta, decide di cambiare titolo, «essendo piaciuto – come scrive in un avviso ai lettori – di togliere a quest'almanacco l'umile titolo di *Servitore di piazza* e convertirlo in quello più conveniente, e più proprio di *Calendario ad uso di diutile*»[32] (fig. 3). Le dimensioni del volume si rimpiccioliscono leggermente ma nel complesso la struttura rimane quella di *Il servitore di piazza*. Nel 1791, Giuseppe Astolfi trasforma notevolmente il volume[33] (fig. 4), affidato non più a Gaetano Motta, ma allo stampatore Luigi Veladini. Esso non è più interfoliato (mancano le 24 carte bianche, due alla fine di ogni mese), e presenta una diversa predisposizione del calendario: ogni pagina, contenente sei o sette giorni con uno spazio di circa un centimetro e mezzo, è divisa in due parti: su un lato sono segnate le date e sull'altro vi è lo spazio bianco preceduto dall'indicazione «mattina». La pagina di destra è, a sua volta, predisposta per annotare gli impegni del «dopopranzo» e della «sera» (fig. 4 bis). Lo spazio bianco è dunque diviso verticalmente in tre parti per i diversi momenti della giornata. Un'innovazione che, come spiega lo stesso compilatore nell'introduzione, avrebbe reso il volume «vieppiù comodo, gradito e interessante».

Ampio è il pubblico cui si rivolge Giuseppe Astolfi, come si può dedurre non solo dal tipo di notizie inserite, ma anche da come è organizzato l'indice per ordine alfabetico posto all'inizio del volume in cui emergono non tanto i titoli delle rubriche, quanto i professionisti e gli artigiani divisi per mestieri. Chi acquista *Il servitore di piazza* del 1789 e il *Calendario ad uso di diutile* del 1790 può trovare i nomi degli agrimensori, degli avvocati patrocinanti in Milano e in Mantova, i banchieri e i negozianti in Milano, i causidici, i fisici e i giurisperiti,

30 Cf. Luigi Villa, *Bibliografia delle guide di Milano*, Milano (Malavasi) 1996, pp. 44–56.

31 *Il servitore di piazza ovvero guida pratica / indicante con esatta precisione le rispettive abitazioni [...] per l'anno 1789*, Milano (a spese di Giuseppe Astolfi, abitante in Borgo di Porta Orientale al n. 684, nella stamperia di Ternati e Barrelle) [1788], pp. [40, interfoliate da 22 c. bianche, tali pagine e carte corrispondono al calendario], 117 [3], 16° (cm. 15,5 x 9,5), (BTM: L. 2672).

32 *Calendario ad uso di diutile per l'anno 1790*, Milano (a spese di Giuseppe Astolfi, abitante nel Borgo di S. Pietro in Gessate al n. 178, nella stamperia di Gaetano Motta) [1789], pp. VIII, [36, interfoliate da 24 c. bianche], 120; 16° (cm. 14,5 x 9,5), (BTM: M. 1071).

33 *Calendario ad uso di diutile per tutta la Lombardia austriaca 1791*, Milano (nella stamperia di Luigi Veladini, con privilegio e a spese di Giuseppe Astolfi) [1790], pp. 229, [3], 16° (cm. 15 x 9,5), (BTM: M. 1539).

gli ingegneri, i commercianti di seta, di granaglie, di vino, i «condottieri» per Torino, Genova, Piacenza e Vienna e i notai del collegio di Milano con i loro indirizzi, gli organici dei tribunali e delle preture dei principali centri della Lombardia austriaca. Il compilatore si rivolge a questo pubblico eterogeneo, invitando coloro che non troveranno il proprio nome nella lista a scrivergli presso la sua abitazione promettendo di aggiornare l'elenco l'anno successivo.

Nel 1791 il compilatore del *Calendario ad uso di diutile* restringe il cerchio dei suoi potenziali lettori, annunciando che in esso non compaiono più i nomi dei banchieri, dei negozianti e dei sensali di Milano e delle principali città della Lombardia austriaca: per costoro e per tutte le professioni legate al commercio annuncia un volumetto specifico che «spera di pubblicar quanto prima»[34]. La divisione della giornata in tre parti, introdotta, come si è detto, nell'almanacco del 1791, è forse giustificata dalla necessità di annotare gli orari delle udienze dei vari tribunali, di cui si fornisce l'elenco dei giorni di seduta. Ai suoi lettori, la cui parte più consistente è costituita dalle professioni legate all'organizzazione della giustizia, Astolfi offre non solo un'agenda ma anche un elenco, facilmente consultabile, del personale del Supremo Consiglio aulico di giustizia con le rispettive cariche, dei tribunali di Milano e delle città della Lombardia austriaca sedi di tribunali e preture urbane e forensi (Cremona, Pavia, Como, Varese, Lodi).

Non sappiamo se il *Calendario ad uso di diutile* fosse stato pubblicato anche negli anni successivi. È certo però che nel 1793, dai torchi dello stampatore milanese Francesco Pogliani, uscì un *Calendario ad uso del foro per tutta la Lombardia austriaca*[35], a spese di Gaetano Carisio («abitante nel borgo di S. Pietro in Gessate al n. 178»), che riprendeva la stessa formula del *Calendario ad uso di diutile* di Astolfi. Il compilatore si rifaceva palesemente a *Il servitore di piazza:* sull'antiporta riportava infatti l'incisione che aveva caratterizzato il famoso almanacco. Si trattava di un volumetto in cui si trovavano tutte le informazioni non solo relative all'organizzazione del foro di Milano e dei centri della Lombardia austriaca, ma anche ampi elenchi di professionisti non strettamente legati ai mestieri della giustizia. L'indice finale aiutava il lettore a districarsi tra l'elenco delle dame di corte, dei decurioni della città di Milano, degli ingegneri, dei medici, sensali, negozianti e banchieri, a trovare le informazioni relative alle scuole, alle accademie e alle biblioteche. La parte relativa all'agenda era, come quella dell'Astolfi, divisa in tre parti (mattina, dopopranzo e sera). Nel 1795 il *Calendario ad uso del*

34 In effetti nello stesso anno presso lo stesso Luigi Veladini uscì un volumetto dal titolo *Il servitore di piazza ad uso di commercio per la città di Milano per l'anno 1791*, cf. Villa (nota 30), p. 51.

35 *Calendario ad uso del foro per tutta la Lombardia austrica per l'anno 1793*, Milano (Francesco Pogliani, ma a spese di Gaetano Carisio) [1793], pp. 225, 16° (cm. 17 x 11), antiporta inc. (BTM: Coll. L. 2676).

foro[36] uscì dai torchi di quel Gaetano Motta che, come si è detto, aveva stampato *Il servitore di piazza*. Poche le novità rispetto al 1793. Va segnalato però il ridimensionamento dello spazio per i lettori: mentre nel 1793 essi avevano a disposizione due pagine ogni sei giorni (di cui una per annotare le occupazioni del mattino e l'altra per quelle del dopopranzo e della sera), nel 1795 i giorni diventano 15 disposti su due pagine ripartite in tre momenti della giornata: «ora prima», «ora seconda» e «dopopranzo».

Più complessa è la formula editoriale di *Il depositario fedele. Almanacco ad uso d'ogni ceto di persone per l'anno bisestile 1796,* pubblicato a Venezia da Giovanni Antonio Curti. Così l'editore si rivolge ai suoi lettori: «Comparisce per la prima volta un nuovo almanacco. Egli porta meritatamente il titolo di *Almanacco ad uso d'ogni ceto di persone,* perché utile a tutti. Le dame, i cavalieri, ecclesiastici, medici, forensi, clienti, mercatanti, viaggiatori, militari, agenti, capi di famiglia, maestri, scolari, cantanti, comici, ballerini, suonatori, giuocatori, e gente del bel mondo, e generalmente ogn'uno vi ritroverà quanto può ogni giorno interessarlo»[37].

Ma quali sono le caratteristiche di questo libretto che lo rendono più un'agenda che un almanacco? Le novità sono numerose. Intanto il titolo *Depositario fedele* individua un oggetto nato per accogliere i segreti, le riflessioni, le memorie dei suoi lettori. Come del resto precisa lo stesso editore, il volumetto non è rivolto solo ai mercanti, ma a tutti coloro che hanno bisogno di «segnare le visite da farsi, gl'appuntamenti, i negozii, e tutte le stabilite diurne operazioni». La connotazione sociale del suo pubblico ideale è ampia, ma chiara: l'editore si rivolge ai nobili («dame, cavalieri», «gente del bel mondo»), al clero, ma individua anche delle professioni specifiche («medici, forensi [...], mercatanti») senza escludere il mondo dello spettacolo («cantanti, comici, ballerini, suonatori»). Dalla specificità delle classi sociali e dei mestieri, il libraio passa a categorie più estese e socialmente meno connotate, come «i capi di famiglia», «gli scolari», i «viaggiatori» e i «giocatori». In realtà l'editore conta soprattutto su un pubblico di negozianti e mercanti: gli articoli inseriti tra le varie sezioni dell'agenda trattano infatti argomenti relativi all'organizzazione del commercio nella «città di Venezia, e principali città dello Stato veneto», alla funzione delle banche e agli «usi e termini de pagamenti delle lettere di cambio».

La seconda innovazione consiste nella divisione in due semestri, come due parti distinte, ognuna delle quali è ripartita in quattro differenti livelli di orga-

36 *Calendario ad uso del Foro per tutta la Lombardia austriaca per l'anno 1795*, Milano (Gaetano Motta) [1794], pp. 222, 16° (cm. 17 x 11), (BTM: Coll. K. 332).

37 *Il depositario fedele. Almanacco ad uso d'ogni ceto di persone per l'anno bisestile 1796. Diviso in due semestri,* Venezia (Giovanni Antonio Curti) [1795], pp. 288, 300, [2 c. di tav.], 24° lungo (cm. 11,5 x 6,5), p. 3, (BCV: Alm. 44).

nizzazione del tempo. Il primo livello è rappresentato da due pagine per ogni mese, su cui i lettori possono indicare per ciascun giorno le perdite e i guadagni; il secondo livello è rappresentato da due pagine per ogni mese in cui vi è il «giornale dei santi» (definito «anno comune») affiancato dal calendario ebraico («anno lunare per gl'Ebrei»). Il terzo livello è costituito dall'agenda vera e propria in cui il lettore, a differenza delle agende torinesi e milanesi, ha a disposizione ben una pagina per ogni giorno dell'anno, divisa a metà, in orizzontale, dall'indicazione «mattina» e «dopopranzo» (fig. 5). Esiste poi un ulteriore livello di scansione del tempo: alla fine di ogni semestre vi sono due pagine che riassumono le perdite e i guadagni per ciascuno dei sei mesi con il totale complessivo. Che funzione ha questa organizzazione del tempo in più livelli? È l'editore stesso a spiegarlo: «Una carta mensuale da servire per notare le perdite, e guadagni, o sia il giornaliero introito, ed esito sarà uno scopo d'economia per poter ogn'uno con esattezza bilanciare le proprie forze ed a tale effetto in termine d'ogni sei mesi vi sarà una carta di reassunto [sic] di dette perdite, e guadagni, o sia introito, ed esito» (pp. 3–4).

Che l'editore punti su un pubblico elitario lo si desume, oltreché dal contenuto, anche dalle caratteristiche materiali: l'edizione si presenta infatti piuttosto curata, rilegata in pelle e con un particolare che non lascia dubbi sull'intenzione dell'autore: «Vi si troverà – annuncia il curatore – una penna di lapis adattata, che servirà per notare quanto potrà occorrere, e ne formerà gentilmente la serratura per evitare che possa aprirsi in saccoccia».

3. *Le tracce dei lettori*

Le mie osservazioni non hanno alcuna pretesa di ricostruire l'universo sociale dei fruitori di questo genere, né di offrire un'analisi completa dell'uso che di esso viene fatto. Inoltre la ricerca non è estesa a tutti i calendari-agenda pubblicati nel primo ventennio del '800, ma soltanto a quelli nati nel '700 e continuati nel secolo successivo. Inoltre va detto che i modelli di cui si è riscontrato un più ampio uso sono quelli più economici: quei calendari interfoliati di piccolo formato e di basso costo.

Nel complesso si può dire che due sono gli usi principalmente riscontrati: da un lato l'annotazione di tipo economico delle spese, dei crediti e dei debiti (in alcuni casi molto dettagliati), dall'altro quello del diario o della memoria, in cui si registrano fatti importanti legati all'ambito privato (nascite, matrimoni, morti di parenti e amici) o alla sfera pubblica (eventi ufficiali, arrivo di personaggi illustri).

Alcuni utenti, in particolare mercanti, agricoltori e proprietari terrieri, ne fanno un uso strettamente economico segnando gli acquisti di sementi, la vendita di bestiame e di fieno, le spese derivanti dagli spostamenti e dall'acquisto di merci fondamentali per la loro attività. Nel caso di lettori provenienti da fasce socialmente e culturalmente più elevate si riscontrano, a volte, i due tipi di osservazioni: sia una minuziosa registrazione delle spese quotidiane (anche le più piccole) sia la segnalazione di eventi importanti per la vita familiare o per l'attività professionale. C'è poi un terzo tipo di utilizzazione degli spazi bianchi: la trascrizione di informazioni riprese dalle rubriche contenute nel calendario stesso[38].

Scarse sono le tracce lasciate da lettori provenienti dalle classi più basse. L'Archivio storico di Torino conserva però alcuni esemplari di *Palmaverde* interfoliati appartenuti ad un anonimo cocchiere dalla grafia incerta. Si tratta di cinque numeri relativi al 1740, 1741, 1742, 1748 e 1755, su cui il proprietario registra le corse fatte, i nomi dei suoi clienti, i debiti e i crediti, le date in cui ha fatto ferrare i cavalli. Riempie gli spazi bianchi per ricordarsi ciò che ha fatto, non per organizzare il suo futuro: le sue annotazioni sono infatti tutte relative ad eventi appena compiuti, a spese appena fatte. Il cocchiere, come, del resto, tutti coloro che usano il calendario-agenda per segnare i guadagni e le spese, raramente lascia trasparire qualcosa sulla propria vita privata. Gli esempi potrebbero essere numerosi. L'anonimo proprietario del *Giornale cremonese per l'anno 1771*, probabilmente un nobile con grandi proprietà, residente a Cremona, usa gli spazi bianchi solo per segnare quanto e quando ha pagato i mietitori, i braccianti, per elencare gli oggetti che ha lasciato nella casa di campagna, per segnare la data in cui si è verificata una moria di animali. Anche Giuseppe Antonio Cottolengo di Bra, agricoltore e commerciante di fieno e di sementi, uno dei pochi a indicare il suo nome sul frontespizio del suo calendario-agenda, annota con grande cura le spese sostenute per la coltivazione della canapa, dall'acquisto della semenza alle giornate per seminarla, per tagliarla, per farla macerare (*Calendario mercantile*, 1797, BPT, fig. 2)[39], in altri casi registra i pagamenti al «servo», al massaro e al garzone, ma nulla lascia trasparire della sua vita privata. Un altro

38 Ad esempio, l'anonimo proprietario del *Calendario ossia giornale per l'anno volgare 1789*, Torino (Avondo) [1788] (cf. nota 25), annota sulla carta bianca che affianca gli ordinari di partenza dei corrieri postali gli orari per Chambéry e per Fossano. Sceglie dunque dalle rubriche solo quelle informazioni che più gli sono utili. L'esemplare citato è conservato in ASCT, Coll. Simeom, serie F, n. 367.

39 Presso la Biblioteca della Provincia di Torino (Per. l. 65) sono conservate tre annate del *Calendario mercantile* (cf. nota 27) appartenute a Giuseppe Antonio Cottolengo (1797, 1802, 1812, quest'ultima con nota di possesso) e quattro annate del *Calendario di commercio* (1816, 1817, 1819 e 1822). Vi sono nella stessa biblioteca altri calendari-agenda appartenuti ad agricoltori e commercianti di bestiame che ne fanno un uso simile a quello sopra descritto, es. l'anonimo proprietario del *Calendario ossia giornale per l'anno volgare 1801*, Torino (Avondo) [1800] (BPT, Per. l. 67), cf. nota 25.

lettore del *Calendario mercantile* del 1810, con tutta probabilità, anch'egli proprietario terriero e agricoltore, annota scrupolosamente la riscossione di affitti di immobili, la quantità di fieno prodotto e il prezzo, ma dedica una sola riga per ricordare la nascita di un nipote (o di un figlio?). Ad ottobre scrive: «Lucrezia dato alla luce li 22 ottobre un figlio battezzato li 23 col nome d'Enrico»[40].

Non sempre gli spazi bianchi vengono riempiti con annotazioni che hanno una qualche relazione con la data a cui sono affiancati. È il caso di due esemplari del *Calendario torinese* del 1796 e del 1813 (Torino, stamperia Soffietti)[41] appartenute ad un uomo, probabilmente un fattore, che affitta case e terreni per conto del suo proprietario. Egli fa un uso limitato delle pagine bianche: elenca la biancheria di cui dispone, si segna la data in cui ha ricevuto l'acconto dell'affitto. Tuttavia spesso non c'è relazione tra l'evento e lo spazio destinato per registrarlo, ma il proprietario dimostra di usare le carte bianche come quelle di un qualsiasi quaderno indipendentemente dalla presenza di un calendario. In questo caso, le «strategie» di editori e stampatori e le «tattiche» dei lettori, per riprendere l'efficace binomio usato da Michel de Certeau[42], sembrano seguire percorsi discontinui e differenziati. Gli acquirenti si appropriano infatti di questo prodotto senza seguire la logica e le intenzioni che hanno governato la sua produzione e la distribuzione sul mercato. Alla luce di tali considerazioni, è fondamentale tenere conto, come ha sottolineato Roger Chartier[43], non soltanto delle caratteristiche testuali e materiali di un prodotto o di un genere a stampa, ma anche delle diverse modalità del loro uso e/o appropriazione, un aspetto questo finora piuttosto trascurato, dal momento che gli studiosi si sono concentrati più

40 *Calendario mercantile per l'anno volgare 1810*, Torino (F. Binelli) [1809], [24 c. a stampa, 12 c. bianche], cm. 10 x 6, cit. c. 22 v. (ASCT, coll. Simeom, serie F., n. 473).

41 *Calendario torinese per l'anno bisestile 1796*, Torino (Stamperia Soffietti) [1795], [23 c. a stampa, 13 c. bianche tra le carte del calendario], cm. 10 x 6; il numero per l'anno 1813 contiene 20 c. a stampa e 12 c. bianche (ASCT, coll. Simeom, serie F. n. 418 e 421).

42 Michel de Certeau, *L'invention du quotidien*, I, *Arts de faire* (I ed. 1980), Paris (Gallimard) ²1990, p. XLVI.

43 Roger Chartier, «Popular Appropriations: the Readers and their Books», in: id., *Forms and Meanings. Texts, Performances, and Audiences from Codex to Computer*, Philadelphia (University of Pennsylvania Press) 1995, pp. 83–97. Sul comportamento dei lettori cf. dello stesso Chartier, «Communautés de lecteurs», in: id., *L'Ordre des livres. Lecteurs, auteurs, Bibliothèques en Europe entre XIVe et XVIIIe siècle*, Aix-en Provence (Alinea) 1992, pp. 13–33; per un'analisi comparativa della storiografia europea e statunitense sul problema della lettura cf. Robert Darnton, «Primi passi verso una storia della lettura», in: id., *Il bacio di Lamourette*, Milano (Adelphi) 1994 (I ed. inglese 1990), pp. 117–153; Chartier (ed.), *Histoires de la lecture. Un bilan des recherches*, Paris (IMEC-Ed. de la Maison des Sciences de l'homme) 1995. Sulla storia della lettura in Italia, cf. Braida, «Quelques considérations sur l'histoire de la lecture en Italie. Usages et pratiques du livre sous l'Ancien Régime», in: *ibid.*, pp. 23–49.

sull'analisi delle caratteristiche formali dei generi di larga circolazione che sulle «tattiche» dei loro lettori-consumatori.

Come si è detto, raramente gli stampatori-editori esplicitano sul frontespizio o nell'avviso ai lettori la funzione delle pagine bianche, anche se non mancano indicazioni in tal senso negli avvisi pubblicitari sulle gazzette. Così lo stampatore torinese Masserano annuncia, sulle pagine della *Gazzetta di Torino e notizie particolari* di sabato 10 gennaio 1795, l'uscita di un nuovo almanacco: «Da questa stamperia è uscito l'*Almanacco di commercio* in carta finissima da scrivere con entro 96 pagine bianche, ed in ogni pagina vi si trova quattro giorni di ciaschedun mese con uno spazio competente di bianco da un giorno all'altro, acciò si possa scrivere le memorie per ciaschedun giorno all'anno»[44].

Ma, come si è detto, non sempre i proprietari delle agende dimostrano di rispettare l'uso per cui le pagine bianche sono state create. Il proprietario del *Calendario torinese per l'anno bisestile 1796* segna, sulla pagina bianca che affianca il mese di gennaio, un fatto avvenuto a settembre: «Alli 13 settembre ho ricevuto ha conto [sic] del fito [sic] del Castello di Monbello lire 9. 10» (c. 3 r.). Il numero del 1813, appartenuto alla stessa persona, non presenta che rare indicazioni relative all'anno in cui viene acquistato[45]: le sue pagine bianche vengono riempite negli anni successivi con appunti di tipo economico, sui crediti accumulati nel 1817, 1820 e 1821, come se fosse un quaderno. E tale uso degli spazi bianchi a posteriori lo si riscontra in numerosi calendari-agenda: un segno, forse, della lentezza con cui i lettori si adeguano al nuovo prodotto. Va detto però che i fruitori di questi libretti nel corso degli anni sembrano abituarsi all'uso delle carte bianche. Senza escludere che possa dipendere dalle collezioni esaminate, ci sembra però da sottolineare il fatto che le serie di calendari-agenda che escono negli ultimi decenni del '700 e che hanno un seguito nei primi decenni del XIX secolo rivelano nel corso dell'800 sempre più esemplari con annotazioni.

In alcuni casi, i lettori sembrano voler risparmiare lo spazio per paura di non averne abbastanza per segnare fatti da ricordare e finiscono per farne un uso limitato ad alcuni avvenimenti ai quali attribuiscono una grande importanza. Così fa l'anonimo proprietario del *Giornale utile e comodo per l'anno bisestile 1776* (Cremona, Ricchini [1775]), probabilmente un nobile residente una parte dell'anno a Milano e l'altra a Cremona. Egli usa le pagine bianche, senza peraltro riempirle, per segnare quante volte, in ogni mese, è stato pettinato, quanto deve al parrucchiere, al cocchiere a alla servitù[46]. Ma lo stesso nobil signore

44 ASCT, coll. Simeom, serie I.

45 Cf. nota 41.

46 L'esemplare qui citato è conservato alla BSC (cf. nota 23). Sulle pagine a stampa del «giornale dei santi» il proprietario riporta una croce accanto ai giorni in cui è stato pettinato. È lui stesso a dare spiegazione di questo segno. Sulla carta bianca che affianca il mese di gennaio scrive:

annota anche qualcosa che deve ancora fare. A gennaio si segna: «Comprare per il Sig. Don Giulio Bonetti in Milano il seguente libro [...] *Costituzioni di Vittorio Amedeo re di Sardegna*». Ma è l'unico caso in cui l'anonimo proprietario registra un evento ancora da compiere, un fatto da ricordare.

C'è invece chi lo spazio lo usa interamente, anzi comprime la scrittura per far stare quanto più possibile, rendendola, in alcuni casi illeggibile. È il caso del proprietario del *Calendario torinese* (Torino, Stamperia Soffietti) del 1819, del 1822 e del 1827[47], con tutta probabilità un militare di alto grado, il quale si segna con cura quasi ossessiva tutte le variazioni climatiche, giorno per giorno, a volte ora per ora. Ad esempio, sulla pagina bianca relativa al mese di giugno 1819 scrive: «Li 8: temporale dopo mezzo giorno che continuò ininterrottamente sino li 9. Li 9: pioggia con qualche minuto d'intervallo solamente [...] e dopo mezzo giorno gran temporale e gran vento e tempesta. Li 15: temporale terribile con tempesta dopo mezzo giorno verso le 0,5» (c.13 r.). Ma le variazioni atmosferiche non sono il suo unico interesse: sulle pagine bianche riporta anche numerosi eventi pubblici e mondani importanti cui ha partecipato o di cui è stato testimone. Annota ad esempio accanto al 25 e 26 luglio 1819: «Li 25: arrivo del Duca di Sassonia con sua consorte. Li 26 teatro Regio illuminato ed ingrandirono il palco, cosa che non si era più fatta da moltissimi anni. Li 27 parata pel duca suddetto» (c. 15 v.).

La sua vita è scandita da molti incontri mondani, le sue serate sono allietate da visite ad amici dell'alta società, professionisti (in particolare avvocati) e nobili. Segna sempre gli spostamenti dalla città alla campagna, gli inviti a cena, non dimentica di annotare che al seguito della sua famiglia c'è una serva. I suoi appunti sono così fitti che lo spazio riservato dal *Calendario torinese* non è sufficiente ed egli è costretto ad aggiungere al fondo del libretto un fascicolo composto da otto carte bianche di dimensione leggermente più piccola delle pagine a stampa; tuttavia questo quadernetto resta in gran parte bianco giacché egli si limita a scrivere soltanto su un foglio, su cui annota una visita ai parenti. Sono numerosi gli eventi pubblici importanti che l'ufficiale segna sul *Calendario torinese* del 1822, ma spesso non è chiaro se vi ha partecipato o se ne è stato semplicemente spettatore. Il 4 gennaio ricorda: «Venne esposta in venerazione la santissima Sindone nella metropolitana». Il 13 gennaio: «Giuramento in forma solenne di tutta la guarnigione, ed altri militari a S.M. fattasi questa funzione in piazza Castello» (c. 3 r.). Il 15 marzo: «Giuramento prestato dalla truppa. Assistette il Supremo Consiglio di Sardegna» (c. 7 r). Sulle pagine bianche annota anche le gite, le

«Tutti li giorni che in ogni mese sono marcati con + sono quelli in cui sono stato petinato dal paruchiere».

47 ASCT, coll. Simeom, serie F., n. 424, 425, 428 (cf. nota 26).

passeggiate, dilungandosi in alcuni casi fino a occupare lo spazio destinato alle osservazioni dei giorni successivi. Ad esempio, riempie il calendario-agenda del 1827 di particolari sulle sue vacanze e sulle città che ha visitato. Il suo tono è sempre misurato, il suo stile sintetico e caratterizzato da uno scarso uso dei tempi verbali; difficilmente si lascia prendere dall'entusiasmo per un luogo che l'ha colpito. Sulla carta bianca che affianca il mese di aprile scrive: «16 luglio. A Verzuolo bel castello [...]. A Busca, città dalla chiesa vasta, ordine composito. A Cuneo, bella città, una sola contrada maestra con portici lateralmente» (c. 8 v.).

Meno impersonali, anche se altrettanto brevi sono le annotazioni che un giovane studente di legge riporta sul suo *Calendario torinese.* Si tratta del barone Manuel di S. Giovanni, di Saluzzo, ma residente a Torino durante l'anno scolastico (fig. 6). Egli usa gli spazi bianchi per segnarsi quando è andato a teatro, le date degli esami, delle lezioni di chitarra, di ballo e degli esercizi spirituali, ma anche per riportare eventi importanti sia personali che politici. Tra il 27 e il 29 luglio 1830 annota senza alcun commento: «Rivoluzione in Francia». E il 23 settembre dello stesso anno: «Oggi compio vent'anni, onde esco di tutela»[48]. Non tutti dimostrano lo stesso distacco: per alcuni il calendario-agenda, assume le caratteristiche del diario in cui traspaiono gioie e dolori, eventi importanti e deludenti, fino a toccare, in alcuni casi, le corde più intime della scrittura autobiografica[49]. Sull'agenda segnano con precisione maniacale tutti gli acquisti quotidiani, anche i più piccoli, e con la stessa precisione descrivono stati d'animo, tracciano il profilo di un amico o di un parente improvvisamente mancato al loro affetto. È il caso dell'anonimo proprietario del *Calendario ossia giornale per l'anno 1814* (Torino, Botta) e del *Calendario ossia giornale per l'anno 1835* (Torino, Grosso)[50], di cui conosciamo la professione da un'indicazione del 6 agosto 1814, giorno in cui fu nominato maggiore dei cavalleggeri del Re di Sardegna. Su questo libretto l'ufficiale annota scrupolosamente tutte le spese, comprese quelle più piccole, quali i bottoni per le ghette, le mancie, il cioccolato, gli aghi per cucire. La sua precisione farebbe pensare che si segni ciò che ha speso giorno per giorno, in realtà da un'annotazione di ottobre 1814 lascia intendere che si limita a trascrivere le spese di tanto in tanto, magari sulla base di appunti presi su un quaderno: ad ottobre si segna che ha speso in tutto 166 lire, ma aggiunge «per ciò che mi ricordo». Le sue osservazioni sono dense, ricche di particolari

48 *Calendario torinese per l'anno comune 1830*, Torino (Chiara & C.) [1829], [20 c. a stampa, 12 c. bianche], cm. 10x6 (BPT, Per. l. 67). Questo esemplare contiene una nota di possesso. Presso la BPT vi sono altri numeri dello stesso calendario appartenuti al medesimo barone (1835, 1837, 1839, 1844, 1845). Inoltre allo stesso proprietario appartenevano alcune annate del *Calendario per l'anno*, Torino (Binelli): 1841, 1842, 1846, conservate nella BPT.

49 Sulla scrittura autobiografica si veda l'articolo di Daniel Fabre in questo volume.

50 ASCT, coll. Simeom, serie F, n. 371 e 372 (cf. nota 25).

anche sulla sua vita privata e di momenti importanti del suo lavoro. Annota gli eventi che l'hanno colpito, come la morte di una zia, del precettore dei suoi figli, cui riserva parole velate di commozione. Sono veri e propri necrologi, che occupano ciascuno un'intera pagina e che per la mancanza di incertezze nell'uso dei termini danno quasi l'impressione di essere stati ricopiati, dopo essere stati scritti in una prima stesura su un altro foglio[51]. Ciò significa che, per il maggiore, il calendario-agenda è forse più un libro della memoria che non un prodotto effimero la cui funzione si esaurisce con la fine dell'anno. Ecco, ad esempio, come ricorda il precettore di suo figlio Carlo: «18 [luglio]. Morì il carissimo padre Quaronis a ore 4,30 dopo pranzo [...] Fu uomo eccellente, molto dotto [...] Erudito in tutte le scienze ed unicoper abilità, dolcezza ed affabilità per insegnare alla gioventù. Diede lezioni per tre anni al mio figlio Carlo sotto il quale fece grandi progressi, come tutti quelli che l'ebbero per maestro. Egli [gli] deve etterna obbligatione» (p. 31).

Con precisione descrive alcuni eventi di cui è stato testimone e che segnano la conclusione del regime napoleonico. L'8 maggio 1814 scrive: «Gli Austriaci presero possesso del castello di Casale e vi entrarono a due ore pomeridiane ad un numero di 117». Nella pagina bianca che affianca il mese di maggio racconta il suo viaggio per andare incontro al re: «11 [maggio]: Sono andato ad Alessandria per vedere il re nostro venendo di Genova nel suo ritorno di Sardegna, ma essendo [il re] ancor a Genova io ripartii per Casale li 13. Per il mio viaggio in tutto lire 17.16.

16 [maggio]: Arrivammo a Torino da Casale. 20 [maggio]: Vittorio Emanuele, nostro amatissimo sovrano, fece la sua solenne entrata in Torino ritornando dalla Sardegna dove restò circa ...[sic] anni cioè nel tempo che i Francesi furono padroni del Piemonte che fu per anni 15 e mesi 5» (p. 23).

Come si è detto, le annotazioni manoscritte sono quasi sempre relative a fatti già avvenuti. È raro trovare l'indicazione di un'azione da farsi, o una scadenza da ricordare. I tempi verbali utilizzati sono infatti tutti al passato (passato prossimo e passato remoto). Il calendario-agenda assolve dunque soprattutto alla funzione di «richiamare alla memoria le cose passate», ma questo non significa che gli uomini che ricorrevano a esso non avessero l'abitudine di utilizzare il calendario per verificare le date, l'avvicendarsi delle festività religiose, le fiere. La costruzione di un prodotto con un obiettivo così mirato rende difficile pensare che l'uso del calendario, come ha scritto recentemente Francesco Maiello, sia stato una conquista lenta e ancora poco familiare nel Settecento. A suo avviso, la presenza lungo tutto il XVIII secolo di calendari coi simboli che regolano il lavoro dei campi e le norme igieniche e sanitarie, la sopravvivenza di proverbi «che

51 Tali eventi sono annotati rispettivamente l'8 febbraio e il 18 luglio 1814.

erano stati nei secoli precedenti uno dei modi più diffusi in campagna per identificare il presente»[52], l'assenza dei giorni della settimana in molti calendari francesi, sono un segno di resistenza alle nuove forme di misurazione del tempo che prevedevano l'inserimento nel calendario dei giorni della settimana[53]. Fu certamente un processo lento l'affermazione dell'uso dell'agenda così come la concepiamo noi oggi, ma l'assenza di programmazione non deve indurci a pensare che ciò significasse anche una mancanza di dimestichezza nella consultazione del calendario. Nei modelli italiani, almeno in quelli da me esaminati, non si registra la stessa resistenza a inserire il nome dei giorni della settimana. Gli almanacchi, i calendari e i lunari, fino a quest'ultimo sviluppo dell'agenda, rivelano invece una certa confidenza con la misura del tempo. Sin dal '600, i calendari italiani riportano infatti i giorni della settimana e non solo le date e simboli vari (delle fasi lunari, dei pianeti dominanti ecc.). Una prova evidente di questa sensibilità all'uso del calendario viene anche dal mondo delle campagne: non è un caso infatti che numerosi fattori e proprietari terrieri utilizzino il calendario-agenda. Se tale abitudine non fosse stata estesa, non si spiegherebbe perché i librai, stampatori ed editori italiani avessero investito non tanto nelle edizioni di lusso, ma in un modello semplice e poco costoso che univa in poche pagine le caratteristiche e le funzioni tradizionali del calendario con quelle nuove dell'agenda. Tale modello prepara la strada alla fortunata agenda ottocentesca «ad uso di tavolo», antesignana della nostra agenda-planning, di cui purtroppo le biblioteche e gli archivi italiani hanno conservato pochi esemplari. Sull'oblio di questi libretti hanno pesato almeno due fattori: il loro tipo di fruizione legata alla durata annuale (e quindi ritenuti inutili alla loro scadenza), ma soprattutto il fatto di appartenere a un genere di larga circolazione e quindi considerato di scarsa rilevanza culturale, indegno di essere conservato nei luoghi deputati alla memoria del sapere.

52 Maiello (cf. nota 5), p. 190.

53 «Nei calendari destinati alle campagne convivevano infatti il tempo quantitativo e quello caratterizzato da valori specifici attribuiti a giorni diversi, alcuni buoni per tagliare la legna, altri per seminare, altri ancora per tagliarsi le unghie o i capelli». Maiello (cf. nota 5), p. 190.

SIMONE ECKLIN

Le Journal de Daniel Sandoz (1770-1779)

Chronique d'un système rédactionnel complexe

Le Journal de Daniel Sandoz est un document manuscrit de 652 pages rédigé par un paysan-éleveur de La Chaux-de-Fonds, région montagneuse du nord de la Suisse[1]. Le manuscrit date de la deuxième moitié du XVIIIe siècle ; précisément, il couvre une décennie, les années 1770-1779.

En l'état, ce journal-là n'a ni commencement, ni fin. Des indices montrent qu'il s'inscrivait dans un ensemble plus large, aujourd'hui disparu, ensemble qui devait s'étendre sur une quarantaine d'années au moins. La décennie 1770-1779 est tout ce qui reste de ce vaste journal de bord d'une ferme, tenu par le père et repris ensuite par le fils.[2] On s'intéressera ici à l'organisation rédactionnelle du manuscrit : c'est ce qui en fait l'originalité puisque ce journal se complète d'un registre alphabétique unique en son genre. Une analyse formelle et descriptive du document permettra d'en comprendre les clés de fonctionnement. On dérivera ensuite sur les aspects « écriture » du texte puis sur les motivations de son auteur. Mais, avant d'entrer dans le vif du sujet, il convient d'évoquer rapidement Daniel Sandoz lui-même.

Au moment où s'ouvre le journal de Daniel Sandoz, l'auteur a 43 ans ; il est marié et père de trois enfants : sa fille aînée est âgée de 13 ans et ses deux fils cadets, de 12 et 10 ans. Il appartient à une petite communauté protestante, La Chaux-de-Fonds, forte d'environ 2800 habitants à l'époque et inscrite dans la Principauté de Neuchâtel sous domination prussienne. On se trouve à une altitude de mille mètres, ce qui conditionne une agriculture difficile soutenue par différents artisanats, en premier lieu la dentellerie. Région libre de toutes

1 Le Journal de Daniel Sandoz est conservé aux Archives de l'Etat de Neuchâtel, Neuchâtel, Suisse. Ci-après, il est abrégé JDS.

2 Le Journal de Daniel Sandoz a fait l'objet de deux études : Louis Favre, « Le journal de David Sandoz », in : *Musée Neuchâtelois* (MN), 1874. Simone Ecklin, *Le Journal de Daniel Sandoz, 1770-1779. Essai de lecture critique*, mémoire de licence, document dactylographié, Université de Neuchâtel, Suisse, mars 1990.

entraves commerciales, elle s'offre comme un terrain propice à l'horlogerie qui, au XVIIIe siècle, connaîtra un départ fulgurant.

Sandoz n'est pas un pauvre petit paysan. Au sein de sa communauté, sa position sociale s'exprime dans deux sphères distinctes : d'une part, il siège à l'Assemblée des communiers, la caste des hommes qui gèrent le village, et, d'autre part, il est ancien d'église et appartient à ce titre au Consistoire, le cercle très fermé de ceux dont l'honorabilité leur confère le pouvoir d'être « les yeux et les oreilles du pasteur ».

Les 652 pages de son journal se présentent sous la forme d'un gros volume composé d'une dizaine de cahiers d'épaisseur inégale. Chaque page mesure environ 20 centimètres de largeur sur presque 40 de hauteur. Le manuscrit est de confection artisanale, probablement réalisé par l'auteur lui-même. Sandoz signale qu'il achète régulièrement des feuilles de papier et du fil. Il prépare lui-même son encre dont il dévoile la recette dans son journal[3]. A l'époque moderne, le manuscrit a été relié et protégé par une couverture de carton. Certaines pages ont été consolidées et toutes ont été numérotées, recto-verso, au crayon de papier. Cette pagination moderne facilite les repérages que l'on peut faire aujourd'hui mais l'auteur ne l'avait pas jugée nécessaire : il se repérait sans doute par les dates clairement annotées chaque jour.

La structure du manuscrit témoigne d'un système rédactionnel complexe. En effet, il est divisé en deux parties bien distinctes : il s'ouvre d'abord sur ce que l'auteur appelle « la Table », sorte de catalogue alphabétique de 52 pages, et se poursuit par le journal proprement dit.

Cette Table dépasse la simple idée de sommaire. Elle est un vrai registre : Sandoz en a découpé le haut des pages pour laisser apparaître les lettres de l'alphabet. Il nous manque les sections A et B ainsi que les premiers feuillets de la lettre C ; restent néanmoins quinze sections[4]. Ce système permet à Sandoz d'inventorier, de manière synthétique et par ordre alphabétique, toutes sortes de sujets, le plus souvent présentés sous forme de listes, rapidement consultables. On recense 77 sujets au total qui touchent un ensemble de thèmes très vaste. A titre d'exemples, on trouvera sous la lettre C des Copies de lettres, sous la lettre J, les Jours de lessives, sous la lettre E, la liste des Enterrements, sous la

3 JDS, 19 novembre 1774 : « Mercredi dernie jai fait Encre donc en voici que jécrit Jai pilés grossierment les 2 oces de Gale je les ait mis dant la Boutile de lencre. Avec ¼ de pot d'Eau et la couperose et la Gome tout ensemble sur le fourneaux po[ur]. La jouir ce soir ». La galle est une substance végétale, notamment utilisée pour les teintures ; la couperose est une sorte de vitriol, et la gomme doit être ici utilisée comme liant.

4 Il manque les sections A et B ainsi que les premiers feuillets de la lettre C. Ne reste que les sections E, F, H, J, L, M, N, O, P, Q, R, S et la section de lettres T à V regroupées.

lettre P les « Procets », et sous la lettre T le nombre de Taupes que l'auteur a attrapé dans ses champs ou encore les « Textes de sermons » lus à l'église.

La plupart de ces listes, et notamment celles qui relèvent du domaine agricole, couvrent les dix années correspondantes du journal. Il en va ainsi des « Grains semés », des « Grains récoltés », de la « Nourriture de notre ménage », etc. On peut en déduire qu'au début de chaque décennie, l'auteur confectionnait une Table qui constituait un précieux complément à son journal. Les informations, agrémentées de chiffres et disposées en colonnes, lui permettaient d'apprécier rapidement tel ou tel aspect de son travail.

Mais l'auteur va plus loin. Nombre de ses listes dépassent le strict cadre de la décennie. Il en va ainsi du « Paiement annuel de la dîme ecclésiastique » qui commence en 1760 et se termine, de façon incomplète, en 1792[5]. Idem pour une liste intitulée « Répétitions de quelques Rémarque du Tome 4. Page 90 », liste qui est sans conteste la plus intéressante[6]. Elle offre trois éléments d'analyse qui permettent d'en savoir plus sur le manuscrit. Tout d'abord, son titre, évocateur, fait référence soit à un plus ancien tome du journal, tome dûment paginé, soit à une autre « Table ». Ceci confirmerait l'hypothèse que Sandoz tenait un journal fractionné par décennie, complété à chaque fois d'un catalogue alphabétique dans lequel il reportait certaines informations. Ensuite, la liste débute en 1737. Or, en 1737, Daniel Sandoz n'avait que dix ans. On admettra qu'il était trop jeune pour collecter des chiffres qui concernent la surface du domaine, mesurée en poses, perches et pieds, en regard de la production annuelle des céréales. Qui donc, en 1737, a bien pu mettre par écrit ces indications sinon le père ou un autre membre de la famille Sandoz ?

Enfin, dernier élément, le numéro de référence de cet ancien tome, en l'occurrence le numéro 4, donne une meilleure idée de l'origine et de l'étendue du journal. Il est à mettre en parallèle avec une petite annotation, toujours située dans la Table au haut de la page 13, où Daniel Sandoz précise qu'il a sous les yeux la « Table du Tome 8te ». Selon cette numérotation, le journal aurait débuté en l'an 1700. La décennie 1730-39 en constitue bel et bien le quatrième tome, et la décennie 1770-79 le huitième volume, comme l'auteur nous l'indique, le seul qui nous soit parvenu.

Si on peut supposer que le journal a débuté avec le siècle, on peut penser qu'il s'est terminé avec lui. La plus récente annotation du manuscrit indique 1804, le 18 janvier : elle se trouve dans la Table, sous la lettre E dans la rubrique Encre : l'auteur note précisément qu'à cette date il achète encore de l'encre. Or, 1804 est l'année du décès de Daniel Sandoz : il meurt en février.

5 JDS, p. 13.
6 JDS, p. 41.

Ces premiers éléments d'analyse montrent que nous avons clairement affaire à un manuscrit amputé pour une grosse part. Ils laissent aussi apparaître un journal de famille, probablement tenu d'abord par le père et repris ensuite par le fils. Il s'agit d'une « œuvre » qui a sans doute couvert un siècle entier.

Avant de passer à l'analyse du journal proprement dit, il convient de s'attarder encore un peu sur cette fameuse Table pour parler maintenant de l'organisation spatiale du texte, précisément de l'espace disponible des pages et des trucs qu'utilise l'auteur pour s'y retrouver.

En apparence, le découpage offert par les lettres de l'alphabet et la disposition en colonnes des rubriques devraient favoriser la clarté du registre. En apparence seulement, car, à l'intérieur des pages, tout se passe autrement. Pour sa Table, Sandoz a prévu 52 pages. Pour chaque lettre, il a réservé entre une et quatre feuilles de papier. L'auteur est contraint de répartir ses informations selon cet espace limité et défini au départ. Or, on remarque d'emblée qu'il n'a pas toujours su estimer la place nécessaire. Il en résulte des rubriques sous-utilisées, qui laissent apparaître des espaces vides. D'autres, par contre, sont surchargées et dans ce cas, Sandoz s'arrange comme il peut : il rapetisse son écriture, encadre ses textes pour mieux les différencier des autres. Interviennent alors des marges, des pointillés, des lignes horizontales. Mieux : quand il se trouve décidément trop à l'étroit, l'auteur passe allègrement d'une page à l'autre, en s'aventurant au besoin dans une section différente. Il n'hésite pas à « remonter » l'alphabet. Il en va ainsi de ses interminables « Textes de sermons » dont on retrouve des paragraphes un peu partout dans son registre.

En clair : Sandoz jongle avec les pages, en avant, en arrière. D'apparence clairement ordonnée, sa Table prend des allures de labyrinthe. Paradoxalement, une page est restée totalement vierge. C'est alors que la présentation alphabétique qui rassure le lecteur débutant a tôt fait de le désorienter. Mais Sandoz semble en être conscient. Il nous aide, il nous guide en fournissant de précieuses indications à la fin de ses colonnes de texte. Elles se présentent ainsi : « tourné le feuillet il y à la suite aux ba dela 3ᵉ page du moulin »[7] ; ou encore : « Tourné 2 feuillet vous véré ceux de 1770 et ceux de 1771 »[8].

Ces annotations méritent une attention particulière. On s'étonne à quel point elles nous sont directement adressées. On peut d'ailleurs se demander à qui, au juste, elles sont destinées. A l'auteur lui-même ? Aux membres de sa famille appelés à consulter ce registre ? Et surtout, Daniel Sandoz a-t-il conscience de ses lecteurs potentiels ? On peut l'imaginer sachant que, dans le journal, on retrouve des indications semblables qui, cette fois-ci, renvoient au

7 JDS, p. 28.
8 JDS, p. 50.

registre alphabétique sur le mode : « Voyé Table M ». Les deux parties du document se correspondent et se complètent. Si un tiers est appelé à les consulter, l'auteur lui offre une sorte de mode d'emploi.

Reste à préciser, avant de passer à l'analyse du journal proprement dit, qu'ainsi conçue, la Table du Journal de Daniel Sandoz est unique en son genre. A notre connaissance, dans la série des journaux de raison neuchâtelois, on n'en connaît pas d'autre exemple. Seul le Journal de Jacques Sandoz[9] présente, à la fin du manuscrit, une « Table des principales Matière contenües dans ces Journeaux, par ordre alphabétique ». Mais cette table fonctionne comme un index, au sens propre, du texte : les mots sont suivis de chiffres qui font référence aux pages du manuscrit. Cet index ne constitue pas, à la différence du manuscrit de Daniel Sandoz, un réservoir d'informations supplémentaires par rapport au texte du journal proprement dit.

Venons-en maintenant à ce journal.

A l'instar de la Table, le journal est construit selon un schéma qui révèle une organisation rédactionnelle précise. En l'occurrence, l'année se divise toujours en quatre parties : 1) une première page est réservée à la copie, sous forme de listes, des annonces de mariages publiées à La Chaux-de-Fonds. 2) Une page est ensuite réservée à la description dite « générale » de l'année. Sa rédaction s'effectue évidemment une fois l'année écoulée. Sandoz progresse selon les mois dans un compte rendu qui se concentre sur les événements agricoles et météorologiques. 3) Viennent ensuite cinq à six pages réservées à la comptabilité du domaine et du ménage. Inutile, ici, d'insister sur ces pages couvertes de chiffres sinon pour dire que l'auteur se veut, là encore, systématique : en feuilletant sa comptabilité, on trouve toujours sur la page de gauche la liste des « Ventes ou Argens reçu » et sur celle de droite la liste des « Achas ou Argens délivré ». A chaque fois, l'auteur précise le nom du vendeur ou de l'acheteur, le prix de l'article et parfois même le prix à l'unité. 4) Commence ensuite la rédaction du journal. Sandoz consigne tous les jours le détail de ses activités. Fidèle à lui-même, il procède de manière méthodique. Sa feuille est divisée en trois colonnes d'une largeur inégale. Dans la petite colonne de gauche, il note le jour, la date ainsi qu'une indication sur la météorologie du jour. Dans la colonne centrale, large d'environ seize centimètres, il place le texte de son compte rendu, texte qui s'étend sur six à sept lignes en moyenne. Enfin, la marge de droite délimite une toute petite colonne que l'auteur utilise pour griffonner quelques abréviations

9 Le Journal de Jacques Sandoz (1693-1712) est conservé à la Bibliothèque de la ville du Locle. Il ne s'agit pas d'un original mais d'une copie exécutée dans les années 1736-37 par un secrétaire de Jacques Sandoz, un certain J. Robert. Sur ce journal, voir : Fritz Jung, *Le Journal de Jacques Sandoz, perruquier-notaire, 1693-1712*, Nouveaux cahiers, La Chaux-de-Fonds, 1942.

obscures et franchement énigmatiques si l'on ne sait pas qu'elles ont trait aux nombres d'œufs que pondent les poules de la ferme ! Le compte rendu de chaque jour est séparé du suivant par une ligne horizontale.

Les quatre parties décrites ci-dessus constituent la trame, l'ossature du journal. Cette structure ne doit pas surprendre. On n'en trouve des exemples tout à fait comparables en feuilletant d'autres journaux de raison neuchâtelois[10]. En fait, ces textes rédigés par des agriculteurs ne sont jamais jetés librement sur le papier comme le ferait le poète romantique. Ils sont cadrés, séparés, structurés par des marges, des lignes horizontales. Dans leurs contenus se répètent également des indications telles que la date, la météo du jour, le compte rendu quotidien ou mensuel. Cependant, la structure rédactionnelle du Journal de Daniel Sandoz se distingue par une rigueur pour ainsi dire jamais prise en défaut : celle-ci s'offre d'ailleurs comme la signature du manuscrit, un manuscrit reconnaissable au premier coup d'œil. On ne peut d'ailleurs s'empêcher d'y voir, en filigrane, un trait de caractère de l'auteur : un personnage maniaque du détail, maniaque des chiffres, maniaque de l'organisation. Nous y reviendrons.

Venons-en maintenant à l'écriture. Pour ce qu'il nous en reste, le manuscrit est d'une seule main, celle de Daniel Sandoz. Son écriture est cursive, petite et régulière. Il écrit d'un trait, sans brouillon préalable. On relève dans l'ensemble peu de ratures et parfois seulement quelques taches d'encre.

La calligraphie de l'auteur présente quelquefois des difficultés de lecture, surtout dans les annotations rajoutées. Mais, avec l'habitude et une fois les abréviations récurrentes déchiffrées, le texte est facilement lisible. Les abréviations se concentrent d'ailleurs sur les noms propres, les unités de monnaies, de poids et de mesures. L'orthographe n'est pas fixée : l'auteur procède, semble-t-il, le plus souvent de manière phonétique : pour le vocable temps, par exemple, on trouve les variantes « temps », « temp » ou simplement « tem ». Il fait un usage exagéré des majuscules, plutôt désordonné des accentuations et de la ponctuation, et très limité des apostrophes (« J'ai » s'écrit systématiquement en un mot).

10 On se référera aux documents suivants : le Journal de Jacques Sandoz (cf. note 9) ; le Journal d'Abram Louis Ducommun dit Tinnon (1727, 1728, 1743, 1738-1740, non paginé), conservé à la bibliothèque de la ville de La Chaux-de-Fonds comme le Journal de remarques de David Pétremand (1770-1812 et 1812-1815, non paginé, photocopies du manuscrit) et le Journal d'Abram-Louis Sandoz (1737-1759) ; enfin, le Journal d'Abram Mauley (1772-1778, photocopies du manuscrits) conservé à la Bibliothèque publique et universitaire de la ville de Neuchâtel. On peut encore citer d'autres journaux neuchâtelois étudiés par l'historien Jean-Pierre Jelmini : « Le livre de raison de Frédéric-Louis Landry graveur », in : *Musée Neuchâtelois,* 1983, pp. 171-188; « En vaique iouque ne se veu pas enverna, Extraits du Journal d'Abram Maret de Gorgier », in : *Musée Neuchâtelois,* 1976, pp. 135-142.

L'auteur maîtrise mal la syntaxe et la concordance des temps, notamment quand il s'écarte de la description simple de ses activités agricoles et qu'il s'aventure dans de longs récits. L'un dans l'autre, il faut imaginer que Sandoz écrit comme il parle. Et il parle évidemment mieux de ce qu'il connaît parfaitement : l'agriculture et l'élevage du bétail. Dans ce domaine, le texte regorge d'ailleurs de termes d'ancien patois neuchâtelois, termes qui nuancent et précisent les choses à l'extrême.

Cela étant, Sandoz témoigne d'un excellent niveau d'écriture, niveau qui n'a rien d'exceptionnel puisqu'on le retrouve dans les autres journaux neuchâtelois. A ce titre, la grande étiquette du « protestantisme » n'explique sans doute pas tout. Il n'empêche que nous sommes dans une région où le catéchisme est un passage obligé pour les adolescents. On y apprend, certes, surtout à lire mais cette « école » joue certainement son rôle dans l'initiation à l'écriture par le biais de l'éducation religieuse. D'ailleurs, Daniel Sandoz semble suivre de près l'apprentissage de ses enfants. Deux remarques dans le journal y font allusion, éléments trop rares pour ne pas être relevés. Alors que son fils est âgé de 17 ans, le père note à son propos, peut-être avec fierté du moins avec satisfaction, que le pasteur « la fait lire 7 vers[et] du Ch[apitre] 8 des proverbes »[11]. Et, plus tôt dans le temps, l'auteur fait cette fois-ci allusion au progrès dans l'acquisition du langage de ce même fils, âgé de trois ans. Il précise qu'il « prononce l'ère [le R] avent quil sache conoitre les Lettres de l'alfabéte & même avent quil sache prononcer le qû [le Q] »[12].

Ecrire est donc un acquis. On se gardera toutefois de parler de grande prose, subtile et élaborée. Le niveau d'écriture de Sandoz se limite à raconter le menu de ses journées. Son texte accumule les faits, de façon banale, répétitive sur le modèle : aujourd'hui, j'ai labouré tel champ, ma femme Marie-Jeanne a « travaillé aux dantèles », le fils David a fait du bois, etc. Dès qu'il s'écarte de ces descriptions simples, le récit devient confus, mal maîtrisé, parfois même incompréhensible. En fait, il s'agit plus de décrire que d'écrire au sens créatif du terme.

Cette tendance se retrouve évidemment chez les auteurs de journaux neuchâtelois. On a affaire à des chroniques rurales, paysannes, banalement descriptives, exemptes de toutes réflexions, de tout sentiment. C'est une caractéristique profonde de ces écrits. C'est ainsi que, bien que Sandoz écrive à la première personne, jamais il ne livre une appréciation personnelle du type : « je pense que... ».

11 JDS, 15 novembre 1775.

12 JDS, 31 juillet 1761, page isolée du Journal de Daniel Sandoz, retrouvée par hasard et malencontreusement annexée et reliée avec les feuillets d'un autre manuscrit, le Journal de Jacques Sandoz (cf. note 9).

Il se borne à raconter ce qu'il fait, ce que font les autres, sa famille, ses proches, ses voisins. Il raconte ce qu'il a vu et entendu, aux cultes, au village, chez un voisin, aux foires de bétail, etc. Jamais il n'en tire ni conclusion particulière, ni commentaire ni critique. Le phénomène est révélateur à propos de ses lectures. Sandoz signale qu'il emprunte plusieurs ouvrages, dont deux livres sur la religion. Impossible de savoir ce qu'il en a retenu : pas un mot dans son journal si ce n'est le titre des ouvrages. Sur le principe, bien qu'il en relate des éléments dans son journal, il en va en fait de même avec les gazettes qu'il lit chaque semaine au sein d'une société[13]. Sandoz n'en retient que des chiffres dans son manuscrit ce qui, à nouveau, trahit son obsession de la précision : il relève systématiquement les informations sur le nombre des naissances, des morts, des mariages, des baptêmes dans des villes européennes telles que Stockholm, Paris, Copenhague, Amsterdam ou Londres. Ce qui le passionne, c'est de savoir si le nombre des mariages varie, si le nombre des morts excède celui des naissances pendant l'année, et de combien exactement après avoir procédé à des calculs…

A quoi peut servir un tel journal ? Le manuscrit de Sandoz est clairement le support nécessaire et utile à la gestion d'une exploitation agricole. Ce constat fonde d'ailleurs la première motivation de l'auteur. Toute la partie comptable y concourt. Dans une économie qui ne connaît rien du vaste monde de la paperasserie et du récépissé automatique, on note soi-même, dans son cahier qui, relié avec d'autres, formera un jour peut-être un journal. On note qu'on a acheté telle bête à ce prix et qu'on a revendu plus cher. L'habitude semble assez répandue. Par deux fois Sandoz signale qu'un de ses acheteurs a consigné la transaction « sur son carnet », et qu'un autre a noté « avec un créyon noire »[14].

Reste que, dans le Journal de Daniel Sandoz comme dans d'autres, bon nombre d'annotations dépassent largement le cadre de la gestion du domaine agricole. Chez notre auteur, il y a certes un réel souci du détail qui confine parfois à l'absurde. Sandoz est un homme qui, lorsqu'il achète un sac de noix, ne peut apparemment pas s'empêcher de les compter alors qu'il y en a plus de mille six cents ! Il détaille les versets des textes bibliques prêchés au temple, parfois à la ligne près, il recense les taupes que la chatte attrape et, chaque année, il mesure la taille exacte de ses trois enfants au demi-pouce près, en tenant compte de l'épaisseur de la semelle des souliers qu'ils portent !

13 En date du 3 février 1770, à 43 ans, Daniel Sandoz note : « Jai mi camerade dune sossiété de gazette qui ce lira tous les samedis soir ». L'habitude de lire les gazettes est courante chez les paysans de la région. On la retrouve clairement indiquée chez plusieurs auteurs de journaux. Voir notamment Jacqueline Lozeron, « Le livre de Théodore Vuille et sa famille », in : *Musée Neuchâtelois,* 1940, p. 126. Ou G. Evard, « Un coup d'œil sur Le Locle. D'après le journal de Jacob Ducommun (1755-1788) », in : *Musée Neuchâtelois,* 1919, p. 72.

14 JDS, 18 juin 1777 et JDS, 7 juillet 1776.

Il n'empêche. Quand bien même tout cela, pourquoi prendre la plume ? Pourquoi raconter son quotidien ? Pourquoi et pour qui ?

A ces questions, il n'y a pas de véritable réponse mais des pistes, seulement. Dans le cas qui nous occupe, on peut penser que l'auteur ne fait que suivre une tradition — tenir son journal —, tradition somme toute assez répandue dans les Montagnes neuchâteloises. On peut imaginer aussi l'habitude de constituer des dossiers, sorte d'archives, retraçant la vie de la communauté, ses propres préoccupations, ses affaires familiales, sa propre vie. Dans cette manière de prendre la plume, on pourrait aussi y voir une envie ou un besoin de laisser une trace concrète de son passage sur Terre. Dans cette optique, pourquoi ne pas imaginer que Sandoz ait ressenti la volonté de laisser quelque chose pour la postérité ? L'exemple du Journal de Jacques Sandoz qui, peu avant sa mort, prend soin de faire recopier son journal par son secrétaire, est une démarche qui paraît procéder de cette logique.

On peut enfin émettre une hypothèse sous forme d'interrogation : et si l'auteur utilisait son manuscrit comme un moyen de rendre compte de sa vie à son Dieu ? Rendre compte d'une vie honnête, sans faille au labeur ? Dans ce cas, le journal serait une façon de montrer qu'on a bien travaillé, qu'on s'est rendu utile. Il serait en fait une sorte de sincère confession vis-à-vis d'un Dieu que le protestant sait omniprésent.

Pour soutenir cette hypothèse, point de preuves mais des indices. Des indices qui ont trait à deux principes récurrents dans le journal : la manière systématique qu'a l'auteur de relater les événements sur la longue durée, et ses silences et ses lacunes. La démonstration ne saurait, ici, être exhaustive.

L'emploi d'une journée est toujours consigné de façon chronologique. L'heure d'un événement est souvent précisée, ou alors reviennent les formules « avant-midi », « après-midi », « au soir ». A une reprise, l'auteur signale même qu'il s'est trompé dans l'ordonnance des annotations d'un jour. Il écrit : « Jai oublié de métre cette article le 1er »[15]. La relation quotidienne et chronologique révèle donc une trame que l'auteur se donne pour obligation de suivre. Sa journée est bien remplie ; pas de place, là-dedans, pour l'oisiveté, le farniente.

Et quand Sandoz faillit à son écriture au quotidien, il ne le dit pas. L'observation du trait de plume et des dégradés de l'encre révèle pourtant que, parfois, l'auteur rattrape un ou plusieurs jours d'écriture, voire une semaine. Dans ce cas, son texte le trahit : en date du 4 janvier 1774, il écrit par exemple : « les chéres femes et filles et Belle sœur Mad[eleine] on trav[aillé] aux Dantèle cette semaine ». Il est bien noté « cette semaine » et non « aujourd'hui » comme le

15 JDS, 26 avril 1774.

voudrait sa chronique. Sandoz triche, il n'écrit pas tous les jours comme le laisse croire la structure de son journal, mais celle-ci est prépondérante.

Au chapitre des silences, il en est d'importants. Les réunions du Consistoire auquel appartient Sandoz, ont pour particularité de se tenir à huis clos. Dès lors, pas un mot ou presque dans le journal, comme si l'auteur tenait à respecter le principe du secret. Il ne dévoile qu'en quelques petites phrases l'histoire d'une jeune fille enceinte d'un enfant illégitime. Et s'il en parle, c'est sans doute parce qu'il connaît les protagonistes de l'affaire, ladite jeune femme étant la fille d'un proche voisin. Réflexe semblable pour une histoire de « sorcellerie » qui concerne un cousin et que le pasteur dément d'ailleurs, convaincu qu'il s'agit d'actes de gens tout simplement malveillants. Dans le même ordre d'idées, Sandoz utilise un code à numéros pour évoquer les cycles menstruels de sa femme[16]. L'auteur ne saurait en parler autrement qu'en écrivant « J[eanne]-M[arie] à ces 6.10.5.19.16. » ; en se rapportant aux lettres de l'alphabet de la Table, on découvre le mots « fleurs », terme dont l'utilisation est courante dans ce sens[17]. Il est à noter qu'un exemple similaire de code se trouve dans le Journal de Jacques Sandoz : en date du 27 avril 1706, l'auteur note : « J'ai été encore tourmenté de songes de d31b12s. Les songes sont accomplis dans dix jours ». Il lui est impossible d'écrire en toutes lettres le mot diable si bien qu'il choisit la formule du code chiffré dont il donne les clés de compréhension à la fin de son journal.

Enfin, et sur un plan plus général, les annotations concernant les activités agricoles et pastorales prédominent nettement. Le journal — on l'a déjà dit — pourrait se résumer à une chronique rurale. Or, le reste, tout le reste et notamment le développement de l'horlogerie, est primordial. Mais, suivant en cela le discours dominant de l'église, l'agriculture, dans l'esprit de Daniel Sandoz, reste la plus noble des activités qui soit. Cependant, l'agriculture peine à dégager des profits intéressants, surtout à une altitude de mille mètres. Dès lors, dans une contrée qui, au XVIIIe siècle, ne connaît aucune entrave au commerce, contrairement à Genève, la paysannerie va consolider ses revenus en lorgnant sur l'horlogerie. L'auteur en parle, certes, mais quantitativement jamais autant que du travail aux champs. A la sortie d'un culte dominical, il ne manque pas de relever une injonction importante des pasteurs : « nos ministres, écrit-il, nous ont Exhorté sur le relâchement de la Religion, et de nos franchise, et de la patrie et sur la culture de nos terre »[18].

16 A propos des menstruations de la femme de Sandoz, on trouve cinq annotations dans le JDS : 23 mars 1770 ; 21 avril 1770 ; 18 octobre 1770 ; 22 septembre 1770 ; 9 juin 1771. Une annotation concerne la fille de l'auteur, Marie-Charlotte, alors qu'elle a 13 ans : JDS, 26 mars 1770.

17 Le déchiffrage du code nous a été suggéré par l'historien neuchâtelois Jean-Pierre Jelmini.

18 JDS, 9 septembre 1773.

Si Sandoz, par ailleurs fidèle ancien d'église, se montre d'une assiduité remarquable au culte, cela n'est plus le fait de tous. Le siècle des Lumières transforme les esprits. Il métamorphose aussi les structures d'une société, en dépit d'une église qui continue d'ériger le travail de la terre en valeur essentielle. Sandoz y est sensible. Paysan, il le restera toute sa vie mais dès que la possibilité s'offre à lui, il investit dans un premier apprentissage d'horloger pour son fils cadet, puis un deuxième en vue d'un travail plus spécialisé. A la fin du journal, l'engagement d'un horloger par la famille fera apparaître dans la ferme un véritable petit atelier d'horlogerie, comme il en fleurira des centaines dans cette région de Suisse. Chez Sandoz, on l'installera dans une pièce de choix, le poêle, la seule chambre de la maison qui soit chauffée. Le filon en vaudra la peine, même si les chiffres, en terme de purs bénéfices, sont difficiles à interpréter.

L'introduction de l'horlogerie dans l'exploitation agricole est une nouveauté capitale : elle apparaît dans les pages comptables du journal et se résume à la portion congrue dans le récit quotidien... alors que la naissance d'un petit veau, chose courante, donne lieu à de minutieuses descriptions. On n'en connaît la couleur du poil et le signe astrologique. Le seul souci du détail n'explique pas une telle disproportion.

Enfin, si nous émettons l'hypothèse qu'un homme puisse tenir son journal dans l'idée de rendre compte de sa vie à son Dieu, c'est qu'il existe parmi les journaux neuchâtelois un auteur qui en a expressément parlé dans ce sens. Il s'agit d'Abram-Louis Sandoz, de La Chaux-de-Fonds lui aussi. Dans le liminaire de ce qu'il considère être sa biographie, il explique à son lecteur les motivations qui ont présidé à la rédaction de son journal. Il expose ce qui suit : « (...) je necrit pas pour plaire, mais pour instruire, tant les autre que moi même, puis que comme je vien de le dire, chacun doit faire la revüe de sa vie & conduite, Ce n'est pourtant pas non plus comme quelques un pourroient le croire, la passion que j'ayë pour la plume qui me guide depuis lannée 1737 que je tien Journal. Mais je l'ay fait pour soulager ma Mémoire & pour l'utilité de plusieurs a qui par lui j'ay rendu de grand service. (...) Au reste comme dans tout le Cour de ma vie, jay receu des Graces signaléë de Dieu, il est juste que je les publië, & que je reconnaisse en la presence & au vu & au su de ma famile, mes Deffauts & Manquement qui ne sont que trop grand, & par la on voira combien cet Etre Supreme est bon envers les pauvres humains & particulierement envers moi (...) »[19].

Avec son journal, Abram-Louis Sandoz estime avoir pu se rendre utile à d'autres que lui. Mais il élargit le concept pour en venir à son Dieu. Il en a reçu, dit-il, des grâces et il est juste qu'il les publie. Juste comme une justification.

19 Voir note 10.

JEAN HÉBRARD

Alphabétisation et accès aux pratiques de la culture écrite d'une famille languedocienne entre XVIIIe et XIXe siècle

Étude de cas

On sait combien, aux XVIIIe et XIXe siècles, l'alphabétisation est diversement partagée dans la France méridionale et, plus particulièrement, dans l'avant-pays cévenol qui sera ici l'objet de notre attention [1]. Les oppositions entre pays pauvre et pays riche, entre plaine et montagne, entre pays catholique et pays protestant ont déjà été étudiées [2]. Les comptages de signatures, les analyses des déclarations des conscrits ou des recensements donnent une idée générale de la situation. Ils constatent les avancées. En corrélant ces mouvements avec les évolutions d'autres phénomènes culturels — la pratique religieuse, la scolarisation, la diffusion de l'imprimé — les chercheurs sont parvenus à proposer des modèles pour rendre compte du passage de la dominance de la culture orale à la dominance de la culture écrite. Ils ont en particulier mis l'accent sur ces périodes intermédiaires où l'alphabétisation n'est pas encore généralisée et où, cependant,

1 L'étude monographique d'une alphabétisation familiale que nous proposons ici concerne les régions marquées par le protestantisme de la partie des Cévennes qui est rattachée au département du Gard pendant la Révolution. Elles s'étendent des contreforts méridionaux du Massif central à la plaine de la Vaunage située à l'ouest de Nîmes.

2 Pour les périodes les plus anciennes (XVIe-XVIIe siècle), voir Emmanuel Le Roy Ladurie, *Les Paysans de Languedoc*, Paris, SEVPEN, 1966 (ou, en version abrégée, *Paysans du Languedoc*, Paris, Flammarion, 1969) ; pour les XVIIe et XVIIIe siècles, voir Marie-Madeleine Compère, « École et alphabétisation en Languedoc aux XVIIe et XVIIIe siècles », François Furet / Jacques Ozouf, *Lire et Écrire. L'Alphabétisation des français de Calvin à Jules Ferry*, Paris, Éditions de Minuit, 1977, tome 2, pp. 43-99. Pour le XIXe siècle, on peut s'appuyer sur l'Enquête Maggiolo : Ministère de l'Instruction publique, *Statistique rétrospective. État récapitulatif et comparatif indiquant, par département, le nombre des conjoints qui ont signé l'acte de leur mariage...*, Paris, s. d. ainsi que sur la *Statistique générale de la France*.

l'écrit (religieux, administratif, et même littéraire) est suffisamment présent dans la vie quotidienne pour imprimer sa marque sur chacun, même sur l'illettré[3].

Ces recherches dressent des constats, elles n'indiquent pourtant pas comment un groupe social, un groupe professionnel, une lignée, entrent un jour en culture écrite, comment des hommes et des femmes joignent aux traditions orales de leur communauté d'appartenance des savoirs et des savoir-faire — venus d'autres communautés, d'autres cultures — qui leur permettent d'accéder à l'écrit et d'en tirer profit économique, social, intellectuel, moral ou politique.

Entrer dans la réalité de ce phénomène complexe implique que l'on se donne d'autres moyens que ceux qui sont utilisés par les historiens de l'alphabétisation travaillant à l'échelle d'une nation ou d'une région. Il faut, en effet, que l'on ait accès à la diversité des modes d'acculturation des groupes sociaux ou des communautés, au moment où ils basculent de manière durable dans la culture écrite. L'histoire de la lecture, qui s'est beaucoup développée ces dernières années, a permis d'élaborer des méthodes d'approche plus fines, plus ethnographiques[4]. Toutefois, elles concernent plus les lecteurs confirmés dans leurs pratiques que ceux qui sont en train d'accéder à l'alphabétisation.

Pour les périodes les plus récentes, au carrefour de la sociologie et de l'histoire, l'enquête orale[5] reste le moyen le plus adéquat pour pénétrer au cœur du processus à l'œuvre dans cette transformation profonde des manières de vivre, de penser et de sentir qu'est une entrée en culture écrite[6]. Toutefois faut-il encore que les témoins aient connu les périodes de mutation qui ont conduit leur communauté d'appartenance à cette révolution de leurs pratiques culturelles et sociales. C'est dans ce que les historiens de l'alphabétisation appellent la « France du retard », c'est à dire dans la France du Sud et de l'Ouest, que se produisent, à la veille de la Grande Guerre, ces ultimes transformations qui désenclavent définitivement le monde des terroirs[7] et font entrer notre pays dans la modernité culturelle.

3 Voir, en particulier, Furet / Ozouf (cf. note 2), et Jack Goody, *The Domestication of the Savage Mind*, Cambridge University Press, 1977, tr. fr., *La Raison graphique*, Paris, Éditions de Minuit, 1979.

4 Pour une synthèse sur cette question : *Histoires de la lecture. Un bilan des recherches*, sous la dir. de Roger Chartier, Paris, IMEC Éditions et Éditions de la Maison des sciences de l'homme, 1995.

5 Philippe Joutard, *Ces Voix qui nous viennent du passé*, Paris, Hachette, 1983.

6 Voir, dans ce domaine, l'ouvrage pionnier d'Anne-Marie Thiesse, *Le Roman du Quotidien. Lecteurs et lectures populaires à la Belle Époque*, Paris, Le Chemin vert, 1984. En sociologie, Bernard Lahire a exploré ce type d'approche d'une manière particulièrement suggestive (voir, par exemple, *Tableaux de famille*, Paris, Gallimard, Le Seuil, 1995).

7 Eugen Weber, *Peasants into Frenchmen : The Modernization of the Rural France, 1870-1914*, Stanford (Ca.), Stanford University Press, 1976, tr. fr., *La Fin des terroirs. La modernisation de la France rurale (1870-1914)*, Paris, Fayard et Éditions Recherches, 1983.

L'avant-pays cévenol et la plaine de la Vaunage sont, à cet égard, des lieux privilégiés puisqu'ils conservent jusqu'au XIXe siècle un comportement très contrasté à l'égard de la culture écrite : grand retard d'alphabétisation des populations de journaliers du vignoble qui appartiennent à la France immobile, avance des petits notables, des artisans et des commerçants des villes et des bourgades qui, dès la fin du XVIIIe siècle, se sont installés définitivement dans l'écrit (pour les hommes au moins). Les ouvriers agricoles (journaliers, domestiques et même *baïles*[8]) de la Vaunage sont donc devenus de « nouveaux lecteurs »[9] dans le courant du XIXe siècle et plutôt à la fin qu'au début de celui-ci.

J'ai pu, entre 1975 et 1985, rencontrer un certain nombre de personnes originaires de la Vaunage, issues de ce petit peuple de la viticulture gardoise, et toutes nées avant le siècle. Je les ai longuement interrogées, en allant d'une famille à l'autre, sur leur enfance et leurs premiers contacts avec l'école, avec le livre, avec la presse. J'ai aussi essayé de faire remonter à leur mémoire les comportements de leurs parents et grands-parents. J'ai voulu comprendre comment, dans un monde qui était en train de basculer définitivement vers la culture écrite, ils avaient pu se donner les instruments intellectuels qui en avaient fait des hommes du XXe siècle, comment, à l'inverse, ils voyaient, avec leurs yeux d'enfants, leurs parents ou grands-parents plus âgés qui appartenaient, eux, au XIXe siècle.

L'un d'entre eux, Moïse Albert Hébrard, mon grand oncle, s'est pris au jeu. Pour prolonger des entretiens qui se sont étalés sur plusieurs années (la mémoire demande un certain exercice avant de livrer les souvenirs les plus enfouis), il a pris l'habitude de répondre par écrit, souvent très longuement, aux questions que je lui posais ainsi qu'à celles qu'il se posait lui-même. À sa mort, en 1986, il a laissé à mon intention un grand nombre de « feuillets » — c'est ainsi qu'il dénommait les pages assemblées qui constituent un témoignage centré sur un thème donné — pour compléter encore mon information. C'est à partir de ces matériaux, longuement travaillés et retravaillés par la mémoire et l'écriture d'un homme profondément marqué par sa jeunesse vaunageole[10], que je tente

8 Le *baïle* est un salarié qui dirige une exploitation appartenant à un propriétaire qui est souvent non résident. Il bénéficie en complément de son salaire d'avantages en nature (produits de l'exploitation, prêt d'instruments et du cheval pour l'entretien des parcelles qui lui appartiennent en propre, etc.). Il a sous ses ordres un ou plusieurs ouvriers agricoles et, quelquefois, des « domestiques ».

9 Jean Hébrard, « Les nouveaux lecteurs », *Histoire de l'édition française*, sous la direction de Roger Chartier et Henri-Jean Martin, tome 3, *Le Temps des éditeurs*, Paris, Promodis, 1985, pp. 471-509.

10 Moïse H. quitte la Vaunage au moment de son appel sous les drapeaux, en 1916. C'est pendant sa période de formation à la caserne de Pont-Saint-Esprit qu'il rencontre celle qui deviendra sa femme à l'occasion d'une permission alors que son régiment est engagé à Verdun. Démobilisé,

ici de rendre compte, dans la singularité d'un témoignage, de l'entrée en écrit des enfants des milieux les plus populaires de la Vaunage entre le Second Empire et la Grande Guerre.

Une lignée de Cévenols à l'alphabétisation encore fragile (XVIIe-XIXe siècle)

Moïse H. est né dans une famille de « cultivateurs » de la Vaunage qui, comme beaucoup d'autres, n'est arrivée dans la plaine viticole que dans le courant du XIXe siècle. Son père, sa mère et ses grands-parents maternels savaient lire et écrire, son grand-père paternel aussi, mais pas sa grand-mère paternelle. Pour saisir l'entrée de la lignée paternelle dans l'écrit, il faut donc se retourner vers le « pays gavot »[11] — les Cévennes en l'occurrence — dont elle est issue. C'est en effet, au tournant de la décision d'émigration, au milieu du XIXe siècle, que la famille devient définitivement « signante »[12] et c'est dans ce déplacement des confins cévenols du Gard vers la Vaunage que se réalise un destin bien ordinaire, semblable à celui de bien d'autres « cultivateurs » descendus des Cévennes vers la plaine viticole au fur et à mesure que celle-ci devient un terroir particulièrement riche et productif et que s'épuise la traditionnelle économie cévenole de la laine[13].

Les registres d'état civil permettent de retrouver les ancêtres de Moïse à partir de la fin du XVIIe siècle. Tout au long du Grand Règne, ils sont à la fois

il s'installe dans le pays de son épouse où, grâce à son certificat d'études, il occupe des emplois de comptable d'abord à l'octroi, puis dans différentes petites entreprises. Son frère et sa sœur le rejoignent bientôt ainsi que, à leur retraite, ses parents. Dès les années 1930, toute la famille quitte donc la Vaunage. Profondément marqué par le jaurésisme, Moïse devient dans l'entre-deux-guerres un militant de la S.F.I.O. Mobilisé à nouveau au début de la seconde guerre, il parvient à regagner Pont-Saint-Esprit au moment de la défaite. À la Libération, il fait partie de la première équipe municipale (le Comité de Libération) mise en place par la Résistance. Par la suite, régulièrement élu, il effectue un mandat d'adjoint et deux mandats de maire à la tête de municipalités construites sur des alliances radicaux-socialistes-MRP. Avec la Cinquième République, ce sont d'autres alliances qui prévalent, il n'est plus en position de garder son mandat de premier magistrat mais participe, en qualité d'adjoint, à plusieurs municipalités. À la fin de sa vie, il se consacre essentiellement aux associations d'Anciens Combattants dont il a été longtemps le président local. Il meurt quelques années après son épouse le 26 février 1985 à 86 ans.

11 Moïse utilise ce terme français plutôt que ceux occitans de *gabach* ou de *raïol* plus souvent employés dans la plaine pour désigner les Cévenols. Sur cet emploi, voir Charles Camproux, « Raïol et Gabach », *Lou Païs*, novembre 1969.

12 « Signante » et non alphabétisée car, comme l'enquête le montre, il reste difficile d'établir une équivalence entre la capacité de signer et une alphabétisation dont les caractéristiques fonctionnelles pourraient être énumérées.

13 Le Roy Ladurie (cf. note 2).

cultivateurs[14] et artisans du textile comme beaucoup de leurs semblables : ils peignent ou cardent la laine lorsqu'ils ne tissent pas de la serge ou du cadis[15]. Ils ont certainement abjuré leur foi protestante au moment de la Révocation et mettront plusieurs générations avant de la reconquérir, du moins à en croire l'état civil catholique auquel ils sont astreints. Ce retour vers leurs origines religieuses semble aller de pair avec la conquête, modeste, de la terre. Ce sont les alliances matrimoniales qui sont ici décisives. Elles conduisent la lignée de Saint-Roman-de-Codières[16] à Soudorgues puis à Monoblet — dans les limites d'un territoire qui peut être parcouru en une journée de marche au plus — sans que la tentation d'une émigration plus lointaine s'impose, du moins jusqu'à la mi-XIXe siècle. Les femmes apportent en dot[17] un logis, presque toujours inclus dans le mas familial, quelques arpents de terre, leur trousseau, quelquefois quelques têtes de petit bétail (moutons ou chèvres) et, plus rarement, un peu de numéraire. Les hommes, surtout les puînés, n'ont souvent que leurs bras. Lorsque le partage du patrimoine se fait, dans ces familles d'artisans-cultivateurs, au décès des parents, il est bien trop égalitaire[18] pour que les maigres ressources accumulées, dont il a fallu déjà extraire la dot des filles, puissent, ainsi divisées entre tous les garçons, constituer une base de départ efficace pour la génération active. Il faut donc songer chaque fois à élargir les alliances. Dans ces familles pauvres, l'écriture pourtant présente dans chacune des paroisses majoritairement réformées, reste longtemps un luxe inaccessible.

14 A. D. Gard, 5 E 295/1, Registre paroissial catholique de Saint-Roman-de-Codières et A. C. Soudorgues (registres paroissiaux catholiques). Le terme de « cultivateur » ne désigne rien d'autre que le fait de travailler la terre (on dit d'ailleurs quelquefois « travailleur de terre »), soit — c'est le cas le plus fréquent — pour le compte d'autrui, soit sur une minuscule parcelle qui appartient en propre au cultivateur, soit sur les deux à la fois.

15 Aux dires de l'intendant Basville, cette occupation est bien peu lucrative : deux sols par jour pour une fileuse, cinq pour un cardeur, huit pour un tisserand (Lamoignon de Basville, *Mémoire pour servir à l'histoire du Languedoc*, Amsterdam, 1734), cité par Philippe Joutard, *Les Cévennes. De la montagne à l'homme*, Toulouse, Privat, 1979, p. 99 qui donne aussi une bonne synthèse sur l'économie cévenole de la laine.

16 Saint-Roman-de-Codières semble être l'un des berceaux du patronyme Hébrard (ou Ébrard), du moins pour les Cévennes. Le cartulaire de Maguelonne cite plusieurs familles installées au mas du Castanet-des-Perdutz, sur le territoire de la paroisse de Saint-Roman dès le XIIIe siècle (Abbé Rouquette, *Cartulaire de Maguelonne*, 5 vol.). D'après Y. Chassin du Guerny, « Généalogie des Ébrard », in : August Ebrard, *Voyage dans les Cévennes en l'an 1877*, Alès, Club Cévenol, 1985, pp. 87-96.

17 Voir, par exemple, le contrat de mariage d'Antoine Hébrard et de Jeanne Viala en 1783 (Minutes Isaac Cabanis, Lasalle, A. D. Gard, II E31 304, f. 148 sqq.)

18 Les régions cévenoles protestantes semblent en ce domaine contraster avec les régions catholiques du sud du Massif central (en particulier dans le Gévaudan) qui ont coutume de « faire l'aîné » (Élisabeth Claverie et Pierre Lamaison, *L'Impossible mariage. Violence et parenté en Gévaudan. XVIIe, XVIIIe et XIXe siècles*, Paris, Hachette, 1982).

Ainsi Jean H. qui s'est marié[19] en 1677 à Saint-Roman-de-Codières avec Suzanne Mourgues, quelques années à peine avant la Révocation de l'Édit de Nantes (1685) et qui s'installe au mas de la Coste sur le serre inhospitalier du Cambon à l'est de la commune : ni les époux, ni les témoins ne peuvent signer. Ou encore, son fils aîné, autre Jean H., cardeur de laine, qui épouse Catherine Faïsse à Soudorgues[20], un peu plus à l'est, dans les dernières années du règne de Louis XIV, en 1705, et passera sa vie au mas du Mourier, sur les contreforts escarpés et mal orientés qui surplombent le village : ni l'un ni l'autre ne signent aucun des actes qui enregistrent mariage, baptêmes ou décès.

Jean H., troisième du nom, qui contracte mariage à Soudorgues en 1726 avec Marie Bès, signe lui devant le vicaire de la paroisse[21]. Il peut donc être considéré comme le premier de la lignée paternelle de Moïse H. à manifester son entrée dans la culture de l'écrit[22]. On peut faire l'hypothèse qu'il a été scolarisé dans les premières années du XVIIIe siècle, à Soudorgues. Trois des témoins, dont l'un venu de Saint-Roman-de-Codières, berceau de la lignée, ont pu faire de même. L'examen des baptêmes successifs de leurs enfants permet de suivre la famille de 1727 à 1750. Si les parrains et marraines, pris dans le proche contexte familial, sont très souvent non signants, il n'en est pas de même des témoins. Chaque baptême permet en effet de rassembler autour du père, lui-même signant, au moins deux personnes sachant signer. À la génération précédente, à une exception près, seul le vicaire de Soudorgues apposait son paraphe. Ainsi, la lignée de Jean H. n'est pas isolée dans son groupe social et professionnel d'appartenance. L'accès des milieux populaires cévenols à la culture de l'écrit est liée à l'installation précoce du protestantisme chez les artisans du textile et du cuir, nombreux dans le piémont (Ganges, Saint-Hippolyte, Anduze) dès la fin du XVIe siècle. Au XVIIe siècle, cette activité a progressivement gagné la montagne et, dans la première moitié du XVIIIe siècle, a assuré aux Cévennes une richesse inattendue pour ces régions peu hospitalières[23]. La capacité de signer semble avoir accompagné la diffusion des métiers à tisser le long des vallées de l'Hérault, des Gardons ou de la Salindrinque. La politique scolaire volontariste qui a suivi la Révocation de l'Édit de Nantes a pu, elle aussi, jouer un rôle non négligeable, en particulier dans les familles catholiques nouvellement converties, particulièrement surveillées par le clergé.

19 A. D. Gard, 5E 295/1 (Registres paroissiaux catholiques).

20 A. C. Soudorgues (Registres paroissiaux catholiques).

21 Ibid.

22 Ses frères cadets, Antoine et Louis sont aussi alphabétisés et signent les actes de baptême de leur neveu Noël en 1759.

23 Ceci est lié en grande partie au fait que le travail de la soie et du coton, plus lucratif, se substitue progressivement à celui de la laine.

Cette alphabétisation n'est pourtant pas solidement installée dans la lignée. D'une part, elle demeure masculine : les femmes qui continuent à apporter leur dot restent illettrées. D'autre part, il suffit que la conjoncture se rétracte, que la laine ne nourrisse plus ceux qui la cardent ou la tissent pour qu'à l'occasion de nouvelles migrations, le fragile équilibre se disloque et que l'analphabétisme se réinstalle.

D'une manière générale, l'avance de la montagne cévenole en matière d'alphabétisation semble s'épuiser au tournant de la mi-XVIIIe siècle. C'est du moins ce que constate Marie-Madeleine Compère en examinant les registres de mariage de Valleraugue et Saint-Roman-de-Codières[24]. À la fin du XVIIe siècle (1670-1685), les sondages qu'elle a effectués permettent de constater que, dans les deux paroisses montagnardes, 14% des salariés agricoles et 23% des artisans du textile savent signer même si leurs épouses en sont incapables. À la fin du XVIIIe siècle (1780-1790), seulement 4% des salariés agricoles hommes restent susceptibles de le faire et pratiquement plus aucun artisan du textile.

Il est vrai que commence alors une longue crise économique de l'agriculture et de l'artisanat de la laine, prépondérants dans ces régions. Les nouvelles activités (travail de la soie ou du coton) qui prennent le relais de la laine dans la Cévenne prospère s'installent d'abord dans les villes ou les gros bourgs. Et là, les chiffres de l'alphabétisation continuent d'augmenter[25].

Antoine H., à son mariage avec Catherine Viala, en 1783, à la veille de la Révolution, ne sait pas signer[26]. Il n'a manifestement pas été scolarisé dans le hameau du Mourier (paroisse de Soudorgues) où il a passé son enfance[27]. Il trouve, en arrivant dans la famille de sa femme dont les parents sont installés au hameau du Pailhès à Monoblet, des moyens nouveaux de subsistance (outre un peu de terre, la carrière de gypse et les fours à plâtre qu'exploite son beau-père lui offrent la possibilité d'un emploi de journalier)[28]. Par contre, il n'y rencontre

24 Compère (cf. note 2). Il n'y a certainement pas de relation mécanique entre l'évolution de la conjoncture économique et celle de l'alphabétisation. Toutefois, à suivre Furet / Ozouf (cf. note 2), la corrélation entre économie dégageant un peu de numéraire et alphabétisation reste forte tout au long de la période moderne. Contrairement à l'agriculture, l'artisanat de la laine permet précisément de disposer des sommes nécessaires au paiement de l'écolage et, pour la communauté, à l'entretien de l'école. De plus, l'artisanat de la laine cévenol semble s'être tôt doté d'une relation à l'écrit qui déborde largement ses besoins économiques.

25 Ibid.

26 Minutes Isaac Cabanis, Lasalle, A. D. Gard, II E31 304, f. 148 sqq.

27 Le hameau du Mourier est à moins d'un kilomètre du temple et de l'école de Soudorgues.

28 Ce mariage n'est pas seulement l'occasion d'un déplacement de Soudorgues à Monoblet, il est aussi pour Antoine le moyen de passer du travail de la laine à celui de la terre. En effet, son épouse lui apporte outre un terrain à bâtir dans la dépendance du mas familial, un « journal » de terre et la source qui permet de l'arroser. Cela suffit pour installer la lignée de manière

pas l'école où ses enfants pourraient reconquérir l'écriture : le hameau en est dépourvu[29]. En effet, les trois maisons d'éducation que compte Monoblet en l'an VIII (enquête Chaptal) sont concentrées au chef-lieu[30]. En 1819, une seconde enquête permet de constater que, sur une population de 1102 âmes vivant dans la commune, avec 40 garçons et 40 filles en âge d'être scolarisés, seulement 25 garçons et 25 filles ont usé de cette possibilité et encore sont-ils instruits avec la vieille méthode individuelle qui, au mieux, permet de faire de l'élève un bien mauvais lecteur. L'inspecteur d'académie le constate d'ailleurs avec résignation : « La commune de Monoblet étant une commune rurale qui occupe une grande surface, par conséquent les maisons étant très disséminées, il paraît impraticable d'y établir d'autres méthodes d'enseignement que ceux (sic) qui existent »[31].

Il faut attendre une génération encore pour que la lignée renoue avec l'école et avec l'écriture, mais aussi avec l'émigration vers des terres plus hospitalières. Antoine H., né en 1822 au Pailhès, est le dernier « faiseur de plâtre » de la famille. Il va devenir le premier « cultivateur ».

Au seuil de la culture écrite : Antoine (1822-1910) et Élise H. (1832-1917)

Antoine est le premier de ses ascendants dont Moïse se souvienne. Dans sa mémoire, ce grand-père paternel inscrit la famille vaunageole (dont Moïse se sent membre à part entière) dans le terroir cévenol et dans la religion réformée[32]. Cet homme dont la vie est presque tout entière ancrée dans le XIXe siècle (il est mort en 1910 alors que Moïse n'a encore que 12 ans) est décrit comme dur à la peine, volontiers renfermé (traits caractéristiques des « gavots » pour les hommes de la plaine qui les emploient lors des vendanges). Dans le discours familial, il bénéficie cependant d'une aura extraordinaire. Peut-être cela tient-il essen-

durable dans le travail agricole même si, pour cette génération, fours à plâtre et agriculture se complètent. Au mariage, Antoine est, comme son père, peigneur de laine et journalier. En 1793, il est ménager. En l'an III, il se déclare plâtrier ayant repris le four à plâtre de son beau-père. À son décès, à 85 ans, il est déclaré « cultivateur ».

29 Il en est de même pour le hameau voisin de Valestalière qui scolarisera les enfants du Pailhès à partir de 1830.

30 A. D. Gard, T1-1.

31 A. D. Gard, T1-7.

32 En arrivant à Pailhès, Antoine H., le trisaïeul de Moïse, est entré dans une famille protestante, celle des Viala. Le contrat de mariage passé devant le notaire promet, selon la formule consacrée, « de faire bénir et solenniser [le mariage] le plus tôt possible en face de l'Église catholique, apostolique et romaine » (A. D. Gard, II E31 304) mais cela ne signifie pas que le mariage ne se soit pas conclu devant le pasteur. Il reste que les hommes de la lignée de Moïse semblent n'avoir jamais été des protestants pratiquants, même si l'identité protestante tient une place importante dans la mémoire familiale.

tiellement au fait que, contrairement au père de Moïse et à Moïse lui-même, chacun pense qu'il a toujours vécu sans avoir à se louer :

> « J'ai toujours connu mon grand-père s'occupant de petites terres, au *maset*, là-haut. Il l'avait construit lui-même. En arrivant de Lasalle, il a acheté des terres et une maison... »[33]

Quant aux raisons de son émigration vers la Vaunage, elles restent obscures aux yeux de Moïse :

> « Pourquoi est-il venu à Saint-Côme ?... Quand il est venu, mon père était tout jeune... »[34]

Dans les deux cas, la mémoire familiale est infidèle. À consulter les registres d'état civil et les actes notariés de la famille[35], les circonstances de cette émigration sont faciles à cerner. Antoine est le second fils de Jean H. et de Suzanne Fontane. Comme nous l'avons vu, la famille habite le hameau du Pailhès dans la commune cévenole de Monoblet (et non pas de Lasalle) depuis deux générations. Les terres de son grand-père Viala et le four à plâtre sont certainement allés à son frère aîné. Il ne lui reste guère que l'émigration pour trouver à gagner sa pitance.

La saga familiale lui fait rencontrer sa femme, Louise Issoire[36], à l'occasion de l'une de ces campagnes de vendanges où les « gavots » venaient traditionnellement gagner un peu d'argent frais dans la riche plaine viticole de la Vaunage[37]. La réalité est plus simple. Élise — comme les siens, appelons-la désormais ainsi — est placée à Saint-Hippolyte-du-Fort, le gros bourg qui se trouve au pied du serre de Monoblet, depuis le décès de sa mère, en 1845, alors qu'elle n'a que treize ans et se trouve donc orpheline. Toutefois, son tuteur habite Monoblet où il exploite une petite propriété au lieu dit du Rey, à deux kilomètres à vol d'oiseau, au sud du Pailhès si l'on traverse la montagne, à une heure de marche en suivant la route qui descend vers Saint-Hippolyte-du-Fort en passant par le chef-lieu. C'est donc bien en Cévennes et non durant des vendanges qu'Antoine et Élise se sont connus. Élise apporte à son mari un petit bien dont elle a hérité de ses parents qui étaient, eux, cultivateurs à Saint-Côme. C'est là que les jeunes mariés s'installent dès 1850 et c'est en Vaunage que naîtront leurs trois enfants.

33 Entretien du 30 juillet 1979.

34 Ibid.

35 A. C. Monoblet et A. D. Gard, II E31 261, minutes de l'étude Marsial à Lasalle.

36 La famille la désigne en fait du nom d'Élise.

37 Moïse Hébrard, « Les vendanges », manuscrit, 1983, inédit. Sur l'économie de la vigne en Vaunage, voir Alain Berger / Frédéric Maurel, *La Viticulture et l'économie du Languedoc du XVIIIe siècle à nos jours*, Montpellier, Les Éditions du Faubourg, 1980.

Ils possèdent en propre une maison, cinq petites terres (dont quatre seulement, ne dépassant pas la surface de quatre-vingt-treize ares, sont productives), trois vignes dont l'une complétée par quelques oliviers occupent au total une superficie de vingt-trois ares. C'est dire qu'avec à peine un peu plus d'un hectare de terre, dont moins d'un quart en vignes, ils ne peuvent vivre de leur exploitation et doivent y ajouter un travail salarié (de journalier) chez les plus gros propriétaires. La mémoire familiale n'a retenu que cette apparente autarcie du grand-père qui correspond en fait au statut semi-indépendant de l'homme de grand âge à qui quelques terres fournissent subsistance et occupation, avec la complicité des enfants en pleine activité :

> « Mon grand-père était un travailleur infatigable. Il travaillait à la pioche[38]. Il était arrivé à aménager des pièces de terre, à en faire des parcelles, il avait monté les murs, il avait fait des *faïsses*. Là il avait mis des abricotiers, des pommiers, de la vigne, des oliviers. Il élevait des lapins... Il avait un petit jardin et il faisait du jardinage. Alors, ses lapins, son jardinage, mon père qui l'aidait... À part les vendanges, il ne s'occupait que de ses terres. »[39]

Ces « nouveaux cultivateurs » sont pourtant encore à mi-chemin de leur entrée dans la culture écrite. Antoine a été scolarisé et il a manifesté une certaine aisance à l'égard de l'écrit chaque fois qu'il a fallu faire montre, par sa signature, du savoir faire acquis[40]. À vingt-cinq ans, il a encore une signature un peu hésitante, il ne sait pas tracer le H majuscule de son nom et lui substitue une minuscule. Le paraphe en dessous reste assez enfantin. À trente ans, l'écriture est plus solide, il manque toujours la majuscule du nom. À trente-six ans, lors de la déclaration de naissance de son fils Élie, le père de Moïse, l'écriture s'est affirmée, le H n'est pas tout à fait majuscule, mais il a pris de la solennité.

Par contre, à suivre les indications données par l'état civil, Élise est non signante comme l'étaient ses parents. Elle est pourtant née en 1832, à la veille des lois Guizot et arrive à l'âge scolaire en 1838 alors que Saint-Côme possède une école de garçons et une école de filles[41]. Il est vrai que sa mère s'est retrouvée veuve peu de temps après la naissance de la fillette et qu'elle a pu avoir besoin de la mettre au travail très précocement.

38 Seul le gros propriétaire ou ses employés travaillent avec un cheval. Le *baïle* est en position intermédiaire puisque fait partie de ses avantages en nature la possibilité d'utiliser le cheval sur ses propres terres.

39 Entretien du 30 juillet 1979.

40 A. C. Saint-Côme-et-Maruejols, registres des mariages et registres des naissances.

41 Enquête Guizot, A. N. F17* 105.

Comment Antoine et Élise H. se comportaient-ils chaque fois qu'ils étaient confrontés à l'écrit ? Moïse se souvient :

> « Mon grand-père savait lire mais il n'écrivait pas. Il savait signer. Il fallait signer un papier, sa signature, il l'aurait faite. Mais faire une lettre, ça, il ne l'aurait pas fait. Du reste, ils n'écrivaient pas à cette époque. Je crois que la poste ne devait pas beaucoup travailler. Mais, ils savaient lire. »[42]

On voit là les limites de l'interprétation de la culture de la signature, chère aux historiens de l'alphabétisation. Pour Antoine, elle est liée non à une alphabétisation complète mais à une alphabétisation du « lire seulement ». Toutefois, ce « lire seulement » n'est plus caractérisé, comme au XVIIIe siècle, par la fréquentation intensive d'un corpus fermé de textes (essentiellement religieux), mais par une véritable capacité de découvrir des textes variés et neufs :

> « Lui, il lisait les journaux, ou alors un illustré que le cafetier achetait. Un espèce de petit journal où il y avait des illustrations. »[43]

À l'inverse, la grand-mère Élise qui n'avait jamais signé aucun acte d'état civil se révèle, dans les souvenirs de Moïse, être elle aussi une lectrice :

> « La grand-mère, elle, lisait la *Bible* qu'on leur donnait au moment du mariage. Alors de temps en temps elle lisait... Elle ne lisait que pour elle... Elle ne lisait pas comme nous lisons maintenant. Moi, je l'aurais entendue par exemple. Elle lisait aussi des livrets que le pasteur lui donnait au temple. »[44]

L'absence de capacité à signer un acte officiel ne s'accompagne pas ici d'un analphabétisme strict. La pratique religieuse volontariste a permis un entraînement régulier des acquis de l'enfance, si minimes soient-ils. Lecteur d'un seul texte ou, du moins, d'un seul registre de textes, Élise ne peut évidemment lire des yeux mais la lecture reste, au soir de sa vie, une activité régulière[45].

Peut-on avancer un peu plus loin et essayer de comprendre comment cette pratique minimale de la culture écrite a été possible, comment elle a été entretenue ?

Dans le contexte d'une acculturation à l'écrit qui passe tout entière par le français, le degré de bilinguisme occitan-français de ces nouveaux lecteurs peut

42 Entretien du 31 juillet 1979.

43 Ibid.

44 Ibid. Moïse signale là que sa grand-mère ne pouvait s'empêcher de subvocaliser sa lecture.

45 La situation d'Élise à l'égard de la culture écrite reste ambiguë, y compris dans les souvenirs de Moïse. Dans un entretien ultérieur (6 novembre 1981) il accentue son ancrage dans la culture lettrée protestante en affirmant qu'elle aidait le pasteur à faire « l'école du jeudi », c'est-à-dire le catéchisme.

jouer un rôle décisif. On sait que le triangle rhodanien est la première terre occitane à entrer, dès le XVIe siècle, dans une pratique régulière du bilinguisme[46]. Qu'en est-il en Vaunage, à la fin du XIXe siècle ? Pour Antoine dont l'enfance a été cévenole, Moïse se souvient :

> « Il parlait patois, presque tout en patois... Il savait parler français aussi, mais avec un petit accent où l'on sentait un peu Lasalle. C'était comme son ‹*Per aquó !*›. Cela voulait dire ‹Pour cela !›[47]. C'était un mot de là-haut ça. Et des choses aussi... ‹Un seau›, il appelait un seau un *ferrat*. C'était un mot de là-haut ça[48]. Il avait des mots de là-haut... »

Questionné sur le langage qu'employait Antoine pour s'adresser à chacun, Moïse répond :

> « Non, il ne parlait pas français avec ses fils.... Il essayait de le faire le plus possible, mais on sentait qu'il était plus à son aise de parler en patois... Avec ses petits-enfants, il parlait plutôt français... »

Quant à Élise :

> « La grand-mère parlait français... Je ne sais pas si c'était parce qu'elle avait fréquenté davantage le temple, mais elle ne parlait pas beaucoup patois. »

Ainsi, c'est bien l'occitan qui a été la langue maternelle d'Antoine. Par contre, pour Élise, le français est l'idiome naturel. Elle a passé sa première enfance en Vaunage où le bilinguisme est certainement installé depuis plus longtemps qu'en Cévennes, mais de plus, elle est femme et dans ce domaine, nous le verrons avec netteté à la génération de Moïse, la différence est essentielle. En outre, dans son cas, la fréquentation religieuse est certainement décisive. Élise est pratiquante, Antoine ne l'est pas. Cette première opposition pourrait expliquer l'étrange inversion qui s'est produite dans le couple entre culture de la signature et culture de la lecture. Antoine, qui est d'abord occitanophone, se révèle lecteur, mais lecteur de la presse seulement (et certainement plus de la presse illustrée hebdomadaire que du quotidien) alors qu'il possède la capacité de signer. Élise, qui ne sait pas signer mais est d'abord francophone, n'est pas interdite d'accès à la lecture même si elle se contente des textes de sa religion.

Par quelle acculturation parvient-on à ces pratiques liminales de l'écrit ?

46 Le Roy Ladurie (cf. note 2).

47 Un équivalent en français oral pourrait être « Ça alors ! ».

48 Moïse se trompe. Le terme utilisé par Antoine est le plus fréquent en occitan pour désigner un seau. Il était certainement dans le vocabulaire occitan des ouvriers agricoles de la Vaunage.

L'école est, dans cette région, déterminante[49]. Grâce à l'enquête effectuée à la demande du ministre de l'Instruction publique, François Guizot, en 1833, nous connaissons intimement les trois écoles de garçons ou mixtes dont disposait alors la commune de Monoblet. Antoine a dû fréquenter, comme cela a toujours été le cas par la suite pour les enfants de Pailhès[50], l'école de confession protestante installée au hameau de Valestalière. Il a, en effet, onze ans en 1833 et même s'il n'a été scolarisé que pendant quelques mois d'hiver entre six et neuf ans comme c'est alors le cas le plus fréquent, l'école dans laquelle il a appris à lire doit ressembler à celle décrite par l'inspecteur qui la visite à l'automne 1833.

L'instituteur s'appelle Barthélémy Delène. Il n'a pas de brevet de capacité, c'est dire qu'il n'a pu faire la preuve des connaissances exigées depuis 1816 pour obtenir le brevet du troisième degré : « savoir bien lire, écrire et chiffrer et être en état de montrer ces trois choses »[51]. L'équipement de la classe est jugé insuffisant par l'inspecteur et, effectivement, les élèves n'ont pas de tableau noir pour apprendre à compter et ne disposent que d'une mauvaise table pour apprendre à écrire. Ils apprennent à lire selon la méthode individuelle — c'est-à-dire en venant à tour de rôle réciter leur leçon auprès du maître — avec un fonds de livre particulièrement réduit : un alphabet français, le syllabaire des Écoles chrétiennes[52], le *Psautier* et la *Bible*. À titre de comparaison, le maître de l'école protestante de Monoblet dispose de deux alphabets français, d'un *Catéchisme* d'Ostervald (catéchisme des calvinistes cévenols depuis 1740), d'un *Nouveau Testament*, d'une grammaire (certainement celle de Lhomond), d'un *Télémaque*, d'un *Mentor des enfants* et d'une *Morale en action*. Il est nanti du brevet du troisième degré. La comparaison des deux collections de livres montre qu'à Monoblet l'apprentissage des lettres et des syllabes se poursuit par des lectures faites

49 C'est la conclusion de l'étude de Marie-Madeleine Compère pour l'alphabétisation languedocienne au XVIIIe siècle (cf. note 2). Par là, le Languedoc échappe en partie au modèle plus général élaboré par Furet / Ozouf (cf. note 2) qui minimise le rôle de l'école, en particulier dans la France la plus tôt alphabétisée.

50 Entretien avec Lydie Morin-Hébrard du hameau de Pailhès, 8 août 1982.

51 Instruction du 14 juin 1816 de la Commission de l'instruction publique.

52 Sous cette dénomination se cache le *Syllabaire français* rédigé par Jean-Baptiste de la Salle en 1698 et très fréquemment reproduit et adapté après la mort de son auteur. On ne saurait s'étonner de voir un manuel scolaire imprimé par les Frères des écoles chrétiennes dans une école protestante. D'une part, ces manuels sont très techniques et fortement laïcisés par rapport aux syllabaires traditionnels (on n'y trouve même pas le texte des prières). D'autre part, les enfants utilisent les livrets dont ils disposent dans leur famille. Les Cévennes ont été largement approvisionnées tout au long du XVIIIe siècle par la procure méridionale des Frères qui sont installés sur le front de la reconquête catholique, en particulier à Alès. Ce sont ces opuscules que l'on trouve encore dans les classes au début du XIXe siècle. Sur les manuels des Frères des Écoles chrétiennes, voir Yves Poutet, *Genèse et caractéristiques de la pédagogie lasallienne*, Paris, Éditions Don Bosco, 1995.

dans des ouvrages (il est vrai bien rébarbatifs pour de jeunes enfants patoisants), alors qu'à Valestalière on s'arrête aux premiers rudiments. En effet, les psaumes et les versets de la *Bible*, appris par cœur avant d'être lus, ne demandent pas une très grande capacité de déchiffrage. On est d'ailleurs en droit de se demander ce qu'en saisissent de jeunes enfants dont l'occitan est la langue maternelle et qui n'apprennent le français qu'en venant à l'école, en même temps qu'ils apprennent à lire[53].

Le témoignage des étrangers parcourant les Cévennes au XIXe siècle est à cet égard édifiant. Ni Stevenson, ni August Ebrard — pour s'en tenir à ces deux voyageurs dont les notes de voyages sont disponibles en librairie — n'ont entendu les enfants des Cévennes parler français en dehors de l'école dans le dernier quart du XIXe siècle. Le témoignage du pasteur Ebrard évoquant ses échanges avec le jeune fils de son cousin retrouvé à Ardailhès est peut être le plus net : « ‹Il ne parle pas encore français› dit mon cousin au sujet de son fils âgé de huit ans lorsque je lui dis bonjour en arrivant. ‹C'est à l'école seulement qu'ils apprennent le français›. Si je veux me faire comprendre par ce petit dégourdi d'Ésaïe, il ne faut pas que je lui dise : ‹Mon cher petit cousin› mais ‹*Moun cher mounid cousin*›, et je ne dois pas lui demander s'il a sorti ‹sa chèvre›, mais ‹*so cabro*› »[54].

Comment, avec cet apprentissage minimal, sans grande pratique religieuse, Antoine H. parvient-il, dans les dernières années de sa vie, à se passionner pour la lecture du journal qui, en cette fin de siècle, bruit de toutes les querelles politiques parisiennes ?

Il est des lieux de sociabilité[55], des pôles d'échange de paroles dans le village qui ont dû, dans ce domaine, jouer un rôle essentiel : le café et le banc sous les platanes près de la fontaine. Le café, tout d'abord. Le fils aîné d'Antoine, qui porte comme il se doit le prénom de son père, s'est marié avec une jeune femme du village, Marie Laget, d'origine catholique. Dans la mémoire familiale, cette mésalliance a longtemps fait l'objet de commentaires sévères. La famille Laget occupe pourtant une position stratégique à Saint-Côme grâce au « débit de

53 Sur les problèmes de compréhension du texte biblique par les réformés occitanophones : Henri Manen / Philippe Joutard, *Une Foi enracinée, La Pervenche. La Résistance exemplaire d'une paroisse protestante ardéchoise (1685-1820)*, Valence, 1972. Voir aussi Danielle Hébrard, « De la persécution au prophétisme : Isabeau Vincent », *Actes du Colloque « Les Persécutions »*, Clichy, Éditions GREC, 1991, pp. 64-82.

54 August Ebrard, *Reise in die Sevennen im Jahre 1877*, Gütersloh, 1880, tr. fr. : *Voyage dans les Cévennes en l'an 1877. Un Huguenot allemand revient au pays de ses ancêtres*, Alès, Club Cévenol, 1985, p. 63.

55 Sur ces lieux de la sociabilité méridionale au XIXe siècle, voir la belle analyse de Maurice Agulhon, « Les chambrées en basse Provence : histoire et ethnologie », *Histoire vagabonde*, tome 1, Paris, Gallimard, 1988.

limonade » dont elle est propriétaire et dont Antoine, le fils, va hériter à la mort de son beau-père. Toutefois, le fait qu'elle soit catholique la situe dans le clan anti-laïque et donc antirépublicain. Ce n'est pas un lieu où Antoine, le père, doit se sentir très à l'aise. D'ailleurs, après la mort de son fils, en 1902, il retrouvera naturellement sa place, comme tous les autres hommes de la famille, dans le « café rouge », le café protestant et républicain. En ces espaces essentiels aux sociabilités du village chacun peut, à condition d'être de sexe masculin, venir consulter le journal que le chemin de fer amène à la gare voisine. Le fils prend l'habitude de donner à son père les journaux achetés pour la clientèle lorsqu'ils sont périmés. Dans la mémoire de Moïse, il semble que son grand-père se soit essentiellement intéressé à l'illustré — le titre, lors des entretiens, lui échappe — qui arrive chez son fils : un illustré rustique, avec des bois gravés, encore assez proche du « canard », où l'on trouve les faits d'armes de la colonisation française, les relations des affaires ou des crimes, et quelques feuilletons[56]. Ces textes, lus et relus tout au long de la semaine par les hommes du village, sont largement commentés et, souvent, à nouveau racontés dans les veillées. Dans ces allers et retours entre oral et écrit, entre lecture et récit, de faibles lecteurs comme Antoine peuvent trouver les moyens de structurer leur relation difficile au monde de l'imprimé.

L'autre pôle des sociabilités villageoises est le « griffe » — c'est ainsi que sont souvent désignées les fontaines municipales en Vaunage — et son banc à l'ombre des platanes. Là, se réunissent les personnes âgées, moins souvent prises par l'urgence des travaux des champs. Il y faut cependant une condition : être républicain, c'est-à-dire protestant.

> « Mon grand-père était protestant et républicain... Il se tenait avec les autres vieux du village, à l'ombre des arbres, sur des bancs à côté de la fontaine, on disait le ‹griffe›. Ils parlaient en patois, mais ils arrêtaient la conversation s'ils voyaient arriver quelqu'un qu'ils considéraient comme un royaliste, un catholique sectaire. Ils ne voulaient pas qu'il prenne part à la conversation... Alors, en somme, ça faisait comme un petit club ça... »[57]

À l'évidence, pour Antoine, l'oral, le contact direct, la discussion sont la chair même de la compréhension du monde environnant, en particulier du monde politique. Comment passe-t-il de cette culture orale masculine et patoisante à la

56 Sur les canards au XIXe siècle, voir Jean Hébrard, « Les canards », *Histoire de l'éditions française,* tome 3 (cf. note 9), pp. 458-459. Antoine Sylvère (*Toinou, le cri d'un enfant auvergnat,* Paris, Plon, 1980) donne de belles descriptions de l'attention portée au journal illustré dans son village natal à la fin du XIXe siècle.

57 Entretien du 31 juillet 1979.

lecture du journal ? Il est difficile de l'imaginer. Peut-être est-il attaché au petit illustré du café de son fils parce qu'il en savoure surtout les images ? On ne saura jamais ce que comprenait réellement Antoine de ses lectures, la place qu'occupait dans sa vie cette culture écrite aux frontières de laquelle il se tenait sans en arracher beaucoup de connaissances. Dans le souvenir de Moïse, il appartient encore au monde de la tradition et de la communication orale. Ce n'est plus le cas de la génération suivante, celle d'Élie et d'Évodie, les parents de Moïse.

Donner le goût des livres : Élie (1864-1931) et Évodie H. (1860-1940)

Élie et sa femme, Évodie, sont les premiers de la lignée de Moïse à avoir été saisis par l'objectif photographique. C'est au soir de leur vie. Ils ont définitivement abandonné la Vaunage depuis plusieurs années déjà et sont assis devant la façade de la maison de leur fils aîné, à Pont-Saint-Esprit. Le photographe a tendu derrière eux, en guise de fond, un tissu d'indienne sombre. Élie est en costume, en gilet et en cravate. Il porte une forte moustache aussi blanche que ses cheveux coupés courts. Son bras passé derrière les épaules de sa compagne repose sur le dossier de la chaise. Évodie paraît fragile aux côtés de cet homme de haute taille, à qui le travail des champs semble avoir toujours été facile. Dans sa robe de coton noir protégée du tablier des paysannes méridionales, le visage éclairé d'une ébauche de sourire, elle prend la distance qui convient à l'égard de la mise en scène qui lui a été imposée. Le photographe a glissé dans la large main d'Élie un journal négligemment replié, il a posé sur les genoux d'Évodie un bel octavo à la reliure de cuir qu'elle soutient et protège. Ils sont l'un et l'autre marqués de leur appartenance à un monde dans lequel l'imprimé est devenu un signe que chacun, quelle que soit son inscription sociale, se doit d'exhiber. Ont-ils été eux-mêmes des lecteurs ?

Antoine et Élise, leurs parents, ont eu sept enfants, tous nés en Vaunage entre 1851 et 1870. Trois garçons seulement ont atteint l'âge adulte : Antoine (né en 1851), Élie (né en 1860), Moïse (né en 1862). Antoine, nous l'avons vu, a pu tenir jusqu'à sa mort, en 1902, l'un des cafés de Saint-Côme. Moïse est parti vers Arles où sa femme avait de la famille. Il y a appris le métier de tonnelier. Élie est resté au village. D'abord journalier, il a pu acquérir une situation plus stable en se faisant engager comme domestique puis comme *baïle*[58] dans une propriété

58 Dans les années où Élie commence à travailler comme domestique, le recensement de 1881 (A. C. St-Côme-et-Maruejols) permet d'apprécier la stratigraphie sociale de Saint-Côme-et-Maruejols : sur les 291 hommes vivant de l'agriculture, 70 sont propriétaires, 3 employés, 50 ouvriers, 13 domestiques, 1 métayer, 72 sont à la fois petits propriétaires et métayers ou *baïles*,

viticole relativement importante, celle des Cabanis qui résident à Calvisson et possèdent deux domaines dont un sur la commune de Saint-Côme :

> « Son père lui a dit ‹Tu vas commencer à travailler...› Il n'était pas allé à l'école longtemps. On l'a mis jeune au travail. Il l'a fait embaucher chez Sabatier. Là, il avait été embauché comme ouvrier agricole et, évidemment, la place d'ouvrier agricole ne lui convenait pas bien. C'était peu payé et l'on n'était pas libre de ses horaires. Le travail était dur. Alors il m'a raconté que c'est à ce moment là qu'il a pensé à s'occuper de la propriété de Cabanis, de Calvisson, qui était propriétaire à Saint-Côme... Là, il avait une grande liberté d'action dans le travail... Il était son maître... Il avait un ouvrier avec lui, et un cheval. »[59]

L'examen des signatures qu'il a laissées sur les actes officiels ou notariés[60] montre une écriture moins cérémonieuse que celle de son père mais assurément aisée. Il en est de même pour Évodie, sa femme. Peut-être ont-il appris à l'école, contrairement à la génération précédente, une cursive d'emploi plus simple que la coulée du premier XIXe siècle et qui résiste mieux à l'usure du temps?

Il est curieux, par contre, de constater que le livret militaire d'Élie mentionne « Ne sait ni lire ni écrire à l'arrivée au corps » (c'était en 1881) et « Ne sait ni lire ni écrire au moment du passage dans la disponibilité ou dans la réserve de l'armée active » (c'était en 1886). Aurait-il caché ses compétences lors de son incorporation au 17e bataillon d'artillerie à pied de Toulon dans lequel il est mobilisé en 1881 ?

Et pourtant son fils Moïse dit de lui :

> « Je crois que pendant son service militaire, comme la période était longue, ils avaient le temps, on lui a appris à mieux écrire. Il m'a dit: ‹Quand je suis parti, j'étais bien capable de faire une lettre mais...› Mais le français certainement..., l'orthographe... ‹Alors, au régiment, on donnait des cours, on suivait des petits cours d'étude, et j'ai pu compléter... pour écrire (je pouvais faire normalement une lettre à mes parents) et pour mieux m'exprimer en français›, parce qu'en partant, encore, il parlait beaucoup patois... »[61]

les autres sont des membres de la famille sans statut déterminé (enfants, collatéraux). On voit donc que, en gros, les cultivateurs du village sont partagés en trois groupes de dimension à peu près semblable : propriétaires cultivant leur terre, ouvriers agricoles ou domestiques, petits propriétaires par ailleurs régisseurs de domaines appartenant à des propriétaires non résidents. Les autres catégories sociales sont très minoritaires : 31 artisans y compris leurs ouvriers et leurs familles, 30 courtiers en vin y compris leurs employés, 12 commerçants, 2 cafetiers, 14 fonctionnaires, 3 ministres du culte et 6 rentiers (nous ne comptons toujours que les hommes).

59 Entretien du 2 août 1979.

60 A. C. Saint-Côme-et-Maruejols, minutes étude Couton, Clarensac, 1887 et 1917.

61 Entretien du 31 juillet 1979.

Moïse se trompe-t-il ? Déplace-t-il le souvenir des propos de son père sur sa propre génération ? C'est peu probable. Il n'a connu de l'armée que la guerre (il a été mobilisé en 1916) et, à cette époque, contrairement à ce qu'il dit pour son père, « on n'avait plus le temps ». Je n'ai pu retrouver dans les archives familiales d'autres écrits d'Élie que ses signatures : pas de lettres conservées, pas de carnets... Il est vrai qu'il a abandonné sa maison à la fin de sa vie et que les déménagements ne sont guère propices à la conservation des papiers de famille.

Je serai toutefois enclin à suivre le témoignage du fils, malgré les difficultés qu'il pose, car de nombreux indices[62] vont dans le même sens. D'une part, Élie s'inscrit dans un contexte vaunageol d'alphabétisation généralisée. À l'occasion des vingt-deux mariages célébrés à Saint-Côme entre 1880 et 1885, seulement deux hommes (un berger déjà âgé originaire de Lozère et un cultivateur de Calvisson) et deux femmes (l'une sans profession et l'autre domestique) se révèlent non signants[63]. De plus Élie, dont chacun des enfants se souvient à quel point il était un homme réservé, peut très bien, par pudeur, avoir sous-estimé ses compétences lors du questionnement de l'autorité militaire ou encore ne s'être pas prêté à un examen de ses capacités.

Des écoles d'Élie, on sait peu de choses. Tout au long des années du Second Empire, l'école publique des garçons de Saint-Côme ne fait pas parler d'elle dans les archives. Élie finit certainement sa scolarité avec la guerre de 1870. Son école régimentaire demeure un mystère non éclairci. Il reste donc à prendre la mesure de l'environnement culturel dans lequel est inscrite sa relation à l'écrit.

L'événement le plus déterminant pour lui réside peut-être dans son mariage. Alors que ses ascendants avaient toujours été en situation de dominance culturelle par rapport à leur épouse, avec Évodie, la situation s'inverse. Moïse en a conscience :

> « Ma mère avait, à mon idée, une instruction plus poussée que celle de mon père. »[64]

Lorsqu'Élie demande Évodie en mariage, en 1885, il prend pied dans une famille, la famille Cabanis, qui a du bien, mais surtout une déjà longue habitude de la culture écrite. Évodie est la fille orpheline de César Pierre Cabanis[65] qui a

62 Le livret militaire d'Élie mentionne sa participation à l'école régimentaire du 3e degré en 1881. Cette école prévue par le règlement du 31 juillet 1879 doit être obligatoirement fréquentée par les soldats illettrés jusqu'à ce qu'ils sachent lire, écrire et compter. Elle dure au moins une heure chaque jour (deux en hiver). Voir l'article « Écoles régimentaires », *Dictionnaire de pédagogie et d'Instruction publique*, sous la direction de Ferdinand Buisson, Paris, Hachette, 1882. Élie aurait-il suivi cette école sans le moindre succès ?

63 A. C. Saint-Côme-et-Maruejols.

64 Entretien du 6 novembre 1981.

65 A. C. Saint-Côme-et-Maruejols et archives notariales de l'étude J. Couton à Clarensac (partage

tenu, jusqu'à sa mort en 1872, le café protestant de Saint-Côme, et de Marguerite Galdy dont les parents possédaient l'auberge de Caveirac. La jeune fille a été recueillie par ses frères qui habitent Nîmes. L'aîné, Émile, y est « camionneur », c'est-à-dire gère un parc de charettes tirées par des chevaux ; le second, Numa, y exerce le métier de tonnelier puis devient « entonneur », c'est-à-dire contrôleur du transport des vins. Plus tard, Évodie part travailler dans sa famille maternelle à Caveirac, et c'est certainement là qu'elle rencontre Élie[66]. Si l'on remonte à la génération précédente, l'oncle paternel d'Évodie, César Cabanis, est instituteur[67]. Lors de l'enquête de 1833, on le trouve installé dans l'école de Fons-outre-Gardon, école à majorité protestante qui scolarise trente-cinq élèves en hiver et vingt-cinq en été. Il enseigne à ses élèves la lecture, l'écriture, le calcul, l'orthographe, un peu de grammaire et l'Histoire sainte. Il n'a que le brevet du troisième degré mais il sait utiliser la méthode simultanée que le ministre Guizot souhaite étendre à toutes les écoles. L'inspecteur le dit « d'instruction suffisante mais peu étendue » et lui trouve « le désir de s'instruire, un caractère doux et honnête, aucun emportement et une très bonne conduite ». Moïse se souvient avoir vu dans le grenier familial — celui de l'ancien café Cabanis — des modèles d'écriture calligraphiés qui auraient pu être utilisés par son grand-oncle maternel lorsqu'il était instituteur[68].

Bref, Évodie n'est pas une « nouvelle lectrice », elle appartient à une lignée depuis longtemps familière de la culture écrite. Elle a été de surcroît frottée à la grande ville pendant une bonne partie de son enfance et de son adolescence. Il n'est pas étonnant que Moïse se souvienne l'avoir vu lire le journal que lui prêtait son voisin :

> « Ma mère lisait le journal de Dumas, surtout les nouvelles locales et le feuilleton. »[69]

entre les héritiers César Cabanis du 23 avril 1887). Confirmé par l'entretien du 6 novembre 1981. Ces Cabanis ne sont pas apparentés avec les Cabanis de Calvisson chez qui Élie va devenir *baïle*.

66 Entretien du 31 juillet 1979.

67 Le souvenir en subsiste dans la famille, mais il est flou et Moïse ne sait pas très bien comment il est apparenté à sa mère ni à quelle génération il appartient. Pour la fiche de l'école de Fons-outre-Gardon dans l'enquête de 1833, voir A. N. F17* 105.

68 Entretien du 6 novembre 1981.

69 Ibid. Le *Petit Méridional*, imprimé à Montpellier pendant la Belle Époque offre à ses lecteurs sur ses quatre pages quotidiennes : les éditoriaux politiques (le journal se définit « républicain »), les dépêches et les comptes rendus des débats parlementaires, les faits divers nationaux, les chroniques régionales pour le Gard et le Vaucluse, les nécrologies, deux feuilletons, les annonces de spectacles et de concerts, les comptes rendus de livres et de revues. Dans les chroniques régionales, les villages de la Vaunage ont régulièrement leur place. Le ton des articles locaux peut être très violent, en particulier lorsqu'est en jeu la question de la laïcité.

Pourtant, en dehors de cette récréation quotidienne, elle ne semble pas avoir été une grande lectrice, ni non plus une grande épistolière, du moins dans le souvenir de son fils cadet. Même la *Bible* qui, pourtant, trône en permanence sur la commode de la chambre, est rarement ouverte :

> « Je n'ai jamais vu ma mère la lire... »[70]

L'acculturation des femmes s'est laïcisée — depuis longtemps certainement dans la lignée des Cabanis —, le journal fait partie de la vie quotidienne même si l'on n'a pas encore les moyens de se le procurer, et pourtant Évodie n'est pas une lectrice assidue. Elle ne lit pas de livres, pourtant déjà aisés à trouver dans le village en ce début de XXe siècle comme nous le verrons plus loin. Elle ne se sert pas plus de la lecture pour édifier son âme que pour mener à bien ses travaux ménagers. Moïse n'a pas souvenir, par exemple, qu'ait existé dans la cuisine familiale un livre de recettes.

Par contre, elle s'intéresse de près au travail scolaire de ses enfants et s'assure de la qualité de ce dernier :

> « Mes devoirs..., elle me surveillait, elle aurait pu m'aider si je le lui avais demandé... »[71]

Elle est aussi très attentive à ce que, à la maison, personne ne s'adresse à eux en occitan, langue qu'elle pratique mal elle-même.

Alors que sa belle-mère, Élise, usait de ses maigres compétences pour faire l'école du jeudi, Évodie met sa culture de l'écrit au service de sa famille et, plus particulièrement, de ses enfants. Cette attitude décharge Élie, son mari, du souci d'occuper au mieux l'espace culturel que ses connaissances et son savoir-faire lui ouvrent : vis-à-vis de ses enfants, d'une part, qu'il ne parvient pas à retenir à la terre comme la coutume l'exige[72] ; vis-à-vis du for familial, d'autre part, qu'il abandonne vite à ceux qui, progressivement, y installent la culture écrite : ces mêmes enfants et, plus particulièrement, ses deux garçons. Ainsi Élie occupe-t-il, face à sa famille, la place du cultivateur qui sait déjà qu'il sera peut-être le dernier de sa lignée. Cela le conduit à prôner, avec toute l'insistance qui convient, la valeur du travail contre celle du loisir (quand bien même serait-il cultivé), la valeur de l'action contre celle de la réflexion (y compris lorsqu'elle

70 Ibid.

71 Ibid.

72 À écouter attentivement Moïse, il semble possible d'affirmer qu'Élie n'a jamais exercé sur ses enfants une très forte pression pour les retenir à la terre. Peut-être se contentait-il d'en feindre la préoccupation ?

naît de la lecture). Comme s'en souvient Moïse : « Mon père me disait : ‹Je n'ai pas le temps de lire›. »[73]

Pourtant, si Élie se maintient ainsi dans une position traditionnelle, il sait, à l'occasion, manifester qu'il n'est pas étranger à la culture de l'écrit. Ainsi, pour le remercier des petits services qu'il lui rend dans sa propriété, le maire du village, Georges Peyre, lui propose de lui faire envoyer le *Chasseur français* de la Manufacture de Saint-Étienne. Ainsi encore, contre toute attente, il se révèle un lecteur de la bibliothèque municipale de Saint-Côme[74]. Installée dans le cadre du mouvement de diffusion des bibliothèques populaires entre Second Empire et IIIe République, cette bibliothèque, gérée comme beaucoup d'autres par l'instituteur, était essentiellement fréquentée par les protestants, en fait les « rouges » du village (Moïse suppose que les catholiques avaient une bibliothèque paroissiale). Il se souvient avoir vu son père y faire emprunter à son usage par son fils aîné « des histoires de la Révolution »[75].

Toutefois, pour Élie, la relation à la culture écrite est essentiellement circonscrite par la vie politique et le débat qui, dans le village, oppose les « rouges » aux « blancs », les protestants aux catholiques et peut-être même les salariés et petits propriétaires de la viticulture aux gros récoltants. Les élections législatives, par exemple, sont autant d'occasions d'en découdre dans les rues du village avec les « réactionnaires »[76]. Les immenses manifestations de Nîmes ou de Montpellier pour la défense de la viticulture en juin 1907 sonnent l'heure de la mobilisation

73 Entretien du 6 novembre 1981.

74 Cette « bibliothèque », une belle et très grande armoire vitrée en bois clair, pleine de livres aux riches reliures (Jean Jaurès y côtoyait Jules Verne et Mistral, mais l'histoire s'y taillait la plus belle part) était encore en place à la fin des années 1970 dans la mairie de Saint-Côme-et-Maruejols. On trouve plusieurs autres bibliothèques populaires (à statut municipal, associatif ou confessionnel) en Vaunage à la Belle Époque. Il existe aux A. D. du Gard un bon fonds d'archives sur celle de Caveirac et Jean-Marc Roger me communique que les archives du consistoire conservent le catalogue de celle de Congénies.

75 Entretien du 6 novembre 1981.

76 « Au moment des élections, on envoyait quelqu'un à Clarensac chercher les résultats. Celui de Clarensac les tenait de celui de Caveirac et celui de Caveirac était allé les chercher à Nîmes. Le soir même on le savait. Dumas arrivait chez nous : ‹Élie, François Fournier [socialiste indépendant] est élu !› Qu'est ce qu'on faisait ? On allait tirer des petites fusées aux portes des royalistes. Elles faisaient du bruit comme un coup de fouet et on criait ‹Magne [le royaliste] est battu› » (Entretien du 30 juillet 1979). François Fournier a été l'un des trois députés socialistes indépendants du Gard élus en 1902 après un échec en 1898. Il est réélu en 1906 comme candidat socialiste unitaire et, plus difficilement, en 1910 en se présentant au premier tour contre un socialiste unifié et un radical-socialiste et en l'emportant au deuxième tour contre Eugène Magne, seul candidat conservateur. Eugène Magne était un avocat royaliste qui entrera dans la minorité de la municipalité de Nîmes en 1908, du fait des divisions de la gauche républicaine (Cf. *Encyclopédie socialiste syndicale et coopérative de l'Internationale ouvrière*, sous la dir. de Compère-Morel, Paris, Quillet, 1913, *Les Fédérations socialistes*, vol. 1, pp. 328-329).

générale du village et chacun peut encore aujourd'hui raconter la mésaventure du tambour de la délégation de Saint-Côme qui est crevé au premier mouvement de foule. La grève des ouvriers agricoles d'Aimargues (la première du genre) en 1910, suscite elle aussi de nombreuses discussions et contraint les petits propriétaires « républicains » à accorder leurs pratiques à leur discours. Il ne faudrait pas croire pourtant qu'il y ait, chez ces hommes de Vaunage, une excessive focalisation sur les conflits locaux ou même régionaux. En ces années qui ont vu se succéder tant de crises nationales ou internationales, répercutées par la presse quotidienne jusqu'à la plus petite gare rurale en moins de vingt-quatre heures, ce sont les événements rapportés par les journaux qui sont la caisse de résonance obligée de la politique locale. Lorsqu'on aime le débat, on ne peut ignorer ce que l'imprimé est encore seul à apporter. Les grèves de Fourmies (1891) et le scandale de Panama (1892), les attentats anarchistes (1893-94) et la condamnation de Dreyfus (1894), le « J'accuse » de Zola (1898), la fondation du parti radical-socialiste (1901), puis du Parti socialiste français (1902), le lancement par Jaurès de l'Humanité (1904), la fondation de la S.F.I.O. et la loi de séparation de l'Église et de l'État (1905), les inventaires des bien ecclésiastiques et la réhabilitation de Dreyfus (1906), la révolte du Midi viticole et la rébellion des soldats du 17e de ligne (1907), le hold-up automobile de la bande à Bonnot (1909), la guerre du Maroc (1910-1913) et les manifestations des viticulteurs de l'Aude (1911), la loi des trois ans (1913), l'affaire Caillaux, l'assassinat de l'archiduc François-Ferdinand à Sarajevo et celui de Jaurès, rue du Croissant, la mobilisation générale enfin (1914)... Il y a là autant d'événements qui sont encore présents à la mémoire de Moïse, non par le savoir ultérieur qu'en a acquis ce lecteur passionné de livres « politiques », mais par le souvenir des émotions[77] chaque fois suscitées dans l'entourage immédiat de sa famille. Élie ne manque jamais de se mêler aux discussions qui naissent aussitôt dans le réseau étroit des sociabilités villageoises même si son éducation — et peut-être son caractère — ne lui permettent pas de croiser le fer avec les adversaires du parti « blanc » lorsqu'il souhaite le faire.

Les amitiés politiques et le voisinage jouent là un rôle essentiel. Antoine se considérait « républicain ». Élie se veut socialiste. Aux élections législatives des premières années du XXe siècle, il vote pour François Fournier qui se présente

77 Le récit de la mort de Jaurès, telle qu'elle est vécue au village, est à cet égard exemplaire : « La mort de Jaurès, voilà comment on l'a apprise. Les cloches du village ont sonné. Mon père m'avait amené à une vigne qui était dans le bas de la plaine. Alors on rentre au village et quand on arrive au monument aux morts, on trouve les Sabatier, le père et le fils, Cabanis... Ils disent ‹Élie ! Élie ! Élie !›. Alors mon père dit : ‹Qu'est-ce qui est arrivé ? — On a tué Jaurès ! — Pas possible ! Pourquoi on l'a tué ?› Alors ils ont dit tout de suite : ‹Si on a tué Jaurès, alors on aura la guerre !› Tout de suite ils ont dit ça. » (Entretien du 2 août 1979).

comme « socialiste indépendant » et qui est jaurésien. Il semble n'être pas passé par le radicalisme qui, au village, est plutôt réservé aux petits et moyens propriétaires protestants. Dans les souvenirs de Moïse, on voit la lignée hésiter entre les divers pôles du socialisme : le guesdisme et le radical-socialisme d'abord, le jaurésisme et la S.F.I.O. ensuite. Ces deux pôles, l'un plus modéré, l'autre plus révolutionnaire, sont représentés par les deux familles amies avec lesquelles se construit la culture politique des hommes de la lignée vaunageole de Moïse. Il y a d'abord le voisin Dumas, au beau prénom d'Alexandre. Il est de la génération du grand-père Antoine. C'est un « républicain » qui devient progressivement un admirateur inconditionnel de Jaurès. C'est aussi un abonné du *Petit Méridional*, le grand journal régional des radicaux, qui, dans sa maison, est toujours disponible pour celui qui souhaite en prendre connaissance :

> « Mon voisin Dumas était un républicain et il le manifestait, alors que mon père était plus timide. Dumas était l'un des premiers à recevoir chez lui le journal. C'était Barafort qui le lui livrait chaque jour, à l'arrivée du train à la gare de Caveirac. Il desservait Clarensac, où il habitait, et Saint-Côme. C'était *Le Petit Méridional* qui arrivait, je crois, de Montpellier. À l'époque, on ne recevait pas le journal par la poste. C'était à Barafort qu'on payait l'abonnement. Il distribuait aussi le journal réactionnaire, *L'Éclair*, des petits journaux illustrés comme ceux qui étaient au café et, à la fin de l'année, l'*Almanach Vermot*. »[78]

Dumas, qui est déjà âgé, tient autour de sa maison une assemblée de discussion permanente :

> « L'été, il se mettait dehors, dans notre petite rue, sur une pierre qui servait de banc. Il avait sa blouse… et il avait son journal. »[79]

78 Entretien du 6 novembre 1981. Le socialisme gardois devient « unitaire » dès le 22 octobre 1905. Dès lors, les socialistes indépendants perdent leur influence électorale, même si François Fournier hérite encore de quelques dissidents de la Fédération unitaire en 1908, à la veille des élections municipales. En recevant, en 1910, le congrès national de la Section française de l'Internationale ouvrière, la municipalité socialiste unitaire de Nîmes relance le débat dans tous les villages « rouges » du Gard. En mai de la même année, un grand banquet est organisé en Vaunage, à Calvisson, pour fêter le succès aux législatives d'Hubert Rougier, socialiste unitaire, dans la 2e circonscription de Nîmes. Sur le radicalisme et le socialisme dans le Gard, voir Jean-Michel Gaillard, *Le Mouvement ouvrier dans le département du Gard de 1875 à 1914*, mémoire de maîtrise, Nanterre, Université Paris X et Robert Lamarque, *Le Mouvement socialiste dans le Gard de 1880 à 1914. Étude de sociologie électorale*, diplôme d'études supérieures, Montpellier, Université de Montpellier, 1959. Pour une synthèse, *Droite et gauche en Languedoc-Roussillon de 1789 à nos jours. Actes du colloque de Montpellier, 1973*, Montpellier, 1975 ainsi que *Histoire de Nîmes*, sous la dir. de Raymond Huard, Aix-en-Provence, Édisud, 1982. *L'Éclair*, journal du parti légitimiste paraît à partir de 1881 à Montpellier.

79 Ibid.

Lorsqu'il ne trouve personne avec qui partager la lecture de son journal, il se hâte d'inviter ses voisins — et donc Élie — à la prochaine veillée. Il en est, lui-même, le principal animateur[80]. Il commence par raconter une « histoire », non un conte traditionnel ou un fait divers mais un récit « historique », c'est-à-dire un événement politique de son enfance : la dépêche d'Ems, la bataille de Reichshoffen, la Commune (pour laquelle il n'a guère de sympathie), etc. Ensuite, il est temps de commenter les événements rapportés par la presse du jour. On ne lit pas dans ces veillées vaunageoles[81], on parle, mais cette parole proférée et écoutée est le plus souvent née d'une lecture antérieure que l'on souhaite faire partager.

Le banc devant la maison, la veillée du soir ne sont pas des espaces et des temps relevant de la sphère publique au même titre que le café ou le cercle[82]. Ils ne sont pas non plus des lieux de sociabilités exclusivement masculines et adultes. Chez Dumas, c'est dans l'intimité de relations amicales nouées par plusieurs générations, hommes femmes et enfants assemblés en un même lieu, que chacun essaie de marier l'intelligence de la politique locale et celle de la politique lointaine, l'information vécue ou entendue et l'information lue dans l'imprimé.

L'autre point d'appui politique d'Élie et des siens se trouve un peu plus loin dans le village. Il s'agit de la famille Marcel Sabatier. Ceux-là sont de la génération du père de Moïse. Petits propriétaires exploitants, leur réseau s'étend bien au-delà de Saint-Côme. La correspondance, plus que le journal, est pour eux le moyen essentiel de tenir leur place dans l'espace politique local et de comprendre le débat national. Un des fils Sabatier est installé à Lyon où il s'occupe de la vente des vins produits en Vaunage. Ils ont aussi des parents à Paris. Leurs affaires les amènent fréquemment à Nîmes. C'est chez eux qu'arrivent les nouvelles politiques les plus fraîches. Elles sont pour la plupart issues du monde complexe des socialismes de cette fin de siècle. Ce sont eux qui poussent insensiblement Élie d'abord vers le guesdisme puis vers un socialisme plus intransigeant, celui de la S.F.I.O. :

> « Mon père a d'abord été socialiste indépendant, comme le député François Fournier. Il était passé du radicalisme anticlérical au socialisme indépendant. À ce moment là, il n'était pas si proche des Sabatier, père et fils, qui eux prônaient

80 « Dumas parlait. Personne n'était capable de raconter comme lui. Il devait avoir une certaine instruction… ou être intelligent ! » (ibid.).

81 Les seules occasions de veillées consacrées à la lecture semblent être celles qu'organise chez les uns ou les autres le pasteur du village (ibid.). Cette pratique est aussi attestée à Monoblet à la même période (Entretien du 8 août 1982 avec Lydie Morin-Hébrard). Rien de tel par contre n'a semble-t-il existé en Vaunage en milieu catholique (Entretien du 10 août 1979 avec David Gauthier).

82 Si Saint-Côme ne possède pas de « cercle républicain », il en existe un, tout près, à Caveirac.

l'internationale socialiste et qui suivaient les réunions à Nîmes. Fournier a été élu deux fois, mais la troisième fois, il a été battu par un socialiste de la S.F.I.O., son nom m'échappe. Alors, Sabatier a fait comprendre à mon père que socialiste indépendant, ça ne voulait rien dire, que c'était rien... Que, ou il fallait être radical-socialiste et tenir cette position, ou être socialiste et voter pour la S.F.I.O. »[83]

Cela n'empêche pas les hommes des trois familles vaunageoles de se retrouver ensemble dans les arènes de Nîmes lorsque Jaurès vient y tenir un meeting. Le grand tribun méridional réduit les écarts doctrinaux dans l'émotion partagée de ce qui est ressenti par chacun comme un événement majeur de la vie politique :

« D'après ce que me disait mon père, il y avait plus de monde dans les arènes que pour une corrida. Je crois qu'il était venu défendre la cause des viticulteurs... Il avait parlé de la viticulture, des problèmes des ouvriers agricoles, des mineurs — Alès était descendu en force — et puis des problèmes internationaux, de la paix, des guerres coloniales. Mon père me disait : ‹À la fin de sa péroraison, on était tous debout à applaudir›. Il n'y avait pas de haut-parleurs, mais même dans les arènes, il avait une voix du tonnerre. On était, je ne sais pas moi, fasciné... »[84]

De la même manière, à chacun de ses rebondissements, l'affaire Dreyfus a créé entre eux, dreyfusards de la première heure, des liens indissolubles. Toutefois, il ne faudrait pas imaginer que les Sabatier sont pris seulement dans l'action militante et dans la fièvre des paroles échangées. Eux aussi sont gens de livres et Moïse se souvient les avoir vu prendre fréquemment le chemin de la bibliothèque municipale dont ils sont les emprunteurs les plus assidus :

« Les Sabatier... C'étaient des gens qui lisaient beaucoup pour l'époque... Ils étaient propriétaires et avaient des domestiques, alors, ils avaient le temps... »[85]

Élie apparaît ainsi soucieux de tenir sa place, à la juste distance entre ses valeurs traditionnelles de travailleur de la terre et ses intérêts pour le débat politique, plus encore que de faire partager aux siens, comme son épouse le fait, les connaissances et les savoir-faire de la culture de l'imprimé. Il ne faut pourtant

83 Entretien du 2 août 1979. Moïse se trompe. François Fournier a été élu trois fois député de la 2e circonscription de Nîmes (1902, 1906 et 1910). Dès 1910, il se déprend de l'attitude unitaire qui en avait fait longtemps un allié des socialistes du P.O.F. (1898) puis de la Fédération unifiée, en fait de la S.F.I.O. (1906). En 1910, après avoir battu au premier tour le candidat de la Fédération et le candidat radical-socialiste, il ne l'emporte sur Magne que de 15 voix (Cf. *Encyclopédie socialiste*... [cf. note 76], pp. 328-329). Il est battu en 1914.

84 Ibid. Jaurès vient deux fois à Nîmes : en février 1910 à l'occasion du congrès national de la S.F.I.O. et le 1er septembre 1912. C'est à ce deuxième événement que se réfère sans doute Moïse. Des cartes postales commémoratives (Nîmes, Bernheim éd., 1912) donnent une idée de l'ampleur du meeting.

85 Entretien du 6 novembre 1981.

pas se contenter de cette apparence que sa timidité et sa rugosité de caractère ont sans doute contribué à installer. Dans l'un des derniers entretiens que j'ai eu avec son fils Moïse, celui-ci m'a rapporté un geste de son père qu'il avait totalement oublié et qui, pourtant, en fait lui aussi un « passeur » plutôt qu'un consommateur dans la lente montée de la lignée de Moïse vers la culture écrite.

Alors que j'interrogeais Moïse sur les livres dont il pouvait disposer dans la maison de ses parents, nous étions presque arrivés à la conclusion que la seule bibliothèque familiale était celle qui avait été constituée par son frère aîné, à l'occasion de ses déplacements à Nîmes, et dont il avait hérité au départ de ce dernier à l'armée : une planche au dessus de son lit, largement garnie d'opuscules brochés, à mi-chemin du périodique et du « bon livre » laïque ou protestant[86]. Lorsque, à la fin de notre discussion, tout à coup le souvenir revient :

> « Ah ! oui... Il y avait quelques livres en bas dans ce qui était considéré comme la salle à manger, une ancienne cuisine. Il y avait le pétrin et puis un ancien évier avec des étagères au-dessus. Les livres étaient là, derrière un rideau rouge. C'est vrai, en bas, dans la salle à manger... Il y avait les livres scolaires de mon frère... Et puis des livres d'histoire avec de belles reliures rouges ou noires et de petites lettres dorées sur la couverture... »[87]

Il y a de fortes chances que ces livres aient été des livres de prix ou des éditions de la maison Hetzel ou Hachette aux cartonnages illustrés, peut-être aussi des livres reliés de cuir ayant appartenu à une bibliothèque bourgeoise. Comment étaient-ils parvenus jusque là ? Certainement pas par l'école qui n'avait pas les moyens de les distribuer, fût-ce aux meilleurs élèves. Moïse se souvient alors qu'ils avaient été ramenés au logis familial par Élie :

> « Il y avait une personne âgée qui vivait seule dans une maison sur le chemin qui monte à la colline. Elle avait dû avoir de l'instruction. Elle avait même un piano chez elle et elle tenait l'harmonium au temple de Clarensac le dimanche. Elle me donnait l'impression d'être une dame. Je ne lui aurais pas adressé la parole dans la rue et quand je la voyais j'enlevais ma casquette. Elle avait beaucoup de livres chez elle. Un jour, mon père lui avait rendu un service et elle lui avait dit qu'elle voulait faire un

86 J'ai retrouvé, par exemple, dans la bibliothèque de Moïse, sans pouvoir affirmer que ce soient bien là les petits opuscules dont il parle, plusieurs exemplaires de la collection de la Bibliothèque nationale (petits in-16 couverts de papier bleu, qui ont paru de 1860 à la Grande Guerre) ou encore ce *Jean Cavalier, héros des Cévennes*, écrit par Jules Rouquette pour la collection de la Petite bibliothèque universelle, avec un envoi daté de 1886 à M. F. Desmons, pasteur et député républicain du Gard. Sur ces collections populaires à bon marché de la fin du XIXe siècle (à ne pas confondre avec les « romans à quatre sous » du Second Empire), voir Isabelle Olivero, *Des Ouvriers se lancent dans l'édition : l'aventure de la Bibliothèque nationale*, mémoire de maîtrise, Université Paris VII, 1987.

87 Entretien du 6 novembre 1981.

peu de place chez elle et se débarrasser d'un certain nombre de livres. Alors mon père les avait achetés pour nous. Pas très cher, je crois. Comme il lui avait rendu un service, elle lui avait fait un bon prix... »[88]

C'est peut-être là un des moment déterminants de l'entrée, cette fois définitive, de la lignée de Moïse dans l'écrit. Élie en est à l'origine. Toutefois, ce sont ses enfants, ses garçons en particulier, qui vont en tirer tout le parti.

De la lecture à l'écriture : Moïse H. (1898-1985)

C'est au travers du filtre de la mémoire de Moïse que nous avons vu ses ancêtres entrer progressivement dans une familiarité plus grande avec la culture écrite. Lui-même appartient à la génération de ces hommes et de ces femmes qui, à près de 95%, sont déclarés alphabétisés à la veille de la Grande Guerre[89]. Peut-être sa lignée a-t-elle pris un peu d'avance. Il n'est pas tout à fait un « nouveau lecteur ». Élie, et même Antoine, lui ont ouvert la voie. Élise était restée sur le seuil. Évodie, elle, avait apporté le capital d'une famille de la plaine déjà installée depuis longtemps dans l'écriture. Toutefois, aucun d'entre eux n'en avait véritablement bénéficié, ni pour faire une percée véritable dans la pratique personnelle de la lecture ou de l'écriture, ni pour en tirer avantage matériel ou social. Ils étaient restés à leur place qui était celle de la terre et du village, du groupe politique d'appartenance aussi. C'est d'ailleurs ce réseau, plus que l'école ou la fréquentation de l'imprimé, qui semble les avoir portés, à pas mesurés, vers une plus grande familiarité avec la chose écrite dont Moïse va faire une connivence.

Trois des enfants d'Élie et Évodie ont atteint l'âge adulte : Louis (né en 1889), Marguerite (née en 1892) et Moïse (né en 1898)[90]. Marguerite a fait partie de cette génération de femmes maltraitées par la guerre de 1914. Veuve dès les premiers combats, elle a dû remplacer les hommes à la terre pour élever, toute jeune encore, ses deux enfants. Elle disait qu'elle n'avait pas beaucoup aimé l'école[91] et s'est montrée, toute sa vie, gênée par l'écrit : lecture ânonnante et à mi-voix du journal ou de l'éphéméride protestant dont elle ne manquait jamais la consultation quotidienne alors qu'elle n'était pas pratiquante, écriture épistolière rare avec une graphie hésitante et une orthographe chancelante.

88 Ibid.

89 Furet / Ozouf (cf. note 2).

90 A. C. Saint-Côme-et-Maruejols (Registres d'état civil).

91 Entretien du 4 août 1980. Marguerite, pourtant présentée en 1905, à 13 ans, au certificat d'études primaires par son instituteur, recule devant l'obstacle, se faisant porter malade le jour de l'examen (A. D. Gard, 1T 1598).

Louis et Moïse ont été, à l'inverse, des lecteurs assidus, dévorant des bibliothèques entières. Il est vrai qu'ils avaient tous deux passé avec succès le certificat d'études[92] et que, dès le plus jeune âge, ils ont su qu'ils quitteraient la terre.

De leurs premiers contacts avec la culture écrite, largement commentés par Moïse dans ses entretiens comme dans ses « feuillets », nous ne retiendrons ici que les faits les plus marquants. Avec le recul du temps, ils paraissent étrangement modernes dans ce milieu encore en partie patoisant de salariés agricoles vaunageols. Moïse n'est-il pas autorisé — il met cela sur le compte de la tendresse maternelle à l'égard du « petit dernier » — à lire dans sa chambre le jeudi ou le dimanche, quelquefois jusqu'à 11 heures du matin ? Et lorsqu'il accompagne son père aux champs pour l'aider ou pour apprendre le métier, ne le laisse-t-on pas, en définitive, s'installer sur le banc de la charrette pour réviser ses leçons ou terminer le petit livre qu'il a prélevé parmi ceux qui se trouvent sur l'étagère de sa chambre ? Dès que Louis part à la ville, il devient l'un des principaux fournisseurs de Moïse en livrets et on a vu qu'il avait su trouver tout aussi précocement le chemin de la bibliothèque populaire et se faire, en ce lieu, l'intermédiaire de tous les hommes de la famille.

Trois faits saillants marquent sa formation de lecteur : l'inscription volontariste des enfants dans le monolinguisme, le rôle irremplaçable de l'école avec l'étrange modèle d'une lecture fortement affectivée que le maître y développe, la possibilité — nous en avons déjà mesuré l'importance — de constituer une bibliothèque personnelle.

Moïse est francophone. Certes, il comprend l'occitan, mais il n'a pas conscience d'être vraiment bilingue :

> « J'ai retenu des mots, parce qu'il y avait des mots que j'entendais à tout moment quand les hommes parlaient. Quand ils parlaient, leurs conversations étaient plus longues en patois qu'en français. Alors, les enfants, on arrivait quand même à comprendre les deux... »[93]

La frontière, pour les hommes du moins, passe bien entre la génération d'Élie et celle de Moïse. Il ne faut pas imaginer que c'est là le résultat de l'école républi-

92 Moïse est reçu au certificat d'études en juillet 1912, l'année de ses quatorze ans. Il n'obtient pas de très bonnes notes puisqu'il est l'avant-dernier des 22 garçons du canton. Il s'y révèle un élève moyen, sans difficultés particulières. C'est en histoire et géographie qu'il obtient le meilleur score (7,5/10) mais il n'est dans cette discipline qu'à la 11e place. On peut remarquer que les deux élèves présentés cette année-là par l'école de Saint-Côme-et-Maruejols se situent tous deux en queue de peloton. Son frère avait eu à peu près les mêmes résultats en 1902 (classé 13e sur 14 dans le canton et 4e sur les 4 candidats présentés dans la commune, avec une petite catastrophe en orthographe où il n'avait obtenu que 3,25/10). A. D. Gard, ibid.

93 Entretien du 31 juillet 1979.

caine même si le fils l'a seul connue. En fait, c'est le résultat d'une subtile stratégie familiale dont Moïse a parfaitement conscience. En cette fin de XIXe siècle, dans sa famille — mais c'était aussi le cas dans la plupart des familles de salariés agricoles — on s'adresse toujours aux enfants en français. Il en résulte une avance des femmes dans la pratique active du français. Quant aux enfants, ils n'ont pas à désapprendre l'occitan en arrivant à l'école, ils n'en ont alors, au mieux, qu'une connaissance passive. Les choses changent, par contre, lorsque les garçons arrivent à l'âge de rejoindre les hommes aux champs. Là, en quelques mois, ils doivent entrer dans la langue de travail du cultivateur qui est, à cette époque encore, l'occitan. Il n'en est pas de même des jeunes filles qui, pour se préparer à leur rôle de future mère, se doivent au contraire de garder un français aussi correct que possible. Évidemment, elles apprennent aussi la langue des hommes, mais toujours un peu par effraction. Par contre, si, dans la conversation, hommes et femmes dialoguent en patois, c'est parce que les enfants sont alors censés ne pas devoir entendre ce qui se dit. Dès lors, comme s'en souvient Moïse, ces derniers redoublent d'efforts pour comprendre l'échange en occitan. Bref, qu'ils soient garçons ou filles, les petits vaunageols de la Belle Époque ont prioritairement le français comme première langue maternelle et sont donc installés de plain-pied, dès leur enfance, dans la langue de l'école comme dans la langue des livres[94].

L'école n'est cependant pas sans effet sur ces apprentis lecteurs. Depuis les lois Ferry, elle s'est donné pour objectif non seulement d'alphabétiser les populations rurales, mais aussi d'offrir à chaque petit Français les moyens de comprendre les livres que les grands éditeurs industriels fabriquent à leur usage : livres d'histoire, de géographie de sciences, de lecture (c'est-à-dire morceaux choisis des meilleurs auteurs) mais aussi livres « d'éducation et de récréation » comme l'indique Hetzel sur la couverture de ses collections. La méthode a été largement popularisée par les conférences pédagogiques. Elle consiste à jouer de la lecture expressive à haute voix pour forcer, par l'émotion, la compréhension[95]. Moïse, qui continuera toute sa vie à entrer dans les livres par le ressort émotif, s'en souvient encore. Deux fois par semaine, dans la deuxième division (c'est à dire chez les grands) l'instituteur demande à un élève d'ouvrir l'armoire de chêne au fond de la classe et de distribuer les quarante exemplaires du livre de lecture. Ensuite, il désigne un premier lecteur qui se lève tout en restant à sa

94 Lydie Morin-Hébrard, descendante de la branche aînée des Hébrard de Monoblet et de la même génération que Moïse, confirme cette description pour le hameau cévenol de Pailhès où elle a été élevée (entretien du 8 août 1982).

95 Jean Hébrard, « Apprendre à lire à l'école en France. Un siècle de recommandations officielles », *Langue française*, 80, décembre 1988, pp. 111-128.

table et dit à haute voix les quatre ou cinq premiers paragraphes de la lecture du jour. Un deuxième lecteur prend la suite, etc. Pas d'explications, semble-t-il, pas d'interruptions... Il s'agit d'aller au bout du chapitre pour qu'un sens s'en dégage. Moïse se souvient d'avoir lu ainsi *Francinet* et, bien sûr, le *Tour de la France par deux enfants*[96]. Est-ce le rituel ? Est-ce la qualité des textes ? L'effet de ces lectures semble avoir été saisissant :

> « Le chapitre qui me frappait surtout, c'était le chapitre de la mine... On y parlait d'un cheval qui tirait les wagons, des hommes qui piochaient en restant agenouillés toute la journée, et puis du coup de grisou[97]... Ce pauvre cheval, enfermé dans la mine... Alors, on pleurait presque en lisant ça. On était émotionnés... parce qu'on le vivait. On voyait vraiment le puits de mine... Et après, avec nos camarades, on discutait : ‹Mais ce cheval, comment il peut vivre comme ça ? On faisait des suppositions...›. On était impressionné... Et puis, un jour, l'instituteur faisait venir des projections et on nous présentait le puits de mine... »[98]

Tout est dit dans ce court texte. Le souci de la lecture longue qui fasse sens ; le cérémonial qui force l'enfant à se préparer à la réception du texte ; la réserve du maître conforme à toutes les recommandations pédagogiques de l'époque ; l'articulation avec l'image — la vue sur verre en l'occurrence — qui vient après coup pour ne pas se substituer à l'effort d'imagination de l'élève ; et enfin le résultat qui se mesure à l'émotion suscitée et aux discussions qu'elle entraîne entre les enfants. Avec une telle formation, le lecteur, s'il en accepte l'effort et la tension, risque de ne pas abandonner de sitôt le terrible plaisir de la lecture. Lorsque, de plus, ce lecteur est à l'affût du moindre livre, comme nous avons vu que c'est le cas pour Moïse, il dispose bien de tous les moyens d'entrer définitivement dans l'espace imaginaire, mais aussi réflexif, qu'offre l'imprimé.

Pourtant il reste encore à comprendre comment Moïse est allé plus loin que la plupart des siens, pourquoi il ne s'est pas contenté, comme Louis, d'être un consommateur assidu de livres et de journaux. En effet, et en cela premier dans sa lignée, Moïse s'est tôt précipité vers le plaisir de l'écriture. C'est peut-être là l'ultime et éclatant succès des discrets efforts d'Évodie et d'Élie. Pour effectuer ce dernier pas, l'école n'a pas été suffisante, encore que Moïse en ait épuisé

96 Sur le rôle des ouvrages de Madame Fouillé dans la formation de l'identité culturelle de ces générations, voir Jacques / Mona Ozouf, « Le Tour de la France par deux enfants », *Les Lieux de mémoire*, vol. I, *La République*, sous la dir. de Pierre Nora, Paris, Gallimard, 1984, pp. 291-322.

97 Chacun aura reconnu dans cette évocation les chevaux Bataille et Trompette mis en scène par Zola dans *Germinal* (Paris, Charpentier, 1885). Plusieurs extraits descriptifs de ce roman, soigneusement expurgés, ont été repris dans les manuels de morceaux choisis destinés aux écoles primaires pendant la Troisième République pour peindre le terrible travail des mineurs.

98 Entretien du 6 novembre 1981.

toutes les possibilités. Après le certificat d'études, il est admis à rester une année de plus auprès du maître plutôt que d'aller tout de suite aider son père aux champs. Dès qu'il en a l'âge, il fréquente le cours du soir où il complète ses connaissances, en particulier en agriculture. Il reçoit d'ailleurs un diplôme à l'issue de l'un de ces concours organisés alors par les sociétés d'encouragement pour entretenir l'émulation entre les maîtres[99].

L'accès à l'écriture lui vient d'une étrange manière, bien éloignée de ce que l'on aurait pu attendre. Elle se présente à lui au détour d'une initiation précoce au monde, à ses yeux prestigieux, des employés aux écritures, des secrétaires et des comptables. Laissons-lui le soin de la raconter :

> « La coïncidence fait que je fais la connaissance du comptable de M. Peyre, le maire, qui était négociant... Mon père travaillait pour lui, le dimanche, à son jardin... Le comptable m'avait dit : ‹Mais, petit, il te faut apprendre la comptabilité. C'est bien, tu sais. Par la suite, ça te servira, même si tu travailles à la campagne...› Alors le jeudi, j'allais voir le comptable. C'était avant que je passe mon certificat d'études. Un jour, le maire me dit ‹Ça te ferait plaisir, petit, de venir travailler au bureau le jeudi ? — Ben oui, Monsieur, je veux bien !› Alors, il m'avait installé sur un petit bureau, là. À côté, il y avait le secrétaire, à côté il y avait le comptable et puis Monsieur Peyre qui avait son bureau, là. Et l'expert-comptable arrivait de Nîmes et il restait toute la journée du jeudi... Et moi, j'étais là... J'écoutais ce qu'il disait à Monsieur Peyre... »[100]

On pourrait interpréter cela comme la naissance d'une vocation puisque, de fait, Moïse sera comptable tout au long de son existence. En fait, dans ces années d'adolescence et même tout au long de sa vie, sa véritable vocation, sa passion déçue, ce sera le chemin de fer. Est-ce la lecture de la *Bête humaine* ? Est-ce l'épopée, si forte dans la mémoire méridionale, de la construction du réseau P.L.M. conçu par Paulin Talabot ? Est-ce le panache de vapeur de ces étranges machines vue depuis le *maset* du grand-père Antoine, sur les pentes de la colline de Mouressipe ? Moïse ne le sait pas lui-même, mais ce dont il se souvient c'est qu'il commandait à son frère, très jeune déjà, des brochures illustrées sur les chemins de fer et qu'il s'était même fait acheter un horaire Chaix pour surveiller les allées et venues des trains sur la ligne de Nîmes au Vigan, qui traversait la Vaunage[101]. Au retour de la guerre, il demande effectivement un emploi à la compagnie du P.L.M. et il est nommé à Sète. L'état de santé de sa tante maternelle, que sa jeune épouse soignait, lui interdit de prendre ses fonctions et c'est

99 Ibid.

100 Ibid.

101 Cet étrange passe-temps, qui semble avoir été partagé par de nombreuses personnes avant la dernière guerre et qui est encore une activité en honneur en Grande-Bretagne aujourd'hui *(train watchers)*, montre le prix que Moïse attache à l'écrit : le petit *Chaix* ne constate pas l'horaire du train, il l'ordonne, il commande aux machines.

alors seulement qu'il accepte un poste de receveur adjoint à l'octroi de Pont-Saint-Esprit.

La rencontre avec ces « ronds de cuir » vaunageols est donc pour lui d'un autre ordre. Derrière les chiffres, c'est indéniablement le pouvoir de l'écrit qui brille à ses yeux. Les « opérations », comme il les nomme, par lesquelles le négociant Peyre, d'un simple trait de plume, fait et défait des accords, oblige ou désoblige un client ou un fournisseur, ordonne sa fortune et en prévoit l'évolution, le fascinent. Non parce qu'il espère un jour lui aussi s'enrichir — il mettra une rare obstination toute sa vie à ne conserver que le strict nécessaire —, mais parce qu'il éprouve la puissance intrinsèque du dispositif scripturaire et comptable que ces hommes servent plutôt qu'il ne les sert. La figure de l'expert comptable est à cet égard essentielle. C'est lui qui donne des ordres au négociant (« Il lui disait : ‹Je vais centraliser ceci, je vais centraliser cela...› ») et non l'inverse. Et si l'homme venu chaque jeudi de la grande ville règne ainsi sur la petite entreprise, c'est parce que, en définitive, ce sont les chiffres et les écritures qui commandent. D'ailleurs, il n'est jamais aussi heureux que lorsqu'il a l'occasion d'éprouver la reconnaissance symbolique que tous ceux qui servent l'écriture retirent, comme automatiquement, de son commerce. Ainsi, lorsque le négociant lui demande de se rendre, en son nom, à la poste de Clarensac, pour effectuer l'une de ces opérations qui outrepassent l'usage que l'on fait habituellement du courrier dans sa famille :

> « Des fois, il me disait : ‹Tiens, ça va te faire prendre l'air, tu iras faire une opération à la poste.› Pour moi, c'était un événement d'aller à la poste. Alors il me disait : ‹Tu vas aller envoyer ce mandat› ou ‹Tu vas aller recommander cette lettre›... J'étais déjà connu par le receveur des postes : ‹Bonjour Monsieur Hébrard. Qu'est-ce que vous m'apportez ?› Pour moi, c'était un événement d'aller à la poste si jeune, si jeune... »[102]

Dans la jubilation du souvenir qui revient à la conscience, il y a toute l'importance de la chose. Au delà du « Bonjour Monsieur Hébrard », dont on imagine comment il peut toucher celui qui n'a été jusque là que « le petit », se lit aussi une étrange valorisation du dispositif épistolaire. Pour Moïse qui a toujours défini le degré d'alphabétisation des siens par rapport à leur capacité d'écrire une lettre, qui, pendant la guerre de 1914-1918, a souvent été l'écrivain public de ses camarades de tranchée[103], la maîtrise des opérations postales complexes est certainement vécue comme une entrée dans un monde que rien, dans son

102 Entretien du 6 novembre 1981.

103 Sur ce thème, voir Jean Hébrard, « La lettre représentée. Les pratiques épistolaires populaires dans les récits de vie ouvriers et paysans », *La Correspondance . Les Usages de la lettre au XIXe siècle*, sous la direction de Roger Chartier, Paris, Fayard, 1991, pp. 279-365.

éducation familiale, n'aurait pu laisser prévoir, comme une avancée extraordinaire vers une appropriation exhaustive des pratiques de l'écrit.

D'ailleurs, c'est encore par la correspondance qu'il prend réellement la plume. D'une manière bien modeste, il est vrai :

> « Un jour Monsieur Peyre me dit : ‹Tu vas te mettre là. On te donnera de gros bouquins comme ça [des Bottins]. Nous allons envoyer des circulaires à nos clients de la région de Lyon et de Dijon. Alors avec ces bouquins, tu choisiras des docteurs, des gens qui sont susceptibles de… Et nous leur enverrons des circulaires parlant de la bonne qualité de nos vins, du sérieux de nos expéditions, et ceci, et cela… Alors, pour le moment, tu feras les enveloppes. Après, on fera les circulaires et on te les fera voir…› Il n'y avait pas de machine à écrire… Il fallait écrire à la main. Déjà, j'écrivais bien à la ‹Sergent Major› [104], et puis, il y avait une plume de ronde, parce que les en-tête… » [105]

Il semble bien que cet événement, qui survient pour Moïse entre douze et quatorze ans, ait été l'occasion de sa première prise de plume non scolaire. C'est du moins ce qu'il m'a confirmé à plusieurs reprises dans nos entretiens. Copier des enveloppes est certainement la tâche la plus ingrate que l'on puisse se voir confier dans les innombrables officines administratives ou commerciales qui existent alors jusque dans les plus petits bourgs. Elle est effectivement réservée aux apprentis et, pour beaucoup d'entre eux, ils arrivent à cette responsabilité après avoir été pendant de longs mois de simples commissionnaires. Moïse découvre là, comme un événement exceptionnel, ce qui relève de la vie ordinaire de nombreux adolescents correctement alphabétisés dans les grandes villes de la deuxième moitié du XIXe siècle [106]. Que cet événement ait été décisif dans sa formation se manifeste dans l'importance qu'il lui attache dans ces souvenirs et par l'émotion qui, près de trois-quarts de siècle plus tard, le submerge encore lorsqu'il l'évoque. Moïse a été remarqué par les adultes qui l'entourent et qui sont, eux, du côté des professions de l'écriture, d'une part parce qu'il « s'intéresse » [107], d'autre part parce qu'il a une « bonne main » et que c'est là un critère décisif en ces années — les dernières — où la reproduction de très nombreux types de textes passe par la copie manuscrite. Il reste à comprendre, cependant, par quels étranges cheminements ces copies fastidieuses peuvent

104 Marque de plumes métalliques très répandues dans les écoles entre 1900 et 1960 et destinées à l'écriture courante.

105 Entretien du 30 juillet 1979.

106 Voir, par exemple, Xavier-Édouard Lejeune, *Calicot*, Paris, Éditions Montalba, 1984.

107 Les allusions à cet intérêt de Moïse enfant pour la chose écrite sont nombreuses dans les entretiens. C'est le cas lorsqu'il fait dire à son voisin Dumas : « Il est bien sérieux pour son âge ce petit », ou encore lorsqu'il prête ce jugement au maire et négociant Peyre : « Ce petit s'intéresse… »

conduire un jour cet apprenti en écritures à la prise de plume personnelle qu'elle soit adressée à autrui (correspondance) ou destinées à lui seul (carnets de note, cahiers, etc.).

L'étape de la guerre a été certainement décisive. Moïse a toujours été très discret à ce sujet. Toutefois, il évoque à plusieurs reprises son rôle de rédacteur du courrier dans les tranchées, entre 1916 et 1918. Prêtant volontiers ses compétences à ses camarades illettrés, il comprend très vite que ces derniers ne sont pas plus capables de lui dicter une lettre que de l'écrire. Il retrouve alors la vieille technique des écrivains publics [108] des siècles passés :

> « Je leur demandais de me raconter leur famille, leur femme, leurs enfants, leurs parents... Ce que chacun faisait à la maison, au travail... Et puis, je faisais une lettre, pardi... J'inventais un peu... Mais c'était souvent les mêmes phrases... Et puis, je la leur lisais et ils me disaient ‹Oui ! C'est ça ! C'est ce que je voulais dire...› Quelquefois on ajoutait une chose ou deux et puis voilà... L'essentiel, c'était de donner des nouvelles. » [109]

C'est aussi pendant la guerre qu'il commence à rédiger ses premiers carnets. L'un d'entre eux a survécu aux années. Il est rédigé au crayon à mine violette, caractéristique de l'écriture du soldat au front. Il comporte deux parties. L'une est un résumé de son cours d'instruction militaire (formation à l'utilisation de la mitrailleuse dont sont dotés les fantassins). L'autre est un ensemble de notes, souvent très courtes et sibyllines [110], sur les étapes successives de ses engagements au feu ou de ses replis. On reste en-deçà du récit, il s'agit à peine d'un aide-mémoire.

Peut-être est-ce là le ressort secret de l'attachement à l'écriture — privée cette fois — que Moïse va manifester tout au long de sa vie ? En effet, ces notes très succinctes sont la matrice d'une rédaction indéfiniment recommencée du récit de ces années, certainement terribles pour l'adolescent qui connaît son premier combat à dix-huit ans. Dès sa démobilisation, il tente une première mise en forme : une dizaine de pages développent les notes prises sur le vif. Il recommencera jusqu'à ses derniers jours. On retrouve des versions répétées de ce texte dans les cahiers qu'il tient pendant ses années d'engagement politique entre la Libération et 1968 ; et les récits de guerre occupent un bon tiers des « feuillets »

108 Christine Métayer, *Écrivains publics et milieux populaires à Paris aux XVIIe-XVIIIe siècles : le cas des écrivains des charniers du cimetière des Saints-Innocents*, PhD, Québec, Université Laval, 1991.

109 Entretien du 6 novembre 1981. On trouve des descriptions analogues dans les nombreux témoignages recueillis par Gérard Bacconnier, André Minet et Louis Soler dans *La Plume au fusil : les poilus du Midi à travers leur correspondance*, Privat, 1985.

110 On peut être pris, il ne faut pas que des informations précises tombent entre les mains des ennemis et la surveillance qui s'exerce à cet égard sur les soldats est draconienne (Ibid.).

qu'il a rédigés à la fin de sa vie. Là ne se limite pourtant pas sa passion d'écrire. Elle accompagne en fait tous les instants de son existence et se loge sur les moindres surfaces propres à recevoir de l'écriture : agendas, bandes d'expédition des journaux, feuilles d'éphémérides, enveloppes retournées, menus de banquets, faire-part de toutes natures, etc.[111] Seul le journal intime manque à cet inventaire. L'a-t-il fait disparaître et a-t-il soigneusement évité de m'en parler ? Peut-être... Plus vraisemblablement il n'en a jamais tenu, préférant à l'examen de conscience, pourtant fréquent en milieu protestant, ou à l'introspection du moi, le simple enregistrement des événements qui surviennent et des réflexions qu'ils suscitent ?

Toutefois, dans les entretiens que Moïse H. m'a accordés, ces écritures personnelles ne sont pas valorisées. Il en parle peu et n'a jamais voulu en expliciter ni l'occasion ni la signification qu'il y attachait malgré mes questions réitérées. Il semble que, pour lui, le travail d'écriture se suffise à lui-même, qu'il ne construise aucune identité spécifique, qu'il ne soit l'occasion de revendiquer aucun statut social ou culturel. Avoir pu entrevoir dès la prime adolescence les mystères de la comptabilité, avoir posté un recommandé, copié des enveloppes, étaient certainement, à ses yeux, des avancées plus décisives vers le monde mystérieux de l'écriture.

Ainsi, c'est bien entre dix et douze ans, dans l'austère fréquentation du bureau d'une petite entreprise commerciale de Saint-Côme que Moïse, après avoir tiré profit de la lente montée de sa famille vers la lecture, entre un jour en écriture, pour ne jamais l'abandonner.

111 J'ai pu, après son décès, faire l'inventaire des écrits manuscrits et imprimés qui s'étaient accumulés dans le dernier appartement qu'il avait habité. Sur ces écrits de l'existence quotidienne, voir *Écritures ordinaires*, sous la direction de Daniel Fabre, Paris, Éditions P.O.L. et Centre Georges Pompidou-B.P.I., 1993.

II. Apprentissages

SANDRO BIANCONI

Lettura e scrittura nelle classi popolari dell'arco alpino tra Cinquecento e Settecento

Due tele dal titolo *Il catechismo in chiesa,* esposte alla mostra della primavera 1996 a Palazzo Reale di Milano sull'opera del pittore Alessandro Magnasco (1667–1749), mi sembrano lo spunto ideale per introdurre il mio intervento[1]: nell'ampia navata di una chiesa si svolge l'insegnamento della dottrina cristiana. Fra tavoli, panche, sgabelli e inginocchiatoi, ecclesiastici e laici insegnano a una folla di bambini, suddivisi in piccoli gruppi, a farsi il segno della croce, a recitare preghiere, a leggere il catechismo. La scena è animatissima e molto realistica: al centro scampanella il *silenziere,* in primo piano un *pescatore* trascina per mano un ritardatario; sullo sfondo a destra un *maestro* minaccia con una lunga canna un allievo indisciplinato; attorno a un tavolo siedono i *sopramaestri,* accanto a loro un vecchio arcigno sorveglia con una canna in mano il comportamento dei ragazzi; in tutto il quadro, in veste di protagonista, è centrale il testo scritto nella forma di fogli volanti, tavole e opuscoletti.

Sappiamo che l'insegnamento del catechismo fu un'attività assai curata e capillarmente diffusa nella diocesi di Milano[2]: volute e promosse da Carlo Borromeo, le scuole della dottrina cristiana furono uno dei canali più importanti per la diffusione dei nuovi valori controriformistici e allo stesso tempo uno strumento dell'alfabetizzazione di base della popolazione. Nella diocesi ambrosiana al tempo del cardinale Federico si contavano 34.749 scolari, maschi e femmine[3]. Nei baliaggi italiani sotto gli Svizzeri, pur con variazioni anche forti tra parroc-

1 Cf. il catalogo della mostra *Alessandro Magnasco (1667–1749),* Milano (Electa) 1996, pp. 200–203.

2 Fra gli studi più recenti sull'argomento segnalo: Xenio Toscani, *Scuole e alfabetismo nello Stato di Milano da Carlo Borromeo alla Rivoluzione,* Brescia (La Scuola) 1993, e Angelo Turchini, *Sotto l'occhio del padre. Società confessionale e istruzione primaria nello Stato di Milano,* Bologna (il Mulino) 1996.

3 Cf. Silvia Morgana, «Lingua e dialetto nelle scritture di semicolti milanesi del '600», in: *Filologia moderna* 9 (1987), pp. 209–264.

chia e parrocchia, la situazione non era molto diversa: lo documentano gli atti delle visite pastorali dei vescovi di Milano e Como e una serie di materiali d'archivio come i seguenti, in cui ritroviamo gli attori e le dinamiche delle tele del Magnasco.

Nel primo, una nota del prevosto di Biasca Giovanni Basso del 1602, conservata nell'Archivio parrocchiale, e intitolata «Della dottrina christiana», appare il riferimento puntuale a san Carlo; questa attività viene definita «necessarissima» e, infine, vengono elencati gli «operari» o ufficiali per i maschi e le femmine. In particolare, è interessante l'indicazione che per quest'ultime sono previste le «maestre per la dottrina» e le «maestre per leggere», mentre per i maschi si elencano soltanto i maestri della dottrina. La stessa indicazione si trova in un documento redatto dal successore del Basso il 1. 5. 1630: «cessato il flagello della peste» si designano i nuovi responsabili: per i maschi sono elencati i «maestri de principianti», dei «disputanti» e «per le cose più alte»; per le femmine ritroviamo le maestre «per insegnar a legere». Se ne deduce che per i maschi l'insegnamento della lettura non era necessario siccome erano già stati alfabetizzati nella scuola della comunità aperta ai soli maschi. Quindi, saper leggere era la *conditio sine qua non* per seguire le attività della scuola come ci vengono illustrate dalle «Regole» della Compagnia della dottrina cristiana di s. Dalmazio in Milano d'inizio Seicento, pure conservate nell'archivio parrocchiale di Biasca, dai titoli «Dell'ufficio delli maestri e maestre», «Dell'ufficio del maestro e maestra della disputa», «Dell'ufficio del cancelliere e cancelliera».

I punti qualificanti e per noi più interessanti delle Regole sono i seguenti: i *maestri* devono far recitare ad uno ad uno la lezione, esercitare gli allievi nell'interrogarsi e correggersi l'un l'altro. Devono inoltre fare in modo che «tutti imparino li buoni costumi e il vero modo di vivere christianamente». Il *maestro della disputa* deve insegnare il modo di portare la voce e gesti affinché gli allievi proferiscano chiaramente e senza errore tutte le parole e che sappiano bene a memoria la lezione. Il *cancelliere* «deve anco insegnare a scrivere a quelli per ordinario che sono della terza classe». Quindi, oltre alla pratica dei buoni costumi, nelle scuole della dottrina cristiana si recitavano testi memorizzati, si leggeva, si dibatteva e si scriveva in italiano.

Il materiale didattico era costituito da libriccini devoti, stampati e ristampati numerosissime volte a partire dalla seconda metà del '500, quali il *Libretto per conoscer il governo delle scuole de' putti, et putte, et come si debba orare,* Brescia 1595, l'*Interrogatorio del maestro al discipulo per instruere li fanciulli et quelli che non sanno nella vita di Dio,* Milano 1565, oppure il *Modo breve, facile, utile, et necessario in forma di dialogo, per ammaestrare i figliuoli mascoli e femine* ecc., Venezia 1581. Erano catechismi in italiano, in forma di domande e risposte da leggere e memorizzare. Nella stessa sede gli scolari imparavano a memoria canti di chiesa ed orazioni in italiano da usare nelle pratiche devozionali liturgiche ed extra-liturgiche. Sono numerose le attestazioni di queste pratiche: dalla Mesolcina, nel febbraio 1584, uno dei gesuiti collaboratori del Borromeo scrive: «et si cantavano le letanie, et canzoni spirituali fatte imparare prima ai figlioli cioè Giesù, Giesù, Giesù, Ognun che ami Giesù, et Piaccia a Dio che andiamo in cielo, et Alma madre Dio etc. con voce tanto dilettevole che tutta la compagnia giubilava di gaudio, et gli altri correvano a sentire buttandosi in ginocchioni.»[4] Il parroco di Comano Domenico Tarilli descrive nel Libro della chiesa il 17. 4. 1576 la processione del giubileo e sottolinea l'attiva partecipazione dell'intera comunità: «Cantavano le loro litanie queste benedette vergini con ordine tripartito con tanta melodia, che rapresentaveno i canti della celeste gerarchia [...] Rispondevano le medeme litanie i detti chierici che erano innanti alli sacerdoti. Dicevano le medeme voci i fanciulli che andavano innanti vestiti da angioli. Cantavano le medeme litanie li huomini che erano di drieto alle spalle de nuoi sacerdoti, et perché questi huomini erano molti, facevano ribombare le contrade con il suo cantare [...].»[5]

Una seconda occasione di lettura finalizzata alla memorizzazione era offerta dalle orazioni da recitare individualmente nelle devozioni domestiche o collettivamente nelle funzioni liturgiche.[6] Anche in questo caso i testi erano pubblicati in opuscoletti di larga diffusione a partire dalla seconda metà del XVI secolo, come è il caso delle *Orationi da dire dopo le litanie,* stampato a Venezia nel 1581.

Come è noto, le scuole della dottrina cristiana non sono che un aspetto delle iniziative della pastorale posttridentina volte, da un lato, a contrastare la minaccia di diffusione della riforma protestante a meridione delle Alpi e dall'altro a "riformare" comportamenti e abitudini tradizionali dei fedeli. In questa doppia prospettiva la Chiesa milanese, in particolare sotto la guida dei due cardinali Borromeo, intervenne in modo deciso nei territori prealpini e alpini confinanti con il mondo tedesco riformato. Per la realizzazione dei suoi obiettivi ideologici e pastorali essa progettò e realizzò un sistema pedagogico-didattico coerente, articolato e funzionale che doveva in un primo momento formare la competenza linguistica di base dei fedeli e portarli quindi alla capacità di capire e mettere in pratica i messaggi e i contenuti della nuova pastorale. Lo strumento protagonista di questa azione controriformistica fu la parola in lingua italiana, orale e scritta. Nei documenti relativi all'intervento di Carlo Borromeo contro gli eretici in Mesolcina nel 1584 abbiamo testimonianze esplicite sul ruolo della scrittura e

4 Biblioteca Ambrosiana Milano, F 167 inf 227.

5 Domenico Tarilli, *Notizie dal Cinquecento,* Locarno (Dadò) 1993, pp. 212–213.

6 Cf. Giovanni Pozzi, «L'italiano in chiesa», in: Ottavio Besomi / Carlo Caruso (eds.), *Cultura d'élite e cultura popolare nell'arco alpino tra Cinque e Seicento,* Basel / Boston / Berlin (Birkhäuser) 1995, pp. 303–343.

del libro in un contesto fortemente conflittuale. Un gesuita al servizio di san Carlo scrive al cardinale: «Nostro signore n'ha tocco sette che meco si sono confessati et communicati, cioè cinque in Musocco et dua in Soazza, quali parte con prediche parte nella medema confessione si sono aiutati et habiurati l'heresie che havevano in testa, et in segno di confessarsi vinti et di cedere alla verità han deposto et m'han consegnato l'armi cioè i libri luterani, scritti in lingua todesca quali tengo [...] Bisogneria havere alcuni libri spirituali da dare a questi che m'han dato li prohibiti, come le dottrine aver catechismi, et alcuni libretti volgari da far oratione, et simili. Un catolico m'ha reso un libro di Lutero qual contiene le prediche credo io di tutto l'anno perché è molto grande et dice costarli tre talleri.»[7]

Preoccupata di esercitare il controllo capillare dell'ortodossia, al fine di evitare sia il diffondersi della religione riformata sia il persistere delle pratiche della cultura folklorica tradizionale, la Chiesa milanese assunse e detenne il monopolio dell'istruzione popolare durante tutto il periodo dell'antico regime: negli atti delle visite pastorali alle pievi sotto gli Svizzeri da Carlo Borromeo in poi i vescovi si preoccupano sì di verificare l'esistenza di una scuola in parrocchia ma soprattutto controllano le garanzie che il maestro offre dal punto di vista morale e comportamentale. Infatti, per la chiesa posttridentina l'istruzione elementare ha senso e funzione solo in quanto premessa alla formazione del buon cristiano nella linea dei valori controriformistici. Conviene ricordare qui che, in linea con le altre attività pastorali, liturgiche e paraliturgiche, il modello linguistico di riferimento delle scuole è l'italiano letterario codificato da Pietro Bembo nelle *Prose della volgar lingua* stampato a Venezia nel 1525, studiato dagli ecclesiastici nei collegi e nei seminari della diocesi. Nell'ottica della chiesa cattolica di realizzare in campo dottrinale e morale un progetto normativo universale contro la specificità e la varietà della tradizione antropologico-culturale pagana è fuori di dubbio che l'italiano letterario dovette apparire come lo strumento linguistico ideale da contrapporre alla particolarità e varietà dei dialetti locali manifestazione linguistica coerente proprio di quella cultura folklorica che doveva essere cancellata.

Detto delle iniziative della Chiesa cattolica, è interessante ricordare quanto avvenne sul versante riformato nella Val Bregaglia[8] dove, contemporaneamente, dal punto di vista operativo, ci troviamo di fronte alle stesse scelte operative dei cattolici: sono pervenuti sino a noi numerosi sussidi didattici, catechismi, libri di canti spirituali, libri di preghiere che, dal punto di vista strutturale e metodologico non differiscono in alcun modo dai manuali cattolici. È la stessa pratica

7 Biblioteca Ambrosiana Milano, F 168 inf 192.
8 Sandro Bianconi, *Plurilinguismo in Val Bregaglia*, Locarno (Osservatorio linguistico) 1998.

delle domande e delle risposte, le stesse attività di memorizzazione, è identico anche il modello di lingua adottato, l'italiano letterario toscano. Quindi, le due Chiese seguono lo stesso percorso, utilizzano gli stessi strumenti, impostano la loro opera di evangelizzazione partendo dalla stessa premessa di un'alfabetizzazione di base curata dai ministri dei due culti. A Soglio come a Carona, pur nel nome di due diverse fedi, si sono attuate le stesse scelte adottando gli stessi percorsi didattici.

Ma più che le scuole della dottrina cristiana, quelle comunitarie o parrocchiali furono senza ombra di dubbio il canale più importante dell'alfabetizzazione delle popolazioni alpine e prealpine: nei baliaggi svizzeri d'Italia, ad esempio, già alla fine del XVI secolo se ne contavano una settantina e nel '700 il loro numero sale a 140.[9] Questo successo non si spiega certamente con un generico bisogno di cultura da parte di quelle popolazioni o con la capacità della Chiesa di convincerle ad accettare idealisticamente le nuove proposte pastorali ed educative, bensì con precisi concreti bisogni ed esigenze d'ordine pratico della gente cisalpina, all'origine dei quali stanno realtà e fenomeni d'ordine socio-economico da un lato e politico-amministrativo dall'altro.

L'emigrazione artigianale qualificata, che caratterizza sin dal medioevo tutta la regione dei laghi lombardi prealpini e che a partire dalla seconda metà del XVI secolo sino alla fine del XVIII si accentua e diversifica interessando decine e decine di borghi e villaggi, in particolare del Locarnese, del Luganese e del Mendrisiotto, come ho avuto modo di documentare nei miei studi di quest'ultimo decennio, è il fenomeno che spiega la forte domanda di istruzione sia da parte delle comunità dei baliaggi italiani sia dello Stato di Milano. Precise esigenze legate alla propria attività lavorativa: saper leggere e scrivere capitolati, contratti e conti, corrispondere con i committenti, affermare e documentare le proprie posizioni nel caso di contestazioni e processi; ma non solo, il bisogno affettivo di comunicare con la famiglia rimasta in patria e quello materiale di curare da lontano i propri interessi esigevano che l'emigrante sapesse leggere scrivere e far di conto. In questo senso l'offerta della Chiesa, nella forma concreta degli ecclesiastici detentori del monopolio quasi totale della competenza pedagogico-didattica, coincide felicemente con la domanda d'istruzione della popolazione. Si comprende allora perché nei contratti col parroco le comunità cisalpine richiedevano che egli insegnasse a leggere, scrivere e far di conto, come

9 Cf. Sandro Bianconi, «Alfabetismo e scuola nei Baliaggi svizzeri d'Italia», in: *Archivio Storico Ticinese* 101 (1985), pp. 3–28; id., *I due linguaggi. Storia linguistica della Lombardia svizzera dal '400 ai nostri giorni*, Bellinzona (Casagrande) 1989; Ivan Cappelli / Claudia Manzoni, *Dalla canonica all'aula. Scuole e alfabetismo nel Ticino da san Carlo a Stefano Franscini*, Pavia (Dip. storico-geografico dell'Università) 1997.

è il caso, fra tanti altri, a Carona nel 1626: «Item che habbia di tenire la scola et mostrare alli figliuoli a legere et scrivere et far conti, et habbia per sua mercede libre nove per quelli che scrivano, et quelli che legano libre 6.»[10]

L'istruzione dei figli era in effetti una delle preoccupazioni centrali dei mastri d'arte nell'emigrazione: essa si traduce concretamente nella costituzione di lasciti al fine di fondare scuole nei villaggi d'origine. Oppure si manifesta nella preoccupazione che i propri figli ricevano un'istruzione adeguata, come ci rivelano numerosi passaggi delle loro lettere ai familiari. Così Giuseppe Soldati di Rancate scrive nel 1697 da Trevi: «Ora godo come VS me dà tanta bona nova de Ioseppino mio filiolo si diporta bene alla scola e prego VS quando passa di Besaccio lo rigorta all signore prete Benedeto mastro di scola di averli l'ochio.»[11]

Il tema dell'istruzione dei figli ritorna più volte nelle lettere di un altro mastro, Giovan Battista Giorgioli[12], emigrato in Germania. In una lettera del 10. 6. 1700 egli scrive: «e darete soldi dieci a Giovan Antonio con questo che atenda alla scola et inparare, se inparerà bene gli ne manderò delli altri [...] care amida et consorte e vi ricomando il mandar alla scora il figliolo e non tenerlo a casa o mandarlo fori con le bestie ma lo mandarete continovamente a scola.»

Da una lettera del 8. 1. 1713: «e li ricomando il mio filio per la scola come anche al signore compare Francesco Antonio Giorgioli con la sua signora e li ricomando il mio filio d'insegniarli a disegniare.»

Un Oldelli, mercante a Colonia, scrive il 5. 3. 1786 al fratello a Meride: «i miei cari nipoti, che bravi, e spiritosi crescono, e fanno a noi speciale onore nello studio, io poi li esercito giornalmente nella lingua italiana, ed il mese venturo comincieranno a prender lezione un'ora al giorno di clavicembalo.»[13]

Un secondo, importante fattore d'ordine socio-economico che motivava una forte richiesta di istruzione era il fatto di trovarsi sull'importante via di comunicazione del s. Gottardo. È il caso di Giornico, stazione di cambio nel percorso sud-nord, le cui richieste d'istruzione andranno spiegate con le attività legate alla someggiatura e alla gestione di locande e alloggi. Annota in una lettera il prevosto di Biasca Giovanni Basso: «Da Giornico è partito quel frate fiamengo qual era tratenuto dagl'huomini alla capella di s. Antonio et per tenere scuola. Ma doppo detto frate, passando un sacerdote francese, quale veniva di Roma per ritornare al suo paese [...] gli huomini anco l'hanno tratenuto a detta capella per far la scuola.»[14] Tre anni dopo il curatore della stessa cappella scrive al visitatore

10 Archivio parrocchiale Carona, «Capitulatione et istromenti del signor curato».

11 Archivio cantonale Bellinzona, Oldelli 25.

12 Archivio cantonale Bellinzona, Oldelli 25.

13 Archivio cantonale Bellinzona, Oldelli 25.

14 Archivio arcivescovile Milano, Tre Valli 57, 20. 1. 1616.

monsignor Pezzano lamentandosi della cattiva qualità dell'insegnamento impartito dal maestro e, insistendo sul «bisogno che habbiamo d'una buona scola», chiede urgentemente l'invio di «un altro buon reverendo sacerdote che fusse habile per la scola, acciò li nostri figli non perdino il tempo.»[15]

Accanto a quella di natura socio-economica si può segnalare anche una motivazione d'ordine politico-amministrativo specifica delle comunità sotto gli Svizzeri; da sempre, infatti, esse godevano di un regime di relativa autonomia e autogoverno con proprie istituzioni democratiche di base che gli Svizzeri in generale avevano riconosciute e rispettate. Erano i Congressi generali delle comunità, le Assemblee delle vicinanze e delle pievi che richiedevano l'assunzione a turno di cariche, la capacità di redigere verbali, registri e di tenere la contabilità. D'altra parte la gestione delle varie confraternite religiose e delle compagnie di artigiani emigranti nella forma della tenuta dei conti annuali e dei verbali delle assemblee richiedeva che gli ufficiali delle stesse, gente comune, fossero alfabeti. I documenti relativi si contano a migliaia in tutti gli archivi comunali, patriziali e parrocchiali della regione.

Insegnamento della scrittura: metodi e risultati

Tutta una serie di materiali archivistici testimonia sia il duro percorso degli allievi per arrivare all'alfabetismo sia il metodo d'insegnamento della scrittura che rimane immutato tra l'inizio del XVI e la fine del XVIII secolo, centrato sulla pedagogia dell'imitazione, attraverso la memorizzazione e la ripetizione dei modelli proposti dai docenti. In questi opuscoli, quadernetti e fogli volanti sono contenuti gli esercizi di scrittura degli allievi in vari contesti di apprendimento, la famiglia, il posto di lavoro, la scuola parrocchiale. Ne presento di seguito cinque casi di epoche, luoghi e situazioni diverse:

1. 1506–8, Volterra, famiglia di un artigiano di Biasca emigrato in Toscana, quaderno di conti del padre con esercizi di scrittura del figlio[16] consistenti nella trascrizione ripetuta negli spazi bianchi dei modelli tracciati dal padre: le lettere dell'alfabeto, le abbreviazioni di *libre, soldi, denari, moggia, staia* e, infine, singole parole e brani delle annotazioni contabili paterne. L'apprendimento della scrittura avviene in questo caso nell'ambito familiare e allo stesso tempo lavorativo, sotto la guida del genitore.

15 Archivio arcivescovile Milano, C.U., 72, 14.4.1619.
16 Archivio parrocchiale Biasca.

2. 1623–4, Brione Verzasca, quadernetto con esercizi di scrittura di un ragazzo anonimo[17] consistenti nella riproduzione delle lettere dell'alfabeto, di annotazioni contabili del caneparo della chiesa del villaggio, di passaggi di lettere scritte dal parroco e, infine, del testo di un canto di chiesa in italiano. In questo caso l'apprendimento della scrittura si situa nel contesto parrocchiale della scuola del curato.

3. 1717–20, Fusio, quadernetto con esercizi di scrittura di Giuseppe Maria Lancioni e altri membri della famiglia[18]. Assieme a canti di chiesa ritrascritti con cura e in bella grafia, ci sono alcuni esercizi di scrittura e, soprattutto, alcune considerazioni tracciate a fatica sul senso dell'impegno scolastico, del genere: «Lo ricopato di una altra scrita di gi L di Fusio Chi vole imparare bisogna studiare e Ma i miei signori mi compatirete se non sone scrita bene Lo scrite di note e nel prancipio che ho imparato a scrivere»; segue poi una mezza paginetta riempita di segni astratti senza alcun riferimento con le lettere dell'alfabeto. Anche in questo caso il contesto dell'apprendimento è quello ecclesiastico, ma le esercitazioni avvengono in privato, addirittura di notte.

4. fine '700, Brione V., fogli sciolti con esercizi di scrittura degli allievi della scuola parrocchiale[19]: si tratta di versi di canti di chiesa trascritti dal maestro come modello all'inizio di pagina che l'allievo trascrive ripetutamente sul foglio con frequenti alterazioni del testo, che naturalmente il ragazzo non poteva capire, con il procedere dell'esercizio. Ad esempio il parroco aveva scritto: «China la fronte al petto, e l'anima esalar» e l'allievo alla terza riga scrive: «Chi nat la tranta al petto, elant ma e salar».

5. 1801, Borgonovo (Bregaglia), volumetto dal titolo *Catechismo cioè breve summario della fede...*, Coira, 1768.[20] Su alcune pagine bianche del libro un allievo, Rodolfo Vassali, ha scritto nel 1801 quanto segue: «Questo libbero è di me R. V. e Dio voglia che posa bene imparare a mente ed osservare a gloria Dio e salute della anima mia e amen fine». Qui ci troviamo in un contesto riformato, ma si riconfermano puntualmente sia lo stretto legame tra formazione religiosa e alfabetizzazione sia la metodologia della memorizzazione e dell'imitazione.

Questa attività didattica di base, curata prevalentemente dagli ecclesiastici, ma anche dagli artigiani nelle botteghe e da singoli individui, ha una evidente dimensione sociale e porta, a partire dalla seconda metà del XVI secolo, a concreti mutamenti rispetto alla situazione precedente:

1. Un primo cambiamento si situa al livello della quantità e della qualità delle

17 Archivio cantonale Bellinzona, Castello Marcacci, 6.
18 Archivio cantonale Bellinzona, Diversi, 473.
19 Archivio cantonale Bellinzona, Castello Marcacci, 7.
20 Borgonovo, biblioteca privata.

scritture. Lo studioso che ha pratica di materiali archivistici con scritture pratiche tra fine '400 e inizio '500, constata grossi cambiamenti sia d'ordine quantitativo che qualitativo a partire dalla metà del '500. Infatti, sino ai primi decenni del XVI secolo le grafie dei documenti rivelano quasi esclusivamente scriventi professionali, di livello colto, notai, cancellieri, ecclesiastici, uomini di cultura; inoltre, la maggior parte delle scritture sono in latino salvo nella corrispondenza epistolare dove si afferma progressivamente l'italiano. Dal punto di vista qualitativo, poi, questa varietà di lingua risulta assai diversa e lontana dal modello di italiano letterario fiorentino: si tratta infatti della lingua cancelleresca settentrionale, una varietà composita, ricca di elementi eterogenei di origine latina e dialettale. Il quadro muta radicalmente dopo la metà del XVI secolo: compare un nuovo tipo di grafia, la corsiva italica o elementare di base, non di rado tracciata con fatica e difficoltà, che rivela una nuova, folta categoria di scriventi, i semicolti, sino allora praticamente assente, di livello culturale e di competenza linguistica modesti: si tratta di gente comune, manovali, mercanti, artigiani, contadini e donne, categorie sino a questo momento praticamente fuori dalla storia nei fondi degli archivi lombardi.

2. Oltre agli aspetti grafici esteriori questa massa di scritture ha in comune una serie di caratteristiche linguistiche che permettono di individuare la costituzione e la diffusione, a partire dalla seconda metà del '500, di una nuova varietà diastratica della lingua con le chiare attestazioni dei tratti qualificanti della varietà detta semicolta o popolare d'italiano. Quali sono i suoi tratti costitutivi e qualificanti? È una lingua fortemente dinamica, eterogenea e polimorfica, in cui convivono fenomeni tipici del parlato e dei dialetti; tratti arcaici (lingua settentrionale) e innovativi (toscano); segnata fortemente dai fenomeni di oscillazione e semplificazione. In particolare, e come esemplificazione indicativa,

a. al *livello grafico* si constata l'assenza o l'impiego molto irregolare e soggettivo dei segni diacritici e interpuntivi; il non uso delle lettere maiuscole; la concrezione di parole semanticamente deboli a quelle più forti; l'assenza della geminazione per le consonanti o la presenza fuori posto, l'oscillazione tra consonanti sorde e sonore, ecc. Sono le manifestazioni caratteristiche della difficoltà di separare il livello orale da quello scritto causata dalla limitata competenza scrittoria e dalla forte interferenza della lingua 1 parlata, il dialetto;

b. al *livello morfo-sintattico* sono frequenti i fenomeni di riduzione e semplificazione della norma linguistica scritta, cui spesso si aggiungono marcati fenomeni di interferenza del parlato. La sintassi è prevalentemente centrata sull'uso dei connettivi coordinanti in particolare di *e*. Ricorrono spesso il *che* polivalente, le topicalizzazioni, gli anacoluti, le frasi scisse e i pleonasmi. Questo insieme di fenomeni conferisce ai testi il carattere di flusso continuato senza pausa alcuna tra i suoi costituenti, tipico del parlato;

c. al *livello lessicale* sono importanti i fenomeni di interferenza del dialetto, dovuti ai vuoti soggettivi, in particolare negli ambiti legati alla cultura materiale.

Va tuttavia detto che non tutti i fenomeni segnalati sono presenti in ugual misura e presso tutti gli scriventi; questa varietà di lingua non è né unitaria né omogenea e la competenza linguistica più o meno sviluppata dei singoli scriventi produce notevoli variazioni linguistiche e testuali. A illustrazione del livello più modesto di questa varietà d'italiano dei semicolti con livello di alfabetizzazione di base, trascrivo tre testi di epoche diverse che dimostrano la permanenza plurisecolare di una condizione culturale e linguistica fondamentalmente identica, che comincerà a mutare solo nel corso dell'Ottocento con la scuola pubblica:

1. *Lettera di Matteo Farei di Claro a Carlo Borromeo, 1582*[21]

Lustrisimo bonsignore gardinalo bono romeo de santa prosedia quale sarà per avisarve de quelo gerigo de antonio bulo qualmente facio feda mi batista farei curadore deli monige del monesterio de santa maria de claro come mi ho uno fiolo ge nasuto lano del 1551 ali 21 de desembre et quelo gerigo del dito antonio bulo me rigordo che nesuto de prima certo et ve pregiamo che voliati farge apiacere per amore de dio et mi mateto fiolo del dito batista farei ho scrito con comisione de mio padre dito batista faré sia data in mane de bone sigore lustrisimo bono romeo de santa porcedia in milano

2. *Lettera di Giuseppe Cantoni di Melano ad Alfonso Oldelli il Vecchio, 1689*[22]

Charis.mo mio sig.re

Con questa mia scritta sara per salutarllo usignorria et à pregharllo che in gratia à darme sodisfatione di quelle chornizze che io ò fatto gia che usignora à scritto quella literra ma io non son sodisfatto per quello è di novo io lo pregho à sodisfarme per che io no grando bissogno e che io ò scritto sollo quello che in portta per esser usignora che lin portta un filippo à lunna per esser usignorè io ò riceputo un figlippo è mezzo che le chornizze sono quatto che lin portta quattro figlipi è io no ricceputto unno e mezzo è io lo pregho à darme sodisfatione àl pressente chasso che usignoria non ghe dagha sodisfatione io saro rissollto à cerchar li dinari che ussignoria àma vara datto di tornarli restituirlli à usig.ra è piglliar mi li miei lavorri è che usignoria non li restta poi disghustato non alltro. solo baccio le manni à ussignoria

Io Giuseppo Chantono àlli 31 lulio 1689 in mellano

21 Biblioteca Ambrosiana Milano, F 68 inf 21.

22 Archivio cantonale Bellinzona, Oldelli 10/V.

3. *Confesso di Giovan Battista Rusconi di Mergoscia, 1770*[23]
Lano 1770 adi 15 de genaro in duais
io confeso giuan batista ruscone de aver quittato il mio fratelo de bona volontà perche io il mestiero dil vedriato lera tropa grevo per me io piglato un altro mistiero piu lingero e adeso il mio fratelo la poi avancato per me dopo la mia spartenza dela patria sina aora presente la suma di undeci ducatoni di francia fra le spese e vestiti e restato in gunzene perche io non podeve fare queste fatige
io giovano batista ruschone a fermo chome di sopra

Osservazioni conclusive

1. La distanza della varietà diastratica bassa di lingua, con i suoi tratti polimorfici ed eterogenei, rispetto al modello d'italiano insegnato è innegabilmente quasi abissale. È il risultato dell'interazione di diversi fattori, primo fra tutti la fragilità e la superficialità della competenza linguistica degli scriventi acquisita nei pochi anni di frequenza delle scuole comunitarie. Inoltre, pesa negativamente la pratica molto ridotta della scrittura nel corso della vita di queste persone, e, infine, la prevalenza assoluta dei dialetti nella comunicazione orale produce di conseguenza la diffusa incapacità di fondo di separare il livello orale da quello scritto.

2. Malgrado questa problematica situazione, lo strumento della scrittura si rivela in tutta la sua funzione qualificante negli esempi di lettere riportate sopra. Infatti, un umile giovane valligiano scrive direttamente a una personalità storica di primo piano come san Carlo, e il suo scritto è conservato nell'epistolario del cardinale. Oppure, un semplice artigiano rivendica attraverso la scrittura i suoi diritti nei confronti dell'arrogante signorotto locale che non ricompensa il lavoro eseguito secondo i patti e lo tratta da pari a pari. È la conferma che, al di là dei giudizi sui metodi d'insegnamento e sulla qualità dei risultati, la conquista della scrittura ha aperto alle classi popolari l'entrata nella storia, ha significato la possibilità di creare nuovi rapporti sociali fuori dei confini ristretti della dimensione orale privata.

3. Nelle decine e decine di casi di semicolti che ho avuto occasione di seguire attraverso gli epistolari nel corso della loro esistenza, non ho mai avuto modo di constatare lo smarrimento o la crisi della loro capacità scrittoria. In altri termini, mi sembra che manchino, per i secoli passati, i sintomi o i segnali dell'analfabetismo di ritorno, un fenomeno che tocca oggi non poche persone nelle nostre società. Quale può essere la spiegazione di un fatto assolutamente non banale? Una prima ipotesi potrebbe essere la familiarità con l'italiano nella serie nutrita

23 Minusio, fondo privato.

di occasioni di contatto con la parola in lingua offerte, da un lato, dalle varie attività liturgiche e paraliturgiche, che avevano un peso notevole nella vita quotidiana nell'antico regime, dall'altro, dalle dinamiche linguistiche legate all'emigrazione. Ma più verosimile e convincente mi sembra la spiegazione proposta da Jean Hébrard durante il seminario di Ascona: la solidità e la permanenza nel tempo della capacità scrittoria sarebbero da ricondurre all'efficacia del metodo manoscritto seguito nell'insegnamento del passato che dava all'allievo una competenza assai più profonda e duratura di quella fornita dal metodo a stampa.

PIERO LUCCHI

Nuove ricerche sul Babuino

L'uso del sillabario per insegnare a leggere e scrivere a tutti in lingua volgare (sec. XV–XVI)[1]

In ricordo di Carlo Dionisotti

1. Nel giugno del 1549 venne indirizzata a Venezia una supplica al Doge e alla Serenissima Signoria a firma di Prospero Cardo, «del Regno di Napoli», che si dichiarava «affitionatissimo servidor di questo Eccelso Stato» in qualità di «maestro di scola d'abbaco e scrivere», vale a dire maestro privato di aritmetica pratica e scrittura[2]. Avendo già provato personalmente la generosità della Repubblica (che più di ogni altro principe aveva «favorito li vertuosi et abbracciato quelli nel gremio suo») e volendo a sua volta giovare al «suo fedelissimo populo et sudditi» egli aveva dedicato molti giorni «in trovare nuovo modo et via facile da insegnare a ognuno di qualunque età a leggere in un tempo ogni sorte di

1 Il presente contributo illustra, in forma necessariamente parziale e a tratti compendiaria, le ricerche degli ultimi anni intorno al Babuino, che è al centro di un progetto di studio rimasto lungamente sospeso su questi problemi (ringrazio gli organizzatori di questo convegno per avermi offerto l'occasione di riprendere il cammino). I miei precedenti lavori (ai quali rinvio e che citerò, quando il riferimento non appaia superfluo, solo col mio cognome e l'anno di stampa) sono: «La Santacroce, il Salterio e il Babuino: Libri per imparare a leggere nel primo secolo della stampa», in: *Quaderni storici* 38 (=XIII, 1978, 2: *Alfabetismo e cultura scritta*, a cura di Attilio Bartoli Langeli e Armando Petrucci), pp. 593–630; «Leggere, scrivere e abbaco: l'istruzione elementare agli inizi dell'età moderna», in: *Scienze, credenze occulte, livelli di cultura*, Firenze (Olschki) 1982, pp. 101–119; «La prima istruzione: idee, metodi, libri», in: Gian Paolo Brizzi (ed.), *Il catechismo e la grammatica*, I, *Istruzione e controllo sociale nell'area emiliana e romagnola nel '700*, Bologna (il Mulino) 1985, pp. 25–81; «Nascita del libro di lettura», in: Mario Infelise / Paola Marini (eds.), *L'editoria del '700 e i Remondini*, Bassano del Grappa (Ghedina e Tassotti) 1992, pp. 123–158.

2 La supplica, che era stata letta in Collegio il 18 giugno, è riportata nella «parte» del Senato che concede il privilegio (da qui sono tratte le citazioni). Archivio di Stato di Venezia, *Senato, Terra*, filza 9, 1549 giugno 25; cf. registro 36, c. 130r. La legge veneziana sui privilegi è del 19 marzo 1474, cf. Roberto Breveglieri, *Inventori stranieri a Venezia (1474–1788)*, Venezia (Istituto veneto di scienze, lettere ad arti) 1995 (Memorie Classe di scienze orali, lettere ed arti 58), p. 18.

lettera antica et moderna, a penna et a stampa, e scrivere memorativamente et manualmente». Dal momento che il nuovo metodo aveva dimostrato la sua efficacia «in più d'uno che in pochissimi giorni hanno letto et scritto benissimo» il maestro chiedeva che «per anni diece nessuno ardisca» a Venezia «insegnare o fare insegnare con questo mio modo sopra detto, ne manco stamparlo o altrove stampato vendere in questo dominio». Nella seduta del 25 giugno fu concesso il privilegio al «novo modo et via facile da insegnare il legere et scrivere ogni sorta di lettera in tempo assai più breve che non è stato in passato». Di Cardo e della innovazione didattica frutto di «molte sue vigilie et industria» non ci viene detto di più, e ciò è comprensibile trattandosi di un segreto professionale riconosciuto e protetto dallo Stato.

Quattro anni dopo, nel 1553, un'analoga supplica venne presentata da prete Bartolomeo dell'Anguillara, forse originario del Lazio e forse parente del letterato e correttore di bozze Giovanni Andrea dell' Anguillara che dimorò a Venezia in questi anni[3]. Sebbene non si qualificasse come maestro aveva anch'egli

3 Sul letterato, detto «il Gobbo dell'Anguillara», nato a Sutri nel 1517, traduttore in ottave delle *Trasformazioni* di Ovidio (che gli diedero denaro e notorietà) e dei primi due libri dell'Eneide, compilatore di «argomenti» dei canti dell'*Orlando* venduti mezzo scudo l'uno (come notava Torquato Tasso nelle *Lettere poetiche*), e poi rifacitore di tragedie classiche come Anfitrione e *Edippo*, edito a Padova e Venezia cf. Claudio Mutini, «Anguillara, Giovanni Andrea dell'», in: *Dizionario biografico degli italiani* 3, Roma (Istituto dell'Enciclopedia italiana) 1961, pp. 306–309, e bibliografia ivi citata. Con una «compagnia di begli ingegni» aveva organizzato un teatro a pagamento in cui si può scorgere il primo atto della commedia dell'arte italiana e del moderno teatro europeo. Alla scoperta della relazione amorosa da lui intrecciata con la moglie del tipografo di cui era alle dipendenze seguì precipitosamente la fuga a Venezia dove giunse spogliato, dopo un incontro con dei malandrini, persino delle vesti. Qui è documentato ora anche un suo tentativo di impresa industriale sconosciuto ai biografi (vedi nota seguente). Dopo altri spostamenti, fino anche in Francia, e dopo aver cercato invano a Firenze la protezione di Cosimo I, morì in solitudine «di bisogno e d'una malattia procuratagli dalla sua incontinenza» a Roma, verso il 1574, in una locanda presso Torre di Nona. Carlo Lozzi, «Versione dell'Anguillara dell'Eneide di Virgilio e curioso dono degli esemplari della prima edizione», in: *Il bibliofilo* VI (1885), pp. 102–103, Giovanni Passano, *I novellieri italiani in verso*, Bologna (G. Romagnoli) 1868, p. 215. «Forse più che *vedere* bene la realtà che lo circondava, Giovanni Andrea dell'Anguillara *prevedeva:* così fallì», Ferdinando Taviani, «L'ingresso della Commedia dell'Arte nella cultura del Cinquecento», in: Fabrizio Cruciani / Daniele Seragnoli (eds.), *Il teatro italiano nel Rinascimento*, Bologna (il Mulino) 1987, pp. 319–345, qui p. 330. Un altro Anguillara, medico e botanico (secondo Haller fu il primo che viaggiasse per studiare le piante) lettore a Padova scrisse un trattato di erboristeria e farmacia: *Semplici dell'Eccellente M. Luigi Anguillara...* Vinegia, appresso Vincenzo Valgrisi, 1561. Non sono chiari i rapporti fra questi personaggi di Venezia e Padova e la illustre famiglia baronale che aveva ospitato anche Petrarca e fu protagonista della storia laziale del secondo Quattrocento e sembra anche mettere in contatto l'ambiente romano con Francesco Colonna, autore del Polifilo stampato a Venezia da Aldo Manuzio nel 1499: Paolo Cherubini, «Deifobo dell'Anguillara tra Roma, Firenze e Venezia», in: *Archivio della società romana di storia patria* 103 (1980), pp. 209–234.

scoperto «un modo breve et facile per lo quale si habbia ad insegnare con prestezza a leggere», sollecitato dalle difficoltà enormi del metodo comunemente praticato nelle scuole, «attento che molti lasciano d'imparare per la lunghezza del tempo, come di continuo si è visto, et che si vede et con tutto ciò pochi perfettamente imparano»[4]. Non mancava, inoltre, di far presenti le «lunghissime fatiche» che lo avevano condotto a ritrovare la «via non mai per altri tempi ritrovata e veduta» intorno alla quale null'altro si diceva se non che era «quasi miracolosa» e permetteva di «insegnare a leggere di ogni sorte di lettere sì a stampa come a penna et volgari come latine et insieme il modo di numerare a qualunque persona et questo in uno spatio di un mese».

Ci colpisce l'analogia fra le due richieste: ricorrendo quasi alle stesse parole viene posto l'accento sulla possibilità di insegnare a leggere qualsiasi tipo di scrittura e sulla rapidità del risultato, raggiungibile in meno di un mese, tempo che rispetto alla durata normale dell'insegnamento doveva sembrare incredibilmente breve, quasi «miracoloso». Non sappiamo se a qualcuno si affacciasse qualche dubbio, ma il privilegio fu concesso il 1 dicembre 1553 senza entrare nel merito del primato o della originalità dell'invenzione: per dieci anni fu proibito a chiunque di insegnare «col modo da lui supplicante ritrovato, essendo però nova inventione et non altramente».

2. Quale scoperta si nascondeva dietro questi prodigiosi metodi? Viene il dubbio che proprio la protezione concessa dal Senato avesse avuto l'effetto di frenare gli effetti benefici di questa interessante innovazione che sembrerebbe essersi estinta insieme con i suoi autori. Se però teniamo presente, oltre ai pochi elementi in nostro possesso, che entrambi gli insegnanti provenivano da aree geografiche e culturali lontane da Venezia, come il Regno di Napoli e il Lazio, possiamo avanzare qualche congettura. È possibile infatti che, una volta giunti a Venezia, il maestro d'abbaco napoletano e il prete laziale – non necessariamente in contatto fra di loro – avessero osservato che il metodo di insegnamento, appreso e praticato nelle loro località di origine, non era qui conosciuto e volessero perciò salvaguardare la competitività del loro insegnamento per non diffonderne la conoscenza a loro proprio danno fra i maestri loro concorrenti. Ma poteva essere vero il contrario, cioè che giungendo a Venezia avessero scoperto una pratica didattica nuova e molto più efficace, in uso anche se non largamente

4 Archivio di Stato di Venezia, *Senato, Terra*, registro 39, c. 74r, 1553 dicembre 1, e filza, anno 1553. Anche «Gioan Andrea dall'Anguillara» il 25 novembre 1561 ottenne un privilegio della durata di 25 anni per un mulino col quale si potrà macinare in terra e senza acqua ma «con bovi, cavalli et altri animali», ibidem, registro 37, c. 145v (antica numerazione: 125v) e registro 38, c. 41r (antica numerazione: 20r).

diffusa, e avendola adottata e adattata alle loro esigenze si tutelassero rispetto alla prevedibile concorrenza.

Qualcosa del genere doveva essere accaduto oltre cinquanta anni prima a un insegnante di eccezione, Aldo Manuzio, nato in un piccolo centro laziale, Bassiano, che aveva lasciato per seguire l'insegnamento di famosi umanisti prima a Roma e poi a Ferrara, alla scuola di Battista Guarini, figlio di Guarino, verso le sorgenti del nuovo più autentico modo di studiare i classici. Dopo un decennio trascorso come precettore alla corte dei Pico e dei Pio, signori di Mirandola e di Carpi, era finalmente giunto, a Venezia, già in età matura, sul finire degli anni ottanta del Quattrocento, con l'idea di cambiare vita e mestiere e di impossessarsi della nuova tecnologia della stampa a caratteri mobili per tentare vie nuove, inesplorate fino a quel momento[5].

Aldo portava con sé, manoscritta, una grammatica latina e altri studi linguistici[6], come piccoli trattati sulle lettere accenti e dittonghi greci e latini (tema che occuperà i grammatici per oltre un secolo), per lui evidentemente punto di osservazione privilegiato per scrutare mutazioni e continuità nella vita delle lingue colte, viste, almeno in un primo tempo, come una realtà unica. E Venezia certamente era per lui non solo la capitale del nuovo libro tipografico, ma anche il ponte verso il mondo germanico, da un lato, e verso la Grecia e l'Oriente, dall'altro, che racchiudevano tesori di sapienza ignorati per tutta l'età medioevale, da cui più si sentiva attratto.

Durante la stesura del suo manuale per lo studio del latino, cominciata già nel 1487 mentre si trovava ancora in Emilia, probabilmente nel momento della preparazione per la stampa, dopo che già si era trasferito a Venezia, inserì una importante aggiunta che la contraddistingue da tutte le altre grammatiche che ne sono mancanti. (Come è noto, la prima edizione del 1493, – di cui resta un solo esemplare, proveniente da Foligno ora conservato alla Biblioteca Nazionale Marciana di Venezia – fu fatta stampare con il titolo di *Rudimenta grammatices latinae linguae* da Andrea Torresani da Asola, che diverrà poi suo socio nell'impresa editoriale e suo suocero, e poi fu edita dallo stesso Manuzio nel 1501, 1508, 1514

5 Rinvio, in particolare, a: Carlo Dionisotti, *Aldo Manuzio umanista e editore*, Milano (Il Polifilo) 1995; e inoltre a Luigi Balsamo, «Alberto Pio e Aldo Manuzio: editoria a Venezia e Carpi fra '400 e '500», in: *Società, politica e cultura a Carpi ai tempi di Alberto III Pio...*, Padova (Editrice Antenore) 1981, pp. 133–166; Martin Lowry, *The world of Aldus Manutius. Business and Scholarship in Renaissance Venice*, Oxford (Blackwell) 1979, trad. it., da cui cito: *Il mondo di Aldo Manuzio: Affari e cultura nella Venezia del Rinascimento*, Roma (Il Veltro) 1984; Susy Marcon / Marino Zorzi (eds.), *Aldo Manuzio e l'ambiente veneziano 1494–1515*, Venezia (Il Cardo) 1994; Luciana Bigliazzi *et al.* (eds.), *Aldo Manuzio tipografo 1494–1515*, Firenze (Cantini Octavo) 1994.

6 John J. Bateman, «Aldus Manutius' *Fragmenta grammatica*», in: M. Marcovich (ed.), *Illinois Classical Studies* I (1976), Urbana, pp. 226–261.

con il titolo di *Institutionum grammaticarum libri*[7]. L'aggiunta consiste in un sillabario, inserito nelle pagine iniziali che precedono la grammatica vera e propria, dopo la presentazione delle lettere della Tavola o Santacroce, e prima delle preghiere del Salterio, cioè fra i primi due sussidi didattici che vogliono guidare per mano scolari e insegnanti dai primi rudimenti fino al Donato, alla grammatica latina[8]. Seguono delle parole rivolte agli insegnanti animate e un po' oscure (che riportiamo mettendole a confronto nelle diverse redazioni contenute nelle edizioni successive curate dallo stesso autore):

Institutiones grammaticae *1493 (carta a ii v.)*	*Rudimenta grammatices* *1501*	*Rudimenta grammatices* *1508 (carta a viii v.);* *1514 (carta a viii v.);*
Erunt qui haec rideant tanquam perquam rudia, certo scio. Sed nos pernecessaria instituendis pueris arbitrati sumus non ignorantes quantum adiuvent pronuntiationem faciantque ad orthographiam.	Erunt qui haec rideant tanquam perquam rudia, certo scio, sed nos et ad pronuntiationem et ad orthographiam facere arbitramur.	Erunt fortasse qui haec rideant tanquam perquam rudia, sed ineruditi; nos autem pernecessaria esse dicimus ad recte, recteque pronuntiandum, scribendumque.
Nam si bene didicerit puer et quot syllabarum sint dictiones easque tum	Nam si bene didicerit puer quot syllabarum sint dictiones easque tum in	Imitati autem sumus antiquos et graecos et latinos grammaticos; discant igitur pueri, quot syllabarum sint dictiones easque

7 Camillo Scaccia Scarafoni, «La più antica edizione della grammatica latina di Aldo Manuzio finora sconosciuta ai bibliografi», in: Lamberto Donati (ed.), *Miscellanea bibliografica in memoria di don Tommaso Accurti*, Roma (Edizioni di storia e letteratura) 1947, pp. 193–203; Tiziana Plebani, «Omaggio ad Aldo grammatico: origine e tradizione degli insegnanti-stampatori», in: Marcon / Zorzi (cf. nota 5), pp. 73–106. Sulle edizioni aldine successive: Antoine Auguste Renouard, *Annales de l'imprimerie des Aldes ou Histoire des trois Manuces et de leurs éditions*, Paris (J. Renouard) [3]1834, pp. 31–32, 52–53, 69–70; e inoltre: Marcon / Zorzi (cf. nota 5), *passim*, Bigliazzi e altri (cf. nota 5), *passim*. Gli esemplari consultati appartengono alla Biblioteca Nazionale Marciana (1493; Inc.Ven. 632; 1508: Aldine 360; 1514: Aldine 332). La citazione dall'ed. del 1501 è riportata da Dionisotti (cf. nota 5), pp. 77–78, ma non compare negli esemplari (di Firenze e Londra) a me noti.

8 «The only text for reading which is not religious is a list of all possible syllables with two or three letters. Among humanist grammarians these lists are unique to Aldus,[...]. No such lists of syllables appear in other humanist grammars and, apart from Aldus's grammar, none survives from the fifteenth century.» Kristian Jensen, «The latin grammar of Aldus Manutius and its fortuna», in: David Zeidberg (ed.), *Aldus Manutius and Renaissance Culture* [...], Florence (Leo S. Olschki) 1998, pp. 247–285, qui p. 253. Jensen nota inoltre che le grammatiche umanistiche non comprendono nemmeno le preghiere del Salterio.

in libro tum ad digitos syllabatim connectere, nec scribet pronuntiabitque coelli coellorum, et allius allia alliud, per geminum ll, ut plurimi in Gallia cisalpina solent, nec ipse saepe et vidi et audivi nec ubi una esse debet consonans, duas ponet, nec ubi duae unam, ubi eadem in Gallia perpauci sunt qui non errent. Quod si sub litterarii ludi magistro, cum essent parvuli, didicissent ad digitos plurima verba syllabicare, quod fieri in Latio assolet, et non toties et scribendo et loquendo barbarismum facerent. Sed rideat ille, vel ille quandiu libuerit. Si prosum rudibus, ego non facio pili.

libro tum ad digitos syllabatim connectere, nec scribet pronuntiavitve coelli coellorum, et allius allia alliud, per geminum ll, ut plurimi solent, nec ubi una esse debet consonans, duas ponet, nec ubi duae unam.

Quod si sub literarii ludi magistro, cum essent parvuli, didicissent ad digitos plurima verba syllabatim tractare, quod fieri in Latio assolet, non toties et scribendo et loquendo barbarismum facerent. Sed rideat ille, vel ille quandiu libuerit. Si prosum rudibus, non facio pili.

tum in libro, tum ad digitos syllabatim connectant ne scribant, pronuntientve coelli coellorum et allius allia alliud per geminum ll neve ubi una esse debet consonans, duas ponant, aut contra, ubi duae esse debent consonantes, ponant unam, ut plurimi solent.

Anche in questo caso, pare, siamo di fronte a uno spostamento del punto di vista legato al passaggio da un ambito geografico e culturale della penisola a un altro e poi a un altro ancora, verso Nord. Anche in questo caso non è chiaro, almeno a prima vista, se l'innovazione (o la restaurazione) del buon metodo nascesse dal ricordo di quello che Manuzio si era lasciato alle spalle, cioè le scuole del Lazio, o da qualcosa che egli aveva trovato al Nord. Certamente il giudizio esprimeva una netta disapprovazione della pratica didattica normale in uso nella pianura padana o «Gallia Cisalpina», espressione in cui probabilmente comprende l'intera Italia settentrionale da lui conosciuta, compreso il Veneto (in cui il problema della mancata percezione delle consonanti doppie, nella pronuncia e nella scrittura, ancora oggi, non è meno avvertibile che in Emilia).

Avendo già in precedenza preso in esame questa raccomandazione, nell'ultima e più sintetica versione, avevo osservato che il tono era quello di una *excusatio non petita* e che l'appello all'autorità dei grammatici antichi, greci e latini, aveva qualcosa di accessorio, come fosse un argomento non decisivo messo in campo a confermare una scelta che aveva un'altra origine e era direttamente sostenuta dall'esperienza[9]. La conferma viene ora dal confronto fra le tre versioni di questo passo dovute prima alla penna e poi al torchio di Manuzio che ci aiuta anche comprendere meglio il senso delle sue parole indirizzate ai suoi lettori (i grammatici, cioè gli insegnanti) che evidentemente avrebbero probabilmente disapprovato l'aggiunta, per capire ciò che era normale e ciò che c'era di nuovo (e fino a che punto questo era una vera novità) nella sua proposta.

Questa breve avvertenza è una testimonianza eccezionale non solo per ciò che ci dice esplicitamente ma anche per quanto ci fa intravedere indirettamente intorno al metodo effettivamente usato per secoli per muovere i primi passi nella lettura e passando dal riconoscimento delle lettere isolate, sulla tavola dell'abbiccì, all'identificazione e riconoscimento delle sillabe nelle parole fino alla lettura del testo. Generalmente per gli studiosi che si sono occupati dell'argomento è dato per scontato che in ogni epoca fossero in uso degli strumenti per imparare a sillabare intermedi fra l'abbiccì e il libro di lettura. Probabilmente dei piccoli repertori di sillabe o forse anche dei veri sillabari completi, erano approntati dagli stessi insegnanti su supporti effimeri (tavolette cerate, foglietti di carta senza valore) che non sono giunti fino a noi se non eccezionalmente. Si tratta di un punto cruciale del *curriculum* grammaticale su cui le nostre conoscenze sono limitate e meriterebbero un maggiore approfondimento. Non si è tenuto conto a sufficienza, a parer mio, che del sillabario non c'è alcun cenno nelle grammatiche a cominciare dall'*Ars minor* di Donato (anche nella versione semplificata chiamata *Ianua*), che fu il testo guida per tutto il Medio Evo, e inoltre che secondo numerose testimonianze, anche di epoche più recenti, i tempi di apprendimento della lettura erano esageratamente lunghi e si concludevano, dopo due o tre anni di tentativi vani, spesso con un insuccesso. Siamo forse di fronte a una grave insufficienza del metodo di insegnamento praticato, una vera strettoia che per molti secoli ha contribuito a tenere un gran numero di persone al di fuori della cultura scritta.

Le parole di Aldo Manuzio – come già suggeriva una sorprendente testimonianza modenese del 1776 che indicava nel Babuino un antecedente dei nuovi metodi didattici della pedagogia illuministica – vanno riferite dunque espressamente alla pagina immediatamente precedente cioè al sillabario e non genericamente all'insegnamento dei *Rudimenta* (come ritennero anche studiosi avvertiti)[10]. La stessa evocazione dell'antico Babuino, formulata da Scipione Piattoli in

9 Lucchi 1985 (cf. nota 1), p. 61.

10 Lowry (cf. nota 5), p. 87; ma anche Bateman (cf. nota 6), p. 232, e Dionisotti (cf. nota 5), pp. 77–78. Un'interpretazione opposta alla mia è espressa da Paul F. Grendler, *Schooling in Renaissance Italy. Literacy and Learning, 1300–1600*, Baltimore/London (The John Hopkins University Press) 1989, ed. it.: *La scuola nel Rinascimento italiano*, Roma/Bari (Editori Laterza) 1991,

occasione della proposta di un nuovo metodo didattico per le scuole dei Ducati di Modena e Reggio nell'ambito della riforma scolastica che seguì alla soppressione dei Gesuiti, accennando al suo lontano uso scolastico e rivendicando fortemente la sua origine italiana[11] aveva imprevedibilmente confermato le scarne notizie che si conoscevano su un sillabario chiamato Babuino che era smerciato nelle piazze e nelle fiere da venditori ambulanti assieme a fogli volanti e a altri generi di letteratura popolare (come pure la Santacroce e il Salterio che si mettevano in mano agli scolaretti che imparavano nel modo tradizionale). I versi satirici del religioso Filippo della Strada, calligrafo e rozzo miniatore e, benché imbevuto di letteratura popolare in volgare, strenuo e precoce avversario dal convento muranese di S. Cipriano dei nuovi prodotti del torchio tipografico e degli stessi stampatori tedeschi (da lui giudicati troppo amanti della buona tavola e della malvasia), ci aveva fatto assistere allo scandalo di un uomo «senza lettere» che poteva prendere in mano libri e sacre scritture tradotte in volgare come un asino (animale ignorante, che conosce solo una o due vocali) indossata la veste da dottore poteva dichiarare «solo il babovino aveva io emparato quando me posi in stampe ad studiare»[12].

Ma anche intorno alla circolazione e al contenuto del libretto oggi sappiamo di più, grazie alla conoscenza di nuovi documenti e all'individuazione di nuove edizioni che possiamo mettere a confronto con l'unica edizione fino ad oggi conosciuta (che fu oggetto del mio articolo del 1978), stampata a Perugia da Cosimo Bianchino del Leone, il 25 novembre 1521.

Il confronto fra le diverse edizioni conservate in un solo esemplare (di cui due veneziane o di area veneta del 1478–80 e del 1505, e due con luogo di stampa e data lontani e sorprendenti: Lucca 1582 e Palermo 1817), ci permette di comprendere meglio il senso dei vaghi e in parte oscuri cenni dedicati al Babuino da testimoni diversi e lontani fra loro come fra' Filippo della Strada, Aldo Manuzio e Scipione Piattoli.

p. 172, cf. anche p. 157, nota 7. Ho avuto occasione di esporre il mio punto di vista all'autore in occasione del convegno mediceo del 1980, cf. Lucchi 1982 (cf. nota 1).

11 L'abate Scipione Piattoli, autore dell'*Abecedario per l'infima classe ad uso delle scuole di Modena*, che poi fu ritirato per l'opposizione degli insegnanti tradizionalisti, aveva proposto di rinnovare la didattica della lettura a partire dal sillabario cinquecentesco di cui era a conoscenza: «Corse anche per le scuole un libretto di simil genere col nome di *Babbuino*. Pure non si trasse verun vantaggio da cotesti modelli de' quali si estinse nel pubblico fin la memoria». La raccomandazione del grande editore e umanista fu accolta come epigrafe dell'*Abecedario:* «Non mancherà peravventura chi sì fatte cose, come grossolane e vili derida: ma sarà questi qualche ignorante. Noi per l'opposto le reputiamo necessarissime per pronunziare e scrivere bene e correttamente. del resto dagli antichi gramatici greci, e latini ne abbiamo tolto l'esempio. Aldo Pio Manuzio nelle Istituzioni della Gramatica», Lucchi 1985 (cf. nota 1), p. 59.

12 Cf. Lucchi 1978 (cf. nota 1), p. 608.

Le tre edizioni cinquecentesche presentano caratteri molto simili confermando, circa il contenuto, la descrizione basata sull'edizione perugina conservata nella Biblioteca Universitaria di Bologna (Raro A 18). (Sulle particolarità dell'edizione Sessa del 1505 che ritengo presenti alcuni elementi arcaici, caratteristici del più antico Babuino non destinato alle scuole, ritornerò in seguito).

Ma quando e come è nato questo libretto dalla varia e tormentata vicenda editoriale? E come poter distinguere le sue caratteristiche originarie e le aggiunte o gli adattamenti stabilmente fissati o propri di una sola edizione?

Il più antico Babuino a stampa, a quanto mi risulta, si può riconoscere in un opuscolo di otto carte *in quarto* privo di titolo e di note tipografiche, conservato alla Bibliothèque Nationale di Parigi (Rés. Z. 1782): attribuito, sulla base dei caratteri tipografici, allo stampatore e maestro di grammatica (e di canto) Gerardo da Lisa o di Fiandra[13]. L'edizione, databile 1478–1480, è assegnata a Venezia o a Treviso, oppure a Cividale, città dove il tipografo fu attivo. Altre edizioni circolavano forse prima di questa e certamente poco dopo l'anno 1500 – lo provano le notizie indirette già riferite e l'inventario del 1503 della bottega del libraio ferrarese Domenico Sivieri (come si vedrà) – ma queste non ci sono pervenute.

La seconda edizione conservata fu acquistata sul mercato antiquario dalla British Library nel 1980 (C. 106.d.30), segnalato nel supplemento dello *Short title catalogue of books printed in Italy [...] from 1465 to 1600 now in the British Library* che nel *colophon* è dichiarato: «Impresso in Venetia per Io. Baptista Sessa. Anno 1505 di 14 zugno»[14]. Mentre l'incunabolo, che si compone della pagina iniziale e delle colonne di sillabe (si interrompe infatti dopo le sillabe generate dal gruppo consonantico «sp»), presenta lo stesso testo, con poche varianti, dell'edizione di Perugia di circa quaranta anni successiva che pare destinata alle scuole, l'edizione di Sessa non esita a mettere in prima pagina, sopra la marca tipografica un po' cruda (con la gatta che stringe fra i denti un grosso topo nero con la lunga coda penzolante), una presentazione rivolta non a scolari o a maestri, ma a un

13 Bibliothèque Nationale, *Catalogue des incunables*, Tome II, fasc. 4: S–Z, et Hebraica, Paris (Bibliothèque Nationale) 1985, p. 621. L'edizione era stata esposta nella mostra *Le livre dans la vie quotidienne*, Paris (Bibliothèque Nationale) 1975, p. 48. Un'interpretazione diversa in Danièle Alexandre-Bidon, «La lettre volée. Apprendre à lire à l'enfant au Moyen Age», in: *Annales ESC* (1989), pp. 953–992. Su Gerardo da Lisa: Plebani (cf. nota 7), pp. 82–84, e bibliografia ivi citata, e inoltre: Lucio Puttin, «Nuovi documenti sul prototipografo trevigiano Gerardo da Lisa», in: *Studi trevisani* I (1984), pp. 33–38, che fanno propendere per un soggiorno veneziano negli anni indicati.

14 *Short title catalogue of books printed in Italy and of Italians books printed in other countries from 1465 to 1600 now in the British Library. Supplement*, London (The British Library) 1986, p. 17. L'esemplare è stato acquistato il 30 luglio 1980 dall'antiquario Quaritch, e reca una legatura parigina del secolo scorso di Bauzonnet-Trautz e un ex libris di Eduardo J. Bullrich. (Ricevo queste informazioni da Dennis E. Rhodes, che ringrazio per la consueta cortesia e disponibilità.)

pubblico di acquirenti adulti e liberi: «Questo sie uno Libreto / Utilissimo A Chi Non / Sapesse Littere De Imparare Presto Elqual Se Chia / ma Babuino». Ancora più esplicito è l'avviso che troviamo nell'ultima pagina, sopra le note tipografiche già citate e una seconda marca tipografica (con l'icona più frequente e sobria della croce sovrapposta all'orbe terraqueo, adottata da N. Jenson e da innumerevoli editori di ogni tempo). Anche queste sono parole dirette e esplicite che potevano attirare l'attenzione di chi li scorgesse casualmente nella cesta del venditore o su un banco di libraio o merciaio (essendo di solito venduti questi testi, come spesso anche edizioni più pregiate, in quinterni privi di legatura): «Qui finisse lo libro chiamato Babuin. / Avisandote compratore che troverai [in] / esso squasi tutte le sillabe de tutte le lin/gue del mondo, ymmo dico squasi tutto / quello che con la lingua se puo proferire» (c. 48v). Il testo che vi è contenuto è nella forma composita che abbiamo già descritto. La maggior parte del contenuto del libretto, da p. 5 a p. 37 3v. – cioè 33 pagine più tre righe della successiva, su una consistenza di 48 complessive – consiste in un lunghissimo elenco di sillabe chiamato «El modo de formare la sillaba» disposte su cinque colonne (una per ogni vocale) a cui seguono elenchi di parole in lingua volgare: «Seguita li nomi proprii de homini et donne» (pp. 38–40), poi vengono «li nomi de reami e paexi e paexani» (pp. 41–42) e infine «li nomi de cita e terre citadini e terrieri» (pp. 42–43).

Le sillabe disposte in ordine sulla pagina, sono il risultato di ogni possibile incontro prima fra vocali e consonanti (che insieme formano le sillabe inverse: «ab eb ib ob ub»), poi fra consonanti singole e vocali (che sono le sillabe dirette: «ba be bi bo bu», da cui doveva originalmente iniziare il testo) seguite dall'incontro di gruppi consonantici e vocali (fra cui ad esempio: «glabs glebs glibs globs glubs» oppure «strax strex strix strux»). Si segue uno schema sistematico di calcolo combinatorio semplicissimo (come si fa del resto anche giocando a carte o lavorando a maglia), senza trascurare nessuna lettera (nemmeno la H) formando sillabe rare o non usate, evidentemente per prepararsi a leggere ogni possibile gruppo di segni in qualsiasi testo in caratteri latini, in qualsiasi lingua.

Non diversamente dalle altre edizioni destinate a un uso scolastico, anche questa esplicitamente rivolta agli adulti e ai clienti dei merciai e venditori ambulanti fa precedere la serie delle sillabe da una pagina di contenuto grammaticale, in cui alle lettere dell'alfabeto maiuscole e minuscole (che nell'incunabolo di Gerardo da Lisa sono precedute dal *signum crucis* come nella Santacroce tradizionale) seguono le definizioni di vocale, consonante e sillaba. E inoltre, dopo le sillabe e dopo i gruppi di nomi in lingua volgare, vengono ancora riproposte le preghiere latine del Salterio, introdotte però dal titolo in volgare: «La salutatione angelica» (p. 43), «La oratione dominicale» (p. 44), due preghiere senza titolo (*Salve Regina* e *Concede nos famulos tuos*, pp. 44–45) «Lo Simbolo de li Apostoli» (pp. 45–46). Ciò potrebbe significare che tutte le edizioni sopravvissute, sia che fossero dirette all'insegnamento scolastico o a un pubblico di acquirenti adulti, che volessero imparare a leggere la lingua volgare da soli o con l'aiuto di un amico, discendono da un unico «archetipo», manoscritto o a stampa, che era già il frutto dell'intervento di adattamento alle esigenze scolastiche per opera, probabilmente, di un grammatico. Viene spontaneo pensare allo stesso Gerardo da Lisa come primo editore, che fu insegnante (come lo stesso Manuzio), e che potrebbe aver scoperto a Venezia il sillabario e averne apprezzato l'utilità con maggiore convinzione di molti maestri italiani. O forse a lui si deve attribuire il merito di aver tradotto e proposto al mercato italiano questo nuovo strumento didattico, già in precedenza da lui conosciuto e adottato in uno dei paesi d'Oltralpe da cui proveniva, dove si parlava una lingua meno assimilabile al latino? Ma, in questo caso: chi ha aggiunto tutti gli altri elementi dell'edizione Sessa, qui mancanti – se pure mancavano all'edizione e non solo all'esemplare –, come le liste di nomi ordinati per classi, e il curioso *incipit* che contiene il titolo e il commiato rivolto al compratore, che sembrano venire dall'autore stesso o da qualcuno bene al corrente delle caratteristiche innovative del metodo?

Un altro indizio della circolazione di una più antica edizione completa composta delle diverse parti (pagina introduttiva, sillabe, liste di nomi volgari, preghiere) precedente all'edizione Sessa del 1505, è dato dalla composizione delle pagine con gli elenchi de «li nomi de reami e paexi et paexani» (delle pp. 41–42) in cui il tipografo ha frainteso l'ordine alfabetico in colonne e la corrispondenza orizzontale fra il nome di luogo e i nomi derivati al singolare e poi al plurale). Occorre sottolineare che le parole elencate in sequenza a gruppi di tre, proponevano con grande efficacia didattica una successione di sillabe che si ripetono ora con minime varianti e ora con imprevedibili, repentini mutamenti («Albania Albanese Albanesi [...] Alemagna Todesco Todesci [...] Franza Franzoxo Franzoxi [...] Gand Gantoxo Gantoxi [...] Venexia Veneciano Veneciani») facendo ritrovare ogni volta, in fine di rigo, la puntuale e gratificante verifica della restituzione del senso.

Rinviando a uno studio successivo un'analisi più puntuale delle diverse redazioni e edizioni, sarà sufficiente qui, a mostrare la stratificazione testuale di questo piccolo libro, solo in apparenza semplice e banale, accostare i nomi propri di persona (pp. 38–40) elencati in un italiano corrente o decisamente in veneziano (come i nomi propri «Alloixe», «Iacometo», «Lion», «Lunarda», «Pasqualin», «Rizo», «Zanneto», «Zorzi») al solenne inizio della pagina introduttiva che, dopo aver mostrato l'alfabeto e l'elenco delle vocali e consonanti, continua così: «le quale si chiamate consonante, che per se sole non hanno possanza di formare sillaba alchuna ma ionte con le vocale fano la sillaba, h non è littera, ma nota de aspiratione. Nota che i et v hanno natura de consonante quando a loro, in alchuna sillaba, siegue alchuna vocale come qui: iuoiba, troiano, venere, cavaliero». (Si potrebbe anche avanzare l'ipotesi, sulla base solo dei pochi esempi, che qui si faccia riferimento a un ambito letterario colto, all'epica classica e romanza, e forse a una lingua intenzionalmente letteraria, mentre i nomi finali si possano collocare più vicini alla lingua orale o a modelli di scrittura borghesi o mercanteschi).

La circolazione del Babuino nella sua forma più completa (cioè con le liste di nomi finali) dovrebbe essere alla base di un altro libretto didattico eccezionale il cui unico esemplare conosciuto già appartenuto al Museo Condé di Chantilly, ora di collocazione sconosciuta[15]. L'opuscolo, di sole otto carte, si presenta con il titolo *El modo da insegnare compitare,* e fu edito intorno all'anno 1500, come mostra la splendida xilografia di artista attivo a Firenze nell'ultimo decennio del secolo, era certamente destinato a un pubblico scolastico. Tuttavia si potrebbe idealmente porre accanto ai vari manuali «d'autore» per imparare a leggere, scrivere e far di conto in lingua volgare indirizzati a adulti, donne e ragazzi, di cui conosciamo edizioni dal 1524 fino alla metà del Cinquecento. Mi riferisco alle opere di geniali poligrafi, ancora poco noti, come Girolamo Tagliente (autore di molte opere di istruzione popolare e, in particolare, del *Libro maistrevole,* edito a Venezia nel 1524), Giambattista Verini (autore del *Dictionario* del 1532), e Domenico Manzoni (il quale tuttavia nei suoi manuali di leggere scrivere e abbaco sembra ignorare il metodo sillabico)[16]. Mi sembra che si possa ritenere ormai sicuro che l'idea di queste guide didattiche per l'apprendimento senza maestri o con l'aiuto di maestri improvvisati (veri capolavori di pedagogia «democratica» *ante litteram),* come pure di altri libretti di istruzione e curiosità – di cui non è possibile riferire qui –, derivasse proprio dall'esempio offerto dallo stesso Babuino su cui in quegli anni si concentrava l'attenzione di coloro a cui stava a cuore l'istruzione dei ragazzi che frequentavano la scuola senza profitto e degli adulti «rozzi», non solo «illetterati» che non capivano il latino, ma «idioti»dediti a lavori manuali, che non sapevano leggere e scrivere e non sarebbero mai più andati a scuola come pure, di solito, i loro figli.

15 Tammaro De Marinis, «Sur un abécédaire imprimé à Florence au XV siècle», in: *Le Bibliophile,* Paris, avril 1931, pp. 68–70, le citazioni sono tratte dalla pagina che vi è riprodotta a p. 68. Con lettera in data 18 settembre 1989 il Conservatore delle Collezioni, Amélie Lefébure, mi ha gentilmente comunicato che «le Musée Condé n'a pas dans ses collections» il documento in oggetto; Cf. Max Sander, *Le livre à figures italien depuis 1467 jusqu'à 1530,* Milan (Hoepli) 1942, vol. I: *Bibliographie* A–F, n. 2077, p. 369 (con bibliografia); vol. VI: *Réproductions,* n. 575.

16 In attesa di poter esporre i risultati delle nuove ricerche in altra sede rinvio ai miei studi precedenti. Segnalo solo qui l'articolo di Anne Jacobson Schutte, «Teaching Adults to read in Sixteenth-century Venice: Giovanni Antonio Tagliente's Libro Maistrevole», in: *The Sixteenth Century Journal* XVII (1986), pp. 3–16, da cui la mia interpretazione si discosta in alcuni punti: Lucchi 1992 (cf. nota 1), p. 151.

Il libretto già a Chantilly sembra ispirato (non diversamente dal più ampio *Dictionario* di Verini) dalle liste di nomi in volgare raggruppati per materia del Babuino trascurando tutta la parte iniziale dedicata alle sillabe al contrario di quanto avevano fatto Manuzio e, forse, Gerardo da Lisa e l'edizione di Palermo del 1817, che avevano tratto le sillabe trascurando le liste dei nomi: come se introdurre in una sola volta le due novità, cioè le moltissime sillabe isolate e le parole in lingua volgare, fosse assolutamente intollerabile. L'anonimo autore infatti non si proponeva di modificare radicalmente il metodo alfabetico tradizionale in uso nelle scuole, ma solo di offrire un aiuto nella fase più difficile del «compitare» senza sottolineare troppo gli aspetti innovativi del sussidio e, soprattutto, tacendo sulla particolarità che il lessico offerto non fosse in lingua latina. Probabilmente egli contava di farlo accettare come le edizioni del *Donato al senno* interlineate con la traduzione in volgare o le frasi in lingua materna a cui le grammatiche dovevano ricorrere per spiegare alcune particolarità del latino (in cui lo stesso Manuzio, come ha notato Dionisotti[17] offre splendidi saggi di lingua italiana). Il testo, aggiunge ai nomi propri di «uomini e donne», «reami e paesi», «città e cittadini» che troviamo solitamente nel Babuino anche altri nomi comuni in una lingua che non si basa sul veneziano ma sul toscano, come pare, a giudicare almeno dall'unica pagina nota, riprodotta nell'illustrazione di un articolo. Troviamo infatti ordinati in una unica sequenza alfabetica – anche se non rigorosa – nomi di persona («Balduccio [...] Beatrice Bice Bernardo Bernardino [...] Cicco [...] Checcho») e nomi di personaggi storici («Cesare Caligula Claudio [...] Commodo») insieme a parole di uso comune («Brodecto [. . .] Ballo [...] Bagniato Bagnio Barbiere Barba [...] Cucina Cacio [...] Camera»), lessico religioso («Chiesa Choro Canto Campane Campanile»), animali («Corbo Camello Capra Cervi Caviriolo Cavretto») fino a far entrare nell'elenco (con effetti sorprendenti che derivano dall'accostamento inusitato) anche nomi collettivi e astratti (come, ad esempio: «Brigida Brigata Ballo Beneficio Bestemia Bugia Bestialita Battaglia Battuto», oppure: «Colatione Castita Clementia»). La parte più curiosa di questo opuscolo, che gli ha conferito grande interesse collezionistico, è la magnifica illustrazione a tutta pagina del foglio esterno, opera di un grande incisore fiorentino attivo all'inizio dell'ultimo decennio del Quattrocento. La scena, che raffigurava la punizione di un fanciullo, non lascia dubbi sulla destinazione scolastica del testo. Si protrebbe pensare che il crudo realismo e la grande qualità della rappresentazione avessero lo scopo, oltre che di intimorire gli scolari risparmiando loro le vere «scuriate» (a cui si ricorreva abitualmente), di rassicurare gli insegnanti sulla serietà di un metodo che si presentava

17 Dionisotti (cf. nota 5), p. 19.

come innovativo e facile (figura 1). In un'aula resa in profondità da una nitida prospettiva, sotto l'immagine della Madonna (che doveva essere presente in ogni scuola), il *rector scholarum* seduto in cattedra – vero sole immobile in un cosmo in perenne movimento – sta fustigando, con una cintura di cuoio ripiegata, il fanciullo più piccolo con la veste rialzata, sostenuto sulla schiena di un compagno nella posizione ben nota chiamata «cavallo». Il ragazzo punito, che indossa ancora una cuffia aderente (mentre gli altri hanno già una berretta più alta, come quella del maestro), evidentemente non riesce a compitare correttamente o meglio non riesce a fondere insieme i suoni nella lettura «a rilievo» e per questo, forse, ha gettato a terra il Salterio, sotto il banco, mentre i cinque compagni sul fondo, avendo superato questo punto critico, si esercitano vicendevolmente di fronte ad un unico libro aperto, forse il Donato. Secondo questa lettura l'immagine completa il titolo come se dicesse: ecco come si insegna la lettura «a còmpito» (non su libri latini, ma neanche su sillabe isolate, bensì su parole italiane isolate) per passare rapidamente alla lettura «a rilievo», attenuando i dolorosi ostacoli che si incontrano con il solito metodo.

Nell'edizione lucchese del 1582 (Roma, Biblioteca Alessandrina, Misc. Ant. XIII. A. 582), il titolo, composto in righe alternativamente in caratteri gotici e romani, si presenta sul frontespizio, entro una elegante cornice incisa: *Libretto da imparare presto a leggere: Chiamato Babuino. Con vn breue modo da servir la Messa,* e, in fine (p. 32) il *colophon* rende noto il nome degli editori (non quello dello stampatore): «in Lvcca, a stanza di Giuliano Bacciolini, e' Compagni, Librari al vaso d'oro, 1582». Va segnalata inoltre, nel frontespizio, fra il titolo e il luogo di stampa «in Lucca», l'illustrazione del «Voltvs Sanctus de Luca», cioè del Volto Santo venerato nel duomo di Lucca che potrebbe essere una marca tipografica o editoriale, ma che, certamente stava anche ad indicare la sua esplicita destinazione alla città e al territorio della diocesi e il suo carattere, per così dire, ufficioso se non ufficiale, approvato dall'autorità ecclesiastica. Probabilmente aveva analoga funzione rassicurante l'aggiunta, che troviamo solo qui, del «Modo da imparar a servir la Messa» (pp. 29–32), con i versetti dei salmi e invocazioni da recitarsi in forma di dialogo fra «Il sacerdote et il Chierico», che venivano imparati a memoria senza conoscerne il senso. Così si lasciava intendere che il piccolo scolaro, una volta alfabetizzato su questo particolare strumento didattico (per alcuni aspetti del tutto simile ai più comuni Salteri o Santacroce), veniva poi ricondotto, idealmente, sulla via del tradizionale corso scolastico imperniato sul latino e sulla pratica del servizio all'altare, non diversamente dai piccoli *clerici* medievali. Lo stesso può dirsi per l'ultima edizione a me nota, che conferma la lunghissima durata di molte opere di diffusione popolare ristampate pressoché immutate nel corso di secoli, edita «in Palermo, Per Baravecchia» nel 1817 (Palermo, Museo etnografico siciliano G. Pitrè, IV.

Fig. 1 – El Modo da insegnare Compitare
[Firenze, v. 1500]. In–4°, da: Sander (cf. nota 15).

L.P. 1)[18], che non comprende gli elenchi di parole in italiano. Il frontespizio dopo l'*Incipit,* nella forma che conosciamo: «Babuino / il quale / è utilissimo per imparare presto / a leggere, e proferire / tutte le sillabe» aggiunge, in corsivo: «Necessario per tutti li Figliuoli», e quindi un grande Signum Crucis e le lettere «I H S», monogramma di Cristo, e in fine (alle pp. 21–24, dopo che a pagina 21 si chiude il repertorio di sillabe con «Vat vet vit vot vut»,), sono riportate le preghiere del Salterio o Libretto, in latino: Pater, Ave, Salve Regina, Credo e l'inizio del Vangelo di Giovanni.

3. Nel sillabario inserito da Aldo Manuzio nella sua Grammatica si può dunque riconoscere un ulteriore adattamento del Babuino (destinato un tempo all'istruzione dei giovani e adulti in lingua volgare adottato da alcuni maestri ma avversato da altri) alle esigenze dell'insegnamento scolastico della scuola grammaticale che si proponeva ancora come primario obiettivo la conoscenza della lingua latina (prima passiva e poi attiva, in prosa e anche in versi). Un *curriculum* di studi che a partire dall'era cristiana iniziava con l'apprendimento dell'alfabeto preceduto dal segno della Croce e continuava subito dopo con il Salterio (sussidi che Aldo pur avversando la cultura e la didattica medioevale – come l'abitudine di far imparare a memoria il testo grammaticale che lui disapprova – non intende mettere in discussione), prima di affrontare il Donato che veniva letto prima *ad sillabicandum,* senza capirne il senso, poi *ad sensum* o «al senno»). Manuzio, anche se non esitava a far ricorso alla traduzione in volgare delle parole e frasi latine proposte come esempi non ritenne di dover proporre l'insegnamento della lettura su testi in lingua volgare (fossero pure solo liste di nomi) giudicando tuttavia però utile introdurre o ripristinare all'interno del corso della scuola di grammatica gli esercizi sulle sillabe.

La presentazione del sillabario rende manifesta la formula combinatoria sottintesa, che aveva generato le cinque colonne di sillabe sulle pagine del Babuino. Ogni gruppo di sillabe è infatti preceduto, in inchiostro rosso, dal titoletto: «Consonantes praepositae vocalibus [...] Vocales uni praepositae consonanti [...] vocales uni [...] duabus've aut tribus praepositae consonantibus [...] vocales vocalibus praepositae [...]quae sunt diphtongi [...] Consonantes praepositae, & suppositae vocalibus» (cito dalla ed. del 1514 della Biblioteca Nazionale Mar-

18 Il libretto è citato nell'importante studio di Rudolf Schenda, *Italienische Volkslesestoffe im 19. Jahrhundert. Einführung und Bibliographie zur Sammlung italienischer Volksbüchlein im Museo Pitrè, Palermo.* Sonderdruck aus dem Archiv für Geschichte des Buchwesens, Bd. VII, Lieferung 1/2, Frankfurt am Main (Buchhändler-Vereinigung) 1966, p. 294 (no. 186) (ringrazio Luisa Rubini per la cortese segnalazione). Dello stesso autore è stato tradotto in italiano un volume di saggi su temi prossimi a queste ricerche: Rudolf Schenda, *Folklore e letteratura popolare: Italia – Germania – Francia,* Roma (Istituto della Enciclopedia italiana) 1986 (Bibliotheca Biographica).

ciana di Venezia, Aldine 332, c. 5v–7v). Il modo di procedere e le stesse parole sembrano riprendere gli studi da lui condotti fin dal soggiorno ferrarese sul rapporto fra la lingua greca e latina, come documenta il *De diphtongis Graecis et ut Latinae fiant libellus* a lui attribuito, piccolo trattato probabilmente autografo dedicato a uno sconosciuto Cristoforo da Foligno (da cui forse ci è pervenuta anche l'unica copia delle *Institutiones* del 1493), conservato in un manoscritto miscellaneo della Biblioteca Querini Stampalia (un testo probabilmente ripudiato e sfuggito alla distruzione voluta dallo stesso autore, in seguito, sembrerebbe, al superamento delle teorie linguistiche e grammaticali della prima giovinezza)[19]. Qui le parole greche o latine che contengono i dittonghi sono classificate in modo analogo («[...] in mediis syllabis: Acheus [...] Alcheus [...] sequitur C in primis syllabis: Caebes [...] Caecus [...] et de AE in mediis syllabis: Caldaeus [...] Camaleon, animal [...]»).

Dello strumento didattico di cui raccomandava l'adozione Aldo non offre spiegazioni, come se fosse già noto ai lettori e all'autore procurasse un qualche imbarazzo parlarne. Le sue parole, come sempre quando prende direttamente la parola per rapidi interventi all'interno delle edizioni da lui splendidamente curate (come se temesse sempre di sconfinare in uno spazio non suo, che appartiene solo all'autore e al lettore) riportano una discussione in cui le opinioni contrarie, realmente espresse o solo supposte, che più ci interesserebbero in questo momento (rappresentando presumibilmente la norma e forse la maggioranza dei casi), restano a noi ignote. Nelle prime edizioni l'avvertenza si conclude con un un'affermazione stizzita e lapidaria: «si prosum rudibus ego non facio pili [se sono d'aiuto ai rozzi me ne faccio un baffo]». A ben vedere tuttavia le sue parole ci lasciano intravedere qualcosa di più preciso sulla vera natura del sillabario in questione e sull'atteggiamento verso l'istruzione popolare di una parte dei grammatici a cui Aldo si rivolgeva (e anche della distanza che egli stesso con orgoglio, in quel momento, voleva marcare fra sé e loro) Si tratta di un ragionamento per assurdo, di un paradosso come se Aldo dicesse: «E se favorire l'istruzione del popolo ignorante dovesse essere considerata una colpa, di questa accusa, per quanto mi riguarda, io me ne faccio un baffo». (Anche se il pubblico cui si rivolgeva la sua attività editoriale non era il pubblico dei «rudes» ma la gioventù studiosa di ambito europeo). Le parole di Manuzio inoltre precisano che il sillabario è introdotto all'interno del corso grammaticale, non per favorire la

19 Venezia, Biblioteca della Fondazione Querini Stampalia, Manoscritti 1274 (già Cl. VII. Cod. 2), n. 2: Aldi Manutii Ad Christophorum Fulginatem *De diphtongis graecis et ut latine fiant* libellus, cf. Piero Scapecchi, «Un'opera manoscritta di Aldo Manuzio nella Biblioteca della Fondazione Querini Stampalia», in: *Ateneo Veneto*, a. CLXXX (1993), vol. 31, pp. 111–113; Piero Scapecchi, «Una lettera di Atramytteno a Manuzio e le prime testimonianze dell'attività di Aldo a Carpi», in: *La Bibliofilia* XCVIII (1996), pp. 23–30.

velocità di apprendimento della lettura (né tantomeno per insegnare a leggere sulla base di opere in lingua volgare), ma per migliorare la pronuncia e l'ortografia del latino e come sussidio contro il barbarismo, cioè contro il ricorso a espressioni derivate da forme volgari e dialettali sconosciute alla lingua classica. (Veramente nel 1493 aveva introdotto con prudenza questo argomento ricorrendo a una litote: «non ignorantes quantum adiuvent pronuntiationem faciantque ad orthographiam»). Inoltre aveva elencato le sillabe come risposta alle precise domande del maestro, come a mantenerle ancora nell'ambito orale del sillabare sulle dita tradizionale: «Da uocales [...] Da consonantes [...] Praepone uocalibus singulas consonantes [...] Postpone uocalibus singulas consonantes [...] Praepone duas consonantes singulis uocalibus» (cito dall'unico esemplare noto, mutilo di quattro carte, della Biblioteca Nazionale Marciana, Incunaboli veneti 632, c.a2r–v). Si può pensare infatti che, attraverso l'esercizio ripetuto sul sillabario costituito da numerosissime sillabe isolate (tutte quelle che sarebbe capitato di incontrare nella lettura) facilmente si sarebbe riconosciute a prima vista senza la necessità di compitarle lettera per lettera. E tutto ciò prima di affrontare le parole accostate fittamente sulle pagine di testo in lingua latina. In questo modo il sillabario consentiva di fatto il superamento della equivoca sovrapposizione di lettera e suono (o fonema) e che solitamente costringeva a isolare e a riconoscere e pronunciare una a una vocali e consonanti col loro nome convenzionale *(«elle», «emme», «erre»)* prima di far sentire il loro suono fuso nella sillaba. La confusione fra suono e segno grafico, che era dichiarata nella stessa *Ars minor* di Donato («Littera est pars minima vocis articulatae»[20]) era alla base dell'esercizio, defatigante e fuorviante, del «compitare» o «combinare» che frenava il riconoscimento veloce dei gruppi di segni grafici accostati sulle righe della pagina a stampa e allontanava enormemente l'obiettivo finale, cioè la lettura corrente dei testi. È difficile comprendere fino a che punto Manuzio fosse consapevole della contraddizione (che forse riflette una intima doppia tensione morale e intellettuale) fra la coerenza teorica astratta del metodo grammaticale e l'efficacia pratica dell'uso del metodo basato sul sillabario, più vicino all'esperienza e alla realtà. Certamente le sue parole lo mostrano pienamente consapevole degli effetti negativi del compitare direttamente il libro di testo se questo non fosse stato preceduto da una serie sufficiente di esercizi finalizzati al riconoscimento delle sillabe (nonostante le tenaci resistenze che questa innovazione avrebbe incontrato). Compitando il testo latino nel momento di leggerlo o trascriverlo spesso si raddoppiava il suono senza motivo *(«emme», «elle»* e anche

20 Louis Holtz, *Donat et la tradition de l'enseignement grammatical: étude sur l'Ars Donati et sa diffusion (IV.e–IX.e siècle) et édition critique*, Paris (Centre national de la recherche scientifique) 1981 (Documents, études, et répertoires publiés par l'Institut de Recherche et histoire des textes), p. 603.

«effe», «erre», «esse») contribuendo ad annullare la distinzione fra il suono debole o rafforzato della consonante, con prevedibili conseguenze negative sulla pronuncia e sulla ortografia. Accadeva spesso così, come accade spesso ancora oggi, che chi leggeva o scriveva, «ubi una esse debet consonans, duas ponet [...] ubi duae unam».

Solo a partire dalla edizione del 1508 Manuzio premetterà al sillabario (impaginato in modo più arioso e ordinato) un titolo che forse rendeva omaggio all'*incipit* del testo popolare in forma di imbonimento: «Brevissimus simul et utilissimus modus quo et legere et scribere quis cito recteque discet» (c. VIIv–VIIIv). Ma, come già ho accennato, ormai egli aveva motivo di ritenere non disdicevole il ricorso allo strumento di alfabetizzazione in lingua volgare che era diffuso dai venditori ambulanti ed era adottato da insegnanti improvvisati (magari in piccole botteghe artigiane di città e paese o, forse anche in campagna, durante le veglie invernali) e poteva permettersi di ritorcere l'accusa di «rozzi» e «ineruditi» ai suoi stessi denigratori, dal momento che aveva scoperto che questo insolito strumento didattico era raccomandato anche dai grammatici antichi latini e greci.

Aldo infatti poteva aver scoperto (solo per fare una ipotesi) un autorevole testimone dell'uso antico di un sillabario del tutto simile a questo in Quintiliano, di cui in quegli anni stava preparando l'edizione (pubblicata solo nell'agosto del 1514) tentando di decifrare, e non sempre riuscendovi, molti passi oscuri come quesiti della Sfinge (come scriverà nella prefazione «multa tamen inemendata non negamus, quibus corrigendis Oedipo coniectore opus foret»[21]), fra cui probabilmente il passo in cui si dice «syllabis nullum compendium est: perdiscendae omnes» che si giustifica pienamente solo con l'uso di un repertorio completo di sillabe[22].

21 Giovanni Orlandi (ed.), *Aldo Manuzio editore: dediche, prefazioni, note ai testi.* Introduzione di Carlo Dionisotti, Milano (Edizioni Il Polifilo), 2 voll., 1975, vol. I, pp. 146–147. Il riferimento a Edipo, che riecheggia un passo di Plauto, era comparso anche nella prefazione della edizione di Teocrito e altri autori greci del 1496, cf. *ivi*, pp. 9–10.

22 Marcus Fabius Quintilianus, *Institutio oratoria*, I, I, 30. È interessante notare come i commentatori di questo passo, dalle edizioni precedenti a Manuzio fino alle più recenti, pur comprendendo il senso, non facciano riferimento all'uso di un sillabario completo ma alla teoria grammaticale della sillaba: ad esempio nell'edizione veneziana di Boneto Locatello per Ottaviano Scoto del 17 luglio 1493, Raphael Regius commenta: «nulla brevis est ratio discendarum syllabarum: ut intelligat puer: Quae cum quibus litterae iungantur: quod quidem a nostri temporis doctoribus ita negligitur ut adulti quoque non solum pueri in omnibus fere scribendis errare deprehendantur», c. a5v (Venezia, Biblioteca del Museo Correr, Bernardi 53).

4. Ci si ripropone a questo punto, ancora una volta, l'interrogativo sulla origine del Babuino, questo vero «enigma» (come è stato giustamente definito[23]): in quale rapporto si poneva con le tecniche di sillabazione medioevali, ancora usate in alcune aree d'Italia e in Europa? E quale filo legava il Babuino (e forse anche queste tecniche in uso nelle scuole medioevali) con i sillabari antichi?

La difficoltà di localizzazione e esatta comprensione della documentazione sopravvissuta, estremamente rarefatta e dispersa in un ambito geografico e cronologico vastissimo, permettono solo una rappresentazione parziale e in parte casuale di una realtà più ricca e multiforme – caratterizzata da permanenze di lunghissima durata accanto a rapidi cambiamenti –. Anche per il periodo cruciale che precede e segue la diffusione della stampa tipografica possiamo avanzare una serie di suggestioni e di ipotesi e non ancora una storia documentata delle pratiche e dei tentativi di innovazione nelle varie situazioni di apprendimento dei primi rudimenti.

Come ho già osservato la più diffusa grammatica latina ereditata dalle scuole medioevali, l'*Ars minor* di Elio Donato, non comprende i *Rudimenta* di carattere pratico, sussidi (l'alfabeto) e brevi testi (le prime preghiere) cui si ricorreva per l'apprendimento della lettura, che Manuzio realisticamente ha voluto riportare all'inizio del suo testo, e comunque non documentano, mi pare, l'uso di repertori di sillabe. Gli studi storici sulle scuole altomedioevali registrano, è vero, saltuariamente, la presenza di esercizi sulle sillabe dopo l'abbiccì e prima della lettura sul libro, ma assai presto ne rilevano anche l'abbandono precoce che farebbe pensare all'uso di repertori di sillabe abbreviati e semplificati[24]. La interruzione della tradizione testuale, come in altri casi, dovette coincidere con la scarsa disponibilità di materiali scrittorii che riduceva il repertorio completo di sillabe da libro con una propria tradizione testuale a sussidio didattico predisposto di volta in volta sulla tavoletta cerata o su materiale scrittorio effimero, ponendo le condizioni per la sua progressiva diminuzione di mole e definitiva scomparsa. Non si può escludere che un qualche esemplare del sillabario antico

23 Anna Maria Nada Patrone, «"Super providendo bonum et sufficientem magistrum": l'organizzazione scolastica delle città nel tardo medioevo», in: *Città e servizi sociali nell'Italia dei secoli XII–XV*, Pistoia (Centro italiano di studi di storia e d'arte) 1990, pp. 49–81, 78. Sulle proposte da lei avanzate, cf. Lucchi 1992 (cf. nota 1), pp. 150–151. La studiosa è ritornata sull'argomento, senza sostanziali novità, nel suo libro: *Vivere nella scuola: insegnare e apprendere nel Piemonte del tardo medioevo*, Torino (Gribaudo) 1996, pp. 180–183.

24 Pierre Riché, *Education et culture dans l'Occident Barbare, VIe–VIIIe siècles*, Paris 1962, trad. it.: *Educazione e cultura nell'Occidente barbarico dal VI all'VIII secolo*, Roma (Armando) 1966, pp. 383–385 («L'uso del sillabario, però, è abbandonato sovente», *ivi*, p. 384), e inoltre, dello stesso autore: *Ecoles et enseignement dans le haut moyen âge*, Paris (Aubier Montaigne) 1979, trad. it.: *Le scuole e l'insegnamento nell'Occidente cristiano dalla fine del V secolo alla metà dell'XI secolo*, Roma (Jouvence) 1984, pp. 230–231.

possa essere sopravvissuto fuori d'Italia. Fra le tavolette cerate medioevali conservate non sembrano trovarsi sillabari completi[25]. Si dovrà valutare meglio se quelle che riportano esercizi scolastici presentino gruppi di sillabe (pare tuttavia che non se ne siano trovate) da mettere in relazione con le tecniche mnemoniche o gestuali un tempo in uso nelle scuole (come il «syllabicare ad digitos» di cui fa cenno Manuzio) o con una tipologia di sillabario completo seguito da liste di nomi raggruppati per classi) in cui sia possibile riconoscere l'«anello mancante» fra i sillabari antichi e il Babuino. Ci incuriosisce molto, ad esempio, un titolo citato in un inventario di una biblioteca monastica del Nord della Francia del secolo X o XI come «libellus de syllabis ad instruendos pueros», opera di cui non sono note altre segnalazioni, che potrebbe avere punti di contatto col Babuino[26]. Sarebbe possibile dunque ipotizzare una continuità fra i sillabari antichi e quelli medioevali, una tradizione ininterrotta sebbene rarefatta e periferica, che dai confini della Romània sarebbe riaffiorata in Italia, in particolare a Venezia, con la diffusione della stampa a caratteri mobili importata in Italia dai paesi di lingua tedesca (come sembra avvenire, ad esempio, con diverse opere dell'antichità o con le stesse tecniche dell'«ars memorativa»).

Certamente nella Germania meridionale possiamo assistere, intorno e dopo la metà del Quattrocento, a un rinnovato interesse per la didattica della lettura e scrittura (parallelo con l'adozione delle cifre arabiche e dell'aritmetica pratica e delle tecniche commerciali in cui erano esperti i mercanti italiani e i loro «rasonati»), che naturalmente sembrano guardare più alla lingua parlata che non al latino. Non è possibile qui presentare e discutere il *Modus legendy* riportato in un brogliaccio di lavoro del 1477, opera di Christofferus Hueber, che si definiva «Teutscher Schulmeister»[27] e anche pagine di Bernard Hirschvelder, maestro di scrittura esperto dell'arte della memoria[28]. Si osserva chiaramente in questi metodi di insegnamento l'uso di illustrazioni a penna, probabilmente derivate

25 Elisabeth Lalou (ed.), *Les tablettes à écrire de l'Antiquité à l'Epoque Moderne*, Turnhout (Brepols) 1992 (Bibliologia 12. Elementa ad librorum studia pertinentia), e bibliografia ivi citata; Michelle P. Brown, «The role of the wax tablet in medieval literacy: a reconsideration in light of a recent find from York», in: *The British Library Journal* 20 (1994), pp. 1–16.

26 Emile Lesne, *Les livres, scriptoria et bibliothèques du commencement du VIIe siècle à la fin du XIIe siècle*, Lille 1938 (Histoire de la propriété ecclésiastique en France 4), p. 787.

27 Robert Alt, *Bilderatlas zur Schul- und Erziehungsgeschichte*, Bd. I: *Von der Urgesellschaft bis zum Vorabend der Bürgerlichen Revolutionen*, Berlin (Volk und Wissen Volkseigener Verlag) 1966, pp. 202–203, e bibliografia citata, in particolare: Joseph Heigenmooser / Alfons Bock, *Geschichte der Pädagogik...*, Bd. I, München (Carl Aug. Genfried & Comp.) 1923, pp. 32–35; Heinrich Held, *Altbayerische Volkserziehung und Volksschule...*, München (Verlag des Vereins für Erforschung der Geschichte der Erzdiözese Münchens und Freising) 1926, Bd. I, pp. 113–121.

28 Ludwig Volkmann, «Ars Memorativa», in: *Jahrbuch der Kunsthistorischen Sammlungen in Wien*, Neue Folge, 3 (1929), pp. 111–200, qui p. 150.

dalla tecniche di memoria artificiale coltivate nell'ambito degli studi retorici (basti accennare alla grande fortuna editoriale, fra Venezia e Augusta, del manuale di Jacopo Publicio, fiorentino forse vissuto in Germania, di cui si sa pochissimo, con i suoi alfabeti figurati che furono certamente usati anche come abbecedari)[29]. Sul piano del metodo questi sussidi didattici sembrano collocarsi nel percorso che va nella direzione degli abbecedari figurati e del metodo fonico (perché le immagini ben presto tendono a evocare un suono, un fonema, e non una lettera iniziale) proposto dai manuali a stampa editi in Baviera fra il secondo e il terzo decennio del Cinquecento, di cui sono autori Valentin Ickelsamer, Peter Jordan e Jakob Gruessebeutel[30]. Va ricordato tuttavia che degli abbecedari figurati erano conosciuti anche a Sud delle Alpi molto prima di quanto si pensasse in precedenza; sarà sufficiente accennare solo alla importante testimonianza satirica del *Baldus* di Teofilo Folengo (VIII, 537–599), la cui prima redazione risale a poco dopo la metà del secondo decennio del Cinquecento[31]. Per quanto riguarda l'insegnamento delle sillabe, il *Modus legendy* di Hueber, molto simile a una *Tabula syllabarum* stampata a Lipsia verso il 1550[32], fa pensare al «Syllabicare ad digitos» di Manuzio, erede dei metodi mnemonici e gestuali delle scuole medioevali e non al repertorio completo di tutte le sillabe usato per insegnare a leggere in volgare (ma su questo punto spero di poter ritornare in altra sede). Inoltre alcuni indizi nelle opere di Ickelsamer e dei suoi seguaci, come l'*Incipit* in forma di imbonimento e la rivendicazione della scoperta alla nazione tedesca per volontà di Dio, mi suggeriscono che anche i loro sforzi di innovazione e di superamento del metodo alfabetico, in momenti di forte tensione con Roma, potrebbero essere stati stimolati direttamente o indirettamente dal-

29 Nonostante la recente ricca messe di studi sull'«arte della memoria» di questa opera famosa (di cui esistono numerose edizioni quattrocentesche in molti paesi europei) e del suo autore non si sa quasi nulla. Già un erudito del Settecento, riferendo la notizia della dedica di alcuni suoi scritti al Duca di Taranto, osservava: «niuno fa menzione del tempo in cui visse; nè qual Duca governasse allora il Ducato di Taranto», Giulio Negri, *Istoria degli scrittori fiorentini*, Ferrara (per Bernardino Pomatelli) 1722, p. 332. Cf., ancora, Volkmann (cf. nota 28), pp. 146–149.

30 Heigenmooser / Bock (cf. nota 27), pp. 48–54; Valentin Ickelsamer, *Die rechte weis aufs Kurtzist lesen zu lernen, Ain Teutsche Grammatica*, hg. von Karl Pohl, Stuttgart (Ernst Klett) 1971; Peter Jordan, *Die «Leyenschul» von 1533*, mit einem bio-bibliographischen Essay von Sigfrid Gauch, Giessen (Institut für Heil- und Sonderpädagogik) 1987; Artur Kern / Erwin Kern, *Lesen und Lesenlernen: eine psychologisch-didaktische Darstellung*, Freiburg (Herder) 1958, pp. 114–129; Duilio Gasparini, *Da Ickelsamer a Comenio: il metodo fonico e il primo abbecedario illustrato*, Roma (Armando) 1984 (prende in considerazione solo l'area germanica).

31 Mario Chiesa (ed.), *Baldus* di Teofilo Folengo, Torino (Utet) 1997, 2 voll., vol. 1, pp. 394–397. Sulle varie redazioni e edizioni: Teofilo Folengo, *Macaronee minori: Zanitonella – Moscheide – Epigrammi*. A cura di Massimo Zaggia, Torino (Einaudi) 1987, pp. 553–609.

32 Alt (cf. nota 27), pp. 194–195; Gumuchian, *Les livres de l'enfance du XV au XIX siècle*, Paris 1930, ristampa London (The Holland Press) 1979, tome 1: *Texte*, p. 1, tome 2: *Planches*, p. 148.

l'esempio del Babuino italiano (o da sillabari importati già dall'Italia insieme alle tecniche commerciali) e anche dei manuali «d'autore» editi a Venezia e in altre città che ne avevano ampliato il contenuto, come il bellissimo *Libro maistrevole* di Tagliente, che precede di tre anni il primo manuale di Ickelsamer. Molto probabilmente circolavano già nei paesi al Nord delle Alpi Tavole *(Kindertafel)*, Salteri e forse anche dei sillabari come i *Silbenbüchlein* e dei *Namenbüchlein* in cui sembra sdoppiarsi la tipologia del Babuino italiano, che in un primo tempo furono stampati a Venezia anche per il mercato estero (attività cui sembra si dedicasse lo stesso Andrea Torresani[33]). Proprio la diffidenza verso le «sillabe senza senso» espressa dagli autori di questi manuali, oltre a indicare la circolazione di sillabari e libretti dei nomi forse derivati dal Babuino, aiuta probabilmente a comprendere le ragioni della cattiva fama che anche in Italia sembra accompagnarsi a questo efficace metodo didattico.

5. Ma un altro indizio caratterizza esclusivamente il sillabario italiano: il nome.

Il termine «Babuino», attestato solo in area italiana, è da ritenere, infatti, secondo una testimonianza cinquecentesca che accenna a un «babuin overo alfabetto in lettera araba»[34] (che non è possibile discutere qui), di probabile origine araba. Il titolo spesso è seguito da alcune altre parole che enfatizzano la novità e brevità del metodo, e talvolta la sua efficacia universale vale a dire alla sua applicabilità a ogni lingua e a ogni scrittura. Questo viene esplicitamente dichiarato nel *colophon* dell'edizione Sessa e qualcosa di analogo è accennato nelle suppliche dei maestri privati Cardo e Anguillara da cui siamo partiti.

La forma di imbonimento dell'*Incipit*, che troviamo in molti testi medioevali e in molta letteratura popolare cantata, declamata e venduta in piazza, nel caso che stiamo esaminando assomiglia in modo sorprendente all'inizio di un altro libro straordinario e ben più noto che, scritto nel 1202, comunicava all'Europa le scoperte della matematica araba: il *Liber abaci* di Leonardo Pisano: «Novem figurae indorum he sunt 9 8 7 6 5 4 3 2 1. Cum his itaque novem figuris et cum hoc signo 0, quod arabice zephirum appellatur, scribitur quilibet numerus, ut inferius demonstratur»[35]. Nei volgarizzamenti suonava: «queste sono le nostre

33 È sopravvissuto un suo salterio didattico del 1527 stampato in caratteri glagolitici e in inchiostro rosso e nero (che tuttavia non porta le sillabe) che ha fatto pensare che egli rifornisse i merciai ambulanti illirici, dalmati e tirolesi, Renouard (cf. nota 7), p. 293; Annaclara Cataldi Palau, *Gian Francesco D'Asola e la tipografia aldina: la vita, le edizioni, la biblioteca dell'Asolano*, Genova (Sagep) 1998, pp. 114–115.

34 Antonio Fabris, «Il Babuin over alfabetto in lettera araba», in: *Lingua Nostra* LI (1990), pp. 40–41; Lucchi 1992 (cf. nota 1), p. 151.

35 *Il Liber abaci di Leonardo Pisano,* pubblicato da Baldassarre Boncompagni, Roma (Tipografia delle scienze matematiche e fisiche), 2 voll., 1857–1862, vol. 1, p. 2.

figure dell'abaco con le quali si puote scrivere qualunque numero fosse e di qualunque quantitade». A volte il termine «figure» era reso in volgare con «lettere del abacho» oppure: «lettere del alphabeto zove delo abacho»[36]. Va segnalato inoltre che nella edizione Sessa, che ci pare conservare elementi più arcaici, nelle pagine 46–47 è riportata una «tavola» delle abbreviazioni in uso nelle scritture commerciali che «dinota e dimostra la signification de le infrascripte zifre, quello che lievano et significano». L'affinità con il mondo dell'abbaco e della contabilità è suggerita del resto anche dalla parentela di parole italiane come «compitare», «computo», «computisteria».

Riservandomi di approfondire in altra sede questo tema cruciale (che tuttavia sta riservando ancora scoperte sorprendenti), credo che la origine del sillabario che qui ci interessa possa essere ricercata nella civiltà mercantesca e marinara delle colonie italiane del XII e XIII secolo, localizzate nelle sponde meridionali e orientali del Mediterraneo. Il «Babuin», termine arabo divenuto veneziano (forse equivalente al genovese «babinbabo», attestato nel 1414)[37], potrebbe essere la traduzione di un sillabario arabo, lingua che non scrivendo le vocali deve poter mostrare in un sillabario completo tutte le possibili soluzioni foniche delle diverse sillabe generate dalle consonanti singole e in gruppo incontrate sulla pagina. Il nuovo strumento didattico non potendosi chiamare Santacroce o Salterio conservò il nome arabo, che aveva il vantaggio di ricordare il testo della prima riga («Ba be bi bo bu»), e suggerire valenze onomatopeiche e parentele semantiche (con «babbo», «bambino», «balbettare») che funzionavano anche in Italia. Questo stesso strumento didattico, scoperto, tradotto e adottato da maestri bilingui che insegnavano ai mercanti italiani e ai loro figli a leggere e scrivere. E naturalmente insegnavano a leggere e scrivere nella lingua che permettesse più facilmente e semplicemente la comunicazione e la registrazione di notizie e cifre, dunque non necessariamente il latino, ma il volgare, o meglio la lingua reputata migliore come era parlata in casa, nella città di origine o con gli altri mercanti italiani. Ugualmente, essendo il risultato l'unico obiettivo che ci si proponeva, non si guardava troppo per il sottile alla correttezza (dal punto di vista della scienza grammaticale occidentale) del metodo che si rivelava straordinariamente efficace proprio perché affrancava dal complesso e noioso esercizio del compitare subito parole intere che bloccava per anni il percorso scolastico di chi muoveva i primi passi. Bisogna dunque risalire a questo

36 Cf. l'«Index of Incipits», in: Warren Van Egmond, *Practical mathematics in the Italian Renaissance: A catalogue of Italian abbacus manuscripts and printed books to 1600*, Firenze (Istituto e Museo di storia della scienza) 1981 (supplemento agli *Annali dell'Istituto e Museo di storia della scienza*, 1980, 1), pp. 379–406, gli esempi citati sono a p. 394 e 399.

37 Giovanna Petti Balbi, *L'insegnamento nella Liguria medievale: Scuole, maestri, libri*, Genova (Tilgher) 1979, pp. 63, 153; cf. Lucchi 1985 (cf. nota 1), p. 62.

momento iniziale della sua storia per comprendere come il sillabario usato dai mercanti italiani, fosse associato strettamente sia alla spregiudicatezza metodologica dell'empiria sia alla lingua volgare, che sarà poi alla base delle difficoltà e del rifiuto che incontrò, soprattutto dopo l'età umanistica.

Mi sembra evidente che il testo nella forma che è giunta fino a noi (come provano del resto i caratteri di almeno tre delle edizioni che ce lo hanno tramandato), con la iniziale pagina grammaticale che muove dalle definizioni teoriche di vocale e consonante, – come abbiamo già visto – rappresentasse un compromesso fra il primo Babuino, che circolava nelle mani di mercanti, cantastorie e merciai ambulanti, e il mondo scolastico ancora imperniato sul latino e sul metodo alfabetico che faceva cominciare dalla nominazione delle singole lettere. L'epoca a cui si può assegnare questo adattamento non si può accertare in termini cronologici (quanto tempo prima l'edizione a stampa di Gerardo da Lisa?) bensì in termini logici e storici: certamente prima che fosse avvertito come intollerabile veder convivere insieme i rudimenti della prima arte liberale con elenchi più o meno casuali di parole in lingua volgare. Lo stesso tentativo di Manuzio, come anche l'incunabolo di Gerardo – se davvero aveva espunto le parti in volgare –, testimoniano già la fase calante dell'adozione del Babuino come testo scolastico.

A questa ricca stagione della storia culturale italiana, a cavallo fra manoscritto e stampa, medioevo e umanesimo, volgare e latino, gotico e Rinascimento si può ricondurre un raro documento che ci mostra una tavola insieme alfabetica e sillabica, in una pala d'altare dipinta a tempera attorno al 1460 dal Maestro della Barsigliana, da identificare forse con Pietro da Talada, per la Chiesa di S. Maria a Capraia in Pieve Fosciana, piccolo comune della Garfagnana gravitante su Lucca[38] (figure 2 e 3). Il dipinto raffigura con puntigliosa esattezza tardogotica la *Madonna che insegna a leggere a Gesù*. Il Bambino, che non dimostra più di due o tre anni, sta imparando l'alfabeto, sotto la guida un po' distratta della Madonna, che legge un Ufficio o Libro d'ore aperto sul testo del Magnificat: è giunto alla lettera G e continuerà lo studio affrontando, dopo l'abbiccì, le sillabe che sono disposte, nella parte bassa, su cinque colonne «Ba be bi bo bu Ca ce ci co cu», come nel Babuino. La tavoletta verniciata di bianco come le antiche *tabulae dealbatae*, e impreziosita da motivi decorativi filigranati in rosso intorno al manico

38 Gigetta Dalli Regoli, «L'Abbecedario di Cristo: Eccentricià e arcaismi del Maestro di Borsigliana», in: *Il Maestro di Borsigliana: Un pittore del '400 in Alta Val di Serchio*, Lucca (Pacini Fazzi) 1987, pp. 23–42 (debbo la segnalazione alla cortesia di Enrico Castelnuovo); cf. Chiara Frugoni, «La donna nelle immagini, la donna immaginata», in: Christiane Klapisch-Zuber (ed.), *Storia delle donne in Occidente: Il medioevo*, Roma / Bari (Laterza) 1990, pp. 424–457, qui p. 447. Su questi temi: Christiane Klapisch-Zuber, «Le chiavi fiorentine di Barbablù: l'apprendimento della lettura a Firenze nel XV secolo», in: *Quaderni storici* 57, a. XIX (1984), pp. 765–792.

Fig. 2 – Capraia, *Madona con il Bambino.*

Fig. 3 – Capraia, *Madona con il Bambino*, particolare.

e da una cornice entro la quale era stato tracciato il testo in inchiostro nero, che forse poteva essere cancellato e riscritto successivamente. Il senso dell'immagine è duplice: da un lato favoriva nei fedeli il riconoscimento di una realtà familiare e quotidiana, che faceva da sfondo al messaggio evangelico; dall'altra si offriva l'esempio della buona madre che legge e prega con l'aiuto del libro e insegna al suo bambino, fin dalla più tenera età, non solo a riconoscere le lettere dell'alfabeto ma anche a combinare le sillabe con l'aiuto di un sussidio didattico, la cui adozione almeno nell'ambito domestico era in questo modo esplicitamente raccomandata

Un'altra raffigurazione di interno scolastico, una xilografia usata per illustrare testi latini dei grammatici Niccolò Perotti, Giovanni Battista Cantalicio, Sulpicio Verulano e Nicola Ferretti e stampate a Venezia e a Forlì, negli anni 1492–1495, ci mostra una tavoletta che un bambino sta facendo imparare a un un animale peloso dalla lunga coda, ritto sulle zampe davanti che probabilmente è da riconoscere come la scimmia che in Italia prende il nome dello stesso sillabario (figura 4)[39]. La storia di questa parentela (cioè di come il nome del sillabario era passato a indicare la scimmia) non si può esporre in questa sede: basterà per ora precisare che l'immagine in cui l'animale e i due bambini seduti su piccoli sgabelli in basso contrastano con la solennità ieratica delle figure paludate e imberrettate degli scolari e del maestro «legentes latinum» in alto ha certamente un valore scherzoso e forse polemico verso il trattamento riservato nelle scuole ai «non latinantes» (intenzione che si può scorgere anche in altre xilografie di quegli anni: figura 5). Il primo bambino imparata la Tavola la insegna a chi viene dopo di lui, in questo caso la scimmietta (un cercopiteco – che non è propriamente un vero babuino amadriade – allevato nelle case veneziane per trastullo dei bambini e per compagnia delle cortigiane) il secondo, deposta la Tavola ha preso in mano il Salterio, più avanti lo attende il calamaio con la penna e ai piedi della cattedra il pesante volume rilegato *in folio*. Sono gli stessi anni della grammatica di Manuzio: non ci deve stupire che a qualcuno venisse in mente di raffigurare la stessa scimmia sillabica dentro le scuole di latino.

39 Prince d'Essling, *Les livres à figures vénitiens de la fin du XV.e siècle et du commencement du XVI.e*, Florence / Paris (Leo S. Olschki / Librairie H. Leclerc), 6 voll., 1907–1914, I partie, Tome 2, p. 86 e anche p. 87; cf. la scheda di Luigi Balsamo nel catalogo: *Libri manoscritti e a stampa da Pomposa all'Umanesimo*, Venezia (Corbo e Fiore) 1982, p. 25 (in uno scambio di opinioni con l'autore, essendo io allora convinto dell'estraneità del Babuino rispetto alla scuola di grammatica, lo indussi a non riconoscere nell'animale una scimmia, ma un altro animale domestico: me ne scuso ora con lui e i suoi lettori); cf. anche Nicola De Blasi, «L'italiano nella scuola», in: *Storia della lingua italiana* I: *I luoghi della codificazione*, Torino (Einaudi) 1993, pp. 383–423, qui p. 393.

Fig. 4 – Perottus (Nicolaus), *Regulæ Sypontinæ*, 29 mars 1492 (r. A_{ii}), da: Essling (cf. nota 39).

Fig. 5 – Perottus (Nicolaus), *Regulæ Sypontinæ,* 19 décembre 1508, da: Essling (cf. nota 39). Mostra l'abbandono dei non latinantes senza cappello fino a 8–10 anni, i latinantes hanno penna e calamaio, portano il cappello e superano 10–11 anni.

6. Alla domanda iniziale intorno all'«enigma» Babuino si affianca ormai una nuova domanda: chi, che cosa ha cacciato il Babuino lontano dalle scuole? E forse lo ha anche tenuto lontano spesso dalle piazze e botteghe dei centri abitati e dai ritrovi di conversazione fra adulti e bambini, uomini e donne, nelle botteghe degli artigiani e mercanti, attorno al tavolo di cucina o davanti al fuoco o nella stalla dove si restava a parlare e a giocare alla sera? Perché un metodo didattico così vantaggioso non ha scalzato il metodo grammaticale, basato sulle singole lettere e sull'esercizio del compitare, che ha resistito nelle scuole, nonostante le molte critiche e i ripetuti tentativi di riforma, fino al nostro secolo?

E ancora, indipendentemente dai misteri della sua origine e dell'effetto dei privilegi che talvolta per un periodo limitato intervennero a proteggere chi lo aveva adottato: quale fu la sua reale diffusione? Come si può spiegare la sua vita *borderline* fra momenti di luce e di esaltazione e momenti di abbandono e oblio fino al punto che, come abbiamo visto, poteva essere proposto come una novità assoluta, come una scoperta da brevettare, proprio nei luoghi dove era stato visto aggirarsi da almeno cinquanta anni?

Prima di tutto occorre ricordare una semplice verità generale che tuttavia spesso si tende a dimenticare: il numero delle edizioni note sulla base degli esemplari sopravvisssuti non rispecchia la reale diffusione dei libri, ma deforma il quadro della realtà invertendone i valori. Sono proprio i libri e opuscoli più diffusi e di minor valore quelli più facilmente e sistematicamente perduti. Se consideriamo altri documenti più attendibili, come alcuni inventari di botteghe e di magazzini troviamo menzione di molte edizioni sconosciute, soprattutto in volgare, poste in vendita in un numero di copie altissimo. Così non mancava il «Babuin de putti» di edizione sconosciuta fra le 426 opere elencate in ordine alfabetico nell'inventario della libreria del ferrarese Domenico Sivieri, redatto probabilmente nell'anno 1503. E molti anni dopo, nel 1550, la stessa libreria di Antonio Sivieri, sempre a Ferrara, offriva ancora in vendita un'edizione non identificabile del «Babuin». Anche più lontano, in Lombardia, il «Baboin» risultava fra le opere in vendita nella bottega del libraio cremonese Bono Zambelli, secondo un inventario redatto nel gennaio 1525[40]. E a Milano quando nel 1537 fu venduto l'intero magazzino già appartenuto all'editore e libraio Niccolò Gorgonzola, fra gli oltre duecento titoli registrati, accanto a ricche scorte di libri scolastici e di piacevole lettura troviamo diversi libri di istruzione autodidattica fra i quali Libretti d'abbaco o «Abbachini» in numero di 475, Tavole e Libretti o Salteri («Libriti de Como» che forse si distinguevano da quelli «de Mediolano» per il Santo raffigurato nel frontespizio) in migliaia di copie, e anche ben 215

40 Angela Nuovo, *Il commercio librario a Ferrara tra XV e XVI secolo: la bottega di Domenico Sivieri*, Firenze (Leo S. Olschki) 1998, p. 195.

«Babovini», forse editi dallo stesso editore o solo messi in commercio da lui come libraio[41]. Certamente furono stampate e vendute altre edizioni di cui nulla sappiamo forse anche in remote e imprevedibili località, come l'edizione di Lucca del 1582 o quella di Palermo del 1817.

Una caratteristica del sillabario che stiamo studiando fu proprio quella di apparire ed eclissarsi misteriosamente, fino al punto di essere periodicamente «riscoperto» – come abbiamo visto – nella stessa regione dove dapprima si insediò, specialmente da parte di forestieri che giungevano a Venezia o nel Veneto (come accadde a Gerardo da Lisa e Aldo Manuzio, a Prospero Cardo e prete Bartolomeo dell'Anguillara). Così un *Nuovo modo et regola per imparare a leggere e scrivere con modo facilissimo in termine di quaranta giorni* fu «publicato da Girolamo Accolti, maestro di scola», In Venetia, appresso Gio. Battista Bonfadino, nel 1614 (Roma, Città del Vaticano, Biblioteca Apostolica Vaticana Misc. Capponi V 683. 46). Anche in questo caso, l'autore (che, prima di trasferirsi a Venezia, aveva composto libretti popolari in versi che i cantimpanca vendevano in piazza, fra cui alcuni editi a Roma dal 1593 al 1598)[42] rivendica la paternità del metodo che gli sembra la «la miglior, e più facile inventione, che ritrovar si possa in materia di imparare a leggere e scrivere e far sillabare quei fanciulli, et idioti, che desiderano d'imparare». Si tratta evidentemente del metodo che stava alla base del Babuino destinato a bambini e a adulti illetterati (o «idioti»), conosciuto e stampato a Venezia da oltre un secolo, che tuttavia Accolti (come altri trattatisti che si occuparono dell'argomento, di cui non è possibire riferire qui) cerca di adattare e di fondere con il metodo alfabetico – ma egli aveva visto certamente anche qualche abbecedario figurato – forse per renderlo meno ostico e più accettabile. Alla fine del manuale, prima dei consigli per imparare a scrivere (il libretto si presenta infatti fin dal frontespizio, con la mano che impugna la penna imitata dai manuali di scrittura del secolo precedente, come una ricapitolazione della gloriosa cultura dell'abbaco ormai abbandonata) lo stesso Accolti dimostra di aver comunque ben compreso la novità del metodo sillabico, tratteggiando un percorso, scontato per noi ma non per i contemporanei, che puntava direttamente alle «dictioni» cioè alla lettura corrente («a rilievo») delle sillabe isolate prima di affrontare il «verso» o rigo di scrittura: «Insomma chi vuole imparare a leggere, impari prima le sillabe, da le sillabe le dictioni, e da quelle il verso, et il

41 Arnaldo Ganda, *Niccolò Gorgonzola. Editore e libraio in Milano (1496–1536)*, Firenze (Leo S. Olschki) 1988, pp. 59, 127–132.

42 Opere di Accolti compaiono in diversi repertori bibliografici, cf. in particolare: *Index Aureliensis. Catalogus librorum sedecimo saeculo impressorum*, Aureliae Aquensis (= Baden-Baden) (Heitz GmbH) 1962 (Bibliotheca bibliographica Aureliana, VII), Tom. A, vol. 1, p. 35; Istituto centrale per il catalogo unico delle biblioteche italiane e per le informazioni bibliografiche, Le edizioni italiane del XVI secolo. Vol. I: A, Roma ²1990, pp. 13–14.

leggere ogni libro stampato, et questo è il vero modo più facile che si trovi». Evidentemente Girolamo Accolti (che aggiunge anche semplici raccomandazioni igieniche come la proibizione del vino ai ragazzi ma anche del formaggio e delle noci «contrarie alla memoria») si rivolge ai più modesti maestri e ai genitori che acquistavano le opere in versi da lui date alle stampe (assieme a testi religiosi e a «avvisi di guerra» e di pace) come *l'Allegrezza de' poveri sopra il crescimento del pane* del 1593 (effetto del lievito ma anche dell'aumento del prezzo per la terribile carestia di quell'anno) o testi carnevaleschi come *Il grande ammazzamento de Papari, Galline e pollastrelli, che succede nel ferrarese il primo giorno di agosto* del 1595 che coniuga il sogno del «Paese di Cuccagna» con la cronaca di una festa del raccolto. Allo stesso modo dopo la metà del Seicento fu compilato e adottato in una scuola pubblica di Belluno, città non troppo lontana da Venezia, un Salterio che dedicava una insolita attenzione alle sillabe. *L'abecedario scolastico et christiano raccolto et stampato per uso dell'infime scole della Città di Cividal di Belluno*, In Conelgiano [Conegliano], per Antonio Pozzi, 1664 (Treviso, Biblioteca comunale, Misc. 736.5), propone fra la Santacroce e le preghiere latine del Salterio una intera paginetta alle sillabe. Ma nessuno avrebbe notato la eccezionalità dell'innovazione (alcune righe di semplici sillabe avevano cominciato infatti a far capolino anche nei Salteri o Libretti tradizionali) se nella premessa indirizzata «alli pii lettori» l'anonimo autore non avesse richiamato l'attenzione sull'importanza degli esercizi sulle sillabe isolate: «Quando li fanciulli haveranno ben appreso le sillabe nel presente Abecedario descritte impareranno certamente in breve tempo a combinare le parole, et poi a leggere correntemente» aggiungendo, come per rassicurare le autorità, «et nel leggere con poco studio manderanno alla memoria li primi rudimenti della Christiana credenza».

Nonostante questi segni di sorprendente resistenza e vitalità clandestina (che aiutò certamente per molto tempo molte persone – giovani e adulti, uomini e donne in vari luoghi e realtà sociali –, a avvicinare e decifrare la parola scritta), le tracce del Babuino nella documentazione scolastica, per così dire, ufficiale si perdono presto o sono del tutto eccezionali (anche negli altri paesi europei dove il sillabario proveniente dall'Italia emigrò cambiando nome e perdendo le liste di nomi in volgare). Perché, nonostante l'autorevole raccomandazione di Aldo Manuzio, le straordinarie potenzialità didattiche del metodo basato sulle sillabe furono conosciute solo in ambiti circoscritti e marginali? Alcuni motivi li abbiamo già intravisti, nell'atteggiamento dei grammatici che giudicavano queste tecniche assolutamente rozze («perquam rudia») e nella resistenza a utilizzare sillabe senza senso (anche se, per chi stava imparando, le sillabe non erano certo più insensate dei libri latini a cui era messo di fronte). Una prova di questa difficoltà ci viene dagli stessi manuali italiani, già nel *Libro maistrevole* di Tagliente che per introdurre all'idea di sillabe isolate si ricorreva all'esempio di «uno infermo in letto» che sentendosi male e volendo «chiamare la sua massara che ha nome Madalena» mancandogli il fiato «el se inzegna a chiamare Madalena in piu parti chel puo, e dice cosi, Ma da le na»[43].

Certamente l'orgoglio e l'atteggiamento conservatore dei maestri di latino, che ormai spesso si fregiavano del nome greco di «pedanti», contribuì a respingere la proposta di innovazione didattica che si accompagnava al sillabario. La chiusura della cultura umanistica su se stessa, nella ripetizione scolastica (soprattutto in Italia, dove pare esaurirsi presto la spinta verso le nuove frontiere del mondo e del sapere insieme con la contrazione dei commerci), rappresentava ormai un muro insuperabile, un baluardo opposto all'alfabetizzazione di massa. Come già dopo la diffusione della cultura borghese in lingua volgare nei secoli precedenti (che tuttavia aveva prodotto le scuole d'abbaco, quasi sempre private, che spesso fungevano da scuole di alfabetizzazione in lingua volgare) anche dopo la diffusione massiccia di libri e opuscoli, in lingua volgare stampa, in molti casi arricchiti da illustrazioni particolarmente attraenti, la scuola istituzionale continuò di fatto a disinteressarsi dell'alfabetizzazione degli adulti e a trascurare sempre di più l'insegnamento elementare dei bambini. Su questo punto la ricerca si riapre: in che modo ancor prima che intervenisse la censura scattava l'autocensura? Perché un libro poteva essere avvertito come proibito indipendentemente dal contenuto e dalle sentenze dei tribunali? Quali forze misteriose, quali meccanismi psicologici, – ancor prima che le autorità (religiose o statali, nei paesi cattolici come nell'Europa della Riforma), intervenissero per regolare l'accesso alla cultura scritta – sbarravano la via a prodigiose innovazioni didattiche, ritenute troppo «pratiche», empiriche in nome di una scienza grammaticale, che guardava verso l'alto, verso uno spazio che rimuoveva il corpo e si allontanava dal mondo fisico. Ma bisogna subito aggiungere che questo atteggiamento molto spesso era condiviso da coloro che avrebbero beneficiato di una facile e veloce alfabetizzazione in lingua volgare, ai quali spesso sfuggiva il valore di una emancipazione solo morale e culturale, mentre avevano ben presente il vantaggio immediato che poteva offrire il corso scolastico tradizionale aprendo, ad esempio, le vie garantite della condizione ecclesiastica.

43 Giovanni Antonio Tagliente, *Libro maistrevole...*, Venezia 1524, p. 7 (cito dal microfilm della copia della Newberry Library di Chicago).

ALFRED MESSERLI

Das Lesen von Gedrucktem und das Lesen von Handschriften – zwei verschiedene Kulturtechniken?

Bis in die dreißiger Jahre des 19. Jahrhunderts gab es eine verglichen mit heute differenziertere Vorstellung der durch die Schule zu vermittelnden Kulturtechniken Lesen und Schreiben. Beim Lesen wurde zwischen gedruckten und handschriftlichen Lesestoffen unterschieden. Das Lesen von Handschriften galt als schwieriger und war, ebenso wie das Schreiben, für Mädchen fakultativ, wurde aber seines alltagspraktischen Nutzens wegen sehr geschätzt.[1] Von den Großeltern des Helden heißt es in Jeremias Gotthelfs Roman *Der Bauernspiegel* (1835): »Beide konnten Gedrucktes lesen, und besonders der Großvater las oft laut aus dem Schatzkästlein und dem Wahren Christentum; schreiben und Geschriebenes lesen konnten sie nicht, auch nicht rechnen«.[2] Das Lesen von Handschriften, besonders von solchen ungeübter Schreiber, galt als eine Fähigkeit, die, wie das Lesen von Gedrucktem und das Schreiben, ausdrücklich erwähnt wurde. Elisabeth Schober (1756–1847), die als Näherin und Magd arbeitete, schrieb über ihren Vetter, er sei wie die meisten Landleute ungelernt, lese aber gut und habe eine leicht lesbare Handschrift. Und weiter: »Durch Fleiß und Anstrengung hat er es dahin gebracht, auch schlecht und undeutlich Geschriebenes lesen zu können.«[3] Von einem verstorbenen Schulmeister heißt es, er habe die Kunst

1 Vgl. W.[illibald] Klinke, *Das Volksschulwesen des Kantons Zürich zur Zeit der Helvetik (1798–1803)*, Phil. Diss. Universität Zürich, Zürich (Verl. Gebr. Leemann / Verl. der »Academia«) 1907, S. 150.

2 Jeremias Gotthelf [= Albert Bitzius], *Sämtliche Werke in 24 Bdn.*, in Verbindung mit der Familie Bitzius und mit Unterstützung des Kantons Bern herausgegeben von Rudolf Hunziker und Hans Bloesch, Erlenbach-Zürich (Eugen Rentsch Verl.) 1916–1959, Bd. 1, S. 7–8.

3 Elisabeth Schober, *Aus dem Leben der E. S., einer Nätherin. Herausgegeben zum Besten einer Anstalt zur Bildung weiblicher Dienstboten von Joh. Linder, Obersthelfer*, Basel (in Kommission bei Felix Schneider) 1853, S. 68. Michael Giesecke weist darauf hin, daß dieser Unterschied zwischen Lesen von Gedrucktem und Geschriebenem sich noch heute in der Lesegeschwindigkeit zeige, davon aber nicht viel Aufhebens gemacht werde; vgl. Michael Giesecke, *Der Buchdruck in der frühen Neuzeit. Eine historische Fallstudie über die Durchsetzung neuer Informations- und Kommunikationstechnologien*, Frankfurt am Main (Suhrkamp) 1991, S. 90.

besessen, *Fraktur* zu schreiben und die alten Schriften herzulesen, »als wenn sie erst vor zehn Tagen verfertiget gewesen wären. Drey Jahre habe ich (lohne ihn der Himmel dafür) unter seiner Obsorge beym Gedrucktlesen geschwitzet, [...].«[4]

Diesem differenzierten Begriff von Lesen entsprach eine bestimmte Unterrichtspraxis. Die Schulmeister in den niederen Schulen alten Typus lehrten in eigens dafür vorgesehenen Schulstunden die fortgeschrittenen Knaben, seltener die Mädchen, im Lesen von Handschriften. Diese Unterrichtspraxis findet sich sowohl in reformierten als auch katholischen Schulen, hielt sich in diesen jedoch länger.

Zahlreiche Schulordnungen auf (Kirch-)Gemeindeebene aus dem 18. Jahrhundert verlangten das ›Geschriebenlesen‹ für fortgeschrittene Leseschüler. Die Thunser Schulordnung (Kanton Graubünden) aus der zweiten Hälfte des 18. Jahrhunderts schrieb dem Schulmeister vor, die Kinder »je nachdeme einnes daß alter oder die gaben besitzet«, fleißig in den Künsten des *»lessens, gedruckt und geschriebenes«*[5] zu unterweisen. Auf der Basler Landschaft nötigten die Eltern die Lehrer sogar, bei der alten Übung zu verbleiben und mit dem Lesen der Handschrift zu beginnen. Der Schulmeister von Oberdorf zum Beispiel übte seine Schüler »am Morgen drey stund im Truckten, nach Mittag aber von 12 biß 3 Uhren im geschribenen«[6]. In der Schulordnung der katholischen Gemeinde Oberägeri (Kanton Zug) von 1662, erneuert 1763,[7] forderte die »Zweite Regul wie die schuoll selle gehalten werden«, daß, »sobald selbe [sc. die Kinder] Jhre nahmen büöcher erlehrnet, das Erste mahl in einem brieff oder sonst geschriebenen, das zweite mahl in dem Canisio [Katechismus von Petrus Canisius (1521–1597)] oder wann solcher erlehrnet, aus anderem gedruktem Cathechismo aufsagen sollen, damit die Kinder geschriebenes undt gedrukhtes zusammenlehren«.[8] Selbst die in katholischen Gegenden seit den achtziger Jahren des 18. Jahrhunderts unter dem Einfluß der katholischen Aufklärung eingeführte Normal-Methode Johann Ignaz von Felbigers (1724–1788) durch Pater Nivard

4 C.[onrad] T.[anner], *Schulbriefe aus den Bergkantonen, nebst einer Anleitung zum Briefschreiben. Von einem Landmann C. T.,* Einsiedeln (Benziger und Eberle) 1813, S. 71.

5 F.[riedrich] Pieth, *Geschichte des Volksschulwesens im alten Graubünden. Festschrift zum 25-jährigen Jubiläum des bündnerischen Lehrervereins,* Chur (F. Schuler, Verlagsbuchhandlung) 1908, S. 79.

6 Staatsarchiv des Kantons Baselstadt, Acta Eccles. IV, p. 237. Vgl. dazu J.[ohann] W.[ahrmund] Heß, »Geschichte des Schulwesens der Landschaft Basel bis 1850«, in: *Beiträge zur vaterländischen Geschichte,* herausgegeben von der Historischen und Antiquarischen Gesellschaft zu Basel, Bd. XIV (NF, Bd. 4), Basel (Verl. Georg u. Cie.) 1896, S. 123–304, hier S. 145.

7 Vgl. Carl Bossard, *Bildungs- und Schulgeschichte Zugs im Übergang vom Ancien Régime zur Moderne,* 2 Bde. (Typoskript), Phil. Diss. Universität Freiburg, Bern, Oberkirch 1982, Bd. 2, S. 91–95.

8 Ebd., Bd. 2, S. 92.

Crauer (1747–1799) vom Kloster St. Urban (Kanton Luzern) vermochte sich nicht von den utilitaristischen Forderungen an die Schule freizuhalten und behielt das Lesen von Handschriften bei. Der Lehrer sollte deshalb »allerlei Handschriften sammeln und solche von den Kindern sich bringen lassen«.[9] Noch die Schulordnung für die Gemeinde Herisau (Kanton Appenzell Außerrhoden) vom Dezember 1823 sah »Gedrucktes und Geschriebenes lesen und verstehen«[10] vor. Und das Schulgesetz des Kantons Nidwalden vom 16. Juli 1851[11] schrieb für Lesen »sowohl Gedrucktes als Geschriebenes«[12] vor.

Davon zu unterscheiden ist der Erstleseunterricht mit Handschriften, der sich noch im 18. Jahrhundert für niedere Schulen in katholischen Regionen nachweisen läßt. Der Grund dafür lag im Mangel gedruckter Unterrichtsmedien. Hier lernten Schulkinder mit alten Handschriften, in einzelnen Kirchgemeinden des Kantons Freiburg sogar mit Handschriften auf Pergament, lesen. Diese Handschriften waren in ganz anderen Kontexten entstanden und ursprünglich nicht für den Schul- bzw. Erstleseunterricht vorgesehen.[13] Dann waren es auch Schulmeister, die handschriftliche Lehrmittel eigens für den Unterricht herstellten. Nach Aussage von Melchior Estermann (1829–1910) gab es in der Pfarrei Rickenbach (Kanton Luzern) bis zum Jahr 1770 keine gedruckten Lehrmittel

9 Vgl. Anna Hug, »Die St. Urbaner Schulreform an der Wende des 18. Jahrhunderts«, in: *Schweizer Studien zur Geschichtswissenschaft* XII (1920), Zürich (Gebr. Leemann u. Co.) 1920, S. 161–508, hier S. XX; ebenso Johann Mösch, *Die solothurnische Volksschule vor 1830, Bd. IV: Der Einzug der Normalmethode in der solothurnischen Volksschule (1782–1798)*, Solothurn (Gaßmann A.-G.) 1918 (Mitteilungen des Historischen Vereins des Kantons Solothurn; H. 9), S. 44.

10 August Eugster, *Die Gemeinde Herisau im Kanton Appenzell A. Rh.*, Herisau (M. Schläpfersche Buchdruckerei) 1870, S. 289.

11 Vgl. *Allgemeines Gesetzbuch für den Kanton Unterwalden nid dem Wald*, 1. Bd., Luzern (Druck von Gebrüdern Räber) 1857, S. 365–373.

12 Ebd., S. 370.

13 Abbé Jeunet aus Berlens (Kanton Fribourg) schrieb am 10. April 1876 dem *Bultin pédagogique* einen Brief, worin er den Gebrauch alter Pergamente für den Erstleseunterricht für die Zeit um 1800 behauptete. Beim Abbruch eines Bauernhauses kamen im Speicher (la boue) alte Pergamente zum Vorschein. Auf dem Rückweg habe ihn ein Begleiter über deren Verwendung aufgeklärt: »Il m'apprit donc qu'autrefois, dans maintes écoles, on se servait de parchemins comme tableaux de lecture. C'est ainsi que son père avait appris à lire. La consommation de ces documents était bien grande, car malgré les amas de parchemins que renfermaient nos vieux bahuts, il n'en reste presque plus aujourd'hui. Mon père, qui les déchiffrait assez bien, continua mon interlocuteur, m'a raconté que ceux qui lui avaient servi de syllabaire faisaient mention des différends suscités aux fondateurs de la ville et du château de Romont par les seigneurs d'Estavayer, de Châtonnaye, de Berlens et de Farvagny. Un autre de ces documents avait trait à la fondation de la Fille-Dieu.« *Bulletin pédagogique* (1876), S. 71–72. Zit. nach Jean-Marie Barras, *Deux siècles d'apprentissage de la lecture dans le canton de Fribourg (Suisse). Renouveaux et ruptures*, Diplôme des Hautes Etudes des Pratiques Sociales D.H.E.P.S., Université Lyon II, Institut de Formation aux Pratique Psychologiques, Sociologiques et Educatives IPSE, 1982, S. 13.

für die Volksschulen.[14] Zum Unterricht benutzte man, bevor solche eingeführt waren, unterschiedliche Handschriften.[15] Der Lehrer der Schule von Sachseln (Kanton Obwalden), der Priester Joseph Alois Imfeld, antwortete auf die siebte Frage (»Schulbücher, welche sind eingeführt?«) der Stapferschen Schulenquête von 1798 folgendermaßen:

> »Schulbücher sind keine eingeführt. Aber jeder Anfänger erhält von meiner Hand geschrieben, ein a.b.c Büchlein von einem Bogen, mit ein-, zwey- und mehrsylbigen Wörtern. Wenn die Kleinen selbes buchstabiren und lesen gelernt, schreibe ich ihnen etwelche Lektionen u.s.f. stufenweise, bis sie fremde, minder lesbare Schriften, Gedrucktes, und die Fähigern auch etwas Latein lesen können.«[16]

Es handelt sich dabei nicht um einen Einzelfall. Von Hand geschriebene Fibeln wurden um 1798 im Kanton Uri in drei von insgesamt 22 Grundschulen benutzt,[17] im Kanton Schwyz in zwei von 48 Schulen,[18] im Kanton Obwalden ebenfalls in zwei von 14 Schulen[19] und im Kanton Nidwalden in einer von 15 Schulen.[20] Nach Aussage von Alois Wyser waren um 1800 in der Gemeinde Niedergösgen (Kanton Solothurn) nur handschriftliche ›Canisi‹ vorhanden, »in welche als Folge des wiederholten Abschreibens sich mancherlei barokes Zeug eingeschlichen hatte.«[21] Ein Onkel Jakob Senns aus dem reformierten Zürcher Oberland hatte noch um 1800 Hunderte von Nachtmahlbüchlein für den Schulunterricht abgeschrieben und verschenkt.[22] Felix Donat Kyd erhielt 1801 in der

14 »Die 6 Dutzend Namenbüchlein, die Pfarrer Stadler in Pfäffikon 1772 austeilt, sind meines Wissens das erste gedruckte Lehrmittel in unserer Gegend.« Mel.[chior] Estermann, *Geschichte der Pfarrei Rickenbach. Der Heimathskunde für den Kanton Luzern IV. Lieferung*, Luzern (Gebrüder Räber) 1882, S. 201.

15 Vgl. ebd., S. 203–204.

16 Jos.[ef] Durrer, »Die Schulen in den Urkantonen im Jahre 1799«, in: *Statistisches Handbuch der Schweiz* 15 (1879), S. 254–283, hier S. 264. Vgl. dazu Niklaus von Flüe, *Die Mediationszeit in Obwalden*, Sarnen (Verl. des Historisch-Antiquarischen Vereins Obwalden) 1968 (Obwaldner Geschichtsblätter; H. 10), S. 98.

17 Vgl. Durrer (wie Anm. 16), S. 273 (Bürglen, Andermatt und Seelisberg). Für die Schule in Seelisberg werden als Schulbücher lediglich »Korrespondenzbriefe und verschiedene Schriften« angegeben.

18 Vgl. ebd., S. 275 (Altendorf und Arth).

19 Vgl. ebd., S. 277 (Sachseln und Stalden).

20 Vgl. ebd., S. 279 (Wolfenschießen). Hier ist allgemein von »verschiedene[n] Handschriften« die Rede.

21 [Alois] (Wyser), »Drei Tage Schulmeisterdienst im 2. Dezennium des 19. Jahrhunderts«, in: *Schweizerische Lehrerzeitung* XVI (1871), S. 105–108, 121–125, hier S. 123.

22 »Der älteste Bruder meines Vaters, der, gleich mir, Hans hieß, war ein leidenschaftlicher Liebhaber vom Frakturschreiben und füllte mit dieser Schrift eine unglaubliche Menge von teilweise dicken Heften aus; Nachtmahlbüchlein und kleine Katechismen schrieb er zu vielen Hunderten, alle auf's Sauberste, jede Seite mit einer großen farbigen Initiale verziert. Das hatte er ohne

Schule von Schwyz ein von Hand geschriebenes Abc-Buch und einen handschriftlichen Beicht- und Kommunionunterricht.[23] Aus Mangel an Abc-Büchlein schrieben die Schulmeister im Kanton Graubünden diese für die Schüler von Hand.[24] Noch für die dreißiger Jahre des 19. Jahrhunderts sind in bestimmten Gegenden des Kantons Graubünden Katechismushandschriften überliefert.[25] Dabei konnten sich handschriftliche Unterrichtsmedien auch in den Dienst neuer Unterrichtsmethoden stellen. In der katholischen Schule in Glarus wurden ›Normalbücher‹ entsprechend der durch die katholische Aufklärung in Österreich seit den siebziger Jahren des 18. Jahrhunderts propagierten ›Normalmethode‹ gebraucht, waren aber nicht in hinreichender Zahl vorhanden, so daß die Lehrer, um den Klassenunterricht zu ermöglichen, sich genötigt sahen, handschriftliche Kopien anzufertigen.[26]

Die Handschriften für fortgeschrittene Leseschüler waren meist profanen Inhaltes. Es waren alte juristische oder private Texte, welche der Lehrer zur Verfügung stellte oder die Schüler von zu Hause mitbrachten. Für die katholischen Kantone der Innerschweiz etwa sind folgende Antworten in der Stapferschen Schulenquête nachgewiesen: Im Kanton Uri erwähnte der Schullehrer von Attinghausen »andere Geschriften«, in Bürglen ist von »Handschriften und Briefe[n]«, in Seelisberg von »Korrespondenzbriefe[n] und verschiedene[n] Schriften«, in Sisikon unter anderem von »geschriebene[n] Sachen« und in Wassen von »Briefe[n]«[27] die Rede; im Kanton Schwyz notierten Lehrer in der Gemeinde Groß »etwas Geschriebenes«, in Wollerau »Schriften und Briefe«, in

eigentlichen Schulbesuch erlernt, und da seine tägliche Beschäftigung in landwirtschaftlichen Arbeiten bestand und er blos achtundzwanzig Jahre alt wurde, so scheint es geradezu unbegreiflich, wie es ihm möglich war, so viel Papier mit Frakturschrift zu bedecken.« Jakob Senn, *Ein Kind des Volkes. Schweizerisches Lebensbild von J. S.*, aus dem Nachlaß herausgegeben von O.[tto] Sutermeister, Bern (Rud. Jenni's Buchhandlung [Heinrich Köhler]) 1888, S. 10–11.

23 Vgl. Placidus Sialm, *Das Unterrichts- und Erziehungswesen in den schwyzerischen Teilen der Kantone Waldstätten und Lindt zur Zeit der Helvetik (1798–1803)*, Diss. phil. Universität Freiburg, Einsiedeln (Druck Einsiedler Anzeiger AG) 1949, S. 173.

24 »Es geschah nach dem gewöhnlichen Schlage, von zwölfen kaum ein Paar Worte recht.« *Der Sammler. Eine gemeinnützige Wochenschrift für Bündten* 5 (1783), Chur (Bernhard Otto), S. 61.

25 Vgl. Katechismushandschrift von 1832 aus Flims, geschrieben von der damals neunjährigen Mangina Rodolph. Blatt 2 recto: »Soli Deo Gloria. CUDISCH DA Spruchs traigs or da la Soingchia Scartira d'ilg veder a Nief TESTAMENT tiers bageig da la Juventengia. Scrit ent ilg on 1832. par la mengia Rodolph Deus dettig ca quest Num Seig er lou si Scrits ent elg cudisch da la vitta en tschiel perpetnameng.« Walter Frei, »Eine rätoromanische Katechismus-Handschrift von 1832 aus Flims«, in: *Bündner Monatsblatt* (1980), S. 23–32, hier S. 25.

26 »Wegen Unvermögenheit der Aeltern sind keine andern als die Kanisien, sonst aber schreib ich den Anfängern in zusamengehaftetem Papier die Gründe zur deutschen Sprache in Normal Erklärungen.« Bundesarchiv, Bern, Bd. 1449, fol. 1. Vgl. dazu Hug (wie Anm. 9), S. 262.

27 Durrer (wie Anm. 16), S. 273.

Schübelbach »Briefe und anderes Geschriebenes«, in Wangen »Briefe«;[28] im Kanton Obwalden wurden in Sachseln »andere Handschriften«, in Stalden »Briefe und andere Handschriften«[29] und im Kanton Nidwalden in Buochs »Briefe«, in Emmetten »Handschriften«, in Stans »zusammengeraffte Briefe« und in Wolfenschießen »Handschriften«[30] erwähnt. In Schüpfheim (Kanton Luzern) gab der siebzig Jahre alte Jakob Lustenberger, Käsjaggi genannt, 1798 Unterricht im Lesen von Geschriebenem und Gedrucktem. »Was jedes Kind selbst Geschriebenes oder Gedrucktes in die Schule mitbrachte, lehrte der Schulmeister die Kinder lesen.«[31] In Romoos (Kanton Luzern), wo die Schule jeweils nach Weihnachten anfing und lediglich vier bis fünf Wochen dauerte, lehrte der Sigrist X. Unternährer die Kinder unter anderem »alte Briefe« und »Zeddel« lesen.[32] Der Schulmeister von Eglisau auf der Züricher Landschaft gab 1799 (Stapfersche Schulenquête) an, seine Schule in drei Abteilungen (Klassen) unterteilt zu haben. In der dritten Abteilung las man ausschließlich Handschriftliches, und zwar »die Vorzettel«, das heißt die Vorlagen für den Schreibunterricht, »Kanzley-Schriften« und »alle Arten Schriften«.[33] Der Schulmeister von

28 Ebd., S. 275.

29 Ebd., S. 277.

30 Ebd., S. 279.

31 *Jahrbuch der Luzernischen Kantonallehrerkonferenz* II (1858), Luzern (Meyersche Buchdruckerei), S. 34.

32 Ebd. Zusammenfassend schreibt Josef Durrer über die Schulen des während der Helvetik (1798–1803) neugeschaffenen Kantons Waldstätten (er umfaßte die Kantone Uri, Schwyz, Obwalden und Nidalden): »Die größte Mannigfaltigkeit herrschte begreiflich in Bezug auf die Schulbücher [...], von jeder beliebigen Handschrift, die sich etwa im Elternhause vorfand, oder von einem Nachbarn geliehen wurde, bis hinauf zu den St. Urbaner Normalbüchern; letztere wurden in 20 Schulen [von insgesamt 99] als vorhanden ausdrücklich angegeben (mögen aber noch in andern unter Ausdrücken wie ›gedruckte Namenbücher‹ und ähnlichen mitzuverstehen sein), für 40 Schulen sind keine Angaben gemacht.« Durrer (wie Anm. 16), S. 263.

33 »1. Abteilung: Lehrmeister.
a) Die Kinder, die nur im Fragstücklein buchstabieren.
b) » » , die die großen Fragen buchstabieren.
c) » » , die sie erst buchstabieren und dann lesen.
d) » » , die sie lesen und dann auswendig lernen.
2. Abteilung: Lesen.
a) Die Kinder, die in der Zeugnuß erst buchstabieren, dann lesen.
b) » » , die in der Zeugnuß und im Testament lesen.
c) » » , die leichte Flugschriften lesen.
d) » » , die Zeitungen, das Wochenblatt u.s.w. lesen.
3. Abteilung: Geschriebens lesen.
a) Die Kinder, die die Vorzettel lesen.
b) » » , die Kanzley-Schriften lesen.
c) » » , die alle Arten Schriften lesen.« Klinke (wie Anm. 1), S. 164–165.

Krauchthal (Kanton Bern) erwähnte 1799 (Stapfersche Schulenquête) »allerhand Cancellirte Notarialische Instrument«, die »zum geschrieben Lesen«[34] dienten. Der von Ursenbach (Kanton Bern) vermerkte »gewöhnlich (da nicht anders vorhanden ist) Prozeßschriften, welche eine vortreffliche Nahrung für Kopf und Herz«[35] abgäben.

Zum Teil wiesen die Handschriften ein Alter von hundert und mehr Jahren auf. Im Jahre 1775 diente in der Schule zu Oltingen (Kanton Baselland) ein vergilbter Brief aus der Zeit von Landvogt Aurel Froben (er war von 1627 bis 1638 Landvogt zu Farnsburg gewesen) als Lehrmittel.[36] Zur Frage, was für Handschriften gelesen wurden, geben auch autobiographische Texte Auskunft. Der Sohn eines wohlhabenden Toggenburger Bauern zählte Anfang der siebziger Jahre des 18. Jahrhundert zu den größeren Schülern, die Geschriebenes lesen lernen mußten:

> »Einige alte verdunkelte Korrespondenz-Briefe, aus einem Korbe hervor gesucht, ansehen, und fragen, wie dieses oder jenes abgekürzte Wort heißen soll, dann zweymal aufsagen, so gut es gieng, und jeden Nachmittag die gleiche Vorschrift abmahlen, war das ganze Geschäft der größern Schüler«.[37]

Matthias Bänziger, der vor 1800 im Kanton Appenzell Außerrhoden die Schule besuchte, berichtet in seiner Autobiographie von einer Menge geschriebener Handelsbriefe, »welche die besten Schüler zu enträtseln hatten.«[38] Johann Konrad Tobler endlich, der in den zwanziger Jahren des 19. Jahrhunderts zu seinem Vater in die Schule von Wolfhalden (Kanton Appenzell Außerrhoden) ging, vermerkt diese Lesepraktik aus einer späteren, kritischen Sicht als Erzieher:

34 Ernst Schneider, *Die bernische Landschule am Ende des XVIII. Jahrhunderts*, Diss. phil. Universität Bern, Bern (Buchdruckerei Gustav Grunau) 1905, S. 189.

35 Ebd., S. 198.

36 Vgl. Heß (wie Anm. 6), S. 187–188.

37 »Erfahrungen eines redlichen Schweizers«, in: *Bauren-Zeitung* (1815), St. Gallen (Franz Brentano), Nr. 51, S. [1]; (1816), Nr. 1, S. [1–2], Nr. 2, S. [1], Nr. 3, S. [1], Nr. 4, S. [1–2], Nr. 6, S. [1–2], hier (1816), Nr. 1, S. [1–2]. Der spätere Josef Felix Marin Würth (geb. 1802) von Lichtensteig (Kanton St. Gallen) schrieb über die katholische Primarschule, die er seit 1808 besuchte: »Die höchste Stufe in der Primarschule ward erreicht, wenn ein Schüler von fremder Hand geschriebenes Zeug fertig lesen konnte. Zu dem Ende wurden häufig Briefe von Kaufleuten, Krämern usw. als Bildungsmaterial verwendet. Wer solche Briefe fertig vom Blatt weg lesen konnte, von diesem wurde gesagt, er habe die höchste Stufe erreicht und könne nicht weiter vorwärts gebracht werden.« Josef Felix Marin Würth, »Aufzeichnungen von J. F. M. W., (1802–96), Advokat in Lichtensteig«, in: *Toggenburgerblätter für Heimatkunde* 21 (1958), S. 13–18, hier S. 13.

38 »Pfarrer Matthias Bänziger. Ed. von Titus Tobler«, in: *Appenzellisches Monatsblatt* VIII (1832), Trogen (Meyer u. Zuberbühler), S. 161–176, 177–190, hier S. 167.

»Um Fertigkeit im Lesen verschiedener Handschriften zu bekommen, ward eine bunte Sammlung von Briefen in einem eigenen Kästchen angehäuft. Auf Inhalt, Darstellungsart und Rechtschreibung konnte damals noch keine Rücksicht genommen werden. Während ich den Antrag eines verliebten Jünglings an seine zärtliche Braut herunterlas, buchstabirte mein Nebenschüler an einem Prozesse wegen einer Kuh, die nicht tragen wollte. Ein Glück war es, daß die meisten Leser und Leserinnen über den Inhalt gar nicht nachdachten.«[39]

In zwei Wellen wird diese Lesepraktik an niederen Schulen zurückgedrängt. Überregionale Landschulordnungen enthielten schon im 17. und 18. Jahrhundert einschlägige Bestimmungen, unbedingt mit gedruckten Texten den Anfang zu machen. Die bernische Landschulordnung von 1675 verlangte, zuerst Gedrucktes lesen zu lernen und erst dann Geschriebenes.[40] Die Berner *Reformatio und Ordnung der Schulen auff dem Land* von 1700 wiederholte die Forderung, »nicht das geschriebene«,[41] sondern das Gedruckte soll erster Lesestoff sein. Die Synode der reformierten Pfarrer von Appenzell Außerrhoden äußerte sich 1671 und 1682 dahingehend, daß die Schulmeister »den Anfang am Gedruckten als dem Leichteren machen sollten« und »nicht an dem Geschriebenen; mit unnöthigen Kaufmannbriefen sollen die Kinder nicht versäumt und beschwert werden.«[42] Gleiches forderten die »Satzungen der Landschulen der Stadt Zürich« aus dem Jahre 1719.[43] Die Schulordnung für die Landschaft Basel aus dem Jahre 1759 befahl, wie schon jene von 1745, »daß in den Schulen mit dem Gedruckten bei der Jugend der Anfang gemacht werde«, damit die Leute, »weil der böse und verkehrte Gebrauch des Geschriebenlesen-Lernens an etlichen Orten einreißen will«, die heilige Bibel, die Psalmenbücher, das Nachtmahlbüchlein und andere »gottselige Bücher« lesen lernen.[44]

39 J.[ohann] K.[onrad] Tobler, *Die Schule des Lebens geschildert und allen Freunden einer naturgemäßen Erziehung und Bildung des Volkes gewidmet von J. K. T.*, Brugg (Druck von Fisch, Wild u. Comp.) 1870, S. 25–26.

40 Vgl. Beat Wyß, *Die Ablösung des Katechismus. Eine Untersuchung zu den Bildungsmedien der Berner Elementarschulen vom Ancien régime bis zur Regeneration,* Diss. phil. Universität Bern, Bern 1978, S. 40.

41 Ebd., S. 41.

42 Zit. nach August Eugster, *Die Gemeinde Herisau im Kanton Appenzell A.Rh.*, Herisau (M. Schläpfersche Buchdruckerei) 1870, S. 287.

43 »X. Welche Kinder aus dem Täffel und Namenbüchlein sind, die sollen in dem großen Lehrmeister, und in dem gedruckten Vor- und Nachmittag zu lesen angehalten, und also noch zu keinem Geschriebnen zu lesen angeführt werden, bis sie das Gedruckte um etwas ergriffen, darauf sie dann in beyden zusamen, und mit Namen Vormittag in dem gedruckten, Nachmittag in dem Geschriebenen, so sie wöllen, geübt werden mögen.« *Der pädagogische Beobachter für Eltern, Lehrer und Schulvorsteher* 4 (1838), Zürich (Orell, Füßli und Compagnie), S. 121.

44 Markus Lutz, »Einige flüchtige Blicke auf die Geschichte des Schulwesens im Kanton Basel, von M. L., weiland Pfarrer in Läufelfingen, 1834«, in: *Allgemeine Schweizerische Schulblätter* II, 10–12 (1836), Baden (B. J. Diebold), S. 3–16, hier S. 8.

Der Erstleseunterricht mit handschriftlichen Texten wurde nach 1800 auch in den katholischen Kantonen von den Schulbehörden bekämpft. In Punkt sieben der 1801 vom Luzerner Erziehungsrat formulierten *Aufmunterung und Anweisung des Erziehungsrathes an die Landschullehrer beim Anfang der Winterschule*[45] heißt es denn: »Ausdrücklich und ernstlich wird untersagt, bei dem Leseunterricht das Geschriebene vor dem Gedruckten vorzunehmen. Erst nach oder wenigstens nicht anders als neben dem Gedruckten soll das Geschriebene erlernt werden.« Und weiter:

> »Bevor die Kinder die Rechtschreibung verstehen, und das fehlerhaft Geschriebene von dem richtig Geschriebenen zu unterscheiden wissen, sollen ihnen keine alte Handschriften in die Hände gegeben oder in den Händen gelassen werden. Alsdann aber mögen sie solche Handschriften entziffern, damit sie mit der Zeit alles Geschriebene lesen können, was ihnen vorkömmt. Die Entzifferung solcher Handschriften kann zugleich als eine Uebung in den Regeln der Rechtschreibung dienen, indem die Kinder die Fehler gegen diese bemerken sollen. Doch soll keine alte Handschrift in der Schule behalten werden und den Kindern durch die Hände gehen, deren Inhalt der Bürger Inspektor nicht eingesehen, geprüft und gebilliget hat.«[46]

Die zweite Welle, welche das Lesen von Handschriften überhaupt für den Grundschulunterricht für ungeeignet hielt, setzte im letzten Drittel des 18. Jahrhunderts ein. In dem Bericht an den Minister Stapfer vom Jahre 1799 rügt der Pfarrer von Bubendorf (Kanton Baselland), daß in der Schule »abgeschmacktes Zeug von Gantrödeln [Versteigerungslisten], worin oft die pöbelhaftesten Ausdrücke vorkommen, welche zu den giftigsten Zweideutigkeiten Anlaß geben«[47], zum Lesen gebraucht würde. Helfer Gottlieb Sigmund Gruner (1756–1830) von Bern sprach 1790 von alten Kauf-, Lehen- und Gültbriefen usw., die die Kinder von zu Hause mitbrächten. Nur zu oft seien es Rechtsschriften, »durch die sie zu frühe mit dem darin herrschenden Geiste und hingegen zu selten mit einer deutlichen saubern Schreibart oder richtigen Rechtschreibung bekannt werden«.[48] Die Handschriften wurden aus formalen (Orthographie, veralteter Wortschatz, Abnutzung des Papiers, ausgebleichte Tinte) und inhaltlichen Gründen (Themen aus der Welt der Erwachsenen) für ungeeignet erklärt. Nur Friedrich Änishänslin (1815–1890) aus Gelterkinden (Kanton Baselland) vermochte diesen handschriftlichen Lesestoffen in seiner Autobiographie einen Sinn abzugewinnen, da es sich *nicht* um didaktisch bearbeitete Texte, sondern um »wirkliche«

45 Vgl. *Jahrbuch* (wie Anm. 31) 1861 V, S. 150–155.

46 Ebd., S. 153.

47 Bundesarchiv, Bern, Bd. 1426, N° 37. Vgl. Heß (wie Anm. 6), S. 187–188.

48 *Helvetische Schulmeister-Bibliothek, allen Schullehrern und Freunden des Schulwesens gewidmet von Joh.[ann] Rudolf Steinmüller, Pfarrer in Gaiß, und Mitglied des Erziehungs-Raths vom Kanton Säntis*, 2 Bde., St. Gallen (Huber u. Compagnie) 1801, Bd. 2, S. 63.

Schriftstücke handle.[49] In den appenzellisch-innerrhodischen Antworten über das Schul- und Kirchenwesen (Stapfersche Schulenquête) von 1799 findet sich eine ähnliche Begründung. Der Lehrer für den Bezirk Steinegg schrieb, für das Geschriebene gebe man den Kindern »briefe vnd andere schriften«,[50] die sie mit den Landesbräuchen und Gesetzen vertraut machten.

Sehen Curricula noch über das Jahr 1800 das ›Geschriebenlesen‹ vor, so werden den Handschriften gegenüber Minimalanforderungen formuliert. Die »Hochobrigkeitliche Verordnung« für den Kanton Uri aus dem Jahre 1805 sah für die dritte von drei Hauptklassen neben auswendig Buchstabieren und Lesen (Katechismen und Normalbüchlein) auch zweimal pro Woche das Lesen von Geschriebenem vor, mit dem Zusatz: »[W]obey aber zu sorgen, daß Ihnen nicht fehlerhafte Schriften in die Hände gegeben, oder wenigstens die Fehler vom Lehrer angemerkt werden.«[51]

Daß diese Lesepraktik um 1830 verschwand, hatte auch objektive Gründe. Die Relation zwischen Gedrucktem und Handschriftlichem hat sich seit 1800 zugunsten des Gedruckten verschoben. Durch die neue Schreib-Lese-Methode (seit 1830 eingeführt) wurde die einstige Dissozierung des Lese- und Schreibunterrichts überwunden; die Schüler schrieben schon in der ersten Klasse (allerdings nicht mehr auf Papier, sondern mit dem Griffel auf eine Schiefertafeln). Und der seit 1800 sich durchsetzende Simultanunterricht endlich bedurfte gedruckter, identischer Lesetexte für alle Schüler einer Klasse. Seitdem wird die Entschuldigung, man könne eine Handschrift nicht lesen, akzeptiert, und wir nehmen stillschweigend an, daß das Versagen nicht beim Leser, sondern in der Unleserlichkeit der betreffenden Handschrift zu suchen sei.

Die schulische Lesepraktik, Handschriftliches lesen zu lernen, belegt einmal, wider das Vorurteil, die Institution Schule alten Typus habe sich ausschließlich auf die Vermittlung eines religiösen Kernwissens beschränkt, ihre zum Teil alltagspraktische Orientierung. Darüber hinaus zeigt sich eben darin, wie sehr sie auch das Resultat eines Kompromisses, einer Mediation unterschiedlicher Interessen war. Während die meist kirchlichen Aufsichtsbehörden auf das Lesen gedruckter Texte drangen, erhoben die ›Betroffenen‹, die Eltern der Schulkinder, die Forderung, auch das Lesen von Handschriften gehöre zum Schulunterricht. Diese pragmatische Haltung orientierte sich an der Alltagspraxis, wo das Lesen

49 Staatsarchiv des Kantons Baselland, Hss 0043 (Friedrich Aenishänslin [1815–1890] von Gelterkinden, *Mein Leben,* Mikrofilm, hergestellt im August 1989), p. 3.

50 Hermann Großer, »Die appenzell-innerrhodischen Antworten über das Schul- und Kirchenwesen auf die Rundfragen von 1799«, in: *Innerrhoder Geschichtsfreund* 18. H. (1973), S. 48–85, hier S. 55.

51 Gottfr.[ied] Ab Egg, *Beiträge zur Geschichte des urner.[ischen] Schulwesens,* SA aus den *Pädagogischen Blättern,* Zug (Buchdruckerei J. M. Blunschi) 1895, S. 30.

von Handschriften und das Schreiben wichtiger als das Lesen von Gedrucktem war. Daß Pfarrer das anders sahen, darf nicht verwundern. Als die Mitglieder des Stillstands der Gemeinde Pfungen (Kanton Zürich) im Jahre 1771 forderten, der Schulmeister solle den Schulkindern in der kommenden Winterschule auch das Schreiben lehren, widersprach der Pfarrer Johann Jakob Meyer (1731–1792) – im übrigen ein durchaus aufgeklärter Mann – mit den folgenden Worten:

> »Laut Schulordnung sollen die Kinder lesen und Geschriebenes lesen, das ist das Wichtigste. Schreiben ist ein zeitlicher Vorteil, Lesen aber ist der Seelen Vorteil für die Ewigkeit. Jeder soll Gottes Wort lesen können, denn keiner wird zum Abendmahl zugelassen, der nicht das Neue Testament lesen kann.«[52]

Die Schulmeister (oft als die schwächlichen Diener zweier Herren bezeichnet) waren diesen unterschiedlichen Forderungen und Drucksituationen ausgesetzt. Und ihrem ›Genie‹ ist es zu verdanken, wenn sie im Schulalltag Kompromißformen und Lösungen fanden, die beide Seiten befriedigten.

Lesen von Handschriftlichem spielte in den niederen Schulen der deutsch- und französischsprachigen Schweiz bis etwa 1830 eine wichtige Rolle. Meist Knaben, seltener Mädchen, übten sich, nachdem sie in zwei bis drei Jahren Gedrucktes lesen gelernt hatten, in eigens dafür vorgesehenen Schulstunden auch im Lesen von Handschriften. Lesen von Geschriebenem, eventuell auch Schreiben, galt als erfolgreicher Abschluß einer Schulkarriere. Davon zu unterscheiden ist das Lesen von Handschriften in Schulen, wo es an gedruckten Unterrichtsmedien fehlte. Hier, in der Regel in katholischen Grundschulen, begann bereits der Erstleseunterricht mit handschriftlichen, vom Lehrer eigens hergestellten Abc-Büchern usw. Die Handschriften enthielten religiöse Texte (Bibelauszüge), moralische Sprüche, oder es handelte sich um Gebrauchstexte (Verträge, Verzeichnisse, Briefe), die in der Schule eine neue Verwendung fanden. Diese Texte waren zum Teil mehr als hundert Jahre alt, waren also in einer gemessen am Zeitpunkt ihrer Wiederverwendung veralteten Syntax und Orthographie abgefaßt. Sie wurden von den Schülern in den Unterricht mitgebracht oder vom Lehrer zur Verfügung gestellt. Schulordnungen und Schulverfassungen forderten schon seit 1700, mit gedruckten Büchern lesen zu lernen. Mit Handschriften lesen zu lernen, wurde als »übler Brauch« bezeichnet. Seit 1780 wurde überhaupt das Lesen von Geschriebenem im Schulunterricht von aufgeklärten Schulvisitatoren und Pädagogen kritisiert. Die Handschriften wurden aus formalen (Orthographie, veralteter Wortschatz) und inhaltlichen Gründen (Themen aus der Welt

52 Heini Steiner, *Pfungen. Ortsgeschichte und Heimatbuch,* Pfungen (herausgegeben von der Gemeinde Pfungen) 1954, S. 226.

der Erwachsenen) für ungeeignet erklärt. Diese Lesepraktik verschwindet denn nach 1830 aus verschiedenen Ursachen. Die Relation zwischen Gedrucktem und Handschriftlichem hat sich seit 1800 zugunsten des Gedruckten verschoben. Durch die neue Schreib-Lese-Methode (seit 1830 eingeführt) wurde die einstige Dissozierung des Lese- und Schreibunterrichts überwunden; die Schüler schrieben schon in der ersten Klasse. Der seit 1800 sich durchsetzende Simultanunterricht bedurfte zudem gedruckter, identischer Lesetexte für alle Schüler einer Klasse.

DANIELE MARCHESINI

Copiare a scuola in Italia (secoli XVIII–XX)

La pratica del copiare è un fenomeno di lunghissimo periodo, strutturale nel processo di apprendimento iniziale della scrittura, verrebbe da dire addirittura eterna. Si potrebbero fare molti esempi (Platone nel *Protagora*, le lettere di pane o di avorio di Quintiliano, il solco nelle tavolette cerate da ripercorrere con lo stilo, ecc.). Occuparsi della «copia» a scuola significa, nel caso italiano, partire almeno dalla seconda metà del Settecento. Questo per la ragione essenziale che è con le riforme dell'età dell'illuminismo che in gran parte dei territori italiani viene posta con urgenza la questione della scuola elementare come compito spettante alle istituzioni (statali o comunali) e come bisogno delle classi popolari cui le istituzioni devono corrispondere in modo adeguato, intervenendo in un campo che da secoli è per lo più riservato alle iniziative degli ordini religiosi o di privati cittadini, a scopo di lucro o di beneficenza. A partire dagli anni Sessanta-Settanta del XVIII secolo, infatti, le riforme illuminate realizzano frequentemente interventi sistematici in materia di istruzione primaria, con il tentativo – più o meno riuscito – di razionalizzare il corso degli studi e l'organizzazione didattica. La scuola diventa, da allora, un tema centrale del dibattito e della programmazione politica degli Stati. E in una scuola che non è più soltanto scuola di grammatica e di latino, ma scuola che si propone di insegnare a leggere, scrivere e contare in volgare, assume un suo spazio specifico anche la pratica del copiare come prima presa di contatto con i segni e gli strumenti della cultura scritta. Infatti, è nel quadro riformatore del secondo Settecento – in Italia grazie soprattutto all'opera divulgatrice di Francesco Soave – che l'«arte di scrivere» (come è definita sino ad allora, oppure «tecnigrafia») si «scolarizza» e diventa «calligrafia», materia d'insegnamento che da noi arriva – nella formulazione «disegno e bella scrittura» – al 1955[1].

1 Francesco Ascoli, «Appunti su antichi e meno antichi calligrafi dell'Emilia Romagna», in: *Romagna. Arte e storia* 23 (1988), pp. 67–74; Francesco Ascoli, «L'*anglaise* est née à Livourne», in: *Arts et métiers du livre* 165 (1991), pp. 53–56; Costanza Rossi Ichino, «Francesco Soave e le prime scuole elementari tra il '700 e l'800», in: *Problemi scolastici ed educativi nella Lombardia del primo ottocento*, I, *L'istruzione elementare*, Milano (SugarCo) 1977, pp. 93–185.

Nel 1955, infatti (ma già nel 1945 si parla soltanto di esercizi di scrittura, autodettatura e dettatura), i programmi elementari ammoniscono che la scrittura, fin da principio, non va considerata «un fatto meramente meccanico, anche se implica talvolta l'adeguamento al modello, ma una delle espressioni della personalità». Nel 1985, in maniera inequivocabile: «Scrivere non è copiare graficamente (disegnare lettere) e non è soltanto problema di manualità; è essenzialmente traduzione sulla pagina con mezzi adeguati (anche con alfabetieri mobili, con strumenti come la macchina da scrivere, ecc.) di contenuti che convogliano la pluralità di esperienze dell'alunno»[2].

Soprattutto questa formulazione del 1985 enuncia chiaramente i due aspetti portanti del copiare, cioè del primo passo intrapreso nell'apprendimento scolastico tradizionale della scrittura: 1) l'adeguamento al modello e la sua imitazione, 2) la tecnica e la strumentazione necessarie per dedicarsi all'impresa. Che sono, del resto, le preoccupazioni principali manifestate da chi si occupa di scuola nei manuali compilati a partire dagli *Elementi della calligrafia* di Francesco Soave (1786).

Come si scrivono le prime lettere nelle scolette settecentesche? Si va dal metodo dei puntini che suggeriscono la loro forma, alla traccia segnata con la matita rossa; dalla falsariga posta sotto fogli trasparenti, alle lastre di stagno che portano inciso l'andamento delle lettere in cui far passare e ripassare la penna, a certe strane macchine inventate da persone di particolare ingegno[3]. In tutti questi e altri casi, comunque, al di là delle differenze resta il dato comune: si impara a scrivere l'alfabeto attraverso l'imitazione paziente, metodica, lungamente ripetuta, sempre uguale, noiosa e faticosa del modello. Cioè attraverso la copiatura. Tant'è vero che il maestro si preoccupa di preparare i cartelli o i libri con gli esemplari da proporre agli allievi. Come nelle scuole urbane di Parma nel 1769: «...mi feci recar davanti i libri dell'Abbiccì, degli Esemplari, e quelli dei piccioli Temi [...] vi vorrebbe un abile Sottomaestro, il cui obbligo fosse [...] il vegliare e visitare ogni giorno i libri degli Esemplari per eccitare i figliuoli ad una

2 Franco V. Lombardi, *I programmi per la scuola elementare dal 1860 al 1985*, Brescia (La Scuola) 1987, pp. 454, 503, 536.

3 Cf. Piero Lucchi, «La prima istruzione. Idee, metodi, libri», in: Gian Paolo Brizzi (ed.), *Il catechismo e la grammatica*, I, *Istruzione e controllo sociale nell'area emiliana e romagnola nel '700*, Bologna (il Mulino) 1985, p. 76; Claudia Salmini, «Il libro scolastico tra Settecento e Ottocento: due autori», in: Mario Infelise / Paola Marini (eds.), *L'editoria del '700 e i Remondini*, Bassano del Grappa (Ghedina e Tassotti) 1992, p. 114; Emilio Ageno, *La Calligrafia nella storia, nella vita, nelle scuole*, Genova (R. Istituto sordomuti) 1907, p. 85; Francesco Soave, *Elementi della calligrafia ad uso delle scuole della Lombardia austriaca*, Milano (Marelli e Motta) 1786, p. 29; Marina Roggero, *Insegnar Lettere. Studi di storia dell'istruzione in età moderna*, Alessandria (Edizioni dell'Orso) 1992, p. 154 (che ringrazio per la segnalazione).

maggiore esattezza nello scrivere, e per instillare loro un qualche lume di Ortografia»[4]. O come in quella di Bagnacavallo nel 1778, i cui capitoli stipulati dalla comunità con il maestro prescrivono al punto secondo:

«Procurerà che formino [gli scolari] bel carattere, al quale effetto non sarà che bene si pratichi dal med.o quanto con frutto a tal uopo si pratica in molte Città cioè Tenendo una banca vota in sito comodo, ove in faccia alla med.a si possa affiggere una, o più Lettere scritte di buonissimo Carattere, e queste in iscuola farle copiare a que' giovani sanno scrivere; Lodando quelli che si sono più accostati all'originale, e castigando quelli se ne sono di molto alontanati; imparate in tal maniera a formare le Lettere affiggere piccoli periodi di simil carattere, e farli a vicenda copiare da que' giovani che sono di ciò capaci, nel qual caso è superfluo il dar loro da scrivere a Casa, avendosi tempo bastante di esercitarsi in iscuola»[5].

A volte è addirittura il maestro a offrire se stesso o un allievo particolarmente addestrato come modelli viventi: «Proporrà a quest'effetto sè stesso in esempio stando al proprio tavolino in modo che tutti possano vederlo, o porrà in sua vece uno scolaro che sia più esperto»[6].

La strada da percorrere è quella che procede dal facile al difficile, dal semplice al complesso, attraverso un'interpretazione, per così dire, *evoluzionistica* delle lettere e dei loro elementi costitutivi. L'apprendimento, perciò, comincerà da quelle più elementari, formate soltanto da punti, aste e filetti, per passare a quelle più complesse formate dalla fusione dello schema grafico di due o più lettere (la *a* è costituita da una *c* più una *i* senza punto, ecc.).

Il momento del copiare comprende varie fasi. La prima è quella delle *aste*, destinata a raffinare la manualità necessaria a padroneggiare la penna e a prendere familiarità con i segni alfabetici. Soave ne parla nei suoi *Elementi della calligrafia*[7], in relazione agli elementi essenziali e costitutivi di tutte le lettere: i punti e le linee, «delle quali altre son rette ed altre curve, altre grosse, ed altre sottili». Egli distingue sei specie di aste, «le quali da principio si faccian sole, quindi ad altre si uniscano i tratti di sopra; altre si facciano terminare al di sotto in un filetto arcuato; altre da un filo arcuato si incominciano superiormente; altre finalmente da un filo arcuato incomincino al di sopra, e al di sotto finiscano». Compito del maestro è di spingere inizialmente gli allievi «ad imitare le linee descritte

4 *Relazione di visita* del prefetto P. Fontanesi, cit. da Giovanni Gonzi, «Storia della scuola popolare nei ducati parmensi dal 1786 al 1800», in: *Aurea Parma* (1975), p. 173.

5 Archivio Storico Comunale di Bagnacavallo (Ravenna), Capitoli per i salariati e appaltatori, 1778, n. 157, 1753–1803, cc. 80 ss.

6 *Norme pei maestri delle scuole elementari minori tradotte dal tedesco e rese adatte all'uso che far ne devono gli italiani*, Milano (Stamperia Reale) 1827, p. 43.

7 Soave (cf. nota 3), pp. 10–11.

nell'esemplare»[8], lungo un cammino didattico che prevede difficoltà crescenti insieme con la progressiva abilità della scolaresca e con la costante complessità delle spiegazioni.

Si potrebbero citare molti testi che, tutti, suggeriscono lo stesso metodo imitativo, con minime variazioni nel corso del tempo. È curioso notare, comunque, che nel 1794 il sistema delle aste appare come il più aggiornato agli occhi del pubblico. Tanto che il nuovo *Regolamento sugli studi* del comune di Lugo (Romagna) lo preferisce esplicitamente a quello dei punti, in ragione della sua maggiore efficacia:

«Ad istradare poi i giovanetti nello scrivere, dovrà l'abbecedista dare loro, anziché dei punti, delle aste lunghe e corte e dei semicircoli posti al dritto e rovescio; poiché con queste due cifre legate insieme si formano tutte le lettere, e fa pronta mano a scrivere, e con carattere intelleggibile, ed anche bello; sempreché le righe sieno date tutte in proporzione le une delle altre e ad uguale distanza»[9].

Acquisita una sufficiente abilità con le aste, il passaggio alle lettere è conseguente, dal momento che di aste – cioè tratti – dritte, curve, ascendenti, discendenti, oblique, combinate variamente insieme, tutte le lettere son fatte. Condizione indispensabile una sola: imitare «esattamente le linee descritte nell'esemplare», cioè ricopiare i modelli «tanto tempo quanto sia necessario», senza stancarsi mai[10]. Francesco Soave nei suoi *Elementi* riassume in tre punti la pratica: «Regole esatte, lungo esercizio ed ottimi esemplari fan di mestieri, perché i fanciulli nella Calligrafia si vengano a perfezionare convenevolmente»[11].

Non si ricopiano pazientemente soltanto pagine e pagine di lettere, ma anche pagine e pagine di numeri. Per imparare a scriverli e a riconoscerli senza sbagliare, poiché può essere imbarazzante, in certe circostanze. In molti casi, anzi, lo studio scolastico dell'aritmetica si limita a questo insegnare a scrivere i numeri. Per cui una cosa è «cifrare» i numeri (riconoscerli, leggerli e scriverli), altra «conteggiare» (eseguire le quattro operazioni). Alla prima è sufficiente scrivere, cioè ricopiare, le cifre arabiche o romane. Il calcolo, invece, può essere operazione tutta mentale cui non serve, perciò, il supporto dell'atto della scrittura, come del resto succede anche a livello alto poiché a lungo lettura-scrittura dei numeri da una parte e calcolo dall'altra sono rimasti atti separati. I programmi scolastici elementari lo ribadiscono per tutto l'Ottocento e ancora a Novecento iniziato, perché il maestro deve tenere ben presente che «si può

8 *Norme* (cf. nota 6), p. 38.

9 Archivio Storico Comunale di Lugo (Ravenna), Diacetto E, mazzo II, fasc. 1.

10 *Norme* (cf. nota 6), p. 39.

11 Soave (cf. nota 3), p. 43.

essere assolutamente analfabeti, eppure fare speditamente le operazioni numeriche più complicate, come avviene a quelle persone ignoranti, che pure debbono fare ogni giorno dei conti: la massaia che calcola il frutto delle uova, la donna di servizio che fa il doppio conto della spesa, il piccolo rivenditore che traffica svariati generi di cose di vario prezzo e così via»[12]. Poco o niente è cambiato rispetto al metodo «normale» per il quale l'insegnamento dell'aritmetica comincia col metodo «mentale», passandosi poi all'aritmetica «scritta ossia in cifre»[13]. E grande è la diffidenza nei confronti dei «sussidi grafici», il cui abuso «fa sì che la mente ne divenga schiava e sia lenta e impedita nell'operare da sola»[14]. Anche per molti maestri, del resto, il possesso della aritmetica scritta non è cosa scontata, come quello della calligrafia. È il caso di Giuseppe Mancasali, maestro delle scuole di Fabbrico (bassa pianura reggiana, nel ducato estense alla vigilia della Rivoluzione), che – come dichiara con franchezza rispondendo all'inchiesta avviata nel 1775 dai Riformatori degli Studi – non può insegnare ad eseguire le quattro operazioni aritmetiche perché lui stesso le ignora. E Mancasali, si badi bene, ha alle spalle diciotto anni di insegnamento nelle scuolette dei Gesuiti reggiani[15]. Ma ci sono anche indagini napoleoniche al tempo del Regno d'Italia che mettono in chiara evidenza questi vuoti nella preparazione professionale dei maestri[16].

Oggi, ai nostri occhi, quel che risulta sorprendente nel rileggere questi manuali per l'insegnamento della scrittura è lo sforzo di teorizzazione che appare del tutto sproporzionato all'obiettivo proposto. Se nei programmi scolastici attuali l'aspetto tecnico-grafico si risolve nella prevalente funzione comunicativa che, come quella parlata, deve avere la lingua scritta, nel passato la situazione è esattamente capovolta. L'aspetto tecnico-manuale è assolutamente prevalente sulla funzione comunicativa della lingua, per cui emerge in primissimo piano ciò che George Sand definisce nella sua autobiografia «mimique corégraphique» dello scrivere in relazione all'apprendistato che le è imposto dal maestro M. Lubin ad Ottocento appena iniziato. Se si leggono infatti le pagine dedicate in quei manuali all'argomento (con pazienza, poiché le enunciazioni sono elaborate, a volte anche oscure nella loro lunghezza e articolazione), si vedrà che anche

12 Cf. il cap. *Aritmetica e geometria* delle *Istruzioni intorno ai programmi* del 1905, in: Lombardi (cf. nota 2), p. 232.

13 *Norme* (cf. nota 6), pp. 41, 54.

14 Cf. il cap. *Aritmetica pratica* delle *Istruzioni speciali* dei programmi del 1888, in: Lombardi (cf. nota 2), p. 115.

15 Piero Severi, «Grande riforma, piccola scuola: maestri e scolari in una comunità del Settecento», in: *Contributi* 11–12 (1982), p. 106.

16 Marina Roggero, «Conti sulle dita, calcoli a penna. L'aritmetica elementare a fine Settecento», in: *Studi storici* 4 (1994), p. 1059.

quando il tema è il primissimo avvicinarsi all'alfabeto scritto, e dunque si parla semplicemente di copiatura o di imitazione, la trattazione è spropositatamente complessa. Sia a fine Settecento che ad inizio Novecento, con somiglianze che si rincorrono a distanza di circa 150 anni.

Le Osservazioni per iscriver bene del Dizionario delle arti e de' mestieri del 1773 (Venezia, M. Fenzo, t. XV), per esempio, affermano:

«Per tale effetto conviene esercitarsi lungo tempo nel praticare i precetti in grande prima di passare al piccolo; incominciare dai tratti più semplici, e più elementari, e intrattenervisi insino a tanto che si eseguiscano a perfezione; formare de' sottili e de' pieni; delineare un sottile orizzontale da destra a sinistra, ed accopiargli un pieno perpendicolare; formare intiere linee di sottili, e di pieni descritti alternativamente e seguitamente; formare degli spazj quadrati di due pieni paralleli, e di due sottili paralleli; passare in appresso ai rotondi, o imparare a collocare i sottili, e i pieni; eseguir delle lettere, instruirsi della loro forma generale, della proporzione delle loro differenti parti, de' loro sottili, de' loro pieni ec., accopiar insieme le lettere, delineare parole, e formar delle linee» (pp. 35–36). E val la pena notare che non si tratta nemmeno di un testo specialistico, rivolto all'ambiente della scuola o ai professionisti della penna, ma al mondo dei traffici e del lavoro.

Ma si veda come si esprime, all'inizio del Novecento, il *Dizionario illustrato di pedagogia* quando, alla voce calligrafia, si tratta di spiegare il metodo delle aste. La prima cosa che l'allievo deve imparare a tracciare sono i *fili* (che si ottengono «sfiorando, per modo di dire, la carta colle due punte della penna unite, avendo cura che la penna stessa sia rivolta verso destra e in direzione dell'orecchio»). Allorché «l'allievo avrà imparato a tracciare tanti fili, così detti d'iniziamento, paralleli fra di loro, si passi al secondo esercizio, cioè a quello delle aste, insegnando il modo di ottenere le quadrature tanto in alto che alla base dell'asta. Ottenendo così la regolare inclinazione delle aste si avvia gradatamente lo scolaro a scrivere con giusta pendenza, che secondo le regole calligrafiche vien definita dalla diagonale del quadrato»[17].

Francesco Soave è consapevole che la descrizione delle combinazioni di tutti gli elementi necessari a formare le lettere e dei modi per realizzarle risulta piuttosto pesante, sovraccarica com'è di spiegazioni. Tant'è che ad un certo punto del suo manuale di calligrafia avverte: «Guai però se uno Scrittore dovesse prendere ad ogni Lettera tutte queste misure! Egli deve coll'esercizio avvezzarvi l'occhio e la mano [...]»[18].

17 Antonio Martinazzoli / Luigi Credaro (eds.), *Dizionario illustrato di pedagogia*, Milano (Vallardi) 1895–1908, vol. I, p. 212.

18 Soave (cf. nota 3), p. 30.

Perché questo? Le risposte possibili sono diverse.

A) Il grande sforzo di teorizzazione, il precisare e prescrivere minuziosamente la posizione del corpo (postura), della testa, del braccio, l'atteggiamento della mano e delle dita, la distanza dal banco, l'attrezzatura necessaria (penna, carta, calamaio, inchiostro, carta «sugante» o sabbia), la sua preparazione (l'atto di temperare la penna, l'inchiostro) e gestione, riflette in verità le oggettive difficoltà materiali incontrate dalla maggior parte dei bambini (ma anche degli adulti abituati a lavori manuali ben più pesanti e grossolani) nel maneggiare e tenere sotto controllo strumenti del tutto inconsueti perché merce rara, bambini che non hanno nessuna abitudine – come oggi – a disegnare o scarabocchiare o colorare. Si parla tanto dei modi di apprendimento della scrittura, tanto tecnicamente e anche tanto artificiosamente, perché si è consapevoli della eccezionalità della sua pratica nella vita quotidiana, della sua estraneità rispetto ai gesti più normali delle persone. Carta, penna (sino agli anni 1820–30 quella d'oca, meglio se proveniente dall'ala sinistra, non penne a sfera o altre sicure tecnologie), inchiostro, calamai, libri, banchi, sabbia, lavagnette, esemplari possono essere incentivi a delinquere o a giocare, piuttosto che ad imparare. Le *Norme* più volte citate del 1827 mostrano bene cosa può diventare la lezione di scrittura:

«Veglierà [il maestro] perché gli scolari osservino la debita pulizia nello scrivere sia per rispetto ai libretti, come agli esemplari, alle panche, ecc. Non permetterà quindi che cancellino colle dita le linee o le lettere sbagliate, e guarderà che non imbrattino d'inchiostro o altramente i libri da scrivere, che non buttino il calamajo o le penne addosso ai loro condiscepoli, che non mettano in bocca, non lecchino, non mastichino le penne, ecc.; che non imbrattino o cancellino le lettere o parole già ben scritte [...]»[19].

B) Poi, si può richiamare l'aspetto di tecnica che a lungo conserva l'esercizio dello scrivere. Di tecnica bastante a se stessa, perché non finalizzata sempre allo scrivere in senso proprio, cioè a comporre, quanto invece a produrre (quasi a «disegnare») soltanto brevi sequenze alfabetiche. Per esempio il proprio nome, firmando. Questo a livello basso, come corrispettivo di un uso alto della scrittura che spesso e volentieri è soprattutto esercizio di stile, che fornisce risultati da ammirare per la loro preziosità calligrafica più che testuale, che è separato dalla valenza per noi oggi fondamentale di atto comunicativo.

Ma la celebrazione della scrittura in quanto tecnica è tutta del maestro, già incontrato, di George Sand il quale ha addirittura inventato una serie di strumenti per costringere l'allieva a rispettare le regole dell'apprendimento:

«1° pour la tête, une sorte de couronne en baleine; 2° pour le corps et les épaules, une ceinture qui se rattachait par derrière à la couronne, au moyenne

19 *Norme* (cf. nota 6), p 42.

d'une sangle; 3° pour le coude, une barre de bois qui se vissait à la table; 4° pour l'index de la maine droite, un anneau de laiton soudé à un plus petit anneau dans lequel on passait la plume; 5° pour la position de la main et du petit doigt, une sorte de socle en buis avec des entailles et des roulettes».

Risultato: nel giro di cinque minuti la lezione diventava un vero supplizio, «les doigts s'enkylosaient, [...] les bras se roidissait, et [...] le bandeau donnait la migraine»[20]. E già che si è in tema di ricordi autobiografici di grandi scrittrici, val la pena citare anche la testimonianza più recente di Agatha Christie, bambina di cinque anni, per la quale l'impegno di imparare a scrivere «non si rivelò altrettanto piacevole [che la lettura]. Ancor oggi quaderni accartocciati saltano fuori ogni tanto da vecchi cassetti; sono coperti di aste, ghirigori e file di tremolanti B o R [...]»[21].

Ma anche a voler tralasciare casi estremi come questo raccontato da George Sand, che ricopiare non sia un piacere è dimostrato dal fatto che quando si tratta di punire gli scolari indisciplinati la copia rientra tra i *pensi*, cioè tra i compiti di punizione inflitti dal maestro. E, del resto, è vero che la manualististica individua tutta una patologia collegata all'esercizio dello scrivere, a riprova della fatica che comporta una tecnica ostica anche quando pienamente assimilata. Già nel secolo XII, nel colophon di *Silos Beatus* si legge:

«Se tu non sai che cosa è la scrittura, potresti credere che la difficoltà sia lieve, ma se vuoi una spiegazione dettagliata, lascia che ti dica che il lavoro è faticoso: imbroglia la vista, curva la schiena, schiaccia il ventre e le costole, attanaglia le reni e lascia tutto il corpo dolorante [...]. Come il marinaio che giunge alfine al porto, lo scrivano si rallegra di essere arrivato all'ultima riga»[22].

Più tardi, ad inizio del XVIII secolo, il modenese Bernardino Ramazzini nel suo *De morbis artificum diatriba* dedica un capitolo alle malattie degli scrivani e dei copisti, causate dallo stare continuamente seduti, dall'incessante movimento della mano col medesimo ritmo, dall'attenta concentrazione necessaria per non commettere errori («ostruzione dei visceri, come del fegato e della milza, crudezze di stomaco, torpore alle gambe, qualche ristagno del sangue venoso e l'aspetto malaticcio»)[23]. E ben chiaramente, nella seconda metà del Settecento, si delinea una definizione dell'uomo di lettere in termini di patologia, legata in buona parte alla sua attività – esasperata – di scrittore[24]. Ma ancora a fine Otto-

20 George Sand, *Histoire de ma vie*, Paris (Calmann Lévy) 1879, vol. II, pp. 385–386.

21 *La mia vita*, trad. it., Milano (Mondadori) 1989, p. 24.

22 Cit. in *La scrittura memoria degli uomini*, Milano (Electa / Gallimard) 1992, p. 83.

23 Bernardino Ramazzini, *Le malattie dei lavoratori*, a cura di F. Carnevale, Firenze (La Nuova Italia) 1982, pp. 202–203.

24 Roger Chartier, «L'uomo di lettere», in: Michel Vovelle (ed.), *L'uomo dell'Illuminismo*, Roma / Bari (Laterza) 1992, pp. 188–191.

cento medici, igienisti, uomini di scuola discutono su giornali e riviste specializzate e nei convegni di malattie tutte legate allo scrivere e non più appannaggio esclusivo di scrivani ma, ora che la scolarizzazione di massa è avviata, di bambini e giovani alle prese con un impegno fino a poco tempo prima sconosciuto: scoliosi, miopia, strabismo, crampi[25]. Malanni diffusi al punto da far rimpiangere in taluni, nemmeno troppo larvatamente, i tempi passati e più felici dell'analfabetismo di massa, allorché il popolo non doveva cimentarsi con le conseguenze di una «postura» sbagliata o della scrittura «pendente».

C) Un'altra ragione che spiega la spropositata teorizzazione che accompagna a lungo l'insegnamento-apprendimento della scrittura risiede nella sua natura iniziatica. Se il saper scrivere è un potere, la sua trasmissione è «un gesto iniziatico, e non stupisce che lo si esegua senza fluidità, in forme rituali»[26]. Cosicché quello «della scrittura è, tra i vari apprendimenti, il più rigidamente formalizzato in una società; l'insegnamento della scrittura avviene in una scuola [...]. Ancora per noi oggi la scrittura è l'unica cosa che tuttora si apprenda stando seduti sui banchi di scuola, mentre tutto il resto si può apprendere in una varietà di modi, più liberamente quanto ai luoghi e ai tempi»[27]. Con tali premesse, insegnare a scrivere non può risolversi in una faccenda di poco conto, senza uno statuto teorico adeguato all'importanza che la società attribuisce alla capacità da acquisire.

Al di là della descrizione del fenomeno, si possono avanzare alcune considerazioni generali che aiutino ad interpretarlo, a comprendere cioè le ragioni della presenza nella scuola italiana della copia come di uno strumento didattico pienamente accreditato per introdurre i bambini nel mondo della cultura scritta.

1) A volte la pratica del copiare può corrispondere all'inadeguatezza professionale del maestro. I casi ricordati relativi all'aritmetica sembrerebbero suggerirlo. Ma ce ne sono altri riguardanti la scrittura. Il priore di Bagnolo in Piano (Reggio Emilia), per esempio, lamenta il 22 settembre 1788 che la gioventù locale non è bene istruita perché il maestro Giuseppe Jotti «non sa nepure perfettamente scrivere [...], fa la scuola ad arbitrio» e quelle poche volte inizia molto tardi piacendogli poltrire a letto[28]. A Parma, dopo le riforme del 1768, è «più arduo trovare un abile Maestro per le basse Scuole, che per le Maggiori». In particolare, una nota del Magistrato dei riformatori degli studi (1774) informa il

25 Martinazzoli / Credaro (cf. nota 17), vol. III, pp. 461–465.
26 Giorgio R. Cardona, *Antropologia della scrittura*, Torino (Loescher) 1981, p. 117.
27 *Ivi*, p. 115.
28 Archivio Storico Comunale di Bagnolo in Piano (Reggio Emilia), Libri dei partiti, 1787–1800, c. 27.

primo ministro che il maestro di «carattere» delle scuole di S. Rocco «non sa, pur essendo dotato del titolo di Maestro delle Scuole Reali, sottoscrivere il suo nome senza spropositi». Non per niente arriva la proposta di istituire almeno un corso di calligrafia per i sottomaestri delle scuole di Parma, proprio perché «niuno vi è fra Maestri Civici, che fornito di buon carattere possa istruire i suoi Discepoli [...]»[29]. Ma anche in tempi meno lontani (1880), Aristide Gabelli osserva in occasione dell'XI congresso nazionale di pedagogia a Roma che ancora «pochi anni sono nelle vecchie scuole si costringevano i fanciulli a copiare e ricopiare per ore in silenzio da un modello a stampa una riga, una parola, una lettera, ciò che dava al maestro il comodo di stare in pace leggendo un romanzo, o pensando ai fatti suoi. Era un male, segnatamente perché quei poveri bambini si annoiavano e prendevano in uggia lo studio e la scuola»[30]. Insomma, costringere i bambini a lunghi esercizi di copiatura potrebbe costituire l'espediente messo in opera da maestri poco preparati o poco scrupolosi per aggirare lo scoglio di una scadente preparazione o di una scarsa coscienza professionale.

2) La copia fa parte di un quadro socio-culturale in cui l'alfabetismo è un insieme di pratiche culturali separate, non sempre e non necessariamente legate tra loro in maniera funzionale: si può saper soltanto leggere, oppure soltanto scrivere (meglio, disegnare le lettere) e firmare, contare. Copiare, in altri termini, può essere lo stadio dell'apprendistato scolastico sufficiente per impadronirsi di un alfabetismo minimo funzionale alle richieste della vita quotidiana, un alfabetismo pratico e non certo orientato a fini conoscitivi: sottoscrivere ricevute, quietanze, dichiarazioni, suppliche, documenti, contratti, dimostrare di possedere uno dei requisiti necessari per votare dopo la riforma elettorale del 1882, e poco di più. Copiare pazientemente i modelli offerti a scuola dal maestro consente di raggiungere questa capacità di *disegnare* l'alfabeto, non certo di scrivere con senso compiuto o, a volte, di capire quel che si è scritto. Il già ricordato Giuseppe Mancasali, per esempio, compilando il «catalogo» dei suoi scolari nel dicembre 1773 fa presente che il quattordicenne Luigi Turchetti – per il quale a nulla «vagliono né le buone né le cattive; né rapporto allo studio, né rapporto ai cattivi costumi dei quali vieppiù s'imbeve, e si protesta di voler vivere a suo talento» – «legge malissimo e scrive bene, ma poi non l'intende»[31]. Questo Luigi Turchetti, figlio di un Anziano del comune di Fabbrico, che scrive bene senza sapere però cosa scrive, è il frutto di una scuola certo poco produttiva sul piano didattico, nella quale si possono acquisire meccanicamente (copiando, copiando,

29 Gonzi (cf. nota 4), pp. 75–76
30 Aristide Gabelli, «Le scuole elementari in Italia e il metodo d'insegnamento», in: *Nuova antologia di scienze, lettere ed arti,* XX (1880), pp. 513–548.
31 Severi (cf. nota 15), p. 133.

copiando) certe competenze elementari che, peraltro, corrispondono agli standard richiesti dalla società del tempo: frammentati, distinti, modellati su bisogni e finalità particolari nella società d'antico regime. E ciò, nonostante che l'art. 12 dell'*Istruzione interinale* modenese del 1774 chiarisca: «E poiché coll'imparare a leggere s'impara ancora a pronunziare, né si può scrivere con intelligenza alcuna del significato senza saper leggere: leggere e scrivere sono i due primi passi che si hanno a dare nella carriera della letteraria istituzione»[32].

3) La pratica della copia come apprendimento primo della scrittura dura certamente finché dura la calligrafia come materia scolastica, come obiettivo dell'insegnamento della scrittura. La calligrafia è, infatti, «scrittura a mano bene eseguita»[33], oppure «esecuzione accurata dei modelli grafici»[34]. Gli esercizi di calligrafia hanno come fine di rendere la propria scrittura la più somigliante possibile a quella del modello scelto dal maestro, di imitarlo fedelmente attraverso la copia. La calligrafia acquista per estensione il significato appunto di copia esatta. Nell'organizzazione scolastica italiana dopo l'Unità le due definizioni, *scrittura* e *calligrafia*, sono quasi sinonimi, anche se con la prima si intendono piuttosto i primissimi rudimenti. E lo spirito del suo insegnamento – che enfatizza lo sforzo di corrispondere all'originale – finisce col pervadere tutto il curriculum elementare (anche di scuole *marginali* come, per esempio, quelle carcerarie o quelle reggimentali), per esprimerne in buona parte il senso, anche quando nella terza o quarta classe arriva il momento della composizione, e anche se gli esercizi di dettatura, autodettatura, ortografia, nomenclatura, memoria e riassunto completano certo l'insieme didattico. Questo *imperialismo* della calligrafia sussiste nonostante le cautele di personaggi come Aristide Gabelli, consapevole che «il leggere e lo scrivere non conferiscono, o assai poco, a sviluppare l'intelligenza, riducendosi, fino a che non si arrivi alla composizione, a un'arte meccanica presso a poco come quella del tessere o del cucire»[35]. La scuola italiana, infatti, anche nei testi programmatici rimane scuola dell'ascolto passivo e della ripetizione meccanica piuttosto che del fare, e l'attività dello scolaro è soprattutto di imitazione anche quando non si tratta di rappresentare modelli alfabetici.

«I fanciulli – risponde il provveditore in Terra di Lavoro all'inchiesta ministeriale del 1868 – si addestrano a leggere e scrivere senza intendere verbo [...];

32 Gian Paolo Brizzi, «Riforme scolastiche e domanda di istruzione», in: *Contributi* 11–12 (1982), p. 79.

33 Manlio Cortellazzo / Paolo Zolli, *Dizionario etimologico della lingua italiana*, Bologna (Zanichelli) 1988, p. 134, che riferiscono la prima attestazione di Giuseppe Fontanini, *Della eloquenza italiana*, nel 1737.

34 Nicola Zingarelli, *Vocabolario della lingua italiana*, Bologna (Zanichelli) 1970.

35 Gabelli (cf. nota 30), p. 533.

imparano a guisa di pappagalli pagine e pagine di grammatica, senza cavarne tanta perizia che basti a comporre per iscritto correttamente e con senso una sola frase, né spiegare un pensiero senza usare il dialetto; stendono sul foglio e sulla lavagna lunghe file di numeri e vi lavorano sopra mesi e mesi senza divenir capaci di fare i conti più semplici e usuali [...], nulla che si connetta colla vita passata, né colla circostante, né che accenni o prometta giovare alla futura[36].

E la relazione generale della Commissione parlamentare di quello stesso 1868 concludeva così:

«morte comune e vizio delle scuole di molti paesi, non solo italiani, è la *materialità;* le lezioni altro non sono generalmente che una sequela di atti meccanici; l'insegnante entra e conduce seco i discenti in due rotaie parallele e diritte dal principio alla fine del corso»[37].

L'esistenza della calligrafia in quanto disciplina scolastica ha poi, come conseguenza paradossale, di suscitare negli scolari «l'abito di una doppia grafia, l'una trascurata e illeggibile, l'altra pretenziosa e di uso raro e difficile», secondo i *Programmi* del 1905[38]. Con minor diplomazia e più insofferenza, il *Dizionario illustrato di pedagogia* lamenta che in Italia, diversamente che in altri fortunati paesi, la distinzione tra scrittura e calligrafia ha portato «allo sconcio delle due scritture, quella dei *giorni di festa* e quella dei *giorni di lavoro;* ed ha fors'anche contribuito a creare, o almeno ribadire nell'animo del fanciullo, l'immorale convincimento che *qualche volta si debba far bene,* ma *qualche volta si possa fare anche male»*[39]. Progressivamente (1905), la tendenza che s'afferma è quella che, tralasciando ogni criterio estetico, crede che nella «scuola elementare e popolare gli alunni debbono esser condotti allo scrivere chiaro, limpido, regolare, soprattutto nell'uso corrente»[40]. La dizione calligrafia, perciò, scompare dai testi legislativi nel 1923, e si muta in bella scrittura, ribadendo che essa «deve dagli alunni essere usata in ogni momento. Negli scolari non deve formarsi il convincimento che esista distinzione tra la scrittura normalmente usata e un'altra particolarmente curata»[41].

Se cade l'aspirazione estetica o artistica (come dicono i commentatori) dall'insegnamento della scrittura, resta comunque l'esercizio della copia come strumento di apprendistato, sia nel 1923 che nel 1934[42]. Infine, il copiare non esiste più in nessuna formulazione nel 1945, quando sopravvive la dizione «bella

36 Cit. da Ida Zambaldi, *Storia della scuola elementare in Italia,* Roma (LAS) 1976, p. 252.

37 *Ibid.*

38 Lombardi (cf. nota 2), pp. 239–240.

39 Martinazzoli / Credaro (cf. nota 17), vol. III, p. 457 (in corsivo nel testo).

40 Lombardi (cf. nota 2), p. 239.

41 *Ivi,* p. 401.

42 *Ivi,* pp. 336, 402.

scrittura» (fino all'anno scolastico 1955–56 nelle *pagelle* trimestrali la materia è *Disegno e bella scrittura*), e – a maggior ragione – nel 1955 e nel 1985, quando si parla semplicemente di «scrittura» *(Lettura, scrittura ed altre attività espressive)* o, al più, di «buona grafia», e la valenza comunicativa della lingua anche scritta è quella da trasmettere al bambino. Così, scopo dell'insegnamento della scrittura non è più, oggi, una grafia che sia copia esatta di un modello, ma una «grafia chiara, corrente, pulita, leggibile e naturale (cioè «personale»). Se ha queste caratteristiche, è anche «bella» (e ben eseguita)»[43].

4) Guido Baccelli, ministro della Pubblica istruzione responsabile dei nuovi programmi elementari del 1894, è celebre soprattutto per la formula in cui racchiuse il suo pensiero educativo presentando la riforma alla Camera dei deputati: «Istruire il popolo quanto basta, educarlo più che si può». In realtà, questa è l'ideologia che attraversa tutta la politica scolastica dei governi liberali al di là del *merito* di Baccelli di averla esplicitata senza finzioni nel momento in cui più urgente si fa l'esigenza di rendere compatibile l'allargamento della scolarizzazione primaria con gli equilibri sociali esistenti. Questa breve premessa è necessaria per introdurre la sottolineatura possibile, mi sembra, di una sorta di funzione *civile* dell'insegnamento della scrittura e del ricorso alla copia come suo strumento importante.

Se si consulta un vocabolario della lingua, la prima definizione che si trova alla voce *carattere* è quella – per così dire – alfabetica (o grafica, o scrittoria): «Ciascuna delle lettere dell'alfabeto, o altro segno, disegnate secondo le stesse regole in un determinato stile»[44]. In effetti, quando in passato i contratti che le comunità stipulano con i maestri parlano del requisito di un «buon carattere» per essere assunti si riferiscono al loro modo di scrivere, non certo alla loro indole. Ma *carattere*, appunto, significa pure «insieme dei tratti fisici, morali e comportamentali di una persona, che la distingue dalle altre». Non è il caso, naturalmente, di stabilire se sia nato prima l'uovo o la gallina, se – cioè – si sia passati dal primitivo significato segnico a quello morale o viceversa. Importa, invece, notare che la copia come pratica di insegnamento della scrittura giustifica in pieno la mobilità semantica della parola. Il copiare paziente, ripetuto, meccanico ha non soltanto la funzione di formare un buon stile di penna, ma anche un buon temperamento che, considerato il ruolo di controllo sociale attribuito all'istruzione, equivale a remissivo, docile, rispettoso dell'autorità, paziente, ecc.[45]

43 «Scrittura, didattica», in: *Dizionario enciclopedico di pedagogia*, Torino (SAIE) 1964, p. 227.

44 Zingarelli (cf. nota 34).

45 Per la funzione disciplinante della scrittura cf. Michel Foucault, *Sorvegliare e punire. Nascita della prigione*, trad. it., Torino (Einaudi) 1976, pp. 166, 202–212.

Rileggendo per esempio le istruzioni speciali dei programmi 1888 al paragrafo *scrittura e calligrafia,* infatti, troviamo che i maestri devono badare che «gli esercizi siano eseguiti lentamente, con esattezza, mantenendo i quaderni puliti, senza sgorbi, senza interruzioni, poiché la calligrafia ha insieme col disegno la mira indiretta di educare all'attenzione, alla precisione, alla pazienza e all'amore dell'ordine, qualità tanto utili nella vita giornaliera, nelle arti e nei mestieri, in casa, all'officina, in qualsivoglia ufficio, sempre e dovunque, ma pur troppo non comuni nel nostro paese e che appunto perciò bisogna proporsi di afforzare con la scuola. Da esse dipende infatti l'esito di molte cose in apparenza piccole, che però sommate preparano inavvertitamente quelle grandi»[46].

Nel 1894 i cambiamenti sono minimi:

«Ogni cura si ponga nel mantenere i quaderni puliti e senza sgorbi, nel far sì che ogni pagina di scritto palesi con la sua nitidezza doti migliori dell'animo; giacché la calligrafia concorre, insieme col disegno, all'intento di educare all'attenzione e all'ordine, all'esattezza e al buon gusto, qualità di grande valore nell'economia domestica, nelle arti e nelle industrie, come nell'esercizio delle pubbliche funzioni»[47].

E, del resto, la complessità dell'armamentario da gestire da parte di chi scrive si presta a quest'azione di disciplinamento. In fondo, ci sono tante cose da tenere in ordine! E il controllo, infatti, che il maestro fa della scolaresca al momento di cominciare la lezione di scrittura assomiglia spesso ad un militaresco passare in rassegna la truppa. Così, Pietro Cavazzuti, il compilatore in quel medesimo giro di anni della voce *scrittura* nel *Dizionario illustrato di pedagogia* di Martinazzoli e Credaro, può sottolineare compiaciuto «il valore largamente educativo che, anche nei più rudimentali esercizi di scrittura, i fanciulli possono ricavare dall'elemento *estetico*»[48]. Poco più sotto, si riferiscono i pareri addirittura lombrosiani di Francesco Torraca, direttore generale dell'istruzione primaria e popolare, convinto della modestia dell'insegnamento della calligrafia, tanto importante peraltro nella vita pratica, dal momento che «vi è chi nella brutta mano di scritto scorge indizi di non buono carattere morale; ma al figlio del contadino o dell'artigiano, nella vita modestissima che l'aspetta, non mancheranno occasioni di rallegrarsi di aver imparato a formare e disporre bene sulla carta lettere e parole»[49].

Scrivere bene, insomma, non è fondamentale soltanto per farsi capire e per comunicare. L'ordine della scrittura, cui si arriva attraverso il controllo fisico del corpo e dei suoi movimenti e la concentrazione visiva imposti dall'attività di

46 Lombardi (cf. nota 2), pp. 83–84.
47 *Ivi*, p. 121.
48 Martinazzoli / Credaro (cf. nota 17), p. 459.
49 *Ibid.*

copiatura, è anche ordine interno, dell'animo, e – come in un gioco di specchi – amore, preoccupazione, inclinazione per l'ordine esterno, nell'ambiente di vita e di lavoro, nella società. Lo sforzo e l'applicazione, così continui e ritualizzati, nell'insegnamento della scrittura, il criterio della copia conforme come ispirazione centrale, acquistano perciò un risvolto anche civile, di pedagogia politica, di ortopedia sociale, di contributo alla formazione del buon suddito/cittadino. Chi sta a scuola anche solo qualche anno, ne uscirà – se non compiutamente alfabetizzato – comunque almeno socializzato da materie come la storia, la geografia, l'italiano, ma anche da materie a prima vista soltanto tecniche – come la scrittura o la calligrafia – e invece investite di una funzione di pedagogia civile.

5) In Italia la vicenda del copiare si intreccia con quella della relazione (problematica) lingua italiana-dialetto, riassumibile in un dato: al momento dell'Unità è circa il 2,5 % soltanto della popolazione italiana che parla italiano (poco più di seicentomila su più di 25 milioni di abitanti)[50]. E il dialetto è la lingua parlata abitualmente non solo dalle classi popolari, ma anche da chi appartiene all'alta borghesia, all'aristocrazia, alle corti regionali preunitarie. Allora azzardo un'ipotesi in forma di domanda: non può darsi che copiare trovi nella scuola italiana un terreno fertile proprio a partire dal problema dei dialetti, il quale viene drammaticamente alla luce dopo che è stata conseguita l'unità politica del paese e di cui legislatori e pedagogisti sono avvertiti e consapevoli (ma già il *Regolamento per le scuole inferiori* dei Ducati di Parma, nel 1831 prescrive all'art. 32 che nelle «lezioni non si parlerà dai Maestri in dialetto, ma sempre in lingua italiana»)? I programmi scolastici e le istruzioni ai maestri per la loro applicazione, in verità, non documentano un collegamento diretto ed esplicito – didatticamente parlando – dei due piani (primo insegnamento della scrittura attraverso la copia e impegno per la diffusione della lingua italiana come *koinè* del paese). I due ordini di problemi esistono sì nei documenti ufficiali ed istituzionali ma in modo autonomo, privo di contatti reciproci. Se della copia abbiamo già parlato, a proposito del dialetto bisogna dire che esso costituisce uno degli ostacoli maggiori ad un'efficace azione alfabetizzante della scuola primaria, almeno sino a quando – con la riforma del 1923 e i programmi redatti per l'ordine elementare da Giuseppe Lombardo Radice – cessa di essere un nemico da combattere e viene considerato il retroterra culturale di ogni allievo su cui concretamente fondare un'educazione linguistica robusta e positiva (ma per poco: già nel 1934 i nuovi programmi del ministro del regime fascista Cesare De Vecchi di Val Cismon segnano una completa inversione di tendenza, poiché il dialetto ritorna ad essere un avversario). Non solo perché dialettofoni sono i bambini, ma perché tali sono spesso e volentieri anche i maestri, specie nelle scuole rurali.

50 Tullio De Mauro, *Storia linguistica dell'Italia unita*, Roma / Bari (Laterza) ^{4}1974, p. 43.

«Sgraziatamente nelle scuole, intendo sempre le rurali, si usa il dialetto – scrive nel suo rapporto al ministro C. Matteucci, nell'inchiesta del 1864, l'ispettore provinciale di Milano –. La lingua italiana i maestri non la conoscono o non vogliono adoperarla, difendendosi colla scusa che i loro alunni non li intendono. La lettura e l'uso della lingua continui, insistenti, condurranno un dì gli italiani a parlare una lingua sola, vero vincolo di fratellanza, vero strumento di civiltà e di forza[51].

Ma ancora mezzo secolo dopo, al tempo dell'inchiesta Corradini (1910), «i maestri [...] usavano in scuola il dialetto o un misto di dialetto e di lingua letteraria» che, nota Corradini, «val peggio dell'uso del puro dialetto»[52]. Perciò le istruzioni ai maestri non tralasciano mai, anche nel secondo dopoguerra, di richiamare all'indispensabile opera di contenimento e controllo dei modi dialettali («idiotismi» e «solecismi»), della loro sostituzione con quelli della lingua[53]. E questo impegno in favore della diffusione di una lingua italiana, comune agli abitanti di tutte le regioni, si accorda con un'azione didattica costruita sulla scrittura e, in particolare, anche sulla meccanicità di tanto ricopiare:

«Il copiare pronunciando a bassa voce (come risulta dalle ricerche sperimentali) produce la più efficace impressione. Che per l'ortografia il metodo di scrivere e far copiare dia la migliore ritentiva, mentre quello di far udire soltanto sia peggiore, è facilmente spiegabile, poiché lo scritto è esente da quella fonte di errori ch'è la pronunzia dialettale, mentre nel parlare una tale fonte di errori opera molto abbondantemente».

Il parere, autorevole, è all'inizio del Novecento del sociologo e pedagogista tedesco Paul Barth[54] e sembrerebbe supportare sul piano teorico – e per questo aspetto dell'educazione linguistica – l'opportunità di un esercizio della copia che ha costituito comunque, fino a tempi recenti, la strada maestra da percorrere per entrare nel mondo della scrittura.

51 Cit. da Giuseppe Talamo, *La scuola. Dalla legge Casati alla inchiesta del 1864*, Milano (Giuffrè) 1960, p. 260.

52 De Mauro (cf. nota 50), p. 93.

53 Lombardi (cf. nota 2), p. 512 per il caso del 1955.

54 *Principi di pedagogia e didattica fondati sulla moderna psicologia*, trad. it., Torino (Bocca) 1909, p. 193.

III. L'écriture biographique et autobiographique

MARIA PIA FANTINI

Citati in giudizio: orazioni, scongiuri, libri di segreti

Modena 1580–1620

Per Francesco Novati l'inquisitore che aveva composto una *Breve informatione del modo di trattar le cause del Sant'Officio* stampata a Modena nel 1619 andava considerato un precursore dei bibliografi di stampe popolari otto e novecenteschi[1]. Prezioso, agli occhi eruditi, era l'elenco di «historie» proibite, affiancabili agli opuscoli popolari a carattere religioso conservati nelle biblioteche. L'edizione del 1619 di quel manuale, dedicato ai vicari dell'inquisizione modenese, non è più reperibile; esiste, comunque, un esemplare recante lo stesso titolo pubblicato sotto il nome del domenicano Michelangelo Lerri nel 1608[2], la cui quarta parte contiene, fra gli *Avvertimenti in materia di libri prohibiti, e sospesi,* il suddetto catalogo, citato ma non riprodotto per intero nell'articolo del Novati: l'elenco comprende 28 titoli, in cui 12 volte compare il termine «oratione» e una volta la parola «scongiuri». Bibliografie simili si produssero e divulgarono, nei territori posti sotto la giurisdizione dell'Inquisizione romana, a partire dall'*Instructio* premessa nel 1596 all'Indice dei libri proibiti di Clemente VIII[3]: i censori, grazie

1 F. Novati, *La storia e la stampa nella produzione popolare italiana,* «Emporium», n. XXIV, 1906, p. 196.

2 *Breve informatione del modo di trattare le cause del S. Officio per li molto reverendi vicarii della Santa Inquisitione, instituiti nelle diocesi di Modona, di Carpi, di Nonantola, e della Garfagnana,* in Modona, nella stamperia di Giulian Cassiani, 1608 (una edizione anastatica è stata curata da Albano Biondi, Ferrara 1991). Ne esistono almeno due altre edizioni – una parmense e l'altra cremonese – del 1628. Si veda A. Prosperi, *Tribunali della coscienza. Inquisitori, confessori, missionari,* Torino (Einaudi) 1996, p. 327 n.

3 Esiste un manuale per inquisitori fatto pubblicare ad Asti da fra' Giovan Battista Porcelli nel 1610, composto proprio per raccogliere e sistematizzare tutta la serie di editti, decreti, avvertimenti riguardanti e provocati dall'applicazione dell'Indice clementino: cf. *Scriniolum Sanctae Inquisitionis Astensis in quo quacumque ad id muneris obeundum spectare visa sunt, videlicet Librorum Prohibitorum Indices...,* Astae, Apud Virgilium de Zangrandis, 1610. Un esemplare a stampa dell'*Index librorum prohibitorum ... cum instructione adiecta di Clemente VIII* è riprodotto in J. M. De

al concetto di eresia implicita, furono tenuti ad eliminare, tra le altre cose, quelle che «superstitiones, sortilegia ac divinationes sapiunt»[4] e ad esplicitare attraverso elenchi analitici, i corrispondenti titoli di testi ancora "fuori catalogo". L'interdizione riguardava, quindi, il contenuto di quegli opuscoli a stampa: «per contenere esse respettivamente cose false, superstitiose, apocrife, e lascive»[5]. Qualche titolo citato in quell'elenco si ritrova anche in un'altra sezione del manuale, dedicata ad una categoria di persone: «maghi, streghe, incantatori et simili». In questo caso la censura proposta colpiva piuttosto gli utenti e gli usi rituali di quei testi. Di questi aspetti, però, il manuale non presenta una casistica dettagliata, limitandosi a qualche accenno stereotipato.

Ma sull'azione effettiva di tale censura, qualcosa si può apprendere da un altro tipo di fonte: i registri processuali del Sant'Uffizio. Proprio per la sua attività di inquisitore a Modena, inaugurata lo stesso anno in cui pubblicò la *Breve Informatione*, il Lerri[6] ci restituisce racconti per una storia in grado di colmare i silenzi del suo catalogo bibliografico. Ad esempio, al titolo *Oratione di S. Helena in ottava rima, La Vergine Maria con gli Angeli Santi*, elencato nell'opuscolo, non corrisponde nessun testo registrato nell'archivio del S. Uffizio, dove l'*incipit* più volte ricorrente delle *orationi di Santa Lena* non coincide mai con quello menzionato, che può invece trovare corrispondenza in alcuni libretti devozionali conservati nelle biblioteche, stampati dall'inizio del XVI secolo e, dalla fine dello stesso secolo, con «licentia de' superiori» quasi sempre espressa sul frontespizio[7].

Bujanda (a cura di), *Index des livres interdits*, vol. IX: *Index de Rome 1590, 1593, 1596*, Quebec, Centre d'Etudes de la Renaissance, 1994, pp. 913–977.

4 Cf. J. M. De Bujanda (a cura di), *Index des livres interdits*, vol. IX: *op. cit.* p. 926.

5 *Breve informatione... op. cit.*, p. 50.

6 L'inquisitorato modenese del Lerri iniziò nel 1608 e terminò l'anno 1616.

7 Nella Biblioteca Colombina di Siviglia sono conservati due opuscoli anonimi e senza note tipografiche, acquistati rispettivamente nel 1512 e nel 1515, il cui *incipit* coincide con quello menzionato nel catalogo del Lerri. Un esemplare analogo si trova nella biblioteca Governativa di Lucca. Lo stesso *incipit* compare anche in quattro edizioni di un testo d'autore, due delle quali «con licentia de' superiori», appartenenti alle "stampe popolari religiose" del fondo Capponi della biblioteca Apostolica Vaticana. – *La historia e la oratione di sancta Elena.* La virgine Maria con langeli santi...(Firenze, s.d., ma ante dic. 1515) 4°, (*Biblioteca Colombina, Catàlogo de sus libros impresos*, Sevilla 1888, vol. IV); – *Historia di Santa Helena* (s. n. t., ante 1512) 8°. La vergine Maria con langeli santi... (*Biblioteca Colombina*, cit., vol. IV); – *La historia di Santa Helena. Quando ritrovò la S.Croce di Giesu Christo*, s. n. t., La Vergine Maria & gli Angioli Santi ... (Biblioteca Governativa di Lucca); – Bartolomeo Veronese, *La devota oratione, et historia della imperatrice Santa Helena, quando ritrovo la Santa Croce di Giesu Christo.* In Orvieto, Con licentia de' superiori, La Vergine Maria & gli Angioli Santi... (L. Baldacchini, *Bibliografia delle stampe popolari religiose del XVI–XVII secolo. Biblioteche Vaticana, Alessandrina, Estense*, Firenze [Leo S. Olschki] 1980, p. 35); – Bartolomeo Veronese, *La devota oratione, et historia della imperatrice Santa Helena, quando ritrovò la Santa + di Giesu Christo.* In Orvieto, Con licentia de' superiori, l'anno 1598. La Vergine Maria & gli Angioli Santi... (L. Baldacchini, *Bibliografia*, cit., p. 36); – *Leggenda Di Santa Helena Regina Madre*

Dai dialoghi processuali registrati anche durante l'attività giudiziaria del Lerri emergono, infatti, più che titoli o elenchi, testi riportati come trascrizione di *performances*, o nella loro materialità, manoscritti o a stampa, quali *corpora delicti*, insieme alle pratiche d'uso e all'identità onomastica e sociale di chi se ne servì. Questo secondo modello descrittivo, sconosciuto al Novati, si potrebbe forse avvicinare al concetto di testo proposto dall'analisi bibliografica di D. F. MacKenzie[8].

Dunque, i registri degli atti processuali, a differenza di editti, decreti e manuali per inquisitori, in cui furono riportate prescrizioni di norme, senz'alcuno spazio per la rappresentazione della modalità e misura in cui esse furono introiettate e vissute da chi le subì, sono una fonte esplicitamente dialogica[9]. Lì si fissarono le reazioni ai divieti: talora, ad esempio, si trova esplicitata la genesi della deposizione come prodotto della lettura, ascoltata in chiesa o fatta in privato cogli occhi, degli editti. Della bolla di Pio V, emanata nel 1570[10], sugli Uffici della Madonna e libri di orazioni, compare un eco modenese: un domenicano denunciò un confratello, un certo Rinaldo, che dal giorno in cui aveva letto «le prohibitioni de tante e tante orationi, e vedendo ch'é levato Santo Roccho delli messali nuovi e che era su li vecchi e vedendo ...le cose così assotigliarsi e smnudarsi e vedersi così in sotile» si era dichiarato «heretico». Il suo confessore poi «gli havea prohibito l'oratione *deus propitius esto michi peccatoris* (sic) e quella di S. Christoforo»[11]: fra' Rinaldo trovava difficoltà ad adattarsi al nuovo concetto di devozione espurgata, poichè per «assuefazione» tendeva a ripetere le orazioni che aveva nella memoria. Il caso riportato è rappresentativo: la censura, colorandosi di tinte pedagogiche, intendeva giudicare le abitudini, cioè una serie di

di Costantino Imperatore. Nella quale si dichiara, come lei trovò la Croce del nostro Signor Giesu Christo in Gierusalem. Di Bartolomeo cieco Veronese. In Venetia, & in Trevigi, per il Reghettini. 1610, La Vergine Maria & gli Angioli Santi... (L. Baldacchini, *Bibliografia*, cit., p. 36); – Bartolomeo Veronese, *Oratione della divota Imperatrice Santa Helena*, La Vergine Maria & gli Angioli Santi... (L. Baldacchini, *Bibliografia*, cit., p. 36).

8 D. F. McKenzie, *Bibliography and the Sociology of Texts* (The Panizzi Lectures, London 1985), London 1986. Segnaliamo l'edizione francese consultata – *La Bibliographie et la sociologie des textes* – tradotta dall'inglese da M. Amfreville, con un'utile prefazione di R. Chartier dal titolo: *Textes, formes, interprétations*, Paris 1991.

9 Su questa peculiarità formale dei registri processuali si è soffermato C. Ginzburg, *L'inquisitore come antropologo*, in: R. Pozzi / A. Prosperi (a cura di), *Studi in onore di Armando Saitta dei suoi allievi pisani*, Pisa (Giardini) 1989, pp. 23–33.

10 Questa bolla, non a caso, poichè ad essa risale la genesi della censura delle orazioni citate anche nel catalogo di «historiette» pubblicato dal Lerri, è riprodotta anche nel citato manuale per inquisitori in folio: cf. *Scriniolum*, cit., pp. 55–58.

11 Archivio di Stato di Modena, Fondo Inquisizione (d'ora in poi ASMO, F. Inq.), b. 7, fasc. I–K, senza data , cc. nn.

comportamenti morali spesso inconsapevoli, provocando così una svolta anche nella tipologia dei reati perseguiti dall'Inquisizione romana. Dagli anni '80 del '500 fino al primo ventennio del secolo successivo si nota, infatti, un mutamento rispetto ai precedenti decenni del '500: "spontanee comparizioni" per bestemmie e superstizioni sostituiscono cause di eresia «esplicita» e, in misura minore, di stregoneria. Pene lievi ma quantitativamente più numerose accompagnano la sostituzione tipologica indicata[12]. Bestemmie e superstizioni, poi, furono trattate come casi di peccati della lingua. L'autorità ecclesiastica, per fare i conti col proprio passato, dovette impegnarsi a ridefinire la liceità delle parole recitate, stabilendo il discrimine tra «sacro» e «profano»; «devoto» e «superstitioso», «favoloso» o «vano»; «honesto» e «lascivo»; «decoroso» e «indecente». Anche i testi, dunque, pagarono il prezzo di tale ridefinizione: la censura depauperò talora certi riti del loro bagaglio verbale, cancellandolo o sostituendolo con le poche preghiere prescritte, lasciando sopravvivere solo i gesti (ad esempio, si perdettero alcune orazioni, mentre si conservò il segno della croce a scopo terapeutico). Nel 1603, un certo Paolo che andava medicando, sull'appennino modenese, con un olio vari tipi di piaghe definì la «virtù» delle parole terapeutiche di cui si serviva di origine divina, non accettando che quelle divenissero caso di «coscienza», processo cui tendeva l'istituzione ecclesiastica[13]. In realtà le formule di benedizione pronunciate da Paolo erano tratte dai testi liturgici canonici: si trattava, dunque, di uno scontro tra l'esigenza di controllo e di autorizzazione della Chiesa e l'affermazione di un potere senza mediazioni istituzionali appare lampante.

Uno stesso libro poteva essere considerato "buono" o "cattivo" a seconda di chi e di come lo si usava: l'inquisitore applicò questa distinzione al manuale di esorcismi del Menghi[14] per proporla all'artigiano Pietro Moratti, sottoposto a giudizio nel 1600. Nel caso in questione il libro si sarebbe dovuto considerare «buono» solo se nelle mani di un sacerdote provvisto dell'ufficio di esorcista, «cattivo» se detenuto per soddisfare i propri desideri, cioè per apprendere i

12 Per un resoconto anche bibliografico sulle oscillazioni delle tipologie delittive registrate nei vari tribunali del Sant'Uffizio, mi permetto di rimandare ad un articolo della sottoscritta: *Per un inventario analitico dell'archivio modenese del Sant'Uffizio (1568–1602)*, in G. Bosco / P. Castelli (a cura di), *Stregoneria e streghe nell'Europa moderna. Convegno internazionale di studi (Pisa, 24–26 marzo 1994)*, Pisa (Pacini) 1996, p. 458 e 470 n.

13 ASMO, F. Inq., b. 22/21, fasc. *Contra Paulum dictum Polaccium de Serra Montiscucculi, 1603.*

14 G. Menghi, *Compendio dell'arte essorcistica, et possibilità delle mirabili et stupende operationi delli Demoni, et de' Malefici*, Bologna (G. Rossi) 1576 (rist. anast. Genova 1987). A. Prosperi, accanto alla possibilità di servirsi della «scienza degli spiriti offerta dai manuali per esorcisti ... anche per i propri vantaggi», segnala il caso di un frate, processato dal vescovo di Cortona nel 1579 che al posto del libro degli esorcismi usava «certi sua exorcismi scritti a mano». A. Prosperi, *Tribunali*, cit., pp. 420–421.

«malefici» mostrati negli esempi[15]. Tale abuso parve possibile all'inquisitore dal momento che il Moratti aveva spontaneamente esplicato la divisione strutturale del libro, la cui terza parte, l'unica in volgare, era costituita di «esempi di cose occorse a questo e quello in materia de malie». «Libro da malie» era infatti stato ribattezzato il testo da persone che non sapevano leggere, secondo l'imputato[16]. In effetti il lettore, intermediario di questa riduzione, avrebbe potuto essere lo stesso Moratti.

Ma precedeva e nello stesso tempo prefigurava l'ambivalenza dei libri, lo spazio d'affermazione che questo tipo di fonte giudiziaria, esplicitamente dialogica, riservò a quello che poi doveva essere estirpato o corretto: i processi potevano infatti diventare luogo privilegiato di riappropriazione del contenuto della censura[17]. Dunque, l'istituzione ecclesiastica garantendo uno spazio autorizzato all'istanza che doveva essere repressa correva il consapevole rischio, esibendo ciò che andava negato, che si annullasse il divieto con strategie di denegazione. Tracce di questo rischio si ritrovano, sottoforma di avvertenze per evitarlo, in alcune norme dedicate rispettivamente ad un inquisitore e ad un governatore: il primo veniva istruito a «non riferire i modi sortileghi et magici» espressi in forma sintetica nella sentenza letta in pubblico «acciò che quelli che saranno presenti all'abiura non habbiano occasione di impararli»[18]; il secondo doveva ammonire i commedianti a non «dire nessuna parola che potesse dar luogo a "sinistra interpretatione circa le cose della santa Fede catholica o che potessero indur qualche superstitione a simpli ascoltanti né incantesmi né altre malie"»[19]. Regole di questo tipo erano la risposta a episodi di ricezione "deviata" della normativa, nel primo caso giudiziaria, nel secondo prescritta da un genere "letterario".

I registri processuali ci permettono di sostanziare di fatti questa casistica di possibilità astratte. Fra' Tommaso Panini, notaio del Sant'Uffizio di Modena per circa dieci anni, il 2 luglio 1612 scrisse una lettera all'inquisitore di Parma, richiedendo che avesse valore giuridico, che venisse cioè autenticata «per mano di notaro». Il notaio modenese si autoaccusava di aver «letto molte volte de libri

15 «Tunc R. Inquisitor ei dixit quod liber aliquis potest dici bonus et malus respectu personarum, quae eius usum habent, prout exempli gratia, liber iste de quo supradictus bonus, si tractat de ratione exorcizandi dum a sacerdotibus detinetur, quibus cura est exorcizandi, dum autem ab ipso constituto detineretur ratione contenti vel contentorum poterat dici malus, et etiam respectu ipsius legentis, nam cum ad ipsum non pertineat officium exorcizandi presumi potest, quod ob malum finem detinuerit predictum librum, ob id ultra ut disceret maleficia in exemplis adductis in eo contenta, et quae didicerit exercere valeret.» Costituto di Pietro Moratti dell'11 dicembre 1600, in ASMO, F. Inq., b. 14, fasc. *Costituti di Pietro Moratti da Rubbiano*, cc. nn.

16 *Ibid.*

17 A. Prosperi, *Tribunali*, cit., p. 169.

18 *Ivi*, p. 401.

19 *Ivi*, p. 346.

prohibiti senza licenza», i cui titoli ed autori furono in parte citati: «la chiromantia del Tricasso mantovano», «l'arte di Raimondo Lullo», «il libro della Geomantia», di cui non è indicato l'autore, «libri d'Astrologia giuditiaria», «l'Aretino, il Sperone». In questo elenco figura anche la menzione di una scrittura per «far corrompere una donna mirandola», memoria di parole apprese oralmente dall'inquisito[20]. Ma va segnalata anche la tessitura delle attestazioni, costruita dal Panini: ciascun capo d'imputazione si trova arginato e quasi occultato da giustificazioni, per così dire, metalinguistiche: il notaio lesse «non per sprezzo, ma per curiosità»; ne parlò «per burla»; ne aveva discusso, «ma solamente discorso» «senza un minimo cattivo pensiero»; «per diletto puro» aveva letto «et fattone ... delle prove», godendo della licenza che «persone grandi» avevano ottenuto da Roma; del contenuto di quelle letture, in realtà, non si era mai servito «perchè non ci credeva»; il notaio affermò infine di aver letto l'Aretino e lo Speroni «per far buona lingua». Di incantesimi *ad amorem* egli aveva discusso «ma solo però in voce e non in essecutione», cose che attestò di considerare «tutte...baie e vanità diaboliche». L'inquisitore smascherò i meccanismi linguistici di spostamento al fine di occultare la verità: chi giudicava seppe cogliere, come spesso succedeva, il carattere tendenzioso di sostantivi dall'aria innocua: il «diletto», la «burla», la curiosità», il «passatempo». La lettera fu definita insoddisfacente perché generica e su molti punti mancante, per cui nel corso del processo si pretese che il frate trasformasse in racconto analitico l'elenco dei testi, che andavano altresì esplicitati. Questa lettera fu ritrovata nella cella del frate, qualche mese più tardi, quando si celebrò il processo a Modena: il notaio che lo sostituì segnalò anche, nel registrare il reperimento di tale scrittura, che «nel rovescio erano descritti esperimenti di geomantia et neomantia». Il frate tentò di giustificare l'atto della sua scrittura: tale descrizione sarebbe servita come promemoria d'accusa da presentare all'inquisitore di Parma.

La vicenda tratteggiata illustra l'ambivalenza della citazione. Il notaio inquisito, grazie alla sua esperienza professionale cercò di piegare a suo vantaggio i vari livelli della comunicazione linguistica: depotenziò il valore d'uso delle sue pratiche di lettura e di scrittura, fino a mettere tra virgolette la seconda, riducendo ad una finalità giuridica, l'atto grafico che l'aveva prodotta. Del frate-notaio emerse anche l'abilità opposta. Risultò che il Panini aveva talora riportato a diverse persone che glielo avevano richiesto, «per non haver inteso bene mentre si leggevano publicamente le sentenze»[21] il racconto di segreti *ad amorem* citati nel corso dei processi o nei verdetti giudiziari. In quest'ultimo caso il frate,

20 Formula non riportata però nella lettera. Cf. ASMO, F. Inq., b. 41/1, fasc. *Scritture ritrovate nella cella del P. lettore f. Thomaso da Fiorano.*

21 ASMO, F. Inq., b. 41/1, fasc. senza titolo, c. 185 v.

lettore pubblico di sentenze, riportava in luce il carattere mimetico di un discorso che da diretto era stato riformulato in forma indiretta. Fra Tommaso, quindi, togliendo per così dire le virgolette ai testi giudicati ritrasformava in *performance* ciò che era appena diventato documento, ricongiungendo enunciato ed enunciazione ad uno stadio pre-giudiziario. Da una sentenza di qualche mese precedente rispetto a quella contro il notaio, viene confermata la modalità di trasmissione di segreti superstiziosi sopra indicata. Non solo: s'illumina anche il processo di composizione di questi testi.

A Girolamo Petazzone, uomo di circa quarant'anni, mentre era di passaggio a Bologna per recarsi a Venezia, furono ritrovate «diverse scritture magiche continenti varie et diverse rubriche per far sortelegii, incantesmi, et esperimenti a diversi effetti superstitiosi, divinatorii, amatorii, et anco maleficiali»: l'inquisito riconobbe non solo di averle scritte di propria mano ma di averle anche composte, cioè «formate et ordinate di proprio cervello, senza altro aiuto d'altre persone, o vero instrutione di libri»[22]. Poco oltre si specifica la fonte vocale di quei testi: senza avere avuto in ciò «scientia particolare» aveva tessuto l'insieme di quelle scritture elaborando ciò che aveva sentito dire «nelli ragionamenti communi et anco sentito a leggere nelle abiure publiche di simili sorte di superstitioni». Girolamo enunciò quindi le varie fasi di composizione testuale: egli era «andato poi congiungendo una cosa con l'altra per farli apparere di qualche ordine, et garbo», spendendo in quest'operazione alcuni giorni , «et fatti diversi scartaffazzi, avanti che fossero ridutte al stato in che ... sono state ritrovate». Senza dubbio per strategia difensiva il Petazzone immobilizzò i testi negando di averli poi eseguiti, una volta che erano stati da lui rifissati sulla pagina scritta. Insomma, mentre l'inquisitore citava, l'inquisito copiava.

Dalla pratica della copia si ricavano altri dati in grado di illuminare l'interrelazione che lega pratica di scrittura, modalità di composizione e pratica di lettura.

In una lettera presentata, il 2 febbraio 1607, al Sant'Uffizio di Modena il guardiano di un convento francescano riferiva del ritrovamento sotto la tovaglia dell'altare del crocifisso di due monete con una «poliza», cioè di una carta «scritta con certi numeri e caratteri»[23]. Ma non era questo che si denunciava. Da sottoporsi a giudizio era piuttosto la serie di atti accelerati compiuti da fra Cesare Fini: costui non appena si accorse della «poliza» la strappò di mano al sagrestano che l'aveva rinvenuta e si precipitò in camera, restituendogliela «con difficultà» circa un'ora dopo. Il sagrestano dubitava che le due «polize» fossero identiche.

22 Copia della sentenza letta l'8 dicembre 1612, ASMO, F. Inq., b. 41/4, fasc. senza titolo, cc. nn.

23 ASMO, F. Inq., b. 29/13, fasc. *Contra patrem fratrem Cesarem finum de Ferraria ord. min. Conv. suspicio abusus misse et superstitiones, 1607*.

Fra Cesare fu quindi accusato di aver prodotto, nel tempo in cui si era ritirato in camera, un'altra scrittura. Fin dall'inizio, dunque, sotto accusa si pose la relazione tra due testi più che il testo copiato in sé. L'inquisitore infatti, provocò la registrazione di una serie di descrizioni grafiche parallele e di confronti di sapore in apparenza filologico, non possedendone la finalità: da focalizzare era il rapporto d'intertestualità, che legava il secondo testo, come vedremo, non solo al primo. La prima carta, a differenza della seconda, fu descritta dal sagrestano come «un quarto di foglio di carta, piegato in due doppie», al cui interno «vi era scritto a mano lettera grossa ed offuscata anchora con un segno in forma d'una campana da una banda con alcuni segneti intorno, che pareano croci». La seconda carta, invece, allegata agli atti e conservata, fu descritta da mano notarile in questi termini: «quaedam cartula, quarti unius folii in circa, in qua erant scriptae litterae, lineis quinque cum dimidia incipientes: queste, et finientes: sempre: ante quas pariter erat descripta quaedam figura quadrata in medio habens nonnulla signa quae videbantur litterae A tres...». All'esibizione della carta il sagrestano reagì affermando di non riconoscervi la prima da lui rinvenuta sull'altare, bensì quella trovata, insieme a due monete, nella cella di frate Cesare. La ricostruzione dei meccanismi sostitutivi che avevano prodotto la non identità del secondo testo col primo fu il conato euristico della ricerca giudiziaria. Avendo letto il testo scritto sul «bollettino» che recitò: «queste sono le lettere le quali Salomone diede alla regina Saba e che havendole adosso nel dimandare gratia a qualche Prencipe l'haverebbe ottenuta», l'inquisito riferì di aver deciso di appropriarsene per l'efficacia che prometteva. Il frate, quindi, prese tempo per elaborare un altro «bollettino» simile al primo eccetto che nelle parole sopracitate, sostituite da queste: «queste sono due monete che son buone per il mal caduco e per la febre quartana». Della sostituzione si rese conto all'istante il sagrestano che riconobbe tra i due testi la congruenza delle «figure» (segni) ma non delle parole scritte per garantirne la "bontà", ossia l'efficacia. Lo scambio testuale appariva però una "negoziazione" possibile: fra Cesare giustificò con la categoria del «verisimile» la metamorfosi del testo originale, dal momento che nominando due monete richiamava quelle che effettivamente erano state trovate sull'altare. Dunque, la modalità di lettura di quel tipo di testi presupposta dal frate, coincideva con una decodificazione centrata sugli aspetti rituali: il foglio scritto richiamava una serie di correlativi oggettivi che nello stesso tempo ne fornivano la chiave di lettura: le monete; l'altare del crocifisso, «privilegiato» per essere l'altare «ove si liberano delle anime dal purgatorio»; il fatto che si dovesse portare addosso. Un altro bollettino capitato tra le mani di un confessore nel 1607 e prima posseduto da una maestra di Crevalcore, estendeva il carattere rituale delle modalità d'uso (farvi recitare sopra le tre messe della notte di natale, dopo avervi apposto il nome di chi se ne serviva), al gesto stesso dello scrivere: il testo era stato scritto da un religioso «in una domenica avanti che il sole tramontasse»[24].

Le parole create da fra Cesare, dunque, erano frutto di un'opzione diretta a soddisfare l'orizzonte d'attesa di chi se ne sarebbe potuto servire. Altra fu di fatto la lettura realizzata sull'originale dal sagrestano: si trattò di una lettura critica, che allontanava il corredo rituale richiamato dal testo scritto. Il sagrestano dichiarò che la «lettera...era tanto abbreviata che non si poteva ben intendere» per cui egli non ne poté «cavare senso che cosa volesse insegnare quella scrittura o significare». Pratiche d'uso da una parte, ricerca di senso e significato dall'altra: quest'opposizione si incontra talvolta in maniera esplicita, implicita sempre nella formulazione di domande e risposte del dialogo processuale. Emerge, inoltre, a conferma speculare dei decreti papali e inquisitoriali di quegli anni, il coinvolgimento del mondo fratesco oltre che nella detenzione di libri di magia (negromanzia, geomanzia e chiromanzia) nella produzione di scritture «superstitiose»[25].

Anche Don Pietro Tortelli sacerdote in una chiesa del contado presso Carpi possedeva un «boletino», ricevuto da un penitente in confessione. Di questo fu denunciato il 12 gennaio 1615 da Matteo Benetti che pur non sapendo scrivere riferì il modo in cui esso era scritto: sul foglio «grande come sarebbe un'ostia da messa» erano tracciate tre o quattro parole che, se lo si piegava, si venivano a congiungere[26]. Tale descrizione sottolinea l'aspetto iconico dei segni grafici, mentre nessun accenno al contenuto compare. Lo stesso «bolettino» era stato letto dal vescovo di Reggio che, per non aver potuto intendere le parole lo restituì a don Pietro. Che cosa significasse «intendere» risulta dalla deposizione di Alessandro Ferrari[27]. Costui, in grado di leggere e scrivere, tentò di decifrare le parole scritte nel bollettino senza riuscirvi, non per incomprensione grafica delle lettere ma perchè dal loro assemblaggio non si produceva alcun significato. Per questo tutti coloro che avevano letto quel foglio per comprenderne il senso decisero di bruciarlo. Allo stesso gesto avrebbe dovuto condurre la capacità critica di frate Ippolito, coinvolto nel processo contro il Panini, definito dall'inquisitore «lettore intelligente» e colto, in grado di riconoscere «la pessima qualità da i soli titoli de' segreti», per cui non esisteva l'attenuante dell'ignoranza.

24 Costituto di Lucia Cardini del 30 maggio 1607, ASMO, F. Inq., b. 31/2, fasc. *Contra quendam Don Antonium de Monariis ... et Helenam Papazonam de Bononia*, cc. nn.

25 Cf. A. Prosperi, *Tribunali*, cit., pp. 425–430.

26 Costituto di Matteo Benetti del 12 gennaio 1615, ASMO, F. Inq., b. 44/12, fasc. *Contra Don Petrum Tortellium sacerdotem curatum*, 1615, cc. nn.

27 Costituto di Alessandro Ferrari del 15 gennaio 1615, ASMO, F. Inq., b. 44/12, fasc. *Contra Don Petrum Tortellium sacerdotem curatum*, 1615, cc. nn.

L'inquisitore, del resto, era consapevole che la circolazione e la sopravvivenza di quei testi non si sarebbero esaurite con la perdita del loro significato letterale. Anche il medico napoletano Antonio Sanazzaro detto Plinio, che si dilettava di libri in cifra, in una lettera del 1612 in cui si autodenunciava all'inquisizione modenese asserì che i segni cabalistici da lui praticati erano «da tutti fattibili senza intendimento o coscienza»[28].

Per questo il giudice nel caso del bollettino conservato da don Pietro Tortelli si informò sulla divulgazione delle sue «virtù», cioè sulla conoscenza del potere attribuito a quelle parole, se ritualizzate in un certo modo. Il bollettino secondo il sacerdote inquisito aveva il potere di provocare tempeste e di «guastare», a chi lo «sapeva adoperare». Segni, parole e finalità simili a quelli evocati da frate Cesare a proposito del bollettino rinvenuto in chiesa si ritrovano in un foglietto conservato in un processo del 1607 contro la prostituta modenese Maddalena Fontana. Costei, senza dubbio incapace di scrivere e forse anche di leggere, domandò ad un giovane veneziano incontrato a Modena in una locanda di produrle una copia di quella carta che era ormai logora e stracciata[29]. La delega di scrittura[30] aveva, dunque, un fine conservativo, non implicava una mediazione culturale che aiutasse a comprendere meglio il testo. Anzi: del valore d'uso di quella carta, e probabilmente anche della maniera in cui bisognava servirsene, fu la prostituta ad informare lo scrivente.

In un processo del 1612 contro Giovanni Maria Gaiamoni, ritornano in termini marcatamente dicotomici i livelli di lettura sopra indicati. Giovanni era un contadino di 35 anni che in casa sua la sera amava leggere ad alta voce per i presenti. All'inquisitore egli elencò i libri che possedeva: un «officio», un «libro del rosario» ed un libro di 4 o 5 carte «detto il dì del giudizio», il cui contenuto sintetizzò così: «representatione del giuditio universale che tratta della fine del mondo et dell'Antechristo, et di quei quindeci segni che verranno inanzi alla fine del mondo»[31]. Non sarebbero stati in grado, a suo parere, di fornire tale sintesi gli «ignoranti» che l'avevano udito leggere. Costoro avrebbero estrapolato dal contesto alcune parole donando loro un nuovo significato: il libro sulla fine del mondo sarebbe stato tradotto nel fatto «che il mondo sarebbe profondato». In realtà, da varie deposizioni risulta che a pronunciare quella frase era stato l'inquisito nel momento in cui aveva sospeso la lettura per voltar pagina: se l'avesse

28 Lettera di Antonio Plinio all'inquisitore di Modena del 2 settembre 1612, ASMO, F. Inq., b. 41/6, fasc. *Contra comitem Alexandrum de Brusantinis,* cc. nn.

29 Costituto di Paolo di Povegliano veneto del 2 giugno 1607, ASMO, F. Inq., b. 29/12, fasc. *Contra Magdalenam Fontanam Mutinensem.*

30 Cf. A. Petrucci, *Scrivere per gli altri,* «Scrittura e civiltà», n. 13, 1989, pp. 475–487.

31 Costituto di Giovan Maria Gaiamoni del 15 novembre 1612, ASMO, F. Inq., busta 41/7, fasc. *Contra Ioannem Mariam de Gaiamonis et Lucretiam Corsinam, 1612,* c. 26r.

voltata, infatti, egli stesso avrebbe causato la distruzione del mondo[32]. D'altra parte, delle parole lette dal Gaiamoni gli astanti pare non comprendessero quasi nulla. Camillo Mozzarelli, ad esempio, si ricordava solamente che veniva nominato l'Anticristo e che forse il libro era in volgare[33]. La modalità di lettura denunciata come propria degli ignoranti era, dunque, quella di chi così l'aveva definita. Costui infatti sapeva leggere «solo un poco»; leggeva inoltre il libro «del giuditio» come un libro di orazioni, e queste ultime come se agissero non appena fossero pronunciate. Da un libretto di orazioni che possedeva, identificabile forse nell'»officio» citato, il contadino aveva appreso delle parole in grado di impedire che grandinasse: essendo fuori casa un giorno in cui si approssimava la tempesta Giovanni ammise di aver dichiarato che se avesse potuto avrebbe preso il libretto ed «avrebbe letto sopra quelle parole». Dunque nel caso del «libro detto il dì del giuditio» il Gaiamoni aveva replicato questo tipo di lettura, che procedeva per identificazioni immediate tra evocazioni e realtà, senza alcun rispetto per un percorso metaforico o figurale del testo. Dalla lettura che provoca nuove realtà (lo sprofondarsi del mondo) alla realtà ricreata dalla lettura (l'impedimento che scoppi la tempesta) emerge lo stesso potere.

Chi, invece, per mestiere applicava categorie di giudizio era tenuto a leggere diversamente. L'inquisitore, per i testi scambiati da fra Cesare Fini, rese operativo il concetto binario di originale *(«exemplar»)* e di copia *(«exemplata»)*, ma non quello meccanico, univoco e gerarchico di fonte: per il giudice, del resto, la copia aveva più valore dell'originale, poiché ad essere inquisito era l'atto di ripetizione. Proprio la mancanza del carattere passivo della prima causò la necessità di chiarimenti: la domanda sul perché il frate avesse cambiato il testo scritto del bollettino originale venne alla fine riformulata come richiesta di esplicitare donde costui avesse tratto le parole del bollettino-copia. Fra Cesare asserì che non essendo riuscito a copiare parte del bollettino aveva deciso di riportarne i segni, mutandone la parte scritta, strategia ai suoi occhi possibile in quanto, come si è visto, garantiva un rapporto di equivalenza tra i due testi. L'inquisitore non credette alla spiegazione del testo creato dalla fantasia del frate, che avrebbe trasformato la copia in "originale d'autore": la sostanza della metamorfosi andava individuata scoprendo le fonti testuali da cui il frate avrebbe copiato. Costui, infatti, aveva prodotto almeno tre bollettini oltre a quello citato, requisiti al momento della perquisizione della sua cella. Ma se i libri potevano bastare alla produzione del testo scritto, talora non bastavano all'apprendimento della modalità d'esecuzione. Il conte Alessandro Brusantini pur possedendo e avendo letto due libri di «negromantia», uno di Pietro d'Abano, l'altro di Cornelio

32 Costituto di Pietro Antonio Miani del 13 ottobre 1612, *ibid.*, c. 12r.

33 Costituto di Camillo Mozzarelli del 14 ottobre 1612, *ibid.*, c. 14v.

Agrippa provvisti pure di rubriche che insegnavano il «modum invocandi aut adiurandi demones», aveva espresso la necessità di un «maestro» per poter eseguire tali incantesimi[34]. A differenza del contadino Gaiamoni per cui leggere e fare coincidevano per il conte Brusantini queste due abilità si trovavano separate: molti inquisiti, del resto, utilizzavano la discrasia segnalata a scopo difensivo. La distinzione oppositiva – «io non l'ho mai essercitato quel libro...ma si bene l'ho letto» – che s'incontra nel processo contro il frate-notaio va estesa a molti altri casi in cui disgiungendo i due termini si depotenziava l'azione sulla realtà della lettura.

Anche la pratica della copia implicava una serie di competenze, non solo di tipo grafico. Il barbiere, notaio e contadino Giovanni Bernabei di 55 anni, denunciato nel 1612, aveva fatto per un ragazzo che perdeva sangue dal naso, un «bollettino» da portare al collo, in questo modo: egli «tolse giù le parole d'un libro di carta capretta scritto a mano, quale è anco grandotto»[35]. Giovanni affermò di non aver letto tutto il libro, come con i propri aveva fatto il conte Brusantini, ma, a differenza di quest'ultimo, il notaio-barbiere sapeva «togliere giù», cioè selezionare dal libro delle parole per creare un nuovo testo. Di queste parole, per altro scritte in buona grafia, il Bernabei disse di non intendere il significato; dimostrò, comunque, di conoscerne la significazione, il valore d'uso. Fu creato, quindi, un nuovo testo: selezionando, tra varie ricette o segreti per fermare il sangue contenuti nel libro, l'unico definito «superstitioso», e abbinando a quelle parole un nuovo supporto materiale – il foglio – e una nuova collocazione – lo stare appeso al collo. Le parole scritte non si prestavano più ad una lettura silenziosa, ma dovevano entrare in contatto col corpo per agire su di esso. Tale copia consisteva, dunque, nel riprodurre un enunciato con un atto che ignorava il valore di menzione a vantaggio del valore d'uso, o meglio di ri-uso. Esempi simili mettono in evidenza un senso pre-industriale della copia, quando la sua *aura* non si era ancora del tutto persa[36]. In questi casi il gesto di riprodurre è come se mantenesse il significato arcaico del termine rappresentazione, nel senso di ri-presentazione, di sostituto dell'assente[37]. La copia in foglio, quindi, non aveva semplicemente un carattere di praticità, in quanto tascabile; neppure in quanto mezzo di trasmissione poteva esaurirsi il suo valore. Non a caso agli occhi dei giudici il foglio era una "forma materiale" talora più colpevole del

34 Costituto di Scipione Valentini del 17 novembre 1613, ASMO, F. Inq., b. 41/6, fasc. *Contra comitem Alexandrum de Brusantinis*, cc. nn.

35 Costituto di Giacomo Giacomazzi del 24 luglio 1612, ASMO, F. Inq., b. 42/9, fasc. *Contra Luciam Alberti de Ciresia*, c. 7v.

36 Il termine *aura*, ovviamente è tolto da W. Benjamin, *L'opera d'arte nell'epoca della sua riproducibilità tecnica. Arte e società di massa*, (tra. it.) Torino (Einaudi) 1966.

37 C. Ginzburg, *Représentation: le mot, l'idée, la chose*, in: «Annales E.S.C.», n. 6 (1991), pp. 1219–1234.

libro, poichè la sua esistenza poteva essere giustificata solo da pratiche rituali effettuate o effettuabili.

Chi testimoniò spesso definì, secondo l'uso linguistico del tempo, «cavare» l'atto di copiare[38]. Il foglio, talvolta «cavato» nel senso di fisicamente strappato dal libro, aveva una vita propria distinta dalla circolazione di quest'ultimo. Il Panini, ad esempio, aveva spedito a frate Ippolito un libro, mentre ne aveva ritenuto presso di sè i fogli cuciti nella copertina. Ma l'atto del «cavare» connota soprattutto le pratiche di lettura implicite nel gesto di scrittura della copia. Leggere «cavando» non era una modalità applicabile solo a testi predisposti alla selezione, come avveniva nei libri di preghiere, di segreti o di ricette, che si costituivano come repertori, o nei libri fisicamente stratificati (scritti da mani diverse, o in parte manoscritti ed in parte stampati).

La pratica del «cavare» rese produttiva la lettura del veneziano Andrea Bergamasco[39]. Costui nella bottega in cui lavorava aveva trovato un libro in 4° intitolato *Legendario delle vite de' Santi*, di frate Giacomo, stampato a Venezia nel 1585[40]. All'inquisitore che lo interrogò, nel 1590, riferì che di quel libro aveva letto una carta, di cui indicò pure il numero, tratta dalla *Vita di S. Basilio*[41], che immediatamente aveva «copiato». Il «bollettino», prodotto con mutamenti letterali minimi, si risolse in una destrutturazione dell'«originale», che consisteva nel disinserire quel testo da un qualsiasi genere letterario: ridurre la sua figuralità ad una pratica rituale significò riplasmarne il codice. Su quel foglio Andrea aveva copiato il passo relativo al patto tra un giovane e il diavolo. Di quel racconto il Bergamasco aveva recuperato il carattere mimetico della forma dialogica diretta: copiare era stato un atto di *mimesis*[42]: «mutando quell'egli mettendoci il nome mio et il nome di madonna Paula, gli feci lo scritto al Diavolo in questa substantia, acciò che il Demonio mi facesse conseguir l'amor de questa donna».

Dunque, attraverso una leggera deformazione letterale si verificò un ribaltamento del significato del testo devozionale: la copia era un nuovo testo, in quanto, pur quasi coincidendo gli enunciati, differenti erano la modalità d'enun-

38 Cf. S. Battaglia, *Grande dizionario della lingua italiana*, Torino (Utet) 1962, *ad vocem* n. 26, p. 922.

39 Il processo è edito da M. Milani, *Streghe e diavoli nei processi del S. Uffizio. Venezia 1554–1592*, Padova 1989, pp. 213–226.

40 Si tratta, probabilmente, del volgarizzamento della *Legenda aurea* di Iacopo da Varazze. Il British Museum ne conserva sei edizioni, di cui una in 4° stampata a Venezia nel 1592: cf. *Short-title catalogue of books printed in Italy and of Italian books printed in other countries from 1465 to 1600*, London 1958, p. 345.

41 D'altra parte leggende o vite di S. Basilio si stampavano anche come opuscoli indipendenti. Si veda, ad esempio, L. Baldacchini, *Bibliografia*, cit., nn. 192–193, p. 75.

42 Cf. A. Compagnon, *La seconde main ou le travail de la citation*, Paris (Editions du Seuil) 1979, pp. 106–114.

ciazione ed il supporto materiale. Le parole tratte dal racconto della *Vita di S. Basilio*, ricevettero un nuovo contesto che ne mutò la sostanza: da opuscolo edificante per essere letto Andrea, disattendendo la funzione destinatario inscritta nel testo, creò uno scongiuro, che implicava pratiche rituali, proscritto dall'autorità ecclesiastica.

Tramite sottolineature il cavaliere Fivigiano Martinelli isolò le parole di un libretto che portava in tasca, lette più volte ad alta voce alla presenza di varie persone. Nel 1608 il notaio del S. Uffizio registrò il titolo di quel libro a stampa, «piccolo come un officiolo della Madonna»: «Arcadia di messer Giacomo Sannazaro»[43]. Il cavaliere, però, secondo vari testimoni, aveva sempre presentato il libretto sotto altro titolo: ad esempio, «dottrine per farsi amare dalle donne». Chi l'aveva udito asserì che costui leggeva «un capitolo che trattava d'incanti», e proferiva certe parole, come «Liga et stringi». Da queste accuse il cavaliere tentò di difendersi presentando un contesto di lettura non rituale: designò con il nome di «favole» il contenuto del libro e specificò di averlo letto soprattutto a carnevale, a mo' di scherzo. Forse, però, anche con altre finalità costui si era servito della lettura. Da una lettera del vicario di Riolunato, dove si svolse suddetta causa, all'inquisitore di Modena risulta, infatti, che il Martinelli aveva presentato un «foglio pieno di superstitioni». Il cavaliere aveva, comunque, anche con la sola voce trasformato le figure retoriche in prescrizioni rituali, sostituendo il senso della lettura al senso del testo scritto[44]. Una simile arte di trasmutazione apparteneva pure al poeta modenese Panfilo Sasso che almeno ad una donna processata per stregoneria nel 1519 aveva insegnato a «sufumigare spiritum amoris faciendo circulum». Anche l'umanista Sasso si era difeso volgendo in scherzo le accuse mossegli. Carlo Ginzburg nota che «nei suoi versi latini le descrizioni minute e precise di sortilegi, d'incanti soprattutto amorosi, ricorrono con troppa insistenza». Si tratta, però, di «descrizioni fitte di echi letterari, specialmente oraziani»[45]. Gli storici dell'arte classificherebbero questa sintesi operativa come reimpiego o riuso[46].

43 Costituto di Fivigiano Martinelli del 15 maggio 1608, ASMO, F. Inq., b. 33/9, fasc. *Contra Fivigianum de Fivigianis, seu de Martinellis a Ridilunata*, cc. nn.

44 Tra gli esempi della categoria di magico-superstizioso, che si rifanno ai *topoi* del *corpus* latino F. Orlando cita anche l'*Arcadia* del Sannazzaro. F. Orlando, *Gli oggetti desueti nelle immagini della letteratura*, Torino (Einaudi) 1993, p. 369.

45 C. Ginzburg, *Un letterato e una strega al principio del '500: Panfilo Sasso e Anastasia la Frappona*, in: «Differenze» 9 (1970), *Studi in memoria di Carlo Ascheri*, Urbino, pp. 133–134.

46 Cf. S. Settis, *Continuità, distanza, conoscenza. Tre usi dell'antico*, in: S. Settis (a cura di), Memoria dell'antico nell'arte italiana, vol. III, *Dalla tradizione all'archeologia*, Torino (Einaudi) 1986, pp. 375–486.

Ricerche come quelle di Ernst Robert Curtius[47] e di Aby Warburg ci indicano l'inutilità dell'individuazione meccanica della fonte: la lunga vita dei *topoi* o delle *Pathosformeln*[48] va letta attraverso l'intreccio dei meccanismi puramente inerziali che ne assicurano la ripetibilità, con l'impatto che ricrea, in determinate condizioni, il fenomeno della ripresa. In questo caso è come se il riuso rituale di elementi tratti da una tradizione letteraria di lunga durata riportasse in luce il potere pre-letterario del linguaggio: quello di creare le cose nominandole.

L'apparente[49] eccezionalità degli esempi trattati serve ad illuminare un modo di procedere generalizzato. Grazie ai registri del S. Uffizio è possibile non restare imprigionati in "figure della lettura" o in "rappresentazioni di pratiche", senza per questo dimenticare la mediazione della fonte, per cui si tratta sempre di pratiche rappresentate[50]. Ad esempio, tra gli opuscoli "popolari" a stampa, di poche carte e di piccolo formato, conservati nella Biblioteca Governativa di Lucca si trova una leggenda agiografica cinquecentesca in ottava rima, intitolata *La conversione di Santa Maria Maddalena*[51]. Sotto il titolo di *Oratione della Madalena* la prostituta Erminia da Bologna, dinanzi all'inquisitore di Modena, il 27 luglio 1601 recitò un testo piuttosto lungo, analogo a quello della leggenda menzionata[52]. Mentre nel primo caso abbiamo una modalità di lettura prescritta dal testo: «...ben crudo adamantin sarai lettore / e da vera pietà tanto diviso / se simil fuoco non ti scalda il cuore / e se non righi di lagrime il viso / quando haverai sol un miracol visto / di questa santa Apostola di Christo»[53]; nel secondo caso è come se assistessimo all'oralizzazione di quel testo, che Erminia, avendone la capacità, avrebbe potuto leggere, o meglio recitare all'interno di una *performance*[54]. Ma dal processo si può ricavare altro. La prostituta bolognese giocò

47 E. R. Curtius, *Europäische Literatur und lateinisches Mittelalter*, Bern (A. Francke Verlag) 1948 (trad. it. *Letteratura europea e Medio Evo latino*, Firenze [La Nuova Italia] 1992).

48 Di *Pathosformeln* ha parlato per primo Aby Warburg: si veda E. H. Gombrich, *Aby Warburg. An intellectual Biography*, London 1970.

49 In quanto dovuta ai limiti di rappresentazione e di conservazione delle fonti storiche.

50 Gli studi di R. Chartier mettono ben in evidenza e rendono operative a livello storiografico le distinzioni tra carattere rappresentativo delle fonti, realtà delle rappresentazioni e pratiche effettive. Si vedano, a titolo d'esempio, le seguenti raccolte di saggi: R. Chartier, *Figure della furfanteria. Marginalità e cultura popolare in Francia tra Cinque e Seicento*, Roma (Istituto della Enciclopedia Italiana) 1984; Id., *Letture e lettori nella Francia di Antico Regime*, Torino (Einaudi) 1988; Id., *La rappresentazione del sociale*, Torino (Bollati Boringhieri) 1989.

51 Opuscolo anonimo, privo di note tipografiche di 11 cc.

52 Costituto di Erminia da Bologna del 27 luglio 1601, ASMO, F. Inq., b. 12/III-2, fasc. *Contra Erminiam seu Sabadinam de Bononia, habitantem Mutinae, et contra Catherinam Bondesanam alias Navam, 1600*, cc. nn.

53 *La conversione di Santa Maria Maddalena*, s. n. t., c. 2v.

54 Servendosi del concetto di *performance* F. Dupont, in maniera acuta e illuminante, riformula l'opposizione oralità / scrittura, descrivendo così a partire dal contesto d'enunciazione, senza

sul fatto che si chiamavano con lo stesso nome – *orationi* – cose diverse. La recitazione dell'*oratione della Madalena* servì, infatti, ad Erminia come copertura di altre orazioni la cui circolazione era clandestina, perchè proibite: quelle di S. Marta, di S. Daniele, del Crocifisso. Raramente, infatti, nelle biblioteche si conservano orazioni recanti questi titoli. In questo caso, accanto alla cospicua presenza nella produzione devozionale della figura di S. Maria Maddalena, recuperata dalla Controriforma, si registra la quasi totale assenza, come personaggio indipendente, di S. Marta che, a partire dai titoli, compare sempre in quanto sorella della Maddalena[55].

Invece, non a caso, nelle orazioni di S. Marta censurate dagli inquisitori non solo modenesi, l'identità della santa invocata si trova costruita, talvolta in maniera esplicita, come un'anti-Marta ecclesiastica: «Bondì Marta che donn'e morte guarda, anzi non son Marta...»[56]; «Marta, Marta, a la mala digo, que no a la santa...»[57].

Ma non si tratta solo di relazioni tra miti. Lo spazio che si apre tra le due serie testuali evocate, l'una di solito stampata con l'autorizzazione ecclesiastica e conservata, l'altra circolante sotto varie forme, clandestina e, perlopiù, perduta, se non conservata negli archivi della repressione, è quello di due concetti diversi di orazione, dunque di modalità di lettura: nel primo caso essa ha un valore esemplare, per cui va letta per ristrutturare i propri sentimenti sulla base di quelli presentati come imitabili; nel secondo si tratta di un'azione, per cui la pronuncia di certe parole, senza passare attraverso l'interiorità del lettore, agisce immediatamente. L'esempio di Andrea Bergamasco mostra come chi leggeva secondo quest'ultima concezione poteva, comunque, appropriarsi degli opuscoli devozionali proposti corrodendone la struttura morale e recuperandone nuclei narrativi più antichi: calchi di lettera e di senso si possono infatti ritrovare tra le orazioni-scongiuro registrate soprattutto a partire dalla fine del cinquecento nei

ricorrere a qualificarle come ibride, diverse situazioni d'oralità. Cf. F. Dupont, *L'invention de la littérature*, Paris (Editons La Découverte) 1994.

55 Basta sfogliare qualsiasi catalogo per rendersi conto della ricorrenza di leggende, orazioni, «historie» o vite dedicate ai fratelli Maddalena, Lazzaro e Marta, oppure solo alla prima. Un esemplare a stampa dell'orazione di S. Marta, invece, ci è stato conservato, tra le biblioteche, solo da quella di Ferdinando Colombo: *Oratione de Madona Sancta Martha*, s. n. t., ante 1521, cf. A. Jacobson Schutte, *Printed Italian vernacular religious books, 1465–1550*, Genève (Librairie Droz) 1983, p. 258.

56 Costituto di Margherita Ferrari del 13 agosto 1600, ASMO, F. Inq., b. 12/I, fasc. *Contra quamplures personas*, c. 167.

57 Oltre a questa, diverse versioni spagnole e portoghesi sono riportate in appendice all'articolo di F. Delpech, «De Marthe à Marta ou les mutations d'une entité transculturelle», in: *Culturas populares diferencias, divergencias, conflictos*, Actas del Coloquio celebrado en la Casa de Velàzquez, los dias 30 de noviembre y 1–2 diciembre de 1983, Madrid 1986, pp. 81–83.

vari tribunali dell'Inquisizione ed opuscoli a stampa, spesso senza note tipografiche, dei primi anni dello stesso secolo, cioè precedenti agli editti di censura elaborati prima dall'Inquisizione spagnola e portoghese[58], poi da quella romana post-tridentina[59].

La ricezione produttiva, ricostruibile a partire da questa fonte, permette quindi una serie di confronti con diversi *corpora* di testi: le cosiddette "stampe popolari religiose" in Italia, i libretti della *Bibliothèque Bleue* in Francia, i *pliegos sueltos* in Spagna, le *broadside ballads* o *chapbooks*[60] in Inghilterra. Da una serie di confronti intrecciati possono emergere nuove configurazioni, non solo testuali, che disintegrando la fissità dei testi pubblici autorizzati, catalogati e conservati nelle biblioteche ne lasciano intravedere incrostazioni e stratificazioni fino a mettere in crisi l'identificazione di un *corpus* sulla sola base di particolari dispositivi tipografici o supporti materiali. Dunque, i criteri della finalità e modalità d'uso seguiti dagli inquisitori nel raccogliere questo tipo di enunciati, sotto forma di testi scritti con valore documentario, provocano, e insieme ricompongono, la destrutturazione evocata.

58 Cf. J. M. De Bujanda, *Index,* cit., voll. IV, V, VI.

59 Titoli di orazioni o «historiette» proibite cominciano ad apparire, riuniti in cataloghi specifici, nei primi anni del XVII secolo, all'interno di manuali per inquisitori o vicari come il citato opuscolo del Lerri e, più tardi, fra le "note aggiunte" alle varie ristampe del *Sacro Arsenale.*

60 Un confronto tra testi editi e testi inediti è possibile, nel caso inglese, a partire dall'analisi di Adam Fox, *Ballads, Libels and Popular Ridicule in Jacobean England,* in: «Past and present», n. 145, 1994, pp. 47–83.

GABRIELE RIPPL

Common Reading, Humble Writing

Zum Ineinandergreifen zweier Kulturpraktiken in frühneuzeitlichen englischen Frauenautobiographien

Einleitung

Anhand der frühneuzeitlichen autobiographischen Texte von Margaret Cavendish, der Herzogin von Newcastle, von Lady Ann Fanshawe, von Lady Anne Halkett und von Mary Rich, der Gräfin von Warwick, werde ich in meinem Beitrag das Ineinandergreifen der beiden Kulturpraktiken Lesen und Schreiben in der zweiten Hälfte des 17. Jahrhunderts bei Frauen der englischen Oberschicht (Land- und Hochadel) untersuchen. Die vier genannten Autobiographinnen wurden alle in den zwanziger Jahren des 17. Jahrhunderts geboren und durch die gesellschaftliche Umbruchsituation, die der englische Bürgerkrieg mit sich brachte, zum Schreiben ihrer autobiographischen Werke angeregt. Neben einigen autobiographischen Texten, die im Mittelalter im mystischen Kontext entstanden (etwa Margery Kempes *Book*[1]), kommt es während des Bürgerkriegs, des Interregnums und der folgenden Restaurationszeit zu einem starken Anwachsen autobiographischer Texte in England und Schottland. Dies hängt mit dem seit der Renaissance anwachsenden Geschichtsbewußtsein, dem zunehmenden Bewußtsein des Einzelnen für das eigene Selbst, der politischen Umbruchsituation in England und dem damit einhergehenden tiefgreifenden Weltbildwandel zusammen. Für die Menschen des 17. Jahrhunderts leistet die Niederschrift ihrer Lebensgeschichte Orientierungshilfe und Stabilisierung bei sich laufend verändernden Lebensverhältnissen. Der autobiographische Impuls dürfte also neben der puritanischen Selbstbefragung und der Selbstdarstellung der Höflinge vor allem im Versuch des zunehmend erschwerten Entzifferns eines Sinns im eigenen Leben sein, in Zeiten, wo alte Werte ins Schwanken gekommen sind.[2]

1 Margery Kempe, *The Book of Margery Kempe*, übers. von B.A. Windeatt, London 1985.

2 Vgl. dazu und im folgenden Gabriele Rippl, *Lebenstexte: Literarische Selbststilisierung englischer Frauen in der frühen Neuzeit*, München 1998.

Autobiographien von Frauen machen im 17. Jahrhundert etwa zehn Prozent des gesamten Textcorpus aus, wovon der Großteil von Frauen der puritanischen religiösen Splittergruppen, insbesondere von Quäkerinnen, stammt. Die religiösen autobiographischen Texte von Frauen haben seit Jahren das Interesse der angloamerikanischen Forschung auf sich gezogen, die vier genannten Autobiographinnen der Oberschicht fanden dagegen weitaus weniger Beachtung, obwohl auch ihre Texte interessante Fragen aufwerfen, etwa nach dem Verhältnis von weiblichem Selbstverständnis und gesellschaftlich sanktionierter Frauenrolle; nach den Karrieremustern und Formen der Selbststilisierung, die der Selbstrepräsentation der Frauen zugrunde liegt; nach den Schreibmotivationen der Frauen und ihren Adressaten und vor allem auch die Frage nach dem Ineinanderwirken von Lesen und Schreiben in den Texten. Als sich Margaret Cavendish, Ann Fanshawe, Anne Halkett und Mary Rich dazu entscheiden, ihr bewegtes Leben zu Papier zu bringen, befanden sie sich in einer für Frauen gänzlich neuen Situation. Sie waren Schreibende in der ersten Generation, denn außer mittelalterlichen Mystikerinnen verfaßten Frauen in England erst seit der Tudor-Stuart-Periode literarische Werke. Gerade für das Verfassen einer Autobiographie, das heißt für die weibliche Selbst- und Lebensbeschreibung, gab es für Frauen – vom mystischen Paradigma einmal abgesehen – keine normativen Vorgaben, etablierte Schreibkonventionen oder Karrieremuster, auf die sie hätten zurückgreifen können. Ich möchte im folgenden zeigen, wie die Frauen dieses Problem zu lösen versuchten.

Dabei gehe ich von zwei Hypothesen aus: 1. Die Entstehung der autobiographischen Texte der Frauen sind in einem engen Zusammenhang mit den Leseerfahrungen der Frauen zu sehen, und 2. die Autobiographien der Frauen sind stark synkretistische Texte, die verschiedene Gattungsmuster (literarische Gattungen wie dokumentarische Kleinformen) aufrufen und miteinander kombinieren.[3] Damit leisten diese Autobiographinnen einen eigenständigen Beitrag zur Entwicklung der englischen Prosaliteratur in der zweiten Hälfte des 17. Jahrhunderts. Zu den kombinierten Gattungsmustern gehört die Romanzenform genauso wie der Konversionsbericht, die res gestae und der Diplomatenbericht, das Autoporträt wie die Porträt-Tradition, die »criminal biography«, die philosophische und politisch-polemische Traktatliteratur, die Hofmannsliteratur, Familienbücher, das Memorabile sowie anglikanische und puritanisch-mystische Devotionsdiskurse. Alltäglicher Schriftgebrauch (autobiographisches Schreiben)

3 Vgl. zu diesen zwei Hypothesen Hans-Jürgen Schrader, *Literaturproduktion und Büchermarkt des radikalen Pietismus*, Göttingen 1989, der sich im deutschen Kontext mit diesen Fragestellungen auseinandergesetzt hat.

in Manuskriptform verbindet sich hier mit gedruckten literarischen Werken aristokratischer Provenienz und solchen populären Lesestoffen, die der Erziehungs- und Devotionsliteratur zuzurechnen sind.

I. *Weibliches Lesen und Schreiben im 17. Jahrhundert*

Henry S. Bennett nennt in seiner Untersuchung *English Books and Readers 1603 to 1640*[4] das 17. Jahrhundert in England ein »reading and scribbling age« und betont das thematisch breite Spektrum der veröffentlichten Bücher zu juristischen, Erziehungs-, medizinischen, astronomischen, geographischen und literarischen Themen. Die Bibel und andere erbauliche Werke machen im 17. Jahrhundert zwar noch den Großteil der Buchveröffentlichungen aus, sie werden jedoch gefolgt von Lebensberichten berühmter Männer, exotischen Reiseberichten und Geschichten aus der Volkstradition wie Balladen und »jest-books«.

Wenn der berühmte Verfasser literarischer Porträts, Thomas Overbury, 1614 in seiner Charakterisierung einer Ehefrau (»The Wife«) sagt, »Books are a part of a man's prerogative«, wie müssen wir uns dann das Leseverhalten einer Frau aus der Oberschicht vorstellen? Und ist es für eine Frau überhaupt schicklich, selbst zur Feder zu greifen? Und schließlich: Wie sieht das Verhältnis zwischen Lektüre und eigenem Schreiben bei diesen Frauen aus? Suzanne W. Hull[5] faßt die Situation wie folgt zusammen: Im 17. Jahrhundert ist viel für, jedoch wenig von Frauen geschrieben worden, das heißt, Frauen spielten als Leserinnen und Mäzeninnen in England im 17. Jahrhundert eine wichtige Rolle, nicht aber als Autorinnen. Ständig kommen im 17. Jahrhundert, wenn auch in kleiner Anzahl, Bücher auf den Markt, die sich ausschließlich an ein weibliches Publikum wenden, neben praktischen Leitfäden und Devotionstexten vor allem literarische Werke, etwa Sir Philip Sidneys *Arcadia* (1590), John Lylys *Euphues and His England* (1580) sowie Edmund Spencers *Fairie Queen* (1590). Etwa zwanzig Prozent der Übersetzungen aus dem Griechischen, Lateinischen, Spanischen und Französischen wendeten sich ebenfalls an Frauen, so beispielsweise die Thomas-Hoby-Übersetzungen von Castigliones *Cortegiano* (1561), die John-Florio-Übersetzung von Montaignes *Essays* (1603) sowie die Übersetzungen zahlreicher Romanzen. Von Anne Clifford, Gräfin von Dorset, Pembroke und Montgomery, erfahren wir aus ihren Tagebucheintragungen aus den Jahren 1617 und 1619[6],

4 Henry S. Bennett, *English Books and Readers 1603 to 1640*, Cambridge 1970.

5 Suzanne W. Hull, *Chaste, Silent and Obedient. English Books for Women 1475–1640*, San Marino 1982.

6 Anne Clifford, *Diary*, London 1923.

daß sie Sidneys *Arcadia*, Montaignes *Essays*, Spencers *Fairie Queen*, Ovids *Metamorphosen*, Chaucers *Canterbury Tales*, den Bestseller *Sandys Travells* sowie Josephus gelesen hat. Dagegen nennt ihre adlige Zeitgenossin Margaret Hoby in ihrem Tagebuch[7] hauptsächlich devotionale Werke, die sie rezipiert hat.

Anders als die Rolle der Leserin war die Autorrolle für englische Frauen des 17. Jahrhunderts aufgrund ökonomischer, sozialer und juristischer Umstände nur schwer einzunehmen. Meist waren die Schreibfunktionen von Frauen nicht ästhetische, sondern private, wie das Verfassen persönlicher Briefe, das Führen von Haushaltsbüchern und das Festhalten erbaulicher Gedanken, die die Andacht unterstützten. Schrieben und veröffentlichten Frauen dennoch ihre literarischen Texte, so entfremdeten sie sich von der eigenen Klasse und wurden als Wahnsinnige oder gefallene Frauen diffamiert, weil ihr Verhalten von den damaligen Normen weiblichen Benehmens, wie Schweigsamkeit, kein öffentliches Auftreten usw., abwich. Frauen, die im 17. Jahrhundert ihr Leben niederschreiben und sich damit an eine breitere Öffentlichkeit wenden, stehen vor dem Problem, den Rollenverstoß, den das öffentliche Auftreten und Schreiben als Frau darstellt, legitimieren zu müssen. Sie müssen den Konflikt zwischen sozialer Rolle und individueller Persönlichkeit, zwischen Selbstverleugnung und Selbstbehauptung aushalten. In den Texten schlägt sich dieser Konflikt in oszillierenden Selbstkonstruktionen sowie zahlreichen Apologiegesten und Legitimationsstrategien nieder. Es wird betont, daß nicht das eigene Leben den Anlaß für das Verfassen der Autobiographie lieferte, sondern der Wunsch, Familiengeschichte festzuhalten und zur Erziehung und Erbauung der Kinder beizutragen. Zuweilen wird auch der weibliche Schreibdilettantismus hervorgehoben. Bei unseren vier Autobiographinnen lassen sich sehr unterschiedliche Schreibfunktionen ausmachen: Während Ann Fanshawe hauptsächlich aus familiär-genealogischen Gründen schreibt, hat Anne Halkett ihren autobiographischen Text als apologetische Schrift verfaßt, bei Mary Rich spielen religiöse Gründe eine Rolle, und Margaret Cavendish macht dem Leser deutlich, daß sie durch ihre Texte bei der Nachwelt Ruhm erlangen will.

7 Margaret Hoby, *Diary*, London 1930.

II. *Das Ineinandergreifen von Lesen und Schreiben*

Meine These ist nun, daß in autobiographischen Texten Ich-Inszenierungen und Ich-Stilisierungen nach kulturellen und literarischen Modellen vollzogen werden, die man sich gerade auch durch das Lesen von Büchern unterschiedlicher Provenienz angeeignet hat.[8] Das verschriftlichte Selbst ist – so läßt sich etwas zugespitzt formulieren – ein belesenes Selbst, ist Produkt bestimmter Diskurse, was sich an puritanischen Bekehrungsberichten ebenso wie an weltlichen Autobiographien des 17. Jahrhunderts zeigen läßt.

Im Umfeld der Puritaner und ihrer Aufrichtigkeitskultur kommt es zur Herausbildung literarischer Formen wie den »conduct books«, den Seelentagebüchern, der Predigtliteratur, Anleitungen zum gottgefälligen Leben und den »spiritual autobiographies« oder »conversion narratives«. Zahlreiche spirituelle Autobiographien und Seelentagebücher sind ihrerseits schon das Produkt von bestimmten Lektüren und rekurrieren neben der Bibel vor allem auch auf Manuale, die die Herstellung religiöser Texte regelten. Aber auch das Exemplum, die Heiligenvita, die Romanze, die Novella sowie literarische Formen aus der Volkstradition wie Märchen und Balladenform finden Eingang in die puritanischen Lebensberichte.

Auch die gelebten wie literarischen Ich-Inszenierungen der Höflinge, die der »Verhaltenslehre der Kälte«[9] folgen, beruhen auf der genauen Lektüre von Verhaltensmanualen, die den Höfling in der höfischen Wettbewerbsgesellschaft möglichst optimal operieren lassen. Solche Manuale stellen Castigliones *Hofmann* (1528) und Graciáns *Handorakel* (1647) dar. Castigliones *Hofmann* erscheint 1561 in der englischen Übersetzung von Thomas Hoby, die sehr erfolgreich ist. Auch in den autobiographischen Texten der Frauen aus der Oberschicht läßt sich der Einfluß des *Hofmanns* nachweisen, wenn die Autobiographinnen ihre Ehemänner, Väter oder Brüder nach dem Muster des idealen Hofmanns und »uomo universalis« charakterisieren. Neben diesen höfischen Verhaltensmanualen haben auch spezifisch an Frauen gerichtete Verhaltensmanuale, etwa Luis Vives *Instruction of a Christen Woman* (1558), Richard Brathwaites *The English Gentlewoman* (1630) oder Anthony Staffords *The Female Glory* (1635), um nur einige wenige zu nennen, den Autobiographinnen Modelle geliefert, die sowohl ihr Selbstverständnis im Leben als auch ihre Selbstdarstellung in den autobiographischen Texten regelten. Wie nun Lesen und Schreiben bei den vier Frauen der Oberschicht im einzelnen ineinandergriffen, möchte ich im folgenden darlegen.

8 Vgl. dazu Hans-Georg Pott, *Literarische Bildung. Zur Geschichte der Individualität*, München 1995.

9 Helmut Lethen, *Verhaltenslehren der Kälte*, Frankfurt am Main 1994.

III. *Margaret Cavendish*

Margaret Cavendish, die Herzogin von Newcastle, war eine der kontroversesten und berüchtigtsten englischen Frauen des 17. Jahrhunderts. Ihre Vorliebe für theatralische Auftritte, ihre exzentrische Kleidung, ihr affektiertes Verhalten, ihre Annexion des männlich-höfischen Verhaltensmodells der Renaissance und das Veröffentlichen ihrer Bücher ließen ihren Zeitgenossen, den Diaristen Samuel Pepys, die Herzogin »Mad Madge of Newcastle« nennen.

Cavendish verfaßte und veröffentlichte zahlreiche wissenschaftliche und literarische Werke, darunter ihren autobiographischen Text *A True Relation of My Birth, Breeding and Life* von 1656[10], in dem sie dem Leser ein oszillierendes Selbst präsentiert: auf der einen Seite mutig, selbstbewußt und nach Ruhm strebend, auf der anderen Seite zurückhaltend und schüchtern. Diese Ambivalenz ergibt sich jedoch nicht aus der psychologischen Ambivalenz weiblicher Identität, sondern aus dem Verhaltensmodell der Kälte, auf das sich Cavendish bezieht. In der von ihr verwendeten Doppelstrategie, ihr Selbst einmal als unabhängiges, vorgeschriebene Rollen und Verhaltensmodelle transzendierendes zu präsentieren und dann immer wieder die eigene Schüchternheit zu betonen, findet man die rhetorischen Operationen der »simulatio« und »dissimulatio« wieder, wie sie die Verhaltenslehre der Kälte propagiert. Wie Cortegianos *Hofmann* geht es auch Cavendish um die beste Manipulation des Zuschauers und Lesers, und dazu wechselt sie gemäß den Anforderungen der jeweiligen Situation geschickt die Rolle. Cavendishs *True Relation* dient der öffentlichen Selbststilisierung zur Autorin und der Apologie des weiblichen Schreibens, das es Cavendish ermöglichen soll, Ruhm zu erlangen. So betont sie am Ende ihres Textes: »[...] but I hope my readers will not think me vain for writing my life, as Cesar, Ovid, and many more, both men and women, and I know no reason I may not do it as well as they [...].«[11]

Eine wichtige Apologiegeste für Cavendishs weibliches Schreiben ist die von ihr betonte eigene Schüchternheit, die ich als rhetorische Strategie und Pendant zum männlichen Renaissance-Ideal der Bescheidenheit verstehe, denn sie deckt sich nicht mit dem Selbstbild, das die Autobiographin im obigen Zitat entwirft, wo sie sich mit Ovid und Caesar vergleicht. Eine andere Apologiestrategie ist das Herabsetzen des weiblichen Schreibens: »I cannot be expected I should write so wisely or wittily as men, being of the effeminate sex, whose brains nature hath

10 In: Margaret Cavendish, *The Life of the Thrice Noble, High and Puissant Prince William Cavendish, Duke, Marquis, and Earl of Newcastle*, Kent 1814, S. 265–310.

11 Ebd., S. 309.

mix'd with the coldest and softest elements.«[12] oder: »[…] he [William Cavendish] recreates himself with his pen, writing what his wit dictates to him, but I pass my time rather with scribbling than writing, with words than wit […].«[13]

Im Verfassen der *True Relation* feiert Cavendish ihre eigene Individualität und Einzigartigkeit, indem sie sich unter Rückgriff auf die »uomo universale«- und die »virtuoso«-Tradition, wie sie von Alberti formuliert wurde, zur geniehaften Dichterin stilisiert. Dies ist für eine Frau des 17. Jahrhunderts erstaunlich und erklärt Cavendishs Aktivitäten auf allen möglichen naturphilosophischen wie literarischen Gebieten. Gerade weil Cavendish lange Zeit am Hof gelebt hat, spielen die Renaissance-Traditionen der Selbstinszenierung, wie sie von Cortegiano und Gracián beschrieben wurden, eine wichtige Rolle.

Aber Cavendishs Text wurde nicht nur von der Höflingsliteratur der Renaissance nachhaltig beeinflußt, sondern er antwortet auch auf die Verhaltensmanuale für Frauen der Stuart-Zeit und auf die polemische Literatur gegen die Puritaner. Das zeigt sich an der Beschreibung ihrer Mutter und Geschwister. Die Mutter beispielsweise setzt Cavendish geschickt als Trope des eigenen Selbstverständnisses ein und kann sich so das Stuartsche Frauenideal zunutze machen. Damit gekoppelt ist eine (zuweilen verdeckte) royalistische Polemik gegen die Sektierer, die, wenn schon nicht dem heutigen Leser, so doch ihren Zeitgenossen sofort ins Auge gesprungen sein muß:

> »[…] my mother […] died, having lived a widow many years, for she never forgot my father so as to marry again; indeed, he remained so lively to her memory, and her grief was so lasting, as she never mentioned his name, though she spoke often of him, but love and grief caused tears to flow, and tender sighs to rise, mourning in sad complaints; she made her house her cloister, enclosing herself, as it were therein, for she seldom went abroad, unless to church; but these unhappy wars forced her out, by reason she and her children were loyal to the King; for which they plundered her and my brothers of all their goods […].«[14]

Die Eckpfeiler des Frauenbilds der Stuart-Zeit tauchen hier alle auf: die Loyalität der Witwe dem verstorbenen Gatten gegenüber, der Rückzug in die Privatheit, die der Mutter die religiösen Attribute eines heiligen Lebens zuschreiben (cloister, church). Aber dieses Porträt hat keine private Funktion, sondern geht ganz in seiner öffentlichen und politischen Funktion auf, die darin besteht, zu zeigen, wie sehr das Handeln der Parlamentarier gegen die althergebrachte »natürliche

12 Margaret Cavendish, *The World's Olio*, »Preface to the Reader«, London 1655.

13 Cavendish (wie Anm. 10), S. 298.

14 Ebd., S. 282.

Ordnung« verstößt, indem es die Mutter aus ihrem Heim, und das meint ihrer Klosterzelle, vertreibt (»these unhappy wars forced her out«), die Frau also aus dem privat-persönlichen Bereich in den öffentlich-politischen Bereich zwingt.

Weitere Attribute des Frauen-Ideals der Stuart-Zeit sind aufgerufen, wenn Cavendish ihre Mutter als schöne, fleißige, geduldige Frau charakterisiert, wobei die Attribute an manchen Stellen die Mutter zur Heiligen stilisieren. Die royalistische Polemik ist in der folgenden Textstelle explizit und bissig formuliert:

> »[...] in such misfortunes [Sequestration, G. R.] my mother was of an heroic spirit, in suffering patiently where there is no remedy, or to be industrious where she thought she could help: She was of a grave behaviour, and had such a majestic grandeur, as it were continually hung about her, that it would strike a kind of awe to the beholders, and command respect from the rudest; I mean the rudest of civiliz'd people, I mean not such barbarous people as plundered her, and used her cruelly, for they would have pulled God out of heaven, had they had power, as they did royalty out of his throne: also her beauty was beyond the ruin of time, for she had a well favoured loveliness on her face, a pleasing sweetness in her countenance, and a well tempered complexion [...].«[15]

Das Lob auf die Mutter wird im weiteren Textverlauf in eine Beschreibung ihrer Kinder überführt, die wiederum dazu dient, eine Ordnung der Welt aufzuzeigen, die Cavendish als natürliche betrachtet:

> »[...] also she was an affectionate mother, breeding her children with a most industrious care, and tender love, and having eight children, three sons and five daughters, there was not any one crooked, or any ways deformed, neither were they dwarfish, or of a giant-like stature, but every ways proportionable; likewise well featured, cleer complexions, brown haires, but some lighter than others, sound teeth, sweet breaths, plain speeches, tuneable voices, I mean not so much to sing as in speaking, as not stuttering, nor wharling in the throat, or speaking through the nose, or hoarsly, unless they had a cold, or squeakingly, which impediments many have: neither were their voices of too low a strain, or too high, but their notes and works were tuneable and timely [...].«[16]

Diese detaillierte Beschreibung der Lucas-Kinder wird nur dann verständlich, wenn man die ihr eingeschriebene beißende Kritik an den Puritanern erkennt. Ihnen wurde nämlich nachgesagt, daß sie näselten, sich aufgrund falsch verstandener Rhetorikvorstellungen bei Vorträgen räusperten und husteten, einen seltsamen Körperwuchs hätten, die Augen verdrehten, kurz »scheinheilige Heilige«

15 Ebd., S. 282–283.
16 Ebd., S. 283–284.

seien.[17] Davon grenzt Cavendish sich und ihre Familie ab: Ihr Reden ist nicht gewollt, sondern aufrichtig (»plain speeches«), das wohlgeformte Äußere und die melodischen Stimmen belegen die für sie rechtmäßig-natürliche Ordnung (Royalisten, »civilized people«, Anglikanismus, Frieden und Prosperität), die die Parlamentarier (»barbarous people«, Puritanismus, »unnatural wars«) zerstört haben.

Margaret Cavendish greift also auf verschiedene Schreibtraditionen der Renaissance wie der Porträt- und »character«-Tradition, der polemischen Pamphlettradition und philosophische Disputationen zurück, letzteres zeigt sich am anti-ramistischen, langatmigen, ciceronischen Stil, den Cavendish favorisiert. Bei der Strukturanalyse von *A True Relation* wird deutlich, daß der zweite Teil eine statische Bestandsaufnahme des Ich darstellt. Der Text mäandert und folgt keinem linear-narrativen Schema mehr. Seine disparaten Themen, die in einer assoziativen Syntax präsentiert werden, gehorchen zentrifugalen semantischen Kräften. Die Heterogenität der Diskursform, die thematische Diskontinuität, die strukturelle Digressivität und die nicht-chronologische Verfahrensweise weisen den Text als Autoporträt der Renaissance in der Tradition Montaignes und Cardanos aus, und dies leitet über zur Autobiographie von Anne Fanshawe, die in der gleichen Schreibtradition steht.

IV. *Ann Fanshawe*

Ann Fanshawe war die Frau des Diplomaten Richard Fanshawe, den sie zunächst auf seinen Reisen begleitete, bevor er 1663 englischer Botschafter für Spanien und Portugal wurde, an deren Höfen die Fanshawes lebten. Ihre 1676 niedergeschriebenen Lebenserinnerungen[18] sind allem Anschein nach ein überarbeitetes Familien- oder Tagebuch, denn der Text enthält oft exakte Daten, Listen von Reisebegleitern und erhaltenen Geschenken, die Ann Fanshawe unmöglich erinnert haben kann. Ihr Text steht in der langen Tradition von Erziehungsliteratur sowie von Familiengeschichten und Familienbüchern, die zunächst für einen Leserkreis, der sich aus Familienmitgliedern zusammensetzt, verfaßt wurden. Hatte Margaret Cavendish ihr autobiographisches Ich als ein rollentranszendentes präsentiert, so inszeniert sich Ann Fanshawe gerade als ideale Ehefrau und bestätigt somit die Frauenrolle der Stuart-Zeit.

17 Heimo Ertl, *Die scheinheiligen Heiligen*, Frankfurt am Main 1977, S. 71–107.

18 Ann, Lady Fanshawe, »The Memoirs of Ann, Lady Fanshawe«, in: John Loftis (Hg.), *The Memoirs of Anne, Lady Halkett and Ann, Lady Fanshawe*, Oxford 1979, S. 101–192.

Wie Cavendishs *True Relation*, so hinterfragen auch Fanshawes *Memoirs* unser heutiges Gattungssystem. Der Text hat verschiedene Funktionen und steht in verschiedenen literarischen und dokumentarischen Traditionen. Diese differenten literarischen und dokumentarischen Schreibweisen, die die *Memoirs* kombinieren, führen zu seiner thematischen wie strukturellen Heterogenität: Den Eindruck eines geschlossenen Textes und einheitlichen Ichs vermittelt der Text nicht.

Da Fanshawe keine klassisch-rhetorische Bildung erhalten hatte und als Frau aus den damaligen Bildungsinstitutionen ausgeschlossen war, stellt sich die Frage, wie sie mit den verschiedenen Schreibtraditionen in Berührung kam. Das geschah durch Lektüre, wobei ihr Mann wohl eine wichtige Vermittlerinstanz war. Ohne normative Vorgaben für autobiographisches Schreiben kombinierte Fanshawe die verschiedenen in aristokratischen Kreisen favorisierten Schreibtraditionen wie Romanze und Heldengedicht, vor allem aber den Diplomatenbericht und das Hofprotokoll. Mit seinen seitenlangen Beschreibungen der Geschehnisse am spanischen und portugiesischen Hof und dem akribischen Verzeichnen erhaltener Geschenke steht Fanshawes Lebensbericht auch Diplomatenberichten nahe, die dazu dienen, zu Hause in England Rechenschaft über die Missionen des Diplomaten Richard Fanshawe abzulegen und diesen zum idealen Hofmann zu stilisieren, dessen Weltgewandtheit, Klugheit, Ehrenhaftigkeit und Loyalität dem eigenen Herrscher gegenüber bestechen:

> »The 14th, the chieff ministers met my husband, in order to his returne home for England, and expressed a great trouble to part from him. They from the King presented my husband with 12000 crowns in gold plate, with many compliments and favours from the King, whom my husband waited on the next day to receive His Majestie's commands for his master in England. After giving His Majesty many thanks for the many honours he had received from His Majesty, the greatest of which he esteemed His Majesty's kind acception of his servise, then he thanked His Majesty for his present, saying that he wished His Majesty's bounteous kindness to him might not prejudice His Majesty in this example by the next coming embassador. To which His Majesty replyd, ›I am sure it can not, for I shall never have such an other embassador.‹ Then my husband took his leave, performing all those ceremonies with the same persons and coaches as he made his entry. […]
>
> On the 23 of August, 1663, we, accompanyed with many persons of all sorts, went on board the King of England's fregate, called the Reserve, commanded by Captaine Holmes; where, so soone as I was on Boord, the Conde de Casell-Melhor sent me a very great and noble present, a part of which was the finest case of waters that ever I did see, being made of Brasill wood garnished with silver; the bottles of cristall garnished with the same and filled with rich amber water.«[19]

19 Ebd., S. 149–150.

Neben Diplomatenbericht und Hofprotokoll spielten auch die Devotions-, die Erbauungs- und die Erziehungsliteratur, die Sentenz- und Maximenliteratur, die Exemplumliteratur, die Biographietradition, die »portraits« und »characters«, die Romanze, die Bibel, die ars moriendi, das Memorabile, Familienbücher sowie Kaufmanns- und Reiseberichte eine wichtige Rolle. Wichtig sind für Fanshawes autobiographischen Text sicherlich auch Montaignes *Essays*[20], die Michel Beaujour in seiner Untersuchung *Miroirs d'encre*[21] als ein Autoporträt definierte. Wie bei Cavendish, so bestimmt die Tradition des Autoporträts bei Fanshawe die Struktur ihrer *Memoirs*, und auch die Tatsache, daß Fanshawe die eigene Lebensgeschichte über den Umweg einer anderen Person erzählt, nämlich ihres Mannes, hat ihr Pendant in Montaignes *Essays*, die den Umweg über den verstorbenen Freund Etienne de la Boëtie gehen.[22]

V. *Anne Halkett*

Anne Halketts Lebenserinnerungen[23] stammen aus den Jahren 1677/78. Die komplexe Satzstruktur, der Aufbau des Textes und die häufigen Reflexionen auf den Akt des Schreibens selbst zeugen von einem hohen Grad an Fiktionalität und Stilisiertheit. Sie weisen Halkett als begabte Autorin aus, für die Schreiben ein vertrautes Medium der Selbstdarstellung ist. Im Unterschied zu anderen autobiographischen Texten ihrer Zeit, die oft eine bloße Aneinanderreihung im Chronik-Stil leisten, findet man bei Halkett neben einer chronologischen Vorgehensweise Vor- und Rückblenden (»wie ich noch berichten werde« und »wie ich schon berichtet habe«), und sie teilt der Leserin und dem Leser ihr eigenes Befinden beim Verfassen der Autobiographie (also dreißig Jahre nach den im Text beschriebenen Ereignissen) mit, so daß man insgesamt von einem aus-

20 Michel de Montaigne, *The Essays*, The Tudor Translations, New York 1967.

21 Michel Beaujour, *Miroirs d'encre*, Paris 1980.

22 Der Einfluß Montaignes zeigt sich aber auch inhaltlich, und zwar dort, wo Fanshawe ihre Liebe zu ihrem Mann beschreibt: »Glory be to God we never had but one mind through out our lives, our soules were wrapped up in each other, our aims and designs one, our loves one, and our resentments one. We so studied one the other that we knew each other's mind by our looks; what ever was reall happiness, God gave it me in him.« Bei Montaigne findet man in Bezug auf den verstorbenen Freund Ausdrücke wie »this indissoluble union« und »[...] I (know) not what kinde of quintessence, of all this commixture, which having seized all my will, induced the same to plunge and lose it selfe in his, which likewise having seized all his will, brought it to lose and plunge it selfe in mine, with a mutuall greedinesse [...].« (Vgl. den Essay »Of Friendship« [wie Anm. 20], S. 202–203). Auch ihre Sprachen der Trauer weisen Parallelen auf.

23 Anne, Lady Halkett, »The Memoirs of Anne Halkett«, in: Loftis (Hg.) (wie Anm. 18), S. 2–87.

geprägten Gefühl für Zeit- und Geschichtlichkeit sprechen kann. Halketts Autobiographie-Fragment teilt sich in drei größere Teile auf, nämlich in die drei Liebesgeschichten, in die sie ihr Leben faßt. Die drei Episoden werden nacheinander erzählt, die zweite und dritte überschneiden sich jedoch teilweise. Mit dem zentralen Thema der Liebe und den zahlreichen Digressionen, die ihren Text auszeichnen, ruft Halkett das damals außerordentlich beliebte Romanzenschema auf, das sie allerdings durch die Multiplikation der Liebesgeschichte und die Einführung einer politisch-historischen Ebene ganz wesentlich modifiziert. Heroische Romanzen, insbesondere solche französischer Herkunft, etwa von Madelaine de Scudéry oder von Gautier de Coste de la Calprenède, wurden gerade auch von einem weiblichen Publikum gelesen (z. B. von Dorothy Osborne), und es waren auch Frauen in England, die sich die Romanzenform für ihr eigenes Schreiben zunutze machten.[24] In Halketts autobiographischem Text entspricht aber nicht nur das zentrale Thema und die Struktur einer Romanze, sondern auch weitere Register der Romanze werden gezogen, etwa die Inszenierung heimlicher Liebe, die Treueschwüre, die Trennung der Liebenden ebenso wie die »stock characters« der verfolgten Unschuld und des Intriganten. An der von Halkett in ihren Lebensbericht eingebauten Geschichte über den intriganten Pastor Mr Nicolls läßt sich darüber hinaus der Einfluß einer weiteren Gattung, nämlich der im späteren 17. Jahrhundert populären »criminal biography«, aufzeigen.

VI. *Mary Rich*

Mein letztes Beispiel ist Mary Rich, die Gräfin von Warwick, deren puritanischer Glaube den Anstoß für das Verfassen ihrer Lebensgeschichte gegeben hat. Ihre Selbstbeobachtung und »Selbstverschriftlichung« geschieht in doppelter Form: zum einen in der Autobiographie, zum anderen im Tagebuch. Richs in den frühen siebziger Jahren des 17. Jahrhunderts entstandener autobiographischer Text[25] unterscheidet sich von den bislang vorgestellten dadurch, daß er – nachdem die erste Texthälfte der Romanzenform gefolgt war – in der zweiten Hälfte stark religiöse Züge annimmt. Denn mit ihrer Heirat mit Charles Rich kommt

24 Etwa Anna Weamy in ihrer *Continuation of the Countess of Pembroke's Arcadia*, Lady Mary Wroth in ihrer *Urania* und Mary Carleton in ihrem autobiographischen Bericht *The Case of Mary Carleton*. Ein Beispiel für einen Mann, der die Romanzenform für das Verfassen seines Lebens verwendet, ist Sir Kenelm Digby in seinen *Loose Fantasies*.

25 Mary Rich, Countess of Warwick, »Some Specialities in the Life of M. Warwicke«, in: T. Crofton Croker (Hg.), *Autobiography of Mary Countess of Warwick*, London 1848.

Mary in eine streng puritanische Familie, und aus der jungen Frau, die die Vergnügnungen der Gesellschaft gewohnt war, wird eine überzeugte Gläubige, die auch nach ihrem Tod für ihre Frömmigkeit und Nächstenliebe berühmt bleibt.

Die zweite Texthälfte trägt folglich die typischen Merkmale eines Bekehrungsberichtes und folgt einer religiösen Schreibkonvention[26]: Am Anfang lebt die Seele in moralischer und spiritueller Blindheit, dann kommt es zur Erfahrung des »calling« oder »awakening«, dem das »rebirth«-Erlebnis folgt: »About the twenty-first year of my age (1646), God was pleased, by the powerful means I had constantly in that good family I was in, to awaken me to consider how necessary it was seriously to consider a future state; and I did then begin to think of being in earnest for my salvation, and made some promises to God of a new life.«[27] Auf das Erlebnis des »rebirth« folgen dann neue Zweifel: »But these good resolutions I kept no longer than I had no temptation to break them.«[28] Rich folgt in ihrem Text anderen Konversionsberichten und Anleitungen für das Verfassen puritanischer Lebensberichte, so daß die Mentalitätshistorikerin Sara Heller Mendelson im Zusammenhang mit Mary Rich von einer regelrechten »Devotionskultur« spricht.[29]

Dies verdeutlicht auch das Tagebuch von Mary Rich, das sie in den Jahren 1666–1678 geführt hat.[30] Bei Puritanern war es gängige Praxis, Tagebuch zu schreiben, was der Buchhaltung in Sachen Erwähltheit sowie der Steigerung der spirituellen Disziplin dient. Mary Rich kann folglich bei ihrer Tagebuchführung nicht nur auf die genannte hundertjährige Tagebuch-Tradition zurückblicken, die ihr ein Modell zur Introspektion liefert, sondern auch auf weibliche Vorgängerinnen wie Margaret Hoby und Anne Clifford. Die einzelnen Einträge sind bei Rich – und nicht nur bei ihr – monoton und mit ihren Gebeten, Meditationen und der Beschreibung der frommen Lektüre und Praktiken fast austauschbar. Der total ritualisierte Tagesablauf Richs sowie die schriftliche Übertragung in ihr Tagebuch entsprechen bis ins Detail den Anleitungsschriften zur Herstellung von Tagebüchern, etwa John Beadles *The Journal or Diary of a Thankful Christian* von 1656, das Beadle selbst Richs Schwiegereltern gewidmet hat. Neben der puritanischen Erbauungsliteratur, den religiösen Tagebüchern und Autobiographien sowie zentralen religiösen Klassikern wie Augustins *Bekenntnissen* haben

26 Allerdings, darauf hat die Forschung in Zusammenhang mit John Bunyans religiöser Allegorie *The Pilgrim's Progress* hingewiesen, besteht ein enger Zusammenhang zwischen Romanzenliteratur, biblischer Metaphorik und puritanischem Schrifttum, etwa der Traktatliteratur.

27 Rich (wie Anm. 25), S. 17.

28 Ebd.

29 Sara Heller Mendelson, *The Mental World of Stuart Women*, Brighton 1987.

30 Mary Rich, *Diary of Mary Rich, Countess of Warwick*, British Library, Additional Mss. 27351–5.

zudem mystische Texte Spuren in Richs Tagebuch hinterlassen. Direkte intertextuelle Bezüge zwischen Richs Tagebuch und Texten der affektiven Mystik lassen sich kaum aufzeigen, aber die gemeinsamen Topoi, wie die der Brautmystik, Jesu-Kind-Vorstellungen, das Interesse an der Passion Christi, das von eigenen Schreien begleitet wird, die detaillierten Beschreibungen von Krankheiten sowie sexuell konnotierte Beschreibungen der Liebe Gottes (»I had large meditations of the sufferings of Christ, and of the greatness of his love, which did much affect my heart. I had also passionate pantings and breathings after communion with Christ in the sacrament, which were very delightful to me [...].«, 25.12.1667) sind unübersehbar. Mary Rich thematisiert in ihrem Tagebuch, daß sie, wie auch andere Puritaner, ihre Werke, vor allem das Tagebuch und die Meditationen, wiederholt liest. Inwiefern das Schreiben und Wiederlesen der eigenen Werke und die Lektüre anderer religiöser Werke Gnadenerlebnisse intensivieren und vielleicht allererst herbeizwingen, das religiöse Gnadenerlebnis also Ergebnis eines Lektüre- und Schreibprozesses ist, machen folgende Tagebuch-Einträge deutlich:

> »In the morning, as soon as up, I retired, and it being just a twelvemonth since I kept a Diary, I read over what I did in that year, which whilst I was doing, God was pleased much to affect my heart, and to make me shed many tears at the consideration of the sweet refreshing hours God had given me in that year, for every one of which as I read I did heartily bless God; and as I read I did also beg his pardon for all the sins I had there set down: when I had done so and considered how many ill days I had for one good one, I was much ashamed and troubled, and did heartily beg God's free forgiveness of the sins of that year.« (26.7.1667, Add. Mss. 27351)

> »It pleased God this morning, by reading the Life of pious Mrs. Smith, (wherein she had set down the sweet enjoyment she had had of God one day, which made her, as she said, think she was rather in heaven than upon earth) in an extraordinary manner to make me beg a clearer discovery of his love to my soul, than ever yet I had had. My heart did pant and breathe after God, and I did follow hard after a lively sense of love.« (9.8.1671, Add. Mss. 27352)

VII. *Schluß*

Ich hoffe, gezeigt zu haben, wie sehr die Selbstinszenierungen der Frauen in ihren autobiographischen Texten an den durch die Literatur vorgegebenen Verhaltensmustern und Rollen ausgerichtet ist.

Als Titel für diesen Beitrag habe ich »Common Reading, Humble Writing« gewählt. Nun stellt sich die Frage, wieso, denn die Frauen haben weder zur einfachsten Lektüre gegriffen, noch weisen sie das bescheidenste Schreiben auf.

Aus folgenden zwei Gründen wurde der Titel gewählt: Erstens soll er die »sexual/textual politics« des 17. Jahrhunderts betonen, die sich an den Selbstaussagen der Autobiographinnen ablesen lassen, in deren Texten sich neben anderen Legitimationsgesten für das nicht verhaltenskonforme weibliche Schreiben (etwa die Dienlichkeit für die Familiengeschichte oder die Erziehung und Erbauung der Kinder) gerade die Betonung des dilettantischen eigenen Schreibens ausmachen läßt. Zweitens verweist der Titel auf die Tatsache, daß diese Frauen der Oberschicht in der Tat aufgrund ihrer Erziehung, die zwar Lesen und Schreiben umschloß, aber weibliche Fertigkeiten wie Handarbeiten, das Spielen von Musikinstrumenten, Tanz und Französischsprechen betonte, von bestimmten literarischen Traditionen, die einer klassischen Bildung bedurft hätten, ausgeschlossen waren. Trotzdem tragen die vorgestellten Autobiographinnen gerade aufgrund ihres Ausschlusses aus den Bildungsinstitutionen ihrer Zeit und durch ihr »experimentelles« Kombinieren und Synkretisieren unterschiedlichster Diskurse zur Entwicklung eines neuen Prosastils am Ende des 17. Jahrhunderts bei.

JÜRGEN BEYER

George Reichard und Laurentius Matthæi

*Schulmeister, Küster, Verfasser, Buchhändler und Verleger im letzten Jahrzehnt des Dreißigjährigen Krieges**

Dieser Aufsatz behandelt die Textproduktion zweier Schulmeister. Obwohl sie nicht zu den humanistisch Gebildeten zählten, hatten sie an der Buchkultur nicht nur rezipierend Anteil wie die Mehrheit der Bevölkerung. Ohne dafür ausgebildet zu sein, verfaßten sie zahlreiche Schriften und ließen sie drucken. Dabei beriefen sie sich auf Visionen und einen göttlichen Befehl, diese zu verbreiten.

In den älteren Arbeiten zum Unterschied zwischen der sogenannten Volkskultur und der sogenannten Elitekultur wurden die dazwischenliegenden Schichten gern übersehen. Dadurch verlor man auch eine Reihe von volkssprachlichen Verfassern aus dem Auge, die wenig oder kein Latein beherrschten und die ihr Brot als Lehrer, Bauern, Handwerker oder Kaufleute verdienten. Dasselbe gilt für Kopisten, die sich durch Schreibarbeiten aller Art ernährten. Gerade diese Gruppe von Verfassern ist jedoch wichtig als Beispiel für die Popularisierung von in der Schriftkultur kursierenden Ideen und Erzählstoffen –

* Mein Dank gilt Heiko Droste (Hamburg), der mir fast alle hier zitierten handschriftlichen Quellen aus schwedischen Sammlungen erschloß und wertvolle Hinweise gab, und Bálint Keserű (Szegedin), der mich auf wichtige Stellen in der Permeier'schen Korrespondenz hinwies, deren Edition er vorbereitet, und der mir einen Mikrofilm der Handschriften aus der Bibliothek der Francke'schen Stiftungen in Halle (BFS) lieh. Danken möchte ich auch den folgenden Archiven und Bibliotheken, die mir ihre Bestände zur Verfügung stellten und Auskünfte erteilten, dem Archiv der Hansestadt Lübeck (AHL), der British Library in London (BL), der Bibliothek der Estnischen Akademie der Wissenschaften in Reval (EAW), den königlichen Bibliotheken in Kopenhagen (KBK) und Stockholm (KBS), dem Landesarchiv in Schleswig (LAS), der Bibliothek der Polnischen Akademie der Wissenschaften (PAW) und dem Staatsarchiv in Danzig (SAD), den Reichsarchiven in Kopenhagen (RAK) und Stockholm (RAS), der Universitätsbibliothek Uppsala (UUB), der Württembergischen Landesbibliothek in Stuttgart (WLB) und dem Schloß Skokloster in Schweden. Vom Stadtarchiv Reval (StAR) wurden vor allem die Teile des Ratsarchivs benutzt, die sich auch im sogenannten Kopienarchiv Reval befinden (jetzt im Marburger Herder-Institut). Aus dort fehlenden Bänden der Ratsprotokolle schickte mir der Leiter des StAR, Urmas Oolup, freundlicherweise Kopien.

sowohl durch ihre Schriften als auch durch die Weitergabe der Lesefrüchte in ihrer persönlichen Umgebung.[1]

Der erste Teil dieses Artikels stellt George Reichard, seine Texte, seine Art, zu schreiben und zu lesen, vor. Der zweite Teil beschäftigt sich mit seinem Partner Laurentius Matthæi und dem Vertrieb der Texte. Die Quellen zu diesem Fall lassen erkennen, wie die beiden Schulmeister mit den Medien Buch, Handschrift und mündliche Kommunikation umgingen und sie miteinander verbanden.

I.

Im Jahre 1637 erschien eine Flugschrift mit folgendem Titel: »Vnterschiedliche sehr Nachdenckliche VISIONES Vnd Offenbahrungen / welche biß anhero Georgio Reicharten / Schulmeistern oder KirchenDienern zu Seehausen / ein Meilweges von Leiptzig / durch den Geist des HERREN sind gezeiget [...] worden [...]«.

Sie beginnt: »ALs ich George Reicharth meiner Geburt vom Altenberge 4. Meilweges von Dreßden vnd 3. Meilen von Pirna / an jtzo vor sechs Jahren / In Röm. Käys. Mayestet Krieges=Volcks Feindlichen Einfällen vnd Plünderungen / nicht allein vmb alle mein Haab / Gut / Bergwerck / Weib vnd Kinder kommen / sondern auch hernacher gefenglichen mit hinweg genommen / vnd dahero ins Exilium wandern vnd ziehen müssen. Bin ich entlich auff gutherztiger vornehmer vom Adel intercession vnd Vorbitte zum Schul= vnd Kirchendienstlein nacher Seehausen befördert worden / vnd im Nahmen Gottes dahin gezogen an Johannis Baptistæ des 1635. Jahres. Nach deme aber die heilige hochgelobte Dreyfaltigkeit / mir armen vngelehrten Menschen hiervber noch einen höhern / schwerern vnd grössern Dienst aufferleget / vnd mir bißanhero Wunderliche VISIONES oder Gesichter / durch seinen mir zum öfftern zugesendeten Geist fürstellen lassen / welcher etzliche ich dem Ehr vnd Lobwürdigen Consistorio zu Leipzig zum theil Schrifftlichen vbergeben / auch nach gehaltenen Examine Mündlichen Bericht gethan / Nemblichen wie daß mir der Geist des HERRN allezeit [...] erscheinet / [...] mir erstlichen den Frieden des HERRN [wüntschet] / [...] mir darauff [zeiget] wie es Chur Sachsen vnd andern Landen noch ergehen wird / wie in folgenden Gedruckten / So wol auch in den Einhundert vnd mehr geschriebenen Visionibus (welche mir etzliche vornehme / Hoch vnd Wolgelahrte Geistl= vnd Weltliches StandesPersonen beydes zu Leipzig / Wittenberg / Eülenberg / Brandiß / Seehausen vnd andern Orthen

1 Vgl. Rudolf Schenda, *Von Mund zu Ohr. Bausteine zu einer Kulturgeschichte volkstümlichen Erzählens in Europa*, Göttingen 1993.

mehr / aus meinem Munde haben hören Dictiren, vnd mit grosser Begierde nachgeschrieben) mit mehrern zu lesen / vnd wer dieselben begehret zu sehen / an bemelten Orthen darnach fragen kan. Wo aber guthertzige Leute weren / so mich begehren zu sehen / vnd Beliebung tragen mit meiner wenigen Person selbsten zu reden [...] / die sollen mich geliebts Gott hinführo in der Stadt *[Lücke]* erfragen / vnd in meinem Losament [Wohnung] antreffen / *[Lücke]* Denn weil ich nunmehro am 25. Tage des Monats Martij diß 1637. Jahres von den Chur=Sachsen Lande gäntzlichen bin abgewiesen worden / demselben nichts mehr zu verkündigen [...] / weil an den Einhundert Visionibus die Menschen mehr als zu viel Zornstraffen Gottes zuersehen / vnd (wo sie nicht noch in Zeit der Gnaden werden vmbkehren vnd rechtschaffene wahre Busse thun) mehr als zu viel mit höchsten Schaden erfahren werden. So bin ich nunmehro gewiesen an die grossen vornehmen Reichs=See=Handel vnd Hanse Städte / denen selbigen auch durch den Geist des HERRN eine zeitlang anzukündigen [...] was mir schon absonderlichen von einer oder der andern Stadt durch den Geist des HERREN ist [...] gezeiget [...] vnd anbefohlen worden / jhnen Schrifftlichen zu vbergeben [...]«.[2]

George Reichard[3] stammte also aus der Bergbaustadt Altenberg im Erzgebirge. Dort besaß er offenbar ein Zinnbergwerk. Nach dem Einfall der kaiserlichen Truppen 1631 mußte er die Stadt verlassen. Er wurde gefangengenommen und verlor Frau und Kinder sowie seinen Besitz. Wo er sich die nächsten

2 G. R., *1. Teil*, 1637, S. 3–5. Der Übersichtlichkeit halber werden Reichards gedruckte Schriften gesammelt in Anhang II aufgeführt.

3 Die Schreibung des Namens schwankt. Auf den Titelblättern der Drucke ist die häufigste Form *Reichart*, die anderen Formen sind *Reichard*, *Reichardt*, *Reichardus* und *Reicharth*. Im folgenden verwende ich trotzdem die Schreibung *Reichard*, weil sie in Nachschlagewerken allgemein üblich ist (Johannes Moller, *CIMBRIA LITERATA [...]*, 3 Bde., Kopenhagen 1744, Bd. 2, S. 690–691; Christian Gottlieb Jöcher, *Allgemeines Gelehrten=LEXICON [...]*, 4 Bde., Leipzig 1750–51, Bd. 3, Sp. 1976; Johann Christoph Adelung / Heinrich Wilhelm Rotermund, *Fortsetzung und Ergänzungen zu [...] Jöchers allgemeinen Gelehrten=Lexico [...]*, Bd. 6, Bremen 1819, Sp. 1606; *Allgemeine Deutsche Biographie*, Bd. 27, Leipzig 1888, S. 622 [(Julius August) Wagenmann]; Will-Erich Peuckert, »Propheten, deutsche«, in: *Handwörterbuch des deutschen Aberglaubens*, Bd. 9, 2, Berlin 1941, Sp. 66–100, hier Sp. 89–92; vgl. auch Petrus Svenonis Lidenius, *ORATIO PANEGYRICA, quâ Examinatur Quinta Pars, sive Cento VISIONUM G. REICHARDI* [...] Die 7. Julij Anno 1647. habita in Acroaterio Synodali Acropolis Revaliensis, Dorpat [1647]; Gottfried Arnold [1700], *Unpartheyische Kirchen= und Ketzer=Historie [...]*, Bd. 2, Frankfurt am Main 1729, S. 236–237 [III, 23, § 16–19]; Christoph Meißner, *Umständliche Nachricht von der [...] Zien=Berg=Stadt Altenberg [...]*, Dresden / Leipzig 1747, S. 409–414; [Johann Christoph Adelung,] *Geschichte der menschlichen Narrheit [...]*, Bd. 5, Leipzig 1787, S. 105–121; Will-Erich Peuckert, »Deutsche Volkspropheten«, in: *Zeitschrift für die alttestamentliche Wissenschaft*, N. F. 12 [1935], S. 35–54). Die Schreibung des Vornamens auf den Titelblättern wechselt zwischen *George*, *Geörge* und *Georgius*; in den Texten selbst tauchen auch *Geörg*, *Görg* und *Gürge* auf.

Jahre als Exulant aufhielt, ist nicht bekannt. Am 24. Juni 1635 erhielt er eine Stelle als Schulmeister und Küster in Seehausen bei Leipzig. Am 25. März 1637 verließ er nicht Kursachsen, wie man den zitierten Text vielleicht verstehen könnte, sondern er begann nur, seine Aufmerksamkeit anderen Landstrichen zuzuwenden.

Reichard muß später wieder geheiratet haben, denn er erwähnt gelegentlich seine Frau Magdalena und seine kleinen Kinder.[4] Fast alles, was über Reichard bekannt ist, beruht auf seinen eigenen Schriften.[5]

In der Flugschrift von 1637 wird die Stadt nicht genannt, in der Reichard zu treffen sei, sondern es findet sich eine Lücke im Text. Vielleicht gibt es Exemplare des Druckes, wo handschriftlich ein Name eingefügt ist. Es ist möglich, daß Reichard eine andere Bleibe suchte, und deshalb die Lücke offen ließ. In der zweiten Auflage der Flugschrift, jetzt »Erster Theil Etzlicher sehr nachdencklicher VISIONEN Vnd Offenbahrungen« genannt und 1638 erschienen, gibt es keine Lücke mehr. Nun heißt es gedruckt, man könne Reichard »im Dorff Rösa erfragen«.[6] Rösa liegt auch in Kursachsen, ungefähr 25 Kilometer nördlich von Seehausen, etwas östlich von Bitterfeld. Auch hier war er Schulmeister und Küster. Die neue Stelle war besser dotiert als die alte.[7] Zu seinen Aufgaben gehörte nicht nur der Schulunterricht und das Glockenläuten, sondern auch das Mitwirken am Gottesdienst durch »laute[s] Singen / Lesen vnd Betstunde halten«.[8] Über seine Tätigkeit als Lehrer schweigt sich Reichard nahezu vollständig aus.[9]

Offensichtlich hatte er nicht vor, in Rösa zu bleiben. Es heißt in der zweiten Auflage, man könne ihn »im Dorff Rösa erfragen / vnd in meinem Losament antreffen biß ich künfftig werde zu Hamburg zu erfragen seyn.«[10] Aus dem Umzug nach Hamburg ist jedoch nie etwas geworden. Später behauptete Reichard, daß eine von Gott gesandte Krankheit ihn 1637 an der Reise nach Hamburg gehindert habe.[11] In den folgenden Jahren mußte er manchmal für längere Zeit sein Dorf verlassen, um sich vor den durchziehenden Truppen in Sicherheit zu

4 G. R., 2. *Teil*, 1638, f. D1r (visio 22); G. R., *3. Teil*, 1638, f.):():(1r (visio 48), C1r (visio 62); C2v (visio 66); G. R., *4. Teil*, 1639, f. K2r (visio 96); G. R., *Zwei schöne wahrhaftige Visiones*, 1639, f. B2v.

5 Laut Roland Haase, *Das Problem des Chiliasmus und der Dreißigjährige Krieg* (Diss. Leipzig), Leipzig 1933, S. 75–76, Anm. 30, geben die Kirchenbücher für Seehausen keine Auskunft über Reichard.

6 G. R., *1. Teil*, 1638, f. A2r.

7 G. R., *3. Teil*, 1638, f.):():(2v (visio 50).

8 G. R., *Zwei schöne wahrhaftige Visiones*, 1639, f. B2v.

9 Vgl. jedoch G. R., *3. Teil*, 1638, f. B2v (visio 61).

10 G. R., *1. Teil*, 1638, f. A2r.

11 G. R., *5. Teil*, 1645, f. $A_1$4v, S. 38–40 (visio 12); vgl. auch G. R., *Zorn- und Gnadenspiegel*, 1638, f. A2v und folgende.

bringen. Am 29. September 1643 schließlich zog er mit Frau und Kindern von Rösa ins anhaltische Dessau.[12] Ob er dort eine neue Stelle erhalten hat, ist nicht bekannt. Die letzte Nachricht über Reichards Leben stammt vom 28. April 1647. Damals lebte er zur Miete mit seiner Frau, vier Kindern (das älteste zehn Jahre alt) und einer Magd[13] in der Stadt Aken, 15 Kilometer westlich von Dessau, aber auf magdeburgischem Gebiet. Er klagt, daß es ihm an Einkommen mangele.[14] Über Reichards Tod ist nichts bekannt.[15]

Im Jahre 1638 erschienen ein zweiter und ein dritter Teil seiner Visionen, im folgenden Jahr noch ein vierter. Gleichzeitig wurden die früheren Teile wieder aufgelegt. In den Jahren 1637 bis 1641 erschienen mindestens vom ersten Teil fünf, vom zweiten Teil drei, vom dritten Teil auch drei und vom vierten Teil zwei Auflagen. Manche Nachdrucke sind neu gesetzt, bei anderen ist nur die Jahreszahl auf dem Titelblatt ausgetauscht. Gelegentlich gibt es auch inhaltliche Abweichungen (Änderungen, Auslassungen und Ergänzungen).[16] Alle Auflagen haben Quartformat und sind zwischen vier und elf Bogen stark. Die Numerierung der Visionen endet mit der Zahl 100. Sie gibt offenbar die Zahl der Visionen in der ursprünglich verbreiteten handschriftlichen Fassung an.[17] Die Visionen sind alle datiert und bis auf wenige Ausnahmen in chronologischer Ordnung abgedruckt. Sie erstrecken sich über den Zeitraum vom 30. September 1635 bis zum 25. März 1637, das heißt, beim Erscheinen des ersten Teils hatten alle in den vier Teilen enthaltenen Visionen schon stattgefunden. Manche Nummern

12 G. R., 5. *Teil*, 1645, S. 129 (n° 66), 131 (visio 67). Seine Aufenthaltsorte lassen sich auch den Datierungen vieler Briefe und Visionen entnehmen, doch scheinen einige Angaben fehlerhaft zu sein.

13 Über seinen Umzug 1643 schreibt er, »bin selb 8 in Dessaw eingegangen«, das heißt, damals befand sich noch eine weitere Person in seinem Haushalt (G. R., 5. *Teil*, S. 135 [n° 71]). Wenn 1647 das älteste Kind zehn Jahre alt war, müssen die in Visionen aus dem Jahr 1636 (s. Anm. 4) erwähnten Kinder in der Zwischenzeit gestorben sein oder das Haus verlassen haben. Am 3. 3. 1637 war eines von Reichards Kindern »todtkranck« (G. R., *4. Teil*, 1639, f. K2r [visio 96]).

14 Reichard an Gyllenhielm, 28. 4. 1647 (Ms. – zu den Fundorten handschriftlicher Briefe s. Anhang I).

15 Alethophilus [Wolf Freiherr von Metternich], *Sendschreiben an Herrn M. R. O. Von unterschiedlichen [...] Neuen Propheten und Prophezeyungen / Worinnen [...] von [...] Theophrasti Paracelsi, Isaac Bickerstafs, Emanuel Philippi Paris, Georgii Reichardi und Nicolai Drabicii Vaticiniis [...] ausführlicher Bericht geschiehet*, Köln 1712, S. 37, behauptet, Reichard sei »in größter Armuth gestorben«, doch nennt er keine Quelle. Aus fehlenden Nachrichten kann man nicht unbedingt schließen, daß Reichard wenig später starb. Für 1647 hatte er große Veränderungen vorausgesagt. Wenn er die Nichterfüllung seiner Weissagungen erlebt haben sollte, wird es ihm auf jeden Fall schwergefallen sein, Abnehmer für weitere Visionen zu finden.

16 Vgl. z. B. G. R., *4. Teil*, 1639, f. [A2]v–A4v (visio 76), mit G. R., *4. Teil*, 1640, f. A2r und folgende (visio 76); außerdem fehlen bei vielen der Nachdrucke nach 1639 die Marginalien.

17 Nicht jede Nummer gibt nur ein Gesicht wieder; so berichten die 7. und die 98. Vision jeweils von zwei Gesichten (G. R., *1. Teil*, 1637, S. 33–36; G. R., *4. Teil*, 1639, f. K2r und folgende).

fehlen; oft wird das damit begründet, daß sie nur Botschaften für Privatpersonen enthielten.[18] Andere Visionen sind gekürzt und häufig mit dem Hinweis versehen: »wie im [sic] geschriebenen Exemplarien mit mehrern zu lesen.«[19] Gelegentlich sagt Reichard, bestimmte Teile der Visionen dürfe er nicht drucken, »sondern nur an grosse Potentaten vnd Herrn [...] schreiben / vnd jhnen solches [...] zusenden.«[20] Wir haben es also mit kräftig redigierten Druckfassungen zu tun.

Zusätzlich erschienen in den Jahren 1638 und 1639 mehrere kleinere Flugschriften in Quart, deren Umfang in der Regel einen Bogen nicht übersteigt. Auch hier gab es mehrere Nachdrucke, die bis 1643 erschienen. 1645 erschien noch ein fünfter Teil der Visionen,[21] der im folgenden Jahr ein zweites Mal aufgelegt wurde.

Ein sechster Teil wird in der älteren Literatur zwar zitiert, doch scheinen die genannten Exemplare heute verloren zu sein.[22] Insgesamt soll Reichard bis Januar 1647 mehr als 700 Visionen gehabt haben,[23] von denen aber nicht einmal die Hälfte gedruckt wurde. Von der größeren Hälfte, den handschriftlichen Visionen, konnten bisher keine Exemplare gefunden werden.[24] Von Reichard sind fast ausschließlich Prosatexte bekannt.[25]

18 G. R., 2. *Teil,* 1638, f. [B]3r (visio 8–17), D4r (visio 26), F1r (visio 36–39); G. R., *4. Teil,* 1639, f. A2r.

19 G. R., 2. *Teil,* 1638, f. E2v (visio 28–29); G. R., *3. Teil,* 1638, f.):(4v und folgende (visio 46–47), C4v (visio 68), D1r (visio 69), F1r (visio 75); vgl. auch G. R., *4. Teil,* 1639, f. A2r.

20 G. R., *3. Teil,* 1638, f. D3v (visio 71); vgl. auch G. R., *4. Teil,* 1639, f. A2r; G. R., *5. Teil,* 1645, S. 27, 33 (visio 7) et passim.

21 Der 5. *Teil* unterscheidet sich von Reichards anderen Schriften dadurch, daß er nicht nur Visionen, sondern auch ausgewählte Briefe Reichards (oder Auszüge daraus), vor allem an Matthæi, enthält. Die Numerierung der Texte ist fortlaufend; die Briefe sind nicht mit »visio«, sondern mit »numero« überschrieben.

22 Lidenius (wie Anm. 3), f. B1v, B4r; Paulus Einhorn, *Außführlicher Warhafftiger Bericht / Was sich zwischen den Pastoren der Teutschen Gemeine zu Mytaw / als nemblich PAULUM Einhorn / Churländischen Superintendenten, vnd seinen Collegam, IOHANNEM ADOLPHI, eines / vnd LAURENTIUM MATTHÆUM, GEORG Reichards amanuensem oder Copiisten / andern Theils / daselbst zur Mytaw den* $\frac{29}{19}$ *vnd folgend den* $\frac{30}{20}$ *Aprilis Anno 1646. begeben [...],* Lübeck 1649, f. A3r und folgende, B2v und folgende, B4v–C4r; Alethophilus (wie Anm. 15), S. 33–38; Eduard Winkelmann, *Bibliotheca Livoniæ historica [...],* Berlin ²1878, Nr. 5747; Paul Hohenemser, *Flugschriftensammlung »Discursus politici« des Johann Maximilian Zum Jungen,* Frankfurt am Main 1930, S. 239; Peuckert (wie Anm. 3), Sp. 91–92.

23 Matthæi an die 3. Ordnung, 12. 1. 1647 (Ms.), S. 129.

24 Die in UUB: Ms. K 38 enthaltene schwedische Übersetzung gibt einige Visionen des *1.* bis *4. Teils* wieder. Die Marginalien deuten die Visionen auf die Feldzüge Karls XII. *(Extract angående de yttersta tiderna af Georg Richard [sic] uppenbarelser [...]).* In einem undatierten, aber wahrscheinlich in den 1670er Jahren angefertigten Handschriftenverzeichnis der Gottorfer Bibliothek werden »Georg Richards [sic] Visiones« aufgeführt (Specificatio Librorum Manuscriptorum qui in Bibliotheca Gottorp. asservantur [RAK, Arkivvæsenets arkiv –1963, Tillæg Arkivregistraturer,

Fast alle Drucke tragen eine Jahreszahl (die aber nicht unbedingt richtig sein muß), doch nennt keiner einen (realen) Drucker oder Verleger und nur wenige einen Druckort, vor allem »Hall« (Halle/Saale), selten Berlin[26] oder Nordhausen[27] – womöglich alle fingiert. Da dies den Vorschriften für Impressen widersprach, kann man daraus schließen, daß Reichards Schriften keinem Zensor vorgelegt wurden.[28]

Was waren das für Visionen? Manchmal werden die Umstände der Vision genauer beschrieben, aber oft werden Reichard nur durch einen von Gott gesandten Geist verschiedene Dinge gezeigt, die danach oder in einer späteren Vision erklärt werden.

Man kann die Visionen in zwei Gruppen einteilen. Die größere Gruppe besteht aus Gesichten, in denen Reichard vor allem Armeen, Schlachten und Zerstörungen von Städten sieht, außerdem tauchen allegorische Figuren wie Löwen, Lindwürmer, Pferde und Schafe auf, ja selbst wandelnde und sprechende Bäume. In den Randbemerkungen wird oft erklärt, durch welche Kriegsereignisse die Visionen bestätigt worden seien. Dadurch wirkten die Voraussagen im ganzen glaubwürdiger. Die noch nicht eingetroffenen Weissagungen enthielten wichtige Informationen über die Kriegsläufte, die in diesen Jahren den Zeitgenossen immer zielloser erscheinen mußten.[29]

Nr. 19B: Designationer og andre sager vedr. fællesarkivet på Gottorp, Teil II (, 2)], Nr. 397; vgl. auch Moller [wie Anm. 3], Bd. 2, S. 691). Vielleicht ist diese Handschrift mit »Laur. Matthaei Visiones« identisch, die in einem Handschriftenkatalog aus dem Jahr 1707 verzeichnet sind (Emil Steffenhagen, »Die Gottorfer Bibliothek«, in: *Zeitschrift der Gesellschaft für Schleswig-Holstein-Lauenburgische Geschichte* 14 [1884], S. 3–40, hier S. 34, Nr. 267). Schon 1734/35 bzw. 1749 lassen sich diese Titel nicht mehr nachweisen (vgl. die Verzeichnisse in: KBK: KB's arkiv, E 29; E 32; E 34; E 35, f. 122v und folgende), und sie scheinen deshalb nicht mit dem Rest der Bibliothek nach Kopenhagen gekommen zu sein. Zur Gottorfer Bibliothek vgl. Dieter Lohmeier, »Die Gottorfer Bibliothek«, in: Heinz Spielmann / Jan Drees / Uta Kuhl (Hgg.), *Gottorf im Glanz des Barock. Kunst und Kultur am Schleswiger Hof 1544–1713 […]*, Bd. 1, Schleswig 1997, S. 324–347, bes. S. 326; Harald Ilsøe, *Det kgl. Bibliotek i støbeskeen. Studier og samlinger til bestandens historie indtil ca. 1780*, Kopenhagen 1999, S. 405–434.

25 G. R., *Engel-Sieg*, 1639, besteht – abgesehen vom Titelblatt – nur aus drei Seiten Versen. In anderen Schriften finden sich manchmal einige gereimte Zeilen.

26 G. R., *4. Teil*, 1640.

27 G. R., *1. Teil*, 1637; G. R., *5. Teil*, 1645 (2. Teil: *Ein schöner Aug=Apffel*).

28 Vgl. Hans-Jürgen Schrader, *Literaturproduktion und Büchermarkt des radikalen Pietismus […]*, Göttingen 1989, S. 117.

29 Reichards Schriften fanden auch noch Leser nach dem Westfälischen Frieden, vgl. Anm. 24 und Johann Amos Comenius (Lissa) an Samuel Hartlib, 9. 9. 1654, in: Jan Kvačala (Hg.): *Korrespondence Jana Amosa Komenského*, Prag 1898, S. 189–193, hier S. 192. Anfang des 18. Jahrhunderts erschien offenbar noch ein Auszug aus Reichards Prophezeiungen, vgl. Alethophilus (wie Anm. 15), S. 33: »Der Extract etlicher merckwürdiger Prophezeyungen Georgii Reichardi und Nicolai Drabicii, bestehet wol nur aus einen [sic] halben Bogen«.

Uns sollen hier die einzelnen Weissagungen und der Grad ihrer Genauigkeit nicht interessieren. Es ist jedoch festzuhalten, daß in den Jahrzehnten vor Reichards Auftreten zahllose politische Prophezeiungen dieser Art in preiswerten Druckschriften veröffentlicht wurden. Häufig wird dabei keine göttliche Offenbarung als Quelle der Weissagung angegeben, sondern es heißt einfach, dieses oder jenes werde geschehen. Doch gibt es auch Fälle, bei denen einer Person von einem Engel verschiedene Kriegshandlungen und allegorische Bilder gezeigt werden wie bei Reichard.[30]

Eine kleinere Gruppe von Reichards Visionen enthält Botschaften für einzelne Städte; so lautet z. B. die 43. Vision: »Vber die Stadt Leipzig. DEn 27. Julij / Ist mir G. R. erschienen Ein Gesichte / vnd hat zu mir gesagt [...] / du solt nach Leipzig gehen / vnd dem Rahte drinnen anmelden. Das GOtt dem HErren Eckelt die grosse Blutschande vnd Hurerey / so in der Stadt getrieben wird. Item / das die Hoffarth so gar gemein wird / vnd vberhand nimpt [...]. Derohalben sol der Rath drey vnterschiedliche mahl offentlich es lassen vffm Marckte außruffen / vnd den übermässigen Schmuck lassen verbieten / oder jhnen gar lassen abnehmen. Vnd sie selbst sollen gute Achtung drauff haben / vnd sollen die Hurer / die Ehebrecher vnd Blutschänder / deßgleichen auch die Flücher vnd GottesLästerer ernstlichen bestraffen / Wo diß geschicht so wil GOtt der HErr diesem Volck gnedig seyn: Wo es aber nicht geschicht [/] so sol der Rath selbsten hie zeitlich vnd dort ewiglich gestrafft werden. Vnd der Geist deß HERRN sprach zu mir: Verflucht seyst du / wenn du diß verschweigest [...] Fürs Andere sage ich dir / gehe hin (wenn du nach Leipzig kömmest) zu deinem Superintendenten[31] / vnd sage jhme also: Dieweil sein Hertz eines guten Zuversicht ist / den Geist des HErren (durch dich) gerne hören zu reden / vnd denselben nicht willens ist (wie die andern etzliche) zuverwerffen / So befiehle du jhme / daß er seine [...] Collegen ermahne / das sie die Bethstunden noch fleissig halten sollen / vnd das jhrige mit Ernst zuverrichten / wie es vergangen in der FastenZeit geschehen ist. Denn die hohen Häupter können sonst nichts außrichten mit jhrer Macht vnd Kriegsvolcke / wenn sies nicht bey GOtt dem HErrn durch ein Andächtiges Inbrünstiges Gebet erhalten. Solches sollen sie jhnen lassen ein Ernst seyn / vnd nicht für böse auff vnd annehmen (von dir)

30 Vgl. z. B. *Eine grawsame vnd erschreckliche alte Prophezei oder VISION Vber Teutsch=Land [...]* [hg. v. J. Schr:], o. O. 1639. Es handelt sich hier um eine Prophezeiung, die einem Wilhelm de Fries zugeschrieben wurde. In der zweiten Hälfte des 16. Jahrhunderts erschien sie in mehreren Auflagen, vgl. *Verzeichnis der im deutschen Sprachbereich erschienenen Drucke des XVI. Jahrhunderts*, Bd. 7, Stuttgart 1986, Nr. F 2835–2846.

31 Johannes Höpner, 1602–1645 (Jöcher [wie Anm. 3], Bd. 2, Sp. 1644–1645); vgl. G. R., *4. Teil*, 1639, f. B4v (visio 78); G. R., *5. Teil*, 1645, S. 109–110 (n° 52).

sondern für Gut. Nun der HERR sey mit dir vnd jhnen / jtzt vnd allezeit Amen.«[32]

Hier macht Reichard die wichtige Einschränkung, daß die Strafe von der Stadt abgewendet werden könne, falls die Bewohner sich bekehrten und Buße täten. Mit ähnlichen konditionalen Prophezeiungen mit Bußaufruf traten zwischen etwa 1550 und 1700 mehr als 300 lutherische Laien auf.[33] Berichte darüber wurden als Flugblätter oder Flugschriften in Prosa oder in Versen vertrieben und von den Kanzeln gepredigt. Außerdem verbreiteten sich die Nachrichten natürlich als Gerüchte, auch wenn das in den Quellen nicht immer leicht zu fassen ist. Reichards Botschaft in dieser Vision ist durchaus traditionell und deckt sich mit den typischen Bußpredigten der Pastoren. Deshalb gab es auch noch zu seinen Zeiten viele Pastoren wie den Leipziger Superintendenten, die solche Visionäre unterstützten. Wie andere Buße predigende Laien betont Reichard, daß er keine neue Lehre bringen wolle, sondern sich an die lutherische Auslegung der Bibel halte. Zwar kritisiert er die pharisäischen Pastoren, besonders die, die seinen Visionen nicht glauben, doch ein viel größerer Greuel sind ihm die »Papisten, Calvinisten / vnd all[e] andere[n] falschen Rotten vnd Secten«.[34] Reichard zählt als schlimme Sünden auf: außerehelicher Geschlechtsverkehr, Hoffart (hier vor allem als Putzsucht aufgefaßt), Fluchen und außerdem Blutschande (was relativ selten bei lutherischen Visionären vorkommt). Der Rat wird aufgefordert, seinen Pflichten als christliche Obrigkeit gerecht zu werden, und die Pastoren sollen mit ihren Mitteln versuchen, dem Unwesen Herr zu werden, nämlich mit Betstunden. Bußtage und Betstunden fanden regelmäßig statt, wurden aber darüber hinaus auch von der weltlichen Obrigkeit in Krisenzeiten angeordnet. Ein »Andächtiges Inbrünstiges Gebet« der gesamten Gemeinde galt als besonders wirkungsvoll.[35]

Auch wenn Reichard in der älteren Literatur oft als »Schwärmer« abgetan wird, ist festzuhalten, daß er weiterhin zur Beichte und zum Abendmahl ging, die

32 G. R., 2. *Teil,* 1638, f. G2r.

33 Jürgen Beyer, »Lutherische Propheten in Deutschland und Skandinavien im 16. und 17. Jahrhundert. Entstehung und Ausbreitung eines Kulturmusters zwischen Mündlichkeit und Schriftlichkeit«, in: Robert Bohn (Hg.), *Europa in Scandinavia. Kulturelle und soziale Dialoge in der frühen Neuzeit,* Frankfurt am Main 1994, S. 35–55; ders., »Lutheran Popular Prophets in the Sixteenth and Seventeenth Centuries. The Performance of Untrained Speakers«, in: *Arv* 51 (1995), S. 63–86; ders., »A Lübeck Prophet in Local and Lutheran Context«, in: Bob Scribner / Trevor Johnson (Hgg.), *Popular Religion in Germany and Central Europe, 1400–1800,* Basingstoke / London 1996, S. 166–182, 264–272.

34 G. R., *Zwei schöne wahrhaftige Visiones,* 1639, f. A3v; ähnlich G. R., *Visiones über Hansestädte,* Halle 1638, f. A4r; G. R., 5. *Teil,* 1645, f. $A_2$1v (visio 1).

35 Beyer, *Lübeck Prophet* (wie Anm. 33), S. 176–177.

Institution Kirche nicht in Frage stellte, mit mehreren Pastoren engen Kontakt hatte und von einigen Geistlichen unterstützt wurde.[36]

Von den meisten lutherischen Visionären unterscheidet er sich in vier wichtigen Punkten. Der eine ist, wie schon erwähnt, daß er auch politische Prophezeiungen und Weissagungen über Kriegsereignisse verbreitete. Der andere Punkt ist, daß er nicht nur *ein* Gesicht sah, sondern über viele Jahre hinweg ständig Visionen hatte. Drittens entwickelte er sich im Lauf seiner Karriere von einem kirchlich gesinnten zu einem spiritualistisch orientierten Lutheraner. Außerdem wandte er sich nicht einfach an seinen Pastor und bat ihn, die Botschaft des Engels bekannt zu machen, sondern sorgte selbst für die Niederschrift und den Druck.

Dieses, die Abfassung und der Vertrieb von Reichards Schriften, soll uns im folgenden vor allem beschäftigen. Im Rahmen dieses Bandes braucht das eschatologische, chiliastische und spiritualistische Umfeld seiner Prophezeiungen nicht weiter behandelt zu werden, auch wenn vergleichbare Propheten wie Christoph Kotter, Christina Poniatowska und Nicolaus Drabicius und ihre Verbindungen zu Johann Amos Comenius eine eingehendere Untersuchung wert wären.[37] Ein weiterer Prophet, auf den aus Platzgründen hier nicht näher eingegangen werden kann, war Johann Werner, ein Bauer aus Meißen, der sich Warner nannte. Er ließ wie Reichard zahllose Visionen drucken und stand mit ihm auch in Verbindung,[38] doch schloß Werner sich fest den schwedischen Truppen an und avancierte zum »Schwedischen Feld-Propheten«.[39]

36 Hierauf hat schon Meißner (wie Anm. 3), S. 410–413, hingewiesen, doch gibt es hierzu nur Reichards eigene Worte als Quelle; vgl. G. R., *4. Teil,* 1639, f. E3r und folgende (visio 81); G. R., *5. Teil,* 1645, S. 41–42 (n° 14), 54 (n° 24).

37 Vgl. Haase (wie Anm. 5); Nicolette Mout, »Chiliastic Prophecy and Revolt in the Habsburg Monarchy During the Seventeenth Century«, in: Michael Wilks (Hg.), *Prophecy and Eschatology,* Oxford 1994, S. 93–109; Hans-Joachim Müller, »Kriegserfahrung, Prophetie und Weltfriedenskonzepte während des Dreißigjährigen Krieges«, in: *Jahrbuch für Historische Friedensforschung* 6 (1997), S. 26–47.

38 G. R., *4. Teil,* 1639, f. E4r (visio 83); G. R., *5. Teil,* 1645, S. [95]=f. B4r (visio [44]), 124 [recte 118] (n° 58), 156 (visio 86); G. R., *5. Teil,* 1646, S. 106 (visio 48) (in der Ausg. 1645, S. 106, stehen nur die Initialen); vgl. auch Reichard an Gyllenhielm, 9. 2. 1647 (Ms.). Werner behauptet übrigens, daß er es gewesen sei, der Reichard »vmb Martini« 1635 berufen habe, bevor er selbst Sachsen verlassen habe (Johann Warner [Werner], *[S]elbsteigene Beschreibung etzlicher VISIONEN [...],* o. O. [o. Dr.] 1638, S. 45–46), doch will Reichard schon seit dem 30. 9. 1635 Visionen gehabt haben (G. R., *1. Teil,* 1637, S. 6–18). Reichard erwähnt nirgends eine Berufung durch Werner.

39 Vgl. *Unpartheyische CENSUR [...] vber Herrn IOANNIS HEINRICI BISTERFELDII [...] Explication [...],* o. O. (o. Dr.) 1644, f. E4v (Zitat); Haase (wie Anm. 5), S. 70–77; Johan Nordström, »Lejonet från Norden«, in: ders., *De yverbornes ö. Sextonhundratalsstudier,* Stockholm 1934, S. 7–51, 157–180, hier S. 168 f.; ders., »Den svenske fältprofeten. En bortglömd gestalt från

Was las Reichard? Die Benutzung des Buches der Bücher läßt sich gar nicht übersehen. Auf vielen Titelblättern seiner Drucke stehen am linken, rechten, oberen und unteren Rand Bibelverse, die davon sprechen, daß Gott nach Belieben seinen Erwählten Gesichte zeigen könne und daß die Menschen Buße tun sollten. Reichards Texte sind oft mit Marginalien versehen, die auf Bibelstellen hinweisen. Reichard zitiert auch Luthers Glossen zum Bibeltext.[40] Alles deutet darauf hin, daß er die ganze Bibel las und gut kannte. Das unterscheidet ihn von der Durchschnittsbevölkerung. Für die Zeit des Dreißigjährigen Krieges kann man die Bibel noch kaum als ein »Volksbuch« bezeichnen. Preiswerte Ausgaben wurden erst in größerem Stil von den Pietisten hergestellt. Zu Reichards Zeiten kannten die meisten Lutheraner von der Bibel vor allem die Perikopen, das heißt die Abschnitte, die im Laufe des Kirchenjahrs im Gottesdienst als Predigttexte vorgelesen wurden. Das Vorlesen gehörte übrigens zu Reichards Aufgaben als Küster. Da jeder Sonntag seine festen Texte hatte, lernten die Kirchgänger zentrale Teile der Bibel mehr oder weniger auswendig. Außerdem waren Psalmen bekannt, die auch als Kirchenlieder gesungen wurden.[41]

Weitere Hinweise auf Reichards Lektüre sind eher spärlich. Er weist an einer Stelle darauf hin, daß er in seiner Jugend aus Luthers (Kleinem) Katechismus gelernt habe.[42] Außerdem kannte er »D. M. Luthers Gesang Büchelein«.[43] Gelegentlich werden Flugschriften erwähnt.[44] Reichard verweist auch auf die »Geistreichen Prophetischen Weissagungen«, die sich an vielen Stellen in der Jenaer Ausgabe von Luthers Werken fänden,[45] doch kannte er die Worte wahrscheinlich nur indirekt aus Zitatensammlungen.[46] Außerdem scheint er einen

30-åriga krigets dagar«, in: *Göteborgs handels- och sjöfarts-tidning,* 7. und 9. 3. 1936; Heinrich Bornkamm, »Werner, Johannes«, in: *Die Religion in Geschichte und Gegenwart,* Bd. 6, Tübingen ^{3}1962, Sp. 1643–1644; Pentti Laasonen, »Die Anfänge des Chiliasmus im Norden«, in: *Pietismus und Neuzeit* 19 (1993), S. 19–45, hier S. 25, 31.

40 G. R., *3. Teil,* 1638, f. [A2v]; vgl. auch G. R., *2. Teil,* 1638, f. B1r.

41 Vgl. Hilding Pleijel (1941), »Bibeln i svenskt fromhetsliv«, in: ders. / Bror Olsson / Sigfrid Svensson, *Våra äldsta folkböcker,* Lund 1967, S. 9–51, bes. S. 13–15, 31–32; Beyer, *Lutherische Propheten* (wie Anm. 33), S. 48.

42 G. R., *2. Teil,* 1638, f. B2r; vgl. Hilding Pleijel (1942), »Katekesen som svensk folkbok«, in: ders. et al. (wie Anm. 41), S. 53–109.

43 G. R., *4. Teil,* 1639, f. D4r (visio 80).

44 G. R., *3. Teil,* 1638, f. [A1v] f.; cf. auch *Visiones über Hansestädte,* Halle 1638, f. A4v.

45 G. R., *3. Teil,* 1638, f. [A2v].

46 Vgl. die Angaben zu Sammlungen mit Luthers Prophezeiungen bei R[obert] W. Scribner (1986), »Luther Myth. A Popular Historiography of the Reformer«, in: ders., *Popular Culture and Popular Movements in Reformation Germany,* London / Ronceverte 1987, S. 301–322, hier S. 310–313; ders. (1986), »Incombustible Luther. The Image of the Reformer in Early Modern Germany«, ebd., S. 323–353, hier S. 348–349.

guten Teil der theologischen Streitschriften über den Wert von Visionen gekannt zu haben[47] sowie die Schriften des Spiritualisten Adolph Helt.[48]

Diese Auswahl überrascht nicht. Viele am Zeitgeschehen interessierte Schulmeister und Küster werden Ähnliches gelesen haben, abgesehen von der theologischen Literatur über Visionen und Spiritualismus – aber für Reichard war das natürlich unentbehrliche Fachliteratur.

Reichards Schriften sind für den heutigen Leser eine mühevolle Lektüre. Die Schriftgrößen wechseln, sind aber oft sehr klein. Der Durchschuß ist minimal, Absätze gibt es kaum, und die Papierqualität ist oft schlecht. Dazu kommen häufige Druck- und Grammatikfehler. Reichards Stil ist von Wiederholungen und Abschweifungen geprägt, weshalb der Aufklärer Johann Christoph Adelung ihn »schwatzhaft« nennen konnte: Reichards Geist »mischt gern das hundertste in das tausendste«, und »Reichard und sein Geist sind einer so wortreich als der andere«.[49]

II.

Nicht nur der unbekannte Drucker und seine noch unbekannteren Gesellen stehen zwischen Reichard und uns. In Reichards 22. Vision am Pfingstsonntag 1636 zeigte ihm der Geist seinen zukünftigen Sekretär oder Amanuensis: »[D]u [wirst] sehen eine Person zu dir kommen / welche dir künfftig mit seiner Hand / Mund / Zung / vnnd Feder / viel dienen wird. Vnd sol auch deinet wegen (mit deinen bißher gehabten Visionen vnnd Gesichtern) in frembde Stätte vnd Lande gesendet werden.«[50] Am folgenden Pfingstdienstag kam diese Person zu ihm nach Seehausen. Es war Laurentius Matthæi, Schulmeister, Organist und Stadtschreiber in Brandis, einer kleinen Stadt in der Nähe von Leipzig. An dieser Stelle gibt es eine Randbemerkung zum Text: »Hat also biss dato gemelter L. M.

47 Er greift die geistlichen Ministerien in Lübeck, Hamburg und Lüneburg an (G. R., *Zwei schöne wahrhaftige Visiones*, 1639, f. A3r). Das bezieht sich wahrscheinlich auf [Nicolaus Hunnius,] *Außführlicher Bericht Von Der Newen Propheten / (die sich Erleuchtete / GOttesgelehrte / vnd Theosophos nennen) Religion / Lehr vnnd Glauben [...]* Gestellet durch Das Predigtampt [...] zu Lübeck / Hamburg / vnd Lüneburg, Lübeck 1634; vgl. auch Johannes Müller, *Nohtwendige Vertheidigung Des Außführlichen Berichts [...]* Mit approbation des PredigAmpts [...] in Lübeck / Hamburg vnd Lüneburg [...], Hamburg 1636. Der *6. Teil* der Visionen soll eine Reihe von Theologen kritisieren (Einhorn [wie Anm. 22], f. A3r und folgende; vgl. auch f. C3v).

48 G. R., 5. *Teil*, 1645, S. 144–145 (n° 79); s. auch Anm. 143.

49 Adelung (wie Anm. 3), S. 113, 115, 117; ähnlich schon Alethophilus (wie Anm. 15), S. 37–38, und Lidenius (wie Anm. 3), f. E4r: »stylus horridissimus est«.

50 G. R., 2. *Teil*, 1638, f. D1r (visio 22).

mit seiner Hand, Mund, Zung vnnd Feder mir gar viel gedienet, vnd diese Visiones fast alle aus meinem Munde nach geschrieben.«[51] Ein solcher Sekretär erleichterte es Reichard, seine Visionen zu verbreiten, nicht nur als zusätzliche Arbeitskraft, sondern auch weil damit ein ganz praktisches Problem gelöst wurde: Reichard war kein gewandter Schreiber, und seine Handschrift ist nur mit viel Mühe zu entziffern.[52]

Über Laurentius Matthæi (bzw. Matthæus) ist in biographischen Lexika nichts zu finden. Er stammte aus Zörbig (westlich von Bitterfeld, Kursachsen).[53] Bevor er nach Brandis zog, wohnte er wahrscheinlich in Burkartshain, das etwa 15 Kilometer östlich davon liegt.[54] Sein Name wird fast immer in latinisierter Form genannt,[55] was darauf hindeutet, daß er sich trotz seiner bescheidenen Stellung als Schulmeister, Organist und Stadtschreiber zu den Gelehrten zählte. Er konnte wahrscheinlich etwas Latein, doch wendete er seine Brocken humanistischer Bildung offenbar nur selten an.[56]

Reichard schreibt nicht nach dem Diktat seines Geistes. Seine Texte sind Nacherzählungen der erlebten Visionen. Manchmal räumt er ein, daß er das Gesehene nicht richtig beschreiben könne. Die Texte sind durchgehend auf deutsch geschrieben, und Reichard scheint gar kein Latein beherrscht zu haben.[57] In den gedruckten Texten werden dagegen lateinische Fremdwörter – die

51 Ebd., f. D1v (visio 22).

52 »Ich kan nicht so offt schreiben / denn es kompt mich sawer an / wie du wol weist« (Reichard an Matthæi, 20. und 21. 4. 1644, in: G. R., 5. *Teil,* 1645, S. 143 [n° 77]); »ich habe Eine Schwere Handt zu Schreiben wie ihre Gnaden wol sehen kan ich klage mitt de[m] Man Gottes Mosis Ach Her läge mir dis nicht auff den ich habe Eine schwere Zunge« (Reichard an Gyllenhielm, 28. 4. 1647 [Ms.]); eine ähnliche Formulierung auch im Brief an dens. vom 9. 2. 1647 (Ms.). Ich danke Wolfgang Stetter (Stuttgart), der mir bei der Transkribierung der Briefe half.

53 G. R., 2. *Teil,* 1638, f. D1v (visio 22).

54 G. R, 3. *Teil,* 1638, f.):(1r (visio 45).

55 In Reval scheint er allerdings als Laurentz bzw. Laß Matzson bekannt gewesen zu sein, vgl. *Freund=Brüderliches Schreiben der [...] Wolgelahrten des Thumbs=Stiffts vnd Königl. Schwedischen Consistorij zu Reval Herren Bischoffs vnd andern Herrn Assessoren An das Ehrwürdige Land Ministerium / die Herren Præpositos / Pastores / vnd Diener der Kirchen GOTTES in Esthland / Wie sie jhre Zuhörer für die Newen Propheten vnd Visionisten warnen sollen,* o. O. (o. Dr.) 1646, f. A2r; StAR: B.g. (Ärzte und Apotheker), Nr. 1, f. 105r (25. 4. 1646). In einem eigenhändigen Brief an Gyllenhielm vom 28. 4. 1647 benutzt Reichard dreimal die Form »Mathei« und einmal – soweit zu entziffern – die Schreibweise »Math[ieis]en«. Arnoldus Mengering, *INFORMATORIVM CONSCIENTIÆ EVANGELICVM. Evangelisches GEwissens=Recht [...],* Altenburg 1644, S. 1120, nennt ihn Lorentz Matzen (vgl. auch S. 1110, 1114–1115, 1118).

56 Die Adresse eines eigenhändigen Briefes von Matthæi an den schwedischen Reichskanzler Oxenstierna vom 20. 7. 1642 ist in weitgehend korrektem Latein geschrieben.

57 In seinen eigenhändigen Briefen an Gyllenhielm schreibt Reichard lateinische Fremdwörter so, wie es die deutsche (dialektale) Aussprache nahelegt (z. B. »curigiren« statt »corrigiren«, »matthdärigeliste« statt »Materialist«), und beugt lateinische Namen falsch.

relativ selten auftreten – korrekt lateinisch gebeugt, und manchmal wird am Rand auf lateinisch der Redeteil benannt, z. B. »Applicatio« oder »Consolatio«, oder es steht dort eine lateinische Erklärung des Textes, z. B. »Id est Evangelium.«[58] Am Rand finden sich manchmal auch Hinweise auf andere von Reichards Visionen oder auf Ereignisse, die die Erfüllung der im Text gemachten Voraussage bedeuteten. Hier sehen wir wahrscheinlich Spuren von Matthæis Redaktionsarbeit, doch kann manches natürlich auch auf die Drucker zurückgehen, von denen (bis auf eine Ausnahme, s. u.) nichts bekannt ist.

In einer Vision vom 2. August 1636 prophezeite Reichard den Brand von Brandis, der Stadt, in der Matthæi Schulmeister, Organist und Stadtschreiber war. Tatsächlich brannte ein halbes Jahr später ein großer Teil von Brandis (u. a. Kirche, Pastorat, Schule und Rathaus) nieder.[59] Wahrscheinlich wurde Matthæi dadurch in seinem Glauben an Reichards Berufung bestärkt. Einige Monate später begann er, in Norddeutschland und im Ostseeraum Reichards Visionen zu vertreiben. In den folgenden Jahren konnte er deshalb nicht mehr Visionen nach Reichards Diktat niederschreiben. In der zweiten Auflage des ersten Teils gibt es eine weitere Ergänzung zum lückenhaften Text der Erstausgabe. Es heißt jetzt, man könne die handschriftlichen Visionen »bey meinem à manuensi Laurentio Matthæo« einsehen.[60]

Matthæis Reiseroute in Reichards Diensten läßt sich in groben Zügen rekonstruieren.[61] Sie verlief fast ausschließlich durch lutherische Territorien. Das deutet darauf hin, daß er und Reichard – bei aller Kritik an den bestehenden Verhältnissen – sich weiterhin als Lutheraner verstanden.

Im Juni 1637 war er in Braunschweig.[62] Von dort reiste er nach Hamburg,

58 G. R., 2. *Teil*, 1638, f. B1v, B4v, C2r.

59 G. R., *3. Teil*, 1638, f.):(3v-):(4v (visio 45), datiert den Brand auf Pauli Bekehrung (25. 1.) 1637; [Frank Schimpke (Hg.),] *Brandis. Geschichte einer sächsischen Kleinstadt*, Beucha 1996, S. 29, 32, 58, 114, 129, auf den 2. 2. 1637. Der Unterschied ist kleiner als der zwischen altem und neuem Stil (vgl. auch Anm. 61).

60 G. R., *1. Teil*, 1638, f. A2r; ähnlich G. R., *Vision über Braunschweig*, 1638, f. A3r und folgende.

61 Reichards Visionen und die Briefe an Matthæi sind datiert. Wenn Reichard erwähnt, daß Matthæi ihm brieflich die Ankunft mitgeteilt habe, läßt sich daraus das ungefähre Ankunftsdatum erschließen. Sofern nicht anders angegeben, ist in den meisten Fällen davon auszugehen, daß die in diesem Aufsatz genannten Daten dem alten Stil folgen. Von den im folgenden berührten Territorien benutzten nur Danzig, Preußen und Kurland den neuen Kalender (Hermann Grotefend, *Taschenbuch der Zeitrechnung [...]*, Hannover [12]1982, S. 26–27).

62 Philippus Julius Rehtmeyer, *HISTORIÆ ECCLESIASTICÆ [...] URBIS BRUNSVIGÆ, Oder: Der [...] Stadt Braunschweig Kirchen=Historie [...]*, Bd. 4, Braunschweig 1715, S. 524–526; für die S. 524–525 abgedruckten Auszüge aus einem Brief von Reichard an Matthæi nennt Rehtmeyer keine Quelle, vielleicht hat er sie G. R., *5. Teil*, 1645, S. 41 (n° 13), entnommen (die Datierung dieses Briefes widerspricht dem Inhalt des folgenden Briefes [n° 14]); vgl. auch G. R., *Vision über Braunschweig*, 1638, f. A2v und folgende.

wo er wahrscheinlich im Juli ankam.[63] In Hamburg nahm er offenbar für längere Zeit seinen Wohnsitz (belegt Januar,[64] etwa 20. März,[65] Anfang April,[66] Juli 1638[67]) und machte von dort Reisen, um verschiedenen Obrigkeiten Reichards Schriften zu übergeben. So begab er sich 1637 nach Lüneburg[68] und reiste Ende des Jahres nach Glückstadt zum dänischen König,[69] im April 1638 nach Bremen und »an andere Orter«[70] und im Juni oder Juli nach Helsingør zum dänischen Kronprinzen.[71]

Danach hatte Matthæi offenbar erst einmal keine Lust mehr, ständig herumzureisen.[72] Er scheint eine Zeitlang nicht für Reichard gearbeitet und sich dabei in »D.« aufgehalten zu haben.[73] Erst vom 30. Dezember 1638 gibt es wieder einen Brief von Reichard an Matthæi, der sich in Sachsen-Altenburg aufhielt, mit der Aufforderung, nach Berlin zu reisen.[74] Als Matthæi in die Stadt Altenburg kam, hatte er eine handschriftliche Vision, »so über das Ambt vnd Stadt Altenburg[75] gestellet war«, bei sich und ließ »solche Schrifft neben einem gedruckten Buche voller visionen Ihrer Fürstl. Gn. Hertzog Johann Philippen [...] offerirn«. Der Herzog schickte die Schriften seinem Hofprediger Mengering zur Prüfung. Matthæi hatte viele Exemplare mitgebracht, die er »vnter die Leute bringen« wollte, doch wurden von der Obrigkeit alle Schriften konfisziert.[76] Danach wird er nach Berlin gereist sein, wo er von Anfang April bis zum 18. Mai 1639 wegen der Verbreitung von Reichards Schriften im Gefängnis saß.[77] An-

63 G. R., 5. *Teil*, 1645, S. 49 (n° 18).
64 Ebd., S. 49 (n° 19).
65 Ebd., S. 51 (n° 21).
66 J[ohann] K[autz] (Stettin) an Johann Permeier (Wien), 16. 4. 1638 (BFS: Ms. B 17a, Nr. III, 4^1 (Abschrift).
67 G. R., 5. *Teil*, 1645, S. 54 (n° 24).
68 Ebd., S. 55 (n° 25), [99]=f. C2r (visio [46]).
69 Ebd., S. 35 (visio 9), 49 (n° 19), 54 (n° 24).
70 Ebd., S. 52 (n° 22), [99]=f. C2r (visio [46]).
71 Ebd., S. 52–53 (n° 23).
72 Ebd., S. 53 (n° 23): »du [...] meinest in deinem (itzigen) Schreiben / du woltest es gerne einem andern gönnen herumb zu reysen oder diß Werck zu verrichten etc.«
73 Ebd., S. 47 (n° 17). In der Überschrift zur 1. Vision im 5. *Teil* heißt es, Reichard habe sie den Hamburger Empfängern »Im Jahr Christi 1637. durch meinen gewesenen à Manuensem Laurentium Matthæum« übergeben lassen (ebd., f. $A_2 1r$). In der Vorrede zum *3. Teil* spricht Reichard von »meine[m] gewesenen à manuensem«, nennt aber nicht den Namen (G. R., *3. Teil*, 1638, f. A1v, ebenso in der Ausg. 1639, in der Ausg. 1640 fehlt die Vorrede).
74 G. R., 5. *Teil*, 1645, S. 42 (n° 15).
75 Vgl. G. R., *Vision über Altenburg*, 1639.
76 Mengering (wie Anm. 55), S. 241, 1110 (Zitate). Mengering datiert diese Ereignisse nicht genauer als auf das Jahr 1639.
77 G. R., 5. *Teil*, 1645, S. 46–48 (n° 17); vgl. auch Matthæi an die 3. Ordnung, 12. 1. 1647 (Ms.), S. 130.

schließend wohnte er wahrscheinlich wieder in Hamburg. Im September 1639 unternahm er eine zweite Reise zum dänischen König.[78] Wahrscheinlich war er in diesem Jahr auch zum zweiten Mal in Bremen.[79] 1639 schickte er zehn Exemplare der ersten drei Teile von Reichards Visionen mit dem Schiffer Peter Petersön von Lübeck aus an den schwedischen Reichskanzler Axel Oxenstierna.[80] In demselben Jahr soll ihn Gott in Dänemark »mit Fliesse Drüsen[81] vnd Andern bösen vnheilsamen Kranckheiten [...] heimgesuchet vnd gezüchtiget« haben, weil er aus seinem »Beruff vnd Amtte wa[r] geschritten.«[82]

Im Juli 1640 scheint Matthæi sein Tätigkeitsfeld nach Preußen und Livland[83] (das damals in schwedischem Besitz war) verlegt zu haben.[84] Im November 1640 läßt er sich in Livland nachweisen.[85] Irgendwann im Laufe des Jahres 1641 war er in Danzig und schenkte der weltlichen und geistlichen Obrigkeit Exemplare von Reichards Schriften.[86] Am 20. Juli 1642 befand sich Matthæi in Stockholm und schickte den vierten Teil von Reichards Visionen (zusammen mit den ersten drei Teilen und anderen Drucken und Handschriften) an Oxenstierna, bittet um Audienz und bemerkt u. a., daß er sich über ein Jahr in Reval, Narwa und Dorpat aufgehalten habe, danach ein halbes Jahr in Königsberg, »so wol auch zu Dantzig, Elbingen, Marienburg vnd selbiger Orthen«. Überall habe er »der Hohen= vnd Niedern Obrigkeit Vnd dero[sel]ben H[erren] Theologen Vnd Räthen Exemplaria Offeriret«, was er durch die Einträge in seinem Stammbuch beweisen könne.[87] Am 28. März 1643 erhielt Matthæi einen Wechsel von der schwedischen Königin über 50 Taler in Silber. Eine Begründung wird nicht genannt.[88]

Vom Sommer 1642 bis zum Sommer 1643 muß Matthæi ernste Zweifel an Reichards Berufung gehegt haben. In Briefen vom 12. Dezember 1642, 11. Fe-

78 G. R., 5. *Teil*, 1645, S. 61 (n° 29).

79 Ebd., S. [99]=f. C2r (visio [46]).

80 Matthæi an Oxenstierna, 20. 7. 1642 (Ms.).

81 Mit Fluß wurden mehrere Krankheitsbilder bezeichnet, mit Drüse verschiedene Arten von Geschwüren und Beulen (Jacob und Wilhelm Grimm: *Deutsches Wörterbuch*, Bd. 3, Leipzig 1862, Sp. 1855–1857, Bd. 6, Leipzig ²1970–83, Sp. 1454–1455).

82 Matthæi an die 3. Ordnung, 12. 1. 1647 (Ms.), S. 130.

83 Im folgenden wird – wie bei Reichard und Matthæi – Estland zu Livland gezählt.

84 G. R., 5. *Teil*, 1645, S. 65 (n° 34), 71 (n° 38).

85 Ebd., S. 71 (n° 38).

86 Matthæi an die 3. Ordnung, 12. 1. 1647 (Ms.), S. 129.

87 Ders. an Oxenstierna, 20. 7. 1642 (Ms.); eine Reise nach Schweden auch erwähnt in G. R., 5. *Teil*, 1645, S. 121 (n° 60).

88 RAS: Riksregistratur 1643, f. 373v. Matthæis Name wird nicht weiter erklärt, doch scheint es sich um Reichards Amanuensis zu handeln. Königin Christina war damals noch unmündig. In der Vormundschaftsregierung saßen u. a. Gyllenhielm (s. u.) und Oxenstierna.

bruar, 5. Mai und 21. Juni 1643 gibt sich Reichard große Mühe, Matthæi auf den rechten Weg zurückzubringen, das heißt unter anderem, daß er die Stadt Königsberg und die dort herrschenden schlechten Einflüsse verlassen sollte.[89] Der letzte dieser Briefe ist an Matthæi in Danzig gerichtet, wo er sich vielleicht auch am Ende des Jahres aufhielt.[90] Im April und Mai 1644 war er wahrscheinlich wieder in Königsberg.[91] Am 13. Juli 1644 war er mit Sicherheit dort und schreibt: »Sintemahl Ich wils Gott Vff den $\frac{19.}{29.}$ julij mich zu Königsberg wil auffmachen Mit nach Dantzig Segeln Kegen den bevorstehenden Dominic Jahr Marckt Vfn 5. Augusti St[yli] Novi. Aldo werde Ich aber nicht länger als 4. oder 5. Wochen Verbleiben, Sondern Zur See mit nach L[ü]beck Vnd Vollend [schließlich] Zu Lande Vff Hamburg [reisen]«. Dort wollte er am 24. August alten Stils, zu Bartholomäi, mit seiner hochschwangeren Frau ankommen.[92] Vielleicht war er im Februar 1645 noch in Hamburg.[93] Am 30. April 1645 war er auf jeden Fall bei Reichard in Dessau.[94]

Im Juli 1645 wurde der fünfte Teil von Reichards Visionen gedruckt,[95] wahrscheinlich in Riga (s. u.). Vielleicht war Matthæi dabei anwesend, doch ist er vom 12. August bis zum 7. September in Hamburg nachweisbar. Am 7. September schreibt Matthæi an den schwedischen Reichsadmiral Carl Carlsson Gyllenhielm, daß der Revaler Arzt und Apotheker Theodor Olitzschius[96] angeboten habe, ihn den Winter über bei sich zu beherbergen.[97] Olitzschius, ein »Landesmann« von Reichard aus Grimma, korrespondierte mit Reichard und hatte früher schon Kontakt zu Matthæi gehabt.[98] Olitzschius unterstützte auch den

89 G. R., 5. *Teil,* 1645, S. 110–111 (n° 53), 119–121 [recte 113–115] (n° 56), 124–125 [recte 118–119] (n° 58), 126–127 [recte 120–121] (n° 60); vgl. auch ebd., S. 140–143 (n° 77).

90 Ebd., S. 126 [recte 120] (n° 60), 131 (visio 67).

91 Ebd., S. 138 (visio 75), 143 (n° 77).

92 Matthæi an Gyllenhielm, 13./23. 7. 1644 (Ms.). Beim Nachrechnen der Angaben stellt sich übrigens heraus, daß er dann keine fünf Wochen für den Aufenthalt in Danzig gehabt hätte.

93 G. R., 5. *Teil,* 1645, S. 158 (n° 87).

94 Ebd., S. 40 (visio 12).

95 G. R., 5. *Teil,* 1646, S. 176.

96 Vgl. J. W. Dehio, »Berichtigungen und Nachträge zu den Mittheilungen über die Medicinalverhältnisse Alt-Revals«, in: *Beiträge zur Kunde Ehst-, Liv- und Kurlands* 4 (1887–94), S. 439–449, hier S. 440–442; Isidorus Brennsohn, *Die Aerzte Estlands [...] bis zur Gegenwart,* Riga 1922, S. 289; Ernst Gierlich, *Reval 1621 bis 1645 [...],* Bonn 1991, S. 306–307, 312–313.

97 Matthæi an Gyllenhielm, 7. 9. 1645 (Ms.).

98 Ein Brief Reichards vom 16. 11. 1640 (G. R., 5. *Teil,* 1645, S. 70 [n° 38]) ist »an L[aurentium] M[atthæi] T[heodorum] O[litzschium] vnd A[ndream] D[etrium]« adressiert (in der Ausg. 1646, S. 70, »an L. M. T. O. S. [?] M[edicinæ] P[racticum] vnd A. D. Z[u] R[eval]«); weitere Briefe an Olitzschius in: G. R., 5. *Teil,* 1645, S. 125 [recte 119] (n° 59, dat. 20. 6. 1643), 135 (n° 71, dat. 4. 1. 1644) (Zitat); vgl. auch ebd., S. 143 (n° 77). Olitzschius' Bruder schrieb 1643/44 nach Reichards Diktat an den dänischen König einen Brief, brachte ihn zu einem

Berliner Andreas Detri, nachdem dieser nach Reval gezogen war.[99] Detri hatte vielleicht schon seit 1636[100] und sicher seit 1639 Verbindung mit Reichard gehabt.[101]

Mittelsmann nach Hamburg und reiste (über weitere Zwischenstationen?) nach Königsberg zu Matthæi, dem er andere Schreiben Reichards übergab (Matthæi an Gyllenhielm, 13./23. 7. 1644 [Ms.]).

99 StAR: III, Suppliken des 17. Jh.s, Bd. 2: C–F, f. 86r–87v, Gesuch von Detri v. 10. 9. 1643 an den Revaler Rat: Er sei »30 Jahr lang ein geseßener vnd Zimblich [b]egüteter Burger« in Berlin gewesen. Wegen der Kriegsumstände habe er mit Frau und Kindern die Stadt verlassen müssen und sei nach Hamburg gegangen, wo er ein Jahr gewohnt habe. Dort sei es ihm aber »Zu teur« gewesen. Auf »gueter leute rath« sei er nach Reval gezogen, wo er sich von Kramwarenhandel ernähre. Nach seiner Niederlassung in Reval habe er Olitzschius kennengelernt, der ihm auch finanziell geholfen habe. Detri schreibt das Gesuch, weil er den geforderten Bürgereid nicht leisten möchte, da er noch Bürger von Berlin sei. Vielleicht war der Grund eher, daß er die für den Erwerb des Bürgerrechts erforderliche Geldzahlung vermeiden wollte oder gar daß er wie Quäker und Mennoniten nicht schwören wollte. Der Rat beschloß am 8. [sic] 9. 1643, daß Detri in Reval bleiben könne (StAR: A.b. [Ratsprotokolle], Nr. 55: 1642–43, f. 354r). Im Revaler Bürgerbuch wird er nicht genannt (Georg Adelheim [Hg.], *Das Revaler Bürgerbuch 1624–1690 [...]*, Reval 1933). Detris Weggang aus Berlin hatte aber wahrscheinlich den Grund, daß er dort nicht mehr erwünscht war. Schon am 21. 5. 1638 galt er dem Cöllnischen Konsistorium als einer der »vornehmsten Weigelianer in Cölln [an der Spree]« (Burkhardt v. Bonin, »Die Versuche märkischer Kirchenrechtsreform im 17. Jahrhundert«, in: *Jahrbuch für Brandenburgische Kirchengeschichte* 22 [1927], S. 173–231, hier S. 181). In dem Gesuch vom 10. 9. 1643 schreibt Detri, daß er mehr als 60 Jahre alt sei. Offensichtlich wohnte er noch in Reval, als er wahrscheinlich 1648 starb (StAR: III, Rechtsstreitigkeiten des 17. Jh.s, Bd. 15, f. 13r–14v: Nachlaßverzeichnis vom 23. 6. 1648 [Abschrift]). Über den Nachlaß gibt es einen umfangreichen Schriftwechsel (f. 1r–62v), in dem ein zum Zeitpunkt des Todes des Vaters noch unmündiger Sohn Andreas auftritt. Bei der Ordnung des Archivs nach dem Pertinenzprinzip sind Schriftstücke eines Nicolaus Detri (»ein Kauffgesell auß Hamburg bürtig«, erwirbt das Revaler Bürgerrecht 1663 [Adelheim, *Bürgerbuch*, Nr. 694]) in einer anderen Sache dazwischen geraten. In einer Akte aus dem Jahr 1635 taucht außerdem ein Lehrer Johann Detri auf (StAR: B.p. [Schulwesen], Nr. 5, f. 116r [27. 4. 1635]). Die verwandtschaftlichen Beziehungen sind ungeklärt.

100 G. R., *3. Teil*, 1638, f. [):():(]3r (visio 50, dat. 9. 8. 1636): »Wie du denn [...] wirst finden / daß dir jetzo ein Berlinischer Kauffman einen Goldgülden zum Vnterhalt zugesendet hat« mit der Randbemerkung »Als ich G: R: bin wieder zu Hause kommen / habe ich einen Brief funden / darin ein Goldgülden versiegelt gewesen.« Der Name des Absenders wird nicht genannt. Zu möglichen Kontakten vgl. auch Detri (Leipzig) an Johann Permeier [Wien], 12. 1. 1638 (BFS: Ms. B 17a, Nr. III, 2^1 [Abschrift]).

101 Reichard nennt nie den Namen, sondern nur die Initialen. Am 30. 3. 1639 schreibt er an Detri in Berlin (»An einen guten Freund zu Berlin / H. A. D.«, G. R., *5. Teil*, 1646, S. 59 [n° 28]; in der 1. Aufl. 1645, S. 59, abgekürzt mit »N. N.«). Dabei wird deutlich, daß sie schon länger miteinander korrespondierten und daß es Detri finanziell zwar schlechter als früher, aber immer noch relativ gut ging. Einen Brief vom 20. 2. 1640 adressiert Reichard »An Herrn A. D. von B[erlin] anitzo in Hamburg« (G. R., *5. Teil*, 1645, S. 62 [n° 31]). Am 16. 11. 1640 schreibt er an Matthæi, Olitzschius und Detri zusammen in Reval (s. Anm. 98). Aus dem Jahr 1644 gibt es weitere Briefe an Detri (z. T. zusammen mit Olitzschius) in Reval (ebd., S. 134–135 [n° 70, 72], 145 [n° 80], 148 [n° 82]; in der Ausg. 1646, S. 134–135, 145, 148, steht in der Adresse zusätzlich

Spätestens am 9. November 1645 muß Matthæi in Reval angekommen sein.[102] Bald nach seiner Ankunft wurde die Revaler Geistlichkeit auf ihn und seine Gesinnungsgenossen aufmerksam. Der deutsche Pastor am Dom, Abraham Winkler, predigte im Advent gegen »die Visionistische[n] Schrifften«. Daraufhin sollen Matthæi und Olitzschius ihn beschuldigt haben, »auß dem Teufel geprediget« zu haben. Im April 1646 bat die Revaler Kirchenleitung den Rat und den königlichen Statthalter, Olitzschius deswegen festzunehmen, auch weil er Matthæi Unterkunft gewährt habe.[103] Rat und Statthalter lehnten das ab.[104] Der Rat gab Olitzschius' Gesuch vom 14. März auf Entlassung aus dem Dienst statt und erteilte ihm am 5. Mai ein ehrenvolles Zeugnis.[105] Nach dem 27. Mai muß Olitzschius Reval verlassen haben.[106] Ein gutes Jahr später ist er in Schleswig nachweisbar.[107]

Am 1. Mai 1646 verfaßte die Kirchenleitung in Reval ein gedrucktes Rundschreiben an die Landgeistlichkeit in Estland, in dem sie vor Reichards Visionen

»Z. R.« [zu Reval]). Die Anrede »Andreas« in einem Brief vom 21. 6. 1643 (G. R., 5. *Teil*, 1645, S. 123 [n° 62]) bezieht sich wahrscheinlich auch auf Detri und nicht auf Matthæi, wie Lidenius (wie Anm. 3), f. C1v, C4v, annimmt. G. R., 5. *Teil*, 1645, S. 134 (n° 70), zählt Reichard Detri zu seinen »LandesLeute[n]«. Wo Detri wohnte, bevor er nach Berlin zog, ist nicht bekannt. Auf jeden Fall stimmen die Reichards Briefen zu entnehmenden Angaben gut mit Detris Gesuch an den Revaler Rat (vgl. Anm. 99) überein, so daß an der Identifikation kein Zweifel bestehen kann. In Berlin arbeitete Detri zwar als »Hutstaffirer« (v. Bonin [wie Anm. 99], S. 181; Hans Ludwig v. Wolzogen [Bobelwitz] an Johann Permeier [Berlin], 21. 3. 1633 [BFS: Ms. B 17b, f. 130v]), doch bedeutet das nicht unbedingt, daß er handwerklich tätig war; er kann die Hüte auch nur verkauft haben, was besser zu seiner späteren Tätigkeit als Kramwarenhändler paßte (vgl. Jacob und Wilhelm Grimm, *Deutsches Wörterbuch*, Bd. 4, 2, Leipzig 1877, Sp. 1994; zu Revaler Hutstaffierern vgl. Arnold Soom, *Die Zunfthandwerker in Reval im siebzehnten Jahrhundert*, Stockholm 1971, S. 69–70). In dem Gesuch schreibt er, er habe aus Berlin »nur meine vbrige wenige vnd selbst machen laßene Kramwahren vnd Haußgerath &c.« mitnehmen können. Am 11. 8. 1641 teilt Lorenz Grammendorf [Berlin] Johann Permeier (Wien) mit, daß Detri sich in Reval aufhalte und vor kurzem in Hamburg gewesen sei, um Waren einzukaufen (BFS: Ms. B 17b, f. 98v).

102 Reichard an Gyllenhielm, 28. 4. 1647 (Ms.).

103 StAR: B.g.1 (wie Anm. 55), f. 105r–106r; Dehio (wie Anm. 96), S. 441–442.

104 Dehio (wie Anm. 96), S. 442. Der Inhalt der Verhandlungen vor dem Rat wurde nicht protokolliert (vgl. StAR: A.b. [Ratsprotokolle], Nr. 58: 1646, f. 73v [24. 4.], 77v [29. 4.]), und die Vorgänge bleiben etwas undurchsichtig.

105 StAR: B.g.1 (wie Anm. 55), f. 79r–80v; 83r–84r.

106 An diesem Tag unterschreibt er eine Abrechnung (ebd., f. 82r). Olitzschius scheint recht wohlhabend gewesen zu sein; so konnte er 1641, 1642 und 1643 Geld gegen Pfand und Zinsen ausleihen (ebd., f. 81r–82r; StAR: B.B. [Eingegangene Briefe], Nr. 21: Obligationen usw. von Privaten aus dem 17. Jh., M–Z, f. 60r).

107 Privileg des Gottorfer Herzogs vom 19. 8. 1647 für den Arzt und Apotheker »Theodorus Olitsch«, der sich in Schleswig niedergelassen habe, dessen Herkunft aber nicht genannt wird (LAS, Abt. 7, Nr. 5969).

und vor Matthæi warnt.[108] Dabei vermutet sie, daß Reichards Anhänger kaum unter der estnischen Landbevölkerung zu finden seien. Am gefährdetsten seien die »Præceptorirenden Studiosen«.[109] Der »Visionenherumbträger«[110] Matthæi scheint sich gerade noch rechtzeitig aus Reval abgesetzt zu haben, bevor es für ihn gefährlich wurde.

Anfang April 1646 tauchte er auf jeden Fall in Kurland auf. Am besten ist sein Aufenthalt in Mitau belegt, von wo er nach Riga weiterreiste (s. u.). In das Frühjahr 1646 fiel auch der Druck der zweiten Auflage des fünften Teils,[111] wahrscheinlich in Riga (s. u.). Im September oder Oktober 1646 erschien in Riga der sechste Teil von Reichards Visionen.[112] Am 12. Januar 1647 (wahrscheinlich neuen Stils) war Matthæi wieder in Danzig, wo er den »Quartier Meistern Vnd Hundert Männern aus der Dritten Ordnung [...] im Koggen Quartier« fünf Exemplare des fünften Teils von Reichards Visionen und handschriftliche Visionen vom 29. August und 7. Oktober 1646 sandte.[113]

Im April 1647 scheint die Zusammenarbeit zwischen Reichard und Matthæi beendet gewesen zu sein. Reichard klagt in einem Brief an Gyllenhielm über Matthæis Untreue (auch in finanziellen Dingen) und spricht von seinem »ge weßnen Copisten laurentzio Mathei«. Matthæi habe »die offenbahrungen Sehr ver d[ä]rbtt Vnd läst[erl]ich ge macht absonderlich den 4 Vnd 5 [*recte:* 5. und 6.?] teil welcher gar sehr ver därbt ist Vnd mus die selbigen wieder auffs neue curigiren [sic] Vnd wieder Auff lägen laßen«.[114]

Zu Matthæis Aufenthalt in Mitau (40 Kilometer südwestlich von Riga) im April 1646 gibt es einen sehr aufschlußreichen Bericht des kurländischen Superintendenten Paulus Einhorn aus Mitau. Einhorn hatte schon 1625 schlechte Erfahrungen mit Visionären gesammelt[115] und hielt es in der Frage der neuen

108 *Freund=Brüderliches Schreiben* (wie Anm. 55), unterzeichnet u.a. von Abraham Winkler und Petrus Lidenius; Lidenius (wie Anm. 3), f. B1r und folgende.

109 Ebd., f. A4r. Außer dieser Stelle gibt es keinen Hinweis, daß Matthæi beim Vertrieb von Reichards Schriften vor sprachlichen Barrieren stand, weder in Niederdeutschland noch in Skandinavien.

110 StAR: B.g.1 (wie Anm. 55), f. 105r.

111 G. R., 5. *Teil,* 1646, S. 176.

112 Einhorn (wie Anm. 22), f. A4r, C1v.

113 Matthæi an die 3. Ordnung, 12. 1. 1647 (Ms.). Zur Dritten Ordnung, einer Vertretung der Bürgerschaft, vgl. Reinhold Curicke, *DER STADT DANTZIG Historische Beschreibung [...] Verfasset [...] Im Jahr [...] 1645 [...],* hg. v. Georg Reinhold Curicke, Amsterdam / Danzig 1688, S. 123–126.

114 Reichard an Gyllenhielm, 28. 4. 1647 (Ms.). Reichards Unzufriedenheit mit Matthæi war auch Jacob Fabricius (s. u.) zu Ohren gekommen (Fabricius [Stettin] an [Gyllenhielm], 20. 10. 1646 [Abschrift], in: UUB: Ms. E 401).

115 Einhorn (wie Anm. 22), f. D1r und folgende.

Offenbarungen mit dem Lübecker Pastor Jacob Stolterfoht.[116] Stolterfoht wechselte in den 1640er Jahren mehrere Streitschriften mit seinem Stettiner Kollegen Jacob Fabricius. Während Stolterfoht den göttlichen Charakter der neuen Offenbarungen bestritt, war Fabricius ihnen gegenüber positiv eingestellt. Mehrere andere Theologen nahmen an der Debatte teil, die erst 1650 ein Ende fand.[117]

Einhorns Darstellung ist sicherlich parteiisch, nicht nur wegen seiner Haltung zu Visionen, sondern auch weil er den Rigaer Buchdrucker und Buchhändler Gerhard Schröder weder als Menschen noch als Handwerker schätzte. Einhorn hatte früher bei ihm Bücher drucken lassen[118] und war offenbar immer noch erbost, weil die Bücher von Druck- und Grammatikfehlern nur so wimmelten.[119] Außerdem will Einhorn sich mit seiner Schrift gegen die Angriffe auf seine Person im sechsten Teil von Reichards Visionen verteidigen.[120]

Bevor Matthæi nach Mitau kam, fand man bei dem Schloß Neuenburg (45 Kilometer westlich von Mitau) einen Sack mit Exemplaren der *Probatio Visionum* des Jacob Fabricius. Einhorn hält das für eine absatzsteigernde List. Dieses deutschsprachige Buch, das für Visionen argumentiert,[121] habe die Leute dazu bewegen sollen, Reichards Visionen zu kaufen. Wenig später sei nämlich Matthæi nach Mitau gekommen, sei von Haus zu Haus gegangen und habe den fünften Teil von Reichards Visionen verkauft.[122]

Am 11./21. April 1646, einem Sonnabend, kam Matthæi zu Einhorn und überreichte ihm ein Exemplar des fünften Teils von Reichards Visionen sowie

116 Ebd., f. A4v und folgende, B4r, C1v, C4r. Einhorns Schrift ist – mit eigener Bogenzählung – gedruckt als Anhang von Jacob Stolterfoth, *Nochmalige [...] Wiederholung der Streitigkeit [...] von den Newen Gesichtern [...] Nebenst [...] einem [...] Bericht H. Pauli Einhorn [...] was [...] mit Laurentio Matthæo [...] sich begeben [...]*, Lübeck 1649. Dieses Werk gibt im Anhang (S. 158–160) einen Brief von Einhorn an Stolterfoth vom 8. 11. 1646 wieder, in dem der Mitauer den Lübecker bittet, die Schrift über Matthæi (deren Vorrede auf den 3. 11. 1646 datiert ist) in Lübeck auf Einhorns Kosten drucken zu lassen. Er stellt es in Stolterfoths Ermessen, auch den beiliegenden Brief Matthæis an Einhorns Kollegen und die Antwort darauf als Anhang drucken zu lassen. Das ist nicht geschehen. Bevor Einhorns Schrift 1649 in Lübeck gedruckt wurde, war sie schon in handschriftlicher Form in Livland bekannt (Lidenius [wie Anm. 3], f. C4v).

117 Arnold (wie Anm. 3), S. 202–206 (III, 20, § 4–[11]); Moller (wie Anm. 3), Bd. 1, S. 663–665; vgl. auch Stolterfoth (wie Anm. 116).

118 Arend Buchholtz, *Geschichte der Buchdruckerkunst in Riga 1588–1888*, Riga 1890, zu Schröder (druckt 1625–1657) S. 75–120, 317–344; zu Einhorns Büchern S. 85.

119 Einhorn (wie Anm. 22), f. C1r–C2v.

120 Ebd., f. A3v.

121 Jacob Fabricius, *Probatio Visionum, Das ist: Christliches / in GOTTES Wort vnnd bewährten Schrifften reiner Theologen wolgegründetes Bedencken Von Gesichtern [...]*, Nürnberg: Wolffgang Endter 1642; 2. Aufl.: *Probatio Visionum [...]* Nürnbergk Erstlich bey Wolffgang Endters 1642. Nun aber zum andern mahl gedruckt / Anno 1643; vgl. auch Anm. 117.

122 Einhorn (wie Anm. 22), f. A4v.

die *Probatio Visionum* des Fabricius. Einhorn lud Matthæi zum Essen ein. Bei Tisch wunderte sich Einhorn, daß Matthæi so kräftig über die visionskritischen Theologen herzog.[123]

Am folgenden Montag begab sich Matthæi zu einer »Fürstlichen Wittwen« nach Doblen (30 Kilometer westlich von Mitau), wo er viele Exemplare verkaufen konnte und »recht wol in den Wein hinein gesoffen / daß sich auch die / so zu gegen gewesen / sehr darüber verwundert / daß so ein H[eiliger] Mann / vnd vom Propheten Abgeordneter / so treflich außsauffen konte.«[124]

Am nächsten Sonntag – nachdem Einhorn die Visionen gelesen und darin manches Ungereimte entdeckt hatte und nachdem er gehört hatte, »daß Laurentius dieselben Visiones den Leuten hin vnd her in der Stadt in die Hände gestecket« – warnte Einhorn seine Gemeinde in der Predigt vor dem Buch. Am folgenden Tag fand ein öffentliches Verhör mit Matthæi statt, wo dieser akzeptieren mußte, daß mehrere Stellen im fünften Teil von Reichards Visionen der Heiligen Schrift widersprächen. Matthæi gab schließlich klein bei. Er bot an, alle Exemplare, die er noch hatte, abzugeben, doch verzichtete die Obrigkeit darauf. Er bat alle Anwesenden, für ihn zu beten, daß Gott ihm zu einem ordentlichen Beruf verhelfen wolle. Auch später beklagte er, »bitterlich weinend«, gegenüber einem Pastor, daß er von Reichard auf die schiefe Bahn gebracht worden sei, und bat um ein öffentliches Kirchengebet für seine Besserung.[125]

Die Reue währte nur kurze Zeit. Auf dem Weg nach Riga (das heißt nach Livland) begann er wieder, den fünften Teil von Reichards Visionen in den Krügen zu verkaufen.[126]

Matthæi verkaufte das Buch, das 176 Seiten in Quart zählt, in Mitau zu mindestens einem halben Reichstaler. Von den Einnahmen schickte er einmal im Jahr einen Teil an Reichard.[127] Matthæi erzählte Einhorn, daß Gerhard Schröder in Riga »nunmehr etliche Jahr [...] des Reichards Sachen gedrucket / vnnd grossen Nutzen davon gehabt.«[128] Das heißt übrigens, daß wahrscheinlich ein Teil der Nachdrucke aus den Jahren vor 1644 trotz ihrer Impressen wie Berlin oder Halle in Riga entstanden war.[129]

123 Ebd., f. B1r und folgende.
124 Ebd., f. B1v.
125 Ebd., f. B1v–B4v, Zitate f. B2v, B4v.
126 Ebd., f. B4v.
127 Ebd., f. C3v.
128 Ebd., f. C1r. Zu Schröders Buchpreisen in livländischer Währung (Mark und Schilling) vgl. Buchholtz (wie Anm. 118), S. 88–89.
129 Buchholtz (wie Anm. 118), der allerdings keine vollständige Bibliographie von Schröders Drucken geben will, erwähnt Reichards Schriften nicht.

Einhorn schrieb nach Riga und beschwerte sich, daß die Zensur den Druck von Reichards Schriften habe durchgehen lassen. Der Rat befahl nun Schröder, dem einzigen Drucker der Stadt, den schon weit fortgeschrittenen Druck des sechsten Teils einzustellen, worüber dieser sich sehr ärgerte, weil er sich gute Einnahmen davon versprach. Schließlich erschien aber doch der sechste Teil. Vor dem Verbot hatte Schröder den Text »meistentheils« auf Schreibpapier gedruckt. Die Widmung und der Schluß waren jetzt auf Druckpapier hinzugefügt. Einhorn ist sich aber sicher, daß auch diese Teile von Schröder hergestellt wurden, denn nur der könne so viele haarsträubende Sprach- und Druckfehler produzieren. Schröder verkaufte den anonymen Druck offen in seinem Buchladen.[130] Die Zensur in Riga scheint sich nicht für importierte Bücher interessiert zu haben.[131]

Die zweite Auflage des fünften Teils von Reichards Visionen aus dem Jahr 1646 endet mit einem Nachwort, in dem sich Matthæi über den Druck und den Vertrieb äußert: »Nach deme das vergangene 1645. Jahr im Monath Julio dieser Fünffte Theil zum Ersten mahle auffgeleget vnd davon 300. Exemplaria hin vnd wieder in die Reichs=See=Handel= vnd Hänsee=Städte verschicket vnd die letzten zu Bremen / Embden / Grönningen / auch in der Graffschafft Oldenburg vnd in Ost=Frießlande / so wol zu Hamburg / Lüneburg vnd in andern Städten zu Reval / Dörpat vnd Riga seynd distribuiret vnd vnter die Hohe= Mittelbare vnd Niedriege [sic] Obrigkeiten / auch andere Bürgere [sic] vertheilet vnd also die 600. Exemplaria alle seynd abgegangen [...] Alß ist nunmehro solcher Fünfter Theil revidiret / vnnd die Errata so in der Ersten Edition von drey Druckern mii [sic] eingeschlichen / in etzlichen wenigen Worten corrigiret[132] vnd nachgedrucket worden im Frühlinge dieses itzo lauffenden 1646. Jahres«.[133]

Diese Darstellung hat wenig mit der von Einhorn gemein. Einhorn scheint nicht zu wissen, daß es auch eine zweite Auflage des fünften Teils gibt.[134] Matthæi gibt die Anzahl der Exemplare einmal mit 300, das andere Mal mit 600 an. Bei Einhorn werden die Bücher um des schnöden Profits willen verkauft, bei

130 Einhorn (wie Anm. 22), f. B4v–C2v, Zitat f. C2r.

131 Buchholtz (wie Anm. 118), S. 81.

132 Viele, aber nicht alle Druckfehler sind in der 2. Aufl. tatsächlich verbessert. Außerdem werden in der 2. Aufl. an mehreren Stellen Initialen oder Namen genannt, wo in der 1. Aufl. nur »N. N.« steht. Das mag daran liegen, daß der Setzer im Manuskript die Buchstaben nicht klar erkennen konnte, was bei der 2. Aufl. dann korrigiert wurde. Oder wurde bei der 2. Aufl. die Anonymisierung als Schutz vor der Neugier der Obrigkeiten nicht mehr für nötig gehalten?

133 G. R., 5. *Teil*, 1646, S. 176.

134 Lidenius (wie Anm. 3) dagegen benutzt offensichtlich die 2. Aufl. 1646, doch macht er nicht darauf aufmerksam (ebd., f. C4v, mit Hinweis auf S. 106, wo nur in der 2. Aufl. die genannten Namen ausgeschrieben werden).

Matthæi werden sie den Obrigkeiten zur Warnung zugesandt und an Bürger verteilt. Die zweite Auflage will, wie die erste, gedruckt sein »zur Warnungsburg in Deutschland Bey Christian Gutfreund«.[135] Ein Vergleich der beiden Auflagen läßt es möglich erscheinen, daß sie tatsächlich von demselben Drucker hergestellt wurden. Laut Einhorn wäre das Schröder in Riga, doch behauptet Matthæi, daß die erste Auflage des fünften Teils von drei verschiedenen Druckern hergestellt worden sei.[136]

Wie aus Matthæis Briefen an Gyllenhielm hervorgeht, war Schröder einer seiner Mittelsmänner bei der Beförderung von Post nach und aus Stockholm. Matthæi hatte also schon mit Schröder Kontakt, bevor Einhorn mit Matthæi zu tun bekam.

In einem Brief an den schwedischen Reichsadmiral bittet Matthæi Gyllenhielm, in den »Schwartz Corduan Vergüldeten Gedruckten Visionibus G. Reichardi« nachzuschlagen. Dieses Exemplar enthielt nach den Angaben im Brief neben dem ersten bis vierten Teil der Visionen auf jeden Fall mindestens eine der kleineren Flugschriften.[137] Offensichtlich hatte Matthæi die Schriften gebunden verschickt. Einen anderen Sammelband schickte er 1642 an den schwedischen Reichskanzler, und er hielt ähnliche Exemplare für andere Mitglieder der schwedischen Regierung parat.[138] 1639 ließ er dem Herzog von Sachsen-Altenburg eine handschriftliche Vision über dessen Land »neben einem gedruckten Buche voller visionen« zukommen.[139]

In Bibliotheken sind Reichards Schriften heute oft in Sammelbänden zu finden. Sie beginnen mit dem ersten bis vierten[140] Teil der Visionen, dann folgen

135 Für den an den 5. *Teil* angebundenen *Aug=Apffel* werden in der ersten Auflage ein anderer fingierter Drucker und in der zweiten Auflage kein Drucker genannt.

136 Dafür spräche die ungewöhnliche Bogenzählung in der ersten Auflage: $A_1$1–4 (dedicatio), $A_2$1–4, B1–4, C1–4 usw. bis K1–4. Die Seitenzählung beginnt erst mit S. 9 auf f. B1r, und eine Kopfzeile taucht erst ab f. C1r auf. Der 2. Teil dieses Bandes *(Ein schöner Aug=Apffel)* beginnt mit einer neuen Bogenzählung (A1–4 bis M1–4), setzt jedoch die Paginierung (mit Fehlern) fort (81–176), allerdings fehlen die Seitenangaben auf S. [89]–[104]=f. B1r–C4v ganz. Eine Kopfzeile gibt es hier ab f. D1r. Die Numerierung der Texte (vgl. Anm. 21) ist für das ganze Buch fortlaufend, doch fehlt die Zählung von visio [44]–[47]. In der 2. Aufl. sind die Paginierung (1–176), die Bogenzählung (A1–4 bis Z1–4), die Numerierung der Texte (1–93) und die Kopfzeile fortlaufend.

137 Die Angaben in Matthæis Brief vom 13./23. 7. 1644 (Ms.) beziehen sich auf G. R., *Zwei schöne wahrhaftige Visiones*, 1639.

138 Matthæi an Oxenstierna, 20. 7. 1642 (Ms.).

139 Mengering (wie Anm. 55), S. 241, 1110 (Zitat). Im Braunschweiger Ratsarchiv befanden sich zu Rehtmeyers Zeiten der *1.* bis *4. Teil* von Reichards Visionen, die der Stadt offenbar gesammelt zugesandt worden waren (Rehtmeyer [wie Anm. 62], S. 525–526).

140 KBK: 28,-165 – rev.nr. 621 enthält nur Drucke aus den Jahren 1637 und 1638. Wahrscheinlich war der *4. Teil*, 1639, noch nicht erschienen, als der Band zusammengestellt wurde.

einige der einzeln erschienenen Flugschriften.[141] Es ist möglich, daß ein Teil der erhaltenen Sammelbände auf Matthæi zurückgeht. Manche sind sehr viel schlichter als das Exemplar des Admirals.[142] Matthæi kannte wahrscheinlich die Bedingungen seines Marktes sehr genau. Einhorn erwähnt leider nicht, ob in Mitau die Exemplare des fünften Teils gebunden waren.

Matthæi vertrieb auch die Schriften anderer Verfasser, z. B. des Spiritualisten Adolph Helt,[143] des Visionärs Hans Engelbrecht[144] und Johann Werners,[145] sowie

141 [G. R.,] *Eigentliche Beschreibung*, 1638, ist in vier Sammelbänden (BL: 697.f.31.[4.]; KBK: 28,-165 – rev.nr. 622; KBK: UBF-Th., 66606 4°; WLB: Theol.qt.5762) enthalten und wahrscheinlich Reichard zuzuschreiben (vgl. G. R., 5. *Teil*, 1645, S. 88 [visio 43]). In drei anderen Sammelbänden findet sich: *Warhafftige Copia eines Schreibens aus Constantinopel [...] was vor wunderliche / erschreckliche Gesicht vnd Geschicht / allda [...] gesehen vnd geschehen [...]* Aus deren zu Ancona Italiänischer gedruckter Copey in die Deutsche Sprache versetzet [...] Erstlich gedruckt zu Hamburg im Jahr Christi M. DC. XLII (KBK: 28,-165 – rev.nr. 624; KBS: Magi. Demon. 4°; UUB: Obr. 69:101). Der Zusammenhang mit Reichard ist unklar.

142 Von den eingesehenen Sammelbänden ist nur einer (EAW: I, 504) nicht fest eingebunden. Ein Vermerk auf dem Titelblatt, wahrscheinlich in einer Hand des 17. Jahrhunderts, nennt als Besitzer die Revaler Olaikirche. Der Band enthält einige alte Anstreichungen, die aber keine Schlüsse darüber zulassen, wie dieses Buch in den Besitz der Kirchenbibliothek kam.

143 Matthæi schickt an Gyllenhielm Kopien von Helts Schriften »Das Ewige Evangelium« (vgl. Offb. 14, 6) und »Die Vbung der Gottseligkeit« (nicht zu verwechseln mit der *Praxis Pietatis* des Lewis Bayly!) und die Abschrift eines Briefes von Helt an Reichard, dat. 13. 6. [1644] (Matthæi an Gyllenhielm, 130./23. 7. 1644 [Ms.]; Matthæi schreibt u. a.: »meines Bedünckens hoffe ich gäntzlich daß der Herr Adolphus Helt werde der Erste Anfänger oder Reform[i]rer sein, In diesem Newen bevorstehenden Christenthumb«). In G. R., 5. *Teil*, 1645, S. 125–126 (n° 63), 139 (n° 76), 144–145 (n° 79), wird Helt mehrfach erwähnt (mit vollem Namen oder mit Initialen), darunter ein Brief von Reichard an Helt vom 13. 7. [1644] (n° 79). Später scheinen sich Reichard oder Matthæi wieder von Helt distanziert zu haben, denn in der 2. Aufl. 1646 steht an diesen Stellen »N. N.«, und der Brief ist leicht umgeschrieben worden. Zu Helt vgl. Johann Adrian Bolten, *Historische Kirchen=Nachrichten von der Stadt Altona [...]*, Bd. 2, Altona 1791, S. 56–63; Karl Kayser, »Hannoversche Enthusiasten des siebzehnten Jahrhunderts«, in: *Zeitschrift der Gesellschaft für niedersächsische Kirchengeschichte* 10 (1905), S. 1–72, hier S. 40–45. Reichard setzte seine Hoffnung auch auf einen bisher nicht identifizierten Paulus Mildenstein (G. R., 5. *Teil*, 1645, S. 36 [visio 10], 71 [n° 38], 84 [visio 43], 106 [visio 48] [hier nur »P. M.«]; vgl. auch Matthæi an Gyllenhielm, 13./23. 7. 1644 [Ms.]). Auch Lidenius (wie Anm. 3), f. C4v, scheint ihn nicht zu kennen. Er schreibt »[q]uidam Paul[us] Mildenstein«.

144 Vgl. August Friedrich Wilhelm Beste, »Hans Engelbrecht. Ein Beitrag zur Geschichte der Mystik des 17. Jahrhunderts«, in: *Zeitschrift für die historische Theologie* 14, 1 (1844), S. 122–155; Horst Reller, »Engelbrecht, Hans«, in: *Neue deutsche Biographie*, Bd. 4, Berlin 1959, S. 511.

145 Matthæi an Oxenstierna, 20. 7. 1642 (Ms.); ders. an Gyllenhielm, 13./23. 7. 1644 (Ms.). Schriften von Engelbrecht bzw. Werner sind heute häufig mit Reichards Visionen zusammengebunden, so in den Sammelbänden BL: 697.f.31.; KBK: 28,-165 – rev.nr. 624; KBK: UBF-Th., 66606 4°; Skokloster: Erik Brahes Lotter: lott 4, 4:o, nr 65; KBS: Magi. Demon. 4°; UUB: Magi [106:44]; UUB: Obr. 69:101. Zu Werner vgl. Anm. 39.

die *Probatio Visionum* des Jacob Fabricius.[146] Es nicht bekannt, ob das im Einvernehmen mit Reichard geschah.

Der Erfolg von Reichards und Matthæis Arbeit ist schwer zu messen. Manche Pastoren waren – zumindest in den ersten Jahren – Reichards Visionen gegenüber wohlwollend gestimmt. In Reval fand Matthæi einen Förderer in dem Arzt und Apotheker Olitzschius, dessen Bruder übrigens einmal als Schreiber und Bote für Reichard wirkte.[147] Olitzschius unterstützte auch Reichards Anhänger Detri. Am 12. Januar 1638 schickte Detri, damals noch in Berlin wohnhaft und sich kurzfristig in Leipzig aufhaltend, handschriftliche Visionen Reichards an Johann Permeier in Wien und berichtete, daß Reichards Visionen im Umfang von zehn Bogen gedruckt würden.[148] Detris Berliner Freund, der Kammergerichtsadvokat Lorenz Grammendorf,[149] kannte schon am 2. August 1637 Reichards Visionen. Er wußte auch, daß einige schon gedruckt waren, hatte aber noch kein Exemplar erhalten.[150]

Weitere Interessenten sind schwer zu identifizieren, weil im fünften Teil von Reichards Visionen ihre Namen in der Regel anonymisiert oder nur mit Initialen wiedergegeben werden. Am 10. Juli 1640 schreibt Reichard an »einen Vornehmen Kauffman in Lübeck Herr Hans Rimpow«, dankt für einen Brief und schickt eine Vision.[151] Ein »Johan: Rimpau« aus Reval, sicherlich dessen Sohn,[152] wird 1657 als Vormund von Detris hinterlassenen Kindern in den Revaler Quellen genannt.[153] Reichards Anhänger[154] kannten sich offensichtlich, mehrere

146 S. Anm. 121. An zwei Exemplare der 2. Aufl. 1643 ist eine Schrift angebunden, die mit demselben Layout wie viele von Reichards Schriften gedruckt ist: *Ein Theologisches / Schrifftmässiges vnd Christliches Bedencken Vber des GEORGII Reichards VISION, Derer Tittul ist: Zorn vnd Gnaden Spiegel [...]* durch C. R. Dienern am Wort Gottes / Im Land Lüneburg [...], o. O. (o. Dr.) 1643 (KBS: Magi. Profet. 4°; UUB: Obr. 49:248).

147 S. Anm. 98.

148 BFS: Ms. B 17a, Nr. III, 2[1] (Abschrift). Keiner der erhaltenen Drucke hat einen Umfang von genau zehn Bogen.

149 Vgl. auch Anm. 101.

150 [Grammendorf] [Berlin] an Johann Permeier (Wien), 2. 8. 1637 (BFS: Ms. B 17b, f. 91r–92v).

151 G. R., 5. *Teil*, 1646, S. 63–64 (n° 32, visio 33); in der 1. Ausg. 1645, S. 63–64, statt des Namens nur »N: N:«.

152 Laut Auskunft des AHL vom 26. 5. 1997 gab es in Lübeck einen am 23. 2. 1649 verstorbenen Leinwandkrämer und Bürger Hans Rimpauw mit einem Sohn Johann, der Organist in Reval war (die »Anstellungsurkunde des Organisten Johannes Rimpow aus Lübeck« ist auf den 4. 4. 1633 datiert [Gierlich (wie Anm. 96), S. 332]). Allerdings habe es in der ersten Hälfte des 17. Jahrhunderts in Lübeck weitere Personen mit diesem Namen gegeben, eine davon sei wahrscheinlich auch Krämer gewesen.

153 StAR: III, Rechtsstreitigk. 15 (wie Anm. 99), f. 1r–2r: Bekräftigung einer Vollmacht für Herman Zimmerman, die Erbschaftsangelegenheiten in Cölln an der Spree zu regeln (12. 2. 1657).

154 Allerdings kann man nicht ohne weiteres alle Leser von Reichards Visionen auch seine Anhänger nennen.

stammten aus Kursachsen,[155] und sie halfen einander. Wahrscheinlich wirkten sie auch – allerdings nicht so umfassend wie Matthæi – an der Verbreitung von Reichards Schriften mit.

Reichard schreibt selbst, daß nach der Veröffentlichung des ersten Teils der Visionen viele Interessierte Geld zur Finanzierung des zweiten Teils vorgeschossen hätten. Er habe dazu seine Visionen »etzlichen vornehmen Herren / Geistlich vnd weltlichen standes / aus meinem Munde in die feder gedictiret«.[156] Auch der Druck des dritten und vierten Teils wurde offenbar dadurch möglich, daß »guthertzige Leute« Geld auslegten.[157]

Wie die zahllosen Obrigkeiten zwischen Rhein und Finnischem Meerbusen auf Reichards Visionen reagierten, liegt größtenteils noch im Dunkeln.[158] Die Exemplare von Reichards Schriften in der kgl. Bibliothek in Stockholm gehen vielleicht teilweise auf die an Oxenstierna und Gyllenhielm gesandten Bücher zurück.[159] Die Herkunft der Exemplare in der kgl. Bibliothek in Kopenhagen ist nicht geklärt, obwohl Reichard und Matthæi behaupten, daß Christian IV. von Dänemark und zwei seiner Söhne (Kronprinz Christian und der Administrator der Stifte Bremen und Verden, der spätere König Friedrich III.) Reichards

155 In dieses Bild könnte passen, daß Gyllenhielms Leibarzt Dionysius Fischer, der Briefe von Gyllenhielm an Matthæi und Reichard vermittelte (Matthæi an Gyllenhielm, 13./23. 7. 1644 [Ms.]; Reichard an dens., 28. 4. 1647 [Ms.]), aus Schneeberg in Meißen stammte (I[sidorus] Brennsohn, *Die Aerzte Livlands [...] bis zur Gegenwart,* Riga 1905, S. 159).

156 G. R., 2. *Teil,* 1638, f. B2v. Reichards 44. Vision wurde am 1. 8. 1637 in Brandis in Matthæis Schulmeisterwohnung von dem Theologiestudenten Petrus Bornitius, den Pastoren Petrus Plesnerus (Burkartshain) und Balthasar Wilde (Brandis) sowie anderen Personen aus Brandis aufgezeichnet (G. R, 3. *Teil,* 1638, f.):(1r [visio 45]).

157 G. R., 4. *Teil,* 1639, f. A2r.

158 Für eine Auswahl der Obrigkeiten s. G. R., 5. *Teil,* 1645, f. $A_1$1v; vgl. auch $A_1$4r (dedicatio). Es ist denkbar, daß Reichards Umzüge von Kursachsen nach Anhalt und weiter ins Erzstift Magdeburg (s. o.) wegen Ausweisungen notwendig wurden.

159 In der KBS befindet sich ein Buch von Johann Werner (s. Anm. 39) mit einer undatierten handschriftlichen Widmung an Oxenstierna von dem »Verleger dieses Tractätleins Laurentius Matthæj«: Johann Warner [Werner], *Vierzehen schöne Trostreiche vnd sehr denckwürdige VISIONES [...],* Trawmünde: Christophilus Habrecht 1642 (KBS: Magi. Profet.). Es gibt auch Drucke mit den Jahreszahlen 1641 und 1643. Die gedruckte Widmung an »Christina / Der Schweden [...] Erwehlte Königin [...] Wie auch Ihrer Königl. Mayst. [...] Herren Vormündern Reichs= vnd Hofe=Rähten« ist in allen Ausgaben auf Michaelis 1642 datiert. Im Einband zur 2. Aufl. 1643 von Fabricius' *Probatio Visionum* finden sich die handschriftlichen Initialen »C. C. G.«, was vielleicht als Carl Carlsson Gyllenhielm aufzulösen ist. Der Band enthält auch andere Schriften (vgl. Anm. 146), u. a. Flugschriften von Reichard. Das Exemplar der KBS von G. R., 5. *Teil,* 1646, trägt dagegen auf dem Titelblatt einen Schriftzug, vom dem nur der Name Horn zu entziffern ist, sowie ein weitgehend zerstörtes Siegel.

Schriften erhalten hätten.[160] Einige der Kopenhagener Sammelbände stammen jedenfalls aus anderem Besitz.[161]

1639 empfing zwar der Schiffer, der im Auftrag Matthæis persönlich Schriften von Reichard an Oxenstierna übergab, einen Reichstaler Trinkgeld, doch hatte der Reichskanzler keine Zeit (oder Neigung?), dem Boten eine »Schrifftliche Antwort oder Recompens [das heißt Geld] Vor solche Bücher« zu geben.[162] Genauso wenig Erfolg scheint Matthæi bei dem dänischen König (und mehreren anderen Obrigkeiten) gehabt zu haben,[163] doch bei dessen Sohn, dem Kronprinzen Christian, will er 1638 »drey vnterschiedliche Tage nach einander zu Helsingnör [Helsingør] Audientz gehabt« haben.[164] Im selben Jahr behauptete Matthæi auch, der Kurfürst von Sachsen habe Reichard nach Dresden gefordert, »etliche gehabte Visiones außzudeuten«.[165]

Von Reichards übrigen Lesern ist wenig bekannt,[166] mit Ausnahme des schon

160 G. R., 5. *Teil,* 1645, S. 35 (visio 9), 49 (n° 19), 52–54 (n° 23–24), 61 (n° 29); Matthæi an Oxenstierna, 20. 7. 1642 (Ms.); ders. an Gyllenhielm, 13./23. 7. 1644 (Ms.). Im RAK blieb die Suche nach Briefen von Matthæi oder Reichard ohne Erfolg. Reichards Schriften werden nicht genannt im 1647 erstellten Verzeichnis der von Christian (V.) hinterlassenen Bücher. Dessen Bibliothek befindet sich heute in der KBK, doch ist das Verzeichnis nicht vollständig (Ilsøe [wie Anm. 24], S. 139–140; Edition des Verzeichnisses S. 142–153). 1660 scheint sich noch kein Exemplar von Reichards Schriften in der KBK befunden zu haben (Catalogus Bibliothecæ Regiæ [Friderici III] alphabeticus anno 1660 [KBK: KB's arkiv, E 1]).

161 Auf dem Titelblatt von G. R., *1. Teil,* 1639, der ersten Schrift des Sammelbandes KBK: 28,-165 – rev.nr. 622, stehen unter einem unkenntlich gemachten Schriftzug der Name von Henrik Friis zu Ørbæklunde und das Datum 1660. Der Sammelband KBK: 28,-165 – rev.nr. 623 trägt auf dem Rücken die nur noch mit Mühe lesbare Aufschrift »Johann Warner[s und] G[eor]gii [Rei]ch[a]rts V[is]iones«. Vielleicht stammt dieser Band aus der Gottorfer Bibliothek (Catalogus Librorum Bibliothecae gottorpiensis [...] confectus Anno MDCCXLIX. [KBK: KB's arkiv, E 35], f. 105v, Nr. 105: »Joh. Warners Weissagungen 1641. 43. Georg. Reicharts Vision. 1637. nebst andern dahin gehörigen Schriften«). Heute enthält der Band nur Schriften von Reichard, doch sind am Anfang ein oder mehrere Drucke herausgelöst worden. Zu den entfernten Schriften zählt sicherlich Johann Warner [Werner], *[S]elbst eigene Beschreibung etzlicher VISIONEN [...],* o. O. (o. Dr.) 1642 (KBK: 28,-167 – rev.nr. 637), weil dieses Exemplar auf die gleiche Weise wie der Sammelband mit Bleistiftanmerkungen versehen ist. Der nur Schriften von Reichard enthaltende Sammelband KBK: 28,-165 – rev.nr. 621 zeigt Reste von grünen Bändern zum Verschließen, wie sie ähnlich in der Gottorfer Bibliothek üblich waren (vgl. Lohmeier [wie Anm. 24], S. 342–343). Es war bisher nicht festzustellen, ob diese Sammelbände und die in Anm. 24 genannte(n) Handschrift(en) vielleicht durch Olitzschius' Vermittlung (vgl. Anm. 107) in die Gottorfer Bibliothek gelangten.

162 Matthæi an Oxenstierna, 20. 7. 1642 (Ms.); vgl auch Anm. 80.

163 G. R., 5. *Teil,* 1645, S. 35 (visio 9), 135 (n° 72), 148 (n° 82).

164 Ebd., S. 52–53 (n° 23).

165 BFS: Ms. B 17a, Nr. III, 4[1] (wie Anm. 66).

166 Ein Schwede mit dem Allerweltsnamen Jönß Jönßon schrieb am 5. 8. 1642 seinen Namenszug auf das erste Titelblatt des Sammelbandes UUB: Magi [106:44]. Vielleicht hatte Matthæi ihm

häufiger erwähnten schwedischen Reichsadmirals und Mitglieds des Reichsrats Carl Carlsson Gyllenhielm. Politisch war Gyllenhielm zu dieser Zeit nicht sehr einflußreich, doch war er an religiöser Reform interessiert und regte z. B. die schwedische Übersetzung (1647–48) von Johann Arndts *Vier Bücher von wahrem Christentum* an.[167] Er antwortete auf Reichards und Matthæis Briefe[168] und schickte mehrmals Geld an Matthæi (60, 50, 40, 20 und 5 Reichstaler[169] – also ein Mehrfaches des von Einhorn genannten Mindestpreises von einem halben Reichstaler für den fünften Teil der Visionen in Mitau[170]), und das Erscheinen des fünften Teils von Reichards Visionen soll ohne seine Zuwendungen nicht möglich gewesen sein.[171]

Matthæi verspricht in seinen beiden Briefen an Gyllenhielm, die Hälfte des geschenkten Geldes an Reichard weiterzuleiten, doch hegte Reichard nach dem Ende der Zusammenarbeit Zweifel, den ihm zustehenden Anteil erhalten zu haben.[172]

Die finanzielle Seite war Matthæi sicher wichtig. Allerdings deutet der Vertrieb von anderer spiritualistischer Literatur darauf hin, daß er sich wirklich für diese Ansichten engagierte. Matthæi hatte schon seit längerem Verbindungen zum Rigaer Buchdrucker Schröder, dessen Interesse an dieser Literatur vielleicht nicht nur finanzieller Art war, wie Einhorn das darstellt. Das könnte auch der tiefere Grund für Einhorns Abneigung gegen Schröder sein.[173]

das Buch während seines Aufenthaltes in Stockholm (vgl. Anm. 87) verkauft oder geschenkt. Der Sammelband KBK: UBF-Th., 66606 4° gehörte einem »Gottfried« mit nicht zu entziffernden Nachnamen. Zu weiteren privaten Besitzern von Reichards Schriften vgl. Anm. 159 und 161.

167 Erik Granstedt, »Gyllenhielm, Karl Karlsson«, in: *Svenskt biografiskt lexikon*, Bd. 17, Stockholm 1967–69, S. 569–575; Per Sörbom, »Karl Karlsson Gyllenhielm«, in: *Svenska turistföreningens årsskrift* 1979, S. 169–183; Sixten Belfrage, *Carl Carlsson Gyllenhielms litterära verksamhet*, Lund 1955, S. 185–197.

168 Gyllenhielms Briefe sind nur durch Erwähnungen in den Briefen an Gyllenhielm belegt. Er schrieb an Matthæi am 4. und 25.(?) 5. 1644 und am 15. 8. 1645 sowie an Reichard am 6. 2. 1647. Außerdem erkundigte er sich bei Fabricius (s. Anm. 121) nach Reichard und Werner (s. Anm. 39) (Fabricius [Stettin] an [Gyllenhielm], 20. 10. 1646 [Abschrift], in: UUB: Ms. E 401).

169 Matthæi an dens., 7. 9. 1645 (Ms.); Reichard an dens., 28. 4. 1647 (Ms.). Vielleicht veranlaßte Gyllenhielm 1643 die Zahlung der oben (vgl. Anm. 88) erwähnten 50 Taler in Silber.

170 Vgl. Anm. 127. Zu beachten ist allerdings, daß die Buchpreise sich offenbar auch nach den finanziellen Möglichkeiten der einzelnen Käufer richteten, vgl. Gunnar Carlquist, »Skåneprästen Albert Raffn och finansieringen av hans bok ›Den himmelske herredag‹ (1633)«, in: *Nordisk tidskrift för bok- och biblioteksväsen* 50 (1963), S. 42–50, hier S. 45–48.

171 Matthæi an Gyllenhielm, 7. 9. 1645 (Ms.).

172 Reichard an dens., 28. 4. 1647 (Ms.). 1645 habe er von 60 Reichstalern 25 erhalten; zu anderen Zeitpunkten habe Gyllenhielm zwanzig und fünf Reichstaler an Matthæi gesandt, die Matthæi für den Druck ausgegeben habe.

173 Buchholtz (wie Anm. 118) schildert Schröder als kompetenten Drucker. Ausführlich behandelt er dessen Streit mit den Rigaer Buchbindern (bis Mai 1644), bei dem es hauptsächlich um das

Es wird deutlich, daß Reichard und Matthæi alle Formen des Vertriebs von Handschriften und Drucken nutzten, von Widmungsexemplaren an hochgestellte und finanzkräftige Personen bis zur Kolportage von Haus zu Haus. Reichard lud – wie eingangs zitiert – die Leser ein, ihn aufzusuchen und mit ihm über die Gesichte zu diskutieren.[174] Er rechnete damit, daß manche durch Vorlesen mit seinen Visionen in Berührung kamen.[175] Reichard vertrieb auch selbst gedruckte und handschriftliche Visionen, doch scheinen seine Aktivitäten sich vor allem auf Kursachsen, Anhalt und das Erzstift Magdeburg beschränkt zu haben.[176] Matthæi dagegen sorgte für den Vertrieb im großen Stile. Er schickte oder übergab gedruckte und handschriftliche Visionen nicht nur Fürsten, Adligen und Stadträten, sondern ging auch von Tür zu Tür und bot die Bücher in Krügen und auf Jahrmärkten feil (ein Besuch in Danzig wurde bewußt in die Jahrmarktszeit gelegt[177]). Vielleicht hatten auch andere Buchhändler als Schröder in Riga die Drucke im Angebot. Die beiden Schulmeister produzierten zusammen Texte, die sie in mündlicher, handschriftlicher und gedruckter Form allen Schichten der Gesellschaft zugänglich machten.

Ein anderer Prophet und Spiritualist des 17. Jahrhunderts, Ludwig Friedrich Gifftheil, hatte auch einen Amanuensis, doch ist das genaue Ausmaß ihrer Zusammenarbeit noch nicht erforscht.[178] Das Beispiel von Reichard und Matthæi macht deutlich, zu welchen Lese- und Schreibpraktiken Schulmeister im

Recht zum Handeln mit Büchern ging (ebd., S. 92–105). In einer Eingabe an den Rat aus dem Jahr 1644 verwahrt sich Schröder gegen den Vorwurf, »[d]ass ich die Schrifft geendert vnd in Lutheri Catechism vnd meinem Gesangbuch theils Wort vnd Verse beygesetzt, ja wol kätzerische Meynung einflicken möchte« (ebd., S. 340), doch deutet Buchholtz nirgends an, daß es Schröder an Rechtgläubigkeit gefehlt habe. Einhorn (wie Anm. 22), f. C1r und folgende, schreibt allerdings, daß Schröder nach dem Druckverbot für den *6. Teil* von Reichards Visionen sehr über Jacob Stolterfoht geschimpft habe. Da Stolterfoht Pastor in Lübeck war (vgl. Anm. 116) und mit dem Druckverbot direkt nichts zu tun gehabt haben wird, deutet das darauf hin, daß Schröder nicht nur die theologischen Fraktionen gut kannte, sondern hier auch konkret Stellung bezog.

174 Vgl. auch G. R., *4. Teil*, 1639, f. M2r (visio 100).

175 Ebd., f. K4v (visio 99), M3v; G. R., *5. Teil*, 1645, f. A_14r (dedicatio); zum Hörensagen vgl. ebd., S. 125 (n° 63).

176 G. R., *5. Teil*, 1645, S. 35–36 (visio 10), nennt Prag als Reichards Aufenthaltsort, doch ohne Angabe der Jahreszahl.

177 Vgl. Anm. 92. Nach Riga kamen regelmäßig zur Zeit des Jahrmarkts für vierzehn Tage oder länger auswärtige Buchhändler (Buchholtz [wie Anm. 118], S. 111–115). Den ortsansässigen Buchhändlern, darunter Schröder, waren sie ein Dorn im Auge. 1644 klagte Schröder ausdrücklich darüber, daß sie ihre Bücher auch auf dem Land vertrieben (ebd., S. 324). Mit Matthæis Tätigkeit war er offenbar einverstanden.

178 Arnold (wie Anm. 3), S. 1091 (IV, 3, 18, § 7); vgl. hierzu Theodor Wotschke, »Johann Ludwig und Johann Friedrich Münster. Ein Beitrag zur Geschichte des Separatismus«, in: *Blätter für Pfälzische Kirchengeschichte* 7 (1931), S. 97–107, 129–143, hier S. 97–98, 105–107, 129–130.

17. Jahrhundert in der Lage waren. Obwohl sie etablierte Kommunikationskanäle wie die Reichspost oder die Frankfurter Buchmesse[179] offenbar nicht benutzten, waren sie in der Lage, ihr eigenes Vertriebsnetz aufzubauen. Ihre fehlende formale Ausbildung hinderte sie nicht daran, Bücher drucken zu lassen, die von gelehrten Theologen für so wichtig gehalten wurden, daß diese versuchten, sie zu widerlegen.[180] Gerade im Bereich der religiösen Reformliteratur konnte offensichtlich die Begeisterung für die Sache helfen, die mit dem Druck und dem Vertrieb verbundenen Schwierigkeiten zu meistern.

Weitere Studien werden sicherlich zeigen, wie andere nicht humanistisch gebildete Laien des 17. Jahrhunderts ihre Erfahrungen und Lektüre in Schriften verarbeiteten und wie diese Schriften den Zeitgenossen zugänglich gemacht wurden und auf sie wirkten.[181]

179 Bücher ohne vollständige Impressen waren von der Buchmesse ausgeschlossen (Schrader [wie Anm. 28], S. 117, 129).

180 Lidenius (wie Anm. 3) und Anm. 117.

181 Vgl. z. B. Willem Frijhoff, »Leven, horen, lezen, schrijven. Omgaan met teksten in het werk van Aert Jansz. van Rijnevelshorn«, in: M[arijke] Bruggeman et al. (Hgg.), *Mensen van de Nieuwe Tijd. Een liber amicorum voor A. Th. van Deursen*, Amsterdam 1996, S. 218–236, der einen lutherischen Kaufmann aus Woerden (Holland) behandelt, der gleichzeitig mit Reichard und Matthæi schrieb. Der Vertrieb der Bücher wird jedoch nicht berührt.

Anhang I: Handschriftliche Briefe von Reichard und Matthæi

Matthæi (Stockholm) an Axel Oxenstierna [Stockholm], 20. 7. 1642 (RAS: Oxenstiernska saml., E 644).

Matthæi (Königsberg) an Carl Carlsson Gyllenhielm (Stockholm), 13./23. 7. 1644 (der untere Teil des Briefes ist stark zerstört) (UUB: Ms. E 396: Riks Amiralen C. C:son Gyllenhjelms Handlingar).

Matthæi [Hamburg] an Carl Carlsson Gyllenhielm (Stockholm), 7. 9. 1645 (der untere Teil des Briefes ist stark zerstört) (RAS: C. C:son Gyllenhielms saml., E 3704).

Matthæi (Danzig) an die Quartiermeister und Hundertmänner aus der Dritten Ordnung der kgl. Stadt Danzig im Koggen-Quartier, 12. 1. 1647 (SAD: Stadtarchiv Danzig, 300 R, Pp 82, S. 129–132).[182]

Reichard an [Carl Carlsson Gyllenhielm], 9. 2. 1647 (nur das letzte Blatt des Briefes ist erhalten) (RAS: C. C:son Gyllenhielms saml., E 3706).

Reichard (Aken) an Carl Carlsson Gyllenhielm (Stockholm), 28. 4. 1647 (RAS: C. C:son Gyllenhielms saml., E 3706).

Anhang II: Reichards gedruckte Schriften[183]

Erster bis sechster Teil

1\. Teil, 1637: Georgius Reichart, *Vnterschiedliche sehr Nachdenckliche VISIONES Vnd Offenbahrungen / welche biß anhero Georgio Reicharten / Schulmeistern oder KirchenDienern zu Seehausen / ein Meilweges von Leiptzig / durch den Geist des HERREN sind gezeiget […] worden […],* Nordhausen (o. Dr.) 1637 (KBK: 28,-165 – rev.nr. 621) *[die Visionen sind datiert 30. 9. 1635 – 15. 2. 1636, 29. 8. 1636, 6. 1. 1637].*

1\. Teil, 1638: Georgius Reichart, *Erster Theil Etzlicher sehr nachdencklicher VISIONEN Vnd Offenbahrungen […],* Halle (o. Dr.) 1638 (WLB: Theol.qt.5762).

1\. Teil, 1639: Georgius Reichart, *Erster Theil Etzlicher sehr nachdencklicher VISIONEN Vnd Offenbahrungen […],* Halle (o. Dr.) 1639 (KBK: 28,-165 – rev.nr. 622).

1\. Teil, 1640: Georgius Reichart, *Erster Theil Etzlicher sehr nachdencklicher VISIONEN Vnd Offenbahrungen […],* Halle (o. Dr.) 1640 (KBK: 28,-165 – rev.nr. 623).

1\. Teil, 1641: Georgius Reichart, *Erster Theil Etzlicher sehr nachdencklicher VISIONEN Vnd Offenbahrungen […],* Halle (o. Dr.) 1641 (KBK: 28,-165 – rev.nr. 624).

182 Eine recht genaue Abschrift findet sich in PAW: Ms. 496, f. 155r–156v. Ich danke Hans-Joachim Müller (Mainz) für den Hinweis auf den Brief und die Abschrift.

183 Die Namensform entspricht der auf dem Titelblatt verwendeten. Für jedes Werk wird nur ein Standort angegeben; vgl. auch die Angaben zu Sammelbänden in Anm. 139–142, 145, 159, 161, 166. Die Angaben zu weiteren Drucken bei Čeněk Zíbrt, *Bibliografie České Historie,* Bd. 5, Prag 1912, S. 863, konnten nicht verifiziert werden.

2\. Teil, 1638: Georgius Reicharth, *Ander Theil / Etzlicher sehr nachdencklicher VISIONEN Vnd Offenbarungen [...]*, o. O. (o. Dr.) 1638 (KBK: 28,-165 – rev.nr. 621) *[dat. 6. 4.– 28. 7. 1636]*.

2\. Teil, o. J.: Georgius Reicharth, *Ander Theil / Etzlicher sehr nachdencklicher VISIONEN Vnd Offenbarungen [...]*, o. O. (o. Dr.) o. J. [16(...) – Jahrzehnt und Jahr nicht angegeben] (KBK: 28,-165 – rev.nr. 622).

2\. Teil, 1641: Georgius Reichart, *Ander Theil / Etlicher [sic] sehr nachdencklicher VISIONEN Vnd Offenbahrungen [...]*, o. O. (o. Dr.) 1641 (KBK: 28,-165 – rev.nr. 623).

3\. Teil, 1638: Georgius Reichart, *Dritter Theil Etzlicher sehr Nachdencklicher VISIONEN Vnd Offenbahrungen [...]*, o. O. (o. Dr.) 1638 (KBK: 28,-165 – rev.nr. 621) *[dat. 2. 8.–24. 12. 1636]*.

3\. Teil, 1639: Georgius Reichart, *Dritter Theil Etzlicher sehr Nachdencklicher VISIONEN Vnd Offenbahrungen [...]*, o. O. (o. Dr.) 1639 (KBK: 28,-165 – rev.nr. 622).

3\. Teil, 1640: Georgius Reichart, *Dritter Theil Etzlicher sehr Nachdencklicher VISIONEN Vnd Offenbahrungen [...]*, o. O. (o. Dr.) 1640 (KBK: 28,-165 – rev.nr. 623).

4\. Teil, 1639: George Reichart, *Vierdter Theil / Etzlicher sehr Nachdencklichen VISIONEN Vnd Offenbahrungen [...]*, o. O. (o. Dr.) 1639 (KBK: 28,-165 – rev.nr. 622) *[dat. 2. 1.–25. 3. 1637]*.

4\. Teil, 1640: George Reichardt, *Vierdter Theil / Etzlicher sehr Nachdencklichen VISIONEN Vnd Offenbahrungen [...]* Zum andern mahle Gedruckt zu Berlin Im Jahr Christi / M. DC. XXXX. (KBK: 28,-165 – rev.nr. 623).

5\. Teil, 1645: Georgius Reichardus, *Fünffter Theil. Etzlicher Wahrhafftiger / Wunderlicher vnd sehr hoher Nachdencklicher VISIONEN [...] Darinnen zubefinden der offene Aug=Apffel von zwölfferley schönen Regeln [...]* Gedruckt zur Warnungsburg in Deutschland Bey Christian Gutfreund Im Jahr nach CHristi Geburt 1645. *[dat. 11. 4. 1637–2. 5. 1645]*.
[2. Teil (S. 81–176; f. A1r–M4v):] Georgius Reichardus, *Ein schöner Aug=Apffel / Das ist / Ein recht schönes / Geistreiches Gesicht vnd Offenbarung [...]* Gedruckt zu Northausen / im Lande zu Düringen / bey Christian Gutknecht / Im Jahr M.DC.XLV. (KBK: 28,-165 – rev.nr. 625) *[dat. 22. 3. 1642–11. 5. 1645]*.

5\. Teil, 1646: Georgius Reichardus, *Fünffter Theil / Etzlicher Wahrhafftiger / Wunder[licher] vnd sehr hoher Nachdencklicher VISIONEN [...] Darinnen zu befinden der offene Aug=Apffel von zwölfferley schönen Regeln [...]* Zum Andern mahle / Gedruckt zur Warnungsburg in Deutschland Bey Christian Gutfreund / Im Jahr nach Christi Gebuhrt / M. DC. XLVI.
[2. Teil (S. 81–176; f. M1r–Z4v):] Georgius Reichardus, *Ein schöner Aug=Apffel / Das ist / Ein recht schönes / Geistreiches Gesicht vnd Offenbarung [...]*, o. O. (o. Dr.) o. J. (KBS: Magi. Demon. 4°).

6\. Teil, 1646: Georg Reichard, *Sechster Theil Etzlicher warhafftiger [...] Visionen [...]*, o. O. 1646 (Winkelmann [wie Anm. 22], Nr. 5747).

Flugschriften

Vision über Braunschweig, 1638: Georgius Reicharth, *Eine Warhafftige VISION Oder Gesicht vber die Stadt vnd Land zu Braunschweig [...]*, o. O. (o. Dr.) 1638 (KBK: 28,-165 – rev.nr. 621) *[dat. 24. 5. 1637]*.

Vision über Lüneburg, 1638: Georgius Reicharth, *Eine Warhafftige VISION Oder Offenbahrung vber die Stadt vnd Land Lüneburg [...]*, o. O. (o. Dr.) 1638 (KBK: 28,-165 – rev.nr. 621) *[dat. 25. 6. 1637]*.

Vision über Lüneburg, 1639: Georgius Reichart, *Eine Warhafftige VISION Oder Offenbahrung vber die Stadt vnd Landt Lüneburg [...]* Gedruckt zum Andernmahl / Im Jahr Christi 1639. (KBK: 28,-165 – rev.nr. 622).

Wahrhaftiges Gesicht, 1638a: Georgius Reichart, *Ein Wahrhafftiges Gesicht / vnd wunderliche Geschicht / Welches mir Georgio Reicharten [...] für [...] Augen gestellet worden [...]*, o. O. (o. Dr.) 1638 (KBK: 28,-165 – rev.nr. 621) *[dat. 11. 8., 29. 9. 1637]*.

Wahrhaftiges Gesicht, 1638b: Geogius [sic] Reichart, *Ein Wahrhafftiges Gesicht / vnd wunderliche Geschicht / Welches mir Geogio [sic] Reicharten [...] für [...] Augen gestellet worden [...]*, o. O. (o. Dr.) 1638 (KBK: 28,-166 – rev.nr. 622).

Wahrhaftiges Gesicht, 1642: Georgius Reichart, *Ein Warhafftiges Gesicht / vnd wunderliche Geschicht / Welches mir Georgio Reicharten [...] für [...] Augen gestellet worden [...]* Erstlich Gedruckt im Jahr [...] 1638. Zum andermahl / 1642. (KBK: 28,-165 – rev.nr. 623).

Zorn- und Gnadenspiegel, 1638: Georgius Reichart, *Eine Warhafftige VISION Oder Gesicht / Das ist: Zorn vnd Gnadenspiegel Gottes [...]*, o. O. (o. Dr.) 1638 (KBK: 28,-165 – rev.nr. 621) *[dat. 9., 13. 11. 1637]*.

Zorn- und Gnadenspiegel, 1639: Georgius Reichart, *Eine Warhafftige VISION Oder Gesicht / Das ist: Zorn vnd Gnadenspiegel Gottes [...]*, o. O. (o. Dr.) 1639 (KBK: 28,-165 – rev.nr. 622).

Zorn- und Gnadenspiegel, 1643: Georgius Reichart, *Eine warhafftige VISION oder Gesicht / das ist / Zorn vnd Gnaden Spiegel Gottes [...]* welches [...] in öffentlichen Druck gebracht worden Im Jahr [...] 1638. An itzo aber zum Andern [sic] mahl auffgeleget vnd Nachgedruckt Anno M. DC. XLIII. (KBK: 28,-166 – rev.nr. 631).

Visiones über Hansestädte, Halle 1638: Georgius Reichart, *Zwey warhafftige VISIONES Gesichter vnd Offenbahrungen [...] über etzliche fürnehme Handel= vnd An=SeeStätte / fürnemlichen aber vber die Stadt Bremen / Lübeck / Hamburg / Rostock / Lüneburg / Braunschweig / Magdeburg / vnd andere nahe angrentzende mehr [...]*, Halle (o. Dr.) 1638 (KBK: 28,-165 – rev.nr. 621) *[dat. 12. 1., 1. 2. 1638]*.

Visiones über Hansestädte, o. O. 1638: Georgius Reichart, *Zwey warhafftige VISIONES Gesichter vnd Offenbahrungen [...]*, o. O. (o. Dr.) 1638 (KBK: 28,-165 – rev.nr. 624).

Visiones über Hansestädte, 1639: Georgius Reichart, *Zwey warhafftige VISIONES Gesichter vnd Offenbahrungen [...]*, Halle (o. Dr.) 1639 (KBS: Magi. Demon. 4°).

Gesicht über Bremen, 1639: George Reichard, *Ein Erschreckliches Vnd Warhafftiges Gesicht / Welches Ich George Reichard [...] gesehen habe vber der Stadt Bremen [...]*, o. O. (o. Dr.) 1639 (KBK: 28,-165 – rev.nr. 622) *[dat. 7. 2. 1638]*.

Gesicht über Bremen, 1640: George Reichard, *Ein Erschreckliches Vnd Warhafftiges Gesicht / Welches Ich George Reichard [...] gesehen habe vber der Stadt Bremen [...]*, o. O. (o. Dr.) 1640 (KBK: 28,-166 – rev.nr. 634).

Eigentliche Beschreibung, Halle 1638: [George Reichard,] *Eigentliche Beschreibunge Oder Warhafftige Außlegunge des Newen Erschrecklichen Cometen oder Wunder Sterns [...]*, Halle (o. Dr.) 1638 (KBK: UBF-Th., 66606 4°) *[dat. 4. 3. 1638]*.

Eigentliche Beschreibung, o. O. 1638: [George Reichard,] *Eigentliche Beschreibunge Oder Warhafftige Außlegunge des Newen Erschrecklichen Cometen oder Wunder Sterns [...]*, o. O. (o. Dr.) 1638 (KBK: 28,-165 – rev.nr. 622).

Zwei schöne wahrhaftige Visiones, 1639: George Reichart, *Zwey Schöne Warhafftige VISIONES vnd Offenbahrungen [...]*, o. O. (o. Dr.) 1639 (KBK: 28,-165 – rev.nr. 622) *[dat. 22. 7., 10. 8. 1638]*.

Vision über Altenburg, 1639: Geörge Reichard, *Eine Warhafftige Vision, Und Göttliche Offenbahrunge, welche Mir Geörge Reicharden [...] durch den Geist des HErrn ist kund gethan worden, uber die Stadt und Ländlein Altenburg*, o. O. 1639 (Hohenemser [wie Anm. 22], S. 204).

Vision über Altenburg, 1640: Geörge Reichard, *Eine Warhafftige Vision, Vnd Göttliche Offenbahrunge / welche Mir Geörge Reicharden [...] durch den Geist des HErrn ist kund gethan worden / vber die Stadt und Ländlein Altenburg [...]*, o. O. (o. Dr.) 1640 (WLB: Theol.qt.5762) *[dat. 1. 11. 1638]*.

Rechte Prüfung der Geister, 1639: Georgius Reichard, *Eine Schöne VISION Vnd Göttliche Offenbahrung von der Rechten Prüfung der Guten= vnd Bösen=Geister [...]*, o. O. (o. Dr.) 1639 (KBK: 28,-165 – rev.nr. 622) *[dat. 29. 5., 1. 6. 1639]*.

Engel-Sieg, 1639: George Reichard, *Dieses wird genandt Der Engel=Sieg / Wieder die jenigen / welche die Engelischen Gesichter oder Geister (vngeprüfet vnd vngelesen) verwerffen wollen [...]*, o. O. (o. Dr.) 1639 (KBK: 28,-165 – rev.nr. 622) *[dat. 27. 7. 1639]*.

FRANZ M. EYBL

Zwischen Psalm und *Werther*

Ein Modell klösterlicher Textzirkulation im 18. Jahrhundert

In der Geschichte des Lesens und des Schreibens steht für das Mittelalter die zentrale Funktion der Klöster außer Frage, in der frühen Neuzeit übernehmen andere Institutionen die leitende Akkulturationsfunktion. Die kulturelle Entwicklung wird in den katholischen Territorien Deutschlands hauptsächlich von den neuen zentralistischen Orden der Jesuiten und Kapuzinern getragen, die in der gegenreformatorischen Beeinflussung der Eliten einerseits und in der Missionierung der breiteren Schichten andererseits ihr Wirkungsfeld fanden. Die damit einhergehende Ausbildung konfessionsspezifischer Lese- und Schreibpraktiken ist der jüngeren Forschung ins Blickfeld gerückt,[1] die sich dabei vor allem gegen zwei ältere Beschreibungsmodelle abzusetzen hat:

1. das (seit dem 16. Jahrhundert fortgeschriebene) Modell der konfessionskulturellen *Marginalisierung* jener weit überwiegend im Lateinischen entfalteten Textwelt, idealtypisch in der deutschen Literaturgeschichtsschreibung vorzufinden, wo Georg Gottfried Gervinus in seiner *Geschichte der poetischen National-Literatur der Deutschen* ([3]1846) von den »finsteren katholischen Schrecknissen« schreibt, die besser nicht ans Licht der Wissenschaft gezogen werden sollten; sowie

2. das ordens- und kirchengeschichtliche Modell der *Apologetik*, das hinter Josephinismus (Österreich) und Säkularisation (Bayern) zurückreichen und die Leistungen der Klöster und Orden rechtfertigen will.

In diesem Versuch gehe ich von der Annahme eines komplexen »Kommunikationsmodells Kloster« aus, von jener Institution, die für die Geschichte der Textzirkulation Oberdeutschlands im 17. und 18. Jahrhundert eine noch immer weithin unterschätzte Rolle spielt. Mit Dieter Breuer wird die klösterliche litera-

1 Vgl. die Arbeiten Wolfgang Brückners, Dieter Breuers und Werner Welzigs sowie Franz M. Eybl, *Abraham a Sancta Clara. Vom Prediger zum Schriftsteller*, Tübingen 1992 (= Frühe Neuzeit 6).

rische Tätigkeit im Systemzusammenhang territorialer Gegebenheiten situiert. Die Skizze ist an einem Fallbeispiel gewonnen, am Kloster Melk, wo ein Forschungsprojekt die Entwicklung der literarischen Autorschaft während des 18. Jahrhunderts untersuchte.[2] Als hervorragende Quelle für die Reglementierung des Sprechens und des Lesens und die Entwicklung der klösterlichen Textzirkulation dienen die Aufzeichnungen der Prioren (»Prioratsephemeriden«), die verpflichtend als interne Chronik des Konvents geführt werden mußten. Die Durchsicht im Kloster Melk erfolgte für manche Jahre flächendeckend, sonst überwiegend in verdachtgeleiteten Stichproben quer durch das Jahrhundert. Was an den Kommunikationsverhältnissen des klösterlichen Lebens in der absolutistischen Gesellschaft interessiert, ist die normative Kraft und zugleich die Flexibilität ihrer diskursiven Regeln, und im folgenden wird dem Grad an Subversivität nachgegangen, den das System zuließ, bis es endgültig umgestoßen und durch eine Erweiterung der Kanäle außer Kraft gesetzt wurde.

Um die vielfältigen Daten der Ephemeriden ins Systematische zu übersetzen, frage ich nach Konformität und Spontaneität des jeweils vorliegenden kommunikativen Aktes, nach Kompetenz und Performanz bei seiner Durchführung, nach dem Adressaten, nach der Materialität des Kommunikats sowie nicht zuletzt nach der am Kommunikationsakt beteiligten Machtstruktur. Die drei Durchgänge dieser Befragung tragen der »Systemgrenze Klostermauer« Rechnung, indem zuerst die Innenseite des Systems als Zirkulation innerhalb des Klosters, sodann die nach außen dringenden Kommunikate und schließlich drittens die ins Kloster kommenden Lesestoffe klassifiziert werden. Eine kurze Überlegung zur subversiven Nutzung dieser Gegebenheiten wird den Schluß bilden.

1. *Regeln des Sprechens, Schreibens, Lesens*

Ordensregeln und häuslicher Brauch haben über Jahrhunderte hinweg Konformität eingeübt. Im Falle Melks blicken die dort festgelegten Kodifikationen der Sprechakte auf eine lange Geschichte zurück, bis hin zur Ordensregel des Benedikt von Nursia. Bereits in dieser mittelalterlichen Vorschrift nehmen die Bestimmungen zum gemeinsamen Sprechen und Beten breiten Raum ein, von der Verteilung der Psalmen auf die Gebetszeiten und dem Chorgebet über das Gebot

2 Projekt *Kulturelle Ausgleichsprozesse im Spiegel der literarischen Produktivität innerhalb der klösterlichen Hauskultur 1700–1800* des Fonds zur Förderung der wissenschaftlichen Forschung, unter Leitung des Verfassers abgeschlossen 1996. – Vgl. Norbert C. Wolf, »Am Beispiel Melk: Veränderungen der Autorfunktion in der oberdeutschen Literatur des 18. Jahrhunderts«, in: *Das achtzehnte Jahrhundert und Österreich* 10 (1995), S. 142–151.

des Schweigens bis zu genauen Geboten über Kommunikationsformen in der Mönchsgemeinschaft. Lesen und Vorlesen wird bei Tisch, gegenüber Gästen, gegenüber Novizen und im Tagesablauf der Mönche praktiziert; von den Gattungen des Schreibens kennt die *Regula Benedicti* einzig die Profeßurkunde.[3]

Genauere Anweisungen für die Handhabung des Sprechens und Lesens wurden in einem Regelwerk gegeben, das 1625 in einem Zusammenschluß von Benediktinerklöstern entstand, in der später zerfallenen Kongregation, und im 18. Jahrhundert als Hausregel galt. An mehreren Stellen schärfen diese Statuten Lektüre bzw. Schweigen ein und äußern sich zur vorgesehenen Lesezeit und zum Lesestoff. Jüngere studieren nachmittags zwischen Rekreation und Vesper, Ältere arbeiten je nach Weisung; Priester lesen geistliche Lesestoffe, Wissenschaftler sind für ihre Arbeiten freigestellt. Bei Tisch beginnt die Lesung mit der Hl. Schrift, sodann folgt »etwas Leichtes und Frommes«, schließlich bis zum Ende der Mahlzeit etwas in der Volkssprache.[4] Für den Bibliothekar existieren umfangreichere Vorschriften, von der Ordnung und Signierung der Bücher bis hin zu deren Säuberung, vom Verschließen der verbotenen Lektüre bis hin zum Führen eines Entlehnbuches.[5] Mittelalterlichen Verhältnissen entsprechend, wird auch hier das Schreiben kaum erwähnt. Dennoch rechnet das barocke Kloster ausschließlich mit alphabetisierten Konventualen, denn die Beherrschung des Mediums Schrift bildet gleich im ersten offiziellen Schreibakt des Mönchslebens ein Kriterium: das Ansuchen um probeweise Aufnahme mußte eigenhändig geschrieben eingereicht werden. Im Jahre 1718 wird in Melk ein Bittsteller teils wegen seiner Sehschwäche, teils wegen seiner geringen Schreibfähigkeit abgewiesen (den ursächlichen Zusammenhang erkannte man damals noch nicht).[6]

3 Gebetszeiten: Kapitel 8–20, Chorgebet: Kapitel 19–20, Schweigegebot: Kapitel 6, 42, 52, 53. – Vgl. auch die Regelungen der Anredeformen der Brüder untereinander (Kapitel 63), das Verbot, Briefe oder Geschenke anzunehmen bzw. zu geben (Kapitel 54), Schweigsamkeit gegenüber Gästen (Kapitel 53), schließlich Disziplinierung durch Zurechtweisung (Kapitel 23) und Ausschließung vom gemeinsamen Sprechen (Kapitel 24–28). Tischlesung: Kapitel 38; Zuordnung von Lektüre und Tageszeit bzw. kirchlicher Jahreszeit: Kapitel 42 und 48; zum Gast: Kapitel 53. Die Verlesung der Regel erfolgte für den Novizen dreimal (Kapitel 58), für die Allgemeinheit öfter (Kapitel 66).

4 »Porrò Praefectus [...] det operam, ut libri ad mensam accommodati legantur; Initio refectionis legitur caput de S. Scriptura [...] Scripturae succedat liber aliquis facilis ac pius; denique sub finem aliquid legatur linguâ vernaculâ.« Anselm Schramb, *Chronicon Mellicense seu Annales monasterii Mellicensis,* Wien 1702, S. 781.

5 Ebd., *De Praefecto Bibliothecae,* S. 797. – Vgl. Gregor Müller, *Instructio Bibliothecarii Monasterii Mellicensis,* 1686, StA Melk 12/1.

6 »In Capitulo lectis libellis supplicib[us], per maiora omnes suscepti, praeter 4.tum tum ob exilem litteraturae, tum ob notabilem oculorum debilitatem.« Prioratsephemeriden, 29. 10. 1718, StA Melk 5/3–7.

Schriftlichkeit besteht auch innerhalb des vertikalen Kommunikationssystems zwischen den Mönchen und ihren Oberen, dessen Störung bereits die österreichischen Statuten von 1625 unter besondere Strafe stellen. Unter die schweren, nur vom Abt zu lösenden Sünden gehören dort neben Beihilfe zur Abtreibung und freiwillig vollzogenem »Fall des Fleisches« *(lapsus carnis)* auch die böswillige Behinderung, Verzögerung oder Öffnung von Briefen zwischen Untergebenen und Vorgesetzten sowie umgekehrt.[7]

In den Ephemeriden drückt sich die Konformität der Lesestoffe etwa in den peniblen Aufzeichnungen der Advent- und Fastenlesung bei Tisch aus, wobei in der Wahl der Lesestoffe zwischen den ersten und den letzten Jahrzehnten des 18. Jahrhunderts einzig das langsame Vordringen der Volkssprache einen Unterschied stiftet. Zur Fastenzeit wird Pflichtlektüre verteilt (8. 3. 1710: »Distributi codices Quadragesimales«). Die Spontaneität von Sprechakten erscheint hier als Verfehlung, von der unerlaubten abendlichen Unterhaltung im Refektorium bis hin zum »Mißbrauch« der bestehenden kommunikativen Institutionen (vgl. unten). Konform mit der barocken Zeremonialpraxis, vergißt der Chronist nie, die schriftlichen oder mündlichen Gratulationen festzuhalten, die zum Namenstag des Priors und des Abtes, zu dessen Infulations- und dessen Geburtstag ausgetauscht werden.[8] Hier ergibt sich auch der Anlaß zur Gelegenheitsdichtung, zur Anfertigung von Emblemata und zur festlichen Musik.[9]

Die Klosterleute selbst fungieren bei den regelmäßigen Kapitelpredigten und Ansprachen als Adressaten nichtöffentlicher Rede. Zum Jahresbeginn erfolgt eine mündliche Pflichteinschärfung, bei den regelmäßigen Mönchsversammlungen (»Kapitel«) predigt der Prior als Vorsteher der monastischen Gemeinde; die Ephemeriden vermerken als Besonderheit, wenn der Prälat erscheint und spricht. Die Materialität der Kommunikation ist in diesem inneren Bereich von geringem Belang, doch sind viele der Kapitelpredigten im Manu-

7 »Malitiosum impedimentum, aut retardatio, aut apertio literarum â Superioribns [!] ad inferiores, & ab inferioribus ad Superiores.« Schramb (wie Anm. 4), S. 795.

8 Vgl. Ephemeriden (wie Anm. 6), 27. 6. 1710 am Jahrestag der Abtweihe (Infulation) Bertholds: »Per litteras R.^{mo} D. de Anniv. Infulationis gratulatus sum«; 22. 2. 1780: »Nominalis meus Prioris indignissimi, quem mihi et alumni nostri latino sermone, et filii D. capitanei nostri elegantissimus versibus germanicis a P. Udalrico [Petrak] eorundem Professore compositis gratulati fuere.«

9 »Eidem R.^{mo} D. Praeposito de die nominis nomine totius Conventus gratulatus sum, et imaginem [d. i. ein Emblem] triplici chronographico subscriptam, vnà cum Missa solemni, quam cum Tubis et Tympanis sonoram ego cantavi, ei obtuli.« Ephemeriden (wie Anm. 6), 29. 9. 1713; diese Stelle nicht bei Robert Norman Freeman, *The Practice of Music at Melk Abbey. Based upon the Documents, 1681–1826*, Wien 1989 (= Österreichische Akademie der Wissenschaften, phil. hist. Kl., Sitzungsber. 548).

skript überliefert und damit der *memoria* einverleibt. Als Objekte des Schenkens spielen gedruckte Bücher eine gewisse Rolle, so wenn der Prior Valentin Larson dem Abt zu dessen Namenstag ein Exemplar seiner soeben ausgedruckten Predigtsammlung verehrt.[10] Für den hausinternen Gebrauch braucht nur wenig gedruckt zu werden. Um so wichtiger bleiben die handschriftlichen Gedächtnisspeicher wie das (neben den sorgsam verwahrten Akten) wichtigste Medium der internen *memoria,* die Ephemeriden selbst, deren Adressat zum Teil der Abt, zum Teil jedoch die Nachwelt im Kloster ist.

Lesen und Schreiben darf unter dem Druck der Klosterregeln nur zu parzellierten Zeiten stattfinden. Die Ephemeriden vermerken jede zusätzliche Sprecherlaubnis bei den Mahlzeiten, jede gewährte Unterhaltungsmöglichkeit, jeden Ausgang in den Klostergarten. Der Spielraum zu spontanem Lesen und Schreiben nimmt dabei zu, je länger das Klosterleben dauert, je höher der Mönch in der Hierarchie steigt. Die Novizen unterliegen größter kommunikativer Kontrolle, während der Abt das klösterliche Kommunikationsnetz im Grunde bereits verlassen hat und jenen Gesetzen des Schreibens / Lesens, Repräsentierens und Handelns unterliegt, wie sie im Absolutismus von einem Grundherrn und Mitglied der Landstände zu beachten waren. Der Prior leitet und beaufsichtigt das eigentliche klösterliche Leben, und an seinem Amt hängt die Verpflichtung zur Führung der Ephemeriden, die uns als Quelle dienen. Das bedeutet, daß hierarchisch unterschiedliche Kommunikationskanäle zur Verfügung stehen und daß der Gebrauch von Lese- und Schreibpraktiken durch Machtverhältnisse geregelt wird. Durch Schreibakte werden Kontrollmöglichkeiten geschaffen. Dies gilt insbesondere von den schriftlich abzufassenden Fastenvorsätzen, die der Abt gutheißen muß.[11] Der Vorsatz, etwas Bestimmtes zu lesen und zu meditieren, taucht hier nur äußerst selten auf, die Zettel enthalten vielmehr die Verpflichtung auf unglaubliche körperliche Selbstpeinigungen und Demütigungen.

Im Hinblick auf Kompetenz und Performanz können die unterschiedlichen Formen des Schreibens und Lesens drei grundlegenden Modellen rhetorischer, aszetischer und monastischer Lektüre zugeordnet werden. Die »rhetorische« Lesekultur hat zuletzt Michael Cahn als »sammelnde Lektüre und die ihr entsprechende Schreibweise« bezeichnet, wobei diese spezifisch frühneuzeitlichen Formen »Bestandteile einer rhetorischen ›Subkultur‹ sind, die selbst wiederum

10 Ephemeriden (wie Anm. 6), 26. 7. 1720: »Misi per nuntium litteras gratulatorias R.^{mo} D. de die Nominis cum Theatro dolorum, Vernaculâ linguâ à me typis vulgato«. Larsons lat. Predigtsammlung *Theatrum dolorum* (1709) erschien als *Trauer- und Freuden-volle Schaubühne* (Augsburg / Graz 1720).

11 Vgl. *Regula Benedicti,* Kapitel 49.

als ein entfernter Effekt des Buchdrucks zu verstehen ist.«[12] Denn der Buchdruck ersetzt ein Programm durch Daten, nämlich das ausgefeilte Programm des Aufspürens *(inventio)* von Sachverhalten und darauf bezogenen Argumenten durch eine Fülle von ausformulierten *loci*. Daraus resultiert eine neue Form der Lektüre, das Sammeln; die Komplementärkompetenz auf Seiten des Lesers ist das Exzerpieren. Daneben bleiben jedoch im Kloster ältere Praktiken des Lesens und Schreibens in Kraft, das Abschreiben des Lernstoffes oder das Üben der geistlichen Rede vor den Brüdern:[13] Anwendungsfälle der rhetorischen Bereiche *doctrina* und *exercitatio*.

Die »aszetische« Lesekultur ist im Zeitalter des Konfessionalismus – wenngleich konfessionell durchaus unterschiedlich ausgeprägt – breit verfügbar und im Erfolg bestimmter Texte wie *De imitatione Christi* des Thomas à Kempis, der *Vier Bücher vom wahren Christentum* Johann Arndts oder der weithin rezipierten Werke des Jeremias Drexel vorauszusetzen. Das aszetische Lesen wurzelt in einer Wiederholungslektüre, die den Text als Anlaß zur ritualisierten Performanz begreift und benutzt. Ihr Urmodell sind die *Exercitia Spiritualia* (1522/1548) des Ignacio de Loyola, in denen eine Choreographie sprachlicher Näherung von Gott und Mensch den Exerzitanten durch eine Topik der Vorstellungskraft zum mantischen Erlebnis Gottes führt.[14] Die vervielfachte Codierung des Textes, die Roland Barthes beschrieben hat, kann nur durch eine Hermeneutik des Glaubens als spezifischer Rezeptionsweise entschlüsselt und umgesetzt werden. Aszetische Texte sind nach diesem Muster als Partituren zu begreifen, deren Sinnfülle einzig eine im Zeichen des Glaubens vollzogene komplementäre Lektüre entfaltet. Wie die Rhetorik als »Lektürepropädeutik im Zeitalter des Buchdrucks«[15] funktionierte die Exerzitientechnik als Propädeutik der aszetischen Meditationslektüre.

12 Michael Cahn, »Hamster: Wissenschafts- und mediengeschichtliche Grundlagen der sammelnden Lektüre«, in: Paul Goetsch (Hg.), *Lesen und Schreiben im 17. und 18. Jahrhundert. Studien zu ihrer Bewertung in Deutschland, England, Frankreich*, Tübingen 1994, S. 63–77, zit. S. 67. – Vgl. auch Christoph Meinel, »Enzyklopädie der Welt und Verzettelung des Wissens: Aporien der Empirie bei Joachim Jungius«, in: Franz M. Eybl / Wolfgang Harms / Hans-Henrik Krummacher / Werner Welzig (Hgg.), *Enzyklopädien der Frühen Neuzeit. Beiträge zu ihrer Erforschung*, Tübingen 1995, S. 162–187.

13 Ephemeriden (wie Anm. 6), 30.7.1720: »Absoluerunt Philosophi scribendo Philosophiam. Vltima disputatio menstrua«; 24.3.1780, Ostern: »In coena sermonem de Passione Dni F. Carolus Novitius II^{us} bene dixit.«

14 Roland Barthes, *Sade, Fourier, Loyola*, Frankfurt am Main 1974, S. 52–78. – Zur aszetischen Literatur und ihrer Funktion vgl. Hartmut Lehmann, *Das Zeitalter des Absolutismus. Gottesgnadentum und Kriegsnot*, Stuttgart / Berlin / Köln / Mainz 1980 (= Christentum und Gesellschaft 9), S. 118–122.

15 Cahn (wie Anm. 12), S. 68.

Die »monastische« Lesekultur verankerte gegenüber der aszetischen die Lektüre noch strenger in den geregelten Abläufen des Klosters und bewahrt überdies anderswo bereits abgekommene Formen der Oralität auf, vom Singen über das Rezitieren und Vorlesen bis hin zum Chorgebet. Im Verlauf des Mönchslebens verändern sich die Lektüren von der Novizenzeit bis zur Zeit als Senior, im monastischen Tagesablauf besteht ein geregelter Wechsel zwischen lauter und leiser Lektüre, gemeinsamer oder alleiniger Lektüre, vorgeschriebener oder innerhalb eines Rahmens frei gewählter Lektüre. Und im Ablauf des Kirchenjahres verschieben sich die Zeiten und verändert sich die Dauer der Lektüren in allen genannten Bereichen.

2. *Schreiben für die Außenwelt*

Zwischen innen und außen ist im Kloster *per definitionem* die Kommunikation seit je unterbunden bzw. höchst erschwert.[16] Der Briefverkehr steht unter Zensur; die auf den Pfarren, wo Mönche als Seelsorger eingesetzt sind, leicht möglichen Gesprächskontakte insbesondere mit Frauen geben immer wieder Anlaß zu scharfen Untersuchungen.[17] Die verschriftlichte und formalisierte Kommunikation der Klöster untereinander ist im mittelalterlichen System der Rotelbriefe entwickelt, die vom Prior abzufassen sind, die lateinische Kurzvita eines verstorbenen Mitbruders enthalten und ihn dem Gebet der verbrüderten Klöster empfehlen. Sie werden nun gedruckt, laufen jedoch wie im Mittelalter immer noch per Boten um.

Abseits dieses klösterlichen Informationskreislaufs richtet sich ein barockes Benediktinerkloster wie Melk in vier Bereichen an eine Leserschaft außerhalb des verschlossenen Konventbereichs. Die Adressatengruppe der Kinder und Jugendlichen, aus der sich der Nachwuchs rekrutiert, wird in Schule und Unterricht angesprochen; hier wie in vielen anderen Klöstern herrscht eine Variante des lateinzentrierten Schulbetriebs nach dem Muster der jesuitischen *Ratio studiorum* (1599). Schul- und Lehrbücher, aber auch nur zum Teil gedruckte Gelegenheitsdichtung aus schulspezifischen Anlässen bilden die materiellen Ergebnisse für diese Adressatengruppe. Die zweite Aufgabe liegt im Bereich der Seelsorge, wo in Gestalt der volkssprachlichen »Barockfrömmigkeit« Predigten, Katechesen und Erbauungsbüchlein geschrieben und gedruckt werden, vom

16 Die *Regula Benedicti* kodifiziert sogar die Art der Auskunft durch den Pförtner (Kapitel 66), dieser wichtigen »Schnittstelle« von Innen- und Außenbereich.

17 Vgl. Ephemeriden (wie Anm. 6), 4. 11. 1705: »Correctio aliqui Patris« wegen seines Umgangs mit Frauen.

Büchlein zur lokalen Wallfahrt oder Heiligenverehrung bis zum lateinischen Erbauungstraktat. Ein dritter Bereich gilt der Wissenschaft unter dem Paradigma der Spätscholastik und der rhetorisch-enzyklopädischen Wissensorganisation. Hier widmet man sich der Polemik und Apologetik, aber auch der Historiographie, der Philologie nebst Editorik und den Naturwissenschaften. Als vierten abgrenzbaren Bereich nenne ich jene der sprachlichen Produkte im Zeichen der Repräsentation, die künstlerischen Spuren der barocken Festkultur. Dabei geben geistliche Feste wie Kirchen- oder Priesterjubiläen und weltliche Ereignisse wie Disputationen oder Kaiserbesuche den Anlaß, zwar in unterschiedlichen Gattungen von der Predigt über das gestochene Thesenblatt bis zum Opernlibretto, jedoch mit dem gleichen kommunikativen Zweck des Ruhmes und der Gedächtnisstiftung, der *memoria.*

Ein gutes Beispiel für die Überlagerung der Zwecke und Funktionen erweist die Drucklegung eines in den 1720er Jahren durch P. Bonifaz Gallner (1698–1727) gestalteten Emblembuchs. An der Schwelle zum Josephinismus will 1779 der Abt postum die Drucklegung unbedingt betreiben, um gegenüber einem soeben erschienenen Emblembuch aus dem nicht weit entfernten Kloster Lilienfeld die Priorität Melks in dieser Gattung zu behaupten. Er sucht den Druck dadurch zu finanzieren, daß er die Summe bei den Funktionsträgern des Klosters eintreibt und aus den Budgets unter anderem von Bibliothekar und Kellermeister je 100 Gulden förmlich erpreßt.[18]

Die Materialität des für diese Adressatengruppen Geschriebenen weist die Besonderheit auf, daß der Text – technizistisch gesprochen – an klar unterschiedlichen Stellen ins Netz der gedruckten Kommunikation eingespeist wird. Was für den internationalen Gelehrtenverkehr bestimmt ist, gelangt in Regensburg, Leipzig, Augsburg in Druck. Religiöse Druckwerke erscheinen am territorial (Wien) oder funktional bedeutsamen Druckort – Augsburg ist Umschlagort der katholischen Gebrauchsliteratur schlechthin. Der Bedarf für lokale Frömmigkeit oder lokale Repräsentation dagegen wird in beschränkter Stückzahl in den umliegenden kleinen Druckereien publiziert, die ein regionales Publikum bedienen. Als weitere Besonderheit besteht die vergleichsweise noch sehr starke Bindung an das System der Patronage (Roger Chartier), denn das Kloster finan-

18 Ephemeriden (wie Anm. 6), 2. 3. 1779: Gespräch zwischen dem Abt, P. Berthold [Rizel], P. Beda [Schuster, dem Bibliothekar] und dem Prior: »proposuit Praesul sibi rem gratissimam facturos illos, qui adsumptus in editionem S. Regulae emblematicae depictam a nostro R.P. Bonifacio Gallner e deposito suo tribuere ac conferre vellent aliquid, cumprimis me nominavit deinde officiales ac etiam P. Bertholdo persuasit, ut 100 f conferret. Primus P. Cellerarius Bertholdus 50 f me praesente obtulit, sed non acceptavit Praesul monens eundem, ut compleret numerum scilicet, ut suspicari pronum erat 100 fl.« – Das Buch erschien 1780 in Wien bei Trattner.

ziert solche Drucke zumeist selbst. Damit hängt die auf den Titelblättern beobachtbare unzeitgemäße Präsentation von Autorschaft als fremdlegitimiert aufs engste zusammen.[19] Erst spät verfügt ein einzelner Autor kraft seiner Neugierde oder seiner Verbindungen über (freilich neue) Kanäle der Kommunikation. In der Regel ist bis in die achtziger Jahre des 18. Jahrhunderts die Drucklegung, ja selbst das Verfassen von Texten an die Erlaubnis des Abtes gebunden. Das schlägt bis auf die gelehrten Auseinandersetzungen durch, die der Historiker Bernhard Pez führte. Auf die Kritik an einer seiner Editionen griff er den Rezensenten Gentilotti, den Präfekten der Wiener Hofbibliothek, scharf an, welcher erwiderte. Pez wurde jedoch vom Abt an einer Duplik gehindert, um den Streit nicht weiter eskalieren zu lassen.[20]

3. *Der Kreislauf der Texte und seine Grenzen*

Der Bedarf an Lesestoffen bindet die klösterliche Abgeschiedenheit an ein größeres Distributionsnetz. In seiner *Reisebeschreibung* entfaltet der protestantische Berliner Buchhändler Friedrich Nicolai sein Bild einer konfessionsgebundenen, den Protestanten unbekannten Textzirkulation: Er registriert »eine unglaubliche Menge *ascetischer Schriften,* die in den Klöstern bey hunderten gebraucht und von da aus weiter an die frommen Seelen befördert werden«, verfaßt von »Namen, die er [der protestantische Leser] sonst nimmermehr gehört hat«. Das katholische »Publikum, das diese Bücher braucht, ist noch unendlich groß, und wird es lange bleiben.« Die hier umlaufenden Autoren jedenfalls »haben noch jetzt gewiß, der Zahl nach, eben so viel Leser als irgend einer unserer besten deutschen Schriftsteller«. Ein eigenes Vertriebssystem abseits der Buchmessen von Frankfurt und Leipzig wälzt diese Massen an Lesestoffen um, gesteuert durch das Buchzentrum Augsburg: »Kaum sind dergleichen Bücher erschienen; so kommen schon die *Gängler* oder *Trägler* oder *herumziehenden katholischen Buchhändler,* um jeder eine ziemliche Anzahl Exemplarien für baar Geld zu kaufen, von deren Absatz sie schon im voraus gewiß sind«. Sie besuchen die Klöster mit ihren Tragbutten und »legen ihre Waaren im Konventgange aus«, sie nehmen auf Märkten die Bretter ihrer Bücherfuhrwerke ab, flugs wird »ein

19 Zur Patronage Roger Chartier, *The Order of Books: Readers, authors, and libraries in Europe between the 14th and 18th centuries,* Stanford 1992, S. 43–48. – Vgl. Wolf (wie Anm. 2).

20 Ephemeriden (wie Anm. 6), 25. 4. 1718: »Huic tamen P. Bernardus nihil hactenus opposuit, tum ita volente R.mo D.no ad euitandam D. Gentiloti maiorem, infallibiliter ex Replica secuturam confusionem: tum P. Bernardo religiosam modestiam, et pacis studium eiusmodi tricis praehabente, et contento, Eruditorum sensui se satisfecisse.«

Schirm vor dem Regen daraus gemacht; und der ganze Buchladen voll *Christkatholischer Prediger* und Gebetbücher steht da«.[21] Dazu verbreitet vom Zentrum Augsburg aus ein »ausgebreiteter Handel« eine »ungeheure Menge« von Heiligenbildern, Thesenblättern, Reliquien und Rosenkränzen im katholischen Deutschland.[22]

Die intensive Pflege des süddeutschen Absatzgebietes setzte die Augsburger Buchhändlerverleger bald in die Lage, ohne den Umweg über die örtlichen Drucker und Verleger Manuskripte zu erwerben und sogleich überregional zu verbreiten. Für den Absatz sorgte der Bedarf der Klöster und ihrer Bibliotheken. Dabei hatten die Augsburger den örtlichen Druckern den Vorteil persönlicher Beziehungen zu den Autoren bald abgejagt, indem sie konstante Bekanntschaft mit ihren geistlichen Autoren pflegten. Die Fahrten der Augsburger Händlerverleger zu den Märkten Süddeutschlands dienten der Anwerbung nicht weniger als dem Verkauf: Wenn ein Händlerverleger einmal Kontakte in die Klöster hinein gefestigt hatte, konnte er meist auch Verlagswerke in sein Haus ziehen. Es sind zugleich Absatz- und Einkaufsreisen. Die geistlichen Widmungsempfänger der Augsburger Verlagswerke sind zugleich die Großkunden der Buchhändlerverleger, die dort so häufig formulierte Lobtopik der Bücherliebhaberei zugleich Indizien für umfangreiche Geschäfte. In dieser charakteristischen Form der Textzirkulation unter den Bedingungen der oberdeutschen Konfessionskultur stellen die Klöster sowohl die Autoren als auch die Leser, so daß in Gestalt eines geschlossenen Kreislaufs die Texte zum Ausgangspunkt zurückkehren.[23]

Die Schleusen in diesem Kreislauf bilden die Finanzierung der Bücher sowie die (zumindest jährliche) Kontrolle der Lesestoffe bei den Konventualen. Die Lektüreformen des Klosters verlangen dabei in unterschiedlicher Weise nach Sättigung durch Nachschub. Die sammelnde rhetorische Lektüre führt in letzter Konsequenz zur Sammlung der Lektürespender, der Bücher. Was immer gedruckt ist, wird somit zum Gegenstand des Sammeleifers, solange Wissenschaftlichkeit sich in der Vollständigkeit des Gesammelten beweist und Geld für die Anschaffung fließen kann. Im Mittelalter stand »Bibliothek« noch für den Begriff

21 Friedrich Nicolai, *Beschreibung einer Reise durch Deutschland und die Schweiz, im Jahre 1781*, Berlin / Stettin 1783 ff.; Faks.neudr.: *Gesammelte Werke*, hg. von Bernhard Fabian / Marie-Luise Spieckermann, Hildesheim / Zürich / New York 1994, Bd. 18 (8. Bd., 1787), S. 50–55. – Die Auszeichnungen stammen von Nicolai.

22 Ebd., S. 79–98. – Vgl. auch den Beitrag von Hans Pörnbacher, »Matthäus Rieger – Landbuchhändler in Augsburg«, in: Helmut Gier / Johannes Janota (Hgg.), *Augsburger Buchdruck und Verlagswesen. Von den Anfängen bis zur Gegenwart*, Wiesbaden 1997, S. 621–632.

23 Vgl. Franz M. Eybl, »Konfession und Buchwesen. Augsburgs Druck- und Handelsmonopol für katholische Predigtliteratur, insbesondere im 18. Jahrhundert«, in: Gier / Janota (wie Anm. 22), S. 633–652.

des Wissens überhaupt, Bibel und Bibliothek galten als Synonyme.[24] Der Buchdruck hat bald seine fatale Dialektik offenbart, einerseits dem Sammeleifer die Fülle der Texte anzubieten, andererseits jedoch eine Inflation an Titeln und Ausgaben hervorzubringen und damit zugleich jede Hoffnung auf eine vollständige Sammlung der schriftlichen Tradition zu zerstören.[25] Trotzdem hielten die barocken Klosterbibliotheken zumindest in ihrer architektonischen und ikonographischen Programmatik am umfassenden Sammeln der gedruckten Überlieferung fest. Nur vor dem Hintergrund dieser illusionären Faszination macht das Argument eines Wiener Buchhändlers Sinn, der dem bereits genannten Bernhard Pez ein enorm teures Buch in 37 Bänden anpries, es sei den Preis von 1330 Gulden wert, da »Selbiges, auf diese, gewiß Majestätische Art, nimmermehr zu Truck kommen, folglich durch die zeitt noch kostbahrer gemachet wird.«[26]

Die Skizze der Textzirkulation im klösterlichen Bereich wäre nicht vollständig ohne den Hinweis auf die allmähliche Auflösung dieser diskursiven Formation und auf die Abweichungen, die das System, wo nicht erlaubte, so nicht verhindern konnte. Durch die vielfältigen Vernetzungen des klösterlichen Lebens standen Schlupflöcher in Hülle und Fülle offen, durch welche unerwünschte oder verbotene Lesestoffe ins Kloster gelangten. Als erstes und wichtigstes Moment der Öffnung fungierte die von Mönchen besorgte Pfarrseelsorge. In der Pfarre Wullersdorf etwa entdeckte man 1718, wohl durch einen mißgünstigen Kaplan gewarnt, jene galanten »LiebsRomänen«, vor denen der Abt ausdrücklich und bei schwerer Strafe gewarnt hatte (die »KriegsRomanen« durften mit Erlaubnis des Priors gelesen werden).[27] Im Verhör des damals 32jährigen P. Gabriel Wengemayr (1686–1763) wurde klar, daß er die (dort namhaft gemachten)

24 Helmut Zedelmaier, *Bibliotheca universalis und Bibliotheca selecta. Das Problem der Ordnung des gelehrten Wissens in der frühen Neuzeit*, Köln / Weimar / Wien 1992 (= Beihefte zum Archiv für Kulturgeschichte 33), S. 10 und 14.

25 »Bringing together the entire written patrimony of humanity in one place proves an impossible task, though. When print produced a proliferation of titles and editions, it ruined all hope for an exhaustive collection. Even for those who held that a library must be encyclopedic, selection was an absolute necessity.« Chartier (wie Anm. 19), S. 63.

26 Johann Martin Eßlinger, dat. Wien, 27. 8. 1712, StA Melk: Briefe Bernhard Pez, Bd. 1, S. 456a^r–457^v. Zu Eßlinger David L. Paisey, *Deutsche Buchdrucker, Buchhändler und Verleger 1701–1750*, Wiesbaden 1988 (= Beiträge zum Buch- und Bibliothekswesen 26), S. 56.

27 Ephemeriden (wie Anm. 6), 1718, Nachtrag zum 14. Mai: »14. huius ex mandato R.^{mi} D. Abbatis in Capitulo promulgatum fuit Librorum *die LiebsRomänen* dictorum, emptionem, lectionem, retentionem sub peccato mortali, et in uirtute S. Obedientiae perpetuò prohiberi. Jtem *die KriegsRomanen* nisi priùs hi ad Prioratum delati, et legi posse iudicati fuerint. Quam Legem R.^{mus} D. in futura Visitatione omnibus Expositis iussit intimari.« Zwei Verhöre erfolgten am 15. 7. 1718 und am 22. 7. 1718; StA Melk 7/K 14. – Ich bin Frau Dr. Christine Glaßner für diese und weitere hilfreiche Hinweise zu großem Dank verpflichtet.

galanten Romane von einem Arzt erhalten und einem Mitbruder, dem Prioratsdiener (!) sowie auch Frauen in seiner Pfarre zum Lesen weitergegeben hatte. An Gabriel wurde in der Folge am 23. 7. 1718 die drakonische Strafe der Selbstgeißelung im Beisein aller Mitbrüder vollzogen. Von seinen Versuchen der Rehabilitierung durch Briefe an Abt, apostolischen Nuntius und Papst, weiteren aussagekräftigen Beispielen für die Beschränkung der klösterlichen Kommunikation, ist an dieser Stelle nicht zu berichten. Auf der Pfarre als einem Ort der Textzirkulation werden auch in den 1780er Jahren Bücher versteckt und durch junge Mitbrüder gelesen, die ins Kloster selbst nicht eingeführt hätten werden dürfen.

Der zweite Faktor beim Einsickern unerlaubter Lektüre bestand durch die Schüler und Sängerknaben des Klosters. Ihnen hatte zu Jahresbeginn 1783 der junge Professor P. Heinrich Weiß (1758–1848) Zugang zu poetischen Werken verschafft, darunter in Wien erworbene Bücher der allerschlimmsten Sorte (»etiam opera quaedam poetica omnium in genere pessima viennae coemerit«). Eine genauere Untersuchung des entrüsteten Priors fördert unter anderem mehrere Bücher »Göthens, Werthers« und andere höchst abscheuliche zutage, in denen der Selbstmord verteidigt wird und die nur Verderbliches behandeln (»inter alia complures libri opera nimirum *Göthens, Werthers* aliaque obscoenissima, quibus suicidium defenditus, et non nisi venera pertractantur«). Ein Schreiber namens Strauch wird von P. Heinrich vorgeschickt, um die Bücher als sein (angebliches oder wirkliches) Eigentum vom Prior zu erhalten, der sie jedoch nicht mehr herausgibt.[28]

Als drittes bestanden persönliche Kontakte der Mönche zu Korrespondenzpartnern, die ihnen Lesestoffe vermittelten. Von Melk ist bekannt – und deshalb sei diese Andeutung genug –, daß um die Jahrhundertmitte eine förmliche Lesegesellschaft bestand, in der vor allem die Werke Johann Christoph Gottscheds zirkulierten.[29] Und für die 1770er und 1780er Jahre sind enge Kontakte von Melker Mönchen zu Freimaurern nachzuweisen, so daß möglicherweise geheimgehaltene Distributionsnetze die Zirkulation höchst klandestiner Texte ermöglicht hatten.

Somit ergibt sich ab der Mitte des 18. Jahrhunderts eine allmähliche Aufweichung der klösterlichen Abgeschlossenheit, eine Erweiterung der Kommunika-

28 Ephemeriden (wie Anm. 6), 10.–12. 1. 1783. – Vgl. die in der Wiener Zensurbehörde geführte Diskussion um die Aufhebung der Indizierung *Werthers* vom März 1786: Leslie Bodi, *Tauwetter in Wien. Zur Prosa der österreichischen Aufklärung 1781–1795*, Frankfurt am Main 1977, ^{2}1995, S. 111 f.

29 Vgl. Franz M. Eybl, »Literatur in Melk: Neuzeit«, in: *900 Jahre Benediktiner in Melk. Jubiläumsausstellung 1989 Stift Melk*, Melk 1989, S. 426–431.

tionskanäle und deren Verfügbarkeit. Die bestehenden Systemgrenzen verloren ihre Verbindlichkeit, die bestehenden Kanäle werden zum Feld des Streites. Die Kommunikation innerhalb des Klosters beginnt in unterschiedliche kommunikative Zirkel zu zerfallen, was die Klostergeschichtsschreibung des 19. Jahrhunderts als Positionskampf zwischen den »Konservativen« und den »Josephinern« beschreibt. Im Gedächtnisspeicher des Konvents, in den Prioratsephemeriden, manifestiert sich der Kampf zwischen Generationen und Gruppenmeinungen um das Festschreiben von Geschichte auch durch Tilgung. Als in den Jahren des Josephinismus konservative und progressive Prioren einander ablösen, überkritzeln sie die mißliebigen Protokollstellen des Vorgängers bis zur Unlesbarkeit.

Analog zur Ausbildung geheimer Vorformen literarischer Öffentlichkeit (Jürgen Habermas) werden diese Zirkel zum Ort des Austausches von Lektüre und zum Stimulus für literarische Autorschaft. Um 1783 wird ein poetisierender Mönch wie Ulrich Petrak (1753–1814) ohne Erlaubnis durch Obere und auf eigene Faust Aloys Blumauer anschreiben, den Herausgeber des *Wiener Musenalmanachs*, um seine Mitarbeit anzubieten.[30] Und auch die von außen ins Kloster kommenden Lesestoffe unterminieren die Geschlossenheit des Systems, was an der Entwicklung der Bibliothek deutlich wird. Sie wird allmählich vom statischen Speicher des Wissens zum dynamischen Spiegel der wissenschaftlichen Dispute. In Melk vergleichsweise schmal dotiert, muß die Stiftsbibliothek ihre Neuerwerbungen durch Abstoßen älterer Bestände finanzieren.[31] Insgesamt scheinen nach Auskunft der Erwerbslisten die Ankäufe etwa ab 1770 zunehmend von alchemistischen und okkulten bzw. freimaurerischen Interessen bestimmt zu sein. Innerhalb der drei Jahre 1775–1778 beschafft man sich insgesamt 14 Ausgaben des jesuitischen Gelehrten und Alchemisten Athanasius Kircher, im Jahre 1778 »das Geheimniß der Widerbringung aller dinge fol. NB. liber rarus sed haereticus« um 3 fl. Unter den Handschriften der Bibliothek finden sich einige maurerische Manuskripte. Die Aufklärung machte vor der Klosterbibliothek nicht halt. Im Jahre 1779 erbrachte eine in Wien veranstaltete Auktion von Doubletten und

30 Diesen Kontakten geht derzeit das Projekt »Literarisches Leben in Österreich 1780–1815 am Beispiel des Ulrich Petrak und seines Kreises« unter Mitarbeit von Johannes Frimmel nach.

31 Im Schnitt der ersten fünfzehn Bibliothekarsjahre Beda Schusters (1764–1778), dessen Ankaufslisten erhalten blieben, ergibt sich eine Summe von jährlich 320 fl., zu denen der Abt nur etwa 250 fl. beisteuerte; den Rest mußte Schuster durch Verkauf aufbringen. Auf Bücher- und Münzkäufe gingen etwa 260 fl. pro Jahr, auf den Buchbinder kamen 60 fl. – StA Melk 12/1: Bücher- und Buchbinderrechnungen 1701, 1720, Bibliotheksbuchführung 1763–1788. – Zur Melker Bibliothek jetzt Edgar Weiland, *Accipiant Omnes Singulos Codices De Bibliotheca. Bucherwerbungen der Melker Stiftsbibliothek im 18. und 19. Jahrhundert vor dem Hintergrund einer fruchtbaren ökonomisch-intellektuellen Beziehung zwischen monastischer Großkundschaft und nationalem wie internationalem Buchhandel*, masch. Diss., Wien 1998.

Entbehrlichem die etwa das zweifache Jahresbudget der Bibliothek betragende hohe Summe von 776 fl. 32 kr., die für die Anschaffung der *Encyclopédie* verwendet wurde.[32]

Dies stellt Ende und Auflösung der »Textmaschine Kloster« dar. Bis zu diesem Zeitpunkt funktionierte dieses Modell so flexibel, daß die bestehenden Kanäle als Träger individueller Meinungsäußerung verwendet werden konnten, also nicht bloß konform, sondern auch subversiv. Bei genauerer Lektüre nämlich entpuppen sich etwa die Fastenvorsätze, kleine Zettel mit den Versprechen, einen Bußgürtel zu tragen, am Boden zu schlafen usw., als Vehikel für sonst nicht mögliche Kommunikate an den Abt. Da beschwert man sich – und zwar im Wege der *praeteritio* und der Aposiopese, also mit dem Hinweis, eben die genannten Beschwerden ertragen zu wollen – über das schlecht zubereitete Essen, über die vielen Gäste an der Tafel, ja selbst über den bei Tisch gereichten Wein, den man ohne Überwindung eines natürlichen Grauens kaum an die Lippen führen könne (»sine horrore naturae vix potest ori admoveri«; Bernhard Pez 1725). Gerade P. Gabriel benutzt dieses Medium mehrfach und vergeblich (1719, 1721) zum Transport für seinen Wunsch, aus dem Kloster auszutreten. Und Gabriel wagte es auch, das Medium kirchlicher Öffentlichkeitsarbeit schlechthin umzufunktionieren, nämlich die Predigt. Am 10. 1. 1734 bestieg er die Melker Kanzel, um vor dem Pfarrvolk und einigen geschockten Mitbrüdern seine Oberen anzuklagen, er werde seit 24 Jahren zu predigen gezwungen, was eigentlich den Oberen zukomme. Zuletzt bot er den alten Klosterwitz dar, was der Unterschied zwischen Prälat und Prior sei. Die Äbte führen sechsspännig zur Hölle, die Prioren zweispännig. Gabriel schloß: »Ich aber spreche von der Kanzel die Wahrheit und werde gegen die Sünden schreien, auch wenn es mich den Kopf kostet«.[33] Es sollte ihn saure Jahre kosten.

Als weitere Möglichkeit der Äußerung stand nur mehr das Ausweichen auf ein nicht kontrollierbares, wenngleich höchst flüchtiges Medium zur Verfügung. An öffentlicher Straße nimmt man im Februar 1720 große Schriftzüge wahr, die auf lateinisch und auf deutsch besagen, man halte den P. Kämmerer im Klosterkerker gefangen. Die reale Macht beherrscht die menschlichen Kommunikationskanäle und Medien, nicht aber die Beschreibstoffe der Natur. Die Nach-

32 Folioausgabe Paris 1751–1772. – Der Preis für 33 Bände betrug 239 fl. 40 kr., die auffallend hohe Buchbinderrechnung dieses Jahres 144 fl. 42 kr.

33 Ephemeriden (wie Anm. 6), 10. 1. 1734. Gabriel zitierte den Witz nach P. Robert Jäger, der 1693–1702 Melker Prior war.

richt, die in den Worten des entsetzten Chronisten ein Klostergeheimnis preisgab, war in den Schnee geschrieben worden.[34]

34 Ephemeriden (wie Anm. 6), 26. 2. 1720: »Conventuales deambulantes deprehenderunt in niue litteris valde distinctis, ubi omnes currus transeunt, exaratum: P. Camerer zu Mölckh ist eingespert. Et paulò inferiùs: Alberonius Mellicensis est incarceratus. Ex quo patet in Religiosos animus saecularium, quibus non raró quàm perniciosè, tum liberè secreta Monasterii reuelantur et concreduntur. Maledictus, qui reuelat pudenda Patris sui!«

HANS-JÜRGEN SCHRADER

Inspirierte Schweizerreisen

Für Gottfried Kolde
zum 65. Geburtstag am 7. 2. 2001

Der Titel meines Beitrags[1] mag ein bißchen änigmatisch erscheinen. Doch möchte ich bitten, das Rätsel eine kleine Weile noch bestehen zu lassen. Auf dem Wege zu seiner Lösung möchte ich einladen, mir in der Imagination auf eine Reise ins 18. Jahrhundert zu folgen. Vorsichtshalber muß ich gleich ankündigen: dies wird in eine ziemlich gemischte Gesellschaft führen, zunächst in den Tabak- und Alkoholdunst einer nicht eben feinen Dorfschenke. Die Reisenden aber, die da anzutreffen sind, dürfen unser Interesse beanspruchen; wir gelangen mit ihnen nämlich an einen der Kreuzungspunkte, von denen aus die Wege weitergehen zu den für die Ideen- und Dichtungsgeschichte dieses Jahrhunderts folgenreichsten Neuorientierungen, auch im Wechselverhältnis von Lesen und Schreiben. Und die Szene, in der uns diese Reisenden begegnen, ist eine für ihr Wandern und Tun ebenso wie für ihre unmittelbaren Wirkungen exemplarische: Hunderte von Malen hätten wir mit ihnen kreuz und quer durch Mitteleuropa etwas Gleiches oder Ähnliches wiedererleben können.

Wir treffen sie an einem unangenehm feuchtkalten Dezemberabend, irgendwo in der Schweiz, in tiefster Provinz. Auf der matschigen Dorfstraße draußen liegt wässeriger Schnee. Drin in der niedrigen Schankstube ist es zwar warm, aber, wie gesagt, eine Luft zum Schneiden. Und ein ohrenbetäubender Lärm: an der Theke renommieren ein paar Angetrunkene, bei den Bauern und Handwerkern an den Tischen werden die Karten ausgereizt. Der Schulmeister des Orts führt wie üblich das große Wort. Trotzdem ist die Stimmung nicht ganz wie an andern Abenden. Immer mal wieder lugt man zu den beiden Fremden

1 Vor der Ausführung für das Nationalfonds-Kolloquium »Lesen und Schreiben« auf dem Monte Verità in Ascona (12. 11. 1996) wurden Vortragsfassungen zur Jahresversammlung der Schweizerischen Akademischen Gesellschaft für Germanistik (SAGG) in Fribourg am 23. 11. 1991 und im Vortragszyklus des Freien Deutschen Hochstifts (Senckenberg-Museum Frankfurt) am 23. 10. 1996 vorgestellt.

hinüber, die da, als ginge sie dies alles gar nichts an, in der hintersten Ecke sitzen und sich beim Flackerlicht der Kerze mit Feder und Tinte über ihre Papiere beugen. Provokativ ist nicht nur deren Beiseitesitzen; merkwürdige Wämser haben die an, zumindest der eine ist dem Dialekt nach Ausländer. Nach dem wenigen, was er sagt, ist's wohl ein Schwabe. Abwechselnd sieht der auf sein Papier und in die Luft; der andere scheint etwas von einem verknitterten Blatt auf ein frisches abzuschreiben. Die Wirtsleute lassen die beiden überhaupt nicht aus dem Blick – wer weiß, was sich da für ein Gelichter einquartiert hat: Zu Fuß sind die angekommen, schon in der Dunkelheit von den Bergen her, völlig durchnäßt, mit verdreckten Schuhen. Die Kammer haben sie akkordiert, ohne einen Blick hineinzuwerfen. Ein Reiseziel wußten sie nicht anzugeben, sie wollen »über die Berge«. Kaufleute jedenfalls sind das nicht, auch keine Studierten den Händen nach. Was die wohl aushecken mögen mit ihrem Geschreibe? Schmuggler könnten das sein oder politisches Gesindel, hinter dem die Gendarmen her sind – man wird aufpassen müssen, daß sie nicht in der Früh versuchen, sich wegzuschleichen, ohne Essen und Nachtlager zu bezahlen.

Die Szenerie dürfte so genügend ausgemalt sein; ich kann mich auf den dokumentarisch sicheren Boden der schriftlichen Überlieferung begeben und zitiere aus dem Reisetagebuch dessen, der da so eifrig abgeschrieben hatte:

> als ich Abends im Wirthshaus schrieb, war die Wirthin neugierig, und fragte: ob ich Lieder abschriebe? Br. Friedrich fragte sie: ob sie eine Liebhaberin guter Lieder sey? sie sagte: ja! Hierauf kriegte er Gnade und Trieb, unter dem Getümmel der spielenden Gäste ein Lied in 16. Versen zu verfertigen von der Welt Eitelkeit, und wie man selbiger absagen und das Ewige suchen solle. Ich schrieb hernach diß Lied sauber ab, und gab solches der Frau, diese zeigte es ihrem Mann und dem Schulmeister, welcher erst lange in der Karte gespielet. Diese Leute waren ganz geschlagen und an uns irr.[2]

2 *J.J.J. Aus dem Dunckelen ins helle Licht gestellet; nemlich: Bruder Johann Friedrich Rocks Reise=Beschreibung, von der Ronneburg* [...] *bis Breslau* [...] *im Jahr 1723. bis Jenner 1724*, o.O. 1781, S. 108. Aufzeichnung des den Propheten begleitenden Schnellschreibers Gottfried Neumann (vgl. ebd., S. 7) vom 5. Dezember 1723. Rocks eigenes poetisches Tagebuch von dieser Wanderung, »Reyß=Büchlein Auf Bayreuth, Breslau und Prag [...] beschrieben von Tag zu Tag; [...] **I**n **F**ortwährenden **R**eysen« [= Kryptonymen-Formel für **J**ohann **F**riedrich **R**ock] erschien als Anhang zu: *J.J.J. XIII. Sammlung Das ist* [–] *Der XIII. Auszug Aus denen Jahr=Büchern Der Wahren Inspirations=Gemeinschafften*, [o.O.] 1758, enthält unterm 5. Dezember aus Grimberg S. 194–197 jenes 16strophige Lied mit Hinweis auf den Anlaß und die im Bericht genannten Situationsangaben: »Des Sonntag Abends, unter dem Getümmel der Gäste im Wirthshauß. [...] Auf Begehren der Wirths=Leute / [...] wurde eine Abschrifft hievon ihnen auch gegeben / und ihr Schulmeister lase es ihnen gleich vor / worüber alles gantz bestürtzt und still worden.« Vgl. entsprechend auch S. 136–137: »Den 15. October im unruhigen Wirthshaus zu Döbelsbach«. Dieses Reisetagebuch ist ebenso wie der poetische Ertrag der beiden im folgenden näher zu beleuchtenden Schweizerreisen enthalten in einem Sammelband von Inspiriertenschriften in der BCU Lausanne: TP 1200.

Der »Bruder Friedrich«, der da nach einer Tageswanderung durch naßkaltes Dezemberwetter »unter dem Getümmel der spielenden Gäste« so plötzlich von »Gnade und Trieb« erfaßt wurde, in größter Geschwindigkeit ein 16strophiges Gedicht auf sein Blatt zu werfen, und der so die mißtrauischen Umstehenden zur Änderung ihrer Vorurteile, fast in ehrfürchtige Ratlosigkeit brachte, war trotz des gleichtönenden Dialekts nicht etwa der junge Friedrich Schiller auf seiner Flucht. Der hat ja bekanntlich nie helvetischen Boden betreten und gehört daher, wie auch immer er später die Schweizer Literatur inspiriert hat, nicht in ein Referat über inspirierte Schweizerreisen. Und auch Friedrich Leopold von Stolberg kann schon von der Mundart her dieser »Bruder Friedrich« nicht gewesen sein, wenn auch der referierte Inhalt des Gedichts halbwegs ins Themenspektrum des poetischen Grafen hätte passen können, dem im Inkognito-Gewande bis Zürich mitwandernden Weggenossen des jungen Goethe auf seiner ersten Schweizerreise von 1775. Also war auch der aufschreibende Berichterstatter nicht das Kraftgenie des Sturm und Drang – das Zitat wäre sonst ja bekannt gewesen.

Trotzdem paßt Goethes spätere Charakterisierung (in *Dichtung und Wahrheit*) seines eigenen phantastischen Durchstreifens der Schweiz im Jahr 1775 irgendwie auch auf diesen Bruder Friedrich: »Wenn einer zu Fuße, ohne recht zu wissen warum und wohin, in die Welt lief, so hieß dies eine Geniereise«.[3] Denn ein Poete und Prophete ist ganz entschieden auch schon dieser gewesen, wenngleich keinesweg ranggleich in seiner ebenso als zuströmend erfahrenen Dichtung. Einen den Literaturkennern bekannt gebliebenen Namen aber hat dieser voraufgegangene Fußreisende nicht. Denn die unermeßliche Fülle seiner Gedichte hat die Literaturgeschichte völlig übersehen.

Unser Interesse aber, meine ich, und auch unser sprach- und literaturgeschichtliches Augenmerk verdient er doch, wenn auch die Themen seiner Poesie unaufhörlich die gleichen blieben und die Gewandtheit seines versifikatorischen Ingeniums und einige in körniger Sprachkraft und kühnen Metaphern aufblitzende herrliche Passagen kaum entschädigen für das oft automatenhafte

3 Johann Wolfgang Goethe, *Aus meinem Leben. Dichtung und Wahrheit*, hg. v. Klaus-Detlef Müller (= Sämtl. Werke I,14, Bibl. deutscher Klassiker 15), Frankfurt (Deutscher Klassiker Verlag) 1986, S. 823. Vgl. den umfassenden Altersrückblick auf die Etappen und Eindrücke dieser Geniereise im IV. Teil, 18. und 19. Buch; die erhaltenen Dokumente aus der Feder des Reisenden in *Der junge Goethe. Neu bearb. Ausg.*, hg. v. Hanna Fischer-Lamberg, Bd. 5, Berlin / New York (de Gruyter) 1973, S. 230–237. Der Ton, in dem bereits der Inspiriertenprophet Rock die Nähe Gottes und seine Eingebung beim Versemachen besungen hatte, entsprach durchaus schon dem, in dem Goethe jetzt sein Gedichtlein an die Wand von Lavaters Pfarrhausstube schreibt (S. 233): »Bist du hier, || bin ich dir || immer gegenwärtig, || machst du hier || machst mit mir || deine Werklein fertig.«

Leerlaufen seines Reimenredens. Denn die Poetologie dieses Propheten und etlicher seiner vom selben Geist begnadeten oder getriebenen Brüder präformiert in wesentlichen Zügen diejenigen der Geniereisenden des Sturm und Drang – und das schon gut 50 Jahre vor deren erster Schweizerreise. Und die Stürmer und Dränger haben auch (anders als die Literaturhistoriker) von diesen Vorgängern gewußt, sie haben sich sogar für ihre eigene Dichtungslehre explizit an dem inspirativen Treiben der religiösen Genies vor ihnen inspiriert. Das Neuartige, das in deren Prophetenrede aufgebrochen war, das sich die Genies der frühen Goethezeit ganz analog zueignen konnten, markiert einen Wendepunkt nicht allein in der Auffassung von Poesie als irrational-intuitiver Gabe aus einer höheren Sphäre als jener des kunsthandwerklich Formbaren, sondern auch in den kulturellen Verhaltensnormen, in dem aller bisherigen poetischen Produktion erklärtermaßen zugrunde liegenden Wechselverhältnis von Lesen und Schreiben.

Bis ins Zeitalter der Aufklärung, noch in der Witzkultur des Rokoko und in der Tränenkultur der Empfindsamkeit, hatte sich literarische Produktion ja programmatisch an der Vorbildkette der Tradition orientiert und in sie eingereiht. Das Ingeniöse im Nacheifern kanonischer Muster lag in der Nuance der Abweichung, in einer überraschenden Variation oder geistvoll-gelehrten Neukombination der Traditionssegmente, die vom Rezipienten freilich ebenfalls zu vergleichendem Genießen wiedererkannt werden mußten. Diese mehr oder weniger geschlossene Rückkoppelung in der Wahl der Gattungen, Themen und Kunstformen zwischen Angelesenem und dem jeweils neuen Schreiben nobilitierte das Neuproduzierte dadurch, daß es so selbst fortwirkend hineintrat in die Kette der großen Muster, aus denen es hervorgegangen war.

Zumindest intentional ist die Genielehre der 1770er Jahre mit ihrer programmatischen Entkoppelung der literarischen Produktion von zur Nachahmung studierten Modellen bekanntlich aus diesem Regelkreis ausgebrochen. Die Berufung auf das Unlernbare, also auch nicht lehrend Weiterzugebende einer inneren Stimme und spontanen Schöpferkraft, die sich selbst die gemäße »innere Form« schaffe, gibt Prinzipien der Subjektivität und Originalität Raum, einer Literatur aus individueller Erfahrung, Empfindung, ja momentanen Gestimmtheit, die vordem noch als indezent und peinlich erschienen wäre. Das hier vorzustellende Beispiel eines bereits früheren Schwellenübergangs hin zu dieser bis weit über die Romantik hinaus wirksam bleibenden poetologischen Neuorientierung soll den Blick dafür schärfen, daß auch hier nicht ein vom Dichter-Freundeskreis einer einzigen Generation bewirkter Traditionsbruch zu konstatieren ist, sondern ein durch Generationen vorbereiteter Paradigmenwandel, in dem ein zur bisherigen Orientierung an kanonischen Lehrexempeln querstehendes Modell sukzessive dominant wird. Die Theoreme und Schreibimpulse der mit dem letzten Viertel des 18. Jahrhunderts hervortretenden poetischen Genies haben sich seit dessen Beginn schon durch die Bekundungen einer Serie von religiösen Genies vorbereitet. Deren erhebliches Aufsehen erregendes Auftreten haben nicht nur sie selbst fasziniert wahrgenommen, es hat auch im Publikum beigetragen zur Aufnahmebereitschaft für neue, enthusiastische Sprachbotschaften.[4]

Der Bruder Friedrich, den ich hier exemplarisch vorstelle, war von Beruf ein Sattlergeselle. Er hieß Johann Friedrich Rock,[5] hat von 1678 bis 1749 gelebt und war das Oberhaupt der neuprophetischen Inspirationsgemeinschaft, deren zahllose aufsehenerregende und die Bevölkerung ebenso wie die Obrigkeiten bewegende Wanderzüge gerade durch die Schweiz größte (und bekannte) Bedeutung für die Kirchen- und Frömmigkeitsgeschichte gehabt haben – aber eben auch (weithin noch unbekannte) für die Literaturgeschichte. Wenn wir exemplarisch ein Stück weit den poetischen Wegspuren dieser Schweizer Inspirierten-Reisen nachgehen wollen, um den Blick frei zu bekommen auf die Brücken, die von ihrem geistlichen Ufer zu dem weltlichen der jüngeren Genies der Epochenschwelle hinüberführen, kann ich einen kleinen Umweg, aber mit möglichst vielen Abkürzungen, durch die Kirchen- und Frömmigkeitsgeschichte des frühen

4 Vgl. für das folgende grundlegend (mit umfassenden Literaturnachweisen, auch zur kirchengeschichtlichen Forschung) Ulf-Michael Schneider, *Propheten der Goethezeit. Sprache, Literatur und Wirkung der Inspirierten*, Göttingen (Vandenhoeck & Ruprecht) 1995 (Palaestra, 297; Diss. phil. Göttingen 1992); ausblickend auf andere neuprophetische Wegbereiter der Sturm- und Drang-Poetologie auch Hans-Jürgen Schrader, »Le Christ dans le cœur de ses fidèles. Quelques aspects ›poétiques‹ de la christologie du piétisme«, in: Maria-Christina Pitassi (hg.): *Le Christ entre Orthodoxie et Lumières*, Genève (Droz) 1994, S. 49–76 bzw. ders., »Vom Heiland im Herzen zum inneren Wort. ›Poetische‹ Aspekte der pietistischen Christologie«, in: *Pietismus und Neuzeit* 20 (1994), S. 55–74.

5 Außer der im literarurwissenschaftlichen Hinblick grundlegenden Abhandlung von U.-M. Schneider, *Propheten der Goethezeit* (Anm. 4) mit der chronologischen Übersicht aller Inspirationsaussprachen, einem Standort-Nachweis aller nachweisbaren Inspirierten-Drucke und einer umfassenden Bibliographie S. 193–242 vgl. zu Rocks Biographie insbes. Paul Krauß, »Johann Friedrich Rock, Separatist und Inspirierter. 1678–1749«, in: *Lebensbilder aus Schwaben und Franken*, Bd. 15, hg. v. Robert Uhland, Stuttgart 1983, S. 86–114; im Überblick U.-M. Schneider, »Rock, Johann Friedrich«, in *Biographisch-Bibliographisches Kirchenlexikon*, hg. von F. W. u. T. Bautz, Bd. 8, Herzberg (Bautz) 1994, Sp. 458–462. Rocks autobiographische Rechenschaften aus verschiedenen Lebensetappen sind jetzt ediert und kommentiert in einer neuen Texte-Reihe für Schule und Studium: Johann Friedrich Rock, *Wie ihn Gott geführet und auf die Wege der Inspiration gebracht habe. Autobiographische Schriften*, hg. v. Ulf-Michael Schneider, Leipzig (Evangelische Verlagsanstalt) 1999 (Kleine Texte des Pietismus, 1). Nur die Texte sind zu Rocks 250. Todestag auch am heutigen Sitz der Inspirierten-Gemeinschaft (in englischen Übersetzung und mit einer »Translator's Note« von Janet W. Zuber) erschienen: Johann Friedrich Rock, *The Humble Way. An Autobiographical Account of God's Guidance*, Amana, Iowa (Amana Church Society) 1999.

18. Jahrhunderts nicht vermeiden.[6] Das ausgehende Barock und das beginnende Folgejahrhundert war eine Zeit gesteigerter eschatologischer Naherwartung. Besonders unter dem ängstlich um ihr Seelenheil bekümmerten Frommen aus der gesamtprotestantischen Reformbewegung des Pietismus wurden die vermeintlich wahrnehmbaren oder die spekulativ errechneten Zeichen des nahenden Jüngsten Gerichts als persönlicher Auftrag für ihre Lebensführung begriffen: nicht nur zu individueller Buße, Umkehr und Heiligung, sondern auch zu einer Versammlung der erweckten und berufenen Zeugen Christi. Durch deren praktische Bauarbeit wollte Gott ja, nach apokalyptischer Verheißung, sein künftiges Friedensreich aufrichten. Für die radikalen Pietisten bedeutete dies eine Trennung aus dem nach ihrer Auffassung unrettbar in sektiererischem Konfessionenstreit und in verweltlichtem Gewohnheits-Gottesdienst verfallenen Kirchenwesen. Eintreten wollten sie statt dessen in eine rein geistige »philadelphische« Gemeinschaft der entschiedenen Wegbereiter des Herrn – aus allen Konfessionen ebenso wie aus aller weltlichen Herren Länder. Die auf landeskirchliche Territorialverfassungen gegründeten kirchlichen und staatlichen Obrigkeiten reagierten repressiv: mit Gesinnungsdruck und Zwangsvorführungen zum öffentlichen Gottesdienst, mit Verboten der außerkirchlichen Erbauungsversammlungen, mit Arretierungen und Leibesstrafen, schließlich mit Landesverweisungen der »Rädelsführer«. Statt plangemäß das Feuer auszutreten, haben sie es so ausgebreitet: Die Zwangsexilierten durchstreiften bußpredigend die Lande, durch immer neue Strafmaßnahmen für andere religiös erregte Gemüter ausgezeichnet als Märtyrer in der Nachfolge Christi. Und sie fanden sich zu Erwecktenkolonien in jenen Landstrichen zusammen, deren Obrigkeiten ihnen gegen alle Bestimmungen der Reichsgesetze Duldung und Gewissenstoleranz verbrieften, sei es aus religiöser Gleichgestimmtheit, sei es aus politischem oder merkantilistischem Kalkül. Vornehmliche Sammelpunkte wurden schon vor der

6 Grundlegend für den Forschungszugang zur Inspiriertenbewegung bleiben insbes. Friedrich Wilhelm Winckel, »Kurze Geschichte der Inspirationsgemeinden«, in: *Monatsschrift für die evangelische Kirche der Rheinprovinz und Westphalens* 1844 (H. 11), S. 233–262; Max Goebel, »Geschichte der wahren Inspirations=Gemeinden, von 1688 bis 1850«, in: *Zeitschrift für hist. Theol.* 24 (1854), S. 267–322, 377–438, 25 (1855), S. 94–160, 327–425 und 27 (1857), S. 131–151; Max Goebel / Theodor Link, *Geschichte des christlichen Lebens in der rheinisch-westfälischen evangelischen Kirche*, Bd. 3, Koblenz (Bädeker) 1860, Reprint: Gießen / Basel (Brunnen Verlag) 1992, S. 126–165; Walter Grossmann: »The European Origins of the True Inspired of Amana«, in: *Communal Societies* 4 (1984), S. 133–149 und Hans Schneider, »Inspirationsgemeinden«, in: *Theologische Realenzyklopädie*, Bd. 16, Berlin / New York (de Gruyter) 1987, S. 203–206. Als jüngere Überblicksdarstellung (mit Lit.) sei zudem erwähnt Ulf Lückel, »Die Inspirierten in Wittgenstein und das prophetische Werkzeug Johann Friedrich Rock«, in: *Wittgenstein*, Jg. 85, Bd. 61, H. 4 / 1997 (Sonderheft *Radikaler Pietismus in Wittgenstein*, Donald Durnbaugh zum 70. Geburtstag), S. 147–157.

Jahrhundertwende die politisch unbedeutenden Territorien der sogenannten Wetterauer Grafenbank: die isenburgischen Länder um Offenbach und Büdingen im Frankfurter Raum und etwas nordwestlich davon die wittgensteinischen um Berleburg im heutigen Westfalen. Diese Länder wurden auch Kernzonen der späteren Inspiriertengemeinschaft.[7]

Der Prozentsatz der Schweizer, meist vertriebene Pfarrer oder Theologiekandidaten, die sich separatistischer Neigungen verdächtig gemacht hatten, war schon vor dem Beginn der Inspirationsbewegung hoch. Denn insbesondere die Berner und die Schaffhausener Regierungen waren mit Landesverweisungen schnell bei der Hand gewesen, ohne doch konspirative Kontakte der Exilierten mit ihren daheim verbliebenen Gesinnungsbrüdern verhindern zu können. In der Wetterau rings um Frankfurt wurden am Anfang des 18. Jahrhunderts etwa 40 Exulanten aus der Schweiz gezählt; unter denen im Wittgensteinischen waren an den bereits kurz vor der Jahrhundertwende ausbrechenden ekstatischen Erscheinungen aus dem Bernbiet etwa Samuel König, Carl Anton Püntiner (Bündner), Jacob Knecht und Nicolaus Tscher beteiligt. Später kamen andere, literarisch noch produktivere dazu, auch aus der Westschweiz, wo der antikirchliche Separatismus politische Oppositionsbewegungen gegen Bern in sich aufgesogen hatte, etwa Nicolas-Samuel de Treytorrens oder der aus Frankreich zugewanderte Apostel der Madame Guyon, Marquis Charles Hector de Marsay.[8]

7 Vgl. zur Genese und Entwicklung dieser radikalpietistischen und philadelphischen Bewegung innerhalb der nachreformatorischen Frömmigkeitsgeschichte allgemein jetzt (mit Aufschluß der älteren Forschung) insbesondere Hans Schneider, »Der radikale Pietismus im 17. Jahrhundert«, in: Martin Brecht (hg.), *Der Pietismus vom siebzehnten bis zum frühen achtzehnten Jahrhundert*, Göttingen (Vandenhoeck & Ruprecht) 1993 (*Geschichte des Pietismus*, 1), S. 391–437 und bes. ders., »Der radikale Pietismus im 18. Jahrhundert«, in: Martin Brecht / Klaus Deppermann (hg.), *Der Pietismus im achtzehnten Jahrhundert*, Göttingen (Vandenhoeck & Ruprecht) 1995 (*Geschichte des Pietismus*, 2), S. 107–197 sowie ders., »Der radikale Pietismus in der neueren Forschung«, in *Pietismus und Neuzeit* 8 (1982), S. 15–42 und – für den Inspirierten-Kontext insbesondere – 9 (1983), S. 117–151; aus literaturwissenschaftlicher Sicht Hans-Jürgen Schrader, *Literaturproduktion und Büchermarkt des radikalen Pietismus*, Göttingen (Vandenhoeck & Ruprecht) 1989 (*Palaestra*, 283), insbes. S. 41–73, 108–135, 176–183, 354–386, 418–440, 461–465 und im Überblick ders., »Pietismus«, in: Walther Killy (hg.), *Literatur Lexikon*, Bd. 14: *Begriffe, Realien, Methoden* (hg. von Volker Meid), München (Bertelsmann Lexikon Verlag) 1993, S. 208–216 sowie danach den Artikel »Pietismus« in Volker Meid, *Sachwörterbuch zur deutschen Literatur*, Stuttgart (Philipp Reclam jun.) 1999, S. 395–397; Ulf-Michael Schneider, »Pietismus«, in: *Goethe-Handbuch*, Bd. 4/2: *Personen, Sachen, Begriffe*, hg. v. Hans-Dietrich Dahnke und Regine Otto, Stuttgart / Weimar (Metzler) 1998, S. 850–852.

8 Den kirchen- und allgemeingeschichtlichen Hintergrund umreißt Rudolf Dellsperger, *Die Anfänge des Pietismus in Bern. Quellenstudien*, Göttingen (Vandenhoeck & Ruprecht) 1984 (Arbeiten zur Geschichte des Pietismus, 22). Als Forschungsgrundlage für die Aktivitäten und Wirkungen der Inspirierten in der Schweiz vgl. noch immer Wilhelm Hadorn, »Die Inspirirten des XVIII. Jahrhunderts mit besonderer Berücksichtigung ihrer Beziehung zur Schweiz«, in: *Schweizerische*

Die ekstatischen Aspekte im Auftreten dieser separatistischen Wanderprediger hängen mit ihrer akuten Endzeiterwartung zusammen. In der Apokalypse war vor dem Weltende das Auftreten neuer Propheten (göttlicher, aber auch falscher) vorhergesagt. Aufsehenerregende und vielfältig sogleich in Druck verbreitete visionäre Gesichte, Geistesaussprachen und Glossolalien waren so in den 1690er Jahren, zeitgleich mit dem Anwachsen des Pietismus zu einer den gesamten Protestantismus durchwirkenden Massenbewegung, gang und gäbe. Die sogenannten »begeisterten Mägde« in Erfurt und Halberstadt, ungebildete Frauen, deren oft unverständliches Trancereden als Kundgebung Gottes, auch in alttestamentlichen Bibelsprachen, ausgegeben wurde, gehörten dazu[9] ebenso wie theologisch Gebildete, etwa der Superintendent Johann Wilhelm Petersen und seine adlige, visionsbegabte Frau Johanna Eleonora, oder die hochadlige Seherin Rosamunde Juliane von der Asseburg. Die Inspirationsbewegung hat sie später als Vorboten angesehen.[10]

Die unmittelbaren Wegbereiter der Inspirationsgemeinschaft aber kamen von außen, aus den französischen Cevennen. Unter den nach Ludwigs XIV. Widerruf des Edikts von Nantes im Jahr 1675 bedrückten und ihrer Prediger beraubten Hugenotten waren dort laikale Propheten aufgetreten, die in ihrer unter körperlichen Erschütterungen ausgestoßenen Gottesrede das Weltende

Theologische Zeitschrift 17 (1900), S. 184–224; ders.: *Geschichte des Pietismus in den Schweizerischen Reformierten Kirchen*, Konstanz / Emmishofen (Carl Hirsch) 1901, insbes. S. 30–33, 107–128, 138–156, 166–219 sowie Kurt Guggisberg, *Bernische Kirchengeschichte*, Bern (Haupt) 1958, S. 398–423.

9 Vgl. die Artikel »Catharina Halberstadiensis«, »Anna Margaretha Janin« und »Anna Maria Schuchartin« in Johann Heinrich Feustking, *Gynaeceum haeretico fanaticum, Oder Historie und Beschreibung Der falschen Prophetinnen*, Frankfurt / Leipzig (Zimmermann) 1704, Reprint (hg. v. Elisabeth Gössmann, mit Einleitung von Ruth Albrecht) München (Judicium) 1998 (Archiv für philosophie- und theologiegeschichtliche Frauenforschung, 7), S. 339, 371–377 und 537–569; Johann Michael Mehlig, *Historisches Kirchen= und Ketzer=Lexicon* [Bd. 1], Chemnitz (Stößel) 1758, S. 174/175: »Begeisterte Mägde«. Von orthodoxen Widersachern war fälschlich unter August Hermann Franckes Namen eine *Eigentliche Nachricht Von Dreyen Begeisterten Mägden / Der Halberstädtischen Catharinen / Quedlinburgischen Magdalenen / und Erffurtischen Liesen*, o.O. 1692 erschienen, die Francke sogleich replizierte: *Entdeckung der Boßheit / So mit einigen jüngst unter seinem Nahmen fälschlich publicirten Brieffen Von dreyen so benahmten begeisterten Mägden* [...] *begangen*, Cölln a. d. Spree 1692.

10 Für dieses eigene Traditionsbewußtsein der Inspirierten vgl. die Eingangspassagen ihrer offiziösen Gemeindegeschichten aus dem 18. und 19. Jahrhundert: [Paul Giesebert Nagel,] »Kurze Historie der Inspirirten Und Inspirations=Gemeinden; Auf Teutsch: Der Propheten=Kinder« [...], in: *J.J.J. XVI. Samlung. Das ist* [–] *Der XVI. Auszug Aus denen Jahr=Büchern Der Wahren Inspirations=Gemeinschaften*, [o.O.] 1772, S. 238–244 bzw. Gottlieb Scheuner, *Inspirations=Historie oder Historischer Bericht von* [...] *der wahren Inspirations=Gemeinde während J. F. Rocks Lebzeiten und auch nach ihm bis zur Zeit der neuen Erweckung*, Teil 1, Amana, Iowa 1884, S. 7–9. Vgl. dazu U.-M. Schneider, *Propheten* (Anm. 4), S. 13–36.

verkündeten. Nach ihrer Vertreibung oder Flucht zogen diese Camisarden durch Europa, kamen über England auch nach Deutschland, erregten die pietistischen Gemüter und die ihrer Gegner in Halle und Berlin und erweckten durch ihren ansteckenden Feuergeist allenthalben neue Propheten. 1714 ist eine Gruppe davon in die Wetterau gekommen, wo sie unter den verstreuten Separatisten nach anfänglich-erschrockener Abwehr eine so breite Anhängerschaft und neue Zeugen des prophetischen Geists fanden, daß es nur hier zu einer regelrechten Gemeindebildung kam. Die bei den anfänglichen ekstatischen »Liebesmälern« unter tagelangem Kirchenliedsingen und Erbauungspredigen neuerweckten »Werkzeuge« der zungenredend ausgestoßenen göttlichen Verbaloffenbarungen (unter den frühesten war eine exilierte Bernbietlerin aus Thun namens Ursula Meyer)[11] behielten das Gebaren der Camisardenpropheten bei, von deren einem ein Berliner Zeitungsartikel von 1714 berichtet, daß

> dessen Gebährden, wan er den vermeinten paroxismum hat, entsetzlich anzusehen sein sollen. Er hat einen Concipienten bey sich, der sich Dithman [recte: Johann Dittmar] nennet: waß nun jenem der Geist eingiebt, muß dieser aufschreiben.[12]

Nicht nur die körperlichen Verrenkungen, Augenrollen und Mundschlappern, die die Aussprache begleiteten, wurden als Zeichen der göttlichen Anfassung gedeutet (übrigens auch von Jesus abgeleitet, von dem Mk 3,21 f. und Joh 10,20 die Widersacher ebenfalls gesagt hatten, »ὅτι ἐξέστη« und »ὅτι Βεελζεβοὺλ ἔχει, καί· ὅτι ἐν τῷ ἄρχοντι τῶν δαιμονίων ἐκβάλλει τὰ δαιμόνια«, bzw. »δαιμόνιον ἔχει καί μαίνεται«: »Er ist außer sich selbst gesetzt; er hat den unsaubern Geist und sein Geistestreiben kommt vom Häuptling der Dämonen« bzw. »Er ist vom bösen Geist besessen und redet irr.«).[13] Auch, daß das »Werkzeug« sofort »vergeße«, was

11 Ihre Aussprachen der Jahre 1715/16 erschienen unter dem Titel *J.J.J. Ein Himmlischer Abendschein, Noch am Feyerabend In und Mit der Welt, Ans Tages=Licht gestellt.* [...] *Welchen der Geist der wahren Inspiration, durch Ursula Meyerin* [...] *hat bezeugen* [...] *lassen*, o.O. 1781. Vgl. U.-M. Schneider, *Propheten der Goethezeit* (Anm. 4), S. 28 und 218, detaillierter mit Quellennachweisen Göbel, »Geschichte der wahren Inspirations=Gemeinden« (Anm. 6), S. 275/276 und Guggisberg, *Bernische Kirchengeschichte* (Anm. 8), S. 417.

12 Bericht über ein Berliner Auftreten des frühen Inspiriertenpropheten Pott am 1.9.1714, der zusammen mit seinen Brüdern das Inspirationsfeuer ins Isenburgische gebracht und auch Johann Friedrich Rock dafür entfacht hatte, Eberhard Buchner, *Religion und Kirche. Kulturhistorisch interessante Dokumente aus alten deutschen Zeitungen (16. bis 18. Jahrhundert)*, München (Albert Langen) 1925, S. 221–224, hier 222.

13 Bestätigt sahen sich die Inspirierten in ihrer Auffassung, Christus sei von ganz ähnlich ekstatischen Konvulsionen ergriffen gewesen wie ihre eigenen Propheten, u.a. durch die Auslegung dieser Verse von Johann Henrich Reitz (»hielten ihn für einen Unsinnigen; ebenso wie die Verwandte Christi den Heiland selbsten / Marc. 3 / 21.«) in seiner Biographie des Conrad von Beuningen: Johann Henrich Reitz, *Historie Der Wiedergebohrnen*, Idstein (Johann Jacob Haug) 1717 (Neuausgabe: Deutsche Neudrucke, Reihe Barock, Bd. 29/2, Tübingen: Niemeyer 1982),

der Geist durch seinen Mund verkündet habe,[14] daß der Prophet beim Wiederzusichkommen nicht einmal mehr den Inhalt des soeben Ausgesprochenen wiedergeben könne, galt als Beleg, daß hier nicht der Herren eigener Geist im Spiele gewesen war. Und die überprüfbare Widerspruchsfreiheit zur Altoffenbarung der Bibel, die durch die neue Gottesrede vermeintlich ergänzt wurde, galt als Siegel der Wahrheit. Ἑτέραις γλώσσαις, in fremden Zungen und hebraisierenden Tönen, wurde nur anfänglich geredet, etwa von dem Handwerker Johann Carl Gleim, so daß die dem Propheten beigeordneten Schreiber oder »Concipienten« nach Maßgabe ihres Verstehens nur »einige Wörter hiervon / doch ohne connexion« mitbekommen konnten:

> [...] ruschebalacha. allaschetechora. ruachadonai. rachamana. ruach chatischema. schabuschadealla. halluschamene. roschana. rachatischeba. roschatalacha [...].[15]

Später dann bekundete sich der Herr ihnen nur noch in ihrer Muttersprache, eher systematisch-theologisch, erwecklich und erbaulich. Zu den Mitgliedern der »wahren Inspirationsgemeinschaft« haben zeitweilig bedeutende Leute gehört, der von den Junghegelianern wiederentdeckte Philosoph Johann Christian Edelmann etwa, von der Alchimie herkommende Ärzte wie der spätere Reorganisator des dänischen Medizinalwesens Johann Samuel Carl, ein fruchtbarer Erbauungsschriftsteller, und noch aus Goethes Bekanntschaft Johann Christian Senckenberg, Theologen auch wie der Bibelübersetzer Johann Friedrich Haug. Graf Zinzendorf stand mit ihnen in langjähriger Verbindung, bestimmte etwa den Bruder Johann Friedrich Rock zum Paten einer seiner Töchter. Von einem Theologen wurde die neue Gemeinschaft geleitet: Eberhard Ludwig Gruber war ein amtsverstoßener Pfarrer aus Württemberg, ohne eigenes Geistreden, doch ein begabter Kirchenlieddichter.[16] Sein Sohn Johann Adam, Zeugmacher (Uni-

S. 124. Vgl. *Ein unpartheyisches Urtheil, von den heutigen so genannten INSPIRIRTEN,* [...] *Aufgesetzt von einem Liebhaber der Wahrheit,* o.O. 1716, S. 23 und [Christian Fende (hg.),] *Unterschiedliche Erfahrungs=volle Zeugnisse / Welche Einige in Gott verbundene Freunde Von der so sehr verhassten und verschreyten INSPIRATIONS=SACHE* [...] *offentlich dargeleget haben,* o.O. 1715, S. 17. Im Bild erscheint diese Auffassung im Titelkupfer zu Johann Henrich Reitz, *Die Nachfolge JEsu Christi/ Nach seinem Leben, Lehr und Leiden / Kürtzlich vorgestellet,* Wesel ^{1}1707 und Leipzig (Samuel Benjamin Walther) ^{2}1730 (die Inschrift auf dem Kreuzesquerbalken auf Golgatha, an dem der Nachfolgende emporsteigt, lautet »Mainetai. Mainetai«. Ebenso die für die Exegese des radikalen Pietismus maßgebliche »Berleburger Bibel«: *Der Heiligen Schrifft Fünffter Theil / oder des Neuen Testaments Erster Theil* [...]. Berleburg (Waisenhaus – Johann Jacob Haug) 1739, S. 354.

14 Buchner, *Religion* (Anm. 12), S. 222.

15 [Johann Carl Gleim,] *Das Geschrey zur Mitternacht / Durch den Geist der Weissagung gewürcket und verkündiget* [...] *als ein Zeugnüß Der wahren INSPIRATION,* o.O. 1715, S. 1; vgl. U.-M. Schneider, *Propheten* (Anm. 4), S. 58.

16 Seine Autobiographie und die seines anfänglich selbst als »Werkzeug« auftretenden Sohns Johann Adam findet sich in der Bekenntnissammlung *Unterschiedliche Erfahrungs=volle Zeugnisse*

formschneider) von Beruf, war das erste »Werkzeug«, das, vom November 1716 bis zum Januar 1717, separatistische Gesinnungsfreunde in der Schweiz besucht hat: in Basel, Schaffhausen, Winterthur und Zürich, in Bern und im Berner Oberland vor allem: Thun, Beatenberg, Leissigen, aber auch im frankophonen Westen: Neuchâtel, Yverdon, Vevey und Lausanne.[17]

Die Gabe der »Aussprache« aber behielt nach 1717 nur noch der »Bruder Friedrich«. Rock war als Jüngling beim Besuch pietistischer Konventikel in Halle und Berlin zum Separatisten geworden, hatte sich in einer epochentypischen Selbstverschreibung dem Herrn verpflichtet.[18] Dieserhalb in Württemberg mit Berufsverbot belegt, war er auf den Spuren des exilierten Pfarrers Gruber in die Wetterau entwichen. 39jährig war er schon, als ihn der Inspirationsgeist überfiel. Der isenburgische Hofsattler hatte durchaus theologische Kenntnisse: sein Vater war Pastor gewesen, sein Bruder ein Lateinschulrektor. Trotzdem erstaunt die Diskrepanz an sprachlicher Kraft, die Rocks konventionell-trockenes erbauliches Gemeindereden von dem Feuer seiner festgehaltenen ekstatischen Aussprachen unterscheidet. Bis zu seinem Ende als 70jähriger lag der Zwang zur inspirativen Verkündung auf ihm, nach dem Tod des alten Gruber 1728 auch die Leitung

(Anm. 13), S. 1–15, eine Biographie »Eberhard Ludwig Grubers Lebens= und Glaubenslauf, Kampf und Ende« in *Mitteilungen über den Lebenslauf und Ende der in Gott ruhenden Brüder* […], Amana, Iowa 1875, S. 213–240. Zur kirchengeschichtlichen Bedeutung vgl. Donald F. Durnbaugh, »Eberhard Ludwig Gruber & Johann Adam Gruber. A Father & Son as Early Inspirationist Leaders«, in: *Communal Societies* 4 (1984), S. 150–160. Zu E. L. Grubers Lyrik, insbesondere zur dreiteiligen Sammlung *J.J.J. JEsus=Lieder für seine Glieder*, o.O. 1720–1725, Neudruck Ebenezer, NY 1857, vgl. Reinhard Müller, »Gruber, Eberhard Ludwig«, in: *Deutsches Literatur-Lexikon. Biographisch-bibliographisches Handbuch*, 3. Aufl., Bd. 6, Bern / München 1978, Sp. 910; U.-M. Schneider, *Propheten der Goethezeit* (Anm. 4), S. 117, 220 und 225; Schrader, »Vom Heiland im Herzen« (Anm. 4), S. 67.

17 Johann Adam Gruber, *J.J.J. Buß= Weck= und Warnungs=Stimme / Welche der Geist der Wahren INSPIRATION In dem Dietzischen / Zweybrückischen / Elsaß und in der Schweitz insonderheit erschallen lassen / Im Jahr 1716. und 1717.* […] o.O. 1718. Darin Reisetagebuch der Schweizerreise (in Begleitung der Schreiber Sigmund Heinrich Gleim und Blasius Daniel Mackinet) S. 55–411. Zu dieser Reise vgl. Scheuner, *Inspirations=Historie*, Bd. 1 (Anm. 10), S.56–58, 67–68.

18 Autobiographischer Aufsatz von 1707: Rock, *Wie ihn Gott geführet* (Anm. 5), S. 15. Zur Tradition formeller Selbstverschreibungen von Erasmus Francisci bis Gerhard Tersteegen vgl. Rudolf Mohr, »Gerhard Tersteegens Leben im Licht seines Werkes«, in: *Monatshefte für evangelische Kirchengeschichte des Rheinlandes* 20 (1971/72), S. 197–244. Für die Selbstübergabe an Gott mit Leib und Seele der Elisabeth Funck, geb. Küpfer, in Bern scheint Rocks Vorbild ausschlaggebend gewesen zu sein. Vgl. Paul Wernle, *Der schweizerische Protestantismus im XVIII. Jahrhundert*, Bd. 3, Tübingen (Mohr – Siebeck) 1925, S. 118. Auch Ulrich Bräker wird noch von dieser emphatischen Selbstverschreibungsidee berührt und beunruhigt. Vgl. seine Tagebuch-Notiz vom 10. Januar 1770: »ach das ich mich Jesum meinem treüen und liebrichen freünd auf ewig möchte verschriben, dan seine treu an mir ist täglich neu«. Ulrich Bräker, *Sämtliche Schriften*, Bd. 1: *Tagebücher 1768–1778*, bearb. v. Alfred Messerli / Andreas Bürgi, München (C. H. Beck) und Bern (Paul Haupt) 1998, S. 127.

der Gemeinschaft. Die bestand (und besteht noch heute in Amerika) als evangelikale Sekte bzw. als »Communal Society« fort. Nach Rocks Tod war sie in der zweiten Hälfte des 18. Jahrhunderts vor allem bemüht, die zugewandten Gruppen in Deutschland, im Elsaß und der Schweiz lebendig zu halten und das neuprophetische »Gotteswort« durch den Druck zu sichern und zu verbreiten: Nur wenige der Inspirierten-Zeugnisse waren schon im Anfangsstadium der neuen Prophetie, nach 1715, mit vorrangig apologetischen und missionarischen Zielsetzungen publiziert worden, die große Masse kam aus den Gemeindearchiven erst 1736–1789, während der Goethezeit und bis an die Schwelle der Romantik in 42 Bänden zum Druck: »EXTRACTA Aus dem allgemeinen Diario Der wahren INSPIRATIONS=Gemeinen«.[19]

Seit 1817 schließlich tauchten unter den Resten der Gemeinde, im Ansturm der romantisch-neupietistischen Erweckungsbewegung, neue Propheten auf. Deren Nachkommen sind, 1857 durch hessisch-preußischen Druck vertrieben, nach Amerika ausgewandert, wo sie in Ohio als Amana-Society fortleben:[20] dort sind viele der Inspiriertenpublikationen wiederholt neu aufgelegt worden (seit 1936 auf englisch) und reichlicher zuhanden als in europäischen Bibliotheken.

Schon 1716, bald nach der Gemeindegründung, hat die Reisetätigkeit der inspirierten »Werkzeuge« und ihrer begleitenden Schnellschreiber eingesetzt – durch ganz Europa mit Mahnaussprachen an weltliche und kirchliche Machthaber und Behörden, zur Gewissensrührung und Seelenstärkung der Gläubigen. An ihnen schieden sich die Geister. Einkerkerungen, Leibesstrafen, Schriftenkonfiszierung und Expulsion durch die Behörden oder schlichtes Verprügeln durch aufgebrachte Bürger und Bauern einerseits war ständige Begleiterscheinung, auf der anderen Seite Neugier, Verunsicherung, materielle Unterstützungen, gerade in der Schweiz auch landesweite Erweckungsphänomene, in jedem Fall aber gewaltiges Aufsehen.

Johann Friedrich Rock, vom Naturell her ein stiller, von Selbstzweifeln und Entmutigungen gequälter Mystiker, dessen Aussprachen sich inhaltlich überhaupt nicht vom Gemeintypus pietistischer Theologie und Paranäse der mystischen Richtung unterschied, ist der inspirativ empfangenen und auf den Wande-

19 Komplette Titel- und Standortnachweise, auch der Nachdrucke des 19. Jahrhunderts in Amerika, bei U.-M. Schneider, *Propheten der Goethezeit* (Anm. 4), S. 210–225.

20 Zum transatlantischen Fortleben der Inspirationsgemeinschaft vgl. außer Scheuner, *Inspirations=Historie* (Anm. 10) v. a. Karl Knortz, *Die wahre Inspirations=Gemeinde in Iowa. Ein Beitrag zur Geschichte des christlichen Pietismus und Communismus*, Leipzig 1896; Bertha M. Horack Shambaugh, *Amana That Was and Amana That Is*, 3. Aufl. (erw. Neuausg. der seit 1908 wiederholt publizierten Darstellung *Amana: the Community of True Inspiration*), New York (Arno Press) 1976; Diane L. Barthel, *Amana. From Pietist Sect to American Community*, Lincoln / London 1984 und U.-M. Schneider, *Propheten der Goethezeit* (Anm. 4), S. 18–21.

rungen ebenso durch Geistzusprache von Station zu Station konkretisierten »Reisordre« zu den Gesinnungsverbundenen in der Nähe oder Ferne insgesamt wenigstens 94mal gefolgt,[21] (die offizielle Gemeindegeschichte schreibt ihm gar über 100 Wanderungen zu).[22] Seine Fernreisen gingen am häufigsten ins heimatliche Schwaben. Neunmal wandert er von dort weiter in oder durch die Schweiz, zwischen 1719 und 1741, seinem 42. und 64. Lebensjahr. Das Kryptonym **I. F. R.** seines Namens **J**ohann **F**riedrich **R**ock auf seinen Schriften ist so auch am häufigsten als »**I**n **F**ort=währendem **R**eisen« aufgelöst oder (nach dem auch unter Not und Leid mystisch-gottgelassenen Seelenzustand) »**I**n **F**ried und **R**uh«. (Die Kennchiffre »J.J.J.« im Haupttitel aller Inspiriertendrucke wird meist als Trinitätssymbol »Jesus, Jehova, Immanuel« ausgelegt oder als Stoßgebet, »Jesus Immanuel Juva«.)[23]

Rocks Besuche etwa 1737 und 1738 im Toggenburg gehören in die Vorgeschichte des dortigen separatistischen Konventikeltreibens, von dem der »arme Mann« Ulrich Bräker berichtet. Wenn Bräker aber in seinem Tagebuch (Pfingst-Dienstag, 29. Mai 1787) sein Schwanken zwischen den Extremen und frühere Ausbruchsversuche aus dem häuslichen Elend reflektiert,

> es hete offt nicht viel gefehlt ich wäre zum jnspirierten worden – hete alles verlassen – wäre in der welt umhergezogen – und hete buße gepredigef[24],

wenn er diesen ihm offenbar obsessiv wiederkehrenden Drang abermals in seiner Lebensgeschichte einbekennt,

> Oft fiel's mir gar ein, ich sollte, gleich den Herrnhutern und Inspirirten, in der weiten Welt herumziehen, und Buß' predigen[25],

21 *J.J.J. XIV. Sammlung, Das ist* [–] *Der XIV. Auszug aus denen Jahr=Büchern*, o.O. 1761, S. 241 und *J.J.J. XVII. Samlung*, o.O. 1776, S. 241.

22 Lebensresümee und Nachruf auf Rock bei Scheuner, *Inspirations=Historie*, Bd. 1 (Anm. 10), S. 248: »Im Jahr 1714, als er 5 mal 7 Jahre alt war, kam er zur Gabe des Geistes der Weissagung und that in diesen Wegen bis 1742 in 4 mal 7 Jahren über 100 kleine und große Reisen [...], als er 9 mal 7 oder 63 Jahre alt war, hörte er auf in die Ferne zu reisen«. Auch Krauß, »Johann Friedrich Rock« (Anm. 5), S. 99, zählt 94 Missionsreisen. Die Divergenz ergibt sich durch das Mitzählen (oder Nicht-Mitzählen) von Gemeindebesuchen im näheren Umkreis.

23 Vgl. etwa Shambaugh, *Amana* (Anm. 20), S. 331 und U.-M. Schneider, *Propheten der Goethezeit* (Anm. 4), S. 38.

24 Bräker, *Sämtliche Schriften* (Anm. 18), Bd. 2, *Tagebücher 1779–1788*, bearb. v. Heinz Graber / Claudia Holliger-Wiesmann, München (C. H. Beck) und Bern (Paul Haupt) 1998, S. 583. Vgl. Christian Holliger, Claudia Holliger-Wiesmann, Heinz Graber, Karl Pestalozzi, *Chronik Ulrich Bräker*, Bern / Stuttgart (Paul Haupt) 1985, S. 303.

25 Bräker, *Lebensgeschichte und Natürliche Ebentheuer des Armen Mannes im Tockenburg*, hg. v. Samuel Voellmy, (*Leben und Schriften*, Bd. 1), Basel 1945 (Birkhäuser Klassiker, 39), S. 250. Vgl. zu Bräkers Faszination durch die Inspirierten-Begegnung und seine umfassenderen radikalpietistischen

dann denkt er dabei wohl an schon bewußt selbsterlebte Begegnungen mit späteren Gemeinde-Délégués, die nicht mehr vom unmittelbar durchdringenden Gotteswort erschüttert waren. Denn die Gesamtmenge der oft mehr als halbjährigen Inspirierten-Reisen durch die Schweiz zähle ich zwischen 1716 und 1810 (bis jenseits der Helvetik also und tief in die napoleonische Ära) auf 29.[26] Und lang ist auch die Serie der Gegenbesuche der Schweizer Gesinnungsbrüder in der Wetterau. Nach dem Erlöschen der Prophetie nahmen aber diese Reisen nach und nach den Charakter bloßer bestärkender Gemeindebesuche oder gar privater Kontaktpflege unter den immer mehr zerfallenden inspirationsgläubigen Gruppierungen in immer provinzielleren Rückzugsgebieten an, im Schaffhauser Raum, in Graubünden und vor allem im Bernbiet (mit dem angrenzenden Aargau und Solothurner Raum), etwa in Diessbach bei Büren, Ursellen, Richigen und Roggwil, in Signau bei Thun oder Roderis, später auch in Herzogenbuchsee, wo etwa der Gotthelf-Freund Joseph Burkhalter noch mit solchen Frommen in Verbindung stand.[27]

Bei der ersten Prophetenreise durch die Schweiz, von dem 21jährigen Johann Adam Gruber und seinen beiden Schreibern im Jahr 1716/17, gab es aufgrund seiner im Rathaus abgegebenen scharfen Aussprache über Stadt und Land die härtesten Abstrafungen durch den Zürcher Rat: Die Inspirierten wurden verhört, im Wellenberg und Läuseturm »bei Wasser und Brod und großer Kälte gefangen gesetzt«, nach ein paar Tagen

> öffentlich an Pranger und Halseisen gestellt und das Zeugnis vor ihnen durch den Henker verbrannt,

schließlich wurden sie »von Henkersknechten mit Ruthen durch die Stadt gepeitschet« sowie »des Landes verwiesen und über die Grenzen geführt.«[28] Der-

Lektüren U.-M. Schneider, *Propheten der Goethezeit* (Anm. 4), S. 131–137 (im Kapitel über »Die Inspirierten und die Schweizer Literatur«), ders., »Nachwort« zu Rock, *Wie ihn Gott geführet* (Anm. 5), S. 112–114 und schon Schrader, *Literaturproduktion* (Anm. 7), S. 307–313 und 511–513.

26 Genaue Angaben über diese (kirchengeschichtlich noch weithin unausgewerteten) Reisen, Besuche und Gegenbesuche bei Scheuner, *Inspirations=Historie*, Bd. 1 (Anm. 10), S. 56 (erste Reise des jungen Gruber zusammen mit Gleim und Mackinet in die Schweiz) bis 419/420 (letzte dokumentierte Schweizerreise im Auftrag der Inspirationsgemeinschaft durch die 1810 von der Gemeindekonferenz im isenburgischen Lieblos heimkehrenden »Schweizer=Brüder Namens Joh. Wagner und Samuel Schmitter« aus Unterholz): Im »Berner=Gebiet« (»Rodrist, Roggwyl, Rummeldingen, Richigen und Diesbach«) hatten sich »überall noch kleine Häuflein von der früheren herrlichen Erweckungszeit in dasiger Gegend, aus den 50er, 60er und 70er Jahren des vorigen Jahrhunderts, erhalten.«

27 Nachweise vgl. Schrader, *Literaturproduktion* (Anm. 7), S. 321–324 und 517–518.

28 Scheuner, *Inspirations=Historie*, Bd. 1 (Anm. 10), S. 67, vgl. Sigmund Heinrich Gleims Bericht »J. A. Grubers und H. S. Gleims Leiden zu Zürich vom 2. bis 7. Januar 1717« sowie Paul

gleichen ist auch Rock auf seinen Reisen in Bern und Schaffhausen häufiger begegnet – und vielfältig seinen einheimischen Freunden und Helfern. Im Äußeren waren also höchst unerfreuliche Wanderbegebenheiten zu bestehen, zumal da die geistdiktierten »Reisordres« wenig Rücksicht nahmen auf häufige wanderungswidrig-winterliche Jahreszeiten.

Natürlich haben sich die Zeitgenossen vor allem für die aus göttlicher Vollmacht, meist als »Ich«-Äußerung Gottes, hervorgestoßenen Aussprachen interessiert, die uns die Reisetagebücher der Schreiber unter genauen Angaben von Datum, Ort, Anlaß und den Namen der Anwesenden überliefern. Auf diese unmittelbaren Verbalinspirationen auch bezieht sich der von den Berichten über die Inspirierten faszinierte und mit mehreren von ihnen bekannte junge Goethe, wenn er 1773 im »Pastor-Brief« schreibt:

> Die Schwärmer und Inspiranten haben sich oft unglücklicher Weise ihrer Erleuchtung überhoben, man hat ihnen ihre eingebildete Offenbarung vorgeworfen; aber weh uns, daß unsre Geistlichen nichts mehr von einer unmittelbaren Eingebung wissen [...]. Wollt ihr die Würkungen des heiligen Geistes schmälern? bestimmet mir die Zeit, wenn er aufgehöret hat an die Herzen zu predigen, und euern schaalen Diskursen das Amt überlassen hat, von dem Reiche Gottes zu zeugen. [...] Nicht wahr, unaussprechliche Dinge? [...] O meine Herren, eure Dogmatick hat noch viel Lücken.[29]

Oder ähnlich, auch 1773, im Aufsatz »Was heißt mit Zungen reden? (γλώσσαις λαλεῖν)«:

> Was willst du uns von der Sprache des Geistes sagen, wenn du den Geist nicht kennst, ist dir gegeben worden mit Zungen zu reden? [...] Die göttlichste Empfindung strömt aus der Seel in die Zunge, und flammend verkündigt sie die grosen Thaten Gottes in einer neuen Sprache (ἑτέραις γλώσσαις) und das war die Sprache des Geistes.[30]

Und Bodmer und Breitinger haben auch die Aussprachen dieser spezifischen Propheten gemeint, nicht nur emphatisches Wesen allgemein, wenn sie die

Giesebert Nagels moritatenhaftes Gedicht darüber ebd., Bd. 2, Amana 1884, S. 109–132. Umfassender Bericht, etwa auch von den Besuchen bei Margret Zeerleder in Bern und ihrem Bruder Samuel Lutz in Yverdon Ende Nov. / Anfang Dez. 1716) in *J.J.J. Buß= Weck= und Warnungs=Stimme* (Anm. 17).

29 Goethe, *Brief des Pastors zu *** an den neuen Pastor zu ****, 1773, in: *Der junge Goethe. Neu bearb. Ausg. in fünf Bänden*, hg. v. Hanna Fischer-Lamberg, Bd. 3, Berlin (de Gruyter) 1966, S. 114–115, vgl. jetzt auch die Faksimile-Ausgabe vom einzig noch erhaltenen Originaldruck (mit einem Nachwort von Paul Raabe), Halle an der Saale (Franckesche Stiftungen) 1999 (Kleine Texte der Franckeschen Stiftungen, 7), S. 20–21.

30 Goethe, *Zwo wichtige bisher unerörterte Biblische Fragen* (1773), *Andere Frage*, in *Der junge Goethe*, Bd. 3 (Anm. 29), S. 122.

Nähe der neuen Dichter-Genies und »Gottesspürhunde« zu den »Inspiranten« beklagten.[31]

Höchst reizvoll wäre es also sicher, hier näher einzugehen auf die mitgeschriebenen Geistreden: reizvoll nicht nur kulturgeschichtlich und regionalgeschichtlich, sondern auch sprachgeschichtlich, denn die historische Linguistik geht ja bisher von der Grundannahme aus, gesprochene Rede wäre aus älterer Zeit nie anders denn als nachträglich überformte und stilisierte greifbar.[32] Bei dem zuhauf überlieferten Aussprache- und Inspirations-Material läßt sich aber erweisen, daß die zum Teil von mehreren Schreibern penibel kollationierten wörtlichen Mitschriften (schließlich ging es ja um Gottes Rede, die kein Mensch verfälschen durfte) nicht etwa einer späteren redigierenden Bearbeitung unterzogen wurden; genau wird sogar vermerkt, wenn einmal die Schreiber dem Redefluß nicht nachkommen konnten.[33]

Gleichwohl aber richtet sich meine Fragestellung weniger auf die offiziellen Reisetagebücher der Schreiber mit ihren Nachschriften der Prophetenrede als auf die persönlichen des inspirierten Reisenden Johann Friedrich Rock selbst mit ihrer Eindrucks- und Gemütsanalyse, ihren Gebeten und Andachtbetrachtungen, insbesondere aber mit ihrer reichen Fracht an Lyrik. Denn diese Texte, die Gedichte zumal, werden als auf der Grenze zwischen göttlichem Zustrom und formender Eigenproduktion erfahren, ihre implizite und explizite Poetologie kommt damit der Dichterauffassung der Stürmer und Dränger am nächsten.[34] Deshalb konzentriere ich mich im folgenden ganz auf Rocks erste beiden großen Schweizerreisen, im Winter 1719/20 und im Spätherbst 1727, von denen nämlich seine poetischen Reisetagebücher vollständig, als Anhänge zur X. und XI. Sammlung der »EXTRACTA« der Gemeindediarien, überliefert sind: der erste Zyklus unter dem Titel *Lichte und Leichte, Auch Dunckele und Schwehre Stunden* [...] *Auf der Reyß Biß nach Genf*, der zweite *Weise [...] Auf seiner Reyse, Ein Tag=Buch*, beide erst publiziert in seinem Todes- und Goethes Geburtsjahr 1749.[35] Die

31 Vgl. jetzt hierzu und zu den vielfältigen Berührungspunkten mit Goethe und Einwirkungen auf die Dichtungskonzeption und -praxis des Sturm und Drang U.-M. Schneider, *Propheten der Goethezeit* (Anm. 4), S. 142–189.

32 So Helmut Henne / Helmut Rehbock, *Einführung in die Gesprächsanalyse*, Berlin / New York (de Gruyter) ^{2}1982, S. 234–241; vgl. dazu U.-M. Schneider, *Propheten der Goethezeit* (Anm. 4), S. 10–11.

33 Vgl. zu den Techniken der schriftlichen Fixierung der Aussprachen U.-M. Schneider, *Propheten der Goethezeit* (Anm. 4), S. 44–52.

34 Dies ist auch das Ergebnis des Kapitels über »Subjektivität und Individualität in der Lyrik Johann Friedrich Rocks« bei U.-M. Schneider, *Propheten der Goethezeit* (Anm. 4), S. 108–126.

35 Beide Sammlungen sind auch enthalten im o.g. (Anm. 2) Sammelband von Inspiriertendrucken in der BCU Lausanne (TP 1200): *Lichte und Leichte, Auch Dunckele und Schwehre Stunden*

beiden Wanderungen sind überdies die einzigen, die nicht nur durch fast die gesamte Deutschschweiz, sondern auch durch die Romandie bis nach Genf geführt haben (zwischen beiden lagen noch, 1721 und 1725, Wanderungen, die nur bis Schaffhausen gingen).

Befragen möchte ich die beiden Rockschen Reisetagebücher nach einer knappen Umrißcharakteristik zunächst darauf, was in ihnen überhaupt von der äußeren Realität seines Reisens durchschlägt und wie das Wandererlebnis verarbeitet wird. In einem zweiten Schritt versuche ich dann, die Gedichte selbst in ihrer thematischen, sprachlich-bildlichen und formalen Eigenart zu umreißen, auch nachzuverfolgen, von welchen konkreten Impulsen das Reimenreden ausgelöst werden konnte, um dann schließlich drittens bloßzulegen, was in ihnen von der Poetologie einer zum Sturm und Drang hinführenden Dichtungsauffassung greifbar und explizit zur Sprache gebracht wird.

Zunächst also zum Äußeren der beiden Wanderreisen und ihrem Niederschlag in Rocks poetischem Tagebuch: Beide Wanderungen waren im Frühherbst nach inspirativ empfangener »Reisordre« mit mehreren Schreiber-Begleitern ins Württembergische begonnen worden. Für die nachbeorderten, in den Winter führenden Fortsetzungen im Schweizerland mußte den Propheten nur noch ein einziger Weggenosse begleiten: dieser Bruder, Johann Jacob Schultheß, der Mitschreiber also der Aussprachen und Verfasser des gemeindeoffiziellen Reisediariums, war ein in der Wetterau exilierter amtsentsetzter Zürcher Geistlicher.[36] Er hatte so nicht nur die nötigen Landeskenntnisse, sondern erfüllte auch die wichtigste Voraussetzung für die fernere Wegstrecke:

> Br. Schulthes war der französischen Sprache mächtig und konnte auch die Zeugnisse nach dem wahren Geistessinn ins Französische übersetzen. Dadurch waren sie im Stande dem Willen und der Anforderung des HErrn, auch selbst unter den Welschen nachzukommen.[37]

[...] *aus Gnaden gefunden, Auf der Reyß Biß nach Genf, und in der Schweitz.* [...] *Einfältig und ohnverstellt aufgezeichnet* ***In Fortwährendem Reisen***, o.O. 1749 (mit eigener Paginierung, S. 3–192) sowie *Johann Friedrich Rocks Weise war Auf seiner Reyse, Ein Tag=Buch zu führen, Um Müßige Stunden auch nicht zu verliehren*, o.O. 1749, als durchpaginierter »Anhang« (S. 185–296) zu *EXTRACTA* [...] *XI. Sammlung,* [...] *Der Anhang ist: Joh. Fr. Rocks Tage=Buch auf der zweyten Reyß* [...] *in die Teutsche und Welsche Schweitz*, o.O. 1749. Zur Entlastung des Anmerkungsapparats weise ich im folgenden die Zitate aus diesen beiden Zyklen direkt im Text mit den Kurztiteln [*Lichte Stunden*] bzw. [*Tag=Buch*] und Seitenangabe aus.

36 Guggisberg, *Bernische Kirchengeschichte* (Anm. 8), S. 418.

37 Scheuner, *Inspirations=Historie* (Anm. 10), Bd. 1, S. 102.

In der Schweiz führte die erste große Reise[38] ab Ende Oktober 1719 von Kreuzlingen aus zu Sammelpunkten separatistischer Gesinnungsgenossen oder auch zu pietistischen Pfarrern und Erwecktenzirkeln, besonders in jene Orte, aus denen selbst prophetische Erscheinungen vernehmbar geworden waren: zunächst vom Bodensee nach Schaffhausen, wo eine starke Sympathisantengruppe bestand, dann über den Rhein für eine Woche nach Zürich, wo es drei Jahre zuvor dem jungen Gruber so schlecht ergangen war und nun neues Aufsehen vermieden wurde. Die Stationen im Aargau waren Villmergen, Leutwil, Birrwil am Hallwiler See und Zofingen. In Bern, über Burgdorf erreicht, blieben die Reisenden 14 Tage bis Anfang Dezember im Kreis der radikalpietistisch erweckten Margret Zeerleder, der Schwester des einflußreichen Pietistenpfarrers Samuel Lutz, in scharfen Auseinandersetzungen mit dem anscheinend aus der Wetterau zu Besuch in der Heimat weilenden Samuel König. Vom Thunersee (Wimmis) und dem Simmental (Weissenbach, Saanen), wo in diesen Jahren trügerische Bauernpropheten Unruhe stifteten, kam gegen stärkstes Zaudern und Zagen der Ruf übers verschneite Gebirge zu den Erwecktengruppen im Welschland. Dort nämlich hatten sich ebenfalls vielfältig prophetische Geister hervorgetan, mit denen eine Begegnung und Konfrontation zur Prüfung ihrer Lauterkeit gesucht wurde: über den Col de Jaman wurde das Erwecktenzentrum Vevey, über Lausanne, Morges, Rolle und Coppet wurde kurz vor Weihnachten Genf erreicht. Hier hielt sich der noch aus Vevey verbannte Pietistenführer François Magny auf, auch eine Gruppe von Verwandten und Anhängern des Mystikers Marsay. Im neuen Jahr 1720, längs des Genfer Sees zurück, waren die Ziele Yverdon am Neuenburger See mit dem Kreis des Pfarrers Lutz, dann Moudon, wo es zu heftigen Aussprachegefechten mit der frankophonen »Falschinspirierten« Mlle. de Burnon kam. Nach abermaliger Winterüberquerung des Saaner Gebirges (über L'Etivaz) wurden bis Ende Februar abermals die Konventikel im Simmental und dann ausführlicher die im Gebiet des Thuner Sees besucht: Erlenbach, Leissigen, Beatenberg und Thun. Nochmals über Bern und Zofingen, mit mehrtägigem Aufenthalt in Biel, konnten die beiden Wanderer nach viereinhalb Monaten voller Demütigungen und Reisebeschwer, nachdem sie allenthalben ihr neues Wort Gottes übergeben, Widersprechern gewehrt und Zugetane bestärkt hatten, Mitte März Basel erreichen und die Heimreise antreten.

Die zweite große Reise Rocks mit Schultheß in der Schweiz,[39] vom Eintritt

38 Ebd., S. 101–103, offizielles Reisetagebuch in den *EXTRACTA XXXV bis XXXIX*, o.O. 1784–1786, Reprint Ebenezer, NY 1855/1856, vgl. U.-M. Schneider, *Propheten der Goethezeit* (Anm. 4), S. 195/196, 219/220 und 223/224.

39 Scheuner, *Inspirations=Historie*, Bd. 1 (Anm. 10), S. 139–143, offizielles Reise-Tagebuch in *EXTRACTA XVII* (Anm. 21), vgl. U.-M. Schneider, *Propheten der Goethezeit* (Anm. 4), S. 199/200 und 215.

in Schaffhausen am 18. September 1727 bis zur Ausreise ebendort am 14. November, berührte weithin dieselben Stationen. Wieder war Genf das Ziel, erreicht diesmal über Baden, Solothurn, Biel, Neuchâtel und Colombier (Kreis des Pfarrers Bodmer und des Junkers de Muralt). Während in Genf einem »Falschinspirierten« Josineau begegnet werden mußte, war in den »Gnadenort« Vevey mittlerweile der Gesinnungsbruder Magny zurückgekehrt, der Seelenführer der Mme. de Warens, die später Rousseaus Freundin wurde. So ist auch dieser große Exponent der Epochenschwelle mit radikalpietistischem und inspiriertem Gedankengut vertraut geworden.[40] Wichtig wurden 1727 Rocks Kontakte zur Familie von Wattwyl. Wiederbesucht wurden neben Yverdon die meisten Orte der Anreise, dann Bern. Auf dem Weg nach Burgdorf kehrten die beiden bei der von der Berner Regierung auf dem Thorberg unter Bewachung gehaltenen blinden Seherin Christina Kratzer ein, genannt das »blinde Stineli«. Von ihr hieß es, sie habe 38 Monate ohne Speise und Trank allein vom Zustrom der göttlichen Gnade gelebt. Allein diese Prophetin konnten die Wanderer unter allen begegnenden Geistesverkündern als wahrinspiriert befinden – und ihre (soweit das ihr rasches Sprechen zuließ) mitgeschriebene Aussprache über die Besucher nahmen sie ins Gemeindediarium auf. Unter fortwährendem Schneefall konnten sie dann über Zofingen und Baden wieder Schaffhausen erreichen.

Von den 136 Schweizer Tagen auf der ersten Reise sind in Rocks Reisediarium neben Gebeten und täglichen Selbstprüfungen seines Seelenzustands 154 Gedichte und oft vielstrophige Lieder enthalten, aus den nur 58 Tagen in der Schweiz auf der zweiten Reise resultieren gar 126 poetische Bekundungen, täglich also im Durchschnitt mehr als zwei.

Aber einen Lobpreis der Schönheit der durchwanderten Landstriche, Beschreibungen der Wasserfahrten über Bodensee, Thuner-, Bieler-, Neuchâteler oder Genfer See und der Gebirgswanderungen, etwa zwischen dem Berner Oberland und Montreux, Schilderungen des Landschaftscharakters und der Flora, des Menschenschlags oder auch nur der individuell Begegnenden würde man hier vergebens suchen. Nicht einmal ein – von einer Missionswanderung doch eigentlich erwartbares Bild – der Konfessionsverhältnisse in der Schweiz wird über die Indizien hinaus, wo es Erweckte und Ekstatiker zu besuchen gab, wo hingegen es Verfolgungen setzte, gegeben. Freilich mußten die katholischen Regionen, wo wenig Neigung für geistgetriebene Alfanzereien zu finden war, nach Möglichkeit umgangen werden: in Villmergen etwa

40 Näheres dazu in den Arbeiten von Eugène Ritter, »Jeanne Bonnet, épisode de l'histoire du piétisme à Genève (1724–1726)«, in: *Étrennes Chrétiennes* 12 (1886), S. 114–147; ders., »Les idées religieuses de Madame de Warens«, in: *Révue Internationale* 22 (1889), S. 273–291 und 439–457 sowie ders., »Magny et le piétisme romand«, in: *Mémoires et documents publiés par la Société d'histoire de la Suisse romande* II,3, Lausanne 1891, S. 255–324.

kam eine empfindliche Prob über uns, und fielen Catholischen Bauren in die Händ, welche uns als Diebe arrestirten, und musten die gantze Nacht unter grosser Unruh mit 5. Mann verwahrt werden als Uebelthäter [...] den gantzen Tag [...] und wurden erst, da es Nacht war, von dem Arrest loß; Musten alles ohne Schuld bezahlen, und noch darbey sitzen, wie unser Geld versoffen wurde. [...]

Es war zwar eine Seelen=Pein,
Allein es kont nicht anders seyn,
Wir musten uns nur geben hin,
Wider Vermuthen, Will und Sinn,
Und Schaden leiden leiblich viel;
Doch glaub ich, es sey auch dein Will,
Uns zu probiren mannigfalt,
Zu unserm Heyl, mein Aufenthalt!

Es sey, HErr, wie es immer will,
Ich will ja gerne halten still. [*Lichte Stunden*, S. 58–60]

Von den Konkreta des äußeren Erlebens ist in der soeben zitierten Passage vergleichsweise schon ungewöhnlich viel mitgeteilt: die Wegstationen sind selbst im Prosatext meist nur abbreviierend benannt (bisweilen sogar müssen sie mit den näheren Umständen aus dem Schreiberdiarium rekonstruiert werden). Das Augenfällige tritt erstaunlich zurück: ein Lesen im »Buch der Natur«, die doch in dieser Epoche erwartbare physikotheologische Transgression von der ins Auge fallenden Schönheit und Majestät des Landes auf einen Lobpreis der Vollkommenheit im göttlichen Schöpfungswerk unterbleibt, sieht man einmal ab von drei Gedichten, bei denen der Fund eines vier-, fünf- oder sechsblättrigen Klees ein Nachdenken über die Zahlenordnung im Heilsplan der Oeconomie divine veranlaßt.

Selbst die mit dem prophetischen Reiseauftrag zusammenhängenden Ereignisse, die Versammlungen, Gespräche und Konfrontationen, die Begegnungen und Bewirtungen, kleine Konflikte mit dem Reisebegleiter, auch die fast täglich erfolgenden Aussprachen und die Reaktionen darauf gewinnen in diesem Reisediarium nur insofern Notiz und Gewicht, als sie den Bezug eröffnen aufs innere Zentrum des Tagebuchs: ein stündlich-penibles Aufmerken auf die Wechsel der Seelen- und Gemütszustände im mystischen Gegenüber mit Gott. Der Blick ist ganz nach innen gezogen, auf die Notifikation der psychischen Schwankungen zwischen Entmutigung und Erquickung, Angstanfällen und überschwenglichem Gottesgenuß.

Der Eintrag schon beim Eintritt in die Schweiz zeigt, wie die sinnlichen Eindrücke des Tages nachgerade abgeschirmt werden müssen, damit die allein relevante innere Wahrnehmung nicht verdunkelt werde – und wie die Prosa des

Tagebuchs im Moment des Außer-sich-Kommens geradezu automatisch in Verse übergeht:

> Den 28ten [Oktober 1719] habe durch mein starckes Lauffen fast wie verlohren gehalten, und den gantzen Tag niemahl zu meinem Hertzen kommen können, welches mich gegen Abend sehr beugete; Unter dem Nacht=Gebet aber wurde mein Hertz in eine solche innige Stille gezogen, daß ich fast wie ausser mir kam.
>
> Ach JEsu! welche Seeligkeit
> Hast du mir Armen zubereit,
> Wann deine Gnad mich einwarts zieht,
> Und also mein gantz Hertz durchglüht!
> Ach eine Lieb, die niemand kennt,
> Als der in solcher Liebe brennt! [...] [*Lichte Stunden*, S. 42]

Freilich schlägt die äußere Realität doch durch ins Rechenschaftgeben und Dichten, wenn sie nämlich zum Auslöser wird für die Reflexion der Gemütsbefindlichkeiten oder Stimmungswechsel – nicht allein körperlicher Unpäßlichkeiten, Wandermüdigkeit, Fußentzündungen und nervöser Kopfschmerzen (etwa vor dem Prophetenduell mit der Burnon) – oder wenn ein körperlicher Eigenwille den geistlichen Auftrag zu beschädigen droht: Aus unwürdig-opulentem Essen (etwa in Saanen) erfolgen Schuldgefühle und böse Träume. Ein Zurückhalten des Geistesdrangs aus weltlichen Rücksichten oder ein Verzögern der gebotenen Abreise zieht innere und äußere Bestrafungen nach sich wie ein tagelanges Waten im Schnee:

> Den 5ten December reiseten wir von Bern ab, und weil wir nicht unsrer Ordre gemäß gleich abreiseten, sondern uns über die Zeit aufhielten, so wurde mein Hertz voller Anfechtung, und der Feind stürmete sehr auf mich loß, so daß ich auch am hellen Tag meinen Reiß=Gefehrten verlohr und irr gieng.
>
> Mel. Meine Krafft ist hin usw.
> Ach ein Tag des Leids,
> Den ich gieng beyseits;
> Mit viel Hertzeleyd,
> Drinn ich mich must plagen,
> Und mein Elend tragen.
> Ach ein Tag des Leyds.
>
> Ich ward müd und matt,
> Und des Reisens satt,
> Hatte keine Ruh,
> Und must vieles tragen,
> Mich im Jammer plagen,
> GOtt entbehrn darzu. [...]

Ach HErr! laß mich nicht!
Meines Glaubens Licht
Will jetzt wanckend seyn.

Mein Hertz ist im Sincken,
Es muß wie ertrincken,
Meine Zuversicht. [...] [*Lichte Stunden*, S. 94]

Oder, angesichts der Winterdurchquerung des schroffen Pays d'Enhaut zwischen Simmental und Genfer See am 28./29. Januar 1720,

> auf das Sanerland, auf Aria. Dieser Tag war mir ein Angst=Tag, daran ich billig gedencken solte. Wir musten durchs Gebürg, und wußten keinen Weg, darzu war es dunckel von starckem Schnee [...], da in mir Ungedult aufsteigen wolte [...], da wir musten den gantzen Tag zwischen den Bergen im Schnee=Wasser waten biß Abend.

Hier ist Gedult mir Noth,
HErr du getreuer GOtt!
Du wollest sie mir geben,
Und mich dir machen eben,
Daß ich recht durch die Leiden
Erlangen mög die Freuden. [*Lichte Stunden*, S. 153–154]

So kann trotz auflauernder Wegelagerer im Abstieg nach Vivis (Vevey) die zum Ebenbild Gottes zurückführende compassio Christi als Engelsschutz erfahren werden:

Der Berg war leichter als das Thal,
Weil darauf nicht so Angst und Quaal
Mich ängstete wie in der Nacht,
Fried hat er bracht
Mich an das Licht durch GOttes Macht.
Ich kont ihn übersteigen leicht,
Weil JEsus hat mein Hertz erweicht,
Und mitgetheilt der Engel Schutz,
Zu meiner Nutz,
Kont ich den Mörder bieten Trutz. [...] [*Lichte Stunden*, S. 103]

»Der Berg war leicht« oder, im einleitenden Prosatext: »Diesen Tag konten wir gantz ruhig unsere Strassen reisen, und überstiegen also auch diesen Berg« – das ist ebenso wörtlich zu verstehen wie bildlich, als Μεταφορὰ εἰς ἄλλο γένος. Und so sind denn die äußeren Eindrücke dieser Reise »zu Wasser und zu Land«[41]

41 So im *Tag=Buch* (*EXTRACTA XI*, 1749), S. 233, vgl. 247 u. ö. – Durchaus in pietistischer Traditionslinie taucht diese Formel wiederholt in Titeln abenteuerlicher Lebensberichte wieder auf,

am deutlichsten greifbar als Anlaß zu allegorischen Sinnausweitungen: die notwendigen, diesem Propheten-Poeten offenbar angstbesetzten Fluß- oder Seeüberfahrten geben ihm Anstoß zu Schiffahrtsallegorien des Lebens, der Besuch des Kirchhofs in Birwil zu ars-moriendi-Assoziationen. Ortsnamen wie Thun oder Stille im Aargau leiten zur Reflexion über das gottgebotene Tun, über das mystische Stille-Sein.[42] Anders aber als beim barocküblichen Allegorisieren ist hier immer schon wie im Goetheschen Symbolverständnis neben der Verweisung ins Allgemeine zugleich auch ganz konkret das angesprochene Besondere gemeint: die ein unbildlich Bezeichnetes bedeutenden Zeichen also gewinnen einen Bedeutungsüberhang. Und die Gedichte wenden sich, schon ganz wie im Goetheschen Konzept vom Gelegenheitsgedicht, von der Bezogenheit auf einen Anlaß, gar von seiner beschreibenden Widerspiegelung, ab zur Evokation des Widerhalls dieses Anlasses in der eigenen Brust.[43] Auch wenn die Formensprache aus eigener Kraft der Stürmer und Dränger weder erstrebt noch auch erreicht wird: das poetische Sprechen wird schon von diesem Geistgetriebenen als ein Müssen erfahren. Sogar die Selbstbezeichnungsformel der späteren Genies, »Sturm und Drang«, ist bei ihm ähnlich schon vorgeprägt: Auf der zweiten Reise beim Eintritt in die Schweiz heißt es:

> Ist mir schon öffters bang,
> Und dencke, wie so lang
> Soll ich im Elend baden?
> Hilff du nur aus Genaden,
> So wird es nicht zu lang
> Bey allem Druck und Drang. [*Tag=Buch*, S. 233]

Am stärksten traumatisierend übrigens werden nicht einmal Wetter-, Wasser- und Bergängste, Konfrontationen mit Behördenbütteln oder Räubergesindel und die für widergöttlich befundenen Antipropheten erfahren, sondern der Verlust der sprachlichen Orientierung, das Ausgesetztheitsgefühl im fremden Sprachgebiet. Zwei Beispiele der Beängstigung durch das »Welsche« und der Erleichterung beim Wiedereintauchen ins deutsche Sprachgebiet gibt, aus Colombier und Biel, das »Tag=Buch« der zweiten Reise, am 28. und 31. Oktober 1827:

z. B. [Gottfried August Bürger,] *Wunderbare Reise zu Wasser und Lande* [...] *des Freiherrn von Münchhausen*, London [recte: Göttingen] 1786 oder [Johann Christian Stahlschmidt,] *Die Pilgerreise zu Wasser und zu Lande, oder Denkwürdigkeiten der göttlichen Gnadenführung* [...] *in seinen Reisen durch alle vier Haupttheile der Erde* [mit einer Vorrede von Johann Heinrich Jung, gen. Stilling], Nürnberg (Raw'sche Buchhandlung) und Mülheim (Hutmacher) 1799.

42 *Lichte* [...] *Stunden*, S. 95 bzw. *Tag=Buch*, S. 249 (Anm. 35)

43 Dazu auch U.-M. Schneider, *Propheten der Goethezeit* (Anm. 4), S. 119–126.

Nun gehets aus der Welschen Schweitz
Morgen mit GOtt allbereits:
HErr! es sey die Ehr allein
Dem so grossen Nahmen dein!

Der so gnäd= und vätterlich
Durchgeholffen, da du mich
Wiederum durch manche Noth
Hast geführet, o mein Gott! [...]

GOtt hat alles wohl gemacht,
Darum sag ich gute Nacht
Erstlich dieser Welschen Schweitz
Doch bleibt sie mir allbereits
Innig nah im Hertzens=Grund [...]!

Den 30ten Dito ruhen wir zu Biel / und bringen unsere Zeit mit schreiben nach Hauß zu.
Wir sind in der Teutschen Schweitz
Und gesegnet allerseits,
GOtt wirds auch hie machen so,
Daß wir endlich werden froh. [–]

Den 31. Dito beschliessen wir
Das Besuchen auch allhier.
Es geht näher zu dem End,
Biß ich meine Heimath find.

Ich verlange recht darnach,
Schicke darum manches Ach
Zu dir meinem treuen GOtt,
Weil du weissest meine Noth.

Ach wie bin ich doch so matt,
Und der Schweitz von Hertzen satt!
O hätt ich bald, was begehr,
So würd mein Lauff nimmer schwer! [*Tag=Buch*, S. 267/277]

Wie »Innig nah im Hertzens=Grund« die »Welsche Schweitz« auch gepriesen wird, das Hilfloswerden der »Mutter=Sprach« führt diesen Sprecher in Vertrauenskrisen und tiefste Verlassenheiten. Nur wenige Beispiele von vielen, in Prosa und Vers, von der Sprachgrenze auf der ersten Reise:

Als wir ins Wirthshauß kamen, sahe es wohl recht einer Mörder=Grube gleich; doch wurde das Vertrauen auf meinen GOtt Meister in mir, und kamen in der Nacht mehr Gäste, welchen zwar, als Welschen, gleich des Wirths Leuten, nicht trauen konte. [...] Wir konten kaum ruhen vor ihrem Geschwätz, und lag eine grosse Angst und Last auf mir, so bald ich mich legte; Als ich kaum halb schlaffend war, wurde ich recht von

> finstern Anfällen oder Gespenstern überfallen, und dabey kam mir ein solches Gethön, als viel Geläutes in die Ohren, und wolte es mir wie den Hals zustricken [...] [*Lichte Stunden*, S. 101–102].

Und dann, am nächsten Tag:

> Heute hast du mir ziemlichen Kummer abgenommen, o mein getreuer GOtt! indem ich wohl sehe und erkenne, wie du mit mir in der rechten Mutter=Sprach handlen wilt, ob ich gleich unter welschen Leuten bin, biß es deiner Liebe gefallen wird, uns wiederum zu unsern Lieben zu führen. [*Lichte Stunden*, S. 104]

Dem Herrn gegenüber – und im poetischen Impuls – aber ist die eigentliche »Mutter=Sprach« das zeichen- und wortlose Zusammenströmen der Empfindung: In Genf, am Morgen nach dem Weihnachtsfest,

> Den 27ten December arbeiteten wir, und nicht ohne Seegen, wiewohl mein Hertze immer in Furchten war unter diesem Welschen Volck:
>
> Dabey giebst du mir nach und nach,
> Mein GOtt, die rechte Mutter=Sprach,
> Die ich kan reden ohne Wort
> Zu Hauß oder an fremden Ort. [...]
> Mein Hertz hierzu je mehr bereit,
> Mein GOtt! in Zeit und Ewigkeit. Amen. [*Lichte Stunden*, S. 127–128]

Über die gehäuften Heimwehanfälle im Unverstehbarwerden der Umgebung kann die Selbsttröstung der Gottunmittelbarkeit des wortlosen Empfindungszustroms dem Bruder Rock freilich auch nicht hinweghelfen.

Kurzfassen kann ich mich nach diesen durchaus exemplarischen Proben mit einer Charakterisierung der Themen und sprachlich-formalen Organisation der Gedichte im Rockschen Reisetagebuch. Der zentrale Gegenstand des Dichtens ist das Ausloten des in äußeren und inneren Fährnissen schwankungsvollen Seelenzustands des Sprechers vor Gott, dazu das Themenspektrum religiöser Lyrik überhaupt: Klage in Lebensnot, Bitte um Beistand und Stärkung, Lobpreis der göttlichen Größe und Gnade; immer wieder Reflexion der eigenen Endlichkeit und Sehnsucht nach der ruhebringenden Ewigkeit. Theologisch radikale oder separatistische Sondertendenzen, Visionen, Endzeitemphasen oder zornig-selbstgerechte Bußforderungen treten nirgends hervor. Die Aussage bleibt ganz im Rahmen des im Pietismus Üblichen, sieht man einmal ab von einem stärkeren Vorherrschen mystischer Gehalte und Formeln (mystische Versenkung, Gelassenheit und Entbildung, Gleichförmigwerden mit Gott, braut- und blutmystische Bilder, Fließmetaphorik) und den Reflexionen auf das Sprechenmüssen, das nicht bloß als Gnade und gar nicht als prophetische Auszeichnung erfahren wird, sondern zumeist als eine kaum tragbare Last und Anfechtung. Formal heben sich die kürzeren Gedichte als versifizierte Morgen- oder Abendgebete, in denen verstärkt aktuelle Reisesituationen und Stationen den Ausgangspunkt geben, von überlangen (bis 22- und durchschnittlich 9strophigen) Liedern ab. Ganz wie Kirchenlieder sind diese Texte tauglich zum Gemeinschaftsgesang, das heißt, das Sprecher-Ich nimmt fast durchgängig so entschiedenen Abstand vom Individuierend-Besonderen, daß die Aussage zur Identifikation für jede nachlesende und mitsingende fromme Seele verfügbar wird. Das ist insofern bemerkenswert, als Rock seine Lieder ja nicht zur Publikation gedacht oder gebracht hat:[44] So heißt es im Eingangsgedicht der Reise von 1719

> Die Ursach meines Reimen=Spiel
>
> Ich schreib die Reimen nur vor mich,
> Damit die Zeit nicht liederlich
> Verschwendet werd auch auf der Reiß,
> Drum halt ich diese Kinder=Weiß. [*Lichte Stunden*, S. 3]

und später, in Bern:

> Du weißt, was mir mein Hertz abnagt,
> Und wie mich mancher Kummer plagt. [...]
> Drum schütt ich solches aus für dir
> Wart, biß du gnädig hilffest mir.
>
> Solls seyn, so seys! ich geb mich drein,
> Glaub doch, du werdest bey mir seyn,
> Auch mitten in Verlassenheit,
> Betrübniß, Noth und Hertzeleyd [...] [*Lichte Stunden*, S. 73].

Der erklärte Zweck also dieses Reimens war neben der eigenen Seelenstärkung ein Ausnützen der müßigen Stunden in einer vor Gott von Minute zu Minute rechenschaftspflichtigen Lebenszeit. Nur seine kürzeren Gedichte aus dem Jahr 1740, die »Beinbruch=Reimlein« vom Krankenlager nach einem Reitunfall, bei dem der Prophet in Übertretung des Auftrags zur apostolischen Fußreise ein Pferd genommen und dafür seine Strafe gefunden hatte, hat er selbst zum Druck gebracht.[45] All seine sonstige Lyrik ist erst beim »Einsammeln der übrigen

44 Belege dazu ebd., S. 116 und 120.

45 *Einige Reimlein, aufgesetzt unter mancherley Leibes=Schmertzen, Doch GOtt lob **In** Friede und **Ruhe** im Hertzen* [...] *Im Jahr 1740*, o.O. 1744, als eigenpaginierter (und auch selbständig vertriebener) Anhang zu *EXTRACTA IX*, o.O. 1744 (vgl. U.-M. Schneider, *Propheten der Goethezeit*, Anm. 4, S. 212), auch im Sammelband der BCU Lausanne (Anm. 2). – Das Gedicht vom 7. April 1740 (S. 106) weist nach, daß die Publikation dieser Verse von dem »Concipienten« Jonas Wickmark erdrungen worden war: »Der Jonas will von mir die Lieder. || Sie sind vor mich, nicht vor die

Brocken« (nach Joh. 6,12) von der Gemeinde publik gemacht worden. Immerhin aber hatte Rock nichts dagegen, daß einige seiner Lieder in das seit 1718 häufig erweiternd aufgelegte Inspirierten-Gesangbuch *Davidisches Psalter=Spiel der Kinder Zions* aufgenommen wurden (dessen 2. Auflage 1727 in Schaffhausen erschien, seit der 8. Auflage von 1869 erschien das Gesangbuch im amerikanischen Amana).[46] Die Fälle einer solchen Aufnahme ins Gesangbuch weisen die Reisetagebuch-Herausgeber durch Fußnoten nach.

Alle Gedicht-Texte haben Reimstruktur, neben dem häufigsten einfachen Paarreim auch Kreuz- und umarmende, Schlag- und Binnenreime, in einer (verglichen mit den Zeitgenossen) überwiegend achtbaren Vielfältigkeit und Reinheit. Beweglich sind (beim Vorwiegen einfacher Metren) auch die prosodischen Strukturen: häufig drei- bis vierhebige Jamben und Trochäen, aber auch stärker gegliederte Maße, meist jedoch in Anlehnung an den (oft auch ausgewiesenen) Ton von Kirchenliedern: Tonbeugungen jedenfalls sind bei diesem poetischen Sattler auffallend selten. Ein Charakteristikum der Inspiriertenlyrik überhaupt ist das von der geistlichen Lyrik des Barock, vor allem Kuhlmanns und der Greiffenberg, bekannte Übereinandersetzen divergierender Lesungen in Spitzklammern ins selbe Metrum: nicht im Sinne einer vom Leser zu wählenden Alternative des Ausdrucks, sondern als Signal einer Sprachnot, daß für das Bewußtsein hier ein Zuströmendes Zugleich von Bestimmungen eines mystischen Eindrucks nur durch Ineinsdenken der defizienten Wörter erreichbar werden kann (bei Goethe werden daraus die Haufenwörter wie »Knabenmorgenblüthenträume«).

Der vergleichsweise breiten formalen Diversität und Stimmigkeit entspricht aber, zumal in den längeren Texten, nur selten eine ebensolche Formkraft und Stringenz der Gedankenführung. Durch das beständige Kreisen der Gedichte um immer dieselben Grundthemen entsteht oft ermüdende Wiederholung, ein Leerlaufen der Reimenrede. Wenn schon in einer Strophe der Kerngehalt bündig umrissen sein kann, werden die Amplifikationen der übrigen oft austauschbar; mein ausschnittweises Zitieren tut einer solchen Lyrik keine Gewalt an.

Brüder. || Ich hab nichts als das Reimen=Spiel: || Für starcke Brüder taugts nicht viel. || Für Kinder mag es noch so seyn; || Doch was nicht taugt, das bleibet mein.« Diese Strophe ist der Sammlung zugleich (S. 2) als Motto vorangesetzt, doch wird auch hier, von der konkreten Gelegenheit ablösend, statt des Mitarbeiternamens die Kryptonymen-Chiffre gesetzt, die als den eigentlichen Initiator dieser Lyrik Jesus oder Jahwe / Jehova andeutet: »Der J... will von mir die Lieder«...

46 Die komplizierte Auflagengeschichte im Überblick bei U.-M. Schneider, *Propheten der Goethezeit* (Anm. 4), S. 209. Zur Fortwirkung der häufig nachgedruckten Auswahlausgabe *Das kleine Davidische Psalterspiel Der Kinder Zions*, Germantown (Christoph Saur) 1744 in Amerika vgl. Hedwig T. Durnbaugh, *The German Hymnody of the Brethren 1720–1903*, Philadelphia, PA (Brethren Encyclopedia) 1986, S. 40–60, 146–148; Titel-Faks. S. 137.

Über das der eigenen Willkür entzogene Fortspielen der Weise sind Äußerungen Rocks häufig wie:

> Endlich wurde mir das Lied in Sinn gelegt: O allerhöchster Menschen=Hüter usw. So bald ich es sunge, so bald wich aller Schmerz; Nach dem singen spielte das Lied im Geist fort, da ich dann folgendes Lied machte nach dessen Melodie:

oder:

> Unterm Liedmachen besuchte die Liebe mein Herz, darauf kam der Ausfluß des folgenden auch.[47]

Untersucht man die Texte auf den poetischen Impuls, die Auslösefaktoren des dammlosen Versestroms, dann sieht man, wie wörtlich solche Aussagen über das Unwillkürliche, der planenden Organisation Entzogene des Schaffensprozesses zu nehmen sind. Das Singen eines Kirchenlieds führt fort zu einer taglangen Liederserie im selben Metrum und Ton; eine Bibel-, vor allem Psalmenlektüre löst Gedichte aus, die die Bildlichkeit des Gelesenen weiter umspielen. Ähnliche Reaktionen auf äußere Anlässe (»Gelegenheiten«) habe ich schon vorgestellt: In Birrwil am Hallwiler See, »Als mich in der Sonnen wärmete«, entquillt diesem Dichter eine ganze Serie von Gedichten, nicht nur immer »Nach obiger Melodie«, sondern auch in der Variation des einen Zentralmotivs von Sonne und Glanz:

> Meine Sonne scheint, nach dem Regen heunt,
> Darinn ich mich kann erquicken,
> Und mich in sie wie verzücken.
> Es ist wohl gemeynt, weil die Sonne scheint. [...]
>
> Ach du Liebes=Glantz! Komm, erwärm mich gantz,
> Laß mich nicht im Kalten bleiben,
> Du kannst mich wohl einverleiben
> Durch die Liebe gantz, HErr, in deinem Glantz. [*Lichte Stunden*, S. 66]

Ganz häufig ist es, daß eine Tagebuchnotiz in Prosa wie mechanisch in serielles

47 *Das dritte Tage=Buch, das Br. Rock geschrieben, voll schöner Lieder, je, nachdem der Geist Ihn angetrieben* [1718], o.O. 1776 = *EXTRACTA XVII: J.J.J. XVII. Samlung. Das ist: Der XVII. Auszug Aus denen Jahr=Büchern Der Wahren Inspirations=Gemeinschaften*, o.O. 1776, S. 186, vgl. 201. Auch aus Rocks anderen Liedersammlungen ließen sich vielfältig ähnliche Aussagen über die Unwillkürlichkeit des Versezustroms beibringen. Wie anachronistisch bereits die Kunstfehler-Kritiken der zünftigen Dichtungslehre gegenüber einer solchen Inspirations-Poetologie geworden waren, zeigt U.-M. Schneider, *Propheten der Goethezeit* (Anm. 4), S. 108–114 an dem Spottgedicht des kaiserlich gekrönten Dichters Christian Gottlieb König auf die Verse »Des Sattlers Rock« und seines Anhangs und am dadurch ausgelösten Literaturstreit.

Gereime übergeht. Nur ein weiteres Beispiel über die aus Colombier und Biel hinaus:

> Den 6ten October Sollen wir auf Genf zu reisen, Nach des lieben GOttes Weisen: Es sey Wasser oder Land, Jesu reiche deine Hand! [*Tag=Buch*, S. 247]

Der Mangel an Lakonik, am Goetheschen ἐπικρατεῖν δύνασθαι, das Verharren allein bei den Facetten des religiösen Empfindens, das Kindlich-Spielerische des Reimens und oft auch der Wortwahl, all dies markiert bei dem geistlichen Genie den unverkennbaren Abstand zu den späteren weltlichen Geistesbrüdern. Alles dies sind aber hier, zwei Generationen vor ihnen, noch notwendige Implikate eben jener inspirativen Poetologie, die sie sich modifizierend zu eigen gemacht haben.

Ein paar beschließende Hinweise auf die in Rocks Gedichten entwickelte poetische Inspirationstheorie sollen die Brücke markieren von den älteren Propheten zu den jüngeren Poeten. Im »Tag=Buch« vom 27. Oktober 1727, am Abend vor dem Inspirationsduell mit der Genfer Prophetin Jeanne Bonnet im Haus des Beat Ludwig von Muralt[48] spricht Rock nach dem Bericht über eine Auseinandersetzung mit Pfarrer Johann Heinrich Bodmer in Colombier von drei unterschiedlichen Arten des Sprechens:

> Mein Bruder kan kein Wort ertragen,
> Drum will ich ihm nichts mehr sagen,
> Sondern gerne schweigen still
> Ueber meinem Reimen=Spiel [...] [*Tag=Buch*, S. 273]

eine Lizenz, die ihm jedoch nur so lange eingeräumt bleibt, »Biß ich reden muß und soll« [ebd.]. – Das Wort, das menschenklug zurückgehalten werden darf, ist das der zornigen Replik, des Streits oder der Vermahnung ohne göttlichen Auftrag. Was Rock aber nicht zurückhalten darf, sobald er »reden muß und soll«, ist die prophetische Geistrede, die zwingende göttliche Aussprache, die sich seines Mundes nur als Werkzeug bedient. Zwischen beiden, zwischen selbstgeformter Menschenrede und dem ins Herz gelegten Gottesdiktat steht, auch der Dignität nach, das sprachschöpferische Werk der Stille, das poetische »Reimen=Spiel«, ein halb passives Empfangen und halb aktives, freilich kindlich gehorsames Ausgestalten. Aktivisch kann er davon sagen »Ich sing heute von dem Sieg«, aber

48 Vgl. außer den (in Anm. 40 ausgewiesenen) Aufsätzen Ritters mit weiterführenden Lit.-Ang. Dellsperger, *Die Anfänge des Pietismus* (Anm. 8), S. 173–175, Hellmut Thomke, »Muralt, Beat Ludwig von«, in: Killy (hg.), *Literatur Lexikon* (Anm. 7), Bd. 8, 1990, S. 299–300 und U.-M. Schneider, *Propheten der Goethezeit* (Anm. 4), S. 138–140.

ebenso kann davon auch passivisch die Rede sein: »Will Er sich mir einergiessen, Und ich solle dann ausfliessen« [beide *Tag=Buch*, S. 274].

Auf der ersten Schweizerreise von 1719/20 wird das poetische Schaffen, »daß ich mich üb«, »Weil mich meines JEsu Lieb Darzu trieb«, als ein halbes Müssen nur um Nuancen geschieden vom prophetischen Auftrag: »Ich muß zeugen, Darf nicht schweigen« [*Lichte Stunden*, S. 172]. Die Ambivalenz wird deutlicher noch in einem vorausgehenden Gedicht, aus Ralligen am Ostufer des Thunersees vom 16. Februar:

> Du giebsts, drum geb ichs wieder dir,
> O meiner Seelen=Leben!
> Du giebsts zu einer Morgen=Gab,
> Ich gebe wieder was ich hab.
>
> Drum kan ich innig hören
> Singen, Klingen,
> Im Gemüthe, GOttes Güte
> Muß nun fliessen! [*Lichte Stunden*, S. 164–165]

Als Voraussetzung für solch »seelige Geschäffte« nennt Rock stille Versenkung und kindliche Folgsamkeit.

> Ach still, Mein Will!
> Dich ersencke[...]
>
> Dann wird ein angenehmer Thon [...]
> Aufsteigen und erschallen [und:]
>
> Wann ich Kindlich
> mich ersencke, Sein gedencke
> Fließt viel Seegen
> In mein Hertz auf seinen Wegen. [*Lichte Stunden*, S. 164–167]

Ein ungesuchtes Hervorbrechen von in Versen und Reimen gebundener Rede, der Form nach ein kindliches Lallen, ohne die Schulung an den Kunstregeln der gelehrten Rhetorik und Prosodik, in der Bedeutung aber von durchdringender Kraft, das hatte den Apologeten einer neuen Offenbarung seit dem ausgehenden Barock als Erkennungszeichen einer göttlich inspirierten Ekstasis gegolten. Von der »Erfurtischen Liese«, einer der »begeisterten Mägde«, hatte es 1692 geheißen: »Wann sie den Paroxysmum hatte, redete sie meist in Versen, daher sie auch die pietistische Sängerin hieß«.[49] Über des Perückenmachers und »Gottes=Cantzellisten« Johann Tennhardt »kindisch=einfältige Reimelein / welche einer der Reim=Kunst Erfahrener fast nicht wohl hören kan / weil sie mit den

49 Mehlig, *Kirchen= und Ketzer=Lexicon* [Bd. 1] (Anm. 9), S. 174/175.

Grund=Reguln nicht überein kommen«, insofern sie zwar »Metricè und in Reimen«, aber doch unregelmäßig nach Art der »Dithyrambi« daherkamen, hieß es 1711, daß »GOTT als Author primarius [...] sich dieses seines Poëmatischen Genii mag [...] bedient haben.«[50]

Der Kleinbauer und Handwerker Christoph Schütz berichtet in seiner Autobiographie von 1728 aus der Jugendzeit, wie ihm,

> wann ich draussen im Feld hinter dem Pflug herging und ackerte [...] mein Seufftzen, Bitten und Verlangen, wie auch mein Dancken und Loben GOttes [...] reimweiß= oder in Form eines Lieds in Sinn kam und solches thönete mir dann [...] bis ich etwa nach Hause kam [...]. So satzte ich mich dann geschwind nieder und schrieb solche Lied oder Reimen [...] geschwind auf.[51]

Ähnlich mußte auch der Inspiriertenführer Eberhard Ludwig Gruber »wie ein Kind spielend reimen«[52] und ähnlich, weit ungefüger als Bruder Rock, flossen die Verse seinen Gemeindenachfolgern und anderen »Poëmatischen Genii« aus dem ungelehrten Pietisten-Volk gleich geistlichen Sturzbächen aus der Feder, wie es 1710 in der »Theosophia Pneumatica« geheißen hatte: »wie ein Strom und Wasser=Rauschen« oder

> wie ein klares und lauteres Bächlein [...]. Der Stylus und Vortrag ist beiderseits sonderbar und eines grossen Geistes / penetrant und durchdringend [...] eine Stimme des HErrn / welche auf den Wassern gehet.[53]

Bei den »wahren Gottes=Erleuchteten« wird die inspirative Kraft noch von einer Wirkkraft außer ihnen abgeleitet, wenngleich von der höchsten: »Dann sie seynds nicht die da reden / sondern ihres Vaters Geist ists / der durch sie redet. Matth. 10/20.«[54] Ihre Poesie bricht noch nicht aus einem inneren Impuls hervor, der dithyrambisch Reime und Metren durchbricht. Aber, wie's der junge Goethe vom Überkommen seiner inneren Stimme berichtet, muß auch schon der Bruder Rock am Anfang seiner ersten Schweizerreise »aus meinem Bettlein

50 *I.N.J. Anonymi Alethophili* [M. Golther] *Schrifftmäsziges JUDICIUM THEOLOGICUM Von Johann Tennhardts* [...] *Buche*, o.O. 1711, S. 4, vgl. S. 6/7.

51 *Das kündlich grosse Geheimniß der Gottseeligkeit* [...] *von einem Christlichen Schüler*, o.O. 1728, S. 81, vgl. Schrader, *Literaturproduktion* (Anm. 7), S. 225, 266, 351, 476, 491.

52 *Mitteilungen über den Lebenslauf* (Anm. 16), S. 224, vgl. ähnlich über die Reimereien des späteren Inspirierten-Führers Paul Giesebert Nagel: Scheuner, *Inspirations=Historie*, Bd. 1 (Anm. 10), S. 315 und 327.

53 *THEOSOPHIA PNEUMATICA, Oder Geheime GOttes=Lehre*, Idstein 1710, S. E 4^r, vgl. Schrader, *Literaturproduktion* (Anm. 7), S. 171, 456/466.

54 *Grund des Glaubens und der Hoffnung / wie er gelegen in dem Anno 1720. selig verstorbenen* [...] *Johann Henrich Reitz* [...] *als eine erbauliche Reliquie*, Berleburg (Johann Jacob Haug) 1724, S. 350, vgl. Schrader, *Literaturproduktion* (Anm. 7), S. 588.

auf, da legte mir der HErr auch etwas von dem Seegen in Sinn« – und als Gedicht muß er's aufschreiben.[55] Und auch er weiß im Grunde, daß der diktierende Gott im Innern wohnt. 1740 drückt er das so aus:

Was richtige Reimen
Sind besser als träumen;
Sie folgen von innen,
Erfrischen die Sinnen,
Und fliessen herfür
Ich wähle sie mir.[56]

Damit ist sichtbar, wohin die Reise weitergeht. Doch wenn da im genialischen Vollbringen der Schwellenzeit der 1770er Jahre auch markante Schwellen überschritten werden, nachdem das poetische Schreiben nicht mehr hergeleitet wird aus akkumuliert verarbeitetem Gelesenem, geht der Weg doch nicht vollends ins Ungebahnte. Wegweisend vorangeschritten waren jene Propheten, die ihr Reiseziel bereits gefunden hatten:

Nun gute Nacht, du Schweitz,
Mir recht gesunde Beitz!
Kein Tag war ohne Proben,
O daß ich doch könt loben
Den, ders so wohl gemacht,
Ich sage: Gute Nacht![57]

55 *Lichte* [...] *Stunden* (Anm. 35), S. 8. Eine ebenso vermittelnde Position der Poetologie zwischen göttlichem Zustrom und einer handwerklichen Ausgestaltung der Gedichte bleibt für die geistliche Lyrik des Pietismus im 18. Jahrhundert charakteristisch. Vgl. die Beispiele von Gerhard Tersteegen und Ernst Gottlieb Woltersdorf bei Hans-Jürgen Schrader, »Hortulus mysticopoeticus. Erbschaft der Formeln und Zauber der Form in Tersteegens ›Blumengärtlein‹«, in: Manfred Kock (hg.), *Gerhard Tersteegen – Evangelische Mystik inmitten der Aufklärung*, Köln (Rheinland-Verlag) / Bonn (Habelt) 1977, S. 47–76, hier 57–59 und ders., »Vom Heiland im Herzen« (Anm. 4), S. 73/74.

56 Rock, *Einige Reimlein* (Anm. 45), S. 42. Dieses ganze Gedicht ist als locus classicus der neuen inspirativen Dichtungsauffassung analysiert bei U.-M. Schneider, *Propheten der Goethezeit* (Anm. 4), S. 125/126.

57 Rock, »Abschieds=Lied aus der Schweitz.«, in ders., *Lichte* [...] *Stunden* (Anm. 35), S. 186–189, hier Str. 14, S. 189.

IV. La communication épistolaire
Modèles, supports, pratiques

FRANCISCO M. GIMENO BLAY

«... missivas, mensageras, familiares ...»

Instrumentos de comunicación y de gobierno en la España del 500

I

A lo largo del año 1552, con toda verosimilitud, Antonio de Torquemada concluía un «Tratado llamado Manual de escribientes, dirigido al ilustrísimo y muy Excelente señor don Antonio Alfonso de Pimentel y de Herrera, conde de Benavente». El texto, a pesar de su enorme interés, ha permanecido inédito hasta 1970, momento en el que lo publicó María J. de Zamora y A. Zamora Vicente[1]. El tratado presenta cuatro apartados en los que se expone la doctrina relativa a la profesión del secretario, resultado de la experiencia alcanzada por Torquemada a lo largo de, al menos, 20 años al servicio del conde de Benavente. Su autor se sirve de una estructura textual dialógica para exponer cuáles son los conocimientos necesarios para el desempeño del cargo de secretario. El diálogo que mantienen los dos discípulos (Josepe y Luis) con el secretario – maestro en este caso – (Antonio) sirve para descubrir la preocupación que suscitó la organización del nuevo estado moderno en quienes estuvieron al servicio tanto de las administraciones públicas como de las privadas. El secretario (Antonio de Torquemada) concibió este texto como guía de sus sucesores en el desempeño del mismo empleo, como él mismo recordaba en su prólogo: «para que los que viniesen a seruir en esta Casa hallen alguna luz o claridad para los muchos negoçios que en ella se despachen»[2]. Las partes que configuran el manual de escribientes de A. Torquemada son: (1) calidades y condiciones del secretario, (2) ortografía castellana, (3) documentos («provisiones») propios del secretario y

1 Cfr. Antonio de Torquemada, *Manual de escribientes*. Edición de Mª Josefa C. de Vicente y A. Zamora de Vicente. Madrid, Real Academia Española, 1970 (‹Anejos del Boletín de la Real Academia Española›, XXI).

2 Cfr. *ibidem*, p. 61.

casa de Benavente y, finalmente, (4) un repertorio de «cartas mensageras». Todos ellos condensan, por sí solos, la problemática relativa a la preocupación que por la comunicación y transmisión informativa sintió el Estado Moderno y la maquinaria administrativa que a su sombra se iba gestando, y que contribuyó decisivamente a conseguir su posterior configuración. Semejante texto permite observar el nudo de relaciones existente entre los diferentes usos de la Cultura Escrita.

La indagación, inconclusa, que pretendo exponer a continuación quiere ser el caleidoscopio a través del que observar la reciprocidad relacional entre la organización política y sus manifestaciones escritas, descubriéndolas como la consecuencia directa de su existencia; sin embargo, su imbricación y estrecha convivencia permiten analizar de qué modo los diversos empleos de la cultura escrita contribuyeron de manera decisiva a la conformación del complejo tejido organizativo del nuevo estado, proporcionándole la posibilidad de gobernar desde la ausencia y transmitir las órdenes a tierras lejanas. El *manual de escribientes* de Antonio de Torquemada permite vislumbrar el lugar de confluencia al que me he referido, configurado por: (a) la preocupación por la forma de escribir en su materialidad; preocupación que alcanzó su respuesta más perfecta en los tratados de caligrafía, cuyas ediciones ibéricas comienzan a ser cada vez más frecuentes en la segunda mitad del siglo XVI; (b) el deseo de disponer fijado el texto de la correspondencia epistolar, en vulgar. Configurar su protocolo de escritura resultaba una apremiante y perentoria necesidad en un mundo en el que las cartas *(missivas, mensageras, familiares, ...)* constituían un instrumento de gobierno de primer orden. Asimismo, la dicotomía perceptible entre aquellas y las epístolas humanísticas latinas resulta ilustrativa de quiénes son sus usuarios así como de los ambientes en los que nacieron y se emplearon. Los repertorios de *cartas mensageras* comenzaron a publicarse, significativamente, en la segunda mitad del siglo XVI, compartiendo su autoría con algunos tratadistas de la caligrafía hispana; (c) en el nudo de convergencia confluyó también el cuidado por la gramática y la ortografía, como elementos garantizadores de la perfecta comprensión del texto.

El nudo de concurrencia surge, en consecuencia, de la necesidad de organizar coherentemente la comunicación escrita en una sociedad que escribe y registra todo, que lo organiza todo a través de la escritura. La literatura española del siglo XVI y principios del XVII se burla bien de esta urgencia del escribir. Situaciones irónicas como: (1) el *registro de vírgenes* que manda confeccionar Celestina, quien se refería al mismo en los siguientes términos: «Pocas vírgenes, a Dios gracias, has visto tu en esta ciudad que hayan abierto tienda a vender, de quien yo no haya sido corredora de su primer hilado. En naciendo la mochacha, la hago scrivir en mi registro, y esto para que yo sepa quantas se me salen de la red»[3]; (2) el registro de pendencias cometidas por los delincuentes que buscan cobijo en casa del Monipodio hispalense de la novela cervantina *Rinconete y Cortadillo* y de cuyas acciones delictivas obtiene su ganancia[4], así como el *libro de las entradas* derivadas de semejantes tropelías[5], contribuyen a comprender – incluso *a rovescio* – la importancia adquirida por el escribir. De la trascendencia que la sociedad hispana del 500 confirió a la cultura escrita informa, entre otros, el hecho de que, con cierta frecuencia, los personajes literarios se definen e identifican por medio de la relación que mantienen con el leer y el escribir. Así, por ejemplo, el secretario de Sancho Panza (nombrado ya gobernador de la Insula Barataria) lo es porque sabe «leer y escribir»[6]; incluso los analfabetos configuran su identidad refiriéndose a su absoluto desconocimiento, como en cierta ocasión define Don Quijote a la destinataria de sus amores, Dulcinea del Toboso, de quien dice que «no sabe escribir ni leer, y en toda su vida ha visto letra mia ni carta mia»[7].

De la convergencia de los tres elementos antes mencionados emerge con fuerza una figura capital, agente y, al mismo tiempo, consecuencia, de la nueva situación. Se trata del ‹secretario›, de cuya presencia activa e importante se hizo eco también la literatura coetánea. Incluso Sancho Panza, trasladado a su ínsula y envuelto en la vorágine de gobernar, se vio asistido de un secretario[8], de igual modo que sucedía incluso en la acción de gobierno desarrollada por la propia monarquía.

Ahora, una vez que se ha intentado construir el espacio en el que se situará esta investigación, pasaré a valorar más detenidamente cada uno de los aspectos anunciados.

II

Para comenzar convendría intentar localizar el contexto en el que se situará el nudo de confluencia descrito y en el que se ubica el cuadro elaborado por A. de

3 Cfr. Fernando de Rojas, *La Celestina*. Edición de Dorothy S. Severin. Notas en colaboración con Maite Cabello. Madrid, Ediciones Cátedra, 1990, 4ª ed. (‹Letras Hispánicas› 4), p. 141.

4 Cfr. Miguel de Cervantes Saavedra, *Novelas ejemplares*, I. Edición, introducción y notas de Juan Bautista Avalle-Arce. Madrid, Editorial Castalia, 1987, 3ª ed. (‹Clásicos Castalia› 120), pp. 233–234.

5 Cfr. Miguel de Cervantes Saavedra, *Novelas ejemplares*, I, citado, pp. 240, 266 y ss.

6 Cfr. Miguel de Cervantes Saavedra, *Don Quijote de la Mancha*. Texto y notas de Martín de Riquer. Undécima edición. Barcelona, Editorial Juventud, 1983, II, cap. XLVII, p. 873.

7 Cfr. Miguel de Cervantes Saavedra, *Don Quijote de la Mancha*, I, cap. XXV, p. 244.

8 Cfr. Miguel de Cervantes Saavedra, *Don Quijote de la Mancha*., II, cap. LI, p. 912.

Torquemada en su *Manual de escribientes*. Fue J. A. Maravall quien reconstruyó, hace algun tiempo, las características definitorias de las nuevas maneras de gobierno surgidas en los primeros tiempos de la modernidad, y entre cuyos elementos distintivos localizaba el hecho de que se gobierna «a los hombres y se ordena a la sociedad también desde un despacho»[9]. Será éste el lugar utilizado por la administración para «dirigir y transformar el mundo desde un gabinete»[10]. La aliada más perfecta de esta manera de concebir el gobierno fue, sin duda, la escritura y la correspondencia resultante. Su descubrimiento como aliada del gobierno de la sociedad aparece asociado a la sedentarización de los organismos del Estado Moderno, lo que determinó decisivamente también las representaciones de los gestores de este proceso de transformación. Los actores principales de este tránsito vieron cómo sus vidas se modificaban. Así lo recordaba el protonotario Juan de Lucena, quien describía así al hombre de letras: «trahes masgreçidas las carnes por las grandes vigilias tras el libro, más no duresçidas ni callosas de dormir en el campo; el uulto palido, gastado del estudio, más no roto ni recosido por encuentros de lança»[11].

Pero la sedentarización del aparato burocrático del Estado Moderno genera una distancia entre éste y los súbditos que han de recibir y obedecer sus órdenes. La introducción de este espacio, físico y temporal, entre la emisión y la recepción del mensaje, la orden, tan sólo se puede salvar gracias al testimonio escrito, al despacho, a la carta. Juan Luis Vives se refería a esta comunicación con la ausencia al relacionar las virtudes del escribir en su diálogo *Escribir y redactar,* donde uno de los nobles que participan, Manrique, hablaba en los siguientes términos:

«MANRIQUE.- Lo primero que manifestó fue su admiración ante tanta variedad de lenguas o voces humanas articuladas con tan pocas letras y que, por medio de ellas, se pueden comunicar los amigos ausentes. Añadió que a los habitantes de aquellas islas – no ha mucho descubiertas por nuestros reyes, y de donde se trae el oro – les parece lo más admirable que los hombres puedan comunicarse sus sentimientos a través de una carta enviada de tan lejanas tierras»[12]. La distancia genera a su vez una necesidad informativa, como en 1537 en Milán recordaba el cardenal Caracciolo, quien afirmaba: «se stanno expectando, più che li Giudei el venuto Messia ..., che pur venghino lettere de la corte. Sono a li

9 Cfr. J. A. Maravall, *Estado moderno y mentalidad social (siglos XV al XVII)*. 2ª ed. Madrid, Alianza editorial, 1986, tomo II, p. 477.

10 Cfr. *Ibidem.*

11 Citado por J. A. Maravall, *Estado moderno,* citado, vol. II, pp. 476–477.

12 Cfr. J. L. Vives, *Diálogos sobre la educación.* Traducción, introducción y notas de Pedro Rodríguez Santidrián. Madrid, Alianza editorial, 1987 (‹El libro de bolsillo› 1283), p. 82. El pasaje fue citado por F. Mateu y Llopis, «Decadencia de la escritura en el siglo XVI. El testimonio de Juan Luis Vives», en *Miscelánea Nebrija,* I (Madrid, 1946), pp. 97–120, el fragmento citado en p. 104.

6 de aprile mesi 4 che da la corte non se hanno lettere. Certo fa stupir tutto el mondo in questi tempi un tanto longo silentio»[13].

El recurso a la correspondencia epistolar para transmitir informaciones varias creció de manera espectacular, a tal extremo que incluso los amotinados en Amberes en 1574 utilizaron este vehículo informativo para llevar a cabo las negociaciones que acabarían con la sublevación. G. Parker se refería a este momento afirmando que «el electo o el escuadrón podían negociar directamente con el gobierno por carta»[14]. Estos se hallaban tan familiarizados con el discurso epistolar propio de la correspondencia emanada de la cancillería que, con cierta arrogancia, llegaron incluso a emplear expresiones tales como el «Nos mayestático», etc.[15].

La distancia que separaba a los interlocutores (emisor y destinatario) quedaba superada por el empleo de la carta o epístola[16], que Sebastián de Covarrubias definía como: «la mensagería que se embia al ausente por escrito en qualquier materia que sea»[17]. Más completa resulta la definición que un profesional como Torquemada proporciona en su *Manual de escribientes*. Y así de la carta dice que «es una mensagera fiel de nuestras yntenciones e intérprete de los pensamientos del ánimo por la qual hazemos çiertos a los ausentes de aquellas cosas que conuiene que nosotros los escriuanos y que ellos entiendan y sepan como si estando presentes se las dixiésemos por palabras, y así para sólo este efecto fueron ynuentadas las cartas»[18]. La distancia la supera la escritura ya que por sí misma suple la ausencia del emisor en el momento de su lectura, y el autor realiza el acto de inscripción en un tiempo en el que el destinatario está ausente, dirigiendo el texto a una futura comunidad colectiva. Aún así la distancia, la separación espacial, constituía un obstáculo que dificultaba la comunicación y la circulación informativa. La complejidad era mayor cuando las órdenes o las *cartas mensageras* debían alcanzar tierras lejanas. Es por esta circunstancia y no por otra

13 Citado por A. Petrucci, «Scrivere nel cinquecento: la norma e l'uso fra Italia e Spagna», en *El libro antiguo español. Actas del segundo coloquio internacional* (Madrid). Al cuidado de Mª Luisa López Vidriero y Pedro Mª Cátedra. Salamanca, Ediciones de la Universidad de Salamanca – Biblioteca Nacional de Madrid – Sociedad española de Historia del Libro, 1992, pp. 355–366, el pasaje citado en p. 356.

14 Cfr. G. Parker, *El ejército de Flandes y el camino español 1567–1659*. Madrid, Alianza editorial, 1985 (‹Alianza Universidad› 438), p. 236.

15 Cfr. *Ibidem*, nota 11.

16 A pesar de la sinonimia convendrá distinguirlas de las epístolas humanísticas latinas, cfr. A. Gómez Moreno, *España y la Italia de los humanistas. Primeros ecos*. Madrid, Editorial Gredos, 1994, pp. 179–196 (‹Biblioteca Románica Hispánica› II. Estudios y ensayos, 382).

17 Cfr. S. Cobarrubias Orozco, *Tesoro de la lengua castellana o española*. Reedición Madrid, Turner, 1979, p. 312.

18 Cfr. A. Torquemada, *Manual de escribientes*, citado, p. 173.

por la que durante el reinado de Felipe II, concretamente en «1579 se establece un correo ordinario con Italia, desde Burgos, que poco después pasa a ser regulado oficialmente por la administración estatal»[19]. J. A. Maravall ha elaborado una lista con las consecuciones que permite el empleo del correo. Según él es preciso el correo «para mantener la conexión cosmopolita de la que dependen los asuntos financieros del joven capitalismo; para enlazar con el núcleo central las arterias por donde discurre la información y la negociación en que se ocupa la moderna diplomacia; para transmitir noticias y órdenes, sin las cuales no podrían moverse los ejércitos; para facilitar por el país la circulación de las medidas de gobierno y de administración; para saciar la sed de noticias recientes y de todo lugar, que se ha apoderado del público europeo»[20].

El correo, por consiguiente, traslada la información – de cualquier tipo – de un lugar a otro, y satisface las necesidades comunicativas generadas por la distancia en el Estado Moderno. Este dispuso de dos inmejorables coligados para su causa en la carta y en el correo. Sin embargo, la importancia que poco a poco habría alcanzado la epístola exigió de los contemporáneos un esfuerzo importantísimo, cuya finalidad última era la de conseguir un texto que transmitiese mensajes, pero que, a su vez, no ofreciese ninguna fisura a través de la cual tergiversar o manipular el contenido. Urgía, por consiguiente, elaborar los mecanismos necesarios que garantizarán la transmisión exacta y precisa del mensaje contenido. Es por esta razón por la que me refería, al principio, a la existencia de un núcleo de confluencia triple, que activa y propulsa – con fuerza – un proceso de afirmación del *medium* que vehicula la información. La aspiración es antigua, sin embargo la culminación definitiva se alcanza gracias al impulso decidido que recibe merced a la necesidad de escritura que lleva implícita la centralización administrativa. Alcanzar el objetivo deseado exige el empleo de unas escrituras que sean comprensibles a cualquiera de los receptores de la correspondencia. La peculiar historia de la escritura de la Península Ibérica requería una intervención en este sentido.

III

La dicotomia gráfica característica de los dos estados hispánicos, Corona de Aragón y Corona de Castilla, alcanzó la modernidad. Y así mientras que en la primera las formas gráficas tendieron desde época de Alfonso V el Magnánimo a asimilarse cada vez más a las italianas coetáneas, en las que se privilegió la

19 Cfr. J. A. Maravall, *Estado moderno,* citado, vol. I, p. 146.

20 Cfr. J. A. Maravall, *Estado moderno,* citado, vol. I, p. 148.

allgemeines Sozialisationsystem verstand. Die Hybris des Satzes, daß »Schulen gewissermaßen in die Gesellschaft als solche einführen«,[11] stammt von Lakanal.

Folgerichtig wären, falls das arme revolutionäre Frankreich es sich nur hätte leisten können, alle Sechsjährigen von Gesetz wegen verpflichtet worden, eine staatliche Grundschule zu besuchen oder vielmehr (in Lakanals medientechnischen Worten) »das Lesen und Schreiben zu lernen«.[12] Andernfalls hätten die urheberrechtlich geschützten Autoren wohl kaum darauf hoffen dürfen, jenes dankbare Leserpublikum zu finden, das frischgebackenen Volkshelden nun einmal zustand. Mit anderen Worten: Lakanals zweigleisige Gesetzgebung schloß namhafte Autoren und namenlose Kinder erstmals zur positiven Rückkopplungsschleife zusammen. Die französische Romantik – Kinder also, die wie Musset schon am Schulpult von ihrer künftigen Autorschaft träumten – konnte anlaufen.

Vor allem aber legte das Prinzip der allgemeinen Alphabetisierung, wie langsam oder widerständig seine spätere Durchsetzung auch immer vonstatten ging,[13] die Grundlagen moderner Staaten. Zusammen mit dem Prinzip der allgemeinen Aushebung, das Carnots 14 Revolutionsarmeen möglich machte, bildete es die öffentliche oder manifeste Seite eines Machtsystems, dessen geheime der prinzipiell nichtallgemeine und unleserliche Telegraph blieb. Ohne diese Medientechniken wäre es zum Nationalstaat, wie wir ihn kennen, nie gekommen.

Denn selbst wenn ein paar Soldaten der Epoche, wie etwa Feldmarschall Blücher, ihre Alphabetisierung weiterhin verschmähten, dankten sie ihre Siege doch Generalstabschefs, die grundsätzlich schrieben und telegraphierten. Als Blücher in Oxford einen Ehrendoktorhut in Empfang nahm, soll er nur folgerecht für Gneisenau den Ehrenapothekertitel gefordert haben.

2

Die Doppelinnovation literarischer und militärischer Innovationen hatte Folgen. Erstens entstand, auf biographischer Ebene, ein Zwang für Autoren oder auch Ingenieure, ihre geniale Originalität auch noch zu beweisen. So beförderte

11 Lakanal, »Rapport sur l'organisation des écoles primaires«, in: *Exposé sommaire* (wie Anm. 3), S. 160: »Les écoles primaires doivent introduire [l'enfance] en quelque sorte dans la société.« François Furet / Denis Richet, *La Révolution française*, Paris 1973, S. 468–471.

12 Lakanal, »Rapport sur l'établissement des écoles normales«, in: *Exposé sommaire* (wie Anm. 3), S. 92.

13 François Furet / Jacques Ozouf, *Lire et écrire. L'alphabétisation des français de Calvin à Jules Ferry*, Paris 1977.

die Nationalversammlung auf einen Vorschlag Lakanals hin Claude Chappe zum Pionierleutnant oder vielmehr (um beim vielsprechenden Französisch zu bleiben) zum »lieutenant de génie«[14]. Aber genau dieser Doppelsinn zwischen Ingenieur und Genie fiel wie ein Fluch auf Chappe, der die Grundkonzepte seines Telegraphen höchstwahrscheinlich einem Opfer der Guillotine geborgt oder gestohlen hatte. 1805 war es dann soweit: Chappe begegnete den nicht verstummenden Zweifeln an seiner Autorschaft mit einem Sprung in einen Pariser Brunnenschacht, der letale Folgen zeitigte.

Zweitens, nämlich auf strategischer Ebene, heimste die optische Telegraphie nur vier Jahre später, 1809, erste Erfolge ein. Aber das war leider auch schon wieder der Anfang ihres technologischen Niedergangs.

Aus der Tatsache, daß der spanische Aufstand Napoleons Hauptstreitmacht band, schloß das Kaiserreich Österreich auf seine historisch erste Gelegenheit, einen Angriffskrieg zu führen. Anstatt einmal mehr feindliche Überfälle über sich ergehen zu lassen, erhoffte es den üblichen operationalen Vorsprung aller Angreifer für sich selbst. Erzherzog Johann, Österreichs führender Stratege, der ja auch über Propagandaschriftsteller wie Genz und Schlegel verfügte, rechnete damit, daß die Zeit, um eine Besetzung des feindlichen Königreichs Bayern dem Kaiser in Paris melden zu können, bei bequemen vier Wochen läge. Aber just diese elementare Grundannahme von Johanns Operationsplan erwies sich leider als falsch, einfach weil die Steinzeit der Befehlsflüsse gerade zu Ende gegangen war.

Unmittelbar bevor österreichische Truppen die Hauptstadt von Frankreichs jahrzehntelangem Verbündeten besetzten, schickte Napoleons Botschafter in München einen berittenen Melder nach Straßburg. Dortselbst nämlich hatte Napoleon seinen Generalstabschef selber, Marschall Alexandre Berthier, als Vorwarnposten plaziert. (Generalstabschef allerdings hieß Berthier nur in seiner Ernennungsurkunde; Napoleons Umgangssprache führte ihn immer bloß als »ma machine à écrire«.[15]) Schon am 10. April empfing Berthier ein Telegramm des Kaisers, das erste Warnungen vor österreichischen Überraschungsangriffen weitergab. Das Eintreffen des Kuriers aus München, zwei Tage später, war also nur mehr ihr empirisch-nachträglicher Beweis. Dank der Telegraphenlinie, die seit neuestem zwischen Paris und Straßburg bestand, konnte Berthier seinen Kaiser fast ohne Zeitverlust informieren. Am 12. April befahl Napoleon auf dem Weg von Briefschaften und Depeschen erste französische Gegenmaßnahmen. Schon zwei Wochen später, am 25. April, zog eine siegreiche Grande Armée

14 Lakanal (wie Anm. 5), S. 114.
15 Vgl. Hermann Giehrl, *Der Feldherr Napoleon als Organisator*, München 1911.

wieder in München als Befreier ein[16] (wenn dieses Wort nicht Bettina Brentano verletzen müßte).

Zum erstenmal in der Kriegsgeschichte hatte ein Signalverarbeitungssystem in Echtzeit einen ganzen Feldzug entschieden. Napoleons Große Armee verkörperte eben alle revolutionären Neuerungen: allgemeine Mobilmachung, allgemeine Alphabetisierung und schließlich eine nicht allgemeine, dafür aber übermenschliche Nachrichtentechnik. Für die Dauer des Feldzuges verwandelten oder säkularisierten sich sogar Kirchtürme in Feindesland, von Ulm bis St. Pölten, in Relaisstationen des französischen Militärtelegraphen.

Allerdings litt die Übermenschlichkeit noch an einem letzten Defekt. An jeder ihrer zahllosen Relaisstationen mußte die optische Telegraphie zwei Männer oder näherhin zwei kriegsverwundete Veteranen der Großen Armee postieren: einen zum teleskopischen Lesen von Eingangssignalen, den anderen zum mechanischen Schreiben von Ausgangssignalen.[17] Die Gesamtzahl dieser Angestellten brachte nicht nur drastische Verzögerungen des Befehlsflusses mit sich, sondern hätte ohne Chappes kryptographische Codierung auch die Möglichkeiten zum Geheimnisverrat drastisch erhöht.

Daher blieb auf dem Weg zum Übermenschen, wie er heute die Informationskanäle regiert, noch ein letzter Schritt zu tun. Die absolute Ausschaltung des Menschen vom Reich der Wahrheit fiel selbstredend dem deutschen Idealismus zu. Den Menschen (wie Foucault es nannte) auf den Thron transzendentaler Weltbeherrschung zu setzen, mag sehr wohl sein empirisches Ende gewesen sein.

Als König Max von Bayern und seine Minister in ihre befreite Hauptstadt zurückkehrten, hatte der optische Telegraph seine strategische Wirksamkeit offenbart. Eben dies inspirierte den Finanzminister, Maximilian Joseph Graf von Montgelas, seine neue Akademie der Wissenschaften höchstpersönlich zu neuen Forschungsrichtungen zu inspirieren. Montgelas befahl nichts Geringeres als einen technisch optimierten Telegraphen; und kein Geringerer als Samuel Thomas Soemmerring, der Idealist unter Deutschlands Neurologen, eben aus Kants Königsberg nach München gelangt, schritt zur Befehlsausführung. So entstand die elektrische Telegraphie als gleichermaßen militärische und wissenschaftliche Konsequenz eines Sieges, den ihr optischer Vorläufer errungen hatte. Technische Medien gehen ersichtlich am eigenen Erfolg zugrunde.

16 Vgl. Rolf Oberliesen, *Information, Daten und Signale. Geschichte technischer Informationsverarbeitung*, Reinbek 1982, S. 60–62.

17 Martin van Creveld, *Technology and War. From 2000 B.C. to the Present*, New York / London 1989, S. 156.

Allerdings war Soemmerring nicht der erste, der nachrichtentechnische Möglichkeiten der Elektrizität in Betracht zog. Lakanal zufolge hatte schon Claude Chappe mit elektrischer Telegraphie experimentiert, dabei aber unüberwindbare Probleme der Leitungsisolation angetroffen.[18] So – nämlich auf den Flügeln von Chappes europaweit publiziertem Ruhm – lief der Gedanke weiter zu einem katalanischen Arzt. 1795 schlug Francisco Salvá y Campillo der Akademie der Naturwissenschaften und Künste zu Barcelona ein gleichermaßen exaktes wie schmerzliches Experiment vor. Zweimal zweiundzwanzig elektrische Leitungen, also jeweils ein Leitungspaar pro alphabetischen Buchstaben, sollten Barcelona über eine unterirdische Strecke von zwanzig Meilen mit dem kleinen Hafen Matarò verbinden. Woraufhin bei jedem Schaltvorgang, der in Barcelona ein Leitungspaar unter Strom setzte, die animalische Elektrizität im Wortsinn Galvanis ihr Wesen offenbaren würde. Ein Mann, dessen rechte Hand an der positiven Leitung und dessen linke an der negativen hingen, würde ebenso unvermeidlich wie buchstäblich ausschreien, was sich als telekommunikatives Zeichen buchstabierte. Der Empfänger oder Receiver von Salvás Telegraphen bestand, anders gesagt, aus Menschenfleisch. Auch wenn seine Angestellten nicht, wie im napoleonischen Fall, von vornherein Invaliden waren, hätte er sie zu Invaliden gemacht. Aber genau dieser animalische Begriff von Elektrizität, an dem erst Volta und Soemmerring rüttelten, herrschte von Galvani bis Salvá, von Frankenstein bis zu Edisons Elektrokution: Stromfluß war synonym mit Schmerz.

Um so bemerkenswerter bleibt die Tatsache, daß ausgerechnet ein Neurologe dieser neuro-elektrischen Doppeldeutigkeit ein Ende gemacht hat. Um hergebrachte Schrift zu überbieten, und das heißt für Informationen, Digits und schließlich Bits zu stehen, mußten Ströme und Spannungen erst einmal vom Menschenfleisch isoliert werden. Genau das war 1809 Soemmerrings Beitrag zur elektrischen Telegraphie.

Dreizehn Jahre zuvor hatte Soemmerring eine kleine, aber selbst auf Hölderlin einflußreiche Schrift über das *Organ der Seele* veröffentlicht. Was er als Frage nach einer hirnanatomischen Lokalisierung der Seele gleichermaßen stellte und beantwortete, war denkbar kantianisch. Auf der einen oder philosophischen Seite nämlich hatte der Idealismus zweifelsfrei bewiesen, daß das Selbstbewußtsein als transzendentale Funktion, die alle sinnlichen Eingangs-

18 Lakanal (wie Anm. 5), S. 108: »L'électricité fixa d'abord l'attention de ce laborieux physicien; il imagina de correspondre par le secours des temps marquant électriquement les mêmes valeurs, au moyen de deux pendules harmonisées; il plaça et isola des conducteurs à de certaines distances; mais la difficulté de l'isolement, l'expansion latérale du fluide dans un long espace, l'intensité qui eût été nécessaire et qui est subordonnée à l'état de l'atmosphère, lui firent regarder son projet de communication par le moyen de l'électricité comme chimérique.«

daten synthetisiert oder vereinheitlicht, selber einzig und unteilbarbar sein müsse. Andernfalls würde sich das kantische »Ich denke«, das bekanntlich alle meine Vorstellungen muß begleiten können, um sie als meine zu identifizieren, in psychologischem Wahnsinn auflösen[19], ganz wie sich die Autorschaft an Büchern nur wenig später in politischer Anarchie auflöste. Das kantische »Ich denke« stand, einer Epoche allgemeiner Alphabetisierung nur allzu gemäß, also für eine generalisierte Selbstleserschaft.

Auf der anderen oder wissenschaftlichen Seite dagegen hatte die Anatomie Leichengehirne mit aller Sorgfalt durchforstet, ohne unter all den unterschiedlichen oder mannigfaltigen Teilen irgendein vereinheitlichendes Zentrum zu entdecken. Es gab, wie Soemmerring so schön formulierte, einfach keinen »festen Bestandteil« des Gehirns, »in dem *alle* Nerven«, die von anderen Gehirnzentren ausgingen, »zusammengelaufen« wären.[20] Diese Tatsache ruinierte zwar die Festigkeit oder Solidität aller vormaligen Neurologie seit Descartes, öffnete aber gerade als solche einen Ausweg aus der Festkörperphysiologie (um einen Grundbegriff heutiger Nachrichtentechnik zu parodieren). Waren nämlich alle festen Hirnteile als Kandidaten transzendentaler Apperzeption erst einmal ausgeschieden, so verblieb ein flüssiger Teil – das Hirnwasser, dieses unbekannte Wesen, das Anatomen gemeinhin weggegossen und Neurologen ebenso gemeinhin vernachlässigt hatten. Da nun aber alle festen Hirnteile nachweislich in jenem allgegenwärtigen Wasser schwammen, blieb nur noch der Gedankensprung zu tun, es als organisches Korrelat der Seele, als Leutnant und das heißt Stellvertreter der transzendentalen Apperzeption zu identifizieren. Genau das war Soemmerrings Schluß. Wie um der Mediengeschichte ihr Stichwort zu geben, nannte er jenes Gehirnwasser ein »vereinigendes Mittelding« oder, in schönstem Medizinerlatein, das »medium uniens«.[21]

Aber auch als Physiologe, der eben den Sitz der Seele ausgemacht hatte, blieb Soemmerring Philosoph genug, um seine neue Medientheorie des Gehirns dem persönlichen Endurteil Kants zu unterwerfen.

»Der Stolz unseres Zeitalters, *Kant*, hatte die Gefälligkeit, der Idee, die in vorstehender Abhandlung herrscht, nicht nur seinen Beyfall zu schenken, sondern dieselbe sogar noch zu erweitern und zu verfeinern und so zu vervollkommnen.

19 Immanuel Kant, *Kritik der reinen Vernunft*, B 131–133: »Das *Ich denke* muß alle meine Vorstellungen begleiten können; denn sonst würde etwas in mir vorgestellt werden, was gar nicht gedacht werden könnte, welches eben so viel heißt, als die Vorstellung würde entweder unmöglich, oder wenigstens für mich nichts sein.«

20 Samuel Thomas Soemmerring, *Das Organ der Seele. Unserm Kant gewidmet*, Königsberg 1796, S. 32–33.

21 Ebd., S. 37.

Seine gütige Erlaubniß gestattet mir, meine Arbeit mit seinen eigenen Worten zu krönen.«[22]

Kants philosophische Verfeinerung bestand, wie üblich, in einer transzendentalen Kritik. Seine Replik auf Soemmerrings Buch oder Bitte, einer der spätesten Texte aus Kants Feder, argumentierte wie folgt:

»[W]enn ich den Ort meiner Seele, d. i. meines absoluten Selbsts, irgendwo im Raume anschaulich machen soll, so muß ich mich selbst durch eben denselben Sinn wahrnehmen, wodurch ich auch die mich zunächst umgebende Materie wahrnehme [...]. Nun kann die Seele sich nur durch den inneren Sinn, den Körper aber (es sei inwendig oder äußerlich) nur durch äußere Sinne wahrnehmen, mithin sich selbst schlechterdings keinen Ort bestimmen, weil sie sich zu diesem Behuf zum Gegenstand ihrer eigenen äußeren Anschauung machen und sich außer sich selbst versetzen müßte; welches sich widerspricht. – Die verlangte Auflösung also der Aufgabe vom Sitz der Seele, die der Metaphysik zugemutet wird, führt auf eine unmögliche Größe $\sqrt{-2}$.«[23]

Kants mathematisches Mißtrauen vor imaginären Zahlen, wie verjährt es schon damals auch gewesen sein mag, hinderte ihn jedoch nicht, Soemmerrings Neurophysiologie dramatisch zu perfektionieren. Kant zufolge kann Gehirnwasser die Rolle eines vereinheitlichenden Organs oder Mediums der Seele nur spielen, wenn es sich zerlegen läßt. Um von allen anderen Hirnnerven unterschiedlich affiziert zu werden und zudem solche Informationen über die Zeit zu speichern, muß es mindestens zwei chemisch unterschiedene Zustände kennen. Eben darum wäre das Gehirnwasser unter alteuropäischen Bedingungen eine unmögliche Größe vom Typ der imaginären Zahlen gewesen. Aber wie Kant nur zu gut wußte, waren die ehrwürdigen vier Elemente – Feuer und Wasser, Erde und Luft – unter experimentellen Angriffen eben gefallen. 1789 veröffentlichte Lavoisier die Neuigkeit, daß seine moderne Chemie das vorgeblich elementare Wasser umstandslos in Sauerstoff und Wasserstoff zerlegt hatte.[24]

Genau das war Kants Beitrag zu Soemmerring. »Das reine, bis vor kurzem noch für chemisches Element gehaltene, gemeine Wasser wird jetzt durch pneumatische Versuche in zwei verschiedene Luftarten geschieden. [...] Man kann sich [also] vorstellen, welche Mannigfaltigkeit von Werkzeugen die Nerven an ihren Enden in dem Gehirnwasser (das vielleicht nichts mehr als gemeines Wasser sein mag) vor sich finden, um dadurch für die Sinnenwelt empfänglich und wechselseitig wiederum auch auf sie wirksam zu sein.«[25]

22 Ebd., S. 81.

23 Immanuel Kant, *Werke*, hg. von Wilhelm Weischedel, Bd. VI, Frankfurt am Main 1964, S. 259.

24 Séguin / Antoine Laurent Lavoisier, »Sur la respiration des animaux«, in: *Œuvres de Lavoisier*, Paris 1862, Bd. II, S. 688–689.

25 Kant (wie Anm. 23), Bd. VI, S. 258.

Um diese großartigen Sätze zu kommentieren, steht zunächst die trockene Feststellung an, daß alles umlaufende Gerede von Medieninteraktivität so umstands- wie ahnungslos auf sie zurückgeht. Die Tatsache nämlich, daß Norbert Wiener Kants Wechselwirkung einst ganz bewußt durch kybernetische Interaktion übersetzte, ist von amerikanischer Vergeßlichkeit längst verdrängt. Die zweite und historische Feststellung dagegen läuft darauf hinaus, daß alle modernen Übertragungsmedien aus Kants Sätzen entsprungen sind, einfach weil Soemmerrings elektrischer Telegraph das Gehirnwasser Kants (und eben nicht Soemmerrings eigenes) wahrhaft implementiert hat.

Mit einer bemerkenswerten Totzeit von dreizehn Jahren schlug Neurophysiologie endlich in Medientechnologie um. Unter dem dreifachen Druck von transzendentaler Philosophie, bayrischer Politik und napoleonischer Strategie ersetzte Soemmerring Salvás zweiundzwanzig alphabetische Leitungen durch fünfunddreißig alphanumerische und Salvás schreiende Männer durch chemische Elektrolyse. Medientechnik wurde zum geschlossenen System, das mit Körpern und ihren Schmerzen schlechthin nichts mehr zu tun hatte. Wann immer sich ein elektrischer Kontakt auf Senderseite schloß, fand auf Empfängerseite eine Zerlegung von Wasser in seine zwei chemischen Elemente statt. Kleine Blasen aus Sauerstoff oder Wasserstoff, die aus elektrifiziertem Wasser aufstiegen – damit begann die Moderne als solche. Die unmöglichen oder imaginären Größen einer letzten Metaphysik verwandelten sich in nachrichtentechnische und damit unleugbare Quantitäten eines Mediensystems. Zahlen und Buchstaben, also alle fünfunddreißig alphanumerischen Zeichen, gingen in Stromfluß ein oder auf.

Graf Montgelas, Soemmerrings Auftraggeber, war zufrieden. Das Königreich Bayern hatte seinen Befreier technisch noch überboten. Aber als der elektrische Telegraph, wenige Monate später, in Paris ausgestellt wurde, traf ihn eine entscheidende und unzweideutige Ablehnung. Napoleon, der ja schon den Rat ausgeschlagen hatte, England mit Dampfschiffen aus amerikanischem Erfindergeist zu invadieren, soll Soemmerrings Maschine als »idée germanique«, als deutschen oder allzu deutschen Gedanken also, zurückgewiesen haben. Genau darum ist Europa bis heute auf technischer und folglich auch auf politischer Ebene gespalten.

Offen bleibt, um Hölderlin zu bemühen, nur eine einzige Frage: Was kann Dichtung in technischer und daher dürftiger Zeit noch tun? Was geschieht, wenn jemand, statt wie Soemmerring elektrische Schaltkreise zu schließen und chemische Reaktionen hervorzurufen, weiterhin auf Typographie zurückgreift? Die bekannte Antwort ist ein amerikanischer Traum. Als Samuel Morse, Maler und Photograph, die übliche Bildungsreise nach Europa unternahm, war der optische Telegraph auf dem Louvre noch im Dienst (und von Touristen zu bewundern). Erst auf dem Schiff, das ihn nach Amerika zurückbrachte, erfuhr Morse von Soemmerring und Gauß, von elektrischer statt optischer Telegraphie. Woraufhin Morse eine New Yorker Druckerei aufgesucht haben soll, die gutenbergische Lettern in wohlgeordneten Setzerkästen bereithielt. Und wie um Poes unvergeßliche Erzählung *Xing a paragraph* zu präludieren, waren die X eher selten, die A und die N eher häufig, während die E bei weitem dominierten. Samuel Morse, im ehrfürchtigen Abschied von Gutenberg, kam zu seinem Entschluß. In einem Standardtelegraphensystem, das nicht nur in die Ferne, sondern in der Ferne sollte schreiben können, mußte sich die Anzahl von Punkten und Strichen, die jeder Einzelbuchstabe benötigte, auf eine lineare Funktion seiner Häufigkeit oder Frequenz reduzieren. Seit jenem Tag ist Information nicht mehr und nicht weniger als vermiedene Redundanz; Literatur, wie Mallarmé als erster begriff, reduziert sich auf ein kombinatorisches Spiel über abzählbaren Zeichensätzen. So einschneidend haben die Techniken der Informationsübertragung die Techniken der Speicherung verändert.

V. Lire, écouter, voir

SABINE VOGEL

Der Leser und sein Stellvertreter

Sentenzensammlungen in Bibliotheken des 16. Jahrhunderts

Die wichtigste Tätigkeit des Gelehrten im 16. Jahrhundert war das Lesen: das Lesen von Handschriften und von Briefen seiner Kollegen, von gedruckten Büchern und von seinen eigenen Aufzeichnungen. Über die einem Gelehrten gemäße Form der Lektüre bemerkte Erasmus von Rotterdam in seiner Schrift *De duplici copia verborum*, die 1512 zum ersten Mal erschien: »Wer sich also vorgenommen hat, Autoren aller Genera zu lesen (und jeder, der zu den Gelehrten gezählt werden will, muß dies mindestens einmal in seinem Leben tun), braucht zunächst eine Liste von *loci*.«[1] Zwei verschiedene Aspekte der zitierten Aussage von Erasmus sind im folgenden von Interesse. Zum einen macht Erasmus deutlich, daß von dem, der »zu den Gelehrten gezählt werden will«, erwartet wurde, daß er mindestens einmal im Leben, besser öfter, den gesamten humanistischen Lektürekanon las. Zum anderen betont Erasmus, daß es mit dem Lesen allein nicht getan war: Der angehende Gelehrte sollte besonders gute, vorbildhafte oder nützliche Textstellen unter Stichworten, *loci communes*, notieren.[2]

Erasmus gehört zu den Autoren, die im 16. Jahrhundert am häufigsten gedruckt wurden. Überall in Europa wurden seine Werke verlegt. Er verstand es wie kein zweiter, das neue Medium Buchdruck zur Verbreitung seiner Ansichten über Bildung und Gelehrsamkeit zu nutzen.[3] Ihm gelang es, europaweit die Maßstäbe für Gelehrsamkeit zu setzen. Doch für wie lange Zeit galt sein Bildungs-

1 Desiderius Erasmus, *Opera omnia*, hg. von B. I. Knott, Vol. VI-1, Amsterdam usw. 1988, S. 258: »Ergo qui destinavit per omne genus autorum lectione grassari (nam id omnino semel in vita feciendum ei, qui velit inter eruditos haberi) prius sibi quam plurimos comparabit locos.«

2 Diese Methode des Exzerpierens hatte nicht Erasmus erfunden. Schon Plinius d. J. schilderte, wie sein Onkel sich stets bei der Lektüre Notizen zu machen pflegte. Vgl. August Buck, »Die *studia humanitatis* und ihre Methode«, in: ders., *Die humanistische Tradition in der Romania*, Bad Homburg usw. 1968, S. 133–150, hier S. 144.

3 Vgl. Lisa Jardine, *Erasmus, Man of Letters. The Construction of Charisma in Print*, Princeton (N.J.) 1993.

ideal? Sowohl die starke Steigerung der Buchproduktion als auch die Erweiterung des Lesepublikums bargen eine Gefahr für die *res publica litterarum.* Die Menge der Bücher und die Menge der Leser bedrohten die Exklusivität der Gelehrtenrepublik der europäischen Humanisten. Erasmus selbst äußerte sich mißmutig: »Aus jedem Erdenwinkel fliegen ganze Schwärme neuer Bücher aus. Selbst wenn jedes von ihnen etwas Wissenswertes enthielte, so würde sich allein schon ihre große Menge auf die Studien hemmend auswirken, teils durch Übersättigung, die bei guten Dingen besonders schlimme Folgen hat, teils einfach dadurch, daß sie die Interessen der Menschen, die von Natur aus nach Abwechslung verlangen und allem Neuen zugetan sind, auf sich ziehen und von der Lektüre der alten Autoren ablenken. Diese aber sind durch nichts, was jetzt geschrieben wird, zu überbieten, ...«[4] Doch der Gelehrte konnte die Entwicklung nicht aufhalten. Die Verleger druckten, was die Kunden lesen wollten: Die Ausgaben der Originaltexte antiker Autoren ging kontinuierlich zurück.[5]

Ein Indikator für diesen Wandel ist die Entwicklung der *loci communes*-Hefte, die seit Beginn des 16. Jahrhunderts in gedruckter Form vorlagen und insbesondere in der zweiten Hälfte des 16. Jahrhunderts in Frankreich sehr weit verbreitet waren. Diese *loci communes*-Bücher eignen sich besonders, die Veränderung des Bildungsideals nachzuzeichnen, weil sie auf einer typischen Gelehrtentätigkeit beruhen: dem Exzerpieren. Aber im Unterschied zu den handschriftlichen *loci communes*-Heften trat hier ein stellvertretender Leser zwischen den Originaltext und den Rezipienten. Der große Erfolg der gedruckten *loci communes*-Hefte belegt, daß diese den Vorlieben des Publikums entsprachen. Die Entwicklung dieser Buchart nachzuzeichnen und sie im Hinblick auf den Wandel des Bildungsideals zu interpretieren, ist das Anliegen der vorliegenden Untersuchung.[6] Daher wird zunächst die *loci communes*-Methode als humanistische Studien-

4 Erasmus von Rotterdam, *Adagiorum Chiliades* (Adagia Selecta). Mehrere tausend Sprichwörter und sprichwörtliche Redensarten (Auswahl). Dialogus cui Titulus Ciceronianus sive de optimo dicendi genere. Der Ciceronianer oder der beste Stil. Ein Dialog, übersetzt von Theresia Payr, Darmstadt 1972, hier: Adagia II 1,1, S. 493.

5 Vgl. Henri-Jean Martin, »Classements et conjonctures«, in: *Histoire de l'Édition française,* hg. von Henri-Jean Martin / Roger Chartier, Bd. 1: *Le livre conquérant. Du Moyen-Age au milieu du 17e siècle,* Paris 1983, S. 429–462, hier S. 444–446.

6 Die *loci communes*-Methode eignete sich zur Verzeichnung aller Arten von Wissen. So gehen auch Enzyklopädien auf *loci communes*-Hefte zurück. Im Rahmen der vorliegenden Untersuchung werden die elementaren rhetorischen *loci communes*-Bücher, die Sentenzensammlungen, in den Mittelpunkt gestellt. Zur Bedeutung der *loci communes* vgl. etwa Ann Blair, »Humanist Methods in Natural Philosophy: the Commonplace Book«, in: *Journal of the History of Ideas* 53 (1992), S. 541–551; Neil Kenny, *The Palace of Secrets, Béroalde de Verville and Renaissance Conceptions of Knowledge,* Oxford 1991.

methode vorgestellt, dann deren Weiterentwicklung in den gedruckten Sentenzensammlungen. Die Verbreitung und die Funktion dieser Bücher wird anschließend vor dem Hintergrund der sozialen Stellung der Buchbesitzer gedeutet.

loci communes *als Studienmethode*

Die von Erasmus beschriebene Art des Exzerpierens war die typische humanistische Studien- und Lehrmethode. Besonders in Deutschland war sie Bestandteil der Lehrpläne.[7] Der erstrebte Lerneffekt beruhte darauf, daß der angehende Gelehrte, indem er die Früchte seiner Lektüre in sein eigenes *loci communes*-Heft eintrug, sich die antiken Texte systematisch aneignete. Er las sie nicht nur, sondern verarbeitete sie gedanklich und ordnete sie in sein eigenes Wissen ein.[8] Zudem konnte er auf diese Weise einen privaten Sentenzenschatz anlegen, mit dem er seine Schriften und Reden schmücken konnte. Als einer der ersten humanistischen Lehrer beschrieb Guarino Veronese um 1450 die Studienmethode in einem Brief an seinen Schüler Leonello d'Este: »Wenn Du liest, halte ein Heft bereit, in das Du alles schreiben kannst, was Du möchtest, und in dem Du wichtige Passagen geordnet vermerken kannst.«[9]

Für die Wahl der *loci*, unter denen die Textstellen in den Aufzeichnungen notiert wurden, gab es keine grundsätzlichen Regeln, doch kann man vermuten, daß Lehrer wie Guarino Veronese ihre Schüler berieten.[10] In den überlieferten elementaren *loci communes*-Heften findet sich zumeist eine alphabetische Folge von Ausdrücken wie: amicitia, amor, benevolentia, candor usw.[11] Möglicherweise ging der Einfluß mancher Präzeptoren auf den Inhalt der Sentenzenbücher über die Festlegung der *loci* hinaus. Der Hauslehrer des Herzogs August des Jüngeren von Braunschweig-Lüneburg zumindest bestimmte nicht nur die *loci*,

7 Ann Moss, *Printed Commonplace Books and the Structuring of Renaissance Thought*, Oxford 1996, S. 148.

8 Buck (wie Anm. 2), S. 149; Terence Cave, »Copia and Cornucopia«, in: Peter Sharrat (Hg.), *French Renaissance Studies, 1540–1570. Humanism and the Encyclopedia*, Edinburgh 1976, S. 52–69, hier S. 58.

9 Original im: *Epistolario di Guarino Veronese*, hg. von Remigio Sabbadini (*Miscellanea di storia veneta*, Ser. 3, 11 [1916]), Nr. 679; II, 270. Hier zitiert nach der engl. Übersetzung von Anthony Grafton, in: ders., *Building the Classroom without Walls: Festina lente*, Manuskript eines Vortrags, gehalten an der EHESS, Paris, im Mai 1994, S. 1.

10 Heinz Scheible, »Melanchthon zwischen Luther und Erasmus«, in: August Buck (Hg.), *Renaissance – Reformation. Gegensätze und Gemeinsamkeiten*, Wiesbaden 1984, S. 151–180, hier S. 167.

11 Vgl. Moss (wie Anm. 7), Seite V.

sondern auch die zu kopierenden Textstellen.[12] Die »individuelle Begegnung mit dem antiken Autor«, die als das Charakteristikum der humanistischen Studienmethode genannt wird, galt für Schüler demnach nur in eingeschränktem Maße.[13] Um selbstverfaßte Texte mit Klassikerzitaten zu illustrieren, konnten jedoch auch Schüler ein *loci communes*-Heft benutzen. »Wenn Du etwas nachschlagen möchtest, brauchst Du nicht so viele Seiten durchzusehen«, rühmte schon Guarino Veronese die Vorzüge des Verzeichnungssystems.[14]

Rhetorische *loci communes*-Bücher enthielten am Ende der Schulzeit ihres Besitzers eine Auswahl der wichtigsten Sentenzen antiker Autoren, aufbereitet zum Gebrauch in Briefen und Reden. Daß die humanistische Lehrmethode bei aufmerksamen Schülern zu einer guten Kenntnis der Klassiker führte, ist anzunehmen. Doch was ist von den Schülern zu erwarten, die wie Leonello d'Este wenig Neigung verspürten, selbst ein Sentenzenbuch anzulegen? »Du magst es zu langweilig finden, oder zu mühsam, selbst alles in ein Heft zu schreiben. Wenn dem so ist, sollte ein geeigneter und wohlerzogener Junge diese Aufgabe für dich übernehmen«,[15] riet ihm sein Lehrer Guarino Veronese. Den Ansprüchen, die Erasmus an angehende Gelehrte stellte, konnten diese Schüler nicht entsprechen, denn dafür hätten sie alle Autoren mindestens einmal selbst exzerpierend lesen müssen. Betrachtet man die Menge der Titel und die Auflagenhöhen der gedruckten Sentenzensammlungen, die seit dem Ende des 15. Jahrhunderts auf dem Markt waren, hat man jedoch den Eindruck, daß viele Schüler auf Guarinos Rat gehört hatten. Dank der Erfindung des Buchdrucks brauchten sie keinen geeigneten und wohlerzogenen Jungen mehr anzustellen. Sie konnten ein gedrucktes Sentenzenbuch kaufen. Doch das Resultat war das gleiche: Sie schrieben die Sentenzen nicht selbst, sie ließen schreiben.

Gedruckte Sentenzensammlungen

Anhand einer kleinen Auswahl von gedruckten Sentenzensammlungen soll im folgenden die Entwicklung der Lektürepraxis von Texten antiker Autoren im 16. Jahrhundert nachgezeichnet werden. Zwei sehr häufig aufgelegte Sentenzensammlungen sind das *Viridarium Illustrium Poetarum* von Ottaviano Mirandola,

12 Ich danke Gilbert Hess, München, für seine Erläuterungen zum *loci communes*-Heft des Herzogs August des Jüngeren von Braunschweig-Lüneburg, das in der Herzog August Bibliothek in Wolfenbüttel aufbewahrt wird.

13 Vgl. Buck (wie Anm. 2), S. 140.

14 Veronese (wie Anm. 9).

15 Ebd.

das 1507 in Venedig erstmals erschien und in den 1540er Jahren in überarbeiteter Form unter dem Titel *Illustrium Poetarum Flores* neu aufgelegt wurde, sowie die *Marci Tulli Cicero sententiarum illustrium*, die um 1540 von Pierre Lagnier zusammengestellt wurden. Wie die meisten Bücher des 16. Jahrhunderts enthalten beide Sentenzensammlungen Vorreden, in denen der Herausgeber oder der Bearbeiter erläutert, was ihn dazu bewog, die Sammlung zusammenzustellen, und welche Absicht er mit seinem Buch verfolgt. Er äußert sich auch zu seiner Rolle als »stellvertretender Leser« und kann daher Auskunft über den Wandel der Lektürepraxis geben.

Die drei am häufigsten nachgedruckten Sammlungen von Klassikerzitaten allerdings stammen von Erasmus. Auch hier zeigt sich wieder die Bedeutung des »précepteur de l'Europe«[16] für die Verbreitung humanistischer Ideale. Die kommentierte Sprichwortsammlung *Adagia* erschien 1500 als Erstausgabe in Paris. Bis zum Jahr 1579 erschienen mindestens 125 weitere Ausgaben dieses Werkes, das Erasmus selbst bis zu seinem Tod ständig erweitert und ergänzt hatte. Ein Sammelband mit Parabeln und Gleichnissen erschien 1514 in Straßburg unter dem Titel *Parabolarum sive similium liber* und wurde bis 1579 mindestens 53mal nachgedruckt. 1531 schließlich veröffentlichte Erasmus eine Sammlung mit weisen Aussprüchen antiker Persönlichkeiten unter dem Titel *Apophtegmata*. Dieses Werk erschien bis 1579 mindestens 59mal in lateinischer Sprache nachgedruckt. Daneben erschienen 26 Übersetzungen des Textes in verschiedene europäische Sprachen.[17] Im Gegensatz zu den Sammlungen von Mirandola und Lagnier folgen die *Adagia*, *Parabolae* und *Apophtegmata* keiner *loci communes*-Ordnung. Die *Parabolae* sind ihren Autoren zugeordnet, die *Apophtegmata* sind nach den Persönlichkeiten geordnet, denen sie zugeschrieben werden. Zusätzlich gibt es einen Personenindex und einen Index der in den Textstellen beschriebenen Situationen, Tugenden und Eigenschaften. In einem *loci communes*-Heft wären diese Stichworte die *loci*.[18] Die *Adagia* sind nicht geordnet. Erasmus selbst schreibt in seiner Vorrede der erweiterten Ausgabe von 1508: »Anstelle einer geordneten Reihenfolge (wenn bei dieser Art von Texten überhaupt irgendeine Art von Ordnung sein kann) habe ich einen Index angefügt, in dem ich die Sprichworte, die sich auf ähnliche Themen beziehen, zu Familien zusammen-

16 Jean-Claude Margolin, *Erasme, Précepteur de l'Europe*, Paris 1995.

17 Die statistischen Angaben beruhen auf: *Bibliotheca Erasmiana, Répertoire des œuvres d'Érasme*, hg. von Frans Van der Haeghen, 1er série, Gand 1897 (ND Nieuwkoop 1961), S. 1–6 *(Adagia)*, S. 137–139 *(Parabolae)* und S. 15–18 *(Apophtegmata)*.

18 In späteren Ausgaben werden die Sammelwerke von verschiedenen Herausgebern nach *loci* geordnet. Der berühmteste Herausgeber war Konrad Wolffhardt *(Lycosthenes)* in Basel, »who made something of an industry of turning Erasmus into commonplace books«. Moss (wie Anm. 7), S. 187. Die *Parabolae* erschienen 1557 in neuer Ordnung, die *Apophtegmata* 1559.

gefaßt habe.«[19] Die Kompilationen von Lagnier und Mirandola hingegen entsprechen ganz dem Vorbild der in humanistischer Manier erstellten Hefte. Sie sollen daher im folgenden als gedruckte Ausgaben der *loci communes*-Hefte vorgestellt werden.[20]

Zunächst zu den *Illustrium Poetarum Flores*. Wie aus den Vorreden hervorgeht, wurde die Sentenzensammlung von Ottaviano Mirandola, einem Lateranensischen Chorherrn, im 15. Jahrhundert zusammengestellt und später von dem Humanisten Filippo Beroaldo zum Druck gegeben. Anfang der 1540er Jahre wurden die Sentenzen von einem nicht näher bezeichneten »studiosus quidam« unter *loci communes* geordnet – zuvor bestand eine Ordnung nach dem Alphabet der Autoren –, erweitert und sorgfältig korrigiert.[21] Diese überarbeitete Ausgabe kann man als ein gedrucktes *loci communes*-Buch ansehen, denn sie enthält wie die handschriftlichen Exemplare Sentenzen antiker Autoren, geordnet nach Stichworten in alphabetischer Reihenfolge. Zusätzlich gibt es einen Index der *loci* und einen der Autoren.

In seiner Widmung an Ottaviano Arcimboldo, den päpstlichen Pronotar, erläuterte der Herausgeber Ottaviano Mirandola, was ihn motivierte, die Auswahl zusammenzustellen: »Schon seit langem, höchster Vater, wurde ich von vielen gefragt, ob ich nicht die Sentenzen der berühmten Autoren, die überall verstreut sind, in einer guten Ordnung gesammelt herausgeben könnte.« Der Kleriker Ottaviano Mirandola hatte demnach nicht aus eigenem Interesse die Texte der antiken, nicht christlichen Autoren gelesen. Er war gebeten worden und hatte die Zusammenstellung übernommen. Im nächsten Satz der Vorrede wird deutlich, warum Ottaviano seine Auftraggeber an derart prominenter Stelle erwähnt, sich geradezu hinter ihnen versteckt: »Dies erfordert nämlich viel mehr Zeit und Mühe, als der Kleriker, der von der Last der Predigt bedrückt ist und sich der heiligen Schrift widmen muß, dem zuzugestehen gewohnt ist.«[22]

19 Übersetzt nach: *Erasmus von Rotterdam, The Correspondence of Erasmus, Letters 142 to 297 (1501 to 1514),* übers. von Roger A. B. Mynors / D. F. S. Thomson, Toronto / Buffalo 1975 (Collected Works, Bd. 2), S. 142. Die *Adagia* wurden 1596 von Thomas Langius nach *loci communes* geordnet. Vgl. Moss (wie Anm. 7), S. 187.

20 Die Verbreitung der Kompilationen von Erasmus und deren Rezeption sind von Ann Moss (wie Anm. 7) ausführlich behandelt worden.

21 Vgl. die Titelseite der Ausgabe Straßburg (Rihel) 1544: »a studioso quodam in locos communes digesti, locupletati, ac summa diligentia castigati.«

22 Zitiert nach der Ausgabe: Ottaviano Mirandola, *Illustrium poetarum flores,* Lyon (Guillaume Gazeau und Jean de Tournes) 1559, 16°, fol. a3ve (Bayerische Staatsbibliothek München: A. lat. c. 21): »Diu, pater amplissime, à pluribus rogatus, ut illustrium poetarum sententias clariores hinc inde dispersas, in certum ordinem collectas redigerem, ... et multo plus temporibus et studii exigat, quam impositae praedicandi sarcinae mancipato, et sacris literis vacanti religioso concedi soleat:«

Ottavianos Formulierung legt nahe, daß er davon ausging, daß Kleriker nur eine bestimmte Menge an Aufmerksamkeit und Kraft auf die Lektüre nichtchristlicher Autoren verwenden sollten. Er seinerseits hatte dieses Maß überschritten und benötigte daher den besonderen Schutz seines Mäzens. Er konnte allerdings mildernde Umstände für sich in Anspruch nehmen, denn sein Überschreiten des Lektürequantums für nichtchristliche Texte diente einem guten Zweck, hielt er doch so seine Amtsbrüder von der selbständigen, intensiven Klassikerlektüre fern. Ottaviano Mirandola präsentiert sich selbst als »stellvertretenden Leser«, der eine wohlgeordnete Auswahl an Sentenzen bereitstellte.

Seine Leistung als »Stellvertreter« führt Ottaviano im folgenden noch weiter aus, wenn er beschreibt, wieviel Durchhaltevermögen und Mut er aufbringen mußte, um sein Werk zu vollenden. »Es ist nämlich wie eine große weite Ebene, die sich an jedem Punkt noch weiter öffnet, so daß man sich lesend nicht leicht darin zurechtfindet und man kaum die Spitzen des Geistes erkennen kann. Im übrigen schließen sie den Sinn wirklich in einem so dichten Wald von Worten ein, daß, wenn ich nicht Mühe und Arbeit mit Gewalt hineingetragen hätte, er sich mir nicht erschlossen hätte.«[23] Ottaviano Mirandola beschreibt die Gesamtheit der antiken Überlieferung als eine furchteinflößende Wildnis, die zu durchdringen nur einigen besonders tapferen Lesern möglich ist. Seine Schilderung warnt weniger gefestigte Aspiranten vor der eigenen Lektüre. Ottavianos Bekräftigung, daß er die »duftenden Früchte der Hesperiden«[24] erntete, verstärkt diesen Eindruck. Beeindruckt von Ottavianos Leistung und benebelt von dem köstlichen Duft, sollte der religiöse Leser darauf verzichten, sich selbst den antiken Autoren zu nähern.

Es war vermutlich im Sinne des Widmungsadressaten, eines päpstlichen Pronotarius, wenn Ottaviano eine Auswahl zusammenstellte, die die Glaubensgrundsätze der religiösen Leser nicht in Frage stellte. Der spätere Bearbeiter der Auswahl hingegen, der Humanist Filippo Beroaldo, teilte Mirandolas Bedenken gegen eine zu unabhängige Klassikerlektüre nicht. In seiner Vorrede, die er nach dem Tod von Mirandola verfaßte, sah er in der Zusammenstellung einer Sentenzenauswahl lediglich die typische Gelehrtentätigkeit des Exzerpierens: »Es ist eine Sitte der Gelehrten, und das ist sehr lobenswert, daß sie, wenn sie die Bände der berühmten Autoren durchlesen, vieles anstreichen und auswählen, was sie für erinnerungswürdig halten. Es wird auch von dem klugen Plinius berichtet,

23 Ebd., fol. a3ve: »Horum enim quaedam veluti in vastissimam camporum planitiem, omnimoda rerum specie refertam se tam late aperiunt, ut nedum legendo perargari facile, sed vix ingenii acumine complecti possint. Alia vero in tam densam verborum sylvam sensus occludunt, ut nisi studio et labore vim inferam, se mihi minime aperiri videntur.«

24 Ebd., fol. a4re: »de Hesperidum hortis redolentiores fructus ...«

daß er nichts las, ohne es zu exzerpieren. Er soll gesagt haben, daß kein Buch so schlecht sei, daß es nicht doch nützlich sein könne.«[25] Trotz dieser Distanz zu der von Mirandola dargestellten Haltung hatte Beroaldo nichts an dessen Auswahl auszusetzen. Seine Vorstellungen von vorbildlichem Leben und Denken deckten sich weitgehend mit denen von Mirandola und belegen so die Nähe des Humanismus zum christlichen Glauben. Beroaldo lobte die Auswahl überschwenglich in seiner Widmung an den Leser: »Es sind dies Blumen, die umsichtig aus dem Wald der Dichter gepflückt sind. In ihnen sind moralische und natürliche Sentenzen enthalten, das Lob der Tugenden, der Tadel der Untugenden und heilsame Lehren. Das Werk ist knapp und nicht weniger nützlich als hilfreich. Leser lies, und Du wirst begeistert sein.«[26]

Auch Beroaldo sieht die Vorzüge eines »stellvertretenden Lesers«, der dem Käufer des Buches eine Auswahl an geeigneten Sentenzen zusammenstellt und ihm so die Lektüre erleichtert. Doch liegt es ihm fern, die Neugierde des Lesers einzuschränken. Es steht dem Leser frei, selbst über die »wunderschöne Wiese« zu gehen, »auf der die köstlichsten Blüten duften«.[27] Das Florilegium stellt lediglich eine handliche Auswahl dar, die zudem den Vorteil hat, durch Indices erschlossen zu sein. Zu welchem Zweck die Sentenzensammlung benutzt werden soll, erwähnt Beroaldo nicht. Auch Mirandola äußert sich nur kurz. Er habe zusammengestellt, »was besonders nützlich und zur Erziehung des menschlichen Lebens besonders geeignet schien.«[28]

Der Herausgeber der zweiten Sentenzensammlung, die hier vorgestellt werden soll, äußert sich zu diesem Punkt genauer. Unmittelbar am Beginn seiner Vorrede an den Leser gibt Pierre Lagnier zwei Gründe für die Beschäftigung mit Sentenzen an. Man benötigt sie, um eine Rede auszuschmücken, und außerdem schulen sie den Geist: »Nicht nur, wie man gut spricht, sondern vielmehr, wie man gut lebt, kann man von den Autoren lernen. Wir sollten an ihnen nicht nur unsere Sprache bilden und üben, sondern unseren Geist durch die Kenntnis der zahlreichen und ernsten Künste vervollkommnen.«[29]

25 Ebd., fol. a2ve: »Mos es studiosorum, et is plane laudabilis, ut celeberrimorum scriptorum volumina perlegentes, annotent seligantque non parum multa, quae memoratu digna esse videantur. hoc Plinium illum multiscium factitasse tradunt, qui nihil unquam legit, quod non excerperet: qui dicere solebat, nullum librum esse tam malum, ut non aliqua ex parte prodesset.«

26 Ebd., fol. a3re: »Sunt haec ex sylva poetarum scitißime decerpta, quibus aut sententia naturalis moralisve, aut laus virtutis, aut censoria morum castigatio, aut praecepta saluberrima continentur. Opus prorsus non minus conductibile, quam laboriosum. Lector, perlege, et laetaberis.«

27 Ebd., fol. a3ve/a3re: »veluti ex pulcherrimo prato, flosculos hosce odoratißimos.«

28 Ebd., fol. a4re: »quae utilius, et ad humanae vitae institutionem melius prolata esse mihi visa sunt.«

29 Zitiert nach der Ausgabe: *Marcus T. Cicero, Sententiarum illustrium,* hg. von Pierre Lagnier, Lyon (Jean II de Tournes) 1579, 16°, S. 3 (Bibliothèque municipale de Lyon: 811.893): »cum non

Schon die humanistischen Gelehrten des 15. Jahrhunderts hatten Sentenzen geschätzt, denn sie förderten die Tugend des Redners und erlaubten ihm gleichzeitig, diese beredt zu demonstrieren. Die Humanisten gingen nämlich davon aus, daß sich die Tugend des Redners in seiner Sprache manifestierte. Nur derjenige, der ein tugendhafter Mensch war, konnte, so ihre Überzeugung, gute Reden halten oder gute Briefe schreiben. Gute Redner waren so gesehen zwangsläufig auch tugendhafte Menschen. Um die nötige Tugend zu erreichen, boten sich Sentenzen an, denn in ihnen kristallisierte sich die antike Lebensweisheit. Indem sich der junge Gelehrte lesend und exzerpierend mit diesen Vorbildern auseinandersetzte, hatte er an den Tugenden der antiken Autoren teil. Sie wurden – so die Theorie der humanistischen Lehrer – zu seinen eigenen Charaktereigenschaften. Die Qualität der Reden erkannte man wiederum – außer an der fehlerfreien Sprache – an dem geschickten und effektvollen Einsatz von Sentenzen.[30] Sentenzen waren gleichzeitig der Ausdruck von Tugend und Eloquenz. Auch der dritte Pfeiler der humanistischen Selbstdarstellung, die Gelehrsamkeit, konnte durch die Lektüre von Sentenzen erworben werden, wie Lagnier in seiner Widmung betonte. Sentenzen waren demnach für Gelehrte und solche, die es werden wollten, unerläßliche Begleiter. In ihnen verbanden sich die Grundlagen der humanistischen Selbstdarstellung.

Lagniers Vorrede läßt vermuten, daß sich der Kompilator selbst nicht als humanistischer Gelehrter mit dem Anspruch einer umfassenden Kenntnis der überlieferten Texte versteht, denn im Gegensatz zu Mirandola und Beroaldo geht er in seiner Vorrede kaum auf die Texte der antiken Autoren als Gesamtkorpus, als »Autoren aller Genera«, ein. Weder fürchtet er sich vor der Weite der Überlieferung, noch schwärmt er von deren Schönheit. Er stellt lediglich fest, daß »die Versuche sich mehrten, die Cicero-Lektüre zu verbreiten und die Jugend dazu einzuladen«.[31] Sein Beitrag zu dieser Cicero-Renaissance besteht jedoch nicht in der Edition eines Originaltextes oder in einem Kommentar. Dies überläßt Lagnier Philologen wie Piero Vettori und Andrea Navagero, die in den 1530er Jahren in Italien Gesamtausgaben von Ciceros Reden und seinen philosophischen Werken mit umfangreichen Kommentaren für ein gelehrtes

modo bene dicendi, sed multo etiam magis bene vivendi ratio ab autoribus petenda sit. Non enim nobis acuenda solum, aut procudenda lingua est, sed complendum etiam pectus plurimarum, gravißimarumque artium cognitione et scientia.«

30 Christine Treml, *Humanistische Gemeinschaftsbildung: Soziokulturelle Untersuchungen zur Entstehung eines neuen Gelehrtenstandes in der frühen Neuzeit*, Hildesheim 1989, S. 105–108. Anthony Grafton / Lisa Jardine, *From Humanism to Humanities. Education and the Liberal Arts in Fifteenth- and Sixteenth-Century Europe*, London 1986, S. 148.

31 Cicero (wie Anm. 29), S. 3: »cum videremus quam plurimos plurima esse conatos, quibus ad Ciceronis lectionem excitetur magis, et invitetur iuventus.«

Publikum veröffentlichten.[32] Lagniers Verhältnis zum Textkorpus der antiken Autoren ist eher instrumentell. Es interessiert ihn lediglich im Hinblick darauf, daß es Sentenzen enthält. So erklärt er freimütig in seiner Widmung: »Wir haben das, was uns geeignet schien, sorgfältig zusammengetragen. Vieles haben wir absichtlich weggelassen, damit wir nicht den Eindruck erwecken, wir hätten eher die Autoren abschreiben wollen, anstatt das Beste auszuwählen.«[33]

Indem Lagnier betont, daß es sich in seinem Buch um eine Auswahl von Textstellen und nicht etwa um eine Abschrift handle, verwahrt er sich gegen einen verleumderischen Vorwurf, mit dem sich Gelehrte gern belegten. Am deutlichsten war er von Erasmus formuliert worden. Im Nachwort zu seiner Ausgabe der *Disticha Moralia* von Cato, die 1526 in Basel erschien, hatte dieser den Lesern wütend zu Kenntnis gegeben: »Der Respekt, den man den großen Werken der Autoren, vor allem nach deren Tod, schuldet, verbietet es, daß man diese Werke dadurch verdirbt, daß man fremde Texte darunter mischt. Es ist in jedem Fall ehrenhafter, die Ergänzungen zu kennzeichnen, damit niemand um seinen Teil des Ruhmes betrogen wird. ... Wenn man sich den Forderungen der Drucker beugen würde, würde man alle Werke der Alten durcheinandermischen und damit die Frucht der Arbeit so vieler Gelehrter preisgeben. Wenn in einem so schweren Fall die Gesetze friedlich weiterschlummern, wenn die Prinzen und die Amtsträger nachsichtig sind, dann müssen Senat und Volk der Musen mit allen ihren Kräften eine so gottlose Kühnheit rächen. Es liegt an ihnen, wenn nichts anderes zu tun bleibt, sie der öffentlichen Abscheu zu überantworten und sie mit ihrer Feder kleinzuschlagen, wie mit einem Dolch.«[34] Sich mit den Federn anderer Gelehrter zu schmücken lag Lagnier allerdings mehr als fern. Er wollte mit seinem Buch nicht in den Kreis der Gelehrten aufsteigen, sondern sah seine Aufgabe lediglich in der Kompilation von Sentenzen. Dazu zog er vornehmlich das Werk Ciceros heran, doch nimmt er auch »einige ausgewählte Apophtegmata, Similia und Parabolas berühmter Männer« auf, soweit sie »zur Frömmigkeit und zur christlichen Religion zu führen scheinen«.[35] Wie Mirandola betont auch Lagnier eine Übereinstimmung zwischen manchen antiken und christlichen

32 Vgl. zur Entwicklung der Philologie in Frankreich und Italien Anthony Grafton, *Joseph Scaliger. A Study in the History of Classical Scholarship*, Bd. 1, Oxford 1983, S. 66–87.

33 Cicero (wie Anm. 29), S. 3–4: »omnia [...], diligenter tamen, collegimus: multa enim consultò omisimus, ne autorem ipsum potius transcripisse, quam ex praecipuis, quae praecipua essent, selegisse videamur.«

34 Vgl. *Opus epistolarum Des. Erasmi Roterodami*, hg. von H. M. Allen, Oxford 1926, Bd. 6, Nr. 1725, S. 367.

35 Cicero (wie Anm. 29), S. 3: »selecta illustrium et clarorum virorum Apophtegmata, Similia, et Parabolas aliquot: etiam eas sententias, quae nobis proxime ad pietatem, religionemque Christianam videbantur accedere.«

Tugenden, doch führt er diesen Gedanken nicht weiter aus. Er verwendet ihn weder als Argument für noch als Argument gegen die Klassikerlektüre und verdeutlicht so noch einmal, daß eine Auseinandersetzung mit den Texten der antiken Autoren insgesamt nicht in seinem Interesse liegt.

Gedruckte Sentenzensammlungen und eigenhändig angefertigte *loci communes*-Hefte konnten in weiten Teilen dieselben Kernsätze der wichtigsten Autoren unter identischen *loci* enthalten. Auch ließen sich gedruckte wie geschriebene Hefte gleichermaßen verwenden, um eine passende Sentenz für eine Rede oder einen Brief nachzuschlagen. Der Grad der Auseinandersetzung mit den »Autoren aller Genera«, die Annäherung an das Ideal des Gelehrten, das Erasmus beschrieb, unterschied sich bei den Besitzern der beiden Arten von Florilegien hingegen grundsätzlich. Während der Gelehrte sich darum bemühte, die antike Geisteswelt in ihrer Komplexität zu erfassen, begnügte sich der Käufer von gedruckten Sentenzensammlungen mit Versatzstücken, mit einem »Reader's Digest«. Für zahlreiche Besitzer von Sentenzensammlungen trat das Interesse an den Originaltexten der antiken Autoren zurück, weil die wissenschaftliche Beschäftigung mit der Antike für sie kein Selbstzweck, kein Lebensinhalt war. Dies wird an der Zusammensetzung ihrer Bibliotheken deutlich.

Besitzer von Sentenzensammlungen

Bibliotheksinventare aus der zweiten Hälfte des 16. Jahrhunderts zeigen, daß Sentenzensammlungen in vielen Bibliotheken vorhanden waren. Doch waren sie nie die einzigen Bücher in einer Privatbibliothek.[36] Besitzer von Sentenzensammlungen verfügten neben religiösen Büchern, die in jeder Bibliothek vorhanden waren, und Fachbüchern auch über Textausgaben von Caesar, Cicero und anderen wichtigen lateinischen Autoren. Daß sich ihre Kenntnis der Klassiker auf Sentenzen beschränkte, wird man ihnen daher nicht unterstellen dürfen. Anderseits sind die Textausgaben in ihren Bibliotheken auch kein Beleg für ein

36 Diese Bibliotheken enthielten etwa 50 bis 150 Bücher. Pierre Aquilon, »Petites et moyennes bibliothèques (1530–1660)«, in: Claude Jolly (Hg.), *Histoire des bibliothèques françaises sous l'Ancien Régime 1530–1789*, Paris 1988, S. 181–205; Pierre Aquilon, »La bibliothèque de Jean de la Rebertière, professeur de droit à l'université de Paris en 1585«, in: Jean Céard (Hg.), *Langage et vérité: Etudes offerts à Jean-Claude Margolin*, Genf 1993, S. 213–221; Pierre Aquilon, »Trois avocats angevins dans leurs librairies«, in: Pierre Aquilon / Henri-Jean Martin (Hgg.), *Le Livre dans l'Europe de la Renaissance* (Actes du colloque international d'études humanistes de Tours), Paris 1988, S. 502–552; Hélène Michaud, »Les bibliothèques des secrétaires du roi au XVIe siècle«, in: *Bibliothèque de l'École des Chartes* 126 (1968), S. 332–375; Sylvie Charton-LeClech, *Chancellerie et culture au XVIe siècle. Les notaires et secrétaires du Roi de 1515 à 1547*, Toulouse 1993.

besonderes Interesse ihrer Besitzer an antiker Literatur und Geschichte. Selten nämlich sind in den Inventaren dieser Bibliotheken lateinische Textausgaben verzeichnet, die nicht zum Lehrplan der humanistischen Gelehrten gehörten, die seit Beginn des 16. Jahrhunderts als Hauslehrer in nicht wenigen bürgerlichen Familien unterrichteten.[37] Sie lehrten die Söhne die lateinische Sprache anhand der Texte von Caesar, Cato und Cicero. Auch Terenz und Ovid gehörten zum Lektürekanon.

Diese humanistische Grundausbildung löste die in den Jahrhunderten zuvor dominierende Stellung der Kathedralschulen ab.[38] Für eine Karriere außerhalb der Kirchenhierarchie, also etwa in der königlichen Verwaltung, war im 16. Jahrhundert ein Jurastudium nötig. Dies allerdings erforderte, das Latein der Humanisten zu beherrschen. Auch die philologischen Methoden der Textkritik mußte ein Jurastudent kennen, um die neuen humanistischen Kommentare und Traktate verstehen zu können.[39] Humanistische Bildung und sozialer Aufstieg gingen so eine Verbindung ein, die weiteren aufstiegswilligen Kreisen nicht verborgen blieb. Das große Engagement der Stadträte französischer Städte in den 1540er Jahren zur Gründung öffentlicher Schulen, *collèges*, ist darauf zurückzuführen, daß die Ratsherren ihren Söhnen die gleichen Aufstiegschancen eröffnen wollten.[40] Die Ratsherren stellten humanistische Gelehrte an, die an den *collèges* die Grundlagen der *studia humanitatis* anhand der Texte des Lektürekanons unterrichteten, den Erasmus und Melanchthon formuliert hatten.[41] Für den Unterricht kauften die Bürgersöhne Schulbücher, wie die Produktionsstatistik der französischen Verleger belegt. Sie zeigt in der Zeit von etwa 1535 bis 1545 eine ausgeprägte Spitze bei den Texten, die auf dem Lehrplan der *collèges* standen. So

37 Eugene F. jr. Rice / Anthony Grafton, *The Foundations of Early Modern Europe, 1460–1559*, London / New York ²1994; Eugene F. Rice, »The Patrons of French Humanism«, in: Anthony Molho / John A. Tedeschi (Hgg.), *Renaissance. Studies in Honor of Hans Baron*, Florenz 1971, S. 687–702.

38 Vgl. George Huppert, »The social function of classical schooling in Renaissance France«, in: *Gerarchie economiche e gerarchie sociali, secoli XVI–XVIII* (Atti della Dodicesima Settimana degli Studi, 18. bis 23. April 1980), Prato 1990, S. 653–673, hier S. 654.

39 Hans Erich Troje, »Die Literatur des gemeinen Rechts unter dem Einfluß des Humanismus«, in: Helmut Coing (Hg.), *Handbuch der Quellen und Literatur der neueren europäischen Privatrechtsgeschichte*, Bd. 2/1, München 1977, S. 615–796, hier S. 650.

40 George Huppert, *Public Schools in Renaissance France*, Urbana (Ill.) 1984., S. 65; Huppert (wie Anm. 38), S. 672; Paul F. Grendler, »Schooling in Western Europe«, in: *Renaissance Quarterly* 43 (1990) 4, S. 775–787; Brigitte Biot, »Un projet innovant pour un collège humaniste. Le Formulaire et Institution du Collège de la Trinité de Lyon par B. Aneau (4 mai 1540)«, in: *Bibliothèque d'Humanisme et Renaissance* 56 (1994) 2, S. 445–464, hier S. 455–457.

41 Heinz Scheible, »Melanchthons Bildungsprogramm«, in: Hartmut Boockmann u.a. (Hgg.), *Lebenslehren und Weltentwürfe im Übergang vom Mittelalter zur Neuzeit. Politik – Bildung – Naturkunde – Theologie*, Göttingen 1989, S. 233–248.

brachte der Lyoner Verleger Sebastien Gryphe in dieser Zeit fast jährlich eine Ausgabe von Caesars *De bello gallico* und von Catos *Disticha moralia* auf den Markt.[42] Wenn also in den mittelgroßen Bibliotheken, deren Besitzer meistens Juristen, manchmal Mediziner, waren, neben den Sentenzenbüchern Textausgaben antiker Autoren vorhanden waren, bedeutet das nicht, daß es sich bei den Bibliotheksbesitzern um Humanisten handelte. In den meisten Fällen wird man davon ausgehen können, daß es sich bei den Textausgaben um die alten Schulbücher handelte. Der ehemalige Schüler war inzwischen erwachsen, hatte die angestrebte Karriere gemacht, seine Bibliothek um die nötigen Fachbücher erweitert und die religiösen Bücher aus der Bibliothek seiner Eltern geerbt.

Es stellt sich die Frage, wann die Sentenzensammlungen, die in den Inventaren verzeichnet sind, die Ende des 16. Jahrhunderts angelegt wurden, in den Besitz der Juristen kamen. Es ist denkbar, daß sie als Schulbücher erworben wurden, denn Lagnier empfiehlt seine Sammlung für die Jugend. Auch waren in Deutschland *loci communes*-Bücher auf den Lehrplänen der führenden Humanisten zu finden.[43] Doch es fällt auf, daß die meisten Nachdrucke der Kompilationen von Lagnier und Mirandola in Frankreich erst ab Anfang der 1550er Jahre, also nach der Produktionsspitze der Schulbücher, auf den Markt kamen.

Mirandolas Sammlung war zwar unter dem Titel *Viridarium illustrium poetarum* zwischen 1507 und 1517 je einmal in Venedig, Lyon, Paris und Hagenau erschienen.[44] Die Handelsgebiete dieser Druckorte überschnitten sich Anfang des 16. Jahrhunderts kaum, so daß man vermuten kann, daß die insgesamt etwa 6000 Exemplare des Buches über eine sehr große Region verteilt waren. Erst 1538 wurde der Titel in Straßburg von Rihel unter dem Titel *Illustrium poetarum flores* nachgedruckt, nachdem ein ungenannter Gelehrter die Zitate unter *loci communes* angeordnet und die Indices neu bearbeitet hatte. Diese Ausgabe wurde im folgenden Jahr in Antwerpen nachgedruckt und im Jahr darauf von Rihel in Straßburg wieder aufgelegt. Diese vier Auflagen innerhalb von zehn Jahren in einem kleinen geographischen Raum lassen eine intensivere Rezeption vermuten. Auf besondere Weise scheint Mirandola jedoch den Geschmack der französischen Leser in der zweiten Hälfte des 16. Jahrhunderts getroffen zu haben. Zwischen 1553 und 1576 erschienen sechs Ausgaben der überarbeiteten Fassung bei der Lyoner Verlegerfamilie de Tournes und zwei Ausgaben in Paris

42 Jean Baudrier, *Bibliographie lyonnaise. Recherches sur les imprimeurs, libraires, relieurs et fondeurs de lettres à Lyon au XVIe siècle*, Lyon / Paris 1896–1921, 12 Bde.

43 Vgl. Moss (wie Anm. 7), S. 186.

44 Die folgenden statistischen Angaben beruhen auf einer Auswertung der Kataloge der Bayerischen Staatsbibliothek, München, Bibliothèque municipale de Lyon, Bibliothèque nationale, Paris, British Library, London, National Union Catalogue sowie dem Verzeichnis der im deutschen Sprachraum erschienenen Drucke des 16. Jahrhunderts, Stuttgart 1983–1995, 22 Bde.

bei Marnef. Im gleichen Zeitraum erschienen zwei Ausgaben in Straßburg und drei Ausgaben in Antwerpen.[45] Eine ähnliche Entwicklung läßt sich bei Lagniers Band mit Cicero-Sentenzen erkennen, der 1543 in Frankfurt am Main und Paris erschien, 1547 in Lyon von Jean de Tournes nachgedruckt wurde und bis 1579 in Lyon in weiteren sechs Ausgaben bei verschiedenen Verlegern sowie in zwei Ausgaben in Paris erschien. In Frankreich waren, bei einer durchschnittlichen Auflagenhöhe von 1500 Exemplaren, allein von diesen beiden Sentenzensammlungen mindestens 27 000 Exemplare hergestellt worden. Auch in Deutschland und in den Niederlanden waren zahlreiche Nachdrucke beider Sammlungen erschienen, so daß man davon ausgehen kann, daß nur ein geringer Anteil der französischen Produktion exportiert wurde. Die häufigen Nachdrucke innerhalb desselben Verlagshauses belegen zudem, daß jeweils die gesamte Auflage innerhalb weniger Jahre in Frankreich verkauft worden war. In der zweiten Hälfte des 16. Jahrhunderts gab es demnach einen regelrechten Sentenzenboom.

Bezogen auf das Lebensalter der Generation der Söhne, die den sozialen Aufstieg ihrer Familien durch Schulbesuch und Jurastudium befördern sollten, kann man vermuten, daß sie die Florilegien erst als praktizierende Juristen kauften. Mitte der 1550er Jahre, in der Blütezeit der Sentenzensammlungen, dürften sie in ihren Beruf eingetreten sein. Ob sie die Sentenzensammlungen erwarben, weil ein gefülltes Bücherbord die Bildung des Besitzers repräsentierte, weil sie gerne Texte antiker Autoren lasen und ihnen die Berufstätigkeit keine Zeit und Muße mehr ließ, die Autoren im Ganzen zu lesen, oder ob sie darin nur Sentenzen nachschlagen wollten, um damit in ihren Reden gegenüber dem Publikum den Eindruck von Charakterbildung hervorzurufen, ist aus der Chronologie der Publikationen allein nicht zu entscheiden. Das Format, in dem die Bände publiziert wurden, gibt jedoch einen ersten Anhaltspunkt. Die *Illustrium Poetarum Flores* und Lagniers Cicero-Sentenzen wurden immer in einem kleinen Format herausgebracht. Keine Ausgabe ist größer als Oktavformat, die meisten Ausgaben erschienen im kleinen Halboktav-Format. Durch die Menge der Zitate waren es dabei stets dicke Bücher: 700 bis 800 Seiten waren nötig, um den Text aufzunehmen. Schon die »äußere Erscheinung« der Sentenzensammlungen macht deutlich, daß es sich nicht um Bücher handelte, die im Bücherbord den Eindruck von Gelehrsamkeit erweckten. Vielmehr dürften sie handliche Nachschlagewerke gewesen sein, die durch ihr Format eher in die Nähe der Belletristik und auch der Erbauungsbücher rückten.

45 Ann Moss bezeichnet die Sammlung von Mirandola als das erfolgreichste *loci communes*-Buch aller Zeiten. Moss (wie Anm. 7), S. 189.

Auch das neue Florilegium, das 1559 in Lyon bei Jean de Tournes erschien, enthält Hinweise auf die Interessen der Leser.[46] Das *Sententiarum volumen absolutissimum* von Etienne Bellengard wurde im Folioformat herausgebracht und umfaßte 620 Seiten. Titel und Format des Bandes unterstreichen den Anspruch des Herausgebers: Er wollte eine umfassende Auswahl der wichtigsten Sentenzen zusammenstellen. Bellengard erläutert sein Vorhaben in der Widmung an Antoine de Bourbon: »Es könnte jemand einwenden, daß die besten Sentenzen von Cicero bereits von Lagnier zusammengestellt worden sind, oder darauf verweisen, durch welchen Scharfsinn sich die Blüten der Poeten, die Mirandola gesammelt hat, auszeichnen. Wie sorgfältig und elegant wurden Similia [= Parabolae], Paroemia [= Adagia] und Apophtegmata von Erasmus überliefert. Wie prächtig wurden von Valerius Maximus die Beispiele der Römer und Griechen erforscht. Hierauf will ich eine offene Antwort geben: Ich habe nichts gesagt, was nicht schon früher gesagt wurde, nichts habe ich von mir aus geordnet, was nicht schon früher erdacht wurde.«[47] Bemerkenswert an Bellengards Ausführungen sind zwei Aspekte. Zunächst zeigt sein Überblick über die wichtigsten Florilegien, die er als Grundlage benutzt, daß die Bände von Mirandola und Lagnier tatsächlich bekannt und weit verbreitet waren, zumindest in der Gegend um Limoges, wo sich Bellengard als Lehrer aufhielt. Zum anderen weist er wie Lagnier den Vorwurf zurück, sich mit fremden Federn schmücken zu wollen, indem er als seine eigene Leistung nicht die Texte selbst, sondern nur deren Ordnung hervorhebt. Bellengard sieht sich nicht verantwortlich für die Auswahl von Textstellen, die Mirandola und Lagnier in den Vordergrund gestellt hatten. Durch seine Darstellung ergibt sich vielmehr der Eindruck, daß er die genannten Florilegien als einen Kanon von Sentenzen verstand, der abgeschlossen war und den Bellengard nun in einem »absoluten« Sentenzenband zusammenfassen konnte. Seine eigentliche Aufgabe sieht er darin, die Sentenzen in eine übersichtliche Ordnung zu bringen, »denn bei Gottes und der Menschen Glauben, wie unordentlich und konfus lagen die Sentenzen bis jetzt in den vielen Bänden, daß sie jedem, auch dem Kühnsten, Schrecken einjagten? Sie hatten die Bedeu-

46 Eine zweite Auflage dieses Florilegiums erschien 1587 bei Jean II de Tournes, dem Sohn von Jean de Tournes im Genfer Exil. Andere Verleger druckten das Werk nicht nach.

47 Zitiert nach der Ausgabe: Etienne Bellengard, *Sententiarum volumen absolutissimum*, Lyon (Jean de Tournes) 1559, 2°, fol. A2ve (Bayerische Staatsbibliothek München: 2 L eleg. m. 8): »At dicet aliquis, quam egregie Ciceronis sententiae a Lagnerio in compendium redacte sunt. Quanto ingenii acumine, poëtarum flores a Mirandula collecti elucent. Quam copiose et eleganter, Similia, Paroemiae, Apophtegmata ab Erasmo tradita sunt. Quam luculenter a Valerio Maximo, Romanorum et Graecorum exempla pervestigata sunt. His ego ingenue responsum volo, nihil dici, quod dictum son sit prius: nihil hic a me disponi, quod inventum non sit prius.«

tungen in einem so dichten Wald eingeschlossen, daß, wenn nicht der Eifer mit Gewalt hineingetragen worden wäre, sie sich mir kaum erschlossen hätten.«[48]

Diese Schlußwendung wird den Kenner der zitierten Sentenzensammlungen bekannt vorgekommen sein: Bellengard übernahm sie wörtlich aus Mirandolas Vorrede. Doch bezog er die »Dichte des Waldes« bezeichnenderweise nicht mehr auf die antike Textüberlieferung insgesamt, sondern hielt schon die vier genannten Sentenzensammlungen – die alle über Indices verfügten und teilweise zusätzlich nach *loci* geordnet waren – für so unübersichtlich, daß sie den Leser zu dem Ausruf »Ohe – iam satis est!« veranlaßte.[49] Daß sich ein Leser mit den originalen Textausgaben befassen könnte, scheint ihm völlig undenkbar zu sein. Vielmehr bietet er ein Nachschlagewerk an, das ein Florilegium aus Florilegien, eine »Sentenzensammlung zweiten Grades«, enthält.

Bellengards Widmung zeigt im Kleinen, wie er bei der Zusammenstellung des Ganzen vorging: So wie er in seinem Band Sentenzen aus den genannten Sammlungen kompilierte, kompilierte er wörtliche Zitate aus den Vorreden der genannten Sentenzensammlungen.[50] So übernimmt er am Anfang Beroaldos Passage über die exzerpierende Lektüre des Gelehrten, fügt dann Lagniers Würdigung der Sentenzen als Schmuck der Rede an und lobt später mit Erasmus' Worten die Qualität seiner eigenen Auswahl. Innerhalb des knapp drei große Folioseiten langen Textes stammt höchstens eine halbe Seite von Bellengard selbst. Nur die Passagen, in denen er sich und seine Vorgehensweise vorstellt, konnte er nicht aus den Vorlagen abschreiben. Dennoch muß man ihm zugute halten, daß seine Kompilation gut gelungen ist: Sein Widmungstext wirkt flüssig, und die Sentenzen sind tatsächlich übersichtlich geordnet, wobei allerdings das große Buchformat und der sorgfältige Satz und Druck eine nicht zu vernachlässigende Rolle spielen.

Ein Buch in dieser Ausstattung war im 16. Jahrhundert recht teuer. Nur wohlhabende Bücherfreunde konnten es sich leisten. Vielleicht ist das der Grund dafür, daß Bellengards *Volumen* bei weitem nicht so erfolgreich war, wie die kleinformatigen Sentenzensammlungen von Lagnier und Mirandola. Vielleicht

48 Ebd., fol. A2ve: »Sed, proh deum atque hominum fidem, quam confuse, nulloque servato ordine, in tot tantisque voluminibus hactenus iacuerunt sententiae, ut cuique etiam audentissimo terrorem incuterent? Quaedam in tam densam sylvam sensus occludebant, ut nisi studio vis inferretur, se vix mihi aperiri viderentur.«

49 Ebd., fol. a3re.

50 Bereits im 13. Jahrhundert verwandten Kompilatoren als Textgrundlage sowohl für den Haupttext als auch für die Widmungsvorrede selten einen Originaltext, sondern eine andere Kompilation. Insofern greift Bellengard auf eine mittelalterliche Kompilationsmethode zurück, die von humanistischen Gelehrten eigentlich nicht verwendet wurde. Vgl. Martine Furno, *Le Cornucopiae de Niccolò Perotti: Culture et méthode d'un humaniste qui aimait les mots*, Genf 1995, S. 87–91.

kamen diejenigen, die Sentenzen nachschlagen wollten, auch mit den bereits vorhandenen Ausgaben doch besser zurecht, als Bellengard seinen Widmungsadressaten glauben machen wollte, oder er war seiner Zeit zu weit voraus: Erst im 17. Jahrhundert erschienen »Sentenzensammlungen zweiten Grades« in größerer Zahl.[51] Doch trotz des geringen Publikumserfolges ist das *Volumen* ein interessantes Zeugnis für die Funktion, die Bellengard als vermutlich recht durchschnittlicher Lehrer in der zweiten Hälfte des 16. Jahrhunderts den Sentenzen beimaß.

Der Humanist, wie ihn Erasmus und Beroaldo beschreiben, kannte den gesamten Textkorpus der antiken Autoren. Sein *loci communes*-Heft hatte sich im Laufe der Lektüre gefüllt. Wenn er, wie es unter Humanisten üblich war, in seinen Briefen Sentenzen einflocht, verweisen diese auf seine Kenntnis der ganzen Textpassage und brachten außerdem zum Ausdruck, daß er sich mit den Tugenden der antiken Vorbilder auseinandergesetzt hatte. Schon die Schüler, die sich ihre *loci communes*-Hefte hatten anfertigen lassen, oder die Juristen, die sie gedruckt kauften, waren von diesem Ideal weit entfernt. Bei Bellengard schließlich wird deutlich, daß sich die Einschätzung der Texte der antiken Autoren verändert hatte. Sie waren nicht länger eine unerschöpfliche Quelle für Tugend und Charakterbildung, auch keine Vorratskammer für Sentenzen, wie Lagnier sie beschrieben hatte. Der Zweck von Bellengards Auswahl scheint zunächst dem von humanistischen *loci communes*-Heften zu gleichen: Sentenzen dienen dem Schmuck der Rede, ist Bellengards Überzeugung. Doch ist in Bellengards Widmung weder von Gelehrsamkeit noch von Tugend die Rede. Sentenzen dienen lediglich dazu, das »leere Getöse der Worte« zu dämpfen. Dafür stellte er ein fertig geschnürtes Paket ausgewählter Textstellen zur Verfügung.

Doch welche Arten von Reden mußten die Besitzer der Sentenzensammlungen halten? Die *officiers* hatten die städtischen *collèges* besucht oder waren von Privatlehrern in den Grundlagen der *studia humanitatis* unterwiesen worden, um Jura zu studieren. Wenn es ihnen anschließend gelang, eine Position in der Verwaltung zu erhalten, hatten sie ihr Ziel erreicht. Als Juristen hielten sie Anklage- und Verteidigungsreden bei Gericht, als Stadträte redeten sie bei feierlichen Empfängen. Jedoch mußten sie weder in ihrem Beruf noch – vermutlich – in ihrer Freizeit mit lateinischen Reden brillieren. Die Gerichtssprache war Französisch, und selbst feierliche Eröffnungreden wurden in französischer Sprache gehalten. Wenn französische Juristen demnach lateinische Sentenzen in ihre Rede einflochten, waren dies lateinische Inseln in einem französischen Strom

51 Vgl. Ann Blair, »Bibliothèques portables: les recueils de lieux communs dans la Renaissance tardive«, in: *Le pouvoir des bibliothèques. La mémoire des livres en Occident*, Paris 1996, S. 84–106, passim.

der Worte.[52] Dennoch taten sie dies nicht ohne Grund: Mit ihren lateinischen Bonmots konnten sich die *officiers* effektvoll von denen absetzen, die diese Sprache nicht beherrschten: von den Adeligen einerseits, den Handwerkern andererseits. Durch die Verwendung von Sentenzen konnten die *officiers* ihre Zugehörigkeit zur sozial aufgestiegenen Bildungselite belegen.[53]

In dieser Hinsicht hatten die in den gedruckten Kompilationen nach *loci communes* geordneten Sentenzen die Funktion behalten, die sie in der *res publica litterarum* besaßen. Sie waren das Distinktionsmerkmal einer geschlossenen Gruppe geblieben. Doch hatte sich sowohl der Charakter dieser Gruppe als auch das Bezugssystem, in dem die Sentenzen standen, verändert. Die *officiers* waren keine professionellen Gelehrten, die sich als Bürger der *res publica litterarum* verstanden, sondern gebildete Stadtbürger, die sich um die Belange ihrer Kommune oder auch des französischen Königs bemühten. Die Sentenzen verwiesen nicht mehr auf das komplexe Gedankengebäude humanistischer Gelehrsamkeit, sondern auf eine sehr reduzierte Form desselben: den Kanon, der in den gedruckten Sammlungen festgeschrieben war. Maßgeblich beteiligt an diesem Reduktionsprozeß waren die stellvertretenden Leser: Sie stellten sich zwischen Autor und Leser und veränderten dadurch die Rezeption der Antike. Erst durch ihre Herausgebertätigkeit wurden die Zitate ohne ihren Kontext in Buchform verbreitet.

Der soziale Aufstieg der *officiers* begünstigte den Prozeß, denn sie als Aufsteiger benötigten ein Medium, mit dem sie sich gegenüber der alten Elite abgrenzen und ihre Gruppenidentität festigen konnten. Besonders geeignet für diesen Zweck war die humanistische Grundausbildung der *officiers*. Um diese als Distinktionsmerkmal zu demonstrieren, benötigten sie nicht die umfassende Bildung eines Gelehrten: Lateinische Sentenzen in einer französischen Rede hatten auch ohne ihren ursprünglichen Kontext die beabsichtigte Wirkung. Sie wirkten wie ein Geheimcode, der die Zuhörer in zwei Lager teilte. Diejenigen, die das lateinische Zitat verstanden, und diejenigen, die den Redner aufgrund seiner lateinischen Sprachkenntnis für einen gebildeten Mann hielten. Gedruckte *loci communes*-Bücher waren so für die *officiers* die idealen Handbücher, enthielten sie doch Textsplitter, die sich bereits als Distinktionsmerkmal bewährt hatten, in alphabetischer Ordnung.

52 Vgl. Marc Fumaroli, *L'Age de l'Éloquence. Rhétorique et res literaria de la Renaissance au seuil de l'époque classique*, Paris 1980, S. 466.

53 Vgl. Marc Fumaroli, »Rhetoric, Politics and Society. From Italian Ciceronianism to French Classicism«, in: James J. Murphy (Hg.), *Renaissance Eloquence. Studies in the Theory and Practice of Renaissance Rhetoric*, Berkeley (Cal.) 1983, S. 253–273, hier S. 262–263.

Der soziale Aufstieg der *officiers* und die Reduktion der antiken Überlieferung lassen sich als zwei Aspekte einer Entwicklung verstehen, die in einem Spannungsverhältnis standen und sich gegenseitig bedingten. Am Ende des 16. Jahrhunderts dominierte ein Bildungsideal, das mit dem der *res publica litterarum* nur noch wenig gemeinsam hatte. Selbst wenn Erasmus unter den *officiers* mit seiner Ansicht, die alten Autoren seien durch nichts zu überbieten, vielleicht sogar auf Zustimmung gestoßen wäre – denn diesen verdankten die Juristen letztlich ihren sozialen Aufstieg –, wären sie seinem Vorschlag, alle Autoren mindestens einmal im Leben exzerpierend zu lesen, nicht gefolgt. Humanistische Gelehrsamkeit war nicht ihr Ziel. Vielmehr war Bildung für die *officiers* ein Mittel zum Zweck, ein Weg zur Karriere. Sie hatten die Sentenzen instrumentalisiert und sie zum Symbol ihres Erfolgs gemacht.

ADAM FOX

The Writing and Reading of Popular Rhymes in Early Modern England

In England the early modern period witnessed an enormous expansion in the use of written documents by men and women at all social levels. In many spheres of daily life, economic and social, religious and cultural, writing came to play an ever more important role as a means of communication, a mode of expression and method of preservation. In a variety of contexts, the oral traditions of the past were enhanced or adapted and sometimes superseded by texts. People came increasingly to use the written word in order to structure their thought processes, to disseminate their ideas and to record for posterity.

In this paper I want to pursue a theme of our conference by examining one particular context in which the written word was coming to augment or replace the spoken in England during the late sixteenth and early seventeenth centuries. I shall try to offer one example of the way in which ordinary people in villages and small towns across the country were coming to lay more and more emphasis on putting information down on paper. At the same time, they were also beginning to employ various kinds of reading skills in new and varied ways.

It is clear that levels of literacy were growing quite considerably in England at this time. The evidence suggests that while in 1500 only 5% of men and 1% of women were able to write even their own name, by 1640 these figures had risen to 30% and 10% respectively and by 1700 perhaps 45% of men and 25% of women could make a signature on a document. Basic writing ability was spreading gradually throughout society over these two centuries, therefore, and reading ability seems to have been even greater with many more men, and certainly more women, able to understand at least the printed word.[1]

1 David Cressy, *Literacy and the Social Order: Reading and Writing in Tudor and Stuart England* (Cambridge, 1980). See also, Margaret Spufford, "First Steps in Literacy: The Reading and Writing Experience of the Humblest Seventeenth-Century Spiritual Autobiographers", in: *Social History* 4 (1979), pp. 407–35; R.[obert] A.[llan] Houston, *Scottish Literacy and the Scottish Identity* (Cambridge 1985).

It is possible to observe these skills being deployed in a wide range of contexts. People of relatively humble origin began to keep diaries and write personal memoirs, tradesmen and shopkeepers were increasingly likely to record their transactions in account books, written documentation was ever more required as a means of proof. Moreover, as our conference has recognised, there was a growing reciprocal relationship between writing by ordinary people in everyday situations and the texts which were produced by professional writers. Thus, spiritual autobiographies can be shown to draw on sermon literature and to conform to certain conventions of the genre. Private writings of all kinds display an increasingly high degree of intertextuality as they quote from and refer to other literary works. People learned to write by following the instructions in printed manuels. The fashion for making marginal annotations in printed books reveals the close inter-relatedness of manuscript and print, the one influencing the production of the other and vice versa.[2]

I want to concentrate here on a particular phenomenon which serves both as an example of the way in which a traditional oral form was being supplemented by manuscript, and to a lesser extent by print, and of the way in which the literary productions of private individuals were being influenced by public texts written by professional writers for a mass readership. My theme is the practice, widespread in many societies, of inventing rhymes and songs in a local community and usually about local individuals for the purposes of general entertainment. Such things were often intended to ridicule, and perhaps to bring into contempt, a neighbour who was suspected of having transgressed modes of accepted behaviour. Victims might include a man who had been cuckolded, a scolding woman, a corrupt official or tradesman, or a harsh landlord. Otherwise, they might simply be generated by the petty jealousies of village and small town life which led one person to assault the reputation of another through poetic mockery.[3]

It is likely that the majority of such derogatory rhymes and songs would have been invented merely in the head and circulated largely by word of mouth since the majority of people had neither the ability nor the need to write them down. Their essentially parochial nature would have scarcely required that they be

2 Keith Thomas, "The Meaning of Literacy in Early Modern England", in: Gerd Baumann (ed.), *The Written Word: Literacy in Transition* (Oxford 1986), pp. 97–131; D.[onald] F.[rancis] McKenzie, "Speech-Manuscript-Print", in: *The Library Chronicle* xx (1990), pp. 87–109.

3 For a more detailed discussion of this phenomenon and the material upon which the present paper is based, see Adam Fox, "Ballads, Libels and Popular Ridicule in Jacobean England", in: *Past and Present* 145 (1994), pp. 47–83. See also, Martin Ingram, "Ridings, Rough Music and Mocking Rhymes in Early Modern England", in: Barry Reay (ed.), *Popular Culture in Seventeenth-Century England* (London 1985), pp. 166–197.

committed to paper for wider dispersion and in societies such as this with highly developed oral traditions they must have been easily publicised and retained. During the sixteenth and seventeenth centuries, however, the records of the ecclesiastical courts and various other tribunals began to include a significant number of suits for defamation of character in which someone who had been the victim of one of these humorous and derogatory verses sued their assailant for loss of reputation. What these cases reveal is that in addition to circulating verbally such verses were often written down too. They demonstrate the remarkable fact that even something as essentially oral as a mnemonic chant or a simple ballad, intended for local dissemination only, and often composed by people who were themselves illiterate, was being regularly committed to paper by this time. One of the most quintessentially oral aspects of popular culture, then, was being expressed through, and supplemented by, writing. Moreover that writing can be shown to have been itself influenced by the form and content of printed literature.

The records reveal the trouble to which the people who invented these verses would go in order to have them written down when they were unable to do so themselves. By the sixteenth century there would have been at least one person in most villages who was capable of writing – perhaps a clergyman, a schoolmaster, a tradesman or an apprentice – and such people could be employed for their scribal services in this as in other situations. Sometimes people merely had a good idea for song, perhaps some piece of scandal or humorous news, which they took to someone who could write and asked them to versify upon the theme and set it down for them. In October 1601, for example, Thomas Chitham, a schoolmaster from Boreham in Essex, called at the house of Hugh Barker, a barber of Chelmsford, and was asked if he would make a ballad out of some tit-bit of local gossip; "It is nothing (quoth Barker) but to have you pen a few verses for me upon a pretty jest which I shall tell you". Two months later, on the Wednesday before Christmas that year, George Warde was among a group travelling towards Allerton in Yorkshire, when he told one of the party, Francis Mitchell a serving-man of Hilton in Cleveland, "that he knew a good jyste by a neighbour of his, Michaell Steele, and his supposed maid servante, and desired [Mitchell] to maik a songe thereof that they might bee merrie in Christmas withall", whereupon he "did declare to him the substance of the matter…".[4]

In other cases the authors of such material were clearly perfectly capable of composing rhymes themselves but because they could not write themselves they needed the services of a scribe. In January 1605 a servant girl, Elizabeth Maun-

4 F.[rederick] G.[eorge] Emmison, *Elizabethan Life: Disorder* (Chelmsford 1970), p. 74; Charles Jasper Sisson, *Lost Plays of Shakespeare's Age* (Cambridge 1936), p. 132.

der, went to see John Parker, apprentice to a Mr Charles of Fleet Street London, and instructed him "to write certen libelling verses which [she] would tell [him] by word of mouth , which he did and for want of incke wrote them first with black leade and afterwards with incke". When Joseph Turpin, Benjamin Martin and others were drinking at a tavern in Rye, Sussex, one day in June 1632 they concocted a scurrilous "lybell in meeter or verses" against some of the godly citizens of the town. Apparently none of them could write for Turpin said "that he would give a pott of beear to see them". Fortunately a man in the tavern called Spirling who agreed to set them down in return for which the composers paid him with a quart of wine. As a result, it was said, they could now "maliciously scatter and publish the same verses".[5]

Clearly then there seems to have been a strong appreciation even amongst people who could not write, and perhaps could not even read either, that their compositions would have more effect if they could be put onto paper. As written documents they could be posted up in public, sent around the locality and beyond, read aloud before large crowds. A typical incident took place at Evesham in Worcestershire in December 1605 when a group of townsfolk decided to versify some scandalous gossip concerning a local attorney, George Hawkins, a neighbourhood prostitute and their alleged illegitimate child. None of those involved could write since in order to commit their ballad to paper they sought the services of three tradesmen from Coventry who happened to be lodging at the Swan inn kept by Edward Freme in the town. They persuaded one of them, Lancelot Ratsey, to transcribe their rather bawdy verses and to illustrate them with "three seurall pictures or images decyferinge and notefyinge one of them to be the pyctuer of [George Hawkins], one other to be the picture of one whoe was supposed to be a whore and had had the bastarde, the third and other to be a picture of the bastarde yt self". This done, multiple copies of the production were made out and dispersed. Some were plastered up in the Swan "uppon wales and doares in the sayde howse to the intent that all persons might take notice thereof", others were given to Freme's servant George Hooke to distribute in neighbouring hostelries, and the rest were spread around Evesham, "sett upp and fix[ed]...uppon dyuerse and sundrye dores, wales and posts" so that they "might be made knowne unto all manner of persons what soeuer". Back at the Swan the authors were reading aloud and singing their ballad while pointing out the displayed texts to the locals as to the many "straingers" who passed

5 Guildhall Library London, Bridewell Court Books, vol. v, f. 10v (I am grateful to Paul Griffiths for this reference); Samuel Rawson Gardiner (ed.), *Reports of Cases in the Courts of Star Chamber and High Commission* (Camden Society, new ser., xxxix, London 1886), pp. 149–153.

through. They "did laughe and jeste att the said pictures", inviting everyone to participate in the entertainment and succeeding in eliciting the general ridicule of Hawkins.[6]

The practice of drawing pictures to illustrate the theme of a rhyme was common and served to amplify text especially for those people unable to read it. When in August 1608 a group of villagers wanted to insinuate that a local mercer, George Fry, was a cuckold they contrived an obscene ballad "evil written upon a long rolle of paper" and illustrated it on the back with a picture of a man's head bearing two great horns. They stuck this up on the market cross and on a post outside Fry's house where it was said to have conveyed its message "even amongst the baser sort of people who doe the better remember and take a greater apprehension...bye signes and pictures then by the bare report, seeinge, readinge or hearinge of the same".[7]

Sometimes these hardly legible scribblings and crude drawings were copied straight onto walls and public places as a form of graffiti which dispensed with paper. In June 1611 three Wiltshire men went to the small town of Highworth to publicise a scandalous rhyme which they did by going to an inn and writing it "uppon the wall...with a peece of chalke playnlie and apparanntlie to be reade". Only later did they also commit it to paper for one of the three said that "it was not sett up publiquely enough and enquirde of some there present uppon which post of the cross [the King's] proclamacons used to be sett" and then made one of their number "paste the said libell on that poste of the said crosse in open view of the said town". They then stood in a shop doorway directing passers-by to their handiwork "with great iollytie and laughter".[8]

The writing of graffiti or posting up of texts on the walls of alehouses and inns was a commonplace of the period and we know from various sources that printed ballads were frequently so displayed. Equally, as in these examples, there are many cases in which copies of rhymes were pinned to the market cross in towns, especially on market days. They might also be afixed to the church door, especially on Sundays, set over the front door of a victim's house, or placed on the coffin at a funeral. They were left on the parish pump and in road ways, on fence posts and hay-stacks: anywhere in which people were likely to see them. In an age when scribal copying was a ubiquitous and usually a sufficient means of disseminating written texts, multiple copies of a manuscript verse or ballad could

6 Public Record Office London (hereafter, P.R.O.), Proceedings in the Court of Star Chamber, Reign of James I (hereafter, STAC8), 178/20; STAC8/178/37.

7 P.R.O., STAC8/146/27, m. 48.

8 P.R.O., STAC8/240/26.

be made. They were "scattered abroad", left in public places or sent further afield by carriers.[9]

A typical incident from the town of Northampton in the summer of 1607 illustrates the way in which these texts were copied and re-copied and circulated in great numbers not only in the neighbourhood from whence they sprang but around the county and far beyond its borders. Jerome Lowe, a gentleman of Yardly Park, together with his son Francis, Robert Oliver his servant and many others, who had already been responsible for a libel in June of that year "against the knightes and justices of the county", now published on 22 September, the very day of Archbishop Bancroft's visit to the town, a composition against the ecclesiastical officers of the diocese, accusing them of injustice and uncharity. It took the form of a dialogue in rhyme between a man and a woman and was to be found in the church of Allhallows, "in the street, in inns and alehouses, in sadlers' and smiths' and other tradesmen's shops" in the town where it was read out, discussed, passed around and copied. Edmond Wheatley, a husbandman, found a copy in the church but being unable to read it took it to Alexander Hall who "did reade it out at his request". A sadler, Richard Trewman, got hold of another transcript and lent it to Thomas Burton "twice in one daie, and Burton said he woulde give an angell for a coppie of it, and shewe it to his lord". William Lucas, a smith, seems to have been very active in the dissemination. It was said that he "reade the libell in an inne in Northampton and the chamberlain looked over his shoulder whilest he read the same"; when Edward Thorowgood, woollen-draper, came into his shop "Lucas delivered him the libell to reade (sayinge it was a fine thing)"; Thorowgood borrowed a copy and, in turn, told others that "he had the libel made against the spirituall courte and that he would sende it into Cambridgeshire to his friendes". Copies were certainly sent up to Leicester and down to Dunstable in Bedfordshire, the other two important towns in the diocese.[10]

Clearly then these popular verses had a vigorous circulation both orally and in written form. First and foremost, of course, they were to be chanted or sung but the fact that they were also given textual form means that that had a literary aspect and could be read out loud. This appears to be a significant development in the evolution of document based culture in English society. The assumption that writing was an aid to public dissemination presupposes that a significant number of people were able to read and that a visual dimension helped to

9 For examples of rhymes left in these places, see P.R.O., STAC8/16/10; STAC8/79/12; STAC8/85/15; STAC8186/12; STAC8/221/9; STAC8/236/29; STAC8/240/26; STAC8/246/14.

10 P.R.O., STAC8/205/19; P.R.O., STAC8/205/20; Huntington Library, San Marino, California, Ellesmere MS., 5956.

enhance the impact of a poem or ballad. The way in which singing and oral circulation blended inextricably with reading aloud and private reading is demonstrated in a representative incident which took place in the small Lancashire town of Newton in Makerfield one evening in February 1619. It was then that a group of local people secretly pinned a verse, ridiculing the local bailiff John Wood, onto the stocks in the market square. There it remained for most of the next day "to be openly seene and redde of all that came nere". The authors let everyone know that "there was a lettre of newes uppon the whipstocke...and wished them to goe and see what it was. Whereby there was presently a great concourse of people gathered to together...insomuch that the whole towne was in uprore". Furthermore, for those unable to read it themselves, they did "reade and singe the said libell as a ballate with a lowde voyce so that all the rest of the companie might heare it" and on many occasions since that day they "repeated and sunge the same and taught their children and boyes to singe [it] in the streets in scoffing manner".[11]

The strenuous efforts to which composers and writers of such material went to disseminate their work, by posting it up, reading it aloud and singing it, as in this example, also reveal a great deal about the way in which ordinary writings were consumed in this period. It is generally thought that manuscript was more difficult to read than print for the majority of contemporaries and as a result most people could probably not read these hand written transcripts for themselves. The fact that such efforts were made by rhymers to write out their work suggests that they must have been relying upon reading aloud, the few speaking up for the many.

Many of those who encountered these texts were like Richard Jerard, a serving-man from Beckington in Somerset, who, when he came across a scripted ballad displayed in the common field at Berkley in September 1611, "folded up and sealed with wax in the manner of a letter" was "not able to reade it (for he cannot reade a written hand)" and had to take it back to his master's house where someone who "could reade a written hand took the writing from [him] and opening the seale reade from part of it in [his] hearing". Jerard may have been one of those contemporaries whose understanding extended to some form of the printed word, "print hand", but who had difficulty deciphering hand writing, "written hand". Perhaps Thomas Mumby, a yeoman from Marshchapel in Lincolnshire, was of similar capacity. He claimed to have been handed two wax sealed ballads by his servant Alice Hutchinson in July 1621, whereupon he "opened the same and indeavoured to read [them] but could not, but here and there a part". John King, a husbandman from Compton Abbas in Dorset, appears

11 P.R.O., STAC8/307/9, m. 2.

to have been totally illiterate: when he saw a rhyme nailed to the church door one Sunday in October 1603 he took it down obliviously, or so he claimed, for he "could not himself read".[12]

Non-readers such as these could find a person on hand to perform the service for them, however, and the evidence makes clear that there was always someone available in a public place to read aloud the contents of a verse or ballad to those who gathered around to hear. That this was the clear intention is demonstrated by the opening lines of one composition from the little port of Lyme Regis in Dorset which was directed against a customs official and fastened "uppon a board under the pillory standing in the most eminent, conspicuous and open markett place of [the] towne" on 6 March 1608.

Give eare a while,
And listen unto this newes I shall you tell.
Of a long meeching fellow,
Which in the towne of Lyme doth dwell.
His name in breef I will you tell,
With two syllables you may it spell.
A rope and a halter,
Spells Robin Salter.[13]

Very often it was the authors themselves who made strenuous efforts to read them aloud in the most public and populous places in order that their message might reach the largest and widest audience. A verse composed in Droitwich, Worcestershire, during the spring of 1615 was published by "reading, singing and repeating the same in alehowses, taverns and other places of resort and by coppying, lendyng and deliveringe the same to others to read and coppie out". In July 1622 William Wood, an ironmonger of Derby, could be found with his accomplices not only pronouncing some verses "in the open marketts and elsewhere...in words in the hearing of greate multitudes" but also giving copies "in writing unto others and did give and offer [them] monie to reade and publish the same abroad in the open marketts". Sometimes we get a sense of the performance involved in such public reading and singing, the way in which exponents rendered their compositions in order to draw an audience, to entertain, and to court complicity. William Burton, a yeoman of Ladbrooke in Warwickshire invented and wrote a number of "lewd and injurous books, pamphletts, rymes and libells" which, during the summer of 1607, he read out "with a highe and lowde voyce" at a village meeting "in the presence and hearing of above an

12 P.R.O., STAC8/92/10, m. 3; STAC8/114/12, m. 1; STAC8/190/7, m. 14.
13 P.R.O., STAC8/258/15.

hundred severall persons...usinge manie scornfull jests and countenances and speeches".[14]

It is thus possible to observe the way in which these rhymes were read out and ballads were sung in a fashion which is not usually possible with items of popular literature. Although many texts of printed ballads and chapbooks have come down to us, we often have little sense of exactly who consumed such material and the ways in which it was consumed. Thanks to the legal cases generated by these libellous verses, rare and valuable light is shed on the circumstances and performance of reading at the lower levels of provincial society. Moreover, we are able to gauge some sense of the responses of readers to the texts which they encountered. Glimpses of the way in which popular audiences received, reacted to and appropriated what they read and heard, usually so difficult to find, comes across in the descriptive documents prepared for the court.

These audience responses often depended, no doubt, upon the success of the public readings or musical performances and reactions might vary greatly according to the quality and content of the material involved, the sensitivity of the issues on which it touched and the attitudes of people towards both the authors and their subjects. Those which came before the courts, of course, tended to be of scandalous nature and were likely to provoke strong opinions. Most ridiculing ballads seemed to have provoked the general mirth that was intended or hoped for by their composers. "There was good laughing at the reading", recalled Christopher Horder, a West Country husbandman, of a ditty he had the benefit of hearing in 1603. On other occasions it is possible to detect a reader response much more hostile to such scandalous and offensive material. When, for example, Christopher Auncell, an apprentice tanner form Wimborne Minster in Dorset, found a copy of a salacious verse in his master's back yard in August 1622 he "read the same" out to various people and declared, or so he claimed, that "it was a fowle piece of worke and that he would not have been the contriver of it for forty pounds".[15]

Another sense in which these libellous rhymes and ballads illustrate a central concern of this conference is the way in which they were an example of amateur and "ordinary" writing produced for a local audience which can be shown to have been influenced by professionally written and printed genres produced for the general public. In turn, it can be shown that the relationship was reciprocal and that professional writings were inspired by amateur ones. The scribal culture of the village rhyme drew upon elements of style, format and contents from the broadside ballads of the day; occasionally broadside ballads themselves were

14 P.R.O., STAC8/160/15, m. 4; STAC8/221/21, m. 7; STAC8/159/6, m. 2.
15 P.R.O., STAC8/190/7, m. 13; STAC8/153/29, m. 1.

influenced by themes and stories which emerged from the world of local invention.[16]

The majority of these home-made verses and songs were very crude in the quality of their rhymes, simplistic in subject matter and often pretty obscene in content. These characteristics emphasise the fact they were generated in a semi-literate environment, one still not quite familiar with the standardized forms of print culture. And yet not all of these verses were quite so basic and enough of them reproduced the stylistic features of cheap print to suggest that there could be considerable overlap and mutual influence between the two forms. This evidence demonstrates that much print owed its origin to a story or a song which had long been known to oral or manuscript tradition. Equally, the vernacular and the hand written repertoires drew upon and refashioned many influences stemming from the London presses.

Thus, a number of ordinary people who composed their own ballads set them to tunes which were well known to contemporary broadsides. "Better to be sung than to be redd, to the tune of Bonny Nell" instructed one example which appeared in Nottingham in 1617; an apothecary of the town, Thomas Aldred, certainly thought it was highly amusing "in regard of the straungeness and conceyted tune sett to it". Joseph Turpin of Rye and his fellows decided to set their drinking song of 1632 to the famous catches "Watch Currants" and "Tom of Bedlam". The equally celebrated melody "Fortune my Foe", mentioned by Shakespeare in three of his plays, provided one of the accompanying refrains to the marvellous jig which the above mentioned Francis Mitchell set down at Christmas 1601. Another jig composed in Shropshire two decades later was set, in part, "to the tune of A:B:C:". Certain well-known tunes such as "Mad Tom" or "Fortune", which had specific associations, conveyed their message to an audience without the need for words.[17]

There is no doubt, however, that these popular productions were much more likely to be set to tunes known to print if they were taken up and performed by professional performers such as town waits, minstrels, or ballad singers. In some cases, extemporized songs and rhymes became so successful that they were adopted by commercial musicians and singers and added to their repertoire; in other instances, the authors of such material might solicit the services of players in order to enhance the quality of its performance and heighten the extent of its

16 On broadside ballads, see Hyder E. Rollins, "The Black-Letter Broadside Ballad", in: *Publications of the Modern Language Association* xxxiv (1919), pp. 258–339; Tessa Watt, *Cheap Print and Popular Piety, 1550–1640* (Cambridge, 1991). The major collection of such material is William Chappell and J. Woodfall Ebsworth (eds.), *The Roxburghe Ballads* (9 vols., London, 1871–1899).

17 Sisson (cf. note 4), pp. 135–140, 199, 201, 206–208; Gardiner (cf. note 5), p. 152.

exposure. The Nottingham version of "Bonny Nell" was both hammered out in the streets to the rough music of candlesticks, tongs and basins, played in taverns by professional pipers, and "prickt in 4 parts to the vyalls" in gentlemen's houses. During the winter of 1613–14, Thomas Bevett of South Kirkby in Yorkshire employed three separate groups of musiciuans, one each at Stainforth and Pontefract, and at Tuxford, Nottinghamshire, to play and sing his twelve stanza ballad "The Devil of Doncaster" ridiculing Brian Cooke of that town. In 1621 George Thomson, the vicar of Aberford in Yorkshire, hired various ballad mongers and those "profesing of pipeing and fidling, running and ranginge upp and downe the countrie from place to place to gett their livings at fayres, marketts and idle meetings and merrements" in order to have his compositions played before audiences "in diverse and sundrie alehouses and innes". The use of professional players clearly ensured that a local composition could reach as wide a geographical audience as any commercial or printed ballad.[18]

But it was not only at the musical level that the scripted and the printed, the amateur and the professional, might borrow from each other. For stories and characters could be appropriated, recycled and passed between the two realms just as regularly. We discover the tropes and figures familiar to cheap print cropping up in the extemporized ditties sung by local people in their villages and towns, just as we find such ditties appearing, in turn, at the shop of a London printer to be set in black letter. Thus, a mock sermon delivered by John Cradock the elder, a Lincolnshire yeoman, as part of the summer games at South Kyme in August 1601, involved "a colladacion of the auncuent story of *The Friar and the Boye*", which had first appeared in ballad form in 1586. A song contrived in 1608 by James Cowarne and Morris Attwood, mercers, and distributed at "innes, taverns, tipling howses and other places of assembly" in Gloucester, contained references to the great fictional characters Pasquil and Reynard the Fox as well as a version of the famous *A most strange wedding of the frogge and the mowse.* The latter was first noted to be in oral circulation in 1549; it was registered by the Company of Stationers as a broadside in 1580; and it is still familiar in its nineteenth-century form as *A frog he would a-wooing go.*[19]

Sometimes those accused of having composed items which were thought to be scandalous and libellous protested that their inventions were no more than regular printed titles. Edward Seede, the son of a Somerset squire, for example, claimed when thus indicted that he had been singing no more than "manie old

18 P.R.O., STAC8/113/3; P.R.O., STAC8/275/22, m. 2.

19 N. J. O'Conor, *Godes Peace and the Queenes: Vicissitudes of a House, 1539–1615* (London 1934), p. 120; P.R.O., STAC8/285/27, m. 8; Iona and Peter Opie, *The Oxford Dictionary of Nursery Rhymes* (Oxford 1951), pp. 177–181.

songs and rymes" which he remembered from his youth, like "the daunce called the *Jew of Malta* and thereunto singing one ditty or tune, secondly the *Irish Daunce,* singing to that another, with diverse such like". Or when George James, a servant from Lutterworth in Leicestershire, was charged with having rendered a song and jig that was defamatory to his mistress he went so far as to argue that, on the contrary, it had not only been performed by comedians before Henry VIII but had even been before the censor, being "seene, approved and allowed by the right worshippfull the Maister of the Revells to his Majestie".[20]

So it was that print culture could feed into and inspire the ad hoc creative skills of ordinary people. Clearly commercial texts might be imbibed, refracted and re-made to articulate the opinions and concerns of those who read and heard them. Such examples yield direct insights into the relationship between the oral and the written traditions and rare glimpses into the popular consumption of texts. Neither was this traffic between the two realms entirely one way. Some authors were well aware that by sending their handiwork to a printer in the capital they might reach a wider audience. In 1588, for example, the inhabitants of Earles Colne in Essex were treated to a rhyme apparently invented by a local tailor, John Brande. Remarkably it found its way into print a few years later in the popular pamphlet *Tarlton's Jests,* a collection of humorous stories and songs posthumously attributed to the famous comedian Richard Tarlton.[21]

Not all local rhymes that managed to find their way into print became quite so well renowned but there remain a number of examples of pieces of neighbourhood gossip which somehow arrived in London to be enshrined in a printed broadside. Thus in the summer of 1608, two brothers from Much Brickhill in Buckinghamshire composed a lewd ballad, set "To a new tune called Pryde and Lecherie", which alleged illicit relations between a local gentleman, William Abraham, and a young woman, Dorothy Poole. They copied it and sung it abroad in the usual way. But in addition, they "endeavoured, practized and laboured to put the same wicked and infamous libell in printe. And to that end and purpose sent [it] to a printer in London to haue been printed accordinglie". Their work certainly incorporated a refrain well known to commercial songs of the day.

There dwelles a wenche in Much Brickhill,
Singe dall didell dall, dall, dall a-dall lee.
Her maydenhead is not to sell,
Dainty dall lee.[22]

20 P.R.O., STAC8/98/20, m. 27; P.R.O., STAC8/59/4, m. 1.
21 Emmison (cf. note 4), p. 68; Ingram (cf. note 3), p. 180.
22 P.R.O., STAC8/36/6, m. 8.

This transition from manuscript to print is rarely seen as clearly as in a composition which emerged from villages on the Worcestershire / Staffordshire border in 1607. On 1st March that year, John Rotton and his bother Richard from Moseley together with William Pretty of Yardley, composed three versions of a ballad alleging the adultery of Richard Nightingale, a yeoman of Tipton. Richard Rotton, a weaver, sang them in his shop and at the alehouse of John Tomlinson in Moseley to a tune which a number of the patrons recognised as "Jamey". However the authors appear to have conspired to have them typeset for they were also "Imprinted at London at the sign of the woodcocke in Paules Churchyarde". The printer seems to have employed a professional ballad writer at this stage to improve the quality and standardize the form. Two of the versions were now entitled "A pleasant new history / declaring of a misterie / Of Richard Nightingale by name / and Anne Ballamie of Dods Lane / You may sing it to a merry new tune" and coached in a dialogue between Peter and Solomon. The third was set "To a pleasant new tune called Marcus Tullius Cicero". No such title was licensed by the Stationers Company and, almost certainly, it would not have been approved by them because of its salacious and defamatory content. Perhaps, like other illicit literature, it never came before them at all. No printed copy of this broadside is extant but we have the complete texts transcribed by the clerk of the court.[23]

So these songs, then, suggest an altogether greater prominence given to writing by ordinary people in the early modern period. They indicate how ordinary writing could be influenced by professional, and sometime even influence the professional itself. Finally, they show semi-literate people actually consuming and reacting to texts as they were read aloud and sung on the streets of small towns and villages.

23 P.R.O., STAC8/220/31.

HANS-GEORG POTT

Die Sehnsucht nach der Stimme

Das Problem der Oralität in der Literatur um 1800 (Hölderlin, Goethe, Schleiermacher)

1

Die Stimme wird um 1800 auf eine Art und Weise beschworen, die dem heutigen Beobachter widersinnig erscheint: vom Hören, Singen und Reden wird *geschrieben*. Gegenüber dem als Sucht und Laster gebrandmarkten Schreiben und Lesen werden sie als die wertvolleren Ausdrucks- und Kommunikationsformen angesehen. Die Beschwörung der Medien der Präsenz – und hier sind das Auge und das Sehen noch hinzuzufügen – wird in Schrift inszeniert, dem Medium der Depräsenz (Abwesenheit) schlechthin, und erweist sich genau damit als ein Effekt von Verschriftung. In einer Zeit, in der Bücher und damit Schreiben und Lesen exzessiv expandieren, bleibt die Schrift als Medium mit der Ausnahme der Frühromantik der blinde Fleck der Erkenntnis. Die Hypostasierung der Stimme ist das Symptom dieses blinden Flecks, äußeres Schrift-Zeichen eines Krankheitsherdes; vor allem einer moralischen Krankheit, an der die Schrift seit ihren im Mythos beschriebenen Anfängen zu leiden hat.[1] Zwar werden die Wucherungen der Schriften und ihre vermeintlichen Gefährdungen bemerkt und denunziert, aber es wird zumeist nicht reflektiert, daß man selbst vermehrt, was man abschaffen möchte. Ich sage zumeist: Denn zugleich, inmitten der ›semantischen Großkomplexe‹ Aufklärung, Klassik, Romantik, beginnt die Erhellung des blinden Flecks und die Reflexion von Schrift als Medium.[2]

1 Das Thema der Schriften von Jacques Derrida. Vgl. zum »Schuldkomplex« der Schrift vor allem ders., »Platons Pharmazie«, in: *Dissemination*, Wien 1995, S. 69–192.

2 Als Pionierwerke seien neben Derridas *Grammatologie*, Paris 1967, hier zitiert nach der Ausgabe Frankfurt am Main 1974, an dieser Stelle nur genannt: Walter J. Ong, *Interfaces of the Word. Studies in Evolution of Consciousness and Culture*, Ithaca (N.Y.) 1977. Und für Deutschland: Friedrich Kittler, *Aufschreibesysteme 1800–1900*, München 1985. Weitere Literatur in Hans-Georg Pott, *Die Wiederkehr der Stimme. Telekommunikation im Zeitalter der Post-Moderne*, Wien 1995.

Formulieren wir vom Standpunkt eines Beobachters, der Texte mit Hilfe der Unterscheidung von mündlich / schriftlich (Oralität und Literalität) als einer Leitdifferenz untersucht. Wir beobachten ein Re-entry von Oralität auf der Seite der Schriftlichkeit. Das negiert qua Medium alle Eigenschaften der Stimme wie Sinnlichkeit, Präsenz, Klang und läuft der Intention der Beschwörung stracks zuwider: nämlich den lebendigen Dialog unter Anwesenden zu propagieren. Zwar geschah Aufklärung auch in kommunikativer Interaktion unter Anwesenden in Salons, Caféhäusern, Freundeskreisen, aber man redete über *Gelesenes* (Bücher, Zeitschriften, Journale). So erscheinen die Stimmen als bloße Supplemente der Schriften, nicht die Schrift als Supplement der Stimme, wie Derrida es der abendländischen Metaphysik unterstellt.[3] Die aufklärerische Kommunikation um 1800 beruht ganz und gar auf den Büchern – und genau das weiß man und leidet gelegentlich darunter. Man ist Aufklärer, nicht, weil man schlechte Erfahrungen mit der Obrigkeit gemacht, sondern weil man Kant gelesen hat. Die schlechten Erfahrungen sind dann ein Produkt der Lektüre, was wiederum nicht heißt, daß sie nicht ›real‹ seien.[4] Die Aufklärung ist als ganzes ein Schriftprodukt; denn Schrifterfahrungen bewirken: Sozialisierung der Wissensbestände, Beschleunigung ihrer Verbreitung, Entstehung von Öffentlichkeit. Da der Leser für den Autor weitgehend und in zunehmendem Maß anonym ist, muß der Schriftsteller sich ein abstrahiertes und gleichsam ideales Allgemeinbewußtsein vorstellen, das dann leicht zum Volksgeist, volonté géneral usw. hochstilisiert werden kann.[5] Der Geist wird zum Geist der Bücher, und selbst Hegels »sinnliche Gewißtheit« ist ein Schreib- und Schriftprodukt.[6]

Damit ist nicht die gesamte Kommunikation der Gesellschaft bezeichnet; und selbstverständlich beruht auch die Kirchenpredigt auf Schrift. Es geht mir

3 Mich interessiert das Thema unter kommunikationstheoretischen und nicht unter metaphysikkritischen Aspekten. Ich mag mir allerdings kritische Randbemerkungen zu Derrida nicht verkneifen, dessen Verdienst und Bedeutung für den ›Schriftkomplex‹ ich in keiner Weise in Abrede stelle. In meinen Augen überlastet er seine Argumentation, der ich weitgehend folge, mit zu hoher Komplexität (z. B. in der Reihe: Metaphysik oder Ideologie der Präsenz – gesprochenes Wort – Schrift – Masturbation – Kultur / Natur, das Böse / die Unschuld, Geschichte / Ursprung. Vgl. Derrida (wie Anm. 2), S. 286. Das hat vor allem seine Anhänger und Epigonen überfordert.

4 Das ist hier etwas vereinfacht formuliert. Vgl. zu dem Thema »Leben und Lektüre« Hans-Georg Pott, *Literarische Bildung. Zur Geschichte der Individualität*, München 1995.

5 Vgl. Michael Giesecke, »›Volkssprache‹ und ›Verschriftlichung des Lebens‹ im Spätmittelalter – am Beispiel der Genese der gedruckten Fachprosa in Deutschland«, in: Hans Ulrich Gumbrecht (Hg.), *Literatur in der Gesellschaft des Spätmittelalters*, Heidelberg 1980, S. 39–70. Hier vor allem S. 53.

6 Vgl. Hans-Georg Pott, »Die sinnliche Gewißheit und die Schrift«, in: *Jahrbuch für Hegelforschung*, Heft 3, Bonn / St. Augustin 1997, S. 251–258.

nur um die Erklärung der gleichsam kontraindizierten Reinszenierung dessen, was nicht mehr geht: die Rückkehr zu Erfahrungen, die von Mund zu Mund weitergegeben werden und die ein Korpus *tradierbaren* Wissens konstituieren, wie es noch Walter Benjamin der Handwerkskunst des Erzählens unterstellt.[7] Es sind in der Tat die Handwerker, die sich gegen die Verschriftung ihres Wissens sperren, angefangen vom pädagogischen ›Handwerker‹ Sokrates (in Platons *Phaidros*) bis zu den Handwerkern des 17. Jahrhunderts.[8]

2

Ich kann nicht umhin, in aller Kürze auf das prominente Beispiel der Lektüre des *Essai sur l'origine des langues*, aus der Derrida bekanntlich in der *Grammatologie* die »Epoche Rousseaus« konstruiert, zu sprechen zu kommen. Ich möchte dabei die Äquivokationen von in meinen Augen unsauberen Unterscheidungen vermeiden: daß mit Phonozentrismus sowohl der Vorrang der Stimme und der Präsenz, der um 1800 überhaupt nicht mehr besteht, als auch der der phonetischen Schrift vor anderen spurhaften Zeichensystemen gemeint ist, ein Vorrang, der bis zur Durchsetzung der telephonetischen und digitalen Medien in der Tat bestand. Im Mittelalter ist die Schrift noch ein sekundäres Medium, das auf die Strukturen vor- und außerschriftlicher Kommunikation zurückweist. Schrift ist Repräsentation körpergebundener Rede, z. B. um eine bestimmte Rechtspraxis zu vergegenwärtigen.[9] Im übrigen war das Papier knapp. Das gilt bis zur Erfindung des Buchdrucks, die Hand in Hand mit der Verbesserung der Papierverarbeitung einhergeht.[10] Mündliche Traditionen, vor allem auch die der Rhetorik, haben sich weiterhin gehalten; es handelt sich also um einen Prozeß der Ausdifferenzierung. Der menschliche Körper verliert seine Bedeutung als Ort

7 Walter Benjamin, »Der Erzähler. Betrachtungen zum Werk Nikolai Lesskows«, in: ders., *Gesammelte Schriften*, Band II/2, Frankfurt am Main 1977, S. 438–465.

8 Vgl. Giesecke (wie Anm. 5).

9 Vgl. Horst Wenzel, »Visibile parlare. Zur Repräsentation der audiovisuellen Wahrnehmung in Schrift und Bild«, in: Ludwig Jäger / Bernd Switalla (Hgg.), *Germanistik in der Mediengesellschaft*, München 1994, S. 141–158, hier S. 151.

10 Vgl. dazu Hugo Kuhn, »Versuch über das fünfzehnte Jahrhundert in der deutschen Literatur«, in: Gumbrecht (wie Anm. 5), S. 19–38. »Aber der Buchdruck ist keineswegs die isolierte geniale Innovation, als die er so erscheint, und er hat auch nicht mit einem Schlag den anonymen Warencharakter des Buches erzeugt. Schon die Verarbeitung des Papiers hatte allgemein die Schriftlichkeit gefördert, und es gibt Schreibstuben, die auf deutsch als ›Verlage‹, nicht nur auf Bestellung produzieren [...].« (S. 22)

der Wahrnehmung von Sinn und Kultur – mit weitreichenden Folgen[11]. Nur allmählich treten das Vorlesen im geselligen Kreis und das Auswendiglernen von Gedichten zurück. Erst um 1800 hat sich die Schrift vom Supplement zum gesellschaftlichen Leitmedium entwickelt. Das soll nicht heißen, daß der Gedanke der Supplementarität falsch ist! Das wird ›ideologisch‹ als Entfremdung des Menschen gedeutet. Man sucht Heil und Zuflucht in der Natur. Die Sehnsucht nach der Natur und der Stimme entsteht, wenn beide unwiderruflich verloren sind. Natur und Stimme kehren wieder in der Literatur und als Literatur. Nach Schiller: Das Naive *ist* das Sentimentalische.

Auch von Rousseau wird klar erkannt, daß die Schrift die Stimme, das Lesen das Hören verdrängt hat. Dieser Tatsache wird allerdings seine »archäo-teleologische« (Derrida) Ideologie vom verlorenen Natur-Ursprung, dem ursprünglichen Heilszustand – man sieht woher die Ideologie selbst stammt: aus der christlichen Schrift-Religion –, übergestülpt, so daß die Stimme als das Eigentliche und Wahre des Menschen und die Schrift als der Sündenfall des Sekundären erscheinen. Damit steht die gesellschaftliche Realität auf dem Kopf, und man fragt sich heute, wenn das wahr sein soll: Warum schreibt Rousseau dann und verschlimmert den Sündenfall? Und man ahnt schon, wie die ›aufgeklärten‹ Frühromantiker mit Schrift umgehen werden: ironisch. Ironie ist, so gesehen, Beobachten des Beobachtens des Schreibens.

3

Rousseau ging davon aus, daß Bedürfnisse die Gesten und Leidenschaften die Stimmen hervorbringen. Die Entstehung und Struktur der Sprache werden bei ihm in einer Topographie (oder Geographie) angesiedelt, die sich ganz ähnlich bei Hölderlin, Goethe und anderen findet, die im 18. Jahrhundert selbst zum Topos geworden ist. Es handelt sich um die Topographie des Ursprungs, in der Zeit und Raum verschränkt sind. Der Ursprung ist der Orient der Sprache – ex oriente lux.[12] Im Südosten (Orient) waltet die Liebe, im Norden oder genauer Nordwesten (Okzident) der Tod. »In den südlichen Gegenden waren die ersten

11 Vgl. Niklas Luhmann, *Die Wissenschaft der Gesellschaft*, Frankfurt am Main 1992, S. 597–606, hier S. 599.

12 Vgl. zu dieser Topographie vor allem Hermann Timm, »Deutschland als europäische Seelenlandschaft. Ein Stück topographischer Kulturpoetik, goethezeitlich«, in: Norbert Bolz (Hg.), *Das Pathos der Deutschen*, München 1996, S. 39–54. – Zur Ideologiekritik des Orientalismus ist natürlich Edward W. Saids, *Orientalism*, 1978, zu beachten (dt. Frankfurt am Main / Berlin / Wien 1981).

Reden Liebesgesänge, in den nördlichen Gegenden ›hieß … das erste Wort nicht *aimez-moi*, sondern *aidez-moi*‹.«[13] Der abendländische Mensch ist längs dieser Nordwest-Südost-Achse gleichsam ausgespannt. Ursprung und Ziel alles Begehrens ist die Liebeskommunion, in ihrem Ideal: das vorgeburtliche Leben im Mutterleib und der Liebestod. Alle Sprachverwendung hingegen bedeutet Kommunikation, und das heißt: Mangel, Differenz, Trennung. Alles Sprachliche ist Substitut und Supplement. Gesellschaftliche Entwicklung, die Entstehung der Kultur bedeuten Trennung der Liebenden und Verstreutheit der Menschen im Raum und in der Zeit. Kultur ist dann das Projekt, wieder zusammenzubringen, was zusammengehört. Das 18. Jahrhundert mit dem Trendsetter Rousseau und auch teilweise unsere gegenwärtige Gesellschaft kommuniziert dieses Kulturprojekt unter dem Titel »Natur«, wobei an eine Versöhnung von Kultur und Natur gedacht wird – was heutzutage etwas reduziert als Versöhnung von Ökologie und Ökonomie propagiert wird.

Das alles ist natürlich nichts Neues, seit unter dem Titel »Entfremdung« des Menschen das Auseinanderdriften von Individuum und Gesellschaft, von Gesellschaftssystem und Interaktion behandelt wird und die Romantik die gesteigerte Kontingenz aller Kommunikationen zum Thema machte.[14] Musil bringt es auf den Punkt: Man kann tun und sagen, was man will, es kommt nicht im geringsten darauf an. Um 1800 erscheinen deshalb Dichter, die noch unmittelbar zum Volk oder auch nur zum/zur Geliebten sprechen, die »Sänger des Volkes« oder der Götter sein wollen, als »Dichter in dürftiger Zeit«. Kommunikationen unter Anwesenden sind aber, auch in ihrer Summe, nicht mehr mit der Kommunikation der Gesellschaft identisch, oder theorieadäquater ausgedrückt: Gesellschaftssystem und Interaktionssysteme sind ausdifferenziert, so daß z. B. die Vorzüge des Mediums »Schrift« sich ausnützen lassen, vor allem: auf Anwesenheit und Sofortreaktion keine Rücksicht mehr nehmen zu müssen. Das heißt auch: Es kann keine Repräsentation der Gesellschaft in der Gesellschaft mehr geben. Von einer »Stimme des Volkes« oder einer »volonté général« zu sprechen, ist daher der Ausdruck eines Wunsches, daß sein möge, was nicht mehr sein kann. Gehörten unter der Vorherrschaft der Oralität *Predigen und Gehorchen* zu den bevorzugten Mitteln der gesellschaftlichen Sozialisation, so treten unter der Vorherrschaft der Bücher abstraktere Regelsysteme in Kraft. Zunächst einmal findet ein Kontrollverlust statt, und die Freiheitsgrade der Kommunikation, Kontingenzen und Wahlmöglichkeiten von Anschlüssen, erhöhen sich.[15] Mit den Worten

13 Derrida (wie Anm. 2), S. 374. Derrida zitiert hier Rousseau.

14 Vgl. Peter Fuchs, *Moderne Kommunikation*, Frankfurt am Main 1993, insbes. S. 79–104.

15 Vgl. James R. Beniger, *The Control Revolution. Technological and Economical Origins of the Information Society*, Cambridge (Mass.) / London 1986.

Luhmanns: »Die Sinnflut der Druckpresse macht es unmöglich, das Gewußte (und das Gesollte, können wir hinzusetzen) wirklich zu wissen, das heißt: in laufende Kommunikation umzusetzen. Was sich daraufhin als Kommunikation realisiert, kann schwer vorausgesehen werden.«[16]

Der Dichter bekommt zu spüren, daß er für gesellige Interaktion, z. B. am Hofe oder als Vermittler von praktischen Lebensregeln, nicht mehr gebraucht wird. Von hier aus fällt – nebenbei bemerkt – ein Licht auf Goethes Entscheidung für Weimar: Er hat sich unmittelbare, gesellig-gesellschaftliche Interaktion gesichert. Er selbst wollte dabeisein und nicht *nur* gelesen werden. Bezeichnenderweise wird seine Gelegenheitsdichtung im heutigen Kunstsystem als ästhetisch minderwertig beschrieben. Unter der Vereinsamung leiden auch heute noch vermutlich Autoren und Leser, obgleich gesellige Interaktion nicht mehr erwartet wird. Es entsteht, wie bekannt, der neue Berufstyp des Dichters, der Schriftsteller, der die Literaturkritik, die zur gleichen Zeit sich etabliert, als wichtigsten Resonanzboden besitzt. Aber Resonanz ist eigentlich die falsche Metapher. Die Kritik ›tönt‹ nicht, sondern unterliegt, da schriftlich verfaßt, dem Aufschub und der Supplementarität der Schrift. Wer nicht rezensiert wird, ist tot; aber auch der lebendige Mensch ist schon im Autor, der ja nur ›Name‹ ist, verschwunden. Der Schriftsteller als Mensch holt sich dann über den Reputationscode, der sich aus der Identifizierung und Standardisierung von Autorschaft, dem Autornamen, entwickelt, minimierte gesellschaftliche Interaktion zurück: deshalb heute die vielen Ehrungen und Preise. »Devianzamplifikation« nennt Luhmann das: »So weiß denn auch niemand, wieviel Lamentationen auf eine einzige Laudatio entfallen.«[17]

4. *Hölderlin*

Die Gestalt des antiken Poeten und Sängers war dem Gedächtnis, der mnemosýne oder memoria, verpflichtet und damit dem »Problem des richtigen Wissens zum richtigen Zeitpunkt«, was als Gabe der Muse (mnemosýne) erfahren wurde. Insofern hatte er eine religiöse und politische Bedeutung. Die Schrift, die vermutlich als mnemotechnischer Trick erfunden wurde, also ganz andere Ursprünge hat als die gesprochene Sprache, hat das Problem gelöscht. Fortan seligiert nicht mehr das Gedächtnis, sondern das Gelingen der Kommunikation.[18] Das Gelingen, das heißt das Anschlußverhalten der Teilnehmer, entzieht

16 Luhmann (wie Anm. 11), S. 157.
17 Ebd., S. 248.
18 Ebd., S. 157.

sich der Kontrolle des Autors. Seine Intentionen können ins Leere laufen oder ganz andere an ihn angeknüpft werden. Das Vergessen Hölderlins für annähernd einhundert Jahre gibt ein eindringliches Beispiel dafür. Der Autor wird zeitgeistabhängig. Und der Zeitgeist weht völlig unberechenbar.

Das beleuchtet in etwa Hölderlins Schicksal. Er selbst glaubte, wie Schleiermacher und teilweise auch Goethe, für die ich es nachweisen möchte, noch an die Macht des gesprochenen Wortes, sei es als Kanzelpredigt oder im geselligen Kreis. Die Vorstellungen von gesellschaftlichen Repräsentationsfunktionen treten hinzu. Auch die Vorstellung des Theaters als *moralische Anstalt* gehört in diesen Zusammenhang.

Hölderlin ist in die Schule der Alten gegangen. Für die späten Hymnen kann Pindar als Vorbild gelten. Und er hat die Aneignung des Fremden im Eigenen wiederum in jener Topographie lokalisiert, die Raum und Zeit, Natur und Geschichte in einer »allegorischen Geographie« (Adorno) konfiguriert, die ihre trigonometrischen Fixpunkte im Nordwesten (Süddeutschland) und Südosten (Griechenland-Asien) besitzt. »Hölderlins imago vom Griechentum ist schon im Archipelagus östlicher Farbe, antiklassizistisch bunt, berauscht von Worten wie Asia, Jonien, Inselwelt ...«[19] In der Ode *Dichterberuf* von 1801 heißt es:

Des Ganges Ufer hörten des Freudengottes
Triumph, als allerobernd vom Indus her
Der junge Bacchus kam, mit heil'gem
Weine vom Schlafe die Völker weckend.
[...]

... reine Saiten im Schmerz gerührt?
Und darum hast du, Dichter! Des Orients
Propheten und den Griechengesang und
Neulich die Donner gehört ...

Jenseits der Alpen, von Norden aus gesehen, entsteht die Sprache aus den Leidenschaften (Rousseau). Herders Sprachursprungslehre siedelt sich ebenfalls in dieser Kontinentalisierung der Geschichte im Morgenland an.[20] Bei ihm findet sich zudem die Idee, daß das Hören zentral für die Entstehung der Sprache sei.[21] Der Übergang über die Alpen, nun von Süden aus gesehen, stellt die Sprache, die Poesie und Gesang war, immer mehr in die Dienste von Bedürfnis und Vernunft, um schließlich als Schrift ihren Niedergang, ihre Entartung zu finden.

19 Theodor W. Adorno, »Parataxis«, in: ders., *Noten zur Literatur III*, Frankfurt am Main 1970, S. 156–209, hier S. 207.
20 Vgl. Timm (wie Anm. 12), S. 43–44.
21 Vgl. Fuchs (wie Anm. 14), S. 110–111.

Die historisch-allegorische Geographie imaginiert die Kolonialisierung des Geistes als Bewegung vom Ursprung zur Gegenwart, wobei die Quellwasser des Ursprungs weiterhin rauschen. Es sind die nordischen Abstraktionen des Verstandes (Kant in Königsberg), die die Kolonialisierung betreiben. Geist im Ursprung aber ist »Gottes Stimme« und *Stimme des Volkes:*

Du seiest Gottes Stimme, so ahndet ich
In heil'ger Jugend; ja, und ich sag es noch. –
Um meine Weisheit unbekümmert
Rauschen die Wasser doch auch, und dennoch

Hör ich sie gern, und öfters bewegen sie
Und stärken mir das Herz, die gewaltigen;
Und meine Bahn nicht, aber richtig
Wandeln ins Meer sie die Bahn hinunter.

Hölderlins Dichtung durchzieht die Spur der Nicht-Supplementarität, was ein Widerspruch in sich ist, denn Spuren markieren immer Differenzen. Ich möchte sie mit Schiller die Spur des Naiven, für die Natur nur ein anderer Name ist, nennen. Schiller hat in seiner Schrift *Über naive und sentimentalische Dichtung* das Problem und den Widerspruch als erster bündig begrifflich reflektiert und dargestellt und damit die Weiche für die ironischen Figuren der Romantik gestellt. Die Substitute für das Naive sind zahlreich: Kindheit, Volk, Ursprünglichkeit, Göttlichkeit, Herz usw., allesamt sind sie Organe der Präsenz und des Wunsches zugleich. Und darin liegt der Widerspruch, der unauflösbar ist: Das Naive *ist* das Sentimentalische. Scharfsichtig hat Adorno bemerkt: »Denn alle Synthesis – keiner wußte das besser als Kant – geschieht wider reine Gegenwart, als Beziehung aufs Vergangene und Künftige [...]«[22] Seither leiden wir alle am gebrochenen Herzen. Die Stimme, wie die Quelle, versiegt; statt dessen wuchern die Schriften. Wie kann das Herz sprechen? Das ist das Thema der Dichtung, seit die Schrift *Subjekte* hervorbrachte.[23]

Die Spur des Naiven, der Stimme zumal, zeigt sich in der Metapher und als Metapher: »Wir, die Sänger des Volks, gerne bei Lebenden / Wo sich vieles gesellt, freudig und jedem hold, / Jedem offen [...]« *(Dichtermut)* – so steht es geschrieben. Man scheut sich, Hölderlin einen Schriftsteller zu nennen. Ein Dichter ist er; aber »Sänger« bleibt Metapher für den, der schreibt. Geradezu tragisch beschwört er die Medien der Präsenz, Hören und Sehen, im fernen

22 Adorno (wie Anm. 19), S. 156–209.
23 Vgl. Pott (wie Anm. 4).

Supplement des »blinden Sängers«, in gegenläufiger Bewegung entlang der Kompaßachse Nordwest–Südost, Abendland (Untergang), Orient (Aufgang, Quelle):

Wo bist du, Jugendliches! Das immer mich
Zur Stunde weckt des Morgens, wo bist du, Licht!
Das Herz ist wach, doch bannt und hält in
Heiligem Zauber die Nacht mich immer.

[...]

Den Retter hör ich dann in der Nacht, ich hör
Ihn tötend, den Befreier, belebend ihn,
Den Donnerer vom Untergang zum
Orient eilen und ihm nach tönt ihr,

Ihm nach, ihr meine Saiten! Es lebt mit ihm
Mein Lied und wie die Quelle dem Strome folgt,
Wohin er denkt, so muß ich fort und
Folge dem Sicheren auf der Irrbahn.

Dem Wohin? Wohin? der nächsten Strophe folgt der Aufgang des Lichts im Osten:

Tag! Tag! Du über stürzenden Wolken! Sei
Willkommen mir! Es blühet mein Auge dir.
O Jugendlicht! O Glück! Das alte
Wieder! doch geistiger rinnst du nieder,

Du goldner Quell aus heiligem Kelch! ...

Hölderlin weiß, daß der Dichter im Nordwesten, im Abendland, in dürftiger Zeit, nur die Spur und die Differenz zu markieren vermag. Der Dichter ist der Hermeneut und sein Gott Hermes, der die engsten Beziehungen zum Gott der Schrift Theuth oder Thot unterhält.[24] In der Ode *Stimme des Volkes* (zweite Fassung) heißt es:

So hatten es die Kinder gehört, und wohl
Sind gut die Sagen, denn ein Gedächtnis sind
Dem Höchsten sie, doch auch bedarf es
Eines, die heiligen auszulegen.

24 Vgl. Derrida (wie Anm. 1).

5. *West-östlicher Divan*

Goethes *West-östlicher Divan* (1819) präsentiert die »allegorische Geographie« im Titel. Er reist über Italien, die klassische Antike, die zum Abendland geworden war, weit hinaus ins Morgenland. Dort ›wohnen‹ nicht nur die Dichter an der Quelle, sondern auch die schon früh geliebten alttestamentarischen Patriarchen und Propheten.

Nord und West und Süd zersplittern,
Throne bersten, Reiche zittern,
Flüchte du, im reinen Osten
Patriarchenluft zu kosten,
Unter Lieben, Trinken, Singen,
Soll dich Chisers Quell verjüngen.

Dort, im Reinen und im Rechten,
Will ich menschlichen Geschlechten
In des Ursprungs Tiefe dringen,
Wo sie noch von Gott empfingen
Himmelslehr' in Erdesprachen,
Und sich nicht den Kopf zerbrachen.

Goethe teilt die seit dem 17. Jahrhundert verbreitete Auffassung vom Ursprung der Sprachwerdung des Menschen im Orient. Und auch er beschwört das lebendige Wort, die Stimme als unmittelbaren Ausdruck der Leidenschaften und der Liebe. Und auch er muß die Anstrengung unternehmen, dabei die Alpen zu überqueren, was sich in einer doppelten hermeneutischen Mühe zeigt: der Arbeit der Übersetzung der Poesie des persischen Dichters Hafis durch Joseph von Hammer – Goethes Lektüre dieser Übersetzung fällt in das Jahr 1814 – und des eigenen gebildeten Kommentars zu »besserem Verständnis« *(Noten und Abhandlungen zu besserem Verständnis des West-östlichen Divans).* In der »hermeneutischen Kolonie« (H. Timm) des Nordens läßt sich Ursprüngliches nicht anders reinszenieren. Der Widerspruch und die Differenz sind auch hier deutlich eingezeichnet. Das gilt auch für die Schriftpraktik der Lektüre: welch ein Widerspruch von gelehrtem Kommentar zu besserem Verständnis zu dem gepriesenen Buchorakel, dem beliebigen Aufschlagen einer Buchseite und dem gläubigen Betrachten der zufällig aufgeschlagenen Stelle.

Das Reich der Zeichen, das der *Divan* erobert, inszeniert auf einer symbolischen Ebene, auf dem Boden der Übersetzung und des Kommentars, das gesprochene Wort (»Wie das Wort so wichtig dort war, / Weil es ein gesprochen Wort war.«), ebenso die Zeichen, die auf der Haut zu tragen sind und deshalb die Supplementarität in Raum und Zeit auf ein Minimum reduzieren – wie die

Segenspfänder (Talisman, Amulette, Inschrift, Abraxas, Siegelring); Zeichen, die nichts ›hinter sich‹ haben, in denen Wirkung und Bedeutung zusammenfallen. In diesen Zeichen sind auch Sein und Schein nicht unterschieden, wie im Smaragden: Als Zeichen der Liebe liegt seine Bedeutung nicht im Jenseits der Materialität, sondern der Bedeutungs-Wert liegt in der Materialität selbst – weswegen auch bei Liebeserklärungen Diamanten überzeugender wirken als Worte. Das gilt – abgemildert vielleicht – für Blumen und die Blumensprache.

Daß es nicht um die Bedeutung, sondern um die Leidenschaften geht, bekräftigt auch der Kommentar: »Durch ein geistreiches Wort wird der Zorn des Fürsten erregt, durch ein anderes wieder besänftigt. Neigung und Leidenschaft leben und weben in gleichem Elemente; so erfinden Behramgur und Dilaram den Reim, Dschemil und Boteinah bleiben bis ins höchste Alter leidenschaftlich verbunden.«[25] Und in Versen:

Behramgur, sagt man, hat den Reim erfunden,
Er sprach entzückt aus reiner Seele Drang;
Dilaram schnell, die Freundin seiner Stunden,
Erwiederte mit gleichem Wort und Klang.

Blick, der dem Blick, und Stimme, die der Stimme (Reim dem Reime) folgt, unterliegen der Ent-fernung der Geliebten durch das Buch, das Liebe nurmehr *symbolisch* im »hochverklärten All« ansichtig werden läßt.

Hast mir dies Buch geweckt, du hast's gegeben;
Denn was ich froh, aus vollem Herzen, sprach,
Das klang zurück aus deinem holden Leben,
Wie Blick dem Blick, so Reim dem Reime nach.

Nun tön' es fort zu dir, auch aus der Ferne
Das Wort erreicht, und schwände Ton und Schall.
Ist's nicht der Mantel noch gesäter Sterne?
Ist's nicht der Liebe hochverklärtes All?

An anderer Stelle spricht der Dichter aus, das die ›symbolische‹ Dichtung Trug und Verrat ist: »Dichten selbst ist schon Verrat.«[26] Um 1800 ist die Bewegung der Schrift, wie sie sich in der ›hermeneutischen Kolonie‹ durchgesetzt hat, nicht mehr auszulöschen. Auch der Dichter bleibt auf dem Teppich von Kommentar,

25 Wolfgang Goethe, *Hamburger Ausgabe*, Bd. 2, München [10]1976, S. 165–166.
26 Ebd., S. 97.

Kritik und Deutung. *Kritik:* »Wenn jemand Wort und Ausdruck als heilige Zeugnisse betrachtet und sie nicht etwa wie Scheidemünze oder Papiergeld nur zu schnellem, augenblicklichem Verkehr bringen, sondern im geistigen Handel und Wandel als wahres Äquivalent ausgetauscht wissen will, so kann man ihm nicht verübeln, daß er aufmerksam macht, wie herkömmliche Ausdrücke, woran niemand mehr Arges hat, doch einen schädlichen Einfluß verüben, Ansichten verdüstern, den Begriff entstellen und ganzen Fächern eine falsche Richtung geben.«[27] *Kommentar:* »Dem Literator kommen die poetischen Werke zuerst als Buchstaben in die Hand, sie liegen als Bücher vor ihm, die er aufzustellen und zu ordnen berufen ist.«[28] Und schließlich die *Deutung* (symbolische Aneignung) des modernen, individuellen Subjekts: »Diese mohammedanische Religion, Mythologie, Sitte geben Raum einer Poesie, wie sie meinen Jahren ziemt. Unbedingtes Ergeben in den unergründlichen Willen Gottes, heiterer Überblick des beweglichen, immer kreis- und spiralartig wiederkehrenden Erdetreibens, Liebe, Neigung, zwischen zwei Welten schwebend, alles Reale geläutert, sich symbolisch auflösend – Was will der Großpapa weiter?« (Brief an Zelter vom 11. Mai 1820)

Goethe, so läßt sich folgern, war es um die Präsenz des gelebten und erfüllten Augenblicks zu tun. Insofern entfaltet der *Divan* den großen Gegenentwurf zum ewigen Streben des *Faust*. Und genau im ›strebenden‹ Aufschub besteht das Wesen der abendländischen Schriftsprache, die – nach Derrida – »die Abwesenheit und den Tod in sich trägt.«[29] Und die »Graphik der Supplementarität« ist der Ursprung der Sprache selbst.[30] Für Goethe aber geht es um den *anderen* Ursprung der Sprache: die Einheit von Körper und Bedeutung in der Liebesvereinigung der Körper selbst, für die Smaragde und Segenspfänder zwar schon Zeichen-Supplemente sind, aber noch als körpernahe Substitute. Im Unterschied zum gesprochenen oder geschriebenen Zeichen sind sie nicht vom begehrten Körper dessen, der sie trägt, und vom unmittelbar wahrgenommenen Bild des anderen abgelöst.

Zusammenfassend gesagt, besteht die kommunikative Funktion des poetischen Zeichens, die mehr noch als in der schon ›entfernenden‹ Sphäre des Hörens in der des Sehens anzusiedeln ist (Blumensprache, Fächersprache, Sprache der Talismane und der Elemente), in der Auslöschung des Kommunikationsmediums selbst oder – mit Derridas Begrifflichkeit: in der Auslöschung

27 Ebd., S. 186.

28 Ebd., S. 187.

29 Derrida (wie Anm. 2), S. 404

30 »Dieses Verhältnis wechselseitiger und unaufhörlicher Supplementarität ist die Ordnung der Sprache selbst.« Derrida (wie Anm. 2), S. 404.

der Supplementarität. Es geht also nicht um Information, Mitteilung und Verstehen, sondern um Einverständnis – ein Einverständnis des Augen-Blicks, das schon da ist, wenn die Liebenden noch reden, der letzte Aufschub vorm ›Erkennen‹ (auch im Sinn des Sprachgebrauchs Luthers: ... und er erkannte sie) – als gedrucktes Gedicht trägt es allerdings untilgbar das allegorische Todesantlitz:

Das Wort ist ein Fächer! Zwischen den Stäben
Blicken ein Paar schöne Augen hervor.
Der Fächer ist nur ein lieblicher Flor,
Er verdeckt mir zwar das Gesicht;
Aber das Mädchen verbirgt er nicht,
Weil das schönste was sie besitzt
Das Auge, mir in's Auge blitzt.

6. *Schleiermacher*

Die allegorische Extremnegation der Kommunikationsfunktion der Sprache, selbst des Sprechens face to face, in Goethes *Divan* findet ihren Fluchtpunkt in intimer Kommunikation und Kommunion. Um auf das Gesellschaftssystem zurückzukommen, möchte ich die Funktion mündlicher Rede in der Schrift Schleiermachers *Über die Religion. Reden an die Gebildeten unter ihren Verächters* von 1799 betrachten. Auch im Untertitel ist das Wort »Reden« metaphorisch zu verstehen. *Über die Religion* sind nicht Reden, die nachträglich aufgeschrieben, sondern Reden, die gleich als Schrift (Buch) verfaßt wurden. Sie stehen deutlich unter dem Einfluß Fichtes und Schillers, insbesondere der *Briefe über die ästhetische Erziehung des Menschen,* und gehen von der individuellen Setzung einer einzeln-partikularen Anschauung des Universums aus (jeder macht sich sein individuelles Bild vom Lieben Gott, auch wenn das natürlich kulturell codiert ist), die insofern religiös genannt werden kann, als sich in ihr ein »Sinn und Geschmack fürs Unendliche« kundtut.[31]

Die vierte Rede handelt »Über das Gesellige in der Religion oder über Kirche und Priestertum«. Hier geht es um die »Kanäle, in denen der Prozeß des Lebens vor sich gehen soll«[32], um »Mitteilung der Religion«, also um Kommunikation und Gesellschaft. Das richtet sich explizit gegen die soziale Institution

31 Vgl. Hans-Georg Pott, »Religion und Dichtung bei Hölderlin«, in: Evangelische Akademie Baden (Hg.), *»Traurigfroh, wie das Herz.« Friedrich Hölderlin zum 150. Todesjahr* (Herrenalber Forum Band 8), Karlsruhe 1993, S. 74–96.

32 Friedrich Schleiermacher, *Über die Religion,* Stuttgart 1985, S. 117 (im folgenden Seitenzahl im Text).

der Kirche und deren Verwaltung der ›Schrift‹. Auch Schleiermacher steht in der Tradition, die wir aufgezeigt haben, die um den möglichst unmittelbaren Ausdruck von Leidenschaften und Bedürfnissen ringt. Für ihn geht es um die ›ursprüngliche‹ Mitteilung des *frommen Gefühls*. Schleiermacher vergleicht es mit frühkindlichen Impulsen. Moderne Kommunikationstheoretiker würden sagen: Die Mitteilung selbst wird zur Information, die unmittelbar verstanden werden soll. In seinen Worten: wie die »Schwingungen des Gemüts« auf andere fortzupflanzen sind. »Darum interessiert ihn jede Äußerung derselben, und seine Ergänzung suchend, lauscht er auf jeden Ton, den er für den ihrigen erkennt. So organisiert sich gegenseitig Mitteilung, so ist Reden und Hören Jedem gleich unentbehrlich. Aber religiöse Mitteilung ist nicht in Büchern zu suchen, wie etwa Begriffe und Erkenntnisse. Zuviel geht verloren von dem ursprünglichen Eindruck in diesem Medium, worin alles verschluckt wird, was nicht in die einförmigen Zeichen paßt [...].« (S. 120)

Die Rede vom lebendig machenden Geist und dem tötenden Buchstaben geht bekanntlich auf Paulus zurück, der dennoch schrieb. Bei Schleiermacher begegnet der nun schon vertraute Widerspruch: Die Erkenntnis, daß in den sich ins Unendliche ausbreitenden Büchern die Anschauung des Unendlichen nicht mitgeteilt werden kann, wird um ein weiteres Buch vermehrt. Er steckt selbst inmitten der schreibwütigen Bewegung der Frühromantik um das *Athenäum*. Und er verdeckt den Widerspruch durch rhetorische Kunstgriffe, wie zum Beispiel die Redefiktion beim Schreiben: »Ich versichere Euch aber [...]«, also die imaginäre direkte Anrede an Zuhörer, wie denn überhaupt das religiöse Gefühl der Rhetorik nicht entraten kann: »Es gebürt sich, auf das Höchste, was die Sprache erreichen kann, auch die ganze Fülle und Pracht der menschlichen Rede zu verwenden ... [...] Darum öffnet sich auch nicht anders der Mund desjenigen, dessen das Herz voll ist, als vor einer Versammlung, wo mannigfaltig wirken kann, was so stattlich ausgerüstet hervortritt.« (S. 121) Die Gemeinde empfängt diese Rede in »heiligem Schweigen«. Darin liegt ein hohes Freiheits- und Einigkeitspathos: »Es ist freie Regung des Geistes, Gefühl der herzlichsten Einigkeit Jedes mit Allen und der vollkommensten Gleichheit, gemeinschaftliche Vernichtung jedes Zuerst und Zuletzt und aller irdischen Ordnung.« (S. 122)

Der »gemeinschaftliche Schauplatz desselben Gefühls« ist ein Schauplatz der Musik: »Dann entgegnet ihm das laute Bekenntnis von der Übereinstimmung mit dem, was in ihnen ist, und heilige Mysterien, nicht nur bedeutungsvolle Embleme, sondern recht angesehen natürliche Andeutungen eines bestimmten Bewußtseins und bestimmter Empfindungen – werden so erfunden und so gefeiert; gleichsam ein höheres Chor, das in einer eignen erhabenen Sprache der auffordernden Stimme antwortet. Aber nicht nur gleichsam: so wie eine solche Rede Musik ist auch ohne Gesang und Ton, so ist auch eine Musik unter den

Heiligen, die zur Rede wird ohne Worte, zum bestimmtesten, verständlichsten Ausdruck des Innersten.« (S. 122 f.) Auch hier geht es wieder um Liebesvereinigung, aber nun in einem öffentlichen, nicht mehr intimen Bereich. Hölderlin hat sie in künstlerischer Vollendung in der Hymne *Am Quell der Donau* gedichtet:

Denn, wie wenn hoch von der herrlichgestimmten, der Orgel
Im heiligen Saal,
Reinquillend aus den unerschöpflichen Röhren,
Das Vorspiel, weckend, des Morgens beginnt
Und weitumher, von Halle zu Halle,
Der erfrischende nun, der melodische Strom rinnt,
Bis in den kalten Schatten das Haus
Von Begeisterungen erfüllt,
Nun aber erwacht ist, nun, aufsteigend ihr,
Der Sonne des Fests, antwortet
Der Chor der Gemeinde: so kam
Das Wort aus Osten zu uns,
Und an Parnassos' Felsen und am Kithäron hör ich,
O Asia, das Echo von dir und es bricht sich

Am Kapitol und jählings herab von den Alpen
Kommt eine Fremdlingin sie
Zu uns, die Erweckerin,
Die menschenbildende Stimme.

Natur und Gesang, vom Ursprung her, bilden das »himmlische Band, das vollendetste Resultat der menschlichen Geselligkeit«, das so viel mehr wert ist »als Euer irdisches politisches Band, welches doch nur ein erzwungenes, vergängliches, interimistisches Werk ist.« (S. 123)

Der Kreis, wenn ich mit diesen wenigen Beipielen das so sagen darf, schließt sich. Das Ideal erfüllter Gegenwart, in der alle Unterschiede »durch die gesellige Verbindung sanft ineinanderfließen« (S. 124), dem ästhetischen Staat ähnlich, den Schiller am Ende seiner »Ästhetischen Erziehung« konzipiert, ein Kleingruppenunternehmen »für wenige« (S. 128, ebenso Schiller), figuriert den Gegenentwurf zu und in einer Zeit, die sich anschickt, Großgruppen, Nationalstaaten, zu bilden. Die Gefahr der Sektenbildung hat Schleiermacher ausdrücklich reflektiert. Und er hat ein völlig neues Modell konzipiert, das erst heute vollends gewürdigt werden kann, die Vorstellung einer (religiösen) Weltgesellschaft (Weltgemeinschaft müßte man wohl eher sagen), die wie ein *Netzwerk* organisiert ist (und nicht mehr hierarchisch, nach dem »schrecklichen Wahlspruch: kein Heil außer uns« [S. 126]). »Indem Jeder nur mit dem Nächsten in Berührung steht, aber auch nach allen Seiten und Richtungen einen Nächsten hat, ist er in der Tat mit dem Ganzen unzertrennlich verknüpft.« (S. 125) Wie in Goethes *Wahlverwandtschaften* vergleicht er dieses Beziehungsmodell mit chemischen Prozessen (vgl. S. 124). Und er erkennt auf sehr moderne Weise, daß es in diesem Ganzen keine Repräsentation dieses Ganzen mehr gibt: »Die Religion der Gesellschaft zusammengenommen ist die ganze Religion, die unendliche, die kein Einzelner ganz umfassen kann und zu der sich also auch keiner bilden und erheben läßt.« (S. 126) Für Schleiermacher war das keine Utopie, sondern seine Beobachtung der Realität: »Ich versichere Euch aber, daß ich nicht von dem geredet habe, was sein soll, sondern von dem was ist, wenn Ihr anders nicht leugnen wollt, daß dasjenige wirklich schon ist, was nur durch Beschränkungen des Raumes gehindert wird, auch dem gröberen Blick zu erscheinen.« (S. 128) Der beschränkte Raum ist der Norden, wo ein »Geschlecht roher Barbaren« in einem »fremden und rauhen Klima« (S. 127) lebt, dem der Umgang mit den Göttern und den Musen erst beigebracht werden muß von einem, der aus dem Südosten kommt, aus Asia, der Heimat, dem Mutterboden und Vaterland. »Diese Geschäftigkeit um die Verbreitung der Religion ist nur die fromme Sehnsucht des Fremdlings nach seiner Heimat, das Bestreben, sein Vaterland mit sich zu führen und die Gesetze und Sitten desselben, sein höheres, schöneres Leben überall anzuschauen, das Vaterland, selbst in sich selig und sich vollkommen genug, kennt auch dieses Bestreben nicht.« (S. 127)

Ich habe bei Hölderlin, Goethe und Schleiermacher ein Schwellenbewußtsein markiert: Mit der Etablierung der Schrift als Leitmedium der gesellschaftlichen Kommunikation wird ein Verlust der Nähe – des Augen-Blicks wie des Redens und Hören (auch des Gehorchens) – schmerzlich bewußt, ohne doch das Problem der Verständigung schon lösen zu können. Die Idealismus-Kritik der Romantiker setzt hier an. »Man kann … die Suche nach dem verlorenen Einen und Ganzen als Chiffre für ein Kommunikationsproblem verstehen und ihr Experimentieren mit Mythos und Poesie als einen Versuch, über ständische Schranken hinweg das gesamte Volk zu erreichen.«[33] Die Romantiker haben schließlich die Vergeblichkeit dieses Unternehmens erkannt und sich explizit auf den Buchdruck als unhintergehbares Medium für ihre Kommunikation eingestellt – mit Humor, Ironie und der schriftlichen Form des Fragments.[34] Aber auch an Humor und Ironie haften die Spuren des Verlusts. Humor ist, wenn man *trotzdem* lacht. Und Ironie ist die »Urfigur des double bind«.[35] Aber das ist ein anderes Thema.

33 Niklas Luhmann, *Die Kunst der Gesellschaft*, Frankfurt am Main 1995.
34 Ebd., S. 460.
35 Fuchs (wie Anm. 14), S. 93.

CATHERINE VELAY-VALLANTIN

Lire les images d'un conte de Perrault : *Le Chat Botté*

Suivre l'évolution des images d'un conte au cours de ces trois cents dernières années permet de travailler sur les subversions de sens proposées par certains illustrateurs particulièrement audacieux. Au-delà des représentations baroques qu'offrent Gustave Doré, Granville ou Gavarni, en France, ou encore Walter Crane, Arthur Rackham ou George Cruikshank, en Grande Bretagne, l'évolution des illustrations, de la littérature de colportage à la littérature pédagogique et à la littérature enfantine de loisirs, des XVIIIe et XIXe siècles, reflète d'une certaine manière les changements de publics et d'intentions. Mais il n'est pas seulement nécessaire d'établir le rapport de l'invention de ces images avec la représentation d'une réception idéale, celle voulue par les graveurs et les éditeurs. Dans leurs étapes et leurs réajustements successifs, en accord ou en désaccord avec le texte du conte, les lectures de l'image posent non seulement la question des relations avec la mise en spectacle du folklore mais aussi celle de la transmission de la mémoire rituelle.

A travers une étude de cas, la représentation du *Chat Botté* de Charles Perrault, il s'agit ici de restituer, selon les supports imprimés, la déclinaison des images, parfois apparemment identiques, parfois nouvelles. Cette déclinaison de séries d'images s'effectue selon trois types d'utilisation : tout d'abord, la permanence d'une image similaire dans sa forme, d'une série éditoriale à l'autre. Ensuite, l'exploitation de cette même image d'un éditeur à l'autre, pour des supports différents. Enfin, la création d'une image nouvelle, selon une combinaison d'appropriations qui irait de la lecture à la représentation d'une mise en scène vue par ailleurs, jusqu'à la re-création d'une nouvelle histoire saisie entre la lecture, l'écriture d'un nouveau récit, et la mise en exercice de récits parallèles, seuls capables, selon l'éditeur, d'apporter au public des compréhensions nouvelles. Ce qui est en jeu, ce sont, bien sûr, les problèmes posés par la réécriture du conte initial, mais aussi les rapports texte / image lorsqu'ils peuvent être traités selon les différents exercices qui les légitiment : la lecture, la réécriture, la perception d'un spectacle ou d'un rituel. Lors de ce dernier cas, l'image ne peut guère être perçue comme la représentation fidèle du spectacle. Quelle relation entretient donc le conte imprimé avec sa propre mise en scène ? Et comment ce récit donné selon les règles de la théâtralisation développe-t-il ses propres marges ? Comment des genres tels que le théâtre ou encore le rituel parviennent-ils à construire des lectures à la fois singulières et récurrentes ?

Texte et image : les réécritures singulières du conte initial

Le conte *Le Maître Chat ou Le Chat Botté* [1] apparaît pour la première fois en France sous la plume de Charles Perrault, dans le manuscrit des *Contes de ma Mère l'Oye* que l'Académicien fait circuler à la Cour versaillaise et dans les salons lettrés parisiens dès 1695. En 1697, Perrault reprend ce conte dans son recueil *Contes ou Histoires du Temps Passé,* accompagné cette fois de développements stylistiques, d'annotations psychologiques, et d'une information capitale : le Chat y est qualifié de « drôle », c'est-à-dire de « garçon », ce qui, d'emblée, signifie au lecteur aussi bien les composantes anthropomorphes de l'animal que les aspirations à la virilité du Marquis de Carabas, son maître.

Cette analyse du nouveau texte édité par Perrault, effectuée par Marc Soriano en 1968 dans son livre *Les Contes de Perrault. Culture savante et traditions populaires* [2], s'avère tout aussi pertinente dans le cas de l'iconographie du conte : en effet, dès 1695, Perrault opère un choix de gravure qui joue un rôle important jusqu'à nos jours (fig. 1). Face aux moissonneurs qu'il menace : « Bonnes gens qui fauchez, si vous ne dites au Roi que le pré que vous fauchez appartient à Monsieur le Marquis de Carabas, vous serez tous hachés menu comme chair à pâté », le Chat se dresse, hostile, pattes en avant. Aussi grand que ses antagonistes,

1 *Le Maître Chat ou le Chat Botté* de Charles Perrault raconte comment un animal domestique apparemment banal, un chat, héritage inattendu du fils d'un meunier, cadet de famille désargenté, fait la fortune de son maître : une fois chaussé de bottes, le chat devient un chasseur et un intrigant hors pair, qui conquiert royaume et princesse pour le jeune meunier, au détriment d'un ogre dupé. Perrault connaissait sans aucun doute les versions littéraires de ce conte, celle de Straparole, bien diffusée en France par la traduction française de Pierre de Larivey, effectuée en 1576, et aussi celle de Basile, parue en 1636 en dialecte napolitain avant d'être traduite en italien courant XVIIe siècle. L'épisode des métamorphoses de l'ogre qui, une fois transformé en souris, devient la proie du chat, est une trouvaille de Perrault, puisée sans doute dans les viviers populaires des thèmes du *Magicien et son élève* et du *Diable dans une bouteille.* Quant au motif des bottes, il s'agit d'une invention plus directe de Perrault. Le texte du conte est accessible dans : Charles Perrault, *Contes,* Textes établis, avec introduction, sommaire biographique, bibliographie, notices, relevé de variantes, notes et glossaire, par Gilbert Rouger, Paris, Editions Garnier Frères, 1967, pp. 134-142.

2 Marc Soriano, *Les Contes de Perrault. Culture savante et traditions populaires,* Paris, Gallimard, Coll. TEL, 1977 (1ère éd. : 1968), pp. 171-173 et p. 432.

joignant le geste à la parole, il signifie autant son agressivité que son étrange humanité. Pour le manuscrit de 1695, cette image fut dessinée à l'encre et coloriée à la gouache, sinon par Perrault lui-même, pour autant qu'on le sache, du moins sous ses directives. En 1697, le graveur Clouzier la reprend pour l'édition du recueil des *Histoires ou Contes du Temps Passé*. La fortune de cette gravure est considérable : depuis 1697, il n'est pas une édition qui ne la réemploie. Les recueils savants, les éditions de la Bibliothèque bleue et de colportage, les éditions séparées du *Chat Botté*, les planches d'Epinal, les livres d'enfants, les affiches de pantomimes et de publicité... : depuis trois siècles, il n'est pas un seul objet imprimé en France qui n'exploite cette illustration. Et il n'est pas un seul pays européen qui y échappe : les traductions anglaises en particulier, depuis 1729, utilisent à l'envi la gravure initiale de Clouzier, en 1737, en 1741, ou encore en 1745, dans une édition bilingue des *Contes*.[3] Tout au plus peut-on signaler que les graveurs anglais, attentifs au moindre détail, dessinent au Chat des griffes sorties de ses pattes projetées en avant et, du coup, accentuent la menace de l'animal anthropomorphe (fig. 2).

La multiplicité des éditions et des représentations du *Chat Botté* a déjà donné lieu à des travaux importants, comme par exemple le livre de Denise Escarpit. L'image même du Chat est autant un lieu de réitérations que de foisonnantes créations qu'il serait tentant — et vertigineux — de traiter en termes d'« iconologie analytique »[4]. Un système de l'illustration du conte pourrait bien être élaboré à travers ces séries d'images et l'étude de leurs transformations. Sans pour autant nier l'intérêt de ce type d'approche, le fait de s'attacher aux publications les moins répétitives permet de révèler, à travers les écarts éditoriaux, les interventions singulières des auteurs, des illustrateurs ou des éditeurs sur le conte. Cette intervention, cette opération sur le conte implique une sélection de motifs, d'images, de compréhensions. Or, toute sélection nécessite un tri qui porte sur une diversité; il reste donc à saisir les principes qui régissent ce tri. Il faut traiter des stratégies auctoriales et éditoriales qui peuvent, dans un premier temps, présenter le désavantage de convoquer le fantasme d'une sélection réalisée pour des raisons de qualité et de cohérence narratives. C'est un argument qui a été souvent avancé par les historiens de la littérature : consciemment ou non, la plupart des critiques lansonniens ont, en fait, inscrit leur analyse au sein d'un concept venant du domaine de la biologie et renvoyant au positivisme, celui de la « sélection naturelle ». L'idée de séparer les « bons » textes des « mauvais » et celle d'une sélection naturelle sont, bien entendu, apparentées; toutes deux

3 Denise Escarpit, *Histoire d'un conte. Le Chat Botté en France et en Angleterre*, 2 vols., Paris, Didier Erudition, s. d.

4 Hubert Damisch, *Le Jugement de Pâris. Iconologie analytique I*, Paris 1992.

accordent un caractère « naturel » à un processus qui semble néanmoins l'effet d'une volonté. Et pourtant, c'est bien ainsi que les critiques littéraires des *Contes* de Perrault ont justifié la validité des transformations effectuées depuis trois siècles sur la matière même des récits et de leurs images. En fait, ces transformations, qui relèvent en effet d'une discrimination narrative et iconographique, ne semblent pas répondre à des valeurs fixées, données une fois pour toutes, comme si le conte portait en lui-même le devenir de ses évolutions, mais plutôt à un système de principes variables dont les changements dépendent aussi bien des conceptions littéraires et artistiques des auteurs successifs que des modifications contextuelles, formelles, historiques et socio-culturelles.

Aucun processus, aussi complexe soit-il, ne permet de systématiser la totalité de la production éditoriale d'un conte. Toute tentative d'appréhender, à travers un seul recours, les diverses pratiques éditoriales me semble destinée à une réduction et à un appauvrissement qui renient les principes mêmes posés par ce patrimoine. Il ne s'agit pas de proposer une quête de « structures », de « matrices », de « noyaux premiers », qui seraient censés contenir l'essence même du fonctionnement de l'invention narrative. Car ce type de recherche impliquerait l'idée de l'existence d'une hiérarchie entre les écrits et les illustrations. Or, les fondements de ce corpus éditorial reposent sur le refus de l'idée de l'existence de texte et d'image définitifs. Les nouvelles mises en imprimé, même celles qui sont habituellemnt jugées les plus imparfaites, ne peuvent produire que d'autres recompositions éditoriales, textuelles ou bien iconographiques. Faire imprimer un récit demande de réaliser un choix, mais celui-ci n'est que momentané : la forme d'un texte et de son image correspond à une occurrence précise et sa réédition met en place une nouvelle version.

Dans le cas du *Chat Botté,* l'apparente pérennité iconographique s'illustre non seulement dans des corpus identifiables par leur homogénéité matérielle, comme les livrets de la Bibliothèque bleue française et les *chapbooks* anglais, mais aussi au cœur d'un même type d'objets : ainsi, qu'elles soient porteuses du conte ou des chansons composées d'après l'intrigue, les planches d'images exploitent la représentation identique du chat et des moissonneurs. *Le Chat Botté ou le Maître Chat* (fig. 3), composé par Pellerin à Epinal, vers 1860, et *Le Chat Botté, Conte des Fées. — Pot-pourri en vingt-quatre couplets* (fig. 4), édité par Gustave Richard de Paris, vers 1862, d'après la feuille publiée par le libraire Boucquin et Cie et l'imprimeur Charles Noblet, offrent au lecteur la représentation du motif de la menace, reproduit à l'identique. Pourtant, une attention précise au dessin comme au choix des couleurs et à leur débordement révèle combien l'éditeur peut exploiter la plume et le pinceau pour rendre compte de ses interprétations singulières. Chez Pellerin, par exemple, une épée surgit entre les pattes du Chat et voici notre animal transformé en guerrier, et pourquoi pas, en chevalier : le lecteur est donc autorisé à se livrer à une lecture nouvelle du conte, où le Chat s'attribuerait les vertus de son maître. Mais voilà que l'arme est en partie dissimulée sous le vert du pré; la précision du trait du pinceau sur l'ensemble de la feuille entre en contradiction avec cette « bavure » que l'on ne peut donc imputer à la maladresse des enfants apprentis à qui la tâche des coloriages incombait parfois. Que veut-on alors nous faire comprendre ? Les usages de l'image par Pellerin sont-ils vraiment transgressifs, ou bien l'imprimeur veut-il seulement le faire croire ? De son côté, Gustave Richard choisit de mettre un bâton dans la patte du Chat et colorie l'image avec tant de sobriété — à peine quelques touches de jaune et de vert — qu'il accorde aux couplets de la chanson une visibilité plus large qu'à l'image. Alors, ce « pot-pourri en vingt-quatre couplets » s'associe-t-il vraiment au conte ? La coexistence de l'illustration et de la chanson, sur la traditionnelle planche d'images, n'est-elle pas plutôt le signe d'une concurrence avec la chanson contestataire de Béranger, *Le Marquis de Carabas*, largement diffusée depuis 1830, et par conséquent, le résultat d'une tentative éditoriale pour conserver et promouvoir l'exploitation conservatrice du patrimoine folklorique qui, depuis des siècles, fait les beaux jours de l'édition parisienne ? *Le Chat Botté, Conte des Fées* ne serait-il pour Gustave Richard qu'une arme publicitaire ?

Ce que révèle donc dans un premier temps ce type d'analyse, c'est la nécessité d'interroger les barrières génériques, les articulations entre plusieurs genres, trop souvent distingués, le conte, la chanson, la littérature enfantine, la mise en exercice du récit. Au sein même des imprimés, l'image est le lieu privilégié d'expression des créations inventives des imprimeurs ou de ce qu'ils attendent des réceptions de leurs lecteurs. Mais à cette approche, désormais classique, s'adjoint une autre : celle des usages techniques de l'image.

Le Chat Botté *au stéréoscope : la statue animée*

En effet, depuis 1851, un instrument a été présenté à la reine Victoria lors d'une de ses visites à l'Exposition universelle de Londres : un stéréoscope, bientôt répandu dans toute l'Europe. Deux images faiblement décalées permettent, par la grâce de l'invention du physicien Charles Wheatstone, rendue publique en 1838, d'obtenir un effet de relief des plus saisissants. Une fois opérée la promotion auprès d'artistes photographes, les progrès de la technique stéréoscopique favorisent dès 1855 la production et la diffusion d'épreuves sur papier à bas prix.[5]

5 Denis Pellerin, *La photographie stéréoscopique sous le Second Empire*, Paris, Bibliothèque nationale de France, 1995.

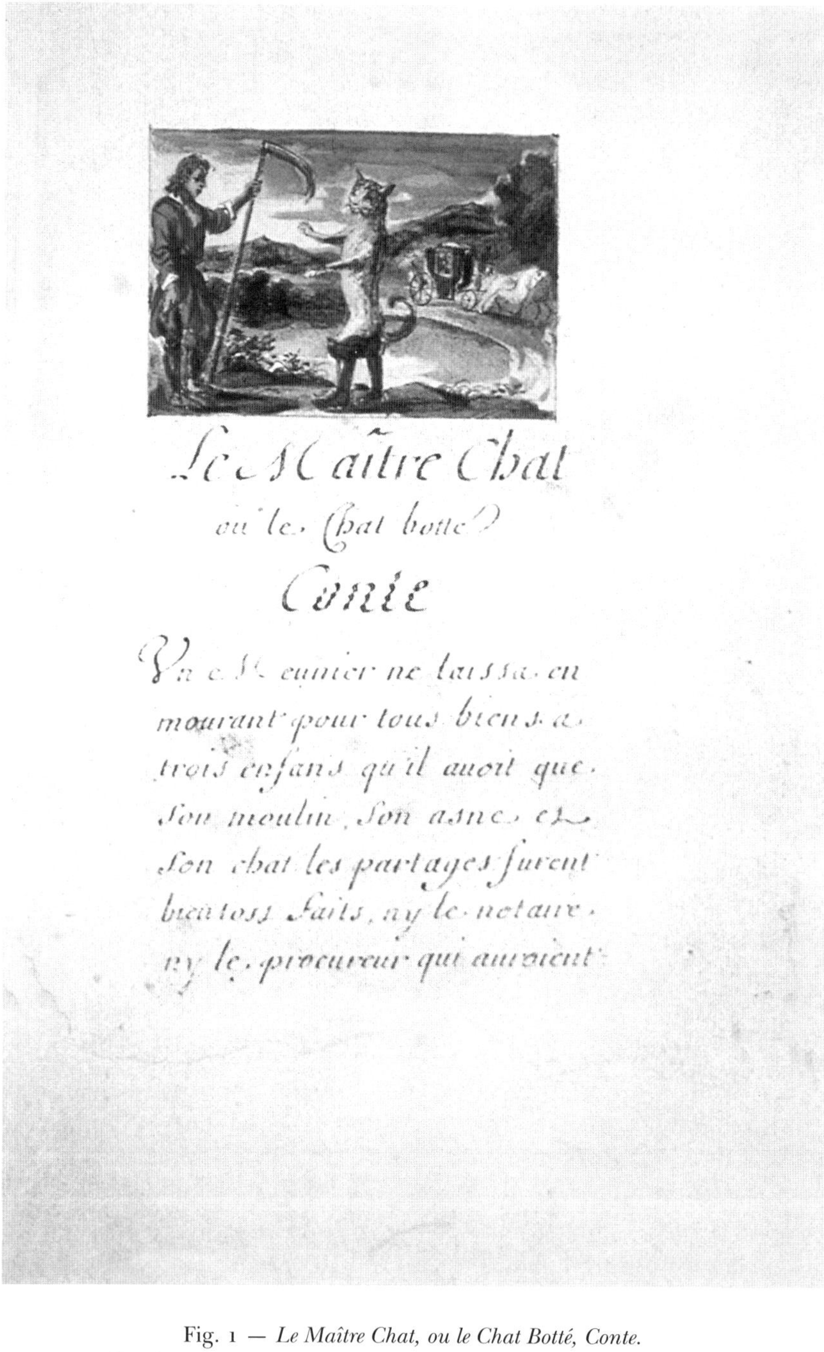
Le Maître Chat
ou le Chat botté
Conte
Un Meunier ne laissa en
mourant pour tous biens a
trois enfans qu'il avoit que
son moulin, son asne et
son chat les partages furent
bientost faits, ny le notaire
ny le procureur qui auroient

Fig. 1 — *Le Maître Chat, ou le Chat Botté, Conte.*
Charles Perrault, manuscrit des *Contes de Ma Mère l'Oye*, 1695.

THE

MASTER CAT;

OR

PUSS in BOOTS.

To which is added, the STORY of a

Man with a Blue Beard.

Printed and Sold in London.

Fig. 2 — *The Master Cat; or Puss in Boots.*
To which is added, the Story of a Man with a Blue Beard. Printed and sold in London.
Edition séparée de la traduction anglaise du *Chat Botté*: *chapbook* de 1750.

Fig. 3 — *Le Chat Botté, ou Le Maître Chat.* De la Fabrique de Pellerin. Imprimeur-Libraire à Epinal. Vers 1860.

Fig. 4 — *Le Chat Botté. Conte des Fées — Pot-Pourri en vingt-quatre couplets.* Imprimé par Gustave Richard, Rue Soufflot. Paris. Vers 1862.

Fig. 5 — Jules Marinier, *Le Chat Botté, fiction littéraire, plâtre.*
Paris, 1870. Vue n° 3 : le Chat Botté et les moissonneurs.

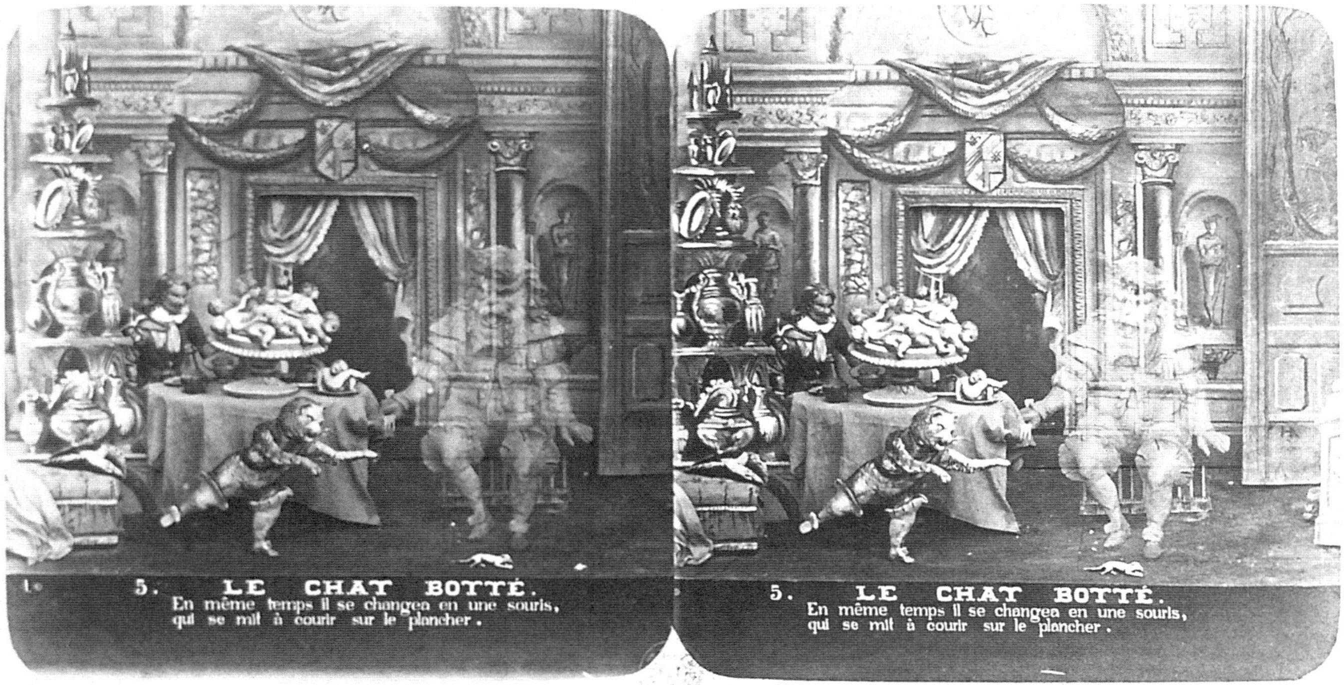

Fig. 6 — Jules Marinier, *Le Chat Botté, fiction littéraire, plâtre.* Paris, 1870. Vue n° 5 : le Chat Botté et l'ogre.

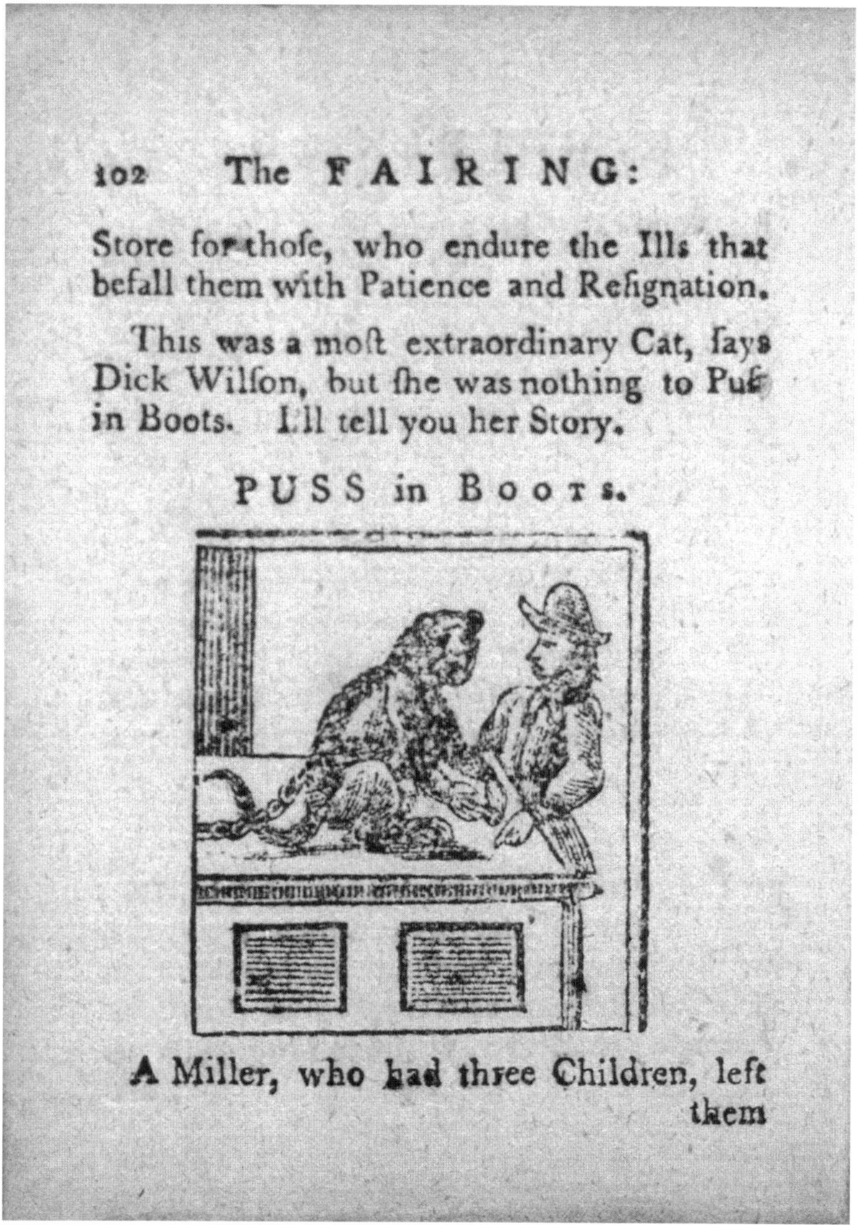

102 The FAIRING:

Store for thoſe, who endure the Ills that befall them with Patience and Reſignation.

This was a moſt extraordinary Cat, ſays Dick Wilſon, but ſhe was nothing to Puſs in Boots. I'll tell you her Story.

PUSS in Boots.

A Miller, who had three Children, left them

Fig. 7 — *The Fairing : or, a Golden Toy, For Children of all Sizes and Denominations. which they may see all the Fun of the Fair And at Home be as happy as if they were Adorned with Variety of Cuts from original Drawings. London : Printed for P. Charles, A. Allardice, and J. Thomas, in French-gate. MDCC.LXXXI. Price Six-Pence, bound and gilt.* p. 102 : *Puss in Boots.*

Puſs at length came to the ſtately Caſtle, which belonged to the richeſt Oger that ever was known; for all the Lands through which the King had paſſed were his Property. The Cat who knew who this Oger was, and what ſtrange things he could perform, deſired to ſpeak with him, ſaying, that he could not paſs near his Palace, without

Fig. 8 — *The Fairing* (cf. légende fig. 7), p. 210 : Le Château de l'ogre.

Dès 1864, Jules Marinier, d'abord pharmacien et vendeur de produits chimiques, puis maire de la ville d'Orsay et auteur d'un *Mémento pour opérer seul sans avoir aucune notion de l'art photographique,* dépose un nombre important de scènes prises aussi bien en extérieur que dans son atelier. Il est célèbre pour ses *Actualités théâtrales,* séries de clichés parmi lesquels on trouve des contes, comme *La Biche au bois* et *Barbe-Bleue,* mais aussi *Les Pilules du Diable,* où la prestigiditation joue un rôle capital et dont Méliès utilisera les truquages et les mises en scènes. En 1870, il dépose un *Chat Botté* en 6 clichés, photographié d'après des plâtres. Marinier fait partie des plus grands producteurs de vues stéréoscopiques; à l'instar des photographes Adolphe Block, Henri Lefort et François Lamiche, il s'intéresse en priorité à la restitution de spectacles théâtraux. L'idée de reproduire les scènes principales d'une pièce ou d'un opéra semblait techniquement irréalisable. Impossible pendant la représentation, la prise de vue était trop coûteuse à effectuer en studio où il aurait fallu amener acteurs et figurants. A qui souhaitait rendre au spectateur la vision globale d'un spectacle, il ne restait que la restitution artificielle des décors et des personnages. Nos photographes font donc appel à des sculpteurs qui confectionnent des figurines, bâtissent minutieusement le décor et disposent le tout dans un espace facile à éclairer en s'aidant de croquis réalisés en cours de représentations. Le montage est adroit, le relief parfait. Et ce n'est pas le moindre des paradoxes que *Le Chat Botté,* intitulé « Fiction littéraire, plâtre », ait été photographié d'après ces techniques réservées aux illusions théâtrales dont Marinier s'était fait par ailleurs une spécialité (fig. 5).

Cette transposition technique a des effets évidents sur la compréhension du conte. Tout d'abord, l'impression d'instantanéité transforme le conte mis en scène en un spectacle vraisemblable. Le fait que bon nombre de vues stéréoscopiques s'attachent à montrer des scènes de rues ou des monuments comme autant de documents historiques, et le souci de réalisme, exacerbé par la présence de la troisième dimension et exigé par la clientèle, investissent *Le Chat Botté* de la banalité du fait-divers : insérés dans des décors stéréotypés et maintes fois utilisés, tels que le café-concert, le refuge en montagne, le buffet de gare, la mer déchaînée, le champ de course, ou encore le salon de réception, les personnages deviennent aussi anonymes que ces figurants et ces passants photographiés dans les rues; et si elles se réfèrent en apparence à la posture traditionnelle imposée par les premières images du conte, les poses sont en fait identiques à celles choisies pour recréer ces tranches de vie que les photographes affectionnent. Scènes de la vie bourgeoise, scènes sentimentales, pathétiques ou cocasses, scènes de la vie de bohème, affaires domestiques : les photographes cherchent à recréer un tableau complet des mœurs de leurs contemporains. Ne serait-ce que par la contiguïté technique dont elles ne peuvent s'affranchir, les mises en vues stéréoscopiques du *Chat Botté* participent de ce système.

Mais il s'agit avant tout d'une mise en scène : les « instantanés » du *Chat Botté* sont, bien sûr, des spectacles qui doivent signifier au spectateur que le stéréoscope est un petit théâtre intime dont il fait ce qu'il veut. Or, ce théâtre portatif, que le spectateur manipule à sa convenance, présente dès 1852 un avantage majeur sur la photographie elle-même : en effet, les épreuves à mouvement permettent de représenter des « personnes mouvantes, par exemple une dame travaillant à l'aiguille et faisant tous les mouvements nécessaires, un fumeur éloignant et rapprochant le cigare de la bouche (...), des personnes qui boivent et portent des toasts à l'anglaise, des machines à vapeur en mouvement, etc. »[6] Grâce au phénomène de la persistance rétinienne, le spectateur qui place ces vues dans un stéréoscope et cligne alternativement l'œil gauche et l'œil droit obtient une « illusion telle que, les deux images se substituant l'une à l'autre, sans qu'il ait conscience de cette substitution, l'impression sera la même que si l'image était réellement animée. »[7] Cette impression de mouvement, sensible dans toute la série du *Chat Botté,* est particulièrement extraordinaire dans la scène de l'Ogre transformé en souris, où la métamorphose est figurée par la mise en transparence du personnage qui s'abolit au fur et à mesure de l'effort optique consenti par le spectateur (fig. 6). Le mouvement donne donc une impression d'inachèvement : en mouvement perpétuel, les personnages n'en finissent pas de se poursuivre, de se menacer, d'enquêter sur leur destin. Dès lors que le spectateur s'empare de tous les procédés mis à sa disposition pour construire le conte à sa façon, *Le Chat Botté* devient un conte qui n'en finit pas.

Or cet usage dynamique du conte semble contradictoire avec l'emploi du plâtre qui permet aux photographes de créer les personnages. D'une manière générale, en effet, la stéréoscopie s'intéresse à la figure sculptée et y excelle. Des séries importantes reproduisent soit les œuvres exposées dans les salles du musée du Louvre, soit les « Statues de Pradier » ou les chefs-d'œuvre sélectionnés dans les expositions universelles. Inversément, on prétend même que les artistes peuvent réaliser des statues d'après une épreuve stéréoscopique représentant leur modèle : « Des sculpteurs entrevirent l'application du stéréoscope à leur art, et nous avons récemment appris de Paris qu'un artiste distingué de cette capitale a modelé une statue d'après le relief produit par le stéréoscope. »[8] L'échange dialectique ainsi révélé entre la photographie en relief et la sculpture, entre la

6 Antoine Claudet / Charles Wheatstone, *La Lumière,* 22 mai 1852, cités par Pellerin (cf. note 5), p. 21.

7 Extrait du mémoire descriptif accompagnant la demande de brevet déposée en 1860 par les photographes Furne et Tournier pour un « stéréoscope animé », cité par Pellerin (cf. note 5), p. 21.

8 Sir David Brewster, *La Lumière,* 11 août 1855, cité par Pellerin (cf. note 5), p. 20.

statue de plâtre nécessaire au photographe et la vue stéréoscopique exploitée par le sculpteur, ne trouve sens que dans l'activité même du spectateur qui détient le pouvoir d'animer les vues dans l'appareil et de concentrer son regard sur tel relief plutôt que tel autre, sur tel mouvement plutôt que tel autre. Le soin extrême apporté à la facture de l'œuvre — les personnages sculptés, leurs costumes, les décors — ne prend sens que dans l'inachèvement partiel du conte qui lui est infligé par le spectateur, à l'occasion des manipulations personnelles de l'appareil. En se soumettant aux désirs du spectateur, en les sollicitant, la photographie stéréoscopique obéit donc à l'esthétique du *non finito,* fixé en cours d'exécution, fini dans son inachèvement.[9] Au même titre que d'autres photographes, Marinier l'a voulue sous cette forme : le contraste entre le travail de création des personnages, de la mise en scène, de la mise en image, et l'inachèvement partiel de l'ensemble une fois qu'il est regardé dans le stéréoscope, suggère que les vues ont bien été l'objet d'un investissement personnel de l'auteur. Et cet investissement ne se réduit pas à un simple détournement iconographique du thème du *Chat Botté*: c'est toute l'image qui en est porteuse, qui en est le lieu même, sous condition que le spectateur crée son propre dispositif scénique.

Le Chat Botté *à la foire*

En 1781, paraît à Londres *The Fairing : or, a Golden Toy, For Children of all Sizes and Denominations.*[10] Ce petit volume décrit les activités de deux foires, Bartholomew Fair, qui a lieu le 24 août et s'articule de très près à la fête des moissons, et St Giles Fair, qui se tient, quant à elle, le 1er septembre. A la page 62, on peut lire : « The first scene presented us with monkies at dinner dressed like modern beaux, and a third in a livery waited on them at table. » La description de cette attraction est suivie d'une gravure représentant un singe savant assis sur une table. Cette même gravure est utilisée quelques pages plus loin, page 102, pour illustrer *Puss in Boots* (fig. 7). Le conte de *Puss in Boots* est précédé de celui de

9 De ce point de vue, en déplaçant le champ de l'analyse iconographique, le travail des photographes pour vues stéréoscopiques s'analyse aussi bien pour leur investissement personnel que pour l'usage de la « pulsion scopique » dans leur création. Sur le plan méthodologique, voir : Daniel Arasse, « ‹Petit pinceau deviendra grand› : Parmigianino et la scène de Vulcain», *Le sujet dans le tableau,* Paris, Flammarion, 1997, pp. 93-105.

10 *The / Fairing : / or, a / Golden Toy, / For / Children / of all / Sizes and Denominations. / which they may see all the Fun of the Fair / And at Home be as happy as if they were / Adorned with / Variety of Cuts from original Drawings. / London : / Printed for P. Charles, A. Allardice, / and J. Thomas, in French-gate. / MDCC.LXXXI. / Price Six-Pence, bound and gilt.*

Dick Whittington and his Cat, histoire proche de celle du *Chat Botté,* et dont la fortune ne s'est jamais démentie en Grande Bretagne, malgré la large diffusion de la traduction du conte de Perrault.[11] L'intérêt majeur de cette édition séparée du conte vient aussi bien du recueil dans lequel il est enchâssé que du choix de l'image.

La présence de l'oralité et de sa mise en scène est, bien sûr, ce qui structure le recueil : il s'agit donc d'annoncer les attractions foraines, comme à la parade, et d'énumérer les spectacles à des enfants restés à la maison. Un personnage, Dick Wilson, décrit les activités propres à chaque foire, et à l'occasion, raconte des récits merveilleux. Le simple fait que des contes puissent être identifiés en terme d'activités foraines représente déjà en soi un changement important, non pas dans la représentation du récit mis en oralité, qui a sans doute circulé depuis longtemps en parallèle aux éditions de contes, mais plutôt dans l'aveu qui est fait ici de cette représentation. Ce recueil semble se moquer des processus d'identification narrative et éditoriale qui sont imposés par les tenants de la culture officielle et par les éditeurs : un conte peut bien être un récit mis en livre, certes, mais raconter *Le Chat Botté,* ce peut être aussi une activité ludique mise en scène dans une fête foraine. Il suffit pour cela que les personnages du conte puissent se rencontrer lors d'une attraction foraine et y jouer leur rôle en fonction des logiques ludiques et rituelles qui structurent la fête. C'est dans ces conditions, à la suite de récits sur Bartholomew Fair, que Dick Wilson commence *Puss in Boots* : « I'll tell you her Story. » Un chat dont l'identité sexuelle est féminine, par la grâce de la grammaire anglaise, un nom que l'on découvre, Puss, associé à l'image d'un singe savant : quelle est donc l'histoire qui va être racontée ici ?

Ce n'est pas la première fois que les éditeurs anglais publient *Le Chat Botté* sous le titre *Puss in Boots.* Jusqu'en 1750, les traducteurs se contentent de titrer *The Master Cat.* Ce sont les éditions séparées qui font de *Puss in Boots* le titre définitif de la traduction du conte de Perrault et de Puss le nom porté en Angleterre par le Chat. Mais Puss n'est pas une invention spéciale des éditeurs anglais pour le Chat Botté. En effet, si Puss apparaît dès 1530, souvent associé à Pussy, dès 1565, pour désigner le chat domestique, c'est en 1605 que l'on repère ce nom dans les premiers *chapbooks* pour enfants, en particulier les *Nursery Rhymes.* Puss devient alors le nom de l'animal de compagnie de l'enfant, même si en 1610, l'on peut relever une autre acception, souvent moqueuse : Puss est aussi une jeune fille fine et rusée. A partir de 1668, Puss est également employé pour désigner un lièvre, en particulier dans les traités de chasse burlesques publiés par

11 L'association des deux contes est une constante des *chapbooks* des XVIIIe et XIXe siècles, comme par exemple : *The history of Whittington and his cat, and The story of Puss in Boots.* Glasgow. Published by Francis Orr & sons (ca. 1826).

les éditeurs de *chapbooks.*[12] Les deux significations, celle de l'animal de compagnie et celle du lièvre, sont attestées tout au cours des XVIIIe et XIXe siècles. Mais le chat connaît deux autres noms propres : Grimalkin, depuis 1570, est attribué aussi bien à une vieille chatte qu'à une sorcière, un spectre ou encore un épouvantail — à condition que l'identité des monstres soit féminine —, et Tabby, depuis 1638, est donné aux chats mâles, à fourrure rayée. Puss est donc le fruit de ce passé sémantique : en lui donnant le nom des chats, ou plutôt des jeunes chattes qui, dans les *Nursery Rhymes* et les *chapbooks,* peuplent d'autant plus l'univers enfantin que les petites filles leur sont identifiées, les éditeurs de *Puss in Boots* choisissent leur public. Ce conte, ainsi transformé, au point même que le Marquis de Carabas devient un jeune garçon, s'adresse en priorité aux enfants, ce qui permet à *Dick Whittington and his Cat* de garder en Angleterre son public habituel, celui qui réclame pour Londres le même type de récit des origines dont bénéficient les « rustiques » des comtés.

Mais pourquoi faut-il donc que Puss soit présent à la fête de Bartholomew Fair ? Cette fête est attestée pour la première fois en 1598 par la chronique d'un voyageur allemand, Hentzner, et popularisée en 1614 par la pièce de Ben Jonson. Elle se tient pendant trois jours, du 23 au 25 août à Londres, dans le quartier de Smithfield. La vente des bestiaux et des draps en est le pivot commercial mais la foire s'organise aussi autour d'attractions et de pantomimes : des phénomènes de foire y sont exhibés, et l'on joue dans les théâtres de marionnettes comme sur les planches de comédiens ambulants aussi bien *The History of the Chaste Susanna, The Siege of Troy* que *Patient Grisel.* Pour l'éditeur du *chapbook* de 1781, il ne fait guère de doute que Puss est un de ces animaux merveilleux et inquiétants, singes ou chats savants, dont on présente les numéros lors de la fête. Jusqu'en 1855, date de son interdiction, la fête de Bartholomew Fair oscille en effet entre le bouillonnement des spectacles des *puppet-shows,* des danseurs de corde (par ailleurs proxénètes soucieux de leur rentabilité), des exhibitions de nains, de géants, et d'autres monstres de foire, les *pig-faced ladies,* de singes et cochons savants, et les interdictions du maire de Londres, qui redoute et dénonce l'évolution de la fête vers ce qu'il est bientôt courant d'appeler, sous le règne de Charles II, *the London carnival,* accompagné d'émeutes. La fête est coordonnée à une spécificité foraine, *a Cloth-fair,* dont la réputation exige du maire de Londres, parfois accompagné d'un membre de la famille royale, de venir imposer sa marque, la mode vestimentaire qu'il conviendra de porter chaque année. Dès

12 *Cynegetica; or, The Force and Pleasure of Hunting : An Heroi-Comical Poem, in Two Canto's. Containing several comical Incidents, and diverting Episodes.* The second Edition with Additions. By H. Morgan, of the Inner-Temple, Gent. (...) London, Printed for W. Chetwood, at Cato's Head in Russel-Street, Covent-Garden. 1720, *Preface.*

1598, cette pratique est attestée et elle se poursuit jusqu'au XVIIIe siècle. En 1778, ce sont le Duc et la Duchesse de Gloucester qui incarnent la dernière présence royale.[13]

La chasse sauvage de Puss in Boots

Du XVIe au XVIIIe siècle, un rituel accompagne la présence des autorités municipales : après que le maire — ou le roi — a parcouru la foire, une fois installé sous une tente avec ses douze principaux conseillers, il assiste à la représentation de *Dick Whittington and his Cat* et à plusieurs spectacles de lutte et de matches de football. « After this is over, a parcel of live rabbits are turned loose among the crowd, which are pursued by a number of boys, who endeavoured to catch them with all the noise they can make. » Les lapins sont tués moins pour leur chair que pour leur fourrure qu'on associera aux tissus à la mode. Il est clair que nous sommes ici en présence d'un rite qui se nourrit du conte : mise en scène théâtrale de l'épisode du braconnage des lapins par le Chat Botté ou bien pratique rituelle légitimée par la diffusion du conte ? Toujours est-il que ce spectacle rituel évolue d'une bien curieuse façon; courant XVIIIe siècle, on précise que les pièces de théâtre sont jouées de moins en moins souvent et que cet abandon de la représentation théâtrale s'accompagne de dérives graves au cours des attractions foraines : c'est ainsi par exemple qu'à la chasse aux lapins s'ajoutent des numéros de dressages de fauves. Et les deux spectacles deviennent si dangereux qu'il n'est pas rare que mort s'en suive. Car les jeunes garçons qui pourchassaient les lapins au XVIe siècle se sont transformés vers 1770 en redoutables *blackguards*, regroupés en une bande qu'ils ont eux-mêmes baptisée *Lady Holland's Mob*.[14]

Bartholomew Fair et St Giles Fair qui sont au cœur du *chapbook* de 1781 présentent une caractéristique commune : leurs jeux et leurs attractions s'attachent à célébrer les joies de l'activité principale de cette fin d'été : la chasse. Dans le cas de la chasse aux lapins du 24 août, il ne fait guère de doute que ce spectacle ludique offert au maire de Londres honore les jeunes braconniers du sud de la ville. La foire lui rappelle par ailleurs, grâce à la représentation de *Dick Whittington and his Cat*, ce qu'il doit aux chats, et par conséquent, aux jeunes garçons de

13 Henry Morley, *Memoirs of Bartholomew Fair. With facsimile drawings, engraved upon wood, by the brothers Dalziel.* London, Chapman and Hall, 1859.

14 Robert Chambers, *The Book of Days. A Miscellany of Popular Antiquities in connection with the Calendar including Anecdote, Biography and History, Curiosities of Literature and Oddities of Human Life and Character.* London and Edinburgh, W. & R. Chambers, 1864, Vol. II, pp. 263-264.

la cité. Mais c'est aussi la tolérance du maire à l'égard du braconnage qui est ainsi ostensiblement mise en scène, pour le bénéfice des deux parties. Le XVIIIe siècle voit cette mise en scène rituelle dégénérer : à plusieurs reprises, en 1769, en 1770 et 1776, le spectacle est interdit par le maire de Londres, en particulier en 1770, lorsque le *deputy-marshal* est tué par les *blackguards,* réunis dans leur *Lady Holland's Mob.* L'année 1822 verra les *blackguards,* au nombre de cinq mille, se livrer au meurtre et au pillage dans les rues du quartier de Smithfield. Dans leur ensemble, ces événements prouvent que, dans la Grande Bretagne pré-industrielle, le peuple urbain était tout, sauf immobile.[15] Mais surtout, la nouveauté rituelle vient, entre autres, de l'appropriation du rôle habituel des braconniers par de jeunes Londoniens, issus d'un faubourg. En effet, que les braconniers se constituent en bande armée est assez constamment répandu dans toute l'Europe à la fin du XVIIIe siècle.[16] C'est la bande qui fait peur aux autorités, ce phénomène qui excède l'acte individuel du braconnage endémique, assez bien toléré, et qui parvient à se légitimer par des actes de grande criminalité. La bande criminelle n'est pas la fatalité du braconnage; mais, au XVIIIe siècle, la chasse illégale nourrit un commerce clandestin et s'alimente aux ressources d'un monde parallèle qui, précisément, a droit de cité à Bartholomew Fair, comme dans la plupart des foires, où les *blackguards* occupent le terrain de la chasse et de ses effets juridiques et commerciaux, une place laissée vacante par un déni de droit collectif. Bartholomew Fair est donc le théâtre d'une criminalité qui glisse, en Grande Bretagne comme en France, entre les définitions que le contrôle social veut lui imposer. Ce qui est spécifique à Bartholomew Fair, c'est que les *blackguards* se constituent en association, avec des règles qui sont bien celles d'une contre-société, et qu'ils la nomment : *Lady Holland's Mob.*

Lady Holland, ou encore Lady Holle, Holt, Holda, ou Hulda : un des nombreux noms de la déesse Diane, lorsqu'elle prend la tête de l'« armée furieuse », de la « chasse sauvage », du cortège des âmes qui vient tourmenter les vivants.[17] Les émeutes provoquées par les *blackguards* s'apparentent à une coutume signalée à Francfort à la fin du XVIIe siècle[18] : des jeunes gens étaient payés pour conduire le soir, de porte en porte, un gros chariot recouvert de branchages, en l'accompagnant de chansons et de prédictions qu'ils s'étaient faites. Les spectateurs reconnaissaient dans cette cérémonie une célébration de l'« armée

15 Peter Burke, *Popular Culture in Early Modern Europe,* Londres 1978. — *The Invention of Tradition,* edited by Eric Hobsbawm / Terence Ranger, Londres, Cambridge University Press, 1983.

16 Roger B. Manning, *Hunters and Poachers. A Cultural and Social History of Unlawful Hunting in England 1485-1640,* New York, Oxford University Press, 1993, pp. 209-220. — Philippe Salvadori, *La Chasse sous l'Ancien Régime,* Paris, Fayard, 1996, pp. 302-305.

17 Carlo Ginzburg, *Le sabbat des sorcières,* Paris, Gallimard, 1992 (1ère éd. : 1989), pp. 112-113.

18 Paul Christian Hilscher, *De exercitu furioso,* 1688, cité par Ginzburg (cf. note 17), p. 176.

furieuse ». S'il est vrai, comme le souligne Carlo Ginzburg, que les jeunes gens de Francfort, qui personnifient contre rétribution la procession des morts, font penser à des acteurs professionnels, en revanche, les *blackguards* de *Lady Holland's Mob* apparaissent plutôt comme des membres d'associations juvéniles en proie à des pulsions autant contestataires que criminelles. *Lady Holland's Mob* semble bien faire partie de ces groupes qui, au lieu d'être constitués de femmes courant vers les « batailles nocturnes » de la fertilité et de l'érotisme, s'organisent en sociétés de jeunes hommes, souvent travestis en animaux, qui mettent en scène des jeux rituels et dont les processions parcourent les villes. Et la chasse aux lapins de Bartholomew Fair, dont les *blackguards* se sont emparés, s'apparente sans doute à ce type de jeux ou de quêtes, dont la plus connue est celle de la nuit de Halloween. Mais l'évolution de la chasse ludique vers les émeutes meurtrières s'explique plus difficilement : l'on pourrait déceler en *Lady Holland's Mob,* à la suite de O. Höfler[19], un contenu mythique, héroïque et guerrier, et lire les crimes des *blackguards* comme autant de rites pratiqués par des groupes secrets de jeunes gens envahis par la fureur extatique et qui estiment personnifier les esprits des morts. Or, s'il est vrai que *Lady Holland's Mob* invente bien une mise en scène de la « chasse sauvage », dans l'évidente intention de terroriser la population de Smithfield, la brutalité et la violence propres aux jeunes gens sont surtout le résultat d'une lutte pour la détention du pouvoir sur le lieu même de Bartholomew Fair : en effet, depuis 1770, les *blackguards* se réunissent « to proclaim the fair after their own fashion, the night before the mayor did so. » Et les jeunes gens de *Lady Holland's Mob* se gardent bien d'isoler le caractère guerrier de leurs émeutes hors du contexte plus large de Bartholomew Fair où s'incarnent aussi des thèmes liés à la fertilité : ils sont en effet les premiers à savoir que le jeu de la chasse aux lapins d'où ils sont issus se décline comme un rite de fertilité et de prophylaxie, en un jour où l'on célébre aussi bien la chasse que la fête des moissons.

Puss et les moissonneurs de la dernière gerbe

En 1751, le Parlement décrète que la Grande Bretagne abandonne le calendrier julien *old style* pour le calendrier grégorien *new style* : il en résulte que les fêtes de la fin des moissons, qui se déroulaient le 4 septembre, lors du St Bartholomew's Day Old Style, sont alors organisées le 24 août, avant une période d'adaptation où les Londoniens, avec à leur tête, les jeunes gens de *Lady Holland's Mob,*

19 Otto Höfler, *Kultische Geheimbünde des Germanen,* Vol. I, Francfort-sur-le-Main 1934, cité par Ginzburg (cf. note 17), p. 335, note 2.

s'estimant outragés, réclament à hauts cris les onze jours perdus — « Give us back our eleven days » — et obtiennent gain de cause : au milieu du XIXe siècle, à la suite de l'interdiction de Bartholomew Fair, c'est le 2 septembre qui accueille finalement la fête de la fin des moissons. Cette fête s'organise selon les mêmes principes établis sur le continent : les coutumes relatives à la dernière gerbe et au dernier char des moissons ont été décrites par W. Mannhardt, puis par James George Frazer, avant d'être étudiées par Arnold Van Gennep.[20] *The Last Sheaf,* la « maîtresse gerbe » qui termine le travail lors des *harvest-end fairs,* est réunie par le moissonneur arrivé en premier, qui est proclamé roi du bouquet. Il a le droit de choisir une reine, et le couple, paré de fleurs et de rubans flottants, a l'honneur de précéder la dernière charretée de gerbes. Un banquet met fin aux travaux des moissonneurs. La plupart des régions européennes donnent un nom d'animal à la dernière gerbe : chèvre, chien ou chat. Il arrive même, à la fin du XIXe siècle en tout cas, que l'animal ainsi désigné pour endosser l'identité de la gerbe soit décapité sur le champ moissonné. En Ecosse, la gerbe est connue sous le nom de *Cailleach* — vieille femme — et de *Maighdean* — *maiden* —. En Grande Bretagne, de nos jours, on l'appelle *Harvest Queen.* Au XVIIIe siècle, à Smithfield, lors du transfert de la fête des moissons le 24 août, en 1752, on préfère *Corn Doll, Corn Baby,* ou encore *Corn Pussy.*[21] Déjà, en 1723, à la désignation de la dernière gerbe par une poupée vivante, *the Seed-Wonder,* dont le moissonneur du Deuxième Royaume des Géants ne sait plus trop s'il s'agit d'un être humain aux proportions minuscules ou bien d'un chat habillé en poupée ou encore d'une gerbe de blé aux ressources magiques, Jonathan Swift assignait une problématique, celle de l'inversion symbolique.

Bartholomew Fair est le lieu où les pouvoirs évidents du Chat Botté ont été énoncés avec le plus de clarté et de cohérence : ce Chat joue bien un rôle protecteur des moissons, comme tous les traités animaliers le rappellent en Angleterre depuis le début du XVIIe siècle.[22] C'est un redoutable chasseur, non seulement des souris et des rats qui saccagent les greniers, mais aussi de lapins et de perdrix. C'est ainsi qu'il incarne à lui seul la dextérité du braconnier. Et sa double identité, animale et humaine, lui permet de figurer dans tous les rituels

20 Wilhelm Mannhardt, *Der Baumkultus der Germanen und ihrer Nachbarstämme,* Berlin 1875, pp. 190-218. — James George Frazer, *Le Rameau d'Or,* Vol. I, *Le roi magicien dans la société primitive,* Paris, Editions Robert Laffont, Coll. Bouquins, 1981 (1ère éd. : 1890), p. 291. — Arnold Van Gennep, *Manuel de folklore français contemporain,* Tome Premier, Volume 5, *Les cérémonies périodiques, cycliques et saisonnières,* Paris, Editions Picard et Cie, 1951, pp. 2235-2339.

21 Charles Kightly, *The perpetual almanack of folklore.* London, Thames and Hudson, 1987, 24 août, 2 et 4 septembre.

22 Edward Topsell, *The Historie of foure-footed Beasts,* London, Printed by William Iaggard, 1607, pp. 102-103 : *Of the Cat.*

où le travestissement animalier est nécessaire, comme les *Morris Dances*.[23] Enfin, ses liens avec le monde surnaturel l'autorisent à ouvrir la porte aux excès de la « chasse sauvage ». L'autonomisation progressive du personnage, sous forme de théâtralisations multiples et de stéréotypes, la surdétermination de ses représentations, de ses incarnations, de ses détournements, l'évident potentiel de changements et de superpositions de rôles qu'offre Bartholomew Fair : autant de constructions dynamiques qui relèvent de la logique rituelle. Alors, il s'agit de comprendre maintenant comment l'éditeur du *chapbook* de 1781 a réussi ce pari impossible : faire figurer l'énonciation du rite au cœur même de l'énoncé du conte par la représentation, enchâssée dans le texte imprimé, d'un singe savant.

« Comprendre le conte », pour Yvonne Verdier, ce n'est pas le « placer dans son contexte », injonction qui esquive l'essentiel — c'est-à-dire la nature, le niveau, les dimensions et les caractères de ce dernier —, mais bien plutôt construire, *avec le conte,* le réseau de toutes les autres « façons de faire et façons de dire » qui en éclairent non seulement le mouvement général mais le plus énigmatique détail. Elle se plaisait à ajouter que le conte était à la fois, indissolublement, « savoir sur la société » et « savoir de la société », miroir grossissant et toujours déplacé en même temps qu'agent des apprentissages essentiels, véritable « petit rite parlé », soulignent Claudine Fabre-Vassas et Daniel Fabre à propos de la démarche d'Yvonne Verdier.[24] Penser ensemble le conte et les institutions sociales nécessite tout d'abord de dévoiler la démarche de l'éditeur qui cherche à insérer son choix de textes et d'images dans la logique rituelle.

Lorsqu'on aborde la liste des éditions du *Chat Botté,* aussi bien en France qu'en Grande Bretagne, on est confronté à un processus qui semble régi par la reprise, le recyclage, le réemploi et qui semble indissociable d'un phénomène subtil : le déracinement d'un texte de son contexte et sa mise en place dans un nouveau contexte. On est bien en présence d'une volonté, celle d'un écrivain, ou d'un illustrateur, souvent anonymes, ou d'un éditeur, qui manipulent le corpus bien connu des versions du conte. Bien sûr, ces manipulations sont réalisées en toute connaissance de cause, ce qui implique, de la part des auteurs, des illustrateurs et des éditeurs, toutes sortes de spéculations et d'anticipations quant à leurs effets. Il ne s'agit surtout pas de poser le problème en fonction de rapport de continuité ou de discontinuité. En effet, cette façon de concevoir le problème des réécritures d'un conte, au travers d'un texte ou d'une image,

23 Edwin Christopher Cawte, *Ritual Animal Disguise. A Historical and geographical Study of Animal Disguise in the British Isles.* Cambridge, Published by D. S. Brewer Ltd. and Rowman and Littlefield for the Folklore Society, 1978, pp. 102-103 : *The Morris Dances.*

24 Claudine Fabre-Vassas / Daniel Fabre, « Du rite au roman », in : Yvonne Verdier, *Coutume et destin. Thomas Hardy et autres essais,* Paris, Gallimard, 1995, p. 15.

occulterait la complexité d'un processus d'édition ou de réédition qui semble dépourvu d'une logique valide pour la totalité des cas éditoriaux. Au lieu de justifier ou d'essayer de mettre en question la volonté éditoriale, il vaut mieux étudier les dispositifs mis en place dans la gestion du patrimoine folklorique porté par *Le Chat Botté*.

Chacun des illustrateurs convaincus de la nécessité de représenter une figure nouvelle du Chat Botté doit faire face aux exigences d'un éditeur, le présentant parfois comme le seul responsable de sa production. Il semble pourtant difficile d'imaginer une stratégie plus fortement marquée par une volonté de maîtrise de sa propre invention iconographique que celle déployée par les illustrateurs de livrets de colportage et de livres pour enfants des XVIIIe et XIXe siècles. Ceci est particulièrement sensible chez le graveur employé par les éditeurs-libraires Charles, Allardice et Thomas qui vendent le *chapbook* de 1781 : il ne fait guère de doute dans ce cas précis qu'ensemble, graveur et éditeurs se sont livrés à une véritable gestion de leur production. Gestion : j'emploie ici le mot dans le sens d'administration, organisation, direction, d'un patrimoine culturel à l'intérieur même d'un champ culturel, envisageant des effets, des gains et un profit d'ordre symbolique. Je ne pense pas que la stratégie de ce graveur et de ces éditeurs ait visé en particulier le profit économique, mais plutôt le contrôle, l'orientation d'un ensemble de significations et, en ce sens, le maniement d'une œuvre folklorique. Bien sûr, la mise en place de ce processus a certainement eu des conséquences sur le plan commercial. Cependant, il reste qu'il s'agissait avant tout pour eux de gérer au mieux la contiguïté du conte et du rite, au cœur même d'un contexte d'une violence sociale et rituelle d'une exceptionnelle longévité.

C'est la raison pour laquelle se pose le problème de la figurabilité du rite. C'est par sa configuration que le rite manifeste sa singularité : il se présente comme unique à travers un énoncé ou une figure qui lui serait propre, bien sûr, mais aussi, par la multiplicité et la diversité des relations et des parcours éventuels qu'il instaure avec le passé. C'est pourquoi l'image du *chapbook*, pas plus que d'autres, ne peut être lue comme un document ethnographique. Cette image est avant tout la figure de la virtualité du rite, aux deux sens du terme virtuel, définis par Louis Marin : « *Figure ou énoncés latents* qui restent encore à l'état de possible (...), mais aussi *vertu figurale ou énonciative,* force de figuration ou d'énonciation, puissance d'accès à la forme ou au discours. »[25] Les configurations iconographiques et éditoriales de cette image nous donnent le sens de son « contenu » comme de sa représentation. Le « contenu » est ici pris au sens que lui donnait Erwin Panofsky : « Le ‹contenu› (...) peut être décrit (...) comme

25 Louis Marin, « Transparence et opacité de la peinture ... du moi », in : *Bologna. La cultura italiana e le letterature straniere moderne,* Ravenna, Longo, 1992, p. 127.

ce qu'une œuvre trahit mais n'affiche pas ».[26] Et le terme de représentation prend le double sens de substitution et d'intensification que lui donnait Louis Marin.[27] Dans cette optique, qui est celle d'une latence du contenu au sein de l'image, il faut concevoir l'illustration non seulement comme une mise en forme et une figure de la virtualité rituelle, mais aussi comme un « travail » sur le contenu, en particulier celui du passé, dont l'édition, le *chapbook*, constitue l'œuvre manifeste et visible.

La meilleure façon d'interpréter historiquement la singularité effective d'une édition qui se présente comme unique dans la série des autres éditions du *Chat Botté*, est de démêler l'écheveau complexe des allusions associées à la représentation du singe dressé pour Bartholomew Fair. L'on parvient ainsi à reconstituer le programme iconographique de l'illustrateur. Par exemple, l'image du singe ne figure dans *Puss in Boots* que si le numéro de dressage, outre sa charge significative, est perçu pour ce qu'il est dans le système des spectacles de Bartholomew Fair : une attraction foraine qui évite la création d'un univers diégétique fictionnel et l'enchaînement des épisodes importants qui caractérisent la narration; une attraction qui s'épuise au contraire dans un acte de présentation constitué d'attitudes consciemment exhibitionnistes vis à vis du spectateur. Plutôt que de représenter l'épisode d'une histoire, le numéro de foire suscite chez le spectateur une pure stupéfaction devant cet acte d'exhibition, car il apparaît et s'évanouit dans une temporalité ponctuelle qui pourrait être décrite par une formule qu'emploierait un magicien sur scène : « Maintenant, vous voyez les tours du singe, maintenant vous ne les voyez plus. » Si le « il était une fois » du conte invoque un « alors » et un « là-bas », l'attraction du singe se manifeste dans un « ici » et un « maintenant ». Lorsque le graveur du *chapbook* choisit de représenter le singe dressé prêt à faire son numéro pour figurer l'histoire de Puss, il combine, avec l'aide des éditeurs, attraction et récit. Un travail de réception est suggéré alors au lecteur : assembler les deux régimes de spectacles, le conte oral et l'attraction foraine, en termes de dialectique interactive, comme les plus longues féeries de Méliès et de Pathé en fourniront plus tard la possibilité au spectateur.[28]

26 Erwin Panofsky, « L'histoire de l'art est une discipline humaniste », in : *L'Œuvre d'art et ses significations. Essais sur les « arts visuels »*, Paris, Flammarion, 1969 (1ère éd. : 1940), p. 41.

27 Louis Marin, *Des pouvoirs de l'image*, Paris, Le Seuil, 1993, pp. 11-12.

28 Sur l'usage des attractions par Méliès, voir : Charles Musser, « Pour une approche du cinéma des premiers temps : le cinéma d'attractions et la narrativité », in : *Les vingt premières années du cinéma français*, sous la direction de Jean A. Gili / Michèle Lagny / Michel Marie / Vincent Pinel, Paris, Presses de la Sorbonne Nouvelle, 1995, pp. 147-175. — Tom Gunning, « Attractions, truquages et photogénie : l'explosion du présent dans les films à truc français produits entre 1896 et 1907 », in : *Les vingt premières années du cinéma français*, op. cit. , pp. 177-193.

Autre exemple : l'image du singe est suivie d'un bois représentant un château fortifié, image classique des séries du monde à l'envers où le château des chats est attaqué par l'armée des rats (fig. 8). Et l'on parvient aussi à comprendre l'indication de l'identité générique du *chapbook*, celle d'un conte pour enfants, dans un paysage éditorial déjà bien occupé : le nom Puss est, bien sûr, l'occasion de capter un public enfantin habitué à lire les *Surprizing Adventures of Puss in Boots* ou bien les *Adventures of My Grandmother's Cat, or Puss in Boots* ou encore *Pussy's Road tu Ruin.*[29] Mais compte tenu des rituels de fertilité et d'inversion symbolique qui légitiment l'émergence du conte, en 1781, à Londres, autour de la publicité faite pour Bartholomew Fair, Puss incarne aussi, et surtout, *Corn Pussy*, la dernière gerbe magique.

Et ainsi de suite : cette analyse qui refuse de sélectionner une interprétation au détriment d'une autre peut devenir interminable. Pour autant, c'est cette surinterprétation qui doit être cultivée et approfondie, car elle seule permet de dégager la surdétermination virtuelle, qui est, comme je l'ai dit, propre à toute logique rituelle, et qui donne sa force et son efficacité à l'organisation des images dans le texte imprimé du *chapbook*. Aussi bien, la question n'est plus de savoir si l'image du conte édité figure le rite, ou bien si le rite est une mise en scène du conte. Le véritable problème posé par ce *chapbook* est de ne pas céder à la tentation de trouver « le » texte et « la » seule image qui banaliseraient la singularité du bois gravé et des intentions éditoriales. Mais, en regard de cette disposition intellectuelle, c'est aussi, et surtout, de découvrir combien la lecture de l'image a été affectée par l'invention d'une tradition folklorique : une invention que les *blackguards* ont artificiellement construite comme une ré-invention, dont ils auraient cherché et trouvé la légitimité dans un passé réel ou imaginaire. Lorsqu'ils ont assuré au maire de Londres et à toute la population du quartier de Smithfield que, par leur intermédiaire, les défunts s'étaient emparés des rituels de la chasse et des moissons, les jeunes criminels de *Lady Holland's Mob* ont créé une mémoire totalisante du passé.

29 *The entertaining Story of Little Red Riding-Hood, and the Surprizing Adventures of Puss in Boots.* London. Printed and sold by J. Hollis, Black Friars (ca. 1790). — *The Adventures of My Grandmother's Cat, or Puss in Boots*, with numerous copper plates. London. Printed by W. Darton, Holborn Hill, 1818. — *Pussy's Road to Ruin, or Do As You Are Bid.* London. A & S. Joseph Myersand Co. 144 Leadenhall Street. William Tegg and Co. 85 Queen Street. Cheapside (ca. 1855).

ROBERTO LEYDI

Tradizione orale, scrittura, lettura

Nuova trasmissione orale e conseguente trasformazione di alcuni canti popolari italiani

1. L'intersecazione non lineare fra tradizione orale, scrittura, lettura e nuova trasmissione orale (con conseguenti trasformazioni) è stata, per i canti popolari di molte aree europee, assai più forte e incidente di quanto la rappresentazione demologica dei processi di formazione e diffusione dei materiali verbali e musicali tutt'ora abbastanza corrente non voglia considerare.

Le ricerche e soprattutto l'allargamento e l'approfondimento della considerazione critica sui documenti offerti dal lavoro «sul campo» vanno via via dimostrando come l'ipotesi della cosiddetta «trasmissione di bocca in bocca» dei canti popolari, con conseguente formazione di successive microvarianti, abbia certo un suo fascino «ideologico», ma che non possa da sola spiegare tutto il complesso fenomeno della formazione, circolazione, modificazione, contaminazione e anche ricreazione (con, spesso, nuovo avvio del ciclo) dei materiali comunicativi che consideriamo «tradizionali». I risultati di questo lavoro, non certo esaustivo, già conduce a rendere più evidente il peso, non sempre complementare, della partecipazione della scrittura (e quindi della lettura) accanto e «dentro» ai processi che riteniamo propriamente «orali».

Il fenomeno dell'intersecazione di scritto e orale, secondo un processo non sempre lineare e quasi mai riconducibile ad uno schema semplice, quale passaggio di un testo scritto all'uso orale e da un testo orale alla fissazione scritta, è stato certo più esteso e profondo in quei Paesi (come la Francia, la Gran Bretagna e i Paesi di lingua tedesca) dove più diffusa è stata, in virtù di una maggiore alfabetizzazione popolare e di più favorevoli condizioni socio-economiche, la circolazione di fogli e libretti a stampa e abbastanza capillare anche l'utilizzazione scolastica di canti popolari, per lo più «nazionali», (ovviamente da fonti scritte), ma il fenomeno è ben avvertibile anche in Italia (e soprattutto nell'Italia settentrionale). In Italia questo processo non ha ricevuto, a differenza di altri Paesi europei e forse soprattutto degli Stati Uniti, che un contributo marginale da parte della radio e dei dischi, almeno fino al secondo dopoguerra (che vede la larga diffusione di dischi [45 rpm] e poi di cassette vendute sulle bancarelle) e la mediazione della fonte scritta è rimasta primaria fino ad anni assai recenti.

Volendo identificare le principali «situazioni» con le quali i processi di intersecazione pluridirezionale di scritto e orale si presentano si possono indicare alcune seguenti situazioni, considerando non soltanto l'aspetto verbale ma anche quello musicale che può avere sue articolazioni non parallele a quelle dei testi verbali, ma anche può averne di sue proprie:

1) Testi, letterari e musicali, attestati a stampa dal XVII e XVIII secolo e presenti (più o meno rielaborati e trasformati) nella pratica popolare, secondo quanto documentato dalla ricerca contemporanea.

2) Canzoni, romanze e canti patriottici e politici di origine culta o semi-culta, soprattutto dal XIX secolo, ma con esempi anche antecedenti, entrate nell'uso orale attraverso fogli volanti, libretti di circolazione popolare, pubblicazioni patriottiche, scolastiche, politiche.

3) Canti di tradizione orale immessi nella pratica popolare e orale da canzonieri militari (soprattutto «alpini») dal periodo immediatamente seguente la prima Guerra mondiale. Da considerare, in questa situazione, la funzione dei cori «di montagna» che da quel filone «alpino» hanno in gran parte tratto la loro origine, quali ulteriori (e forse primari) trasmettitori di questi repertori anche in ambito popolare.

4) Canti che consideriamo di «vecchia» tradizione orale rielaborati, a partire soprattutto dal XIX secolo e fino a tempi a noi molto vicini (gli anni Sessanta del '900), per opera di cantastorie (e simili) e nuovamente diffusi nella rinnovata veste (verbale e musicale) attraverso i fogli volanti e poi, dagli anni Cinquanta, attraverso dischi (45 rpm) e poi cassette «da bancarella».

Non è naturalmente possibile, nel tempio che ho a disposizione, proporre un'esposizione argomentata e soprattutto documentata di tutte le situazioni prima sommariamente indicate. Mi limiterò, quindi, ad alcune rapide considerazioni generali, cercando però di offrire esempi, che credo capaci di evidenza testimoniale, relativamente ad alcuni casi che si propongono come particolarmente problematici.

2. Relativamente alla prima situazione c'è da osservare che limitatissime (per l'Italia) sono le fonti a stampa antecedenti il XIX secolo con testi nei quali sia identificabile una dipendenza non generica di canti attestati nell'uso popolare (contemporaneo o del secolo scorso). La stragrande maggioranza dei testi a stampa dei secoli XVII e XVIII nuovamente identificati nella pratica popolare orale appartengono al genere religioso, soprattutto in relazione all'intensa attività «missionaria» post-tridentina. Si deve qui osservare che quei canti della pubblicistica controriformista che sono giunti fino a noi nella pratica popolare

conservano quasi sempre una notevole (e anche forte) integrità. La qual cosa si spiega soprattutto con il fatto che la maggior parte dei relativi testi scritti hanno avuto presenza, con successive edizioni, fino alla riforma del Vaticano II, anche se spesso in ambiti locali. E anche è da considerare il contesto per sua natura «conservativo» dell'uso di quei canti e la presenza del clero.

Discorso analogo può farsi per la seconda situazione, dove assolutamente determinante è stata l'azione delle fonti scritte, originate ovviamente, come quelle religiose, da scopi «promozionali», o, meglio, propagandistici. Se dell'epoca napoleonica sono rimasti nell'uso contemporaneo pochi e per lo più corrotti o contratti documenti, gli anni risorgimentali hanno fornito numerosi canti alla pratica popolare, pur con una conservatività, in certi settori, notevolmente inferiore a quella dei testi religiosi. La funzionalità propriamente patriottica dei canti risorgimentali si è venuta ovviamente stemperando con la conclusione degli «anni eroici» e il succedersi di nuove e differenti condizioni politiche ha condotto ad un sovrapporsi di nuovi strumenti canori di propaganda. Non vi è stata, cioè, la «continuità» della Chiesa cattolica, rimasta pressoché immobile fino al Vaticano secondo, a garantire la permanenza di una parte almeno del repertorio post-tridentino (e di successiva ispirazione post-tridentina).

Diverso in parte il caso dei canti politici legati ai movimenti d'opposizione che si definiscono nel secolo scorso (repubblicani e socialisti) che, invece, una loro ragione di continuità l'hanno avuta fin quasi ad oggi, pur con l'interruzione traumatica (per quanto riguarda le edizioni a stampa dei canzonieri e della possibilità di uso pubblico dei canti) degli anni del fascismo. Anche in quest'ambito si è avuta la funzione conservativa dei testi a stampa, accanto però ad una vivace pratica di trasmissione orale che ha indotto molte varianti ai testi colti e semicolti originari. Varianti non sempre determinate dal naturale processo di modificazione del passaggio «di bocca in bocca», ma anche da adattamenti intenzionali al mutare del contesto politico della manifestazione oppositiva.

Riconducibile in parte alla situazione precedente è quella relativa ai repertori militari. Anche in questo caso si è avuta una consistente influenza delle fonti scritte (e poi anche, dall'indomani della prima Guerra mondiale, dai dischi, a loro volta debitori verso le fonti scritte), ma il processo si presenta assai più complesso in quanto una parte consistente dei repertori militari (in primo luogo «alpini») è giunta alla pagina scritta dall'uso orale e la pagina scritta ha soltanto «codificato» una determinata versione orale, imponendola poi alla pratica orale generalizzata. Si potrebbero portare numerosi esempi ma è sufficiente ricordare il caso di quella ballata che nella raccolta di Costantino Nigra (1888) appare titolata *Il testamento del marchese di Saluzzo,* avendo Nigra creduto di riconoscere l'origine del testo nelle vicende testamentarie del marchese Michele Antonio di Saluzzo, morto a Napoli per una ferita ricevuta all'assedio di Aversa, nel 1528.

Già nel 1919 Pietro Jahier e Vittorio Gui pubblicano, a Trento, per conto della Sezione Propaganda della I Armata, un libretto intitolato *Canti di soldati* che raccoglie alcune canzoni (testi e musiche) che sarebbero state cantate dai soldati alpini nel corso della guerra appena conclusa. In questo libretto vi è una versione del *Testamento* di carattere assolutamente «moderno» che ha qualche attestazione in area veneta già anteriormente alla guerra *(Il testamento del capitano).* La versione veneta e «moderna» (pubblicata poi innumerevoli volte nei canzonieri militari, alpini, popolari e inserita nei repertori di moltissimi cori) trova larga diffusione nazionale; si «insedia» anche in regioni nelle quali non vi era antecedente presenza di versioni «vecchie» (o comunque diverse) e penetra decisamente anche in Piemonte.

Si ha quindi, in questo caso, un processo che vede la fonte scritta «raccogliere» un canto orale, stabilizzarlo, diffonderlo, renderlo nuovamente di uso orale e farlo sostitutivo di antecedenti (o diverse) versioni orali.

Per quanto riguarda i repertori militari non bisogna dimenticare che le fonti scritte sono tutte di parte «ufficiale» e quindi finalizzate alla propaganda. Da qui la forte censura esercitata nella scelta dei testi da pubblicare e diffondere e anche in alcune parti di quelli pur prescelti. Esclusione, cioè, di ogni canto di protesta contro la guerra e il servizio militare e anche apertamente disfattista.

Nelle situazioni fin qui esaminate il rapporto è sempre di una fonte scritta «ufficiale», o comunque produzione dell'egemonia politica e sociale, con i canti orali/popolari. Vi è però una situazione che vede, ad agire con la scrittura, una realtà che non è integralmente orale, ma neppure è riconducibile all'ambito proprio della cultura scritta letteraria. Si tratta di quella produzione che per comodità diciamo «da cantastorie», o «da foglio volante» e, poi, nel secondo dopoguerra, «da disco da bancarella». Non è questa la sede per discutere anche sommariamente la collocazione dei produttori di testi di quel tipo, ma è sufficiente richiamare la posizione «intermedia» degli autori di canti «da cantastorie», che utilizzano la pagina scritta per «comporre» i loro testi e la stampa per diffonderli, ma che sono riconducibili, in misure diverse da caso a caso, ad un ambito di sensibilità popolare e orale.

Gli autori dei testi da foglio volante hanno prodotto un enorme numero di testi a partire dalla metà del secolo scorso, fino agli anni Settanta del nostro secolo. Per lo più testi «originali», ma anche rifacimenti modernizzati e attualizzati di canti tradizionali, in primo luogo di carattere narrativo. Hanno cioè «composto» nuove versioni di vecchie ballate tradizionali. In qualche caso queste nuove versioni hanno trovato accoglienza nel mondo popolare, si sono radicate e hanno circolato oralmente, ora a fianco alle versioni «antiche», ora sostituendole.

Vorrei ora proporre alcuni esempi concreti, in relazione a quest'ultima situazione, con due casi che allargano però il problema non già dell'attestata mediazione scritta, bensì della possibile mediazione scritta finora non attestata ma ragionevolmente ipotizzabile.

3. La ballata di *Cecilia* è una delle non molte ballate che troviamo largamente attestata e con lezioni integre e belle pressocchè in tutte le regioni (esclusa la Sardegna). Questo fatto ha condotto Costantino Nigra a ipotizzare un'origine italiana di *Cecilia* e non già, come la maggior parte delle ballate presenti in Italia, da noi giunte dalla Provenza e la Francia in Piemonte e dal Piemonte poi (in parte) passate alle altre regioni settentrionali.

Cecilia, infatti è assente dalle raccolte provenzali e francesi, ma è ben presente in Catalogna e le coincidenze fra i testi (non le musiche) italiani (soprattutto piemontesi) e quelli catalani sono più che evidenti, così da far escludere che la storia possa aver avuto indipendenti origini, da un motivo narrativo circolante in Europa, in Catalogna e in Piemonte.

Poniamo a confronto due testi, uno piemontese ed uno catalano:

1 *Cecilia* (3:24)
Asti / reg. di R. Leydi, 1964
Teresa Viarengo (canto)
DdS 110/12 (LP) e CD allegato a: Roberto Leydi, *Canté bergera,* Voghera, 1995

Sa na sun tre gentil dame ca na venhu da Li-ùn
la pü bela l'é Sisilia ca l'à 'l so marì in persùn

– O buon dì buon capitani o bon dì lu dagh a vui
e 'na grasia che mi fèisa m'fèisa vedi me marì –

– O si si dona Sisilia che 'na grasia u la fas mi
basta sül d'una nutéa ca vegnì a dörmi cun mi –

– O si si sur capitani a me marì i lu vagh a dì
o s'öl sarà cuntent chiel e cuntenta sarö mi –

So marì l'era a la fnestra da luntan l'à vista venìr
– Che növi n' portevi Sisilia che növi n' purtevi a mi? –

– E per vui 'n a sun tant buni tan grami na sun per mi
ansema a sur capitani e mi tuca andé durmì –

– O 'ndé püra dona Sisilia o 'ndé püra se vorì
vui a m' salverei la vita e l'unur a v' lu salv mi

bütevi la vesta bianca cun al faudalìn d' satìn
vi vederan tan bela i av(r)an pietà di mi –

A s' na veñ la mezzanotte che Sisilia da 'n suspìr
s' cherdiva d'essi sugnea feisu möri so marì

– O dörmì dörmì Sisilia o dörmì lasé durmì
duman matin bunura na vedrei lo vot marì –

A s' na vehn la matinea che Sisilia a s' leva sü
a s'é fasi a la finestra vede so marì pendü

– O vilàn d'ün capitani o vilan vui m'ei tradì
a m'ei levà l'onore e la vita a me marì –

– O tasì tasì Sisilia o tasì 'n po se vui vorì
sima sì tre capitani pievi vui cul ca voì –

– Mi vöi pa che la növa vada da Li-ùn fihn a Paris
che mi abia a spusà 'l boia el boia del me marì –

Sa na sun tre gentil dame ca na venhu dal mercà
a j àn vist dona Sisilia bele e morta per la strà

2 *La dama implacable*
da: M. Mila' y Fontanals, *Romancerillo catalàn. Canciones tradicionales,* Barcelona, [2]1882

Allí a la vila de Reus tota la gent ha fugit
sinó una noble dama que en té pres lo seu marit.
Se'n va a trobar el comandano el comandano de Madrid:
«Déu lo guard, lo comandano voidríeu traure el meu marit?»
«Si pot ser, la noble dama, si ve amb mi dormir una nit.»
«Calli, calli, comandant que ho dìré a lo meu marit.
«Vés-hi, vés-hi, noble dama vés-hì, vés-hi, una nit,
posa't lo vestit de seda o sinó lo de setí,
i si aqueixos no t'agraden posa-te'n un de l'or fi.»
A l'entrar-se en el quarto noble dama fa un sospir.
«Què en sospira noble dama què en sospira aquesta nit?
Sospira la noble dama los amors del seu marit?»
«Si per cert, lo comandano los amors del meu marit.»
«No s'espanti, noble dama ja el veurà demà al matí.»
Noble dama és matinera a les quatre del matí
treu el cap a la finestra veu passar lo seu marit:
«Calla, calla, el comandant bé es recordarà de mi,
m'ha llevat la honra meva, n'ha penjat el meu marit.»
«No t'espantis noble dama no n'hi faltarà marit:
tres filis en tinc a la guerra, triarà lo més bonic,
i si aquest no li agrada jo seré lo seu marit;
tinc la dona al llit malalta que s'acaba de morir,
i si ella no se'n moria jo la ajudaré a morir.»
«Vara el toc, el comandant lo mateix faria de mi.
Deixi-la viure, comandant deixi-la viure per mi.»
Un dia venint de missa el comandant veu venir:
«Hola, hola, comandant t'has de recordar de mi.»
«Tinga pietat, la dama tinga pietat de mi.»
«La pietat que en tenia quan penjava el meu marit.
Ja se'n trau una pistola i prompte n'hi posa el dít.

La ballata di *Cecilia* è nata in Italia e dall'Italia è passata alla Catalogna? O viceversa? È passata «di bocca in bocca» senza lasciar traccia in quell'esteso territorio intermedio che è la Provenza? Non sono assolutamente frequenti questi passaggi da un territorio ad un altro non contigui e allora viene legittimo il dubbio che vi sia stata una mediazione scritta. Il problema è naturalmente aperto e si riproporrà in un altro esempio di questa mia nota, a proposito di un'altra ballata, *Il testamento dell'avvelenato.*

Il testo che probabilmente è stato portato dall'Italia alla Catalogna (o viceversa) non può essere certo quello che troviamo in un foglio volante della Tipografia Salani di Firenze, datato 1867, intitolato *La vendetta della bella Cecilia.* In questo foglio, che conduce un buon esempio della quarta situzione sopra sommariamente descritta, la storia appare profondamente rimaneggiata, con un incredibile inserto all'inizio (fig. 1).

Ma questa versione da foglio volante è entrata nell'uso popolare, com'è attestato in una registrazione della montagna toscana (Garfagnana, Lucca), dove pur è largamente presente la versione tradizionale.

3 *Cecilia*
da: D. Menchelli, *Viva lo rè, via l'amor. Canti popolari della Garfagnana,* Edizioni della Rocca, 1992

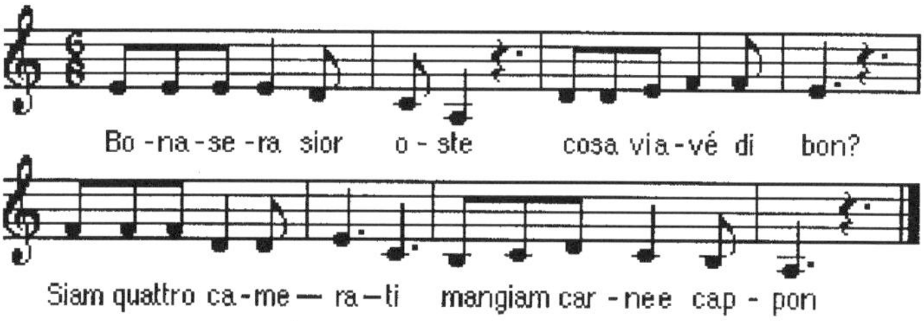

– Bonasera sior oste cosa vi avé di bon?
Siam quattro camerati mangiam carne e cappón –.

– Carne non se ne mangia si mangia baccalà –.
– Se mangi baccalare ti metterò in pregión –.

La chiappano e la menano la menano in pregión
e la Ciciglia piange piange lo suo mari.

....

Gliel'han messo in pregione lo voglian far mori

– Sentì sior capitano 'na grazia vorei da te –.
– Di' sù di' sù Ciciglia che grazia vuoi da me? –

– Voglio se tu mi levi il mio marì dalla pregión –.
– Si vieni a dormir meco la grazia te la fo –.

S'affaccia alli balconi lo dice al suo marì.
– Se lui sarà contento stasera sarò qui –.

LA VENDETTA DELLA BELLA CECILIA

Capitano. Buona sera, Ostiero. —
Oste. Buona sera mio signor. —
Capit. Delle starne e vin sincero...
Presto, muoio di languor.
Oste. L'ostier con buona cera,
Gli disse: mio padron,
È gli è sabato sera,
Nè starne, nè piccion:

Se vuole un'insalata,
Di quì non è lontan;
L'anguilla è là girata,
C'è vino, e del buon pan.
« Quando gli ebbe cenato,
Si mise a leticar,
Dicendo aver pagato
L'oste più del suo dar.

L'Ostiero ad ogni costo
Sostiene sue ragion;
Passan le guardie, e tosto
Lo menano in prigion.
La povera Cecilia
Piange lo suo marì;
Preso, legato, in carcere
Lo voglion far morì.

Vanne, Cecilia bella,
Dal Capitano va';
Se' vaga come stella,
La grazia ti farà! — »
Cecil. Grazia, sor Capitano,
Grazia per lui, per me. —
Capit. Il tuo pregare è vano,
Se non mi vuoi con te. —

« Al giunger dell'aurora
Cecilia fa un sospir. — »
Capit. Cos'hai, Cecilia ora?
Tranquilla puoi dormir. —
Cecil. Ho una gran pena al core
Che assai dolor mi dà... —
Capit. Sta lieta che l'amore
Passertala farà. —

Cecilia. Spietato Capitano!
Tutto m'hai tolto tu:
Le sposo gli è lontano,
La pace non no più.
Or fammi rivedere
Il mio caro marì,
O mi vedrai cadere
Morta di duolo quí. —

« Il giorno dopo vola
Cecilia alla prigion:
S'inoltra zitta e sola,
Tremando di passion.
Il caro sposo scorto
Ebbe alla fin colà:
Misero! gli era morto;
Ma come non si sa ». —

Cecilia. O Capitano infame,
Tradito m'hai così!..
Sol di vendetta brame,
Or sento in petto quì.
La sconterai, crudele;
Il cor ti strapperò;
E poi col mio fedele,
Sotterra me n'andrò. —

« Dal Capitan si porta;
Cecilia, pien d'ardor;
Ma la si finge, accorta,
Soffoca il suo martir.
Con faccia sorridente,
Venuto il nuovo dì,
Si fece a lui presente,
Parlandogli così: »

Cecilia. Mio caro Capitano,
Quanto contenta son,
Or darti la mia mano,
Me tutta, posso, in don:
È morto mio marito,
Libera sono alfin....
Oh mal ci aveva unito
L'avverso e rio destin!

Con te felice appieno,
Sarò certo quaggiù...
Deh! ch'io ti stringa al seno,
L'amore mio se' tu. —
« Allor fattosi sera,
Andàro a riposar:
L'ultima notte l'era
Per l'empio militar.

Con vezzi e con carezze,
Cecilia alfin potè
Vincer di lui l'asprezze;
E disse: or tu se'.
Quando ben bene vede
Il Capitano dormir,
Vicina a lui si diede
Suo giuro per compir.

S'arma dello squadrone
Di lui che dorme allor;
E senza compassione,
Già cieca da furor,
Ricidegli la testa,
Nuova Giuditta par.
Ciò fatto, lesta lesta
Di là mosse l'andar. — »

Cecilia. Che cosa ho fatto, oh Dio!
Rimorso già ne ho;
Scoperta sarò io,
E in carcere n'andrò.
Da questo luogo infame,
Mi voglio allontanar:
Vo' andare a Roma santa,
Mi voglio confessar. —

« Al suo passar la gente
Dicevan: quella là,
Indemoniatamente,
Morire tutti fa,
Lo suo consorte fino,
Spietata, fe impiccar;
Lo sguardo viperino,
Sa gli uomini stregar.

A Roma giunta, a' piedi
Dal Papa si gettò.
Gli disse: cosa chiedi? —
Rispose dopo un po': — »
Cecilia Chiedo l'assoluzione
De' miei delitti appien. —
Papa. Fanne la confessione,
E avrai un tanto ben. —

Cecilia. Perdono, Padre Santo;
Mia mano trucidò
Un che m'avava tanto
Offesa in ogni mo'...
Pentita son, perdono!
Perdono per pietà!... —
Papa. L'assoluzion ti dono;
A pregar Dio ten va. —

« In un sacro ritiro,
Suora si fece allor;
Ivi suo sol desiro
Era pregar di cor:
Digiuni, penitenze,
Preghiere notte e dì,
Fecer che santamento
Cecilia si morì. »

— FIRENZE 1867 — TIPOGRAFIA SALANI —

Fig. 1

– Senti marito mio   che dice il capitano
Se vado a dormir seco   la grazia ce la fa –.

– Vanne vanne Ciciglia   e non pensà all'onor
....   levami di pregión –.

Quando fu giorno ammodo   Ciciglia s'alza su
s'affaccia alli balconi   non ce lo vede più.

– Cane di un capitano   mi hai levato l'onor
....   la vita al mio mari –.

....

– Sta' zitta Ciciglia   e non ti far sentir.

Siamo in tre capitani   e in tre marsiglié
....   prendi quale ti par –.

– Non vò' né capitani   non vò' né marsiglié
dammi la rocca e il fuso   star me ne vò' con me –.

O imbarcator che imbarchi   vieni a imbarcar di qua
Metta bandiera bianca –   Ciciglia se ne va.

Addio belli paesi   addio belle cità
ma la cità di Parma   mai più mi rivedrà.

Ma, ancora, la ballata ha avuto varie nuove versioni (almeno tre) nei dischi (fig. 2) e nelle cassette da bancarella (fig. 3), negli anni Sessanta. Versioni che hanno trovato accoglienza nell'uso orale, almeno in Calabria.

Fig. 2

Fig. 3

4 *La storia di Cecilia* (soltanto la parte 1) (2:04)
Tony Lombardi (canto, acc. strum.)
45 rpm Pig PI 7055

C'erano tre sorelle c'erano tre sorelle
Cecilia la più bella
Cecilia la più bella si mise a fare l'amore

Passava un capitano passava un capitano
Cecilia sospirata
– Che ài Cecilia bella che ti sospira il cuore? –

– Tengo un dolore al petto tengo un dolore al cuore
tengo a Peppino in prigione
tengo a Peppino in prigione lo voglio a libertà –

– Senti Cecilia bella Cecilia del mio cuore
se tu mi dai 'l tuo amore
se tu mi dai 'l tuo amore lo mando a libertà –

– O capitan maggiore o capitan maggiore
aspetta un momentino
lo vado a dire a Peppino se te lo posso dare –

– Senti Peppino mio Peppino del mio cuore
se io ci dò l'amore
se io ci dò l'amore ti manda a libertà –

– Senti Cecilia cara Cecilia del mio cuore
riguardati l'amore
riguardati l'amore di me non t'importare –

– O capitan maggiore o capitan maggiore
prepari un bel lettino
prepari un bel lettino che andiamo a riposare –

4. *Il testamento dell'avvelenato* (Nigra 26) è una ballata che può sicuramente ritenersi di attestata origine italiana e che ha trovato un consistentissimo, ma anomalo, insediamento fuori dal nostro Paese. Questa canzone è tra le pochissime tra quelle di uso popolare documentata da fonte scritta italiana fin dalla prima metà del XVII secolo. Il suo incipit è infatti chiaramente citato nella strofa ventesima dell'incatenatura *Opera nuova nella quale si contiene una incatenatura di più villanelle ed altre cose assai ridiculose,* di Camillo, detto il Bianchino, cieco fiorentino (Verona 1629), pubblicata in Wilhelm Mueller / Oskar Ludwig Bernhard Wolff, *Egeria,* Leipzig, Fleischer, 1829. Altra citazione è nella *Cicalata in lode della padella e della frittura* del canonico Lorenzo Panciatichi, accademico fiorentino (1656) (L. Panciatichi, *Scritti varj,* Firenze, Le Monnier, 1856).

Le citazioni entro le incatenature (come nei travestimenti religiosi) dimostrano la popolarità delle canzoni citate in quanto il gioco delle citazioni era proprio fondato sul fatto che i testi richiamati fossero largamente, al loro tempio, conosciuti.

Questa la citazione dall'incatenatura del Bianchino, inequivocabilmente riferibile alla ballata *Il testamento dell'avvelenato* non soltanto per la coincidenza del testo dell'incipit (e si tratta di un incipit perfettamente caratterizzato e non genericamente formulistico), ma anche per la struttura della strofa:

Ormai, Signori, dette tante e tante,
La mia voce è straccata:
Io vo' finir con questa d'un amante
Tradito dall'amata.
Oh che l'è sì garbata
A cantarla in ischiera:
Dov'andastù, jersera,
Figliuol mio ricco, savio e gentil?
Dov'andastù jersera?

Questa ballata è assente in Francia e in Provenza, ma è invece una delle più conosciute nelle Isole Britanniche (e Paesi di colonizzazione britannica), dov'è nota, per il titolo datole da Child (Child 12), come *Lord Randal,* ed è attestata anche nei Paesi tedeschi e scandinavi.

Ciò che colpisce è la forte coincidenza dei testi nei vari territori dove questa ballata è presente e come tutti i testi (nella maggior parte delle loro varianti) appaiano sicuramente riconducibili ai «modelli» italiani.

Si pone quindi, in modo ancor più evidente, lo stesso problema già considerato per *Cecilia,* cioè il problema del «passaggio» del testo dall'Italia alla Gran Bretagna (altri Paesi del Nord Europa), con la conservazione quasi testuale del testo come in italiano.

Anche qui, di conseguenza l'ipotesi, non infondata, di una trasmissione attraverso un testo scritto, nel filo di quella consistente importazione in Gran Bretagna dall'Italia di materiale letterario e, soprattutto novellistico, nel XVII secolo.

È sufficiente porre a confronto un testo orale italiano (e precisamente il primo raccolto in Italia, sul Lago di Como) con un testo anglosassone per cogliere le strettissime coincidenze, tali da far apparire il testo britannico quasi una traduzione verso per verso di quello italiano. C'è da osservare che i testi anglo-sassoni si presentano assai meno estesi di quelli italiani.

5 *Il testamento dell'avvelenato*
da: Giambattista Bolza, «Canzoni popolari comasche», in: *Sitzungberichte der Philos.-Historis. Classe der Kaiserlichen Akademie der Wissenschaften,* LIII, 1866, Wien 1867, ripubblicato in: Roberto Leydi / Glauco Sanga (eds.), *Como e il suo territorio,* Milano, Silvana (Regione Lombardia), 1979, pp. 635–638

– Dove sì stà jersira figliuol mio caro fiorito e gentil
dove sì stà jersira? –
– Son stà dalla mia dama signora mama mio core sta mal
son stà dalla mia dama oimè ch'io moro ohimè –

– Cosa v'àllo dà de cena figliuol mio caro fiorito e gentil
cosa v'àllo dà de cena? –
– Un' inguilletta arrosto signora mama mio core sta mal
un' inguilletta arrosto oimè ch'io moro oimè –

– L'avì mangiada tütta figliuol mio caro fiorito e gentil
L'avì mangiada tütta? –
– Non n'ò mangià che mezza signora mama mio core sta mal
non n'ò mangià che mezza oimè ch'io moro oimè –

– Cos'avì fà dell'altra mezza figliuol mio caro fiorito e gentil
coss'avì fà dell'altra mezza? –
– L'ò dada alla cagnola signora mama mio core sta mal
l'ò dada alla cagnola oimè ch'io moro oimè –

– Cosa avì fa della cagnola figliuol mio caro fiorito e gentil
cosa avì fa della cagnola? –
– L'è morta drè la strada signora mama mio core sta mal
l'è morta drè la strada oimè ch'io moro oimè –

– La v'à giüst dà 'l veleno figliuol mio caro fiorito e gentil
la v'à giüst dà 'l veleno –
– Mandè a ciamà 'l dottore signora mama mio core sta mal
mandè a ciamà 'l dottore oimè ch'io moro oimè –

– Perchè vorì ciamà 'l dottore figliuol mio caro fiorito e gentil
perchè vorì ciamà 'l dottore? –

– Per farmi visitare signora mama mio core sta mal
per farmi visitare oimè ch'io moro oimè –

– Mandè a ciamà 'l cürato signora mama mio core sta mal
mandè a ciamà 'l curato oimè ch'io moro oimè –

– Perchè vorì 'l cürato figliuol mio caro fiorito e gentil
perchè vorì 'l cürato? –
– Per farmi confessare signora mama mio core sta mal
per farmi confessare oimè ch'io moro oimè –

– Mandè a ciamà 'l notaro signora mama mio core sta mal
mandè a ciamà 'l norato oimè ch'io moro oimè –

– Perchè vorì 'l notaro figliuol mio caro fiorito e gentil
perchè vorì 'l notaro? –
– Per fare testamento signora mama mio core sta mal
per fare testamento oimè ch'io moro oimè –

– Cosa lassè alla vostra mama figliuol mio caro fiorito e gentil
cossa lassè alla vostra mama? –
– Ghe lasso 'l mio palazzo signora mama mio core sta mal
ghe lasso 'l mio palazzo oimè ch'io moro oimè –

– Cosa lassè a vostri fratelli figliuol mio caro fiorito e gentil
cosa lassè a vostri fratelli? –
– Carrozze coi cavalli signora mama mio core sta mal
carrozze coi cavalli oimè ch'io moro oimè –

– Cosa lassè a vostre sorelle figliuol mio caro fiorito e gentil
cosa lassè a vostre sorelle? –
– La dote da maridarle signora mama mio core sta mal
la dote da maridarle oimè ch'io moro oimè –

– Cosa lassè a li vostri servi figliuol mio caro fiorito e gentil
cosa lassè a li vostri servi? –

– La strada d'andà a messa signora mama mio core sta mal
la strada d'andà a messa oimè ch'io moro oimè –

– Cosa lassè per la vostra tomba figliuol mio caro fiorito e gentil
cosa lassè per la vostra tomba? –
– Centocinquanta messe signora mama mio core sta mal
centocinquanta messe oimè ch'io moro oimè –

– Cosa lassè alla vostra dama figliuol mio caro fiorito e gentil
cosa lassè alla vostra dama? –
– La forca da 'mpiccarla signora mama mio core sta mal
la forca da 'mpiccarla oimè ch'io moro oimè –

Fra i molti testi anglo-sassoni se ne può citre uno americano, raccolto nel Maine. Si tratta di una versione assai ben conservata, per alcuni tratti ancor meglio conservata della maggior parte delle versioni britanniche. In America (o, meglio, in alcune aree particolarmente conservative) sono state raccolte (assieme a quelle evidentemente «americanizzate») lezioni di ballate importate dall'Europa più complete e più «arcaiche» della maggior parte di quelle raccolte nelle Isole britanniche.

6 *Lord Randall*

Barry, Eckstorm, and Smyth, 1929, pp. 46–48. Sung by Mrs. Sarah Robinson Black, Southwest Harbor, Maine, September 1928; learned from her mother. Melody recorded by George Herzog.

«O where have you been, fair Randall, my son?
O where have you been, my fair pretty one?»
«I've been to see pretty Betsy; mother, make my bed soon,
For I'm poisoned to my heart, and I want to lie down»

«What did you have for your supper, fair Randall, my son?
What did you have for supper, my fair pretty one?»
«I had eels fried in butter; mother, make my bed soon,
For I'm poisoned to my heart, and I want to lie down»

«Where will you have your bed made, fair Randall, my son?
Where will you have your bed made, my fair pretty one?»
«In the north corner of the churchyard; mother, make my bed soon,
For I'm poisoned to my heart, and I want to lie down»

«What will you will to your father, fair Randall, my son?
What will you will to your father, my fair pretty one?»
«O, herses and oxen; mother, make my bed soon,
For I'm poisoned to my heart, and I want to lie down»

«What will you will to your brother, fair Randall, my son?
What will you will to your brother, my fair pretty one?»
«O, land and houses; mother, make my bed soon,
For I'm poisoned to my heart, and I want to lie down»

«What will you will to your sister, fair Randall, my son?
What will you will to your sister, my fair pretty one?»
«O, horses and carriages; mother, make my bed soon,
For I'm poisoned to my heart, and I want to lie down»

«What will you will to your mother, fair Randall, my son?
What will you will to your mother, my fair pretty one?»

«Gold rings and gold watches; mother, make my bed soon,
For I'm poisoned to my heart, and I want to lie down»

«What will you will to your sweetheart, fair Randall, my son?
What will you will to your sweetheart, my fair pretty one?»
«Hell fire and brimstone; mother, make my bed soon,
For I'm poisoned to my heart, and I want to lie down»

Il testamento dell'avvelenato, come *Cecilia,* è passato anche nel repertorio dei dischi da bancarella, entrando così, con un testo evidentemente rimaneggiato, in un nuovo circuito di trasmissione:

7 *Dove sei stato a veglia?* (3:25)
Marina di Grosseto
cantastorie Mirella Bargagli (canto); il padre Eugenio (canto e fisarmonica)
Combo (45 rpm) 9064

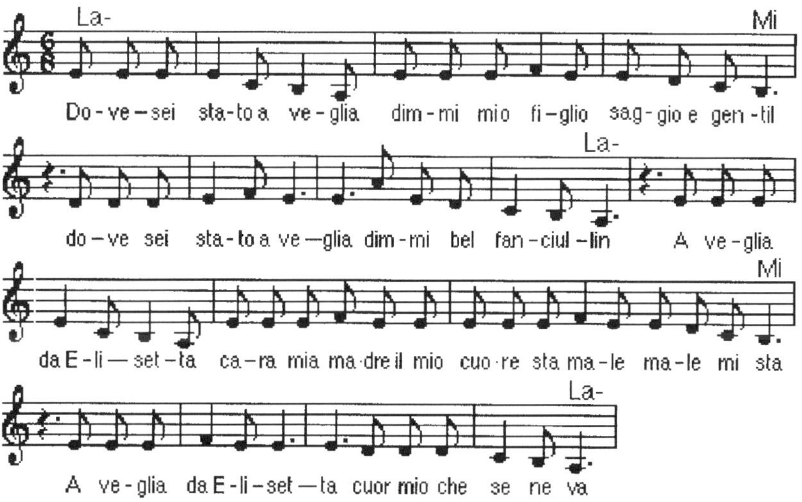

– Dove sei stato a veglia dimmi mio figlio saggio e gentil
dove sei stato a veglia dimmi bel fanciullin? –

– A veglia da Elisetta cara mia madre il mio cuore sta mal male mi sta
a veglia da Elisetta cuor mio che se ne va –

– Cosa ti à fatto da pranzo dimmi mio figlio saggio e gentil
cosa ti à fatto da pranzo dimmi bel fanciullin? –

– Un'anguillina arrosto cara mia madre il mio cuore sta mal male mi sta
un'anguillina arrosto cuor mio che se ne va –

– Dove l'avete acchiappata dimmi mio figlio saggio e gentil
dove l'avete acchiappata dimmi bel fanciullin? –

– Nella siepe dell'orto cara mia madre il mio cuore sta mal male mi sta
nella siepe dell'orto cuor mio che se ne va –

– Che parte ti è toccata dimmi mio figlio saggio e gentil
che parte ti è toccata dimmi bel fanciullin? –

– Il capo con la coda cara mia madre il mio cuore sta mal male mi sta
il capo con la coda cuor mio che se ne va –

– Che lasci a Elisetta dimmi mio figlio saggio e gentil
che lasci a Elisetta dimmi bel fanciullin? –

– Le chiavi del tesoro cara mia madre il mio cuore sta mal male mi sta
le chiavi del tesoro cuor mio che se ne va –

– Una presa di veleno caro mio figlio saggio e gentil
'na presa di veleno che lei ti à fatto morir –

HANS-JÜRGEN LÜSEBRINK

La figure du lecteur-traducteur

Inscriptions textuelles et médiations (inter-)culturelles

I *Présences : le traducteur comme intermédiaire culturel*

La traduction constitue, pour tous les rapports entre cultures qui sont basés sur des textes et des discours, un mode d'appropriation et de lecture dominant. Même au XVIIIe siècle où la langue française fut, sans conteste, la langue de communication et d'écriture partagée par l'ensemble des élites sociales de l'Europe, la traduction devança très largement la lecture des textes dans la langue d'origine, le français, en ce qui concerne par exemple l'espace culturel allemand. On peut même constater une certaine interdépendance entre ces deux modes fondamentaux d'appréhension et de lecture interculturels, à savoir la traduction et la lecture des originaux, un haut niveau de diffusion de connaissances linguistiques ayant, presque paradoxalement, tendance à renforcer la demande en matière de traductions. Celles-ci furent adaptées, il est vrai, au niveau de connaissances avancées des lecteurs en matière de langue. La traduction en allemand des *Aventures de Telémaque* par Johann Michael Metz se voulait, par exemple, en même temps un outil didactique permettant aux lecteurs d'exercer et de perfectionner ses connaissances de la langue française.[1] De nombreuses éditions bilingues, publiant à la fois le texte original et sa traduction, poursuivaient, telle la traduction des poèmes de Lyttleton par Weigel, le même objectif de perfectionnement et de sensibilisation pour les finesses stylistiques d'une langue étrangère. L'ouvrage cité portait ainsi le sous-titre : « En

1 Cf. François de Salignac de la Mothe, *Die Begebenheiten des Prinzen von Ithaca, oder : Der seinen Vater Ulysses suchende Telemach.* Aus dem Französischen des Hrn. von Fénelon in teutsche Verse gebracht und mit mythologisch-geographisch-historisch und moralischen Anmerkungen erläutert von Benjamin Neukirch. Berlin, Potsdam, 1731-1739, dont la page de titre explicite ses finalités didactiques : « Aus dem Französischen übersetzet und denen Teutschen zu Lieb also eingerichtet, daß sie ohne Mühe das Teutsche wieder zurück ins Französische setzen und diese Sprach aus dem Grund erlernen können. »

anglais et en allemand à l'intention de ceux qui voudraient étudier l'anglais avec goût. »[2]

Au sein des réseaux de transferts interculturels dans l'Europe des Lumières se dessinent, à y regarder de plus près, des lignes de force et des formes d'hégémonie. Jusqu'au début du XIXe siècle il y eut en Allemagne, en premier lieu, un frappant déséquilibre entre les traductions en provenance du français et — à partir des années trente — de l'anglais qui occupèrent la quasi-totalité du marché des traductions, et le nombre très restreint d'ouvrages que les éditeurs allemands firent traduire d'autres langues, comme l'italien, le russe ou l'espagnol. On peut constater, en second lieu, que ces deux langues, et surtout le français, servirent de langues de relais pour la traduction de textes provenant de langues tierces. La majorité d'ouvrages italiens, espagnols, portugais et même polonais et russes parus sous forme de traductions sur le marché du livre allemand du XVIIIe siècle, eut ainsi pour base une traduction française, moins souvent aussi une traduction anglaise, ce qui impliquait des formes de lecture indirectes, filtrées, de leurs systèmes de référence culturels. L'épouse du poète Johann Christoph Gottsched, traductrice de poèmes de Pope, avait ainsi d'abord utilisé une traduction française, qui était beaucoup plus facile d'accès, et se voyait obligée de recommencer le travail après avoir constaté, après vérification, des négligences frappantes du traducteur français. « Si on voulait marquer dans des annotations toutes les fautes du traducteur français », nota-t-elle à cet égard dans la préface de sa propre traduction, « celles-ci seraient plus volumineuses que le texte de la traduction lui-même. »[3]

La figure du traducteur qui est en même temps un lecteur-interprète privilégié, constitue par conséquent un intermédiaire culturel par excellence, souvent lié étroitement à un éditeur. Les témoignages autobiographiques et les préfaces des traducteurs sont parsemés de traits d'enthousiasme, mais aussi — à l'autre pôle de l'échelle — de pragmatisme et désir du gain. Johann Friedrich Menzel, professeur de langues anciennes au lycée de Bayreuth, fut porté par une sorte de fascination et se mit à traduire *La Bastille dévoilée* et les tragédies *Brutus* et *La Mort de César* de Voltaire. Il ne se laissa pas décourager dans cette entreprise qui fut à ses propres risques et périls, par les difficultés financières qu'il rencontra et la lenteur décevante des souscriptions, restées bien en-dessous de

2 Georges Lyttleton, *Lord Lyttleton's Gedichte. Englisch und deutsch zum Behufe derjenigen, die das Englische mit Geschmack studieren wollen*, éd. par J. G. Weigel, Nürnberg, Rawe, 1791. Cf. sur ce texte aussi Helmut Kaufmann, « Das deutsche Übersetzungswesen des 18. Jahrhunderts im Spiegel von Übersetzer- und Herausgebervorreden », dans : *Archiv für die Geschichte des Buchwesens*, 9, 1969, col. 491-572, ici col. 503.

3 Cité d'après Kaufmann (cf. note 2), col. 499.

ses calculs et de ses attentes. Des personnages comme Karl Ferdinand Huber et Mylius se situent par contre à l'opposé même de cet amateurisme de lecteurs-traducteurs enthousiastes : ils traduisirent à la chaîne, généralement sur commande, au rythme accéléré de un à trois ouvrages par mois, et ils employèrent, le cas échéant, des aides-traducteurs afin de pouvoir remplir les contrats de traduction signés.[4] A en juger par les résultats d'une enquête sur les transferts franco-allemands pendant la période 1770 à 1820[5], ce second type de traducteur occupe en effet plutôt une place d'exception et concerne tout au plus une trentaine des 800 traducteurs identifiés ; tandis que la première catégorie, celle du lecteur fervent devenu traducteur par enthousiasme et par occasion, semble beaucoup plus courante.

Le nombre de traductions d'un ouvrage, selon le témoignage de nombreux compte rendus et préfaces de traducteurs, constitue un indice certain à la fois de sa diffusion auprès d'un public de lecteurs large et transnational, et de l'intérêt qu'il a suscité. L'auteur resté anonyme d'une des traductions partielles de l'*Histoire des deux Indes* de Raynal, parue sous le titre de *Gemälde von Europa,* souligna ainsi dans sa préface que cet ouvrage qui « devrait être disponible à bon marché et lu dans toutes les langues », avait déjà été traduit deux fois en allemand, ce qui ne permettrait pas de reprocher aux Allemands d'avoir « ignoré la valeur de cette œuvre »[6] Le traducteur allemand des *Letters on Portugal on the present and former state of that kingdom,* parues sans nom d'auteur à Londres en 1777, souligne ainsi dans sa préface que celles-ci ont été traduites depuis au Portugal, et en France, dans une version élargie, sous le titre *Lettres écrites du Portugal sur l'état ancien et actuel de ce Royaume traduites de l'Anglois. Suivies du Portrait historique de M. le Marquis de Pombal* qui auraient constitué la base de la traduction en allemand (et non pas l'original anglais). Une traduction italienne aurait été, selon le traducteur et préfacier Matthias Christian Sprengel, professeur d'histoire à l'Université de Halle dans sa profession principale, publiée dans les *Annali ecclesiastici di Firenze,* sous forme d'extraits, et aurait suscité un vif intérêt auprès des

4 Voir sur cette problématique Geneviève Roche, « ‹Völlig nach Fabrikenart›. Handwerk und Kunst der Übersetzung bei Georg Forster », dans : Rolf Reichardt / Geneviève Roche (éd.), *Weltbürger — Europäer — Deutscher — Franke. Georg Forster zum 200. Geburtstag,* Ausstellungskatalog, Mainz, Universitätsbibliothek, 1994, pp. 101-119.

5 Voir sur ce sujet le volume collectif *Kulturtransfer im Epochenumbruch. Frankreich — Deutschland, 1770-1815,* éd. par Hans-Jürgen Lüsebrink et Rolf Reichardt, en coll. avec Annette Keilhauer et René Nohr, Leipzig, Leipziger Universitätsverlag, 1997, 2 vols. (Deutsch-Französische Kulturbibliothek, vol. 8).

6 *Gemälde von Europa, aus dem Französischen des Abts Raynal übersetzt von C. W. v. R. Dessau,* Leipzig, Verlagskasse für Gelehrte und Künstler, 1793, p. III (trad. par H.-J. L.).

lecteurs[7]. « Le traducteur », affirme Sprengel, « paraît ainsi suffisamment protégé à l'égard des reproches que l'on pourrait lui faire d'avoir augmenté la littérature allemande d'un livre qui ne mériterait aucune traduction, puisqu'on a jugé bon de l'accueillir dans trois langues. »[8]

II *Traces : inscriptions textuelles du traducteur-lecteur commentateur*

Lecteur privilégié et attentif, voire passionné, surtout lorsqu'il traduit par goût et enthousiasme, comme Madame Gottsched ou Johann Christian Menzel, et non pas « nach Fabrikenart » (à la manière des usines), comme le formula un des critiques contemporains des traductions de Huber[9], la figure du traducteur se trouve inscrite à plusieurs égards dans le texte traduit lui-même : à travers l'écriture de la traduction qui peut comporter des omissions et des variantes et qui présuppose, comme acte de médiation interculturel, un processus constant de lecture, d'interprétation, de déchiffrage de codes culturels et de transposition dans un système langagier et culturel différent ; mais aussi, de manière explicite et parfois manifestaire, la figure du traducteur se trouve inscrite à travers des préfaces, des annotations et des suppléments rajoutés au texte traduit proprement dit.

L'analyse d'un dossier comme celui des traductions de l'*Histoire des deux Indes* (1re édition 1770, 3e édition 1780), dirigée par Guillaume-Thomas Raynal, et qui fut un des grands bestsellers du marché du livre du XVIIIe siècle, de dimension européenne, permet de prendre la mesure du phénomène et d'en saisir les réseaux et les ramifications textuels. L'*Histoire des deux Indes* fut, en effet, traduite, entre 1772 et 1810, dans toutes les grandes langues européennes — l'anglais, l'allemand, l'espagnol, l'italien et le russe —, dans sa totalité (comportant 6 volumes dans sa première et 10 volumes dans sa troisième édition) ou sous formes d'extraits ; mais elle fut aussi traduite dans plusieurs langues mineures, à savoir le danois, le hollandais, le polonais et le suédois. Parmi l'ensemble des textes de Raynal traduits en allemand — en tout plus d'une trentaine entre 1770

7 (Anon.), *Briefe über Portugal, nebst einem Anhang über Brasilien. Aus dem Französischen*, mit Anmerkungen von Matthias Christian Sprengel, Professor der Geschichte in Halle, Leipzig, Weygandsche Buchhandlung, 1782, p. 1 : « Auch in Italien sind sie mit Beyfall aufgenommen, und Auszüge in den *Annali ecclesiastici di Firenze*, allgemein gelesen worden. »

8 Ibid. : « Also gegen Vorwürfe, die man dem Herausgeber etwa machen könnte, die deutsche Litteratur mit einem Buche vermehrt zu haben, daß keine Übersetzung verdiente, wäre er, da man es in drei Sprachen aufzunehmen für gut befunden, ziemlichermassen gedeckt. »

9 Cité d'après Roche (cf. note 4).

et 1820 — les deux tiers concernèrent, en effet, son ouvrage majeur, l'*Histoire des deux Indes*, mais parmi ces 21 traductions quatre seulement se reféraient à l'ouvrage dans sa totalité. Les autres traductions étaient soit des traductions d'extraits de l'ouvrage paru déjà sous cette forme en français, soit des traductions fragmentaires, de différents types, totalisant une douzaine de textes : à savoir extrait sous forme de livre, traduction sous forme d'article de périodique ou encore traduction partielle rajoutée comme supplément à un autre ouvrage. Ce fut par exemple le cas des *Lettres écrites du Portugal* citées ci-dessus, traduites par l'historien Sprengel, qui compléta son édition par une traduction, déjà existante et reprise apparemment d'une des traductions de l'ouvrage, mais revue par ses soins[10], du chapitre de l'*Histoire des deux Indes* sur le Brésil. Celui-ci constitua aux yeux de Sprengel la meilleure vue d'ensemble de l'histoire de cette colonie portugaise disponible à l'époque sur le marché du livre européen, intégrant notamment « de nouvelles sources, inconnues auparavant, et qui ne sont accessibles qu'à des auteurs de la célébrité de Raynal. »[11] En même temps, le traducteur souligne dans sa préface deux modifications majeures qu'il aurait effectué lui-même : il aurait, d'une part, « raccourci » certains passages et « supprimé » les « déclamations de Raynal » à plusieurs endroits parce que celles-ci « gonflent inutilement le cours de la narration » (« womit er seine Erzählung oft so unnötig anschwellt »[12]) ; et il aurait rajouté, d'autre part, un passage relatif à l'histoire de la Guyane portugaise (dont il ne précise pas la source), l'ensemble permettant, selon l'expression du traducteur, « au lecteur allemand de disposer désormais en un seul lieu de la description de l'Amérique portugaise dans son ensemble. »[13]

Les traductions de l'*Histoire des Deux Indes* sous-tendent ainsi des processus de lecture sélectifs, orientés à la fois par les grilles d'interprétation des traducteurs, des stratégies éditoriales (souvent inextricablement liées à celles des traducteurs) et l'horizon d'attente présumé du lectorat visé, en Allemagne, en Angleterre, en Italie ou aux Etats-Unis, où l'*Histoire des deux Indes* connut également 26 éditions de traductions partielles ou d'extraits pendant les dernières décennies du XVIIIe siècle, en particulier du livre XVIII de l'ouvrage, publié en traduction

10 (Anon.), *Briefe über Portugal* (cf. note 7), p. 9 : « Ausser diesen Anmerkungen unter dem Text hat der Herausgeber, der die Übersetzung genau durchgesehen [...]. »

11 Ibid., pp. 8-9 : « [...] so wird die diesen Briefen angehängte aus der neuesten Ausgabe des Abbé Raynal übersetzte Nachricht von diesem Lande dem deutschen Publicum hoffentlich nicht unwillkommen seyn. Raynal hat bei diesem Abschnitte neue, und nur Schriftstellern von seiner Celebrität zugängliche Quellen benutzt, und von diesem Lande viel vorher unbekannte Nachrichten mitgetheilt, daß sie als ein ganz neues Werk angesehen werden können. »

12 Ibid., p. 9.

13 Ibid., p. 9 : « [...] so daß der deutsche Leser hier nun an einem Orte die Beschreibung des ganzen portugiesischen Amerika vollständig beisammen hat. »

sous le titre *The Revolution of America.* De même, le traducteur allemand d'un extrait de l'ouvrage, F. C. L. Karsten, qui élimina dans sa traduction une partie des réflexions politiques et philosophiques de Raynal et de son collaborateur Diderot, justifia ce procédé par l'intérêt du public allemand qu'il jugea moins politisé que le public français, et plus intéressé par les visées pragmatiques de l'ouvrage :

> « Un tel livre doit certainement être de grande utilité pour toute une variété de gens de diverses classes. L'historien, le philosophe, le naturaliste, le psychologue, l'homme d'Etat, le négociant, tous y ont trouvé une source inestimable de connaissances. [...] Mon intention a été ici de me rendre utile à de jeunes négociants ou de futurs administrateurs, ainsi qu'à d'autres lecteurs qui s'intéressent à l'expansion du commerce dans les deux Indes uniquement pour leur propre plaisir. Je n'ai donc pas pu m'étendre aussi largement sur une grande quantité d'objets comme le fait l'auteur dans l'original. J'ai dû laisser tous les raisonnements philosophiques, mis à part quelques passages où ils servent d'éclaircissement ou bien donnent au lecteur une stimulation à poursuivre seul ses recherches. Voilà pourquoi j'ai laissé de côté tout le dix-neuvième livre. Par contre, j'ai conservé ça et là l'essentiel des réflexions politiques, et en ce qui concerne le commerce proprement dit de notre continent avec l'Outre-mer, que j'ai choisi comme objet central de ma traduction, je me suis efforcé d'être aussi complet que je pouvais, sans pour autant faire de digressions inutiles. Pour ces passages concernant le commerce, j'ai non seulement conservé tout l'essentiel de l'original, dans une forme aussi ramassée que possible, mais j'ai également utilisé les remarques des deux traducteurs allemands partout où je pouvais les intégrer à mon plan. »[14]

L'orientation généralement plus étroitement pragmatique, liée en particulier à des activités commerciales, des traductions allemandes de Raynal, peut expliquer en partie pourquoi ces traductions comportent une quantité importante d'annotations. C'est surtout le cas pour la traduction de l'édition de 1770 (Mauvillon) de l'*Histoire des deux Indes*, et pour celle de 1780 (Abele). Johann Martin Abele, le traducteur de l'édition publiée en 1783 par la société typographique de Kempten[15], considérait ses annotations comme une sorte de ‹plus-value› de la traduction, rendant celle-ci également intéressante pour les lecteurs maîtrisant le

14 *Europens Handel mit beyden Indien. Ein Auszug aus Raynals Geschichte*, von M. Franz Christian Lorenz Karsten, Lehrer am Herzoglichen Pädagogikum zu Bützow. Rostock / Leipzig, Johann Christian Koppe, 1780, Vorrede, o. S. (Übersetzung H.-J. L.).

15 Voir sur Abele qui était administrateur à Kempten (Allgäu), suite à des études de philosophie et d'histoire à Tübingen et à Göttingen, et se consacra comme ‹amateur› intéressé et compétent à des traductions : Alois Schmid, « Galerie hervorragender Männer Kemptens », dans : *Allgäuer Zeitung*, 1909, pp. 11-12.

français — donc capables de lire également l'ouvrage dans sa langue originale — , mais satisfaisant également les ambitions littéraires du traducteur tout en justifiant ses honoraires élevés :

> « Le fait que la nouvelle édition de l'*Histoire des deux Indes* de l'abbé Raynal mérite une traduction allemande », écrit Abele dans sa préface, « ne fait aucun doute. Car même si la connaissance du français s'est considérablement développée dans notre pays, cette traduction aura pour beaucoup d'entre nous une valeur remarquable. Chacun ne possède pas en effet le vocabulaire spécifique concernant le commerce et la navigation maritime au centre de ce livre. On n'a pas cherché à travers les annotations à jouer les auteurs. On a seulement fait exception à cette règle pour les passages relatifs à l'histoire naturelle, et avec succès on l'espère. Ces annotations sont de la plume d'un pharmacien de grande réputation ici, spécialiste des plantes, le Docteur Hr. Zorn. »[16]

Les annotations des traducteurs, qui constituent en même temps des traces de lecture prolongées en geste d'écriture et de commentaire, des traductions allemandes de l'*Histoire des deux Indes* peuvent être regroupées en quatre catégories.

La première catégorie concerne les explications de mots de la part du traducteur, dans lesquelles on peut trouver, outre la traduction du mot original français, des explications supplémentaires concernant des termes peu usités et dont le sens fut apparemment plus familier au lecteur français qu'au lecteur allemand présumé, ainsi que les conversions monétaires[17]. Ainsi Mauvillon explique-t-il, dans le premier livre de sa traduction, qu'il a traduit le mot français « Aldée » par « Vorstädte », bien que l'auteur Raynal comprenne en réalité sous ce terme

16 Guillaume-Thomas Raynal, *Philosophische und politische Geschichte der Besitzungen und des Handels der Europäer in beiden Indien*, nach der neuesten Ausgabe übersetzt und mit Anmerkungen versehen von Johann Martin Abele, Kempten, Typographische Gesellschaft, 1783-88, vol. I (« Vorrede zu der Übersetzung »), p. III : « Daß Raynals neueste Ausgabe seiner Geschichte der Besitzungen und Handlung der Europäer in beydem eine teutsch Uebersetzung verdiene, daran wird wohl niemand zweifeln. Denn so sehr sich auch die Kenntnisse der französischen Sprache in unserm teutschen Vaterland verbreitet hat, so wird doch noch für viele diese Übersetzung einen ausgezeichneten Werth vor der französischen Sprache behalten. Nicht jed Sache ist eine hier nöthge Bekanntschaft mit den von der Handlung und Seefahrt hergenommenen Kunstwörtern. Mit Anmerkungen hat man nach dem geschehenen Versprechen den Verfasser nicht vorstellen wollen. Nur in Ansehung der in die Naturgeschichte einschlagenden Stellen ist man von dieser Regel abgewichen, und wie man hofft, mit Beyfall abgewichen. Diese Anmerkungen ist das Publikum einem lange rühmlich bekannten Gewächskenner, Hr. Zorn, Apotheker allhier schuldig. »

17 Cf. par exemple Abbé Raynal, *The Revolution of America*, London, Lockyer Davis, Holborn, 1781, « Advertisement by the translator », p. III : « It may not, perhaps, be quite needless to observe, tho' it ought to be understood, that the valuation of sums, made in the original in foreign money, is, in the translation, made in sterling. »

« le terrain entourant une fabrique » ou même une « région ».[18] On peut trouver parfois des commentaires très étendus, se référant à plusieurs langues, tel celui qui se rapporte par exemple à l'expression « indische Leinwand » à propos de laquelle on lit sous la plume d'Abele : « Les Anglais la nomment Callicoes ; nous l'appelons Chitze, les Indiens disent Indienne, toutes ces appellations portant le sceau de leur pays d'origine. En français elles portent le nom d'indiennes. »[19]

On peut relever, en second lieu, dans les annotations des traducteurs des compléments d'informations : des corrections d'ordre factuel et dues en partie à des fautes d'orthographe ; des informations supplémentaires complétant celles fournies par Raynal, restées incomplètes pour des raisons diverses ; et des actualisations venant compléter l'état des connaissances présenté par Raynal, essentiellement dans la perspective du public allemand visé. La traduction contient ainsi de nombreuses conversions monétaires, surtout de livres en florins ou en couronnes, ou encore des compléments portant sur des détails biographiques, historiques ou géographiques, sur des pratiques ou des objets culturels, sur les plantes exotiques et les méthodes de culture agraire, encore moins bien connues dans l'espace culturel allemand qu'en France. Mauvillon fournit par exemple des informations supplémentaires sur les pêcheurs de perles en Californie, sur le cacaoyer sous les tropiques, sur la situation des îles Célèbes, sur la biographie d'Amerigo Vespucci et sur la consommation du thé en Angleterre — à propos de laquelle il commente de la façon suivante l'affirmation de Raynal selon laquelle chaque Anglais consommerait en moyenne quatre livres de thé par an : « Ceci n'est pas exagéré, car les Anglais boivent le thé très fort. »[20]

Les actualisations fréquentes proposées dans les deux traductions, intégrant des informations récentes, prolongent les analyses historiques de Raynal jusqu'à l'époque contemporaine, comme en témoigne par exemple cette très longue note de Mauvillon à propos de l'histoire de l'Hindoustan :

> « Les dernières nouvelles utilisées par Raynal au sujet de l'Hindoustan et de la société de l'Inde de l'Est ne vont pas plus loin que les années 1767 et 1768. Mais c'est un point très positif pour lui qu'il ait si bien prévu le futur, comme le prouve la situation difficile dans laquelle se trouve actuellement la société anglaise et ses causes. »[21]

18 Guillaume-Thomas Raynal, *Philosophische und politische Geschichte der Besitzungen und des Handels der Europäer in beiden Indien*, aus dem Französischen übersetzt und mit einigen Verbesserungen und Anmerkungen versehen von J. Mauvillon, Professor der Kriegsbaukunst am Collegio Carolino zu Cassel, Hannover, Hellwig, 1774-1778, t. I, livre 3, p. 488 : « So haben wir hier das Wort *Aldée* übersetzen müssen, welches der Verfasser immer für das um eine Faktorei liegende und dazu gehörige Terrain, Gebiete gebraucht. »

19 Ibid., t. II, livre 3, p. 29.

20 Ibid., t. I, livre 3, p. 541, note.

21 Ibid., t. III, livre 3, pp. 562-563, note.

Ce sont, en troisième lieu, les *commentaires des traducteurs*, — de caractère tant critique qu'affirmatif — qui constituent la partie la plus importante dans l'ensemble des annotations. La traduction, par exemple, du chapitre sur la Chine dans l'*Histoire des deux Indes*, contient — tant chez Mauvillon que chez Abele, dont il reprend partiellement le commentaire — une prise de distance très critique par rapport à l'image idéalisatrice proposée par Raynal. Ses deux traducteurs allemands confrontent, en effet, la représentation effectuée par Raynal avec d'autres sources (également utilisées en partie par Raynal) tels la *Universal History* et les relations sur la Chine rédigées par les Jésuites, et avancent ainsi que « les nouvelles qu'il nous apporte sur la Chine vont plus loin, sont plus exagérées, que ce que nous racontent du Halde et les autres Jésuites ou que l'extrait qu'on peut lire dans l'Histoire Universelle, dont il s'est du reste pourtant essentiellement inspiré. »[22] Et Mauvillon de poursuivre, dans son commentaire très complet et fondé, à travers une critique des sources qui paraît remarquable pour l'époque, sur le chapitre concernant la Chine : « Ces récits sont vraiment très exagérés. Ils sont régis, si nous ne nous trompons pas, par le penchant de l'auteur de peindre l'image d'un peuple très sage et heureux, et d'avoir ainsi recours au préjugé favorable que nous avons déjà pour les Chinois. »[23]

Les deux traducteurs soulignent également, en de nombreux passages du texte, les « erreurs » et les « fautes » de Raynal et tentent de corriger celles-ci à l'aide d'autres sources, souvent plus récentes. On trouve, par exemple, de nombreuses notes très critiques dans la traduction du chapitre de Raynal concernant l'Arabie. Dans ces notes, le traducteur rapproche les propos de Raynal de descriptions du voyageur et savant danois Niebuhr dans sa *Description de l'Arabie* — texte visiblement non connu de l'auteur de l'*Histoire des deux Indes* — mais sans prendre toujours explicitement position sur la ‹vérité› contenue dans ces deux représentations historiographiques très différentes.[24]

Enfin, en quatrième lieu, les annotations des deux traducteurs contiennent, surtout à la fin des différents « livres » (l'ouvrage en compte vingt qui sont autant de subdivisions) des discussions, des commentaires critiques et des explications supplémentaires concernant les *sources* utilisées. Ainsi Mauvillon ajoute-il, dans un long commentaire en note de sa traduction du premier chapitre de l'*Histoire des deux Indes* consacré à l'expansion européenne dans l'Inde de l'Est :

22 Ibid., t. I, 3. livre 1, p. 123, note.

23 Ibid. : « Und diese Erzählungen sind doch auch schon sehr übertrieben. Doch wenn wir nicht irren, so folgt hier der Verfasser seinem Hange, das Bild eines höchst weisen und glücklichen Volks zu schildern, und sich dazu des Vorurtheils zu bedienen, das uns schon für die Chinesen eingenommen hat. »

24 Ibid., t. I, livre 3, pp. 412-413.

> « [...] les récits sur les conquêtes des Portugais sont empruntés de l'*Histoire des Conquêtes des Portugais* de Lafiteau. Une grande partie de ces récits, jusqu'à la chute du Portugal en tant que grande puissance, se retrouve dans la 11ème partie de l'Histoire générale des voyages ainsi que dans celle concernant l'Histoire Universelle. Les récits concernant la situation de divers peuples d'Asie proviennent également des deux parties plus générales citées précédemment. Notre auteur les a bien sûr enjolivées et modifiées ici et là, ce qui n'est pas tout à fait conforme au devoir de l'historien, mais ce n'est pas là que se trouvent les fautes principales. Le lecteur pourra constater ici, que nous soulignons et corrigeons les erreurs de l'auteur dès qu'elles s'avèrent d'une importance non négligeable. Cependant, vouloir rectifier la moindre petite incorrection par de longues notes n'apporterait qu'ennui pour le lecteur, et cela ne saurait être que l'œuvre d'un traducteur poussé par le désir de multiplier les pages. »[25]

Au sein de l'ensemble du spectre des éléments paratextuels contenus dans chaque traduction, les notes relativement étendues de Mauvillon et d'Abele occupent une place assez particulière. Elles témoignent d'un travail à la fois critique et productif sur une œuvre littéraire, philosophique et historiographique ayant influencé considérablement le mouvement des Lumières en France, et dont le retentissement s'est fait sentir tant au niveau du discours politique, qu'à celui de l'écriture historiographique et de la philosophie de l'histoire[26]. Ces commentaires, contenus dans les notes des deux traducteurs qui sont autant de traces de lecture prolongées en une écriture située en marge du texte, reflètent également, comme le font d'autres éléments paratextuels (tels les préfaces, les illustrations ou encore les titres), un processus complexe d'intégration de textes provenant d'horizons culturels étrangers au sein du contexte linguistique et culturel visé par la traduction : ces notes tentent, en effet, de relier le texte traduit au cadre de référence culturel du traducteur et de ses lecteurs présumés, et dans le champ d'expérience historique de ces derniers.

III *Appropriations : réception productive et prises de distance*

Certaines annotations des traducteurs vont pourtant nettement plus loin qu'un discours en marge du texte visant soit à corriger le texte soit à suppléer à ses lacunes qui sont dues à des déficits en matière de critique des sources ou d'infor-

25 Ibid., t. I., livre 1, p. 243 (trad. H.-J. L.).

26 Voir sur l'impact de l'ouvrage de Raynal : Hans-Jürgen Lüsebrink / Manfred Tietz (éds.), *Lectures de Raynal — l'*Histoire des deux Indes *en Europe et en Amérique au XVIIIe siècle*, actes du colloque de Wolfenbüttel, Oxford, Voltaire Foundation, 1990.

mation. S'y dessine au contraire une extériorité culturelle qui prend position sur le discours traduit à partir d'une volonté d'affirmation identitaire.

Les commentaires de Mauvillon concernant les réflexions — d'une étendue très limitée — de Raynal à propos de l'histoire allemande s'avèrent par exemple très critiques sur ce point précis, qui reste cependant marginal pour l'ensemble de l'œuvre qui traite de l'histoire de l'expansion européenne outre-mer où les principautés allemandes n'ont joué qu'un rôle de second ordre ; mais ils sont symptomatiques pour la sensibilité culturelle des traducteurs allemands qui semblent vouloir insister sur l'affirmation d'une optique particulière de l'histoire allemande, foncièrement différente de celle d'un historien-philosophe français comme Raynal. En témoigne par exemple la note suivante au ton tout à fait dévastateur à l'égard de Raynal et de sa représentation de l'histoire allemande : « Quiconque connaît un peu l'histoire allemande trouvera une multitude de fautes dans cette image proposée ici de la Nation. »[27] Les annotations de Karsten pour la traduction partielle de l'*Histoire des deux Indes* parue à Leipzig et Dessau en 1793 contiennent toute une série d'attaques, cachées dans les notes du texte, du style intellectuel français pour lequel l'ouvrage de Raynal apparaît comme un exemple particulièrement significatif. Dans une note en bas du chapitre consacré au commerce du Pérou, s'étendant sur près de quatre pages, le traducteur attaque ainsi la représentation par trop idéalisée des Incas chez Raynal, et par extension chez de nombreux auteurs des Lumières. Ceux-ci auraient « voilé la vérité », en « gâchant la tête et le cœur des lecteurs par de fausses idées et de faux jugements » :

> « Chez les philosophes français ceci devient la mode : la vérité simple qui devrait honorer l'écrivain et être vénérée par le lecteur, leur semble trop ordinaire ; ils veulent dire quelque chose de nouveau qui n'avait pas été pensé, et qui est censé étonner. Ainsi ils croient pouvoir devenir les maîtres (enseignants) du monde entier : mais la brume va finir par se lever, le brouillard va disparaître, et la gloire avec lui ; et la vérité triomphera de toutes les tentatives de la voiler et de la trahir. »[28]

27 Guillaume-Thomas Raynal, *Philosophische und Politische Geschichte der Besitzungen und des Handels der Europäer in beiden Indien*, aus dem Französischen übersetzt und mit einigen Anmerkungen versehen von J. Mauvillon, Professor der Kriegsbaukunst am Collegio Carolino zu Cassel. t. 1, pp. 182-183 : « Der, dem die deutsche Geschichte nur ein wenig bekannt ist, wird in dem hier entworfenen Bilde der Nation Fehler genug finden. »

28 Guillaume-Thomas Raynal, *Europens Handel mit beiden Indien. Ein Auszug aus Raynal's Geschichte*, von M. Franz Christian Lorenz Karsten, Lehrer am Herzoglichen Pädagogikum zu Bützow. Rostock, Leipzig, Johann Christian Koppe, 1780, pp. 149-150 : « Es ist wirklich kein geringes Vergehen gegen das menschliche Geschlecht, wenn man seine Talente so mißbraucht die Wahrheit zu verkleiden, und Kopf und Herz der Leser durch falsche Ideen und Urtheile zu verderben. Bey den französischen Philosophen wird das so Mode : die simple Wahrheit, die doch allein dem Schriftsteller ehrsam und dem Leser ehrwürdig ist, scheint ihnen zu gemein zu seyn ;

Des constellations similaires, donnant à lire et affirmant d'emblée des modes de lecture nationaux, et caractéristiques, dans l'optique des traducteurs, pour une aire culturelle et linguistique spécifique, se retrouvent dans les commentaires d'autres traductions allemandes, mais aussi danoises, espagnoles et anglo-américaines de l'*Histoire des Deux Indes.* Le traducteur de l'édition de l'ouvrage parue à Kopenhagen et Leipzig en 1774 prend ainsi appui sur une remarque très allusive de Raynal à l'égard des œuvres de Leibniz, de Thomas et de Malebranche, les caractérisant comme des « rêveries » (« Träumereien »), en soulignant, de manière assez virulente, le peu d'intérêt véritable des écrivains et philosophes français pour les cultures étrangères : « On doit vraiment s'étonner », écrit-il dans une note, « qu'un Leibniz, de qui au moins Monsieur de d'Alembert a appris assez de choses, se retrouve regroupé dans une même catégorie avec des débiles et des têtes échauffées. Mais nous autres Allemands sommes habitués à de pareilles attitudes de la part des écrivains français. Ils étudient trop peu l'esprit des savants étrangers pour pouvoir le juger avec justesse. »[29]

La traduction de l'*Histoire des deux Indes* en espagnol, parue à Madrid en 4 volumes entre 1784 et 1789, due à Eduardo Malo de Luque, se présente d'emblée comme une version abrégée et purifiée de l'ouvrage, amputée en particulier d'une grande partie de ses passages philosophiques. Ceci se reflète également dans le titre de l'ouvrage — *Historia política de los establecimientos ultramarinos de las Naciones europeas* — où le terme de « philosophique » se trouve précisément supprimé. L'addition du terme « nación » qui manque dans le titre original semble renvoyer, par contre, à la vision historique plus nationale du traducteur qui légitime les manipulations effectuées sur le texte de Raynal à travers son optique d'auteur espagnol : « soy católico, Espagnol »[30], écrit-il dans sa préface où il fait d'une part l'éloge de l'*Histoire des deux Indes,* à cause de son style, de sa

sie wollen was neues sagen, das vor ihnen nicht gedacht ist und in Erstaunen setzen soll. So meynen sie Lehrer der Welt zu werden : aber der Dunst wird sich verziehen, der Nebel wird sinken und ihr Ruhm mit ihm ; und die Wahrheit wird über alle untreue Verhüllung triumphiren. »

29 [Guillaume-Thomas Raynal], *Philosophische und politische Geschichte der europäischen Handlung und Pflanzörter in beyden Indien,* aus dem französischen mit Anmerkungen, Kopenhagen und Leiptig, Heineck und Faber, 1774, t. I, livre 1, p. 39, note : « Mit Recht muß man sich wundern, daß ein Leibniz, von welchem wenigstens Herr von Alembert nicht wenig gelernt hat, mit Schwachsinnigen und Enthusiasten in eine Klasse gesetzt wird. Aber was sind wir Deutschen nicht von französischen Schriftstellern gewohnt ? Sie studiren den Geist des fremden Gelehrten viel zu wenig, als daß sie ihn richtig beurtheilen sollten. »

30 [Guillaume-Thomas Raynal], *Historia política de los establecimientos ulramarinos de las Naciones europeas por Eduardo Malo de Luque,* Madrid, por Don Antonio de Sancha, 1784-1789, t. I, « prólogo », p. VII.

méthode et des connaissances qu'elle renferme[31], pour affirmer d'autre part, que, de son point de vue d'Espagnol, cette « œuvre si spéciale » (« obra de tan especial carácter »[32]) avait pleinement mérité la censure et le feu à cause de nombre de passages trop hardis qu'il allait précisément supprimer dans sa traduction. Curieusement, Malo de Luque adopte ici la même position, impliquant une même stratégie de raccourcissement du texte de Raynal, que le traducteur danois de l'*Histoire des deux Indes,* le pasteur Rascau, qui supprima tous les passages de l'ouvrage qu'il considérait comme « dangereux » sous l'angle politique, moral et religieux.[33]

Mais ce fut en Amérique du Nord, dans le contexte de la Révolution d'Amérique, que le glissement des formes de traduction textuelles vers des types de lecture et d'appropriation productives et critiques déboucha vers les formes de contre-discours les plus radicales. L'*Histoire des deux Indes* fut lue et reçue aux Etats-Unis surtout sous forme d'extraits traduits, édités en Angleterre, et de plus en plus, à partir du milieu des années quatre-vingts, en Amérique du Nord, à Philadelphie, Boston, Southwark, New York et Salem/Massachusetts, qui revêtirent deux formes : d'une part celle de passages extraits de l'ouvrage de Raynal et intégrés dans un discours englobant, concernant en règle générale l'abolition de l'esclavage et de la traite des noirs, tel par exemple un ouvrage paru à Southwark en 1782 et intitulé *Slave trade. A Full Account of this Species of commerce ; with arguments against it, spirited and philosophical by the celebrated philosopher and Historian Abbé Raynal, translated from the French*[34] ; ou encore, autre exemple, les *Short Observations on Slavery* par Anthony Benezet, enseignant dans une école pour des enfants d'anciens esclaves noirs à Philadelphie, écrit paru en 1781 qui porte comme sous-titre *Introductory to some Extracts from the writing of the Abbé Raynal.*[35]

31 Ibid., p. VII : « Bajo de este supuesto, la propra obligación que me impongo, y el amor à la verdad, à la razón, à la justicia, igualmente me impelen à exponer al público, que à pesar de sus desvarros, es esta una obra de las mejores, que han visto los tiempos modernos ; su estilo prodigioso ; excelente su método ; curiosas, utiles, y las mas veces exactas sus noticias ; preciosos los estados, y tablas que presenta ; y en fin un cuerpo de historia, de política, de filosofia, de instrucción del comercio, et más importante, que hasta ahora tenemos, y digno de interesar à todos : pero obra de tan especial carácter, que à un mismo tiempo mereció justamente el fuego, censura, y elegio del Parlamento de París. »

32 Ibid., p. VII.

33 *Guill. Thom. Raynals Philosophiske og Politiske Historie om Europæernes Handel og Besiddelser i Ost- og Vest-Indien,* oversat af Matthias Rascau, Kobenhavn, Sebastian Popp, 1804, « Til Læseren », pp. X-XI.

34 Southwark, T. Cox, s. d. [1792].

35 [Anthony Bénezet], *Short observations on slavery. Introductory to some extracts from the writing of the Abbé Raynal,* Philadelphia, 1781 ; voir e. a. p. 7 : « To assist in eradicating the deep rooted prejudice which an education amongst Slaves has planted in many minds, let us attend to what the

Considéré essentiellement comme un ouvrage qui avait prédit, dès sa première édition de 1770, la Révolution Américaine et qui l'avait soutenue, l'*Histoire des deux Indes* fut lue aux Etats-Unis surtout sous forme d'extraits, notamment du livre XVIII se référant à l'histoire de la colonisation anglaise en Amérique du Nord. C'est seulement Thomas Payne, le principal rédacteur de la Constitution Américaine, qui brisa cette ligne de réception largement apologétique en prenant doublement ses distances par rapport à l'œuvre de Raynal, en particulier au livre concernant les événements de la Guerre d'Indépendance. D'abord Payne s'attaqua au procédé, extrêmement courant dans l'historiographie du XVIIIe siècle, de la compilation sans indication des sources que Raynal et ses collaborateurs pratiquèrent couramment, en remaniant et en réutilisant d'autres textes, et en les traduisant également, comme ce fut le cas pour l'ouvrage majeur de Payne, *Commun Sense*, qui servit de base à de nombreux passages du livre XVIII de l'*Histoire des deux Indes*. « J'observe », écrit Thomas Payne, l'auteur de *Common Sense*, dans son *Letter addressed to the Abbé Raynal, on the Affairs of North America* paru en 1782 et traduit l'année d'après en français, sous le titre *Remarques sur les erreurs de l'Histoire Philosophique et Politique de Mr. Guillaume-Thomas Raynal, par rapport aux affaires de l'Amérique Septentrionale*,

> « que l'Historien Philosophe a fait une espèce d'Extrait d'une partie considérable du pamphlet intitulé le *Sens Commun* et l'a fait passer sous cette forme dans son ouvrage. Mais il est encore d'autres endroits où l'Auteur a puisé librement dans le même pamphlet, sans en faire aveu. La différence entre le gouvernement et la société qui commence cette Histoire de la Révolution Américaine, est tirée de ce pamphlet ; et, quoiqu'il ait des passages empruntés presque littéralement, l'Auteur a fondu le tout dans son ouvrage. La teneur entière des remarques de l'Historien à ce sujet est empruntée si fidèlement des idées répandues dans le *Sens Commun*, que la différence n'est que dans les mots et dans l'arrangement des pensées, les pensées sont restées les mêmes. »[36]

Et il s'ensuit une confrontation, sous forme d'extraits, des deux ouvrages visant à prouver l'usurpation du texte de Payne, à travers un plagiat qui n'est pas encore désigné comme tel, par Raynal. L'autre dimension de la critique de Payne ne vise pas une trop grande proximité entre l'auteur de l'*Histoire des deux Indes* et son objet, mais au contraire une trop grande distance. « La distance qui le

Abbé Raynal, that celebrated Philosopher and Friend to Mankind, has said on the subject of Slavery : ‹I will not, says he, disgrace myself by adding one to the list of moral writers, who have prostituted their pens in defence of a trade so abhorrend from the Laws of universal justice. No principles of policy can justify the breach of her sacred laws.› »

36 Thomas Payne, *Remarques sur les erreurs de l'Histoire Philosophique et Politique de Mr. Guillaume-Thomas Raynal, par rapport aux affaires de l'Amérique-Septentrionale*, Bruxelles, B. Le Francq, 1783, pp. 99-100.

sépare du théâtre de la guerre et de la politique américaines »[37] aurait causé plusieurs erreurs factuelles, aggravées par la rapidité de pensée et de sensation (« rapidness of thinking and quickness of sensation »[38]) qui caractériserait la plume de Raynal et de ses collaborateurs. Payne reprocha en particulier à Raynal ses positions trop favorables à l'Angleterre qui l'avaient amené à accuser les Américains d'avoir fait une révolution sans cause suffisante. La Révolution Américaine, telle fut la thèse de Raynal, dans l'optique de Payne qui la réfuta virulemment, aurait été agencée par la diplomatie française, en particulier Vergennes. Payne, par contre, affirma, que la Révolution Américaine avait été essentiellement une insurrection populaire légitime contre un pouvoir oppresseur.

La lettre de Payne, quasi immédiatement traduite, donne ainsi à lire, aux extrémités du processus de transfert culturel promu par les traductions de l'*Histoire des deux Indes* sous ses multiples formes, une volonté d'affirmation culturelle et politique, celle des Etats-Unis émergents. Celle-ci remit fondamentalement en cause la légitimité même du discours de Raynal qui se trouve abondamment cité sous forme d'extraits traduits, mais en même temps interrogé, contesté et rejeté. Se substituant au discours étranger représenté par Raynal, l'histoire de la Révolution Américaine que Payne était en train d'écrire lui-même quand il rédigea sa lettre adressée à Raynal, se voulut un contre-discours radical face à l'emprise européenne, en l'occurrence française et anglaise, sur l'histoire nord-américaine que Payne visait à remettre foncièrement en cause. Vu sous cet angle, il peut sembler paradoxal que sa *Lettre adressée à l'Abbé Raynal* figurât, à partir de 1783, dans de nombreuses éditions de l'*Histoire des deux Indes,* notamment celles éditées à Genève, plaçant dans le circuit des éditions françaises même de l'ouvrage un écrit qui mettait foncièrement en cause les chapitres les plus attentivement lus par le public de l'époque, à savoir le livre XVIII consacré à la Révolution Américaine.

Vecteurs de lectures pragmatiques, notamment dans une bonne partie des traductions parues en anglais, en allemand et en danois, les traductions de l'*Histoire des deux Indes* furent ainsi également catalyseurs d'une prise de conscience culturelle et politique, de la part du public visé. Axée, d'une part, sur une critique historiographique précise, formulée notamment par Mauvillon, le traducteur et commentateur de l'édition de 1773, qui était lié à la nouvelle école historiographique allemande de Göttingen, cette prise de conscience visait d'autre part l'emprise intellectuelle et culturelle française sur d'autres pays, comme l'Alle-

37 Thomas Payne, *Letter addressed to the Abbé Raynal, on the Affairs of North America,* ed. London, Ridgway, 1792, p. III : « the distance at which the Abbe is placed from the American war and politics. »

38 Ibid., p. VI.

magne et les Etats-Unis. Celle-ci fut questionnée et mise en cause à travers les préfaces d'ouvrages traduits, les commentaires dans la presse périodique, mais surtout à travers les notes précises et nombreuses auxquelles Abele et Mauvillon, les principaux traducteurs allemands de l'ouvrage de Raynal, avaient recours pour affirmer leur propre position, parfois très critique, par rapport à celle que représentait Raynal. Loin de constituer uniquement un instrument d'adaptation linguistique et culturelle, la traduction, à travers les modalités paratextuelles qu'elle implique et les processus de lecture qu'elle suscite, s'avère ainsi également un puissant ferment culturel.

ALMUTH GRÉSILLON

Lire pour écrire : Flaubert *lector et scriptor*

1 *Lire et écrire : deux activités indissociablement liées*

Pendant longtemps, la recherche a soigneusement séparé en deux champs distincts les travaux consacrés à l'écriture et ceux consacrés à la lecture. Sans doute y avait-il des raisons heuristiques à cela : il a fallu se donner le temps et les moyens d'étudier d'une part les systèmes d'écriture et les processus d'apprentissage et d'analyse de la production écrite, de même qu'il a fallu explorer d'autre part l'histoire de la lecture, souvent liée à l'histoire du livre, et, du côté littéraire, à la théorie de la réception. Cette séparation entre les deux champs a dominé les années soixante, soixante-dix et même encore en partie les années quatre-vingts. C'est seulement depuis quelques années que l'on s'interroge *simultanément* sur ces deux activités de l'esprit humain qui, de fait, ont bien souvent partie liée. En effet, tout scripteur n'a-t-il pas lu mille et un livres avant de prendre lui-même la plume ? Et n'est-il pas automatiquement son premier lecteur ? Inversement, tout lecteur qui cherche à comprendre et à interpréter un écrit, ne lui arrive-t-il pas, bien malgré lui, de se glisser dans l'habit du scripteur afin de mieux reconstruire les voies et le sens de l'écriture ?

J'aimerais examiner ici un angle précis de ce rapport indissociable entre lecture et écriture, à savoir les notes de lecture que l'on prend en vue d'un projet d'écriture. En simplifiant, on pourrait dire avec Bakhtine qu'on écrit toujours avec les textes des autres et qu'une vaste partie des écrits existants n'est faite que de réécritures de choses lues. Je ne m'attarderai pas ici sur le concept de discours polyphonique ni sur la théorie de l'intertextualité. Ce qui m'intéresse davantage, c'est cette tension dialectique entre d'une part des choses qu'on lit expressément pour alimenter un projet d'écriture et, d'autre part, le processus même de cette écriture. Il s'agit donc d'analyser comment un lecteur-scripteur sélectionne, oriente et finalise ses lectures, comment il les découpe, fragmente et ampute pour les copier et les mettre en fiche, comment il ingère, digère, rejette, transforme, déforme ou cite plus ou moins fidèlement ses sources. Qu'advient-il de ces choses lues (qui coexistent d'ailleurs à côté des choses vues, sues ou entendues) lorsqu'il s'agit de rédiger un texte ?

Je pars de l'hypothèse que le geste du « lire *pour* écrire », même s'il est sans doute attesté à des époques plus reculées, porte le sceau des temps modernes, et notamment d'un nouveau rapport au savoir et à la science tel qu'il s'est instauré à la deuxième moitié du XIXe siècle. D'une part, l'accès au savoir, la transmission des connaissances, le fantasme de la bibliothèque et le mythe de la science occupent de plus en plus le devant de la scène ; d'autre part, au cours du XIXe siècle, avec l'avènement de l'école obligatoire, lecture et écriture sont devenues dans nos aires culturelles des compétences de plus en plus communément partagées. Par conséquent, à la question « QUI lit pour écrire ? », on peut répondre aujourd'hui : « en principe, tout le monde ». Toutefois, certains types de textes semblent se prêter mieux que d'autres à l'exercice du « lire pour écrire » : textes destinés à l'information (guides, reportages, manuels scolaires et universitaires, ouvrages didactiques et de vulgarisation), textes scientifiques (thèses, articles, ouvrages savants, érudition). A priori, il semble s'agir de la catégorie des textes non-fictionnels et, plus précisément, de ceux qui sont censés fournir une documentation précise, un « état présent » du savoir établi, soit pour la simple transmission, soit pour la réfutation et le dépassement de ce savoir. Toujours est-il que ce savoir emprunté à d'autres textes[1] est en principe soumis à une déontologie précise : le texte-cible doit porter la marque du texte-source ; il faut rendre à César ce qui est à César ; une source utilisée et non citée comme telle permet d'accuser un lecteur-scripteur négligent de plagiat. Cette règle de la citation des sources est d'autant plus contraignante que le texte relève non pas de la simple compilation, mais vise à produire un savoir nouveau.

Mais le scripteur ne lit-il que pour trouver des informations précises, combler des trous de mémoire, faire le point d'une situation historique ou géographique ou vérifier l'exactitude des connaissances qu'il désire mettre en œuvre ou mettre en cause ? Est-ce si sûr que le geste du « lire pour écrire » se limite à la rédaction de textes à valeur informative, documentaire et scientifique ? La lecture n'est-elle pas aussi un formidable moteur pour mettre en branle l'imaginaire, pour faire rêver (autant que pour faire savoir), pour déclencher des associations verbales et visuelles, qui transformeront la source lue en bribe d'écriture, le fragment d'autrui en partie d'un énoncé nouveau ? Écoutons ce que dit Michel Foucault :

1 Je renvoie aux travaux de Eva-Maria Jakobs, notamment à sa Habilitationsschrift « Vom Umgang mit den Texten anderer. Beziehungen zwischen Texten im Spannungsfeld von Produktions-, Reproduktions- und Rezeptionsprozessen », Universität Saarbrücken, November 1995.

« L'imaginaire se loge entre le livre et la lampe. On ne porte plus le fantastique dans son cœur ; on ne l'attend pas non plus des incongruités de la nature ; on le puise à l'exactitude du savoir ; sa richesse est en attente dans le document. Pour rêver, il ne faut pas fermer les yeux, il faut lire. La vraie image est connaissance. Ce sont des mots déjà dits, des recensions exactes, des masses d'informations minuscules, d'infimes parcelles de monuments et des reproductions de reproductions qui portent dans l'expérience moderne les pouvoirs de l'impossible. Il n'y a plus que la rumeur assidue de la répétition qui puisse nous transmettre ce qui n'a lieu qu'une fois. L'imaginaire ne se constitue pas contre le réel pour le nier ou le compenser, il s'étend entre les signes, de livre à livre, dans l'interstice des redites et des commentaires ; il naît et se forme dans l'entre-deux des textes. »[2]

Foucault parle de l'imaginaire du XIXe siècle, siècle du savoir par excellence, mais il le développe non point sur des discours scientifiques, mais sur une œuvre de Flaubert, *la Tentation de saint-Antoine*. Flaubert, à l'image de Saint-Antoine, est à la fois *lector* et *scriptor*...

Reprenons notre propos initial : comment peut-on observer et analyser le rapport qui existe entre les textes lus et le processus d'écriture qui s'en suit ? Certes, le texte final peut en porter la marque ; c'est le cas quand la source est explicitement citée ou indiquée en référence. Mais il existe des possibilités plus intéressantes et plus subtiles pour contrôler et reconstruire le parcours qui va de la lecture à l'écriture : il suffit d'ouvrir les archives où sont conservées les traces manuscrites de la genèse de certains textes. Il est vrai que la chance de trouver ces traces est proportionnelle à la valeur intellectuelle, artistique, symbolique et patrimoniale que l'histoire culturelle a attribuée au cours du temps à certaines œuvres. C'est bien la raison pour laquelle on dispose plus facilement des traces d'écriture des grands écrivains que de celles de l'homme de la rue. Les « écritures ordinaires » n'ont jusqu'en des temps récents que très peu intéressé le regard des spécialistes[3].

2 Michel Foucault, « La Bibliothèque fantastique », in : Gérard Genette / Tzvetan Todorov (eds.), *Travail de Flaubert*, Paris, Le Seuil, coll. « points », 1983, p. 106.

3 Ce nouvel intérêt est dû notamment à des travaux comme ceux d'Arlette Farge, Daniel Fabre et Philippe Artières.

2 *Flaubert : notes de lecture pour Hérodias*

2.1 *Flaubert lector et scriptor*

Je propose un rapide parcours d'un de ces dossiers d'écrivains, et comme Foucault, je choisirai Flaubert, car cet « homme-plume », comme il se désigne lui-même, ce graphomane effréné, est aussi un lecteur boulimique, notamment quand il s'agit d'ingurgiter de la documentation pour préparer ses œuvres. « Il faudrait tout connaître pour écrire » écrit-il le 7 avril 1854 à Louise Colet. Ou encore, quand en 1873 il travaille à la troisième version de la *Tentation de saint-Antoine :* « Ma vie se passe à lire et à prendre des notes » (lettre de février 1873 à Mme Roger des Genettes) et quatre mois plus tard : « [...] ce qui ne m'a pas empêché de continuer mes colossales lectures pour mon roman. Savez-vous combien j'ai avalé de volumes depuis le 20 septembre dernier ? 194 ! Et dans tous j'ai relevé des notes. » (lettre du 4 août 1873 à Mme Roger des Genettes). Et pour *Salammbô,* c'était déjà la même frénésie documentaire : « Quant à moi, j'ai une indigestion de bouquins. Je rote l'in-folio. Voilà 53 ouvrages différents sur lesquels j'ai pris des notes depuis le mois de mars [...] » (lettre de mai 1857 à Jules Duplan). Foucault a souligné à juste titre ce rapport nouveau au savoir, en évoquant le « zèle érudit » de Flaubert et en parlant de ce nouvel « espace d'une littérature qui n'existe que dans et par le réseau du déjà écrit ». Le livre — celui qu'on lit et celui qu'on écrit — est désormais l'incarnation de tous les mythes, l'alpha et l'omega du savoir humain.

2.2 *La genèse d'*Hérodias

Pour illustrer mon propos, je prends l'exemple de l'un des *Trois contes* de Flaubert, *Hérodias*[4]. Sujet rempli par des siècles de mythes et d'écritures multiples ;

4 Ces remarques doivent beaucoup aux spécialistes de Flaubert : Raymonde Debray-Genette, « Écriture et documents », in : R. D.-G., *Métamorphoses du récit,* Paris, Le Seuil, 1988, pp. 113-128 ; la même, « Les débauches apographiques de Flaubert », in : Raymonde Debray-Genette / Jacques Neefs (eds.), *Romans d'archives,* Lille, PUL, 1987, pp. 39-77 ; Pierre-Marc de Biasi, « L'esthétique référentielle. Remarques sur les *Carnets de travail* de Gustave Flaubert », in : François Lecercle / Simone Messina (eds.), *Flaubert l'autre. Pour Jean Bruneau,* PUL, Lyon, 1989, pp. 17-33 ; le même, « Tout savoir », in : P.-M. de B. : *Flaubert, les secrets de l'homme-plume,* Paris, Hachette, 1995, pp. 19-34 ; Anne Herschberg-Pierrot, « Sur les notes de lecture de Flaubert », in : *Flaubert l'autre, op. cit.,* pp. 34-39 ; la même, « Les dossiers de *Bouvard et Pécuchet* », in : *Romanic Review,* vol. 86, number 3, may 1995, pp. 537-549 ; Giovanni Bonaccorso, « Science et fiction. Le traitement des notes d'*Hérodias* », in : *Flaubert l'autre, op. cit.,* pp. 85-94 ; le même *et al. : Corpus*

sujet remis tout spécialement à la mode au XIXe siècle : avant Flaubert, d'autres écrivains s'y étaient essayés[5] : Heine dans *Atta Troll* (1841), Théodore de Banville dans deux poèmes, « La Danseuse » (1870) et « Hérodiade » (1874, dans le recueil *Les Princesses*), et surtout Mallarmé, qui a commencé son *Hérodiade* dès 1864[6]. C'est sans doute sur ces précurseurs qu'insisterait l'ancienne critique des sources. Or, Flaubert, même s'il n'ignorait probablement pas ces œuvres (mais nous n'en avons trouvé aucune trace) a visiblement puisé dans d'autres sources. La remarque la plus ancienne sur le sujet se trouve dans une lettre du 20 avril 1876 : « Savez-vous ce que j'ai envie d'écrire après cela [c'est-à-dire après *Un cœur simple*] ? L'histoire de Saint-Jean Baptiste. La vacherie d'Hérode pour Hérodias m'excite. Ce n'est encore qu'à l'état de rêve, mais j'ai bien envie de creuser cette idée-là ». Comment ignorer qu'à cette même date Gustave Moreau, peintre que Flaubert tenait en grande estime, exposait au Salon du Printemps justement deux tableaux ayant trait au même sujet, l'un intitulé « Salomé », l'autre, « L'Apparition » ? Comment ignorer par ailleurs qu'un bas-relief du portail nord de la Cathédrale de Rouen — la même dont un vitrail lui avait déjà fourni le thème de *saint Julien l'Hospitalier* — représente une Salomé dansant sur les mains, exactement comme celle que Flaubert mettra en scène à la fin du conte ? Certes, il n'y a pas de preuve pour ces deux empreintes visuelles, et je ne les mentionne que pour montrer qu'en dehors des sources livresques qui sont ici en cause, le visuel serait également à prendre en compte dans le cas de Flaubert. C'est d'ailleurs une sorte de vision poétique qui constitue la première trace conservée du projet « Hérodias ». Flaubert vient de terminer *Un cœur simple*, Hérodias n'existe encore qu' « à l'état de rêve », le travail n'est pas commencé, et pourtant Flaubert VOIT déjà la première scène du conte : « Maintenant que j'en ai fini avec Félicité, Hérodias se présente, et je vois (nettement, comme je vois la Seine) la surface de la mer Morte scintiller au soleil. Hérode et sa femme sont sur un balcon d'où l'on découvre les tuiles dorées du Temple. Il me tarde de m'y mettre et de piocher furieusement cet automne » (lettre du 17 août 1876 à sa nièce Caroline).

Flaubertianum II, Hérodias, Édition diplomatique et génétique des manuscrits, t. 1, Paris, Nizet, 1991, t. 2, Messina, Sicania, 1995 ; Philippe Willemart, *Dans la chambre noire de l'écriture.* Hérodias *de Flaubert,* Toronto, Éditions Paratexte, 1996. Je renvoie également à : Almuth Grésillon / Jean-Louis Lebrave / Catherine Fuchs, « ‹Ruminer Hérodias›. Du cognitif-visuel au verbal-textuel », in : Daniel Ferrer / Jean-Louis Lebrave (eds), *L'Écriture et ses doubles,* Paris, Éditions du CNRS, 1991, pp. 27-109.

5 Voir Helen Grace Zagona, *The Legend of Salomé and the Principle of Art for Art's Sake,* Genève-Droz et Paris-Minard, 1960.

6 Après Flaubert, le sujet a continué à inspirer les artistes, notamment Huysmans (dans *A rebours*), Laforgue, Oscar Wilde, dont la *Salomé* a fourni le livret pour l'opéra de Richard Strauss.

Et cette « pioche », ce travail forcené, se traduira d'abord par un peu plus d'un mois de lecture et de recherche de documentation (du 23 août au 27 septembre 1876[7]). Il court les bibliothèques (la Bibliothèque municipale de Rouen et la Bibliothèque nationale de Paris), prend contact avec les plus grands savants en matière d'histoire romaine et d'archéologie (Clermont-Ganneau, Maury, Renan), se fait prêter des livres et en achète lui-même[8]. Sa correspondance témoigne de cette phase active de récolte documentaire : dès le premier jour, il écrit à sa nièce Caroline : « Aujourd'hui j'ai nettoyé ma table. Elle est maintenant couverte de livres relatifs à Hérodias, et ce soir j'ai commencé mes lectures. » (lettre du 23 août 1876). Début septembre, arrivé à Paris, il se dit « exténué par [ses] séances à la Bibliothèque pour [son] Saint-Jean Baptiste » (lettre du 4 septembre à Laporte). Le 8 septembre : « Aujourd'hui et demain je passerai mon après-midi à la Bibliothèque, pour y feuilleter différents bouquins relatifs à Saint-Jean Baptiste. » De retour à Croisset, il emprunte des livres à la Bibliothèque de Rouen, et conclut cette phase d'ingurgitation considérable par une remarque étonnante ; au terme de deux mois de délire livresque, il écrit : « Quant à moi, je continue à travailler ou plutôt je vais me remettre à travailler, *car lire et prendre des notes c'est de la débauche* » (lettre du 17 octobre 1876, souligné par nous). C'est exactement de cette débauche de lecture que je voudrais maintenant dire un mot.

2.3 *La prise de notes*[9]

Le cas de Flaubert est doublement intéressant, car non seulement il prend beaucoup de notes au cours de ses lectures, mais il les conserve au même titre que ses brouillons rédactionnels. C'est dire l'intérêt qu'il attache à cette phase du travail. Il mène ses enquêtes documentaires en chercheur passionné, et à regarder toute cette liasse de notes, on se met à penser à une indication de *Bouvard et Pécuchet* qui évoque le « plaisir qu'il y a dans l'acte matériel de recopier ». La comparaison des notes de lecture avec les ouvrages consultés montre avec quel sérieux et quelle méticulosité il recopie les informations dont il pense avoir besoin ; la plupart du temps, le passage copié est suivi de l'indication de la page ; ces notes sont

7 Je dois cette datation aux travaux de Giovanni Bonaccorso (voir note 4).

8 Voir sa lettre du 6 septembre 1876 à Renan (« Pouvez-vous remettre au porteur le livre de Parent sur Machaerous ; 2. celui de Derimbourg [Géographie du Talmud ?] ») et sa lettre du 11 septembre 1876 : « J'ai acheté des livres pour Hérodias ».

9 Ces notes de lecture sont pour l'essentiel conservées à la Bibliothèque nationale de France, (sous la cote NAF 23633, t. II), que je tiens à remercier des reproductions de manuscrits insérées plus loin.

déjà relativement décontextualisées, c'est-à-dire privées du contexte narratif de la source ; ce sont des phrases simplifiées (appauvries de toute modalisation discursive et dotées parfois d'un verbe au présent omnitemporel) ou même simplement des groupes nominaux sans verbe. Souvent il fait précéder le passage copié par une sorte de titre souligné qui lui rappellera le contexte dans lequel il prévoit d'utiliser la source en question (« Vues des montagnes de Juda », « Mer morte », « danse », « religion des Arabes », « les Pharisiens », « les Esséniens », « famille d'Antipas »), et c'est probablement au cours de la relecture de ses notes qu'il lui arrive de cocher par une croix les passages importants (voir fig. 1). Enfin, il inscrit parfois dans la marge de gauche un commentaire ou une indication de régie (par exemple : « à citer dans le festin », f° 680 ; « faire croire au lecteur qu'il va décharger » f° 713v°). A côté des fiches par ouvrage, il établit aussi des fiches thématiques : sur les Juifs, sur Saint-Jean, sur les festins, sur le « Sens du mot *Messie* ».

Ces notes prises pour *Hérodias* sont consignées sur deux types de supports différents : d'une part des calepins (Carnets de travail 16, 16bis, 20 et 0 ; en tout une vingtaine de pages) [10] que Flaubert avait l'habitude de porter sur lui, d'autre part des feuilles volantes (une centaine de pages). Mon propos n'est pas d'en donner une présentation exhaustive, mais de permettre un aperçu de la manière dont ces notes ont été prises et dont elles ont été intégrées ou non dans la suite de la genèse. Globalement, on peut diviser les ouvrages consultés en deux groupes : ouvrages savants sur l'histoire et la géographie de la Palestine (Flavius Josèphe, Tacite, Suétone, Derenbourg, Charles Dezobry, Volney, Duc de Luynes, Salomon Munk, Tristram, etc.) et, d'autre part, textes relatifs à l'histoire sainte (Nouveau Testament, les Apocryphes, de même que les exégèses de Michel Nicolas ou de d'Eichthal, ou la célèbre *Vie de Jésus* d'Ernest Renan).

A titre d'exemple, je choisis les notes prises sur un ouvrage anglais, paru trois ans plus tôt : *The Land of Moab,* de Tristram [11]. La première mention, à savoir la référence bibliographique, figure sur une petite page du Carnet 20, qui regroupe une dizaine de titres d'ouvrages à consulter. Viennent ensuite, dans un autre calepin (Carnet 0) des extraits de cet ouvrage : d'abord, traduits en français, des noms d'oiseaux, de plantes et de rivières hors contexte (Carnet 0, f° 3v°), puis tout un long passage dont les premières lignes sont traduites en français, alors que la suite est une copie littérale du texte anglais, qui débouche

10 Les Carnets de Flaubert sont conservés à la Bibliothèque Historique de la Ville de Paris. Ils ont été édités par Pierre-Marc de Biasi (Paris, Balland, 1988) ; les feuillets qui concernent *Hérodias* figurent également dans l'édition de G. Bonaccorso.

11 Henry Baker Tristram, *The Land of Moab. Travels and Discoveries on the East Side of the Dead Sea and the Jordan,* London, John Murray, 1873.

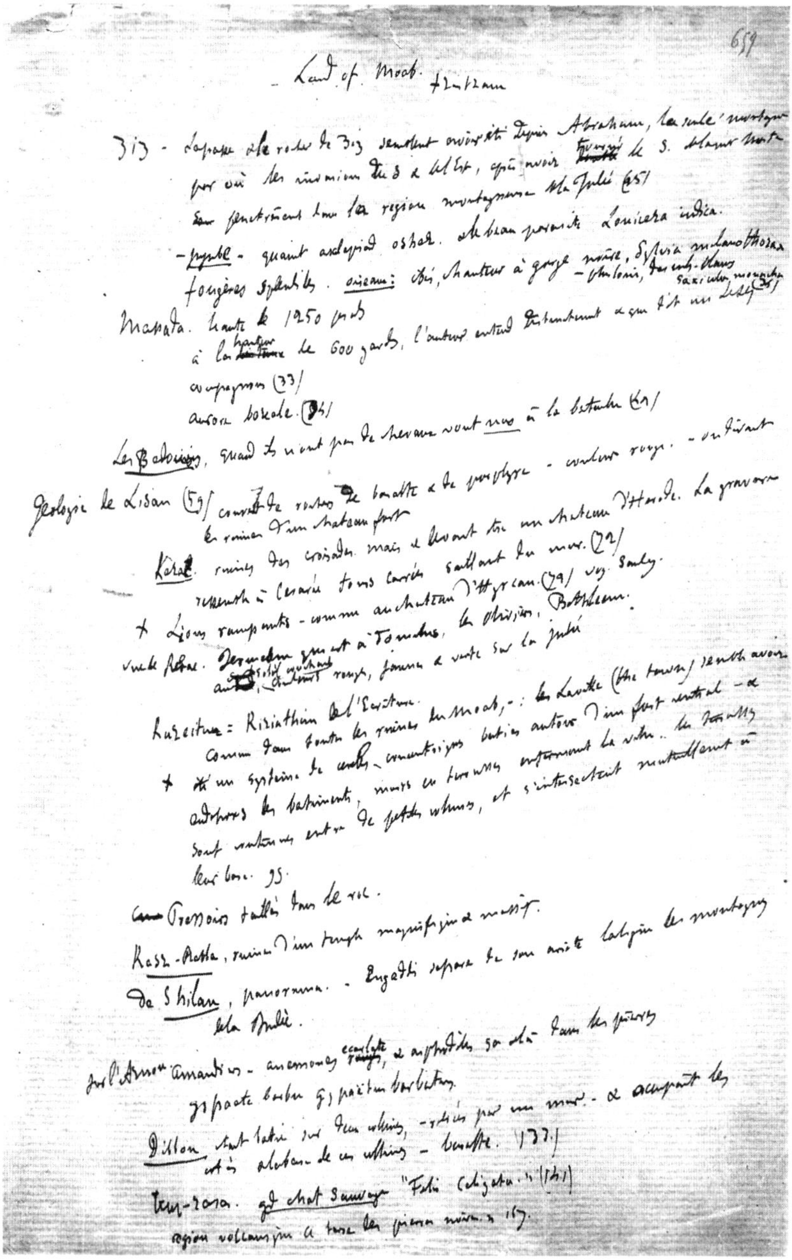

Fig. 1 — Extraits finalisés sur feuille volante
(Bibliothèque nationale de France, Nafr. 23663, t. II, f° 659).

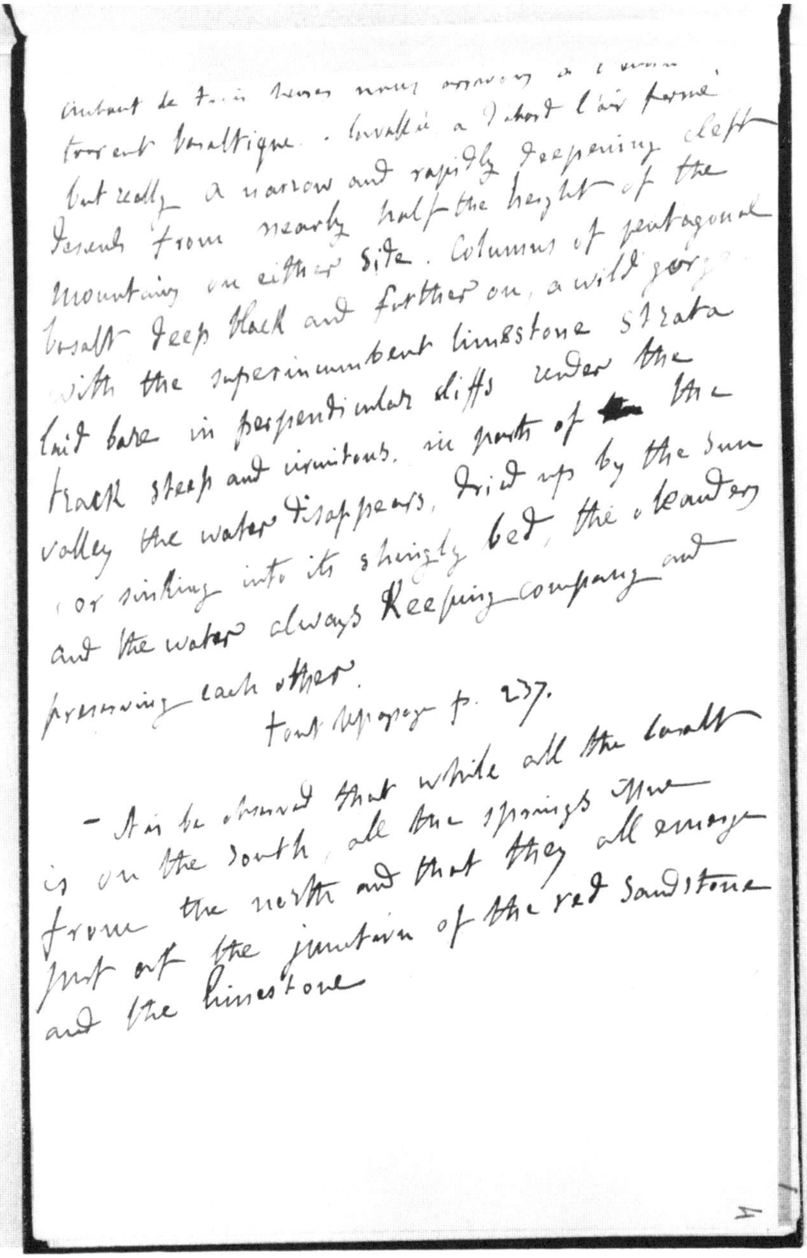
autant de [illegible] nous arrivons à l'[illegible]
torrent basaltique. Envahi à d'abord l'air formé
but really a narrow and rapidly deepening cleft
descends from nearly half the height of the
mountains on either side. Columns of pentagonal
basalt deep black and further on, a wild gorge
with the superincumbent limestone strata
laid bare in perpendicular cliffs under the
track steep and circuitous. in parts of the
valley the water disappears, dried up by the sun
or sinking into its shingly bed, the oleanders
and the water always keeping company and
preserving each other.
tout [illegible] p. 237.
– [illegible] be observed that while all the basalt
is on the south, all the springs are
from the north and that they all emerge
just at the junction of the red sandstone
and the limestone
4

Fig. 2 — La copie littérale ; Carnet 0, f° 4
(Bibliothèque historique de la Ville de Paris).

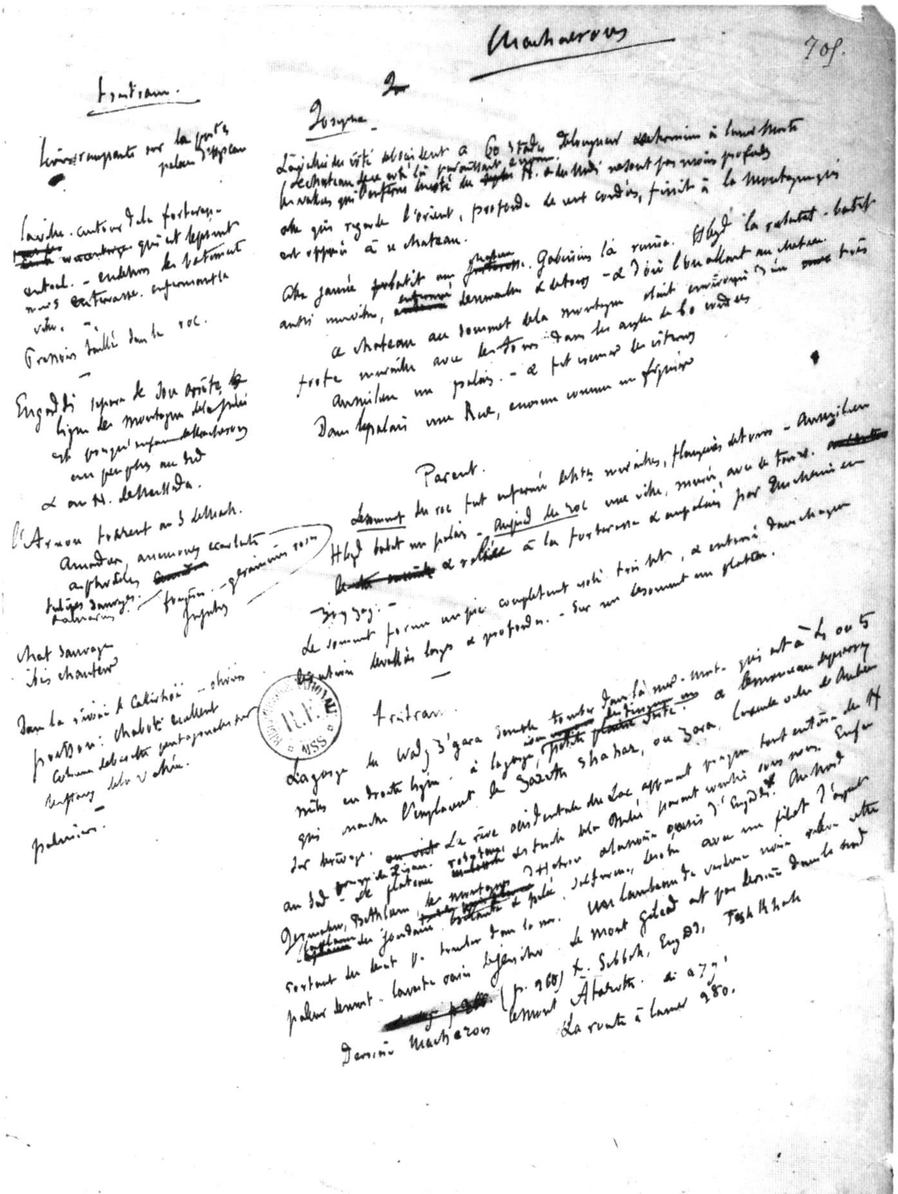

Fig. 3 — Condensé de notes (BnF, Nafr. 23663, t. II, f° 705).

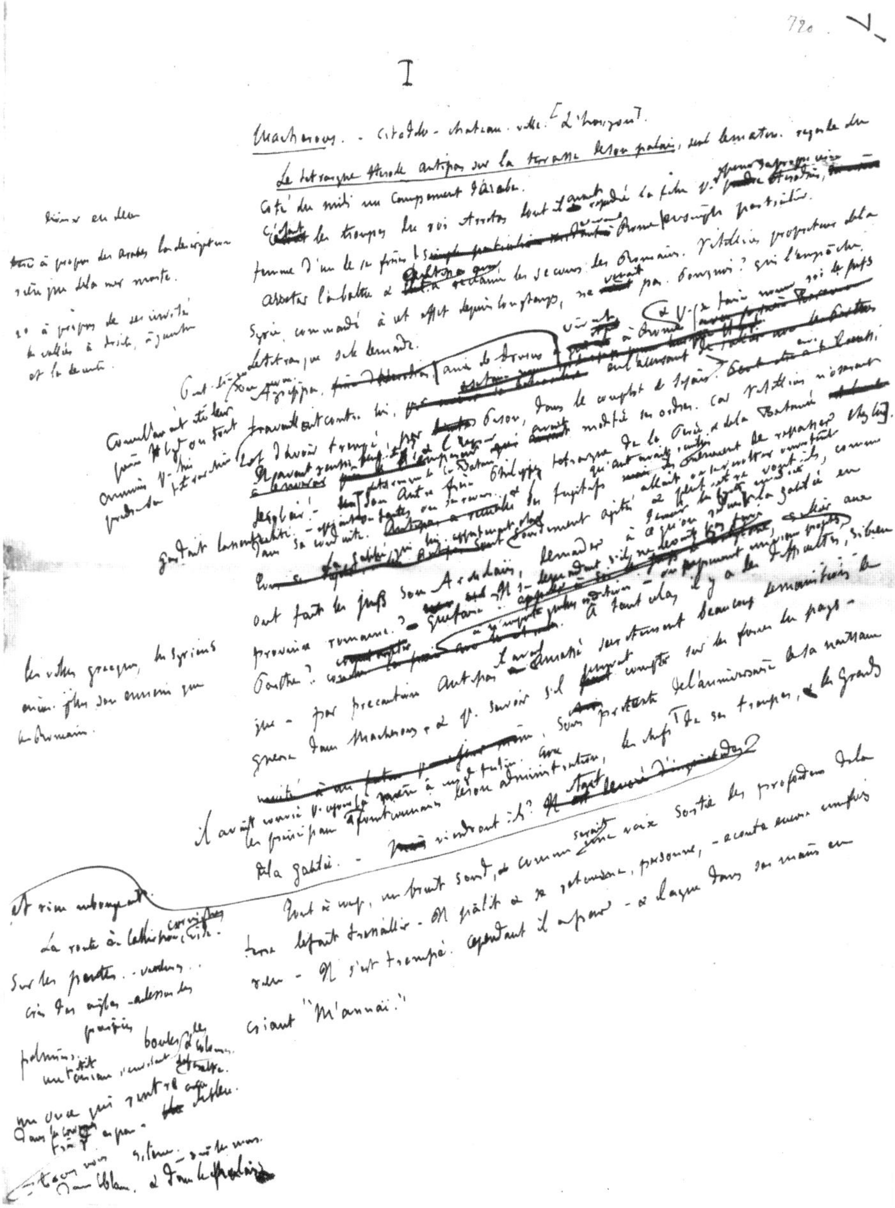

Fig. 4 — Cohabitation de deux discours, Flaubert et Tristram
(BnF, Nafr. 23663, t.II, f° 720).

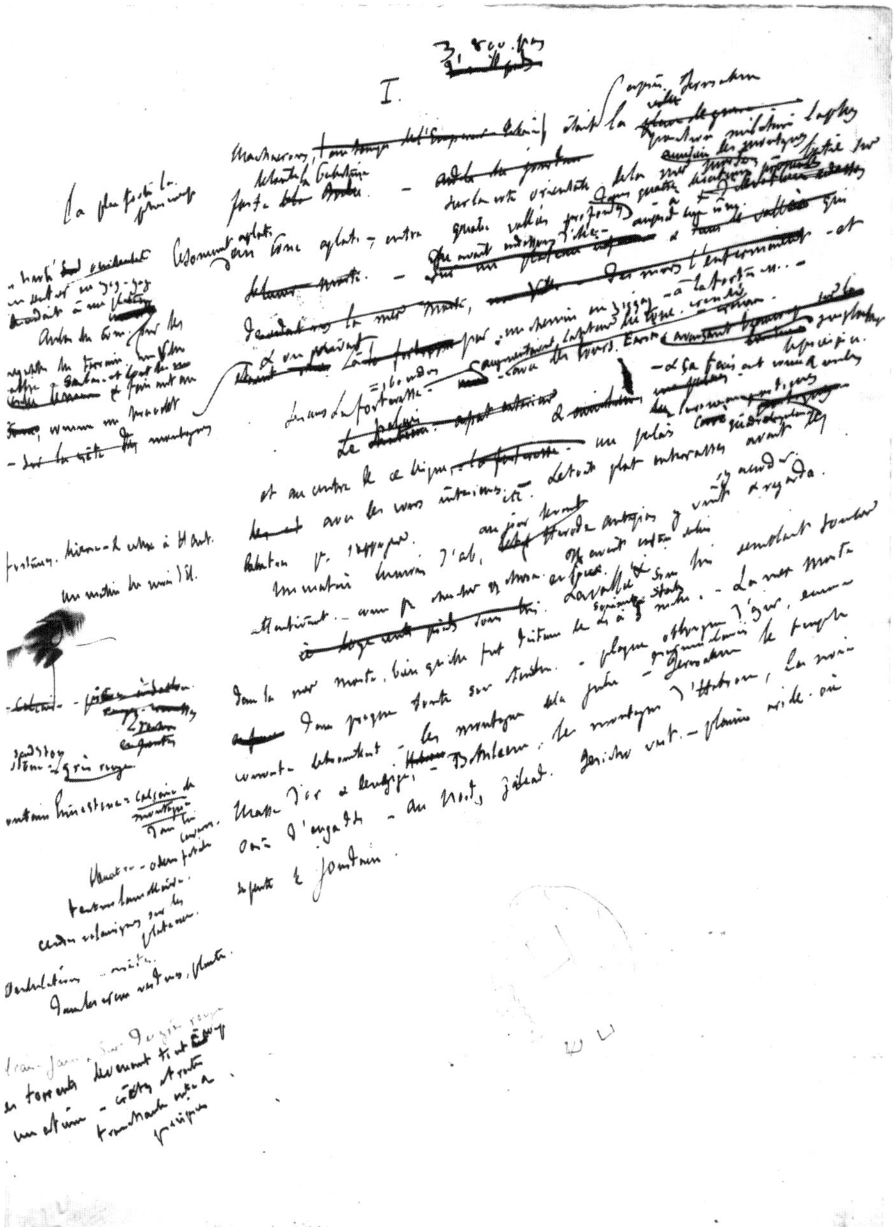

Fig. 5 — Cohabitation et greffe (BnF, Nafr. 23663, t.II, f° 732 v°).

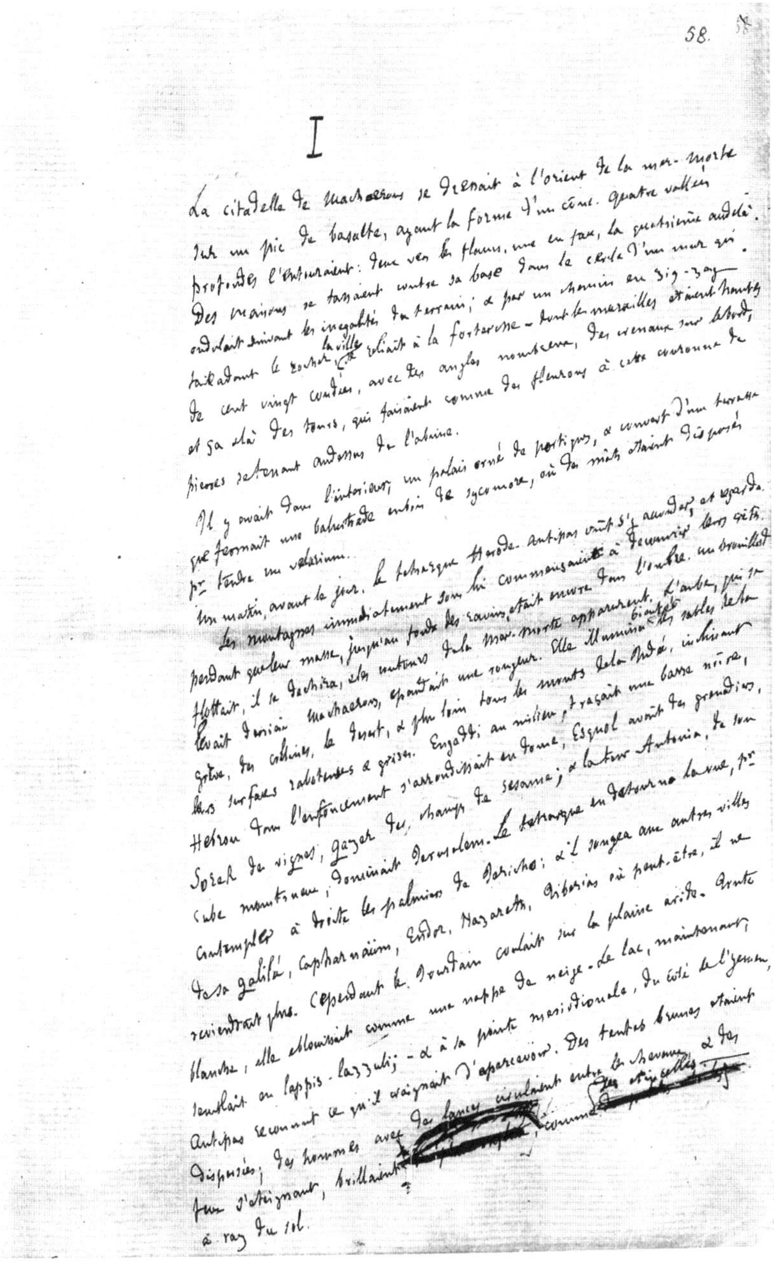

58.

I

La citadelle de Machærous se dressait à l'orient de la mer-Morte
sur un pic de basalte, ayant la forme d'un cône. Quatre vallées
profondes l'entouraient : deux vers les flancs, une en face, la quatrième au delà.
Des maisons se tassaient contre sa base dans le cercle d'un mur qui
ondulait suivant les inégalités du terrain ; & par un chemin en zig-zag
tailladant le rocher, la ville reliait à la forteresse – dont les murailles étaient hautes
de cent vingt coudées, avec des angles nombreux, des créneaux sur le bord,
et çà et là des tours, qui faisaient comme des fleurons à cette couronne de
pierres suspendue au-dessus de l'abîme.

Il y avait dans l'intérieur, un palais orné de portiques, & couvert d'une terrasse
que fermait une balustrade en bois de sycomore, où des mâts étaient disposés
pr tendre un velarium.

Un matin, avant le jour, le tétrarque Hérode-Antipas vint s'y accouder, et regarda.
Les montagnes immédiatement sous lui commençaient à découvrir leurs crêtes
pendant que leur masse, jusqu'au fond des ravins, était encore dans l'ombre. Un brouillard
flottait, il se déchira, et les contours de la mer-Morte apparurent. L'aube, qui se
levait derrière Machærous, épandait une rougeur. Elle illumina bientôt les sables de la
grève, les collines, le désert, et plus loin tous les monts de la Judée, inclinant
leurs surfaces raboteuses & grises. Engaddi, au milieu, traçait une barre noire ;
Hébron dans l'enfoncement s'arrondissait en dôme ; Esquol avait des grenadiers,
Sorek des vignes, Gaza des champs de sésame ; & la tour Antonia, de son
cube monstrueux, dominait Jérusalem. Le tétrarque en détourna la vue, pr
contempler à droite les palmiers de Jéricho ; & il songea aux autres villes
de sa Galilée, Capharnaüm, Endor, Nazareth, Tibérias où peut-être il ne
reviendrait plus. Cependant le Jourdain coulait sur la plaine aride. Toute
blanche, elle éblouissait comme une nappe de neige. Le lac, maintenant,
semblait en lappis-lazzuli ; – & à sa pointe méridionale, du côté de l'Yemen,
Antipas reconnut ce qu'il craignait d'apercevoir. Des tentes brunes étaient
dispersées ; des hommes avec des lances circulaient entre les chevaux & des
feux s'éteignant, brillaient comme des étincelles
à ras du sol.

Fig. 6 — Greffe réussie : le début du texte d'*Hérodias*
(BnF, Nafr. 23663, t. I, f° 58).

sur la remarque « tout le paysage p. 237 » (Carnet o, f° 4, voir fig. 2). Quant au f° 6, il fournit une première indication du site de Machaerous ; celle-ci peut être extraite soit de Tristram[12], soit de l'ouvrage du Duc de Luynes[13].

L'étape suivante de la prise de notes figure sur un grand feuillet bleu, écrit recto et verso (f° 659r° et v° ; pour le r°, voir fig. 1). C'est une nouvelle façon de procéder : au lieu de recopier des passages entiers, Flaubert a complètement dénarrativisé le récit de voyage ; il n'en reste que des bribes de mots, des segments de phrases, des noms propres, telle description d'une ville dont on retrouvera les éléments plus tard, puis le site de Machaerous, lieu principal du futur conte. Flaubert procède de la même façon pour beaucoup d'autres ouvrages.

Arrive alors l'heure des choix : quoi retenir de toutes ces notes ? Pour le début du conte, Flaubert procède à une condensation de ses notes. Sur un seul feuillet (f° 705 ; voir fig. 3), il concentre l'essentiel des sources sélectionnées ; Tristram y figure à un double titre : en partie par un condensé des notes prises précédemment, et en partie par un passage traduit directement du livre.

Suit la rédaction proprement dite, avec la question décisive : que restera-t-il de toute cette débauche de notes ? Dans les premières phases de textualisation, on retrouve en effet les lieux de greffe : dans la marge du f° 720 (voir fig. 4) et du f° 745 par exemple, on reconnaît tels quels des éléments prélevés sur les notes de Tristram (route de Callirhoë ; calcaire jaune sur du grès rouge) ; de même, sur le f° 732v°, des précisions géographiques (p. ex. les 3800 pieds ; voir fig. 5) et quelques indications gribouillées en anglais dans la marge sont des réimportations évidentes des notes de lecture de Tristram. A un niveau rédactionnel élémentaire, les segments empruntés et les segments flaubertiens se trouvent simplement juxtaposés, et la tension verbale entre les deux ordres de discours apparaît à l'état nu : qui va gagner, qui va perdre... C'est à l'étape suivante que les segments empruntés commencent à s'intégrer à la syntaxe flaubertienne (folios 729 v° et 538 v°). Mais, il faut bien le dire, plus on avance dans l'élaboration du texte flaubertien, plus les traces disparaissent, plus les greffes apparaissent masquées. Si bien que le texte définitif ne permet plus de détecter les marques des textes-sources, — sauf si l'on connaît les notes de lecture. Sinon, qui en effet supposerait derrière le début du conte la patte de Renan, de Tristram, de Parent et de quelques autres[14] : « La citadelle de Machaerous se

12 Ibid., p. 256 : « Jerusalem, Bethlehem, and the hills of Hebron, the dark oasis of Engedi, all stood out clearly before us. »

13 Charles Philippe d'Albert, Duc de Luynes, *Voyage d'exploration à la mer Morte, à Petra et sur la rive gauche du Jourdain,* Paris, 1871-1875, 5 vol. ; ici t. 1, p. 162 : « [...] on voit très-bien la mer Morte dans les environs d'Engaddi, ainsi que les montagnes de Jérusalem, Hébron, Jéricho et Naplouse. »

14 Je reproduis en italique les segments qui sont des reprises littérales des ouvrages lus par Flaubert.

dressait *à l'orient de la mer morte*[15], *sur un pic de basalte ayant la forme d'un cône*[16]. *Quatre vallées profondes l'entouraient*[17], deux vers les flancs, une en face, la quatrième au-delà. » (voir fig. 6)

A côté de tels processus d'absorption réussie, il y a bon nombre de ces notes de lecture qui sont simplement abandonnées ; tel détail géographique p. ex. l'indication des « 3800 pieds au dessus de la mer Morte » ou tel détail pittoresque — le « parasol à pompons » sous lequel Hérode découvre Salomé — font les frais d'une épure qui succède à la phase d'amplification[18]. La débauche des notes cède le pas à une phase de renoncement : c'est la force du texte de fiction qui l'emporte sur l'exactitude et l'authenticité du fait réel.

3 *Conclusion*

Les dossiers de genèse, quand ils sont aussi riches que ceux de Flaubert, permettent de suivre à la trace le processus discursif par lequel un scripteur s'approprie les textes d'autrui. La lecture des sources elle-même est d'emblée finalisée, et les notes que le scripteur prend sur des ouvrages correspondent déjà à des choix, des adaptations à un projet mental. Les prélèvements entrent en conflit avec la matière verbale du scripteur, et il en résulte une formation de compromis entre texte d'autrui et texte propre ; selon les cas, le segment étranger peut être rejeté ou intégré. Lorsqu'il est intégré dans le flux d'une prose narrative, celle-ci l'avale et l'absorbe complètement ; aucune trace visible ne subsiste de cette appropriation. On pourrait sans doute en dire autant de bien d'autres processus d'écriture, qu'ils soient scientifiques ou fictionnels ; ils ont puisé dans d'autres textes, que l'auteur a lus pour alimenter son savoir et son imagination. La seule différence entre texte fictionnel et non fictionnel est probablement que le premier absorbe complètement la source, sans couture ni marque visibles, tandis que le second, notamment le texte scientifique, se doit d'indiquer ses sources.

15 Cf. Ernest Renan, *La Vie de Jésus,* Paris, V. Palm, ²1863, p. 110 : « Makaur ou Machéro était une forteresse bâtie [...] à l'orient de la mer morte ».

16 Cf. Tristram (cf. note 11), p. 258 : « the ancient fortress, on the top of a conical hill [...] The citadel was placed on the summit of the cone », pp. 258-259.

17 Cf. Auguste Parent, *Machaerous,* Paris (A. Franck) 1868, p. 31 : « Le rocher, en effet, forme bien un pic complétement isolé, d'une grande hauteur et entouré, dans chaque direction, de vallées larges et profondes. »

18 Pour ce mouvement régulier chez Flaubert qui mène d'une amplification extrême à une condensation sans merci, voir Pierre-Marc de Biasi, « Flaubert et la poétique du non-finito », *Le Manuscrit inachevé* (Louis Hay, ed.), Paris, Éditions du CNRS, 1986, pp. 45-73.

S'il est permis de généraliser ce que j'appelle l'acte du « lire pour écrire », la manière dont Flaubert se gave littéralement de lectures relève non d'une spécificité littéraire, mais d'un comportement bien plus vaste : on écrit toujours plus ou moins avec les textes des autres, et le geste du « lire pour écrire » n'est pas dissociable de l'écriture moderne, de quelque type qu'elle soit. Dans une lettre du 30 décembre 1945 à Adorno, Thomas Mann avoue, assez confus, avoir emprunté à son destinataire de larges passages pour le personnage de Leverkühn dans le *Doktor Faustus.* Il ajoute que son roman se réclame explicitement du « principe de montage », mais que ce serait bien maladroit d'indiquer la source par une note de bas de page... Sollicitant de nouveau le concours du philosophe, il dit : « Was ich brauche, sind ein paar charakterisierende, realisierende *Exaktheiten* (man kommt mit wenigen aus), die dem Leser ein plausibles, ja überzeugendes Bild geben. Wollen Sie mir [...] ein oder das andere musikalische Merkmal zur Förderung der Illusion geben ? »[19]. Il a donc besoin d'Adorno pour donner à son récit de fiction plus de vraisemblance. On sait qu'Adorno, si j'ose dire, ne l'entendait pas de cette oreille et a refusé par la suite toute reprise de contact avec Thomas Mann...

Impossible d'écrire sans lire. C'est bien ce que Flaubert nous rappelle dans une lettre du 18 décembre 1859 :

> « Un livre est pour moi une manière spéciale de vivre. A propos d'un mot ou d'une idée, je fais des recherches, je me perds dans des lectures ou des rêveries sans fin. »

19 « Ce dont j'ai besoin, ce sont quelques précisions (il en suffit de très peu) qui caractérisent le réel et qui offrent au lecteur une image plausible, voire convaincante. Pourriez-vous me fournir quelques indices musicaux qui favorisent l'effet de l'illusion ? »

VI. Conclusion

ARMANDO PETRUCCI

Dietro lo specchio

Alcune riflessioni per non concludere

Desidero iniziare con dei ringraziamenti miei personali, ma anche di tutti noi. Innanzitutto affettuosissimi ringraziamenti all'ideatore e organizzatore del convegno, il nostro carissimo amico Alfred Messerli, che ha dato tutto se stesso alla sua realizzazione. Ringraziamenti a Roger Chartier, che purtroppo non è qui fra noi, maestro ispiratore, insieme a Messerli, di questo evento. Quindi alle Autorità pubbliche del Cantone Ticino e del Politecnico di Zurigo, oltre che al Centro Franscini, che ci ha ospitato. Ed infine ai Presidenti delle sedute ed a tutti coloro che sono intervenuti.

Ciò che in questi giorni mi ha più piacevolmente colpito è la grande varietà di temi dibattuti e la straordinaria galleria di situazioni prese in esame. Né posso mancare di sottolineare l'eccellente livello delle discussioni svoltesi, tanto ricche di novità da provocare, almeno in me, una piccola crisi di identità, la cui utilità non rimarrà limitata a questo felice episodio, ma continuerà a fermentare positivamente in noi tutti.

Io ho vissuto per sedici anni come bibliotecario in una biblioteca romana sei-settecentesca, non costituita soltanto di libri a stampa, ma anche di 3.500 manoscritti, di archivi di famiglia, di opuscoli, popolari e non. Venendo qui credevo dunque di conoscere il canone di una normale biblioteca di alto livello nell'Europa del Sei-Settecento. Credevo di conoscere – e non era vero – quello che in un canone del genere può esserci di scritto e potevo anche credere di sapere che cosa poteva esserci di scritto oltre questo canone. Qui, tutti insieme, abbiamo aperto un vero e proprio vaso di Pandora, da cui è uscito di tutto, tante diverse testimonianze, tanti diversi modi di interpretare la ricchezza documentaria dell'Europa moderna, che hanno messo in discussione non soltanto l'idea del canone, che credevo chiara e solida in me, ma in realtà anche i criteri di valutazione di tutto quello che la memoria scritta dell'Europa moderna ci ha trasmesso. Il quadro generale, qui e per opera di tutti, si è dunque, modificato; proviamo ora – ma siamo soltanto all'inizio – a ricomporlo per frammenti; usciamo di qua sapendo molto di più e sapendo molto di meno di prima; sinceramente credo che questo sia un eccellente risultato. Cercherò in questo mio intervento conclusivo non tanto di riassumere quanto è stato detto, quanto di scomporre il programma, abilmente costruito per tematiche, che l'imbattibile competenza di Jean Hébrard, intervenuto praticamente su ogni relazione, ha fornito di un filo rosso di guida e di consequenzialità, e di ripresentare, per mezzo di una serie di domande, i più vistosi problemi emersi sia dai contributi che dalle discussioni.

Il primo problema che voglio affrontare è quello delle fonti. Poiché qui ci siamo posti degli obiettivi di ricerca nuovi, non possiamo pretendere di trovare i materiali necessari già esibiti ed ordinati nei cataloghi delle biblioteche o negli inventari degli archivi. Tali istituti infatti registrano il materiale che conservano secondo due diversi «ordres des livres»:

1) secondo il canone di fondazione di ciascun istituto di conservazione;

2) secondo le domande che si è posta la ricerca storiografica tradizionale, diciamo così, ufficiale.

Non a caso Fernand Braudel sosteneva che ogni filone nuovo di ricerca storiografica cerca, individua e studia le sue fonti; le crea, insomma, naturalmente in senso traslato e, ovviamente, non falsificandole.

Tutti gli interventi sono stati basati sull'individuazione di nuove fonti, che non appartengono cioè al canone di fondazione e di ordine dei libri e dei documenti nelle biblioteche e negli archivi, né sono condizionate dalle domande che si è posta finora la storiografia ufficiale. Per giungere a questa individuazione occorre, secondo me, come Alice nel Paese delle meraviglie, passare oltre lo specchio: quasi tutti noi in questi giorni abbiamo con consapevolezza oltrepassato lo specchio dei canoni istituzionali. Abbiamo in tal modo creato le premesse di una nuova realtà di fonti adatte alle nostre ricerche, che fossero utili a spiegare ed a documentare i nostri obiettivi e l'oggetto stesso del nostro lavoro, cioè le pratiche di scrittura e di lettura nel mondo moderno fino al Novecento; ciò facendo abbiamo superato, oltre alla barriera dello specchio, anche quella cronologica dell'anno 1800. Abbiamo identificato inoltre alcune situazioni di scrittura e di lettura particolarmente significative di singole persone, di gruppi organizzati e di aggregazioni più vaste. Fonti dunque che spingono la ricerca in senso dinamico, perché permettono di ricostruire processi di produzione di scritti e di produzione di testi e, nel medesimo tempo, di uso di tali testi, siano essi manoscritti o a stampa, senza fare fra essi alcuna differenza, modificando anche in questo la tradizione storiografica. Ci siamo imbattuti in situazioni di trasmissione di testi, di lettura, anch'esse dinamiche, in progress, ciascuna da cogliere ogni volta nella sua materialità e nel suo significato profondo. Messaggi privati, diari, conti, memorie, lettere, marginalia, broullions, messaggi pubblici, documentazione, sia pubblica che privata, personale, fino ai libri, che pure si sono rivelati come uno degli aspetti meno studiati in questo colloquio. Entrando nella mia biblioteca, quella dalla quale sono partito, si incontrava un ben definito canone: esso era, ad ogni modo, forte, e rappresentava la cultura scritta che nel Sei-Settecento era considerata in assoluto la cultura. Qui noi non ne abbiamo tenuto alcun conto, e, passando oltre lo specchio, abbiamo ignorato ciò che nello specchio si rifletteva. Mi chiedo se ciò sia possibile, e in assoluto, se sia legittimo. In realtà tutto quello che abbiamo presentato, studiato e trovato di nuovo ha senso solo se lo si confronta con l'altro. Se dobbiamo continuamente tenere presente ciò che troviamo fuori dal canone, non possiamo per ciò stesso ritenere che il canone sia scomparso. Abbiamo fatto uso pure di un altro elemento critico – sotto la diretta influenza di Roger Chartier – prendendo in considerazione anche le fonti letterarie ed artistiche che illustrano le pratiche di lettura e di scrittura, le testimonianze contemporanee, ma indirette, insomma, di tali pratiche.

Ora abbiamo di fronte a noi un enorme spazio di ricerca e non sappiamo che cosa ci aspetterà oltre lo specchio. Di una grandissima quantità di oggetti, che la tradizione non ha inventariato, non ha sistematizzato, non ha preparato per la nostra ricerca, dobbiamo ricostruire il protocollo formale, altrimenti essi non saranno per noi utilizzabili. Tale protocollo formale, permettete ad un paleografo di dirlo, dovrà essere essenzialmente di tipo materiale: di natura insieme codicologica e grafica.

Il secondo tema da esaminare pone una domanda elementare: chi scrive? chi legge? Occorre per questo immergere – ed è stato fatto – ogni situazione studiata nella realtà sociale che l'ha prodotta, seguire le nostre fonti scritte prima nel loro prodursi, poi nei loro effetti nella società, per la quale sono state prodotte. A questa domanda sono state date numerose e valide risposte. I casi presentati hanno illustrato una grande varietà di produttori di scrittura e di pratiche, oltre che di prodotti. Abbiamo avuto incontri con autori di testualità complesse, cioè di testualità con dignità letteraria: Flaubert, segnato dalla coazione del leggere scrivendo e dello scrivere leggendo, Hölderlin, Goethe ed il suo contrasto con l'oralità, Bernardin de St. Pierre e le lettere dei suoi lettori. Tuttavia si deve ammettere che è rimasta sostanzialmente esclusa dal nostro comune orizzonte la cultura dell'élite, la cultura ufficiale, con l'unica eccezione dei nobili, visti e trattati in una situazione particolare, quella cioè più di committenti di scrittura che di scriventi. Altra eccezione interessante è quella dei traduttori, che certamente appartenevano alla cultura alta; mi riferisco al caso della traduzione di Raynal, che ha illustrato una enorme quantità e varietà di manipolazioni editoriali. Molto presenti sono stati i protagonisti della vita agricola, della vita rurale dell'Europa moderna, il loro uso dei documenti, soprattutto in Germania e la formazione di una loro propria cultura scritta, come ha mostrato l'appassionante storia fra 1600 e 1900 di una famiglia rurale-operaia e del suo graduale ingresso nel mondo dello scritto. Presenti infine sono stati anche i mediatori, sia come delegati di scrittura a vario livello, sia come veri e propri mediatori culturali e così via. A questa categoria appartengono le donne, l'altra metà del cielo; due belle relazioni hanno illustrato un caso particolarissimo di esclusione dalla scrittura e di riconquista, lenta, faticosa, sofferta, del diritto femminile alla scrittura.

Per chi si scrive? Si può scrivere per committenti che hanno ordinato, richiesto o comunque delegato l'atto di scrivere o per un pubblico, che può essere noto o ignoto. Il pubblico ignoto è quello a cui si rivolge un'attività paraindustriale, preindustriale di produzione del libro manoscritto. Il pubblico noto può essere addirittura la propria famiglia, un piccolo gruppo determinato, una comunità ristretta. Innanzi tutto, però, si scrive per sé. Si è sempre scritto per sé, ma molto probabilmente l'età moderna nell'Europa occidentale presenta casi di scritti per sé molto più numerosi che per il passato e prepara con questo atteggiamento la condizione contemporanea di uso dello scritto pesantemente condizionata dal rapporto con se stesso. Qui è stata presentata un'impressionante varietà di casi: diari, naturalmente, note, ricordi, autobiografie, anche di donne, dal caso straordinario di Sandoz, all'altro incredibile e commovente di Maïmon. D'altro canto sono state illustrate diverse situazioni di scrittura rivolta ad altri: l'epistolografia del XVII e del XVIII secolo e un caso di epistolografia ottocentesca relativa alla guerra franco-prussiana dimostrano che anche a questi livelli rimaneva in uso l'antico e tradizionale schema fisso di lettera. Grande rilievo ha avuto l'illustrazione della pratica scrittoria all'interno di un gruppo e per il gruppo medesimo: si tratta di straordinari casi di scrittura sviluppatisi all'interno di piccole comunità religiose molto compatte che scrivono per sé e al proprio interno una serie di testi giustificatori della propria fede. A livello più alto si collocano gli editori di almanacchi, straordinario esempio di trasversalità, che producono per un pubblico larghissimo, assolutamente non qualificabile in senso sociale o di competenza linguistica o grafica. Ed infine i veri e propri autori, cui ho già accennato, pochi, ma significativi.

Chi legge? I testi in romancio che ci sono stati presentati, costituiscono un caso estremamente interessante di conflitto linguistico in una situazione singolare. Un caso straordinario è quello di Melk, che presenta l'improvvisa rottura di un canone, solido e tradizionale, con l'irruzione di testi diversi, che scompigliano il quadro. Parimenti interessante il caso delle letture di opuscoli di vario genere che si trasformano in performances di tipo magico, provocando l'intervento della censura. E poi chi leggeva le traduzioni? Chi veramente usava e leggeva gli almanacchi?

Un altro tema è quello delle tecniche, delle modalità, dei modelli. Nel composito spaccato sociale che ha interessato tutti noi e in cui – l'ho già detto – la cultura alta è stata ospite di passaggio o del tutto assente, le tecniche di scrittura adoperate sono con assoluta prevalenza quelle della registrazione documentaria, secondo tre formule: all'inizio di tipo notarile – nel periodo più antico, voglio dire il Cinquecento, qui poco trattato – poi mercantile, e infine di tipo contabile.

Dei prodotti abbiamo a lungo trattato: i libri di memorie e di conto, i libri di famiglia, i diari, i calendari. A proposito di questi ultimi mi sembra importante mettere in rilievo che essi sono stati quasi sempre adoperati per continuare la prassi della registrazione degli avvenimenti del passato, per sé e per il limitato pubblico futuro costituito dai figli dei discendenti. Si presenta, invece, come un fatto diverso, del tutto rivoluzionario la programmazione del futuro. Io credo, per quello che so degli usi della scrittura dal mondo classico fino, diciamo, ad oggi, che questo sia stato un momento di cambiamento fondamentale, legato ovviamente a fattori economici, dalla nascita di una nuova élite, la borghesia capitalistica, la quale non può soltanto ricordare (anzi spesso neppure lo vuole), ma ha assoluta necessità di programmare; è la ragione per cui la società contemporanea sta perdendo la sua memoria scritta, un tempo funzionale, su cui si è sovrapposta la pulsione a programmare per iscritto il futuro. I calendari-agende, ricoperti di annotazioni del passato, di registrazioni del presente, immediatamente trasformato in passato, venivano conservati come patrimonio di memoria, personale e sociale, mentre le agende con la sola programmazione del futuro, per sua natura effimera, vengono abbandonate e distrutte.

Uno dei vari modi dello scrivere è quello delle scritture aggiunte. La pratica, di estremo interesse, si può presentare in più modi: lo scrivere può effettuarsi sul già scritto o accanto al già scritto. Scrivere su un materiale scrittorio già contenente scrittura, occupando, cioè, gli spazi vuoti delle pagine del libro che si aveva a disposizione o aggiungendo fogli bianchi a libri già composti e scritti, è pratica molto frequente, almeno dal Medioevo in avanti, e tuttavia appartiene al passato. Oltre alla pratica «sublime», come livello culturale e di consapevolezza, di un Flaubert, ci sono stati presentati esercizi di scrittura del Cinquecento svizzero; ma fra le due pratiche, quella cioè dello scrittore semialfabeta che usa spazi per porvi le sue considerazioni, i suoi appunti, i suoi esercizi di scrittura o qualsiasi altra cosa e chi invece legge scrivendo e scrive leggendo, usando il medesimo supporto materiale, corre un abisso. Una enorme diversità che non è soltanto di competenza, ma anche di rapporto con l'oggetto scritto; nel caso di chi fa esercizi di scrittura o aggiunge una memoria familiare su un qualsiasi libro interviene una totale estraneità fra i testi aggiunti e quelli precedentemente scritti. L'utente, in questo caso, considera il libro che adopera come un ammasso di fogli, alcuni dei quali presentano degli spazi che possono ancora essere utilizzati. Nel caso dello scrittore dotto, che scrive leggendo e viceversa, il nuovo testo è direttamente provocato, scaturisce dal testo già scritto; quest'ultimo è dunque essenziale per la scrittura del nuovo testo. Il caso Flaubert e quello dei calendari scritti documentano dunque due processi radicalmente diversi. Nel secondo si passa dal processo della citazione a quello della registrazione; nel primo – e ciò avviene sempre ad un livello molto alto – da quello della citazione a quello della testualizzazione.

In quanto ai modelli presi in considerazione, si è cominciato naturalmente da quelli scolastici, e cioè dalle pratiche didattiche, sia dal punto di vista grafico, sia da quello testuale. Considerando adesso quello che abbiamo ascoltato e quanto è scaturito dalle nostre discussioni a questo proposito, si può affermare che questo argomento è stato uno dei punti di forza del colloquio. Partiti dai manuali elementari, i Babuini sillabici, siamo giunti fino ai libri manoscritti usati nella scuola – una novità, mi pare, di grande rilievo –, alla pratica del copiare come mezzo didattico, alle tecniche didattiche dei calligrafi – nel caso specifico, quelli spagnuoli –, e quindi anche all'uso di un certo tipo di insegnamento legato alla lingua, chiaramente di carattere politico, che ha dimostrato quanto questi strumenti (parlo del caso svizzero) possano servire al controllo del territorio.

Fra i modelli compaiono anche quelli di lettere, sotto forma di manuali epistolari e di antologie. Ma quanto le lettere ordinarie obbedivano agli schemi, ai modelli di questi manuali? In effetti sappiamo che questa obbedienza non esisteva affatto. Qual era allora la funzionalità di questi libri? Si trattava di una funzionalità sociale e retorica. I manuali epistolari finivano per diventare, in questo modo, i regolatori della retorica e perciò stesso anche della società, poiché imponevano modelli calibrati di rapporti fra gli uomini. Poiché questi ultimi quasi mai occupano situazioni socio-culturali identiche, la lettera, che costituisce uno dei più potenti mezzi di comunicazione, si presta assai bene a regolare e rivelare insieme le differenze di tali situazioni. Una lettera indirizzata ad un potente, ma scritta come quella inviata ad un compagno di lavoro, sarebbe insultante o ridicola; la stessa cosa avverrebbe nel caso inverso, naturalmente. Mi sento di affermare che l'epistolarità è uno dei generi più rigidi della comunicazione fra uomini, regolato dunque nei manuali epistolari come immagine ideale e normativa della società. L'epistolarità esplode in Europa prima nel Duecento, poi di nuovo nel Cinquecento. La nuova epistolarità in lingua volgare nasce appunto fra il 1230 ed il 1250 ed un analogo fenomeno di crescita esponenziale si rinnova nel Cinquecento. Ogni volta a questa esplosione selvaggia di lettere di tutti a tutti si contrappone il modello rigido del manuale epistolare, che tenta di conservare l'ordine, a cominciare dalle formule di indirizzo, sempre assolutamente rispettose delle gerarchie.

Una discussione interessante è stata posta dal rapporto epistolarità e guerra. Chi è sottoposto al pericolo o alla certezza di una morte immediata cerca di ricordare se stesso al mondo, agli amici, alle persone care almeno per mezzo della lettera: questo tipo di lettera fruisce da parte della società di una pietas particolare. Sono le testimonianze conservate più a lungo, in quanto loro spetta naturalmente un trattamento di conservazione particolare, rispetto all'altra corrispondenza, più rapidamente e più facilmente distrutta. Si coglie infatti immediatamente il grande valore di memoria che esse rappresentano, non solo per chi le riceve, ma per chi le scrive, il cui attaccamento alla vita è rappresentato in modo immediato dalla scrittura.

Roger Chartier ci ha insegnato – a me personalmente per primo – che è assolutamente errato – un delitto storiografico – pensare a fatti riguardanti la scrittura e lo scritto secondo gli schemi da noi imposti alla realtà per ragioni ideologiche. Abbiamo appreso da lui infatti che il controllo dello scritto non avviene quasi mai attraverso rigide suddivisioni socio-culturali. I testi scritti circolano e trovano impensabili oasi di ospitalità e di funzione, insomma vengono letti da tante persone diverse. La trasversalità investe anche un altro tema, qui affrontato: la censura. La censura è un organismo che tende al controllo dei testi, pertanto al controllo degli uomini, in quanto leggenti ed in quanto scriventi. Gli atti censorii ci permettono di cogliere complesse situazioni di trasversalità ed inoltre di capire i meccanismi della diffusione, della comprensione di testi incriminati in diversi ambienti sociali. Anche le illustrazioni, siano esse disegni in manoscritti popolari o corredo di testi a stampa aperti all'uso di utenti appartenenti a varie realtà socio-culturali, possono documentare analoghe situazioni di trasversalità. L'illustrazione, che ha un linguaggio proprio, può essere un primo veicolo di supporto alla comprensione del testo, oppure può inviare un messaggio proprio quasi separato dal testo, o anche divenire uno strumento che falsifica il testo, lo manipola, lo trasforma. Posto che la trasversalità è fatta di circolazione, senza la quale la prima non sussisterebbe, si può osservare che i testi musicali sono quelli che dalla trasversalità sono più caratterizzati, sia in senso geografico – come ci è stato illustrato –, che in senso sociale. Essi cambiano, pur rimanendo identici nella sostanza, ogni volta che cambia il loro impatto con la realtà. Ciò che avviene in modo così clamoroso ed evidente per i testi musicali ci deve far riflettere su quanto analogamente avviene o può avvenire per i libri o i testi di altra natura.

La trasversalità è un fenomeno, mi pare, che si allarga e diventa imponente soprattutto nei periodi di forte espansione della spinta allo scrivere ed al leggere e quindi della conseguente riorganizzazione strutturale – il caso inglese presentato era illuminante da questo punto di vista – dei modi di produrre e di usare scrittura. Non sono, in genere, quasi mai i produttori dello scritto a condizionare questa riorganizzazione, ma piuttosto i trasmettitori. Gli editori e tutto il mondo dell'editoria che via via viene progettando una sua strategia produttiva o i mediatori di cultura, che trasmettono testi a determinati strati sociali, avviano e organizzano la circolazione, controllandola. La censura interviene sempre come elemento di disturbo, come elemento di rallentamento, come elemento di proibizione.

Nel contesto della trasversalità rientra, in qualche modo, anche la supplica, un documento straordinario che finora non avevamo studiato, che parte dal basso ed arriva in alto e ritorna da dove era partita con la sua conclusione documentaria, con la concessione o la negazione, in un chiaro rapporto ineguale, regolato dal potente. È l'unico caso in cui un testo è regolato, ancora prima che sia ricevuto, dal destinatario, che dimostra chiaramente di temere l'aggressione delle espressioni scritte a lui dirette. Un bellissimo caso è quello della cancelleria pontificia dei primi del XIII secolo, ove, visto l'esorbitante afflusso di suppliche al papa, si decise di porvi rimedio. Per prima cosa si impose un primo filtro di carattere formale, dettando regole molto rigide per la compilazione del testo, in modo da impedirne l'invio ad un qualsiasi fedele europeo che fosse appena alfabetizzato. Il secondo filtro fu propriamente di carattere amministrativo: le suppliche non potevano essere inviate a Roma direttamente, ma soltanto attraverso il tramite rappresentato dal vescovo o dal feudatario competenti per territorio. Anche in questo caso, dunque, ad una nuova sovrapproduzione di scritto, che minacciava di aggredire dal basso le autorità supreme, si pose rimedio con un rigido controllo di natura politica e burocratica.

Ascona, Monte Verità
15. 11. 1996

Bio-Bibliographie zu den AutorInnen

JÜRGEN BEYER: Geboren 1965, Studium der Geschichte, Volkskunde und Geographie in Tübingen, Paris, Kopenhagen und Cambridge, zurzeit Fachlektor der Robert-Bosch-Stiftung am Historischen Seminar der Universität Dorpat (Tartu), Estland, hat Aufsätze zur historischen Erzählforschung (u.a. für die »Enzyklopädie des Märchens«) und zur Kulturgeschichte des Luthertums in der frühen Neuzeit veröffentlicht.

SANDRO BIANCONI: Sociolinguista e storico della lingua italiana, è nato a Locarno e ha conseguito il dottorato in filologia romanza all'Università di Friburgo con la tesi *Ricerche sui dialetti di Orvieto e Viterbo nel medioevo* (Studi linguistici italiani III [1962]). Ha pubblicato fra l'altro *Lingua matrigna. Italiano e dialetto nella Svizzera italiana* (Bologna: il Mulino 1980), *I due linguaggi. Storia linguistica della Lombardia svizzera dal '400 ai nostri giorni* (Bellinzona: Casagrande 1989), *Plurilinguismo in Val Bregaglia* (Locarno: Osservatorio linguistico della Svizzera italiana 1998); è stato responsabile delle ricerche dell'«Osservatorio linguistico della Svizzera italiana». Ha tenuto corsi nelle università di Zurigo, Ginevra, Pavia e Firenze e attualmente all'Università degli studi di Milano.

FRANCISCO M. GIMENO BLAY: Catedrático de Ciencias y Técnicas Historiográficas (Paleografia y Diplomática) de la Universitat de València, ha impartido cursos y pronunciado conferencias en distintas universidades españolas (Cantabria, Complutense de Madrid, Sevilla, etc.), y extranjeras (Roma, « La Sapienza »). Ha participado en congreses internacionales relacionados con la Historia de la Cultura Escrita (Madrid, Londres, Graz, Erice, Edinburgh, etc.). Su investigación se ha dedicado principalmente a estudiar los aspectos relacionados con la historia del alfabetismo y de la escritura medievales en todas y cada una de sus manifestaciones, así como la escrituración de las lenguas románicas frente al latín. Ha analizado los procesos seguidos en el aprendizaje de la escritura en la Península Ibérica durante las épocas Medieval y Moderna, valorando íntegramente toda la trayectoria, desde el dibujo de las primeras letras hasta la caligrafía. Se ha interesado especialmente por la historiografía de la Paleografía y la

Diplomática españolas y en general por la historia de la erudición. Sus trabajos se han publicado y en revistas especializadas tales como: *Alfabetismo e Cultura Scritta, Anuario de Estudios Medievales, Hispania, Irargi, Scrittura e Civiltà, Scriptorium,* etc. Colaboró con el profesor José Trenchs Odena en la organización de los cursos de estudios universitarios Castelló-Benassal y del VII Congreso Internacional de Diplomática, celebrado en València en 1986, y con el profesor Armando Petrucci en el seminario de la UIMP *Escribir y Leer en Occidente,* València, 1993. Ha dirigido los seminarios y congresos: *Escriptura, simbols i imatges de la comunicación urbana* (València, Universitat, 1987); *Escrituras y documentos medievales de la Península Ibérica* (Madrid, Universitat, 1992) y *Los muros tienen la palabra. Materiales para una historia de los graffiti* (València, Universitat, 1994). Forma parte del consejo asesor de la revista *Signo. Revista española de historia de la cultura escrita* y es director del *Seminari internacional d'estudis sobre la cultura escrita.*

LODOVICA BRAIDA: (Torino 1961) è professore associato all'Università di Milano dove insegna Storia della stampa e dell'editoria. Si occupa di storia del libro e delle pratiche culturali in Ancien Régime. Tra le sue pubblicazioni: *Le guide del tempo. Produzione, contenuti e forme degli almanacchi piemontesi del Settecento* (Torino 1989); *Il commercio delle idee. Editoria e circolazione del libro nella Torino del Settecento* (Firenze 1995); *Stampa e cultura in Europa tra XV e XVI secolo,* Roma / Bari 2000.

CÉCILE DAUPHIN: Ingénieur CNRS (Centre de Recherches Historiques / EHESS), travaille principalement dans deux domaines de l'histoire social et culturelle de la France du XIXe siècle : pratiques d'écriture (mesures, normes et usages) ; et histoire des femmes (représentations et historiographie).

SIMONE ECKLIN: Mémoire de licence, « Le Journal de Daniel Sandoz, 1770-1779, essai de lecture critique », Université de Neuchâtel (CH), 1990. Arbeitet als Journalistin in Neuchâtel.

FRANZ M. EYBL: Geboren 1952 in Neumarkt/H., ao. Professor am Institut für Germanistik der Universität Wien. Forschungen und Publikationen zur barocken Predigtliteratur (»Allen Christglaubigen zu geistlichen Seelen-Trost«. Studien zu den Gebrauchsformen barocker Predigtsammlungen. Wien: Braumüller 1982; Abraham a S. Clara. Vom Prediger zum Schriftsteller. Tübingen: Niemeyer 1992) sowie zur Text- und Wissenszirkulation (Enzyklopädie der Frühen Neuzeit. Beiträge zu ihrer Erforschung, hg. mit W. Harms, H.-H. Krummacher und W. Welzig. Tübingen: Niemeyer 1995; Geschichte des Buchhandels in Österreich, mit N. Bachleitner und E. Fischer. Wiesbaden: Harrassowitz 2000).

MARIA PIA FANTINI: Perfezionata alla Scuola Normale di Pisa (1998), ora borsista post-dottorato presso la facoltà di Sociologia di Trento e vincitrice di una borsa trimestrale presso il Warburg Institute di Londra, sta terminando una serie di ricerche nelle biblioteche romane e nell'archivio della Congregazione per la Dottrina della Fede (ex archivio del Sant'Uffizio e della congregazione dell'Indice) per la stesura di un libro dedicato alle pratiche rituali e alla censura dei corrispondenti di testi di epoca post-tridentina, che uscirà presso la casa editrice Feltrinelli.

ADAM FOX: Adam Fox is Lecturer in the Department of Economic and Social History at the University of Edinburgh. He is the author of *Oral and Literate Culture in England, 1500–1700* (Oxford University Press, 2000).

JEAN M. GOULEMOT: Professeur à l'université de Tours et membre de l'Institut universitaire de France. Il est auteur du livre *Ces livres qu'on ne lit que d'une seule main. Lecture et lecteurs de livres pornographiques au XVIIIe siècle,* Paris, Minerve, 1994.

ALMUTH GRÉSILLON: Titulaire d'une Thèse d'Etat (1983, sur le mot-valise) ; Directeur de recherche au CNRS, affectée à l'ITEM (Institut des Textes et Manuscrits Modernes, CNRS, Paris). Ouvrages : *La règle et le monstre. Le mot-valise,* Tübingen 1984. *Proust à la lettre. Les intermittences de l'écriture* (en collaboration avec Jean-Louis Lebrave et Catherine Viollet), Tusson 1990. *Eléments de critique génétique. Lire les manuscrits modernes,* Paris 1994 (dt. Übersetzung: *Literarische Handschriften. Einführung in die »critique génétique«,* Bern / Berlin etc. 1998).

JEAN HÉBRARD est chargé de conférences au Centre de Recherche sur le Brésil Contemporain à l'Ecole des Hautes Etudes en Sciences sociales à Paris. Il y donne un enseignement sur l'histoire culturelle comparée de l'Amérique et de l'Europe latines. Il avait été auparavant chargé de recherche au Service d'histoire de l'éducation de l'Institut national de recherche pédagogique (unité de recherche associée au CNRS) où il travaillait sur les modes de transmission des savoirs élémentaires aux époques moderne et contemporaine. Il a notamment publié *Discours sur la lecture (1880-1980),* Paris 1989 (en coll. avec Anne-Marie Chartier) et participé aux grandes enquêtes sur l'histoire du livre et de la lecture en France *(Histoire de l'édition française, Pratiques de la lecture, Le Grand Atlas des littératures, Histoire des bibliothèques françaises,* etc.) Il conduit actuellement des recherches sur les pratiques de l'écriture manuscrite en France et dans l'espace libérique (tant européen que colonial) à l'époque moderne.

ERMINIA IRACE: Dottore di ricerca in Storia urbana e rurale, ha pubblicato *La nobiltà bifronte. Identità e coscienza aristocratica a Perugia tra XVI e XVII secolo,* Milano 1995. Si occupa della memoria storica delle nobiltà cittadine di area pontificia in età moderna, attraverso l'ausilio di fonti attinenti la sfera della legittimazione aristocratica: libri di famiglia, prove di nobiltà degli Ordini cavallereschi, compilazioni cronachistiche e genealogiche. Sta conducendo una ricerca sul falsario rinascimentale Alfonso Ceccarelli. È membro della redazione della rivista quadrimestrale *Il pensiero politico;* nel 1999 è diventata ricercatore di Storia moderna presso la Facoltà di Lettere e filosofia dell'Università di Perugia.

FRIEDRICH A. KITTLER: Prof. Dr. phil. Studium der Germanistik, Romanistik und Philosophie an der Universität Freiburg i. Br., seit 1993 Professor der Ästhetik und Geschichte der Medien am Institut für Ästhetik, Humboldt Universität Berlin.

ULRICH KNOOP: Geboren 1940 in Pforzheim; Studium der Germanistik, Anglistik und Philosophie in Heidelberg und Marburg; wissenschaftlicher Mitarbeiter (1965–1995) am Forschungsinstitut für deutsche Sprache – Deutscher Sprachatlas, Marburg; Mitglied der Studiengruppe »Geschriebene Sprache« bei der Reimers-Stiftung, Bad Homburg, seit 1982; Mitglied der Jury zur Verleihung des »Deutschen Sprachpreises« der Kaufmann-Stiftung, seit 1983; Habilitation 1994; Professor für Germanische Philologie an der Universität Freiburg i. Br. seit 1995.

ROBERTO LEYDI: Nato 1928. Nel dopoguerra ha collaborato con Luciano Berio, Bruno Maderna e Umberto Eco nei primi lavori di musica concreta ed elettronica, a Milano. Ha incominciato a occuparsi di musica popolare alla fine degli anni '50, collaborando con Alan Lomax nelle sue ricerche in Italia. Dal 1971 insegne etnomusicologia all'Università di Bologna. Primo insegnamento d'etnomusicologia in Italia. È professore Ordinario. Ha condotto ricerche in Italia e in Grecia. Ha pubblicato: *Canti sociali italiani* (Canti sociali e politici italiani '900 e '900); *Guida alla musica popolare italiana;* curato numerosi dischi con registrazioni di musica popolare.

PIERO LUCCHI: Nato a Cesena nel 1950, si è laureato con Carlo Ginzburg in lettere moderne all'università di Bologna discutendo la tesi *Scuole e libri di scuola elementare agli inizi dell'età moderna,* che sviluppava una ricerca avviata nel corso del seminarion che studiò e discusse il primo abbozzo del libro *Il formaggio e i vermi. Il cosmo di un mugnaio del '500.* Dal 1978 al 1993 è stato bibliotecario conservatore alla Biblioteca Malatestiana di Cesena, a lungo incaricato della

Direzione; dal 1994 vive e lavora a Venezia come bibliotecario prima alla Biblioteca civica di Mestre e poi alla Biblioteca del Museo Correr.

HANS-JÜRGEN LÜSEBRINK: Geboren 1952, Studium der Romanistik, Geschichte und der Vergleichenden Literaturwissenschaft in Mainz, Tours, Salamanca und Paris; 1988–1993 Professor für Romanische Literaturwissenschaft und Landeskunde an der Universtät Passau, seit Oktober 1993 Inhaber des Lehrstuhls für Romanische Kulturwissenschaft und Interkulturelle Kommunikation (mit Schwerpunkt Frankreich/Deutschland) an der Universität Saarbrücken. Gastprofessuren in Paris (Ecole des Hautes Etudes en Sciences Sociales), Tours, Innsbruck, Québec (Université Laval) und Chicago (Northwestern University). Schwerpunkte in Lehre und Forschung: Kultur- und Mentalitätsgeschichte Frankreichs, 18.–20. Jahrhundert; deutsch-französische Literatur- und Kulturbeziehungen; frankophone Literaturen außerhalb Europas.

DANIELE MARCHESINI: Nato nel 1948. Laureato in Lettere moderne all'università di Bologna. Ricercatore presso il dipartimento di Storia della facoltà di Lettere e filosofia di Parma, dove tiene il corso di «Storia dell'Italia contemporanea». Nel 1980/1981 ha studiato a Parigi, presso l'Ecole des Hautes Etudes en Sciences sociales. Si è occupato di politica culturale del fascismo (*La scuola dei gerarchi. Mistica fascista: storia problemi, istituzioni,* Milano, Feltrinelli, 1976), alfabetismo e cultura scritta (*Il bisogno di scrivere. Usi della scrittura nell'Italia moderna,* Roma / Bari, Laterza 1992) e, più recentemente, di storia sociale dello sport (*L'Italia del Giro d'Italia,* Bologna, il Mulino, 1996 e *Coppi e Bartali,* Bologna, il Mulino 1998).

ALFRED MESSERLI: Geboren 1953 in Dietikon bei Zürich; Studium der Germanistik, Sozialgeschichte und Europäischen Volksliteratur an der Universität Zürich und Bremen; Promotion 1988 an der Universität Zürich *(Elemente einer Pragmatik des Kinderliedes und des Kinderreimes.* Zürcher Diss. phil. Aarau: Sauerländer, 1991 [Reihe Sprachlandschaft; Bd. 9]); Mitherausgeber der historisch-kritischen Ausgabe der Schriften Ulrich Bräkers (bisher erschienen Bd. 1–4; München: C. H. Beck Verlag 1998–2000); 1999 Habilitation für Europäische Volksliteratur (»Lesen und Schreiben 1700 bis 1900. Untersuchung zur Durchsetzung der Literalität in der Schweiz«); seit 1998 Maître assistant am Institut européen, Université de Genève.

MANUEL PEÑA DIAZ: Huelva, 1962 ; professeur d'Histoire Moderne à l'Université Autonoma de Barcelona. Auteur de la Mémoire : *Imprenta y comercio del libro en la Barcelona del siglo XVIII. La Casa Piferrer,* Bellaterra 1986, et de la Thèse de doctorat : *Libro y lectura en Barcelona, 1473-1600,* 2 vols., Bellaterra 1995. Fondateur et membre du conseil de rédaction de *Manuscrits. Revista de Historia Moderna.* Directeur du Cours de doctorat (1995/1996) : *Mecanismos de difusión de la cultura escrita. Inquisición y censura,* Universidad Autónoma de Barcelona. Professeur invité au cicle de conférences : *Muerte, religiosidad y cultura popolar,* ss. XII-XVIII, 1990, Universidad de Zaragoza ; *Lecturas y lectores. La cultura del libro desde la Edad Media a nuestros dias.* Départament de Filologia, curso 1995/1996, Universidad Autónoma de Barcelona ; *Seminario de Historia de la Ciencia,* 1996, Consejo Superior de Investigaciones Científicas de Barcelona.

JAN PETERS: Geboren 1932 in Berlin, Exil in Schweden. Studium an der Humboldt-Universität Berlin 1952–1956. Assistent am Historischen Institut der Universität Greifswald 1956–1962, ab 1958 Vorlesungen zur Geschichte Nordeuropas, 1961 Promotion (»Die Landarmut in Schwedisch-Pommern«). 1966–1991 wiss. Arbeitsleiter am Akademieinstitut für Wirtschaftsgeschichte in Berlin. 1975 Habilitation (»Exilland Schweden«), 1970–1980 Chefredakteur des Jahrbuchs für Wirtschaftsgeschichte, 1978 nebenamtl. Honorarprofessor an der Universität Greifswald. Forschungsstipendien und Gastprofessuren in nordeuropäischen Ländern. Forschungsschwerpunkte seit den siebziger Jahren: Geschichte der ländlichen Gesellschaft, Historische Anthropologie, populare Autobiographik in der Frühen Neuzeit. 1985 Gründung der »Konsultationsstelle für bäuerliche Schreibebücher«, 1990 eines Arbeitskreises für Alltagsgeschichte. Lehrtätigkeit an den Universitäten Greifswald, Berlin (Humboldt-Universität, Freie Universität) und Potsdam. Seit 1991 Leiter der Max-Planck-Arbeitsgruppe »Ostelbische Gutsherrschaft als sozialhistorisches Phänomen« an der Universität Potsdam, ebendort 1994–1997/99 (Ruhestand) Universitätsprofessor für Geschichte der Frühen Neuzeit / Sozialgeschichte. Über hundert wissenschaftliche Publikationen, darunter sechs Bücher. Herausgebertätigkeit und Mitgliedschaft in Beiräten verschiedener Fachzeitschriften.

ARMANDO PETRUCCI: Nato a Roma il 1° maggio 1932. È stato archivista di Stato dal 1955 al 1956, bibliotecario presso l'Accademia dei Lincei e Corsiniana di Roma dal 1956 al 1972 e professore incaricato di materie paleografiche e bibliografiche presso la Scuola Speciale per archivisti e Bibliotecari dell'Università di Roma dal 1962 al 1972. Da tale anno al 1974 è stato professore straordinario di Paleografia e Diplomatica nell'Università di Salerno; dal 1974, divenuto professore ordinario, ha insegnato la medesima disciplina all'Università di Roma I La Sapienza. Dal 1991 è professore presso la Scuola Normale Superiore di Pisa. Ha tenuto corsi o seminari, più volte a Parigi (Ecole des Chartes, E.H.E.S.S., Université Paris 7, C.N.R.S., Collège de France), Londra (Warburg Institute, King's

College, Institute of Classical Studies), Lisbona (Biblioteca Nacional, Università), Chicago (Newberry Library), Valencia (Università), Michigan (Ann Arbor), Stanford (CA), Princeton; ha svolto ricerche in Francia, Inghilterra, Germania, Stati Uniti d'America. Direttore della rivista *Scrittura e Civiltà* e condirettore di *Alfabetismo e cultura scritta,* si è occupato e si occupa di paleografia latina e greca, di diplomatica medievale latina, di codicologia, di storia delle biblioteche e dell'erudizione, di storia della stampa e della lettura, di storia dell'alfabetismo. *Scrivere e no. Politiche della scrittura e analfabetismo nel mondo d'oggi.* Iconografia a cura di Franca Petrucci Nardelli. Roma: Editori Riuniti 1987. *Le scritture ultime. Ideologia della morte e strategie dello scrivere nella tradizione occidentale.* Torino: Einaudi 1995. *La scrittura. Ideologia e reppresentazione,* Torino: Einaudi 1986; *«Scriptores in urbibus». Alfabetismo e cultura scrita nell'Italia altomediale* (in collab. con Carlo Romeo), Bologna: il Mulino 1992; *Writing and Reading in Medieval Italy. Studies in the History of Written Culture,* a cura di Charles Radding, Yale University Press 1995; *Alfabetismo, escritura, sociedad,* Barcelona: Gedisa 1999 (Coleccion LEA).

HANS-GEORG POTT: Geboren 1946 in Oerlinghausen/Lippe. Studium der Germanistik und Philosophie in Berlin, Mainz und Düsseldorf. Promotion 1974, Habilitation 1979. Professor für Allgemeine und Neuere deutsche Literaturwissenschaft an der Heinrich-Heine-Universität Düsseldorf seit 1983. Buchpublikationen: *Die Schöne Freiheit,* München 1980; *Robert Musil,* München 1984 (= UTB); *Neue Theorie des Romans, Sterne, Jean Paul, Joyce, Schmidt,* München 1990; *Literarische Bildung. Zur Geschichte der Individualität,* München 1995. Alle im Wilhelm Fink Verlag. *Die Wiederkehr der Stimme. Telekommunikation im Zeitalter der Post-Moderne,* Wien: Sonderzahl 1995.

PAOLA REPETTI: Nasce a Bobbio (Piacenza) il 12 luglio 1971. Dopo gli studi superiori si iscrive alla Facoltà di Lettere e Filosofia presso l'Università degli Studi di Parma. Durante il quarto anno del corso di laurea in Lettere si classifica al primo posto nella selezione per l'assegnazione di una borsa di studio «Erasmus» che le permette di frequentare per il trimestre gennaio/marzo, il Department of History dell'University of York (Gran Bretagna). 1996 si laurea con una tesi dal titolo «Scrivere ai potenti. Suppliche e memoriali a Parma (secoli XVI– XVIII)», relatore il Prof. D. Marchesini. Ha collaborato con il Prof. Armando Petrucci, Attilio Bartoli Langeli e con l'Istituto Storico Italo-Germanico di Trento. Attualmente insegna presso il Liceo Pedagogico «Maddalena di Canossa» a Brescia.

GABRIELE RIPPL: Geboren 1962 in Ravensburg, Deutschland. 1981 Abitur in Ravensburg; 1981–1988 Studium der Anglistik und Germanistik an den Universitäten Konstanz und Bristol; 1989–1995 Arbeit an der Dissertation mit dem Titel »Lebenstexte – Selbststilisierung in frühneuzeitlichen englischen Frauenautobiographien«. 1990 Stipendium für einen halbjährigen Forschungsaufenthalt an der Bodleian Library in Oxford. 1991–1993 Doktorandenstipendium im Konstanzer Graduiertenkolleg »Theorie der Literatur«. 1993–1995 Wissenschaftliche Mitarbeiterin von Frau Prof. Dr. A. Assmann. Seit Oktober 1995 wissenschaftliche Assistentin von Frau Prof. Dr. A. Assmann, Arbeit an meiner Habilitation zur Intermedialität-Thematik (Text-Bild-Beziehungen) und Mitarbeit im Konstanzer Sonderforschungsbereich »Literatur und Anthropologie«.

ISA SCHIKORSKY: Geboren 1954, Lehre, zweiter Bildungsweg, Studium der Fächer Geschichte, Germanistik, Philosophie und Pädagogik an der Technischen Universität Braunschweig. 1989 Promotion zum Dr. phil. mit einer Arbeit zur deutschen Sprachgeschichte. Leitung des Universitätsarchivs Braunschweig 1985–1989. Wissenschaftliche Mitarbeiterin an der Universität Köln 1990–1994. Freie Autorin und Journalistin, Lehrbeauftragte der Universität Gesamthochschule Wuppertal, Volkshochschuldozentin. Wissenschaftliche Veröffentlichungen zur Sprach- und Hochschulgeschichte sowie zur Geschichte der Kinder- und Jugendliteratur, Beiträge für Zeitschriften, Rundfunk, Wirtschaftsunternehmen. isa.schikorsky@FH-koeln.de

HANS-JÜRGEN SCHRADER: Geboren 1943 in Bad Harzburg. Ordentlicher Professor für neuere deutsche Sprache und Literatur an der Université de Genève (Schweiz) seit 1988; 1991–1998 Département-Direktor und Mitglied des Conseil décanal. Studium der Germanistik, Geschichte und Philosophie; 1969 Staatsexamen, 1979 Promotion »summa cum laude«, beides bei Albrecht Schöne. Editionen und Studien zur religiösen Literatur des 17. und 18. Jahrhunderts; u. a. Studien zur Goethezeit und zur deutsch-jüdischen Literatur. Publikationen: *Literaturproduktion und Büchermarkt des radikalen Pietismus. Johann Henrich Reitz' »Historie Der Wiedergebohrnen«*, Göttingen 1989.

CATHERINE VELAY-VALLANTIN: Née 1950. 1971–1974 Assistante de recherche à la VIe Section (Section des Sciences Economiques et Sociales) de l'Ecole Pratique des Hautes Etudes. 1974–1990 : Chef de Travaux à l'Ecole des Hautes Etudes en Sciences Sociales. Depuis 1990 : Maître de Conférences à l'Ecole des Hautes Etudes en Sciences Sociales. Publications : *L'histoire des contes*, Paris 1992. *La fille en garçon. Classiques de la littérature orale*, Carcassonne 1992.

SABINE VOGEL: M.A. Dr. phil.; Jg. 1963; Studium der Geschichte, Romanistik und Philosophie in Freiburg i. Br., Lyon (Université Lumière) und Berlin

(Freie Universität); Dissertation über die französische Humanismusrezeption, wissenschaftliche Mitarbeiterin des Deutschen Historischen Museums, Berlin, und des Einstein Forums, Potsdam. Lehrauftrag der Universität Leipzig. Publikationen; Kulturtransfer in der Frühen Neuzeit. Die Vorworte der Lyoner Drucke des 16. Jahrhunderts. Tübingen 1999; Einheit und Recht und Freiheit. Wege der Deutschen. Reinbek b. Hamburg 1999.

Namens- und Ortsregister